# HEYNE BIOGRAPHIEN

## Zum Autor

ANDRÉ CASTELOT, französischer Historiker und Schriftsteller, 1911 in Anvers (Belgien) geboren, arbeitete nach Studien in Paris für renommierte Zeitungen und für den Rundfunk. 1950 bis 1986 war er Mitarbeiter der ‹Tribune de l'Histoire›, seit 1948 Direktor der Sammlung ‹Présence de l'Histoire›. Er trat mit zahlreichen Publikationen hervor, u. a. Louis XVI. (1947), Marie-Antoinette (1953), Napoleon Bonaparte (1968), Histoire de France et des Français (13 Bd., 1970 – 1974), Talleyrand ou le cynisme (1980), Dictionaire de l'histoire de France (1981 ff), Henri IV. le passionné (1986).

# André Castelot
# MARIE ANTOINETTE

## Von Versailles zur Guillotine

Wilhelm Heyne Verlag
München

# HEYNE BIOGRAPHIE
## 12/173

Titel der französischen Originalausgabe

MARIE ANTOINETTE

Deutsche Übersetzung von Albert von Steerbach

2. Auflage
Neuausgabe des Heyne Buches Nr. 16
Copyright © Paul Neff Verlag KG, Wien
Copyright © dieser Ausgabe 1989
by Wilhelm Heyne Verlag GmbH & Co. KG, München
Printed in Germany 1990
Umschlagfoto: Kunsthistorisches Museum, Wien
Innenbilder: Archiv für Kunst und Geschichte, Berlin
Umschlaggestaltung: Atelier Ingrid Schütz, München
Bibliographie, Zeittafel, Stammtafel und Register:
Dr. Hubert Fritz, München
Bildteil: RMO, München
Gesamtherstellung: Ebner Ulm

ISBN 3-453-03032-X

# INHALT

| | |
|---|---|
| »Ein Leckerbissen« | 7 |
| »Unbezahlbare« Feste | 29 |
| Der Kampf um ein Wort | 47 |
| Madame la Dauphine | 59 |
| Eine mondäne kleine Königin | 73 |
| Der Windkopf | 92 |
| Weniger auffallende Vergnügungen | 123 |
| Eine makellose Seele | 144 |
| Liebe innerhalb gewisser Grenzen | 165 |
| Der Donnerschlag | 178 |
| Madame Déficit | 203 |
| Marie Antoinettes Eintritt in die Geschichte | 227 |
| Varennes oder das Verhängnis | 240 |
| Die verpaßten Gelegenheiten | 261 |
| Madame Veto | 274 |
| Die Witwe Capet | 290 |
| Die Conciergerie | 306 |
| Das Nelkenkomplott | 316 |
| Das Vorzimmer der Guillotine | 328 |
| Der Prozeß | 344 |
| Das Fallbeil | 364 |
| Zeittafel | 374 |
| Stammtafel | 378 |
| Quellen- und Literaturverzeichnis | 380 |
| Neues Literatur-Verzeichnis | 384 |
| Register | 393 |

# I

## »EIN LECKERBISSEN«

Gegen Ende des Winters 1770 stellten Kammerlakaien in dem geräumigen Schlafzimmer der Kaiserin Maria Theresia in der Wiener Hofburg eine zweite Bettstatt auf. Von nun an erschien allabendlich ein zartes Mädchen von vierzehn Jahren im kaiserlichen Schlafgemach – in dem es zog wie in einer Laterne – und schlüpfte in ihr Bett: das junge Ding war seit dem 7. Februar, Punkt fünf Uhr fünfzehn Minuten nachmittags, kein Kind mehr, sondern schon ein junges Mädchen. Zu dieser Stunde war nämlich ein intimes physisches Ereignis eingetreten, das die Kaiserin mit »ungemeiner Freude« begrüßte. Ein Eilkurier der französischen Gesandtschaft jagte mit verhängten Zügeln nach Versailles, um diese Nachricht dem König Ludwig XV. zu bringen, der darüber, wie es schien, ebenfalls hocherfreut war.

Das junge Mädchen, das nun das Schlafzimmer der Kaiserin teilte, war Maria Theresias jüngste Tochter, die »Frau Erzherzogin Antonia«, wie damals der Name Marie Antoinettes lautete. In zwei Monaten sollte sie den Dauphin von Frankreich heiraten, um eines Tages an seiner Seite über das schönste Königreich der Welt zu herrschen.

Antonia sollte heiraten! dachte die Kaiserin sinnend.

Noch im letzten Sommer tollte sie mit ihren Brüdern und den kleinen Prinzessinnen von Hessen atemlos durch die Boskette des Tirolergartens im Schloßpark von Schönbrunn . . . Und vor kurzem spielte sie noch in der Großen Galerie des Schlosses mit dem jungen Mozart »Mariage«. Die Kaiserin hörte im Vorübergehen, wie das Wunderkind die kleine Erzherzogin fragte: »Ich werde dich heiraten, nicht wahr, Antonia?« Antonia erwiderte mit leuchtenden Augen ernsthaft: »Selbstverständlich – du und kein anderer.« Sie war ein großes Kind!

An jedem Abend betrachtete die Kaiserin mit zärtlichem Blick ihre schlummernde kleine Erzherzogin, ihr kleines Mädchen, das sie den übrigen Kindern gewiß nur vorzog, weil sie fühlte, daß Antonia dem Leben wehrlos gegenüberstand . . .

Die Kaiserin sorgte wahrlich für ihre Nachkommenschaft. Schweigen wir von den beiden Töchtern, die sie der Kirche hatte überlassen müssen – von den Äbtissinnen Maria Anna und Maria Elisabeth. Aber Maria Christine war Herzogin von Sachsen-Teschen, Maria Amalia regierende Herzogin von Parma, und Maria Karoline war Königin von Neapel. Von ihren Söhnen war Joseph, der älteste, Römischer König und herrschte seit dem Tode Franz I. an ihrer Seite als Kaiser Joseph II., während Leopold Großherzog von Toskana geworden war. Zwei Söhne blieben noch, aber für sie würde Maria Theresia mühelos geeignete Positionen, das heißt einen Thron in ihrem Staatenmosaik finden, das tatsächlich, wie man sagte, einem Spiegelbild Europas im kleinen glich.

In acht Wochen sollte Antonia Wien verlassen. Wie oft mag sich in dieser Zeit der »König Maria Theresia«, wie Ungarns Magnaten sie nannten, in der Stille der nächtlichen Hofburg über ihr blondes Kind geneigt haben, dem sie in mütterlicher Liebe die schönste Rolle vorbehalten hatte!

Ist sie eigentlich hübsch, die kleine Antonia? Nein, sie ist mehr als das. Sie ist entzückend – trotz der gewölbten, etwas zu hohen Stirn und der unregelmäßig gestellten Zähne, trotz der Adlernase und der leicht hängenden Habsburgerlippe. Ihr Erzieher, der Abbé de Vermond, ein sonst wortkarger Mann, sagte begeistert von ihr:

»Es gibt wohl Gesichter von regelmäßigerer Schönheit, ich glaube aber nicht, daß man ein anziehenderes als das ihre finden könnte.«

Ein anderer Augenzeuge rühmte das seidige blonde Haar des jungen Mädchens, er ist begeistert von »ihren blauen und dennoch nicht ausdruckslosen Augen« und bewundert vor allem ihren »griechischen Hals« und das »reine Oval des Gesichts«. Ein Ausländer hingegen – ein Engländer allerdings – fand dieses Oval zu sehr »in die Länge gezogen«. Der Ausdruck ihrer Augen gefiel ihm nicht. Aber über ihren Teint, der matt wie eine Perle schimmerte und den manche sogar »blendend« nannten, war ganz Wien der gleichen Meinung. Ebenso erregte er später das Entzücken von Versailles.

Ducreux, ein Schüler La Tours, war im vergangenen Jahr, 1769, nach Wien gekommen, um ein Pastellbild der »Madame Antonia« anzufertigen. Das Porträt zeigt die dem jungen Modell eigentümliche stolze Haltung des Hauptes, die in jeder Bewegung Noblesse und edlen Anstand verrät, und läßt die Grazie voraussahnen, die in späterer Zeit als »port de la reine«, als die »noble Haltung der Königin Marie Antoinette« berühmt werden sollte. Auch der Abbé de Vermond staunte bei einem Fest, das im vergangenen Sommer in Laxenburg stattfand, über das »edle, majestätische Schreiten« der jungen Erzherzogin, das ihm bei einem Kind dieses Alters besonders auffiel. Er schrieb darüber an den Grafen Mercy-Argenteau und fügte hinzu: »Wenn sie noch ein wenig wächst, werden die Franzosen keines anderen Zeichens bedürfen, um ihre Herrscherin zu erkennen.«

Am Lager ihres Kindes wachend, träumte Maria Theresia von einer friedlichen Zukunft. In diesem zarten Geschöpf verkörperte sich ihre Hoffnung auf Beendigung der langen Reihe von Kriegen, die Bourbon und Habsburg durch Jahrzehnte entzweit hatten.

Während ihrer ganzen Jugend hatte Maria Theresias Vater, Karl VI., Krieg mit Frankreich geführt; man schlug sich damals, im Interesse Polens, am Rhein und in Italien. Ein Jahr nach ihrem Regierungsantritt, 1741, mußte die Kaiserin selbst gegen Frankreich zu Felde ziehen, um ihr Erbe zu retten. Es war ihr freilich nicht gelungen, Friedrich II., den Bundesgenossen Ludwigs XV., daran zu hindern, ihr

Schlesien abzunehmen. Der König von Preußen hatte dann seinen Verbündeten plötzlich im Stich gelassen, und Ludwig XV., der sich nur noch auf seine spanischen und italienischen Vettern stützen konnte, hatte sich mit Wien ausgesöhnt: das Bündnis zwischen Frankreich und Österreich vom 1. Mai 1756 besiegelte diese sensationelle Wendung. Nachdem sich die beiden Staaten so lange bekriegt hatten, kämpften sie jetzt Seite an Seite. Aber Frankreich erlitt in beiden Fällen nur schwere Verluste. Es opferte sieben Jahre lang ebensoviel Soldaten und Geld, um Friedrich II. zu helfen, Maria Theresia Schlesien zu entreißen, wie es danach in abermals sieben Jahren geopfert hat, um der Kaiserin, freilich erfolglos, beizustehen, Schlesien wieder zurückzuerobern. Ludwig XV. hat für den König von Preußen wahrlich gute Arbeit geleistet! Durch Frankreichs Mithilfe wurde Preußen aus seiner Bedeutungslosigkeit auf den Gipfel gefährlicher Macht gehoben.

Nun aber enden diese dreißig Jahre des Gemetzels und Blutvergießens, so vieler vergessener Siege, schmählicher Niederlagen und entwürdigender Friedensverträge an dem Bett der schlafenden kleinen Antonia: sie war zum Symbol der Allianz zwischen Frankreich und Österreich geworden, der Allianz zwischen zwei Herrschern, Ludwig XV. und Maria Theresia, denen ihre Berater, die Minister Choiseul und Kaunitz, gleichgesinnt zur Seite standen. Sie setzten alles daran, um ihr Bündnis gegen die heftige Opposition ihrer Völker und die Einstellung der altjüngferlichen Töchter des französischen Königs aufrechtzuerhalten. Die drei Prinzessinnen waren nur deshalb gegen Österreich eingestellt, weil die Mätressen ihres Vaters, die Pompadour und nach ihr die Dubarry, österreichfreundlich gesinnt waren.

Kaiser Joseph II. lag sicherlich auch an dieser Allianz. Als eingefleischter Nörgler lehnte er es aber ab, sich gegenüber Versailles »galant« zu verhalten. Er vergaß nur zu oft, nach einem Ausspruch des Fürsten Kaunitz, »daß man mit Madame la France galant sein müsse, weil Frankreich wie eine Frau sei«. Choiseul ärgerte sich über einen solchen Vergleich Frankreichs mit einem gefallsüchtigen Frauenzimmer. Er erwiderte daher, daß, wenn der Kaiser keine Lust zum Kokettieren habe, auch »der König in seinem Alter und bei seinem Charakter nicht geneigt sein würde, sich den Hof machen zu lassen«.

Aber Maria Theresia hatte nicht allein gegen die Furcht ihres Sohnes vor Frankreich zu kämpfen. Die französische Diplomatie erkannte deutlich den dringenden Wunsch der Kaiserin, ihre Tochter zur Königin von Frankreich zu machen, und nützte diese Situation nach besten Kräften aus. Ludwigs Gesandter am Wiener Hof, der Marquis von Durfort, erhielt darüber genaue Instruktionen: »Lassen Sie Maria Theresia in voller Ungewißheit, ohne sie jedoch zu entmutigen.«

Trotzdem hatte sich Ludwig XV. in dieser Angelegenheit bereits entschieden. Die Ehe zwischen einem königlichen Prinzen von Frankreich und der »Tochter der Cäsaren« würde Österreich daran hindern, sich Rußland und Preußen allzusehr zu nähern. Die Heirat würde das

Bündnis festigen und das europäische Gleichgewicht konsolidieren: Preußen, Rußland und England auf der einen Seite, Frankreich, Österreich, Spanien und Italien auf der andern. Im Mai des Jahres 1766 hatte Ludwig XV. den Grafen Mercy empfangen, der seiner Regentin nach dieser Audienz schreiben konnte: »Der König hat sich in einer Art und Weise ausgesprochen, daß Ew. Majestät das Projekt als entschieden und gesichert betrachten können.« Ja, Ludwig XV. schien von dem Gedanken sogar beglückt, eine Prinzessin nach Versailles kommen zu sehen, deren Jugend den Hof ein wenig aufheitern würde.

Der Marquis von Durfort war zu Beginn des Jahres 1767 nach Wien gekommen. Es begann ein merkwürdiges Spiel, das drei Jahre dauern sollte: die Kaiserin bot dem Gesandten ihre Tochter immer wieder an. Durfort jedoch sagte, gemäß seinen Instruktionen, weder ja noch nein, sondern ließ die Angelegenheit in Schwebe.

Der österreichische Minister Fürst Starhemberg eröffnete das Feuer im April 1767 mit der Frage an Durfort, »wie er die Erzherzogin Antonia fände?« – »Sehr vorteilhaft«, erwiderte Durfort. »Der Herr Dauphin«, fügte der Fürst erfreut hinzu, »wird an ihr eine charmante Gemahlin haben.« Durfort aber setzte dieser Begeisterung sogleich einen Dämpfer auf, indem er kühl und die letzten Worte betonend sagte: »Der Bissen ist lecker und würde in guten Händen sein – wollen wir's hoffen.«

Daraufhin entschloß sich Maria Theresia, den »Leckerbissen« persönlich anzubieten. Nach einem Festkonzert im Schloß Schönbrunn näherte sie sich dem Gesandten, der mit dem spanischen Minister Grafen Lahoni die zukünftige Dauphine betrachtete, und spielte ohne Umschweife auf die Heirat ihrer Tochter und die zu erwartende Abreise nach Frankreich an: »Ich hoffe, daß sie dort Erfolg haben wird ...« Als Durfort eisig blieb, wandte sich die Kaiserin lachend an Lahoni: »Wir beide können darüber offener miteinander sprechen: der Herr Gesandte Frankreichs hat mir nämlich noch nichts davon gesagt.«

»Ich tat so, als hätte ich nichts gehört, obwohl ich sehr gut verstanden hatte«, seufzte Durfort, als er Choiseul das Gespräch erzählte, und fügte hinzu: »Ich halte mich für verpflichtet, Ihnen die Sache zu berichten, die durch den Ton und die Haltung der Kaiserin für mich recht peinlich gewesen ist.«

Choiseul machte sich zuerst über die Verlegenheit des Vertreters Frankreichs am Wiener Hofe lustig, um dann zu bemerken: »Sie haben recht getan, sich reserviert zu verhalten. Der König wünscht, daß Sie bis auf neue Order Seiner Majestät auch weiterhin mit der gleichen Vorsicht verfahren.«

Die »Vorsicht« des Gesandten verdoppelte sich, als sich ein zweites Projekt zu dem ersten gesellte: die Wiederverheiratung Ludwigs XV. Warum sollte der König von Frankreich, da Maria Leczinska am 24. Juni 1767 gestorben war, nicht auch eine junge Prinzessin ehelichen? Der Wiener Hof, dem es an heiratsfähigen Erzherzoginnen niemals fehlte, bot unverzüglich eine seiner Töchter an. Antonias ältere Schwester, die fünfundzwanzigjährige Elisabeth, erschien auf einem Maskenball in einem liliengeschmückten Domino. »Ich fürchte, daß dies mit Absicht geschehen ist«, berichtete Durfort, ein wenig erschrocken über den Eifer Maria Theresias, die Devise des Hauses Österreich: »Bella gerant alii, tu, felix Austria, nube«, zur Geltung zu bringen.

Mercy war auf den absonderlichen Gedanken verfallen, die beiden Schwestern an den Großvater und an den Enkel zu verheiraten! Ludwig XV. hatte im ersten Augenblick nicht abgelehnt, »vorausgesetzt, daß ihm ihr Gesicht nicht mißfiele«. Aber das Projekt scheiterte, und Elisabeth konnte die Lilien von ihrem Domino entfernen.

Maria Theresia, die sich noch immer den Anschein gab, als betrachte sie das erste Projekt als entschieden, kümmerte sich nun endlich um die bisher vernachlässigte Erziehung ihrer Tochter. Die Erzieherin, Frau von Brandeis, schrieb alle Aufgaben ihrer Schülerin mit Bleistift vor, so daß Antonia diese nur noch mit Tinte nachzuziehen brauchte. Das Kind gestand es seiner Mutter selber ein. Daraufhin hatte Maria Theresia die Gräfin Lerchenfeld damit betraut, die Erziehung der Erzherzogin in die Hand zu nehmen; doch war das Ergebnis um kein Haar besser. Als Schülerin des Dichters Metastasio sprach Antonia sicherlich fleißend italienisch, sie tanzte ohne Zweifel graziös, da der aus Paris engagierte, berühmte Noverre ihr Tanzmeister war, sie spielte dank ihrem Lehrer Gluck recht gut Klavier. Aber ihr Französisch – ein Pariser Schauspieler hatte ihr Unterricht in der Aussprache erteilt – war von Germanismen durchsetzt, ihr Deutsch strotzte von grammatikalischen Fehlern, das Schreiben fiel ihr beängstigend schwer. Zu guter Letzt entschloß sich die Kaiserin, durch Mercys Vermittlung einen französischen Erzieher aus Paris kommen zu lassen.

Die Wahl fiel auf den Abbé de Vermond, Doktor der Sorbonne und Bibliothekar am Collège des Quatre-Nations. Er stellte den Typus des »widerwilligen Höflings« dar, denn er schätzte sein Wissen ebenso hoch wie ein Adelswappen ein und »behandelte die höchstgestellten Persönlichkeiten wie seinesgleichen, ja manchmal wie Leute untergeordneten Ranges«. Der Marquis von Durfort wäre darüber gewiß in Ohnmacht gefallen! Doch dieser Schritt war sorgfältig vor ihm verheimlicht worden, und der Gesandte erfuhr erst beim Eintreffen des Abbé davon. Er zeigte sich auch mißgestimmt, aber Vermond schenkte dem keine Beachtung und machte sich an die Arbeit – wenngleich nicht ohne einige Bedenken über den Erfolg, die er Choiseul auseinandersetzte: »Ein wenig Faulheit und viel Flüchtigkeit erschweren mir den Unterricht der Frau Erzherzogin. Sie faßt leicht auf, ihr Urteil ist beinahe immer richtig, ich kann sie aber nicht dazu bringen, sich in einen Gegenstand zu vertiefen, obwohl ich fühle, daß sie dazu fähig wäre.« Antonia war tatsächlich besten Willens, sie war begeisterungsfähig und von heiterem Gemüt, mitunter zeigte sie auch Ausdauer und Beharrlichkeit, aber sie war trotz natürlicher Intelligenz und Auffassungsgabe nicht imstande, sich auf einen Gegenstand zu konzentrieren. Zudem hinderten sie angeborene Spottlust und häufige Zerstreutheit daran, ihren guten Willen, zu lernen, in die Tat umzusetzen. Sie verstand es ausgezeichnet, sich allen Ermahnungen ihres Präzeptors zu entziehen. Der Abbé erzielte nur dann ein Resultat, wenn es ihm gelang, seine Schülerin zu unterhalten.

Mit der Schreibkunst gelang ihm dies allerdings nicht, und er seufzte: »Ich gebe zu, daß dies der Gegenstand ist, bei dem ich am wenigsten erreichen konnte.« Mit der Geschichte Frankreichs hatte er mehr Glück, denn »in dieser Materie zeigte die Frau Erzherzogin viel Scharfsinn und Urteilskraft«. Es handelt sich hier nicht um eine Schmeichelei, wie aus einer Aufgabe der kleinen Antonia nachzuweisen ist. Der unveröffentlichte Text befindet sich im Wiener Staatsarchiv. Man kann ihn nicht ohne Ergriffenheit lesen, denn die zukünftige Königin von Frankreich verurteilte sich selbst darin. Das kleine Mädchen, das damals nicht älter als elf oder zwölf Jahre war, zog einen Vergleich zwischen zwei Prinzessinnen aus dem Hause Savoyen, beide Töchter des Herzogs Amadeus, des späteren Königs von Sardinien. Die Ältere, Marie Adelaïde, Herzogin von Burgund, die Mutter Ludwig XV., blieb auch in Versailles immer noch Savoyardin, obwohl sie doch durch ihre Heirat mit dem Enkel Ludwigs XIV. Französin geworden war. Die Jüngere hingegen, Marie Louise, bekannte sich als Gemahlin des Königs Philipp V. von Spanien offen zu dessen Nation. Sie wurde eine gute Spanierin.

Die kleine Antonia schrieb also:

»Die Herzogin von Burgund war sehr intrigant. Sie versuchte zuerst, sich bei Madame de Maintenon einzuschmeicheln, mit der gemeinsam sie ihr möglichstes tat, um ihren Vater zu unterstützen, der aber nicht für Frankreich war, indem sie schlechte Ratschläge gab und schlechte Generäle protegierte, die es nicht verstanden, eine Armee zu führen.

Die Königin von Spanien benahm sich jedoch viel richtiger, sie mengte sich in nichts ein, obwohl sie viel von ihrem Vater zu erdulden hatte und er ihr großen Kummer bereitete; er wollte sie entthronen, indem er Erzherzog Karl zum König von Spanien erklärte. Ich für meine Person finde, daß die erstere sehr unrecht hatte, denn wenn sie ihre hohe Stellung wollte, hätte sie sich auch daran halten sollen und nicht den Staat verraten dürfen. Was die andere anbelangt, finde ich, daß sie sehr richtig handelte, sich in nichts zu mischen und ihren Gemahl und ihren Vater zu lieben.

Um noch weiter von der Königin von Spanien zu sprechen, möchte ich sagen, daß sie nicht nur tugendhaft war, sondern auch im Leid viel Standhaftigkeit bewiesen hat.«

Nachdem sie noch einige Charakterzüge und Bemerkungen angeführt hatte, aus denen die »Seelengröße« dieser kleinen Königin von fünfzehn Jahren hervorgehen sollte, schloß Marie Antoinette: »Ich fürchte, ich hätte nicht dasselbe getan.«

Darin aber irrte sie! Nachdem sie wie die von ihr so streng beurteilte Herzogin von Burgund gehandelt hatte, bewies sie später »im Leid«, als »Witwe Capet«, weit mehr Haltung und Größe als jene Königin von Spanien, die kleine Louison mit dem »feurigen Herzen«, die von ihren Zeitgenossen für ein »übernatürliches Wesen« gehalten wurde.

Die Reaktion auf den »Verrat« der Herzogin von Burgund war eine Folge der guten Ratschläge Maria Theresias. Die kleine Erzherzogin hatte ihre ganze Jugend an dem familiär-gemütlichen, ja, wenn man Goethe glauben darf, fast bürgerlich schlichten Wiener Hof verbracht, wo Begabung mehr galt als hohe Geburt, die Etikette nur bei feierlichen Anlässen in ihre Rechte trat und bei Ausfahrten im Prater der erstbeste Fiaker den Hofkarossen vorfahren durfte. Der Gedanke, daß ihre Tochter durch ihre Heirat an den verlotterten Hof von Versailles übersiedeln würde, erfüllte die Kaiserin mit schwerer Sorge. Sie wurde nicht müde, Antonia einzuschärfen: »Sie selbst sollen weder sagen, was Sie hier gewohnt waren, noch verlangen, daß es nachgeahmt werde. Im Gegenteil, Sie müssen sich unbedingt dem anpassen, was der französische Hof zu tun gewohnt ist.«

Die Kaiserin aber blieb ihrer Strategie treu und fuhr fort, so zu tun, als wäre die Heirat schon eine offizielle Angelegenheit. Sie erteilte dem Grafen Mercy den Auftrag, sich in Paris um den Trousseau Antonias zu kümmern, und bat ihn, ihr den Friseur Larseneur zu senden. Mehr als das: sie gab am 12. Juni 1769, am Vorabend von Antonias Namenstag, zu Ehren ihrer Tochter in Laxenburg ein Fest, bei dem sie den Marquis Durfort an die Seite der kleinen Erzherzogin setzte. Damit bei den Gästen nur ja kein Zweifel aufkäme, wurde die Festlichkeit mit einem Feuerwerk beendet, bei dem ein Delphin, der in der französischen Sprache »dauphin« heißt, Garben feuriger Funken aus den Nasenlöchern blies.

Dieser Wink, der an Deutlichkeit wahrlich nichts mehr zu wünschen übrigließ, machte sich belohnt. Maria Theresia empfing noch im gleichen Monat einen Brief ihres »guten Bruders und Vetters Ludwigs XV.«, der ihr schrieb, er wollte es nun nicht mehr länger aufschieben, ihr zu sagen, wie groß die Genugtuung sei, die er über »die bevorstehende Vermählung seines Enkels mit der Erzherzogin« empfinde. Jetzt wurde die Verlobung offiziell bekanntgegeben.

Entsetzliche Probleme erregten sogleich die Diplomaten beider Länder. Im Auftrag des Herzogs von Choiseul suchte der Marquis von Durfort noch im Juni 1769 den Fürsten Kaunitz auf, um ihm eine Unzahl von Fragen zu stellen, die »den Heiratskontrakt, den öffentlichen Einzug und die feierliche Werbung, die Begleitung, den Ort und die Formalitäten der Übergabe der Dauphine sowie das Zeremoniell betrafen, das gegenüber dem Außerordentlichen Gesandten des

Königs bei allen von ihm zu erfüllenden Funktionen unbedingt zu beachten sei.«

»Ich verspreche Ihnen, daß ich mein Äußerstes tun werde, um Ihren Wünschen nachzukommen«, hatte Kaunitz versichert. Aber sechs Monate später war man, obwohl zahllose Eilkuriere zwischen Wien und Versailles hin- und herjagten, um keinen Schritt weitergekommen. Dabei behauptete Kaunitz, daß er alles äußerst beschleunige. Er vergaß darüber seine Manien, rieb sich das Gesicht nicht mehr mit Eidotter ein und unterließ es sogar, sich die Zähne nach dem Essen mit einem Schwamm und einem Schaber zu säubern. Um die gleichmäßige Bestäubung seiner Perücke zu erreichen, auf die er großen Wert legte, pflegte er gemessenen Schritts zwischen einem Spalier von Lakaien dahinzuschreiten, die ihren Herrn mit Hilfe von Blasebälgen in eine Wolke von Puder hüllten. Jetzt kümmerte er sich nicht mehr um seine Frisur, er hatte viel zuviel zu tun! Wie sollte er in kurzen zehn Monaten die so ungemein wichtigen Fragen des Vorranges, der Etikette, des Protokolls, des Zeremoniells, der Geschenke so regeln, daß ihm kein Fauxpas unterliefe? So tüchtig, weitblickend und genial Fürst Kaunitz auch war – hier waren Probleme zu lösen, die selbst ihn aus der Fassung brachten.

In Versailles verlor indessen Choiseul, nicht weniger von sich eingenommen als sein Wiener Kollege, die ihm nachgerühmte unerschütterliche gute Laune. Diese Affäre würde ihn noch zwingen, seine ihm zur lieben Gewohnheit gewordene Oberflächlichkeit aufzugeben. Er bombardierte Durfort mit Vorschlägen und Gegenvorschlägen. Wer soll den Ehevertrag an erster Stelle unterzeichnen? Um so mehr, als die Anwesenheit Josephs II., der gemeinsam mit seiner Mutter regierte, die Sache verteufelt komplizierte. Sollte man zwei Exemplare ausfertigen, eines für Frankreich, das andre für Österreich? In welcher Sprache sollten sie abgefaßt sein? Französisch hoffte Ludwig XV., »da sich das Recht und die Gebräuche Frankreichs in dieser Sprache viel exakter ausdrücken lassen als in jeder anderen«. In welcher Reihenfolge werden die Gesandten, Minister und Kommissare unterzeichnen? Man muß die zwischen den Diplomaten gewechselte umfangreiche Korrespondenz gelesen haben – die am Quai d'Orsay in Paris und am Minoritenplatz in Wien aufbewahrt wird –, damit man sich Rechenschaft über die Probleme zu geben vermag, die sich erhoben, weil zwei Kinder heiraten sollten. Vor allem aber möge sich Herr von Durfort hüten, die künftige Dauphine zu dem Fest einzuladen, das er zu ihren Ehren nach der Trauung per procurationem in Wien geben wird! Warum denn? fragte Durfort zurück, und Herr von Choiseul teilte ihm unumwunden den Grund für diese Weisung mit: »Die Ehrerbietung, die Herr von Durfort von jetzt an als Untertan des Königs dieser Prinzessin schuldet, erlaube es ihm nicht mehr, sich eine solche Ehre zu geben.« Eine weitere Folge dieser Ehrerbietung war, daß sich der Herr Gesandte in Anwesenheit der Braut nicht in »einen ebensolchen Fauteuil« wie die Erzherzogin setzen durfte. Was aber sollte er tun, wenn ihm ein solcher in der Hofburg angeboten würde? Und Choiseul ermahnte ihn allen Ernstes, »sich in dieser Hinsicht mit dem sich ziemenden Takt zu benehmen«.

Die Herren beschrieben Stöße von Papier, aber die künftigen Eheleute erwähnten sie mit keiner Silbe. Wir wissen bloß, daß Antonia Ende Februar einen Schnupfen bekam und dieser »keinerlei Veränderung ihres Aussehens und ihrer guten Laune zur Folge hatte«. Noch weniger findet sich in der Korrespondenz über den Bräutigam. Mercy hatte ein für allemal festgestellt: »Die Natur scheint dem Herrn Dauphin alles versagt zu haben«, und er scheine im übrigen nur »einen sehr beschränkten Verstand« zu besitzen. Der Gesandte hatte nicht gewagt, den Ausdruck »sens très borné« in den Plural zu setzen, wobei er dann »eine sehr beschränkte Sinnlichkeit« bedeutet hätte ... Zwei Monate vor der Hochzeit bemerkte die Kaiserin, daß ihre Tochter sich den Bräutigam als einen glänzenden, lebensprühenden Dauphin vorstellte. Dem armen jungen Mädchen drohte bei ihrer Ankunft in Versailles eine wohl nicht geringe Enttäuschung. Darum erbat die Kaiserin von Herrn von Durfort ein Porträt ihres künftigen Schwiegersohnes.

Ludwig XV. beeilte sich, drei Kupferstiche nach Wien bringen zu lassen, auf denen der Dauphin »als Ackermann hinter dem Pflug« dargestellt war. An dem jungen Mann war nichts zu bemerken, was die Begeisterung eines jungen Mädchens hätte erregen können. Ende April jedoch wurden der kleinen Antonia zwei Porträts Ludwig Augusts im Galakleid überreicht. Sie stellte beide sogleich in ihrem Zimmer auf. »Ich kann die Freude nicht beschreiben, die diese Porträts erregten«, berichtete der Gesandte. Das junge Mädchen, das in kurzer Zeit Dauphine von Frankreich sein würde, versank beim Anblick ihres zukünftigen Gatten in erwartungsvolle Träumereien. Aber Maria Theresia warnte sie. Denn haben Fürstinnen überhaupt ein Recht auf Liebe?

»Alles Glück der Ehe«, wiederholte sie ihr, »besteht in Nachgiebigkeit und gegenseitigem Vertrauen. Leidenschaftliche Liebe ist nicht von Dauer.« Sie wurde nicht müde, ihre guten Lehren zu wiederholen. »Seien Sie niemals neugierig! Das ist ein Punkt, den ich besonders bei Ihnen befürchte.« Noch eine andere Frage, die Behandlung der Bittsteller und Stellenjäger, beunruhigte die Kaiserin. »Man muß auch abzuschlagen verstehen. Übernehmen Sie keine Empfehlung. Schenken Sie niemandem Gehör, wenn Sie in Ruhe leben wollen.«

Bei dem Gedanken an die vierzehn Jahre ihrer Tochter bebte das Herz der Kaiserin. Gewiß wurden in jener Zeit kaum von der Mutterbrust entwöhnte Säuglinge zu Regimentskommandanten ernannt – was aber Maria Theresia nicht zu beruhigen vermochte. »Schäme dich nicht, deine Umgebung um Rat zu fragen, und handle nicht nach deinem eigenen Kopf!«

Bisher hatten sich die Königinnen von Frankreich stets bemüht, ihre frühere Staatsangehörigkeit zu vergessen und gute Französinnen zu werden. Maria Theresia war anderer Ansicht. Sie ermahnte ihre Tochter, »eine gute Deutsche zu bleiben«, eine Mahnung, die verhängnisvolle Folgen haben sollte.

Aber mehr als alles andere fürchtete sie das Naturell der kleinen Antonia. Sie kannte ihre Schwächen und Fehler und wußte, wie geschickt sie allen Vorstellungen, die man ihr machte, auszuweichen verstand. Unablässig versuchte sie darum, dem oberflächlichen Kind den Ernst des Lebens beizubringen und den starren Willen hinter der gewölbten Stirn zu brechen.

Am Morgen des Ostertages, am 15. April 1770, verließ der Marquis von Durfort als gewöhnlicher Gesandter Seiner Allerchristlichsten Majestät Wien, um eine Stunde später, als käme er aus Frankreich, als Außerordentlicher Gesandter wieder dahin zurückzukehren. Die kleine Antonia betrachtete das Schauspiel in Begleitung ihrer Schwester Maria Christine, der späteren Statthalterin der Niederlande, aus den Fenstern der Gräfin Trauttmannsdorff.

Das Schauspiel kostete nicht weniger als 350.000 Dukaten oder über hundert Millionen Franken nach unserem Geld, während Durfort für alle Festlichkeiten insgesamt kaum die Hälfte dieses Betrages erhalten hatte. Der Herr Außerordentliche Gesandte war vielleicht ruiniert. Dafür konnte er sich rühmen, die schaulustigen Wiener nicht enttäuscht zu haben. Geblendet von soviel Pracht, ließen sie die achtundvierzig sechsspännigen Karossen an sich vorüberziehen. Diese ganze Kavallerie zuzüglich sechs Sattelpferden wurde übrigens am nächsten Tag von Durfort verkauft, um seinen Finanzen ein wenig aufzuhelfen.

In Wahrheit hatte der Gesandte die Kosten nur für sechsundvierzig Karossen zu bezahlen, da zwei Reisekarossen Geschenke des Königs Ludwig XV. an seine künftige Schwiegerenkelin waren. Die Erzherzogin besichtigte voll Bewunderung die beiden geräumigen Reisewagen, mit denen sie nach Versailles fahren würde. Sie hatten rund vierzig Millionen Franken nach unserem Geld gekostet und waren ein Werk des Hoffournisseurs Francien. Entworfen aber hatte sie Choiseul persönlich. Der erste war mit karmesinrotem Samt ausgeschlagen, in den der Sieur Trumeau die vier Jahreszeiten eingestickt hatte. Bei dem zweiten Wagen, dessen Füllungen mit Darstellungen der vier Elemente geschmückt waren, war blauer Samt verwendet worden. Das Verdeck der Wagen wurde von Blumensträußen aus verschiedenfarbigem Gold überragt, die der lindeste Windhauch anmutig bewegte.

Die beiden Galawagen waren leer. In den übrigen hatte das Gefolge des Außerordentlichen Gesandten Platz genommen, während sich um die Karossen Pagen, Lakaien und Bediente drängten. Im ganzen waren es hundertsiebzehn Personen, die alle in »kostbare Stoffe« von blauer, gelber und silbriger Farbe gekleidet waren.

Am nächsten Tag wurde der Marquis Durfort, nachdem er ein Doppelspalier deutscher und ungarischer Nobelgarden passiert hatte, von der Kaiserin-Königin und dem Kaiser Joseph II. in öffentlicher Audienz als Brautwerber empfangen. Der Gesandte zog den Hut, machte drei tiefe Verbeugungen und schickte sich an, seine feierliche Ansprache zu halten. Die Kaiserin aber ersuchte ihn, seine Kopfbedeckung wieder aufzusetzen. Diese anscheinend spontane Geste der Herrscherin hatte Choiseul vorher reiflich überlegt. Sie erlaubte Durfort, ohne sich etwas zu vergeben, eine vierte Reverenz, nach der er sich bedeckte. Dann nahm er den Hut eiligst zum zweitenmal ab – auch das war in der Etikette vorgesehen – und begann nun endlich zu sprechen. Nachdem er die Ansprache beendet hatte, wendete sich der Gesandte nach der Eingangstür und winkte einem Kavalier, der anscheinend soeben aus Frankreich eingetroffen war. Er brachte für Marie Antoinette persönlich einen Brief ihres Bräutigams und dessen Porträt – das sechste innerhalb der letzten sechs Wochen. Es wurde nachgeholt, was vordem versäumt worden war. Maria Theresia ließ die junge Erzherzogin, die in einem anstoßenden Gemach wartete, rufen. Sie eilte herbei, machte ihre Knickse und befestigte das von dem Kavalier gebrachte Porträt mit Zustimmung ihrer Mutter an ihrer Brust. Woraus man schließen darf, daß dieses Porträt eine Miniatur gewesen ist.

»All das«, berichtete Durfort, »vollzog sich unter tiefen Reverenzen.« Was wir ihm gerne glauben wollen.

Am folgenden Tag, am 17. April, vollzog Antonia in Gegenwart ihrer Mutter, ihres Bruders, des Marquis Durfort und sämtlicher Minister ihren ersten politischen Akt. Sie verzichtete feierlich auf ihre Rechte in Österreich. Die Zeremonie fand in einem Saal statt, dessen Fenster auf den Burgplatz gingen. Die zukünftige Königin Marie Antoinette unterzeichnete die in lateinischer Sprache redigierte Urkunde – die später von Ludwig XV. und dem Dauphin ratifiziert worden ist. Dann leistete sie den Eid in die Hände des Koadjutors des Wiener Fürsterzbischofs, des Herrn von Laylach. Eigentlich hätte der Fürsterzbischof Kardinal Migazzi diese Zeremonie selbst vornehmen müssen – aber Durfort protestierte heftig dagegen. Denn in diesem Falle hätte er dem Kirchenfürsten den Vortritt lassen müssen! Der Gesandte hatte überdies aus demselben Grund durchgesetzt, daß der Fürsterzbischof bei keiner Zeremonie in Erscheinung treten dürfe. Am Abend dieses Tages veranstaltete Joseph ein feierliches Souper im Belvedere, zu dem fünfzehnhundert Personen eingeladen waren und dem ein Maskenball für etwa sechstausend Personen folgte. Ein großer, von dreitausendfünfhundert Kerzen erleuchteter Saal war eigens zu diesem Zweck in Verbindung mit dem Belvedere errichtet worden. Fassaden, Wände und Balkons waren von Gelegenheitsdekorationen überladen, von Liebesfackeln, Delphinen (»dauphin«), flammenden Vasen, getragen von seraphischen Engeln, Girlanden und mit Blumen umwundenen Herzen. Die Kaiserin hatte für alles gesorgt: einen nassen Schwamm in der Hand, liefen achthundert Feuerwehrmänner während des ganzen Abends umher, um die von den Lustern herabfallenden Flämmchen auszulöschen. »Die mütterliche Obsorge I.K.M.«, heißt es im Protokoll, ging so weit, daß sich sogar Zahnärzte bereithalten mußten, um einzugreifen, falls während des Festes plötzlich auftretende Zahnschmerzen das Ziehen eines Zahnes notwendig machen sollten.

Am Abend des nächsten Tages, Mittwoch, war Herr von Durfort an der Reihe, den österreichischen Hof in der Vorstadt Roßau im Palais Liechtenstein, das er zu diesem Anlaß gemietet hatte, fürstlich zu empfangen. Die Anfahrt zum Palais wurde durch drei Reihen illuminierter Tannenbäume taghell beleuchtet. Zu allem Überfluß war zwischen je zwei Bäume ein Delphin mit einer Laterne aufgestellt. Das Fest wurde am Vorabend der Trauungszeremonie veranstaltet, damit Maria Antoinette es besuchen könne, ohne ihrem Rang etwas zu vergeben, solange sie noch nicht Dauphine war. Auch hier sprühten Delphine feurige Funken in die Nacht. Da aber dieses Symbol dem Gesandten noch nicht genügte, ließ er von achttausend Lampen beleuchtete bildliche Darstellungen auf der Spitze von Pyramiden anbringen. Sie stellten den Liebesgott dar, wie er Ludwig August befahl, die Göttin der Schönheit zu heiraten; Donau und Seine vermischten verliebt ihre Gewässer. Und schließlich sah man »Ihre Königliche Hoheit die Frau Dauphine«, wie sie »auf einem von Amor gestreuten Blumenteppich« gen Frankreich schritt. Vor dem Souper, das achthundert Diener den achthundertfünfzig Gästen servierten, wurde unter den Klängen der damals in Mode befindlichen türkischen Musik das übliche Feuerwerk abgebrannt.

Am 19. April, Donnerstag, begab sich der ganze Hof unter Trompetengeschmetter und Paukenschlag durch die Galerie der Hofburg bis zur Augustinerkirche, wo die Trauung per procurationem vollzogen wurde. Die kleine Antonia ging lächelnd nächst ihrer Mutter und ihrem Bruder im Brautzug und sah in ihrer Robe aus Silberstoff entzückend aus.

Erzherzog Ferdinand, um siebzehn Monate älter als die Braut, vertrat den Dauphin und kniete vor dem Altar neben seiner Schwester nieder. Die Betstühle der »Brautleute« waren mit goldgesticktem rotem Samt bespannt. Um Durfort ein Vergnügen zu bereiten, war der Kardinal Migazzi gebeten worden, zu Hause zu bleiben. Die Zeremonie wurde von dem päpstlichen Nuntius, Monsignore Visconti, vollzogen, dem Guerrier de Briselance, der Hofkaplan, assistierte.

In derselben Kirche war die kleine Maria Antonia Josepha im Beisein des Kaisers Franz am 3. November 1755 getauft worden; sie war am vorhergehenden Allerseelentag, dem Tage des Lissaboner Erdbebens, zur Welt gekommen.

Die Brautleute knieten nieder und antworteten auf die Frage des

Nuntius: »Volo et ita promitto.« Die Ringe, deren einen Marie Antoinette später dem Dauphin überreichte, wurden gesegnet. Dann stellte Briselance das Protokoll über die Zeremonie aus, Kaunitz beglaubigte und Durfort legalisierte es. Nach dem Tedeum wurde auf dem Spielplatz eine Salve abgefeuert, und nun begab man sich zur Tafel – jedoch ohne Durfort, da dieser dem Herzog von Sachsen-Teschen, dem Schwager Marie Antoinettes, nicht den Vortritt lassen wollte. Versailles hatte den Herzog ersucht, »keine Verlegenheiten zu bereiten« und »sich's nach bestem Gutdünken einzurichten«. Der Herzog gab für die Kirche nach, nicht aber für die Tafel, auf die er als Feinschmecker große Stücke hielt. Darum blieb der Marquis dem Bankett fern, um nicht entehrt zu werden. Das Festessen war deshalb nicht weniger gelungen, der Graf Saint-Julien hatte als Oberthofküchenmeister geradezu Wunder gewirkt. Hundertfünfzig Personen waren eingeladen, aber nicht zur Tafel, sondern bloß, um die neun Fürstlichkeiten beim Speisen auf goldenem Geschirr bewundern zu dürfen. Als »Ihre Majestäten den ersten Schluck tranken«, wurde eine Artilleriesalve abgefeuert.

Der nächste Tag, der Tag vor der Abreise, war einem letzten öffentlichen Mahl, dem Abschiednehmen und der Korrespondenz gewidmet. Maria Theresia schrieb nicht weniger als drei Briefe an Ludwig XV., um den König zu bitten, er möge Nachsicht üben bei Ungeschicklichkeiten, die ihr »so teures Kind« vielleicht begehen könnte. »Ich empfehle sie Ihnen noch einmal als das innigste Unterpfand unserer Staaten und Häuser.« Antoine – mit diesem Namen unterschrieb sie ihren Brief – schrieb ebenfalls, mit recht kindlich unbeholfenen Schriftzügen, an Ludwig XV. Sie bat ihn um seine »Nachsicht« und »daß er ihr schon im vorhinein auch diejenige des Herrn Dauphin verschaffen möge«.

Kein Dokument in den Archiven berichtet uns im einzelnen, was sich in dieser letzten Nacht im Schlafzimmer der Kaiserin zugetragen hat. Trotzdem können wir uns die Gemütsbewegung und die Tränenausbrüche des kleinen Mädchens vorstellen, das wußte, daß es seine gefürchtete, aber innig geliebte Mutter gewiß nie wieder umarmen würde. Auch Maria Theresia war über die bevorstehende Abreise ihrer Tochter tief bekümmert. Antonia war ihr Liebling, »ihr Entzücken«, aber ihre Fehler und Schwächen waren ihr wohlbekannt und erfüllten sie mit Sorge und bösen Vorahnungen. »Ich bin in Tränen gebadet«, schrieb sie am nächsten Tag, als die Kavalkade von dreihundertsiebzig Pferden, die ihre Tochter entführte, Wien verlassen hatte.

Aber nicht nur sie war von Schmerz erfüllt. »Man kehrte nicht heim«, schrieb Weber, der Milchbruder der Dauphine, »bevor einem nicht der letzte Kurier, der ihr folgte, aus den Augen entschwunden war. Man kehrte nur heim, um zu Hause über einen Verlust zu klagen, den alle erlitten hatten.«

Am 24. April, an einem Sonnabend, rollten die siebenundfünfzig Wagen des Hochzeitszuges, nachdem sie die Vorstadt Mariahilf hinter sich gelassen, am Schloß Schönbrunn vorbei. Die drei an der Spitze reitenden Postillone ließen ihre Hörner erklingen.

Schönbrunn! Nie wieder wird Marie Antoinette die langgestreckte kaisergelbe Schloßfassade mit den grüngestrichenen Fensterläden erblicken. Niemals wird sie ihre Zimmer im Erdgeschoß des Schlosses wiedersehen, wo sie nach fröhlichen Spielen mit ihren Geschwistern ganze Berge von Süßigkeiten mit Schlagobers gegessen hatte.

Noch eine kurze Strecke Fahrt, und ihre von Blumensträußen überhöhte Karosse passierte genau die Stelle, wo sie ihr Vater vor fünf Jahren, an einem Sommermorgen, zum letztenmal in die Arme geschlossen hatte. Damals hatte sich Kaiser Franz vor seiner Abreise nach Innsbruck, wo die Hochzeit des Erzherzogs Leopold – des späteren Leopold II. – mit der Infantin Marie Louise gefeiert werden sollte, nach Schönbrunn begeben, um sich von seinen Kindern zu verabschieden. Aber in einiger Entfernung vom Schloß hatte er, vielleicht in der Vorahnung seines Todes, auf der gleichen Straße, der die Dauphine jetzt folgte, seinen Reisewagen nochmals anhalten lassen: »Holt die Erzherzogin Antonia, ich muß sie noch einmal sehen.« Er hatte sie mit unbeschreiblicher Zärtlichkeit angeblickt, und diesen Blick konnte Marie Antoinette bis an ihr Lebensende nicht vergessen.

Erinnerte sie sich aber auch an die Lehren, die der Kaiser seinen Kindern hinterlassen hatte?

»Laßt euch niemals weder von Dingen einnehmen, die euch schlecht erscheinen, noch versuchet, sie harmlos zu finden ... Wir sind nicht auf der Welt, um uns nur zu unterhalten ... Die Leute, mit denen man umgeht, sind eine heikle Sache, sie verwickeln uns gar häufig auch gegen unseren Willen in peinliche Affären ... Die Freundschaft gehört zu den Freuden des Lebens, man muß bloß darauf achten, mit wem man sie schließt, und darf mit ihr nicht zu freigiebig sein ... Daher empfehle ich euch, liebe Kinder, Freundschaft und Vertrauen niemals übereilt an jemand zu verschenken, dessen ihr nicht ganz sicher seid.«

Die spätere Freundin der Gräfin Polignac und des Baron Besenval zählte erst vierzehn Jahre. Es ist kaum anzunehmen, daß sie sich an jene Lehren erinnert hätte. Wird sie ihr Versprechen halten, allmonatlich die Ratschläge nachzulesen, die ihr die Mutter schriftlich mitgegeben hatte und in denen Maria Theresia den Inhalt ihrer abendlichen Gespräche zusammenfaßte? Wie konnte man von einer Vierzehnjährigen etwas anderes erwarten, als daß ihr Herz ein wenig schneller schlug, sobald jemand aus ihrem Gefolge das Zauberwort Versailles in ihrer Gegenwart aussprach? Dem Fürsten Starhemberg unterstanden als dem »mit der Übergabe« betrauten Kommissar einhundertzweiunddreißig Personen: Hofdamen, Kammerfrauen, Haarkünstler, Sekretäre, Schneiderinnen, Chirurgen, Pagen, Quartiermacher, Kapläne, Apotheker, Lakaien und Gehilfen aller Art; ganz zu schweigen von einer Eskorte von Nobelgarden und dem Oberstpostmeister Graf Paar, dem wieder neun Postmeister und fünfundzwanzig Unterbeamte beigegeben waren. Da die Pferde mindestens vier- bis fünfmal täglich gewechselt wurden, hatte man auf der Strecke von Wien nach Straßburg über zwanzigtausend Pferde verteilen müssen. Während der ganzen Fahrt läuteten Kirchenglocken und dröhnten Kanonen den Ehrensalut.

Am ersten Tag nächtigte die riesige Kavalkade nach achtstündiger Reise in Melk, wo die Dauphine von ihrem Bruder Joseph II. empfangen wurde. Im Benediktinerstift, in dem sie die Nacht verbrachte, führten die Schüler eine Oper auf, die Mönche spielten im Orchester. Die Aufführung war abscheulich – so abscheulich, daß Marie Antoinette »sich herzlich langweilte« und darüber melancholisch wurde –, wenn wir Durfort glauben wollen, der die Erzherzogin bis nach Melk begleitete. Aber war es nicht vielleicht Trauer, daß sie alles, was sie liebte, hatte verlassen müssen?

Am nächsten Morgen umarmte sie ihren Bruder zum Abschied und fuhr, allein mit der Fürstin Paar im Wagen, nach Enns, wo sie der Fürst Auersperg in seinem Schloß aufnahm. Am 23ten verließ sie das Donautal und schlief in Lambach; am 24ten erreichte sie nach sechsstündiger Fahrt Altheim; am 25ten setzte sie über den Inn und nächtigte in Altötting, den 26ten und 27ten verbrachte sie in Nymphenburg bei München, wo sie der Kurfürst Maximilian von Bayern begrüßte. Dort gab es keine Etikette, und daher, wie man uns sagt, ein großes Durcheinander. Am 28ten traf Marie Antoinette in Augsburg und am 29ten, nach neunstündiger Fahrt, in Günzburg ein, wo sie zwei Tage bei ihrer Tante, der Prinzessin Charlotte von Lothringen, die Äbtissin von Remiremont war, verbrachte. Um dem jungen Mädchen ein, wie die Äbtissin wohl meinte, besonderes Vergnügen zu bereiten, ließ sie es an einer Lebensmittelausteilung an die Bevölkerung und einem Besuch der lothringischen, auf dem Weg nach Burgau gelegenen Kapelle Königinbild teilnehmen. Dort überreichten zwölf junge Mädchen der Dauphine einen Feldblumenstrauß, um den ein einfaches hübsches Band geschlungen war. Eines von ihnen sagte ein Gedicht auf: das »erlauchteste Paar« möge über hundert Jahre leben. Dann setzte man sich an die Tafel, und die hundertzweiunddreißig Gäste der Äbtissin verschlangen, außer anderen Gerichten, die Kleinigkeit von hundertfünfzig Hühnern, zweihundertsiebzig Pfund Ochsenfleisch, zweihundertzwanzig Pfund Kalbsbraten, fünfundfünfzig Pfund Speck, fünfzig Tauben und dreihundert Eier.

Am folgenden Tag, am 1. Mai, setzte sich die Wagenkolonne auf der Straße nach Ulm in Bewegung und erreichte Riedlingen. Am 2. Mai berührte der Zug wieder die Donau und machte abends in Stockach halt; dies war die neunte Nachtstation. Am 3. Mai wurde Donaueschingen erreicht, am 4ten verbrachte man die Nacht, nachdem man neun und eine halbe Stunde unterwegs gewesen, in Freiburg. Hier wurde eine Rast von zwei Tagen eingeschaltet. Es ging nun durch den Schwarzwald, und Marie Antoinette erreichte endlich die Abtei Schüttern, die letzte Etappe vor der Übergabe. Sogleich nach ihrer Ankunft empfing sie den Besuch des Grafen von Noailles, der als »Außerordentlicher Gesandter« vom König beauftragt war, sie entgegenzunehmen, und der ihr mit dem Grafen Mercy entgegengefahren war. Diese Nominierung, die er seinem Freund Choiseul verdankte, hatte Noailles mit Stolz erfüllt. Er hatte für seine Person »militärische Ehrenbezeigungen« und vor allem viel Geld verlangt. Da sich der Staatsschatz – wie immer – in Schwierigkeiten befand, waren dem Grafen einige schmeichelhafte hohe Orden angeboten worden; er aber antwortete mit stolzer Gebärde: »Davon habe ich schon genug!«

Choiseul hatte sich also entschlossen, ihm ein gutes Dutzend Millionen nach unserem Geld zu überreichen, und ihn gebeten, sich damit zufriedenzugeben. Der Graf tröstete sich darüber, indem er sich sagte, daß seine Mission gleichsam eine Familienangelegenheit geworden sei, da sich seine Frau und sein Sohn, der Prinz von Poix, unter der imposanten Suite befänden, die der König seiner Enkelin entgegensandte.

Herr von Noailles hielt sich nicht lange mit seiner künftigen Herrscherin auf, da ihn schwerwiegende Probleme bedrückten und er es eilig hatte, mit dem Fürsten Starhemberg darüber zu konferieren. In dem Dokument der Übergabe, der »Consegna«, wie man in Österreich sagte, entsetzten ihn drei Worte: »Ihre Kaiserlichen Majestäten *sind gerne bereit*, dem Wunsch des Königs zu willfahren ...« Erweckte dies nicht den Eindruck, als würde Ludwig XV. von Maria Theresia und Joseph II. eine Gunst erwiesen? Könnte man nicht lieber sagen, Ihre Kaiserlichen Majestäten und Seine Königliche Majestät seien in gegenseitiger Zustimmung »übereingekommen«? Starhemberg gab nach, da auch er einen Wunsch auf dem Herzen hatte: er wünschte nämlich – nach österreichischer Etikette – die Aufstellung eines Baldachins im Saal der Übergabe. Noailles nahm an, erkühnte sich aber, vorzuschlagen, daß in der offiziellen Urkunde über den feierlichen Akt der Übergabe König Ludwig an erster Stelle genannt werde. Starhemberg fiel beinahe in Ohnmacht. Das sei ganz ausgeschlossen, erklärte er. Die Herren diskutierten bis in die sinkende Nacht, und da sie doch zu einem Ende kommen mußten, einigten sie sich schließlich, daß, wie in Wien, zwei Urkunden ausgefertigt werden sollten: in der für Frankreich bestimmten sollte der König den Vorrang genießen, während er in der für Österreich reservierten hinter Maria Theresia und Joseph II. zurückstehen würde.

Nun konnten sich alle zur Ruhe begeben, mit Ausnahme der Sekretäre, die die ganze Nacht zu arbeiten hatten, um die Urkunden abzuändern. Marie Antoinette jedoch, die künftighin nur mehr diese beiden Vornamen tragen würde, befand sich in trauriger Stimmung. Ihre

Tränen flossen, ihre Gedanken weilten in dieser letzten Nacht, die sie auf deutschem Boden verbrachte, bei ihrer Mutter. »Ich werde sie niemals wiedersehen«, hörten ihre Damen sie schluchzen.

Für die Zeremonie der feierlichen Übergabe wollte man sich anfänglich eines Hauses bedienen, das auf einer Insel im Rhein lag und einem Herrn Gelb gehörte. Man hätte aber die Zwischenwände entfernen, einen Saal an die Fassade anbauen und ein Wasserloch, das sich vor dem Eingang befand, zuschütten müssen. Die Absicht war, zur großen Erleichterung des Herrn Gelb, aufgegeben worden. In der Nähe war ein Gebäude mit zwei Eingängen – einem französischen und einem österreichischen –, zwei Vorzimmern, vier kleinen Gemächern und einem großen Saal für die Zeremonie aus ungebrannten Ziegeln errichtet worden. Der Fußboden wurde mit Teppichen belegt, die dem Prinzen von Lothringen gehörten, an den Wänden hingen Tapisserien, die der Straßburger Erzbischof, der alte Kardinal Prinz Rohan, geliehen hatte. Alles war unternommen worden, um »der Empfindlichkeit der beiden Höfe gerecht zu werden«. Aber die Wandteppiche erregten nichtsdestoweniger Goethes Unwillen. Der damals Zwanzigjährige war Student der Rechte an der Straßburger Universität und nahm die Gelegenheit wahr, den Pavillon der Übergabe zu wiederholten Malen aufzusuchen. Dabei mißfiel ihm das Sujet der Tapisserien, die die Wände im Hauptsaal bedeckten. Er fand es »schrecklich«. Diese Bilder, schrieb er, enthielten die Geschichte von Jason, Medea und Kreusa, und also ein Beispiel der unglücklichsten Hochzeit. Die Teppiche waren nach Gemälden neuerer französischer Meister gewirkt. »Zur Linken des Thrones sah man die mit dem grausamsten Tod ringende Braut, zur Rechten entsetzte sich der Vater über die ermordeten Kinder zu seinen Füßen, während die Furie auf dem Drachenwagen in die Luft zog. Ein Mißgriff wie dieser brachte mich ganz aus der Fassung. Was!, rief ich aus, ohne mich um die Umstehenden zu kümmern, ist es erlaubt, einer jungen Königin das Beispiel der gräßlichsten Hochzeit, die vielleicht jemals vollzogen worden, bei dem ersten Schritt in ihr Land so unbesonnen vors Auge zu bringen! Ist es doch nicht anders, als hätte man dieser schönen und, wie man hört, lebenslustigen Dame das abscheulichste Gespenst bis an die Grenze entgegengeschickt!«

Es ist nicht schwer zu erraten, daß die Tapisserien, obwohl sie dem jungen Goethe mißfielen, nicht mehr in das erzbischöfliche Palais zurückgekehrt sind. Einem anderen scheinen sie besser gefallen zu haben als ihm.

Obwohl Madame Campan – und nach ihr alle Historiker – dies behaupten, stimmt es dennoch nicht, daß die kleine Dauphine am Morgen des 7. Mai auf der Insel im Rhein nackt ausgezogen wurde, um sie zu verhindern, auch nur ein Stückchen Band aus ihrem gewesenen Vaterland mit sich zu nehmen. Dieser alte Brauch wurde damals nicht mehr geübt. Marie Antoinette zog sich einfach, wie die Archive bezeugen, in einem der österreichischen Gemächer um und legte eine aus Wien mitgebrachte Galarobe an. Ihre Obersthofmeisterin, ihre Ehrendame und ihr Kammerfräulein taten das gleiche in einem anderen Kabinett. Die Damen ihres Gefolges wechselten die Kleider im Hause Gelb. Die kleine Braut durfte sogar ihren Mädchenschmuck behalten.

Von ihrer österreichischen Begleitung gefolgt, betrat die kleine Dauphine an der Hand Starhembergs den Saal der Übergabe und blieb vor dem mit rotem Samt bedeckten großen Tisch, der die Grenze symbolisierte, stehen. Auf der anderen Seite standen nur drei Personen: Noailles und die ihm beigeordneten Kommissare Bouret und Gerard. Die nach »Deutschland« führende Tür in ihrem Rücken war offengeblieben, während die »französische« einstweilen noch geschlossen war. Ein unveröffentlichter Text der Archives Nationales stellt sogar fest, daß der Prinz von Poix und der Türhüter hinter dieser Tür standen und durchs Schlüsselloch schauten. Die Zeremonie dauerte nicht lang. Marie Antoinette setzte sich unter den Baldachin, an dem Starhemberg so viel gelegen war. Die lutherische Universität in Straßburg hatte ihn am gleichen Morgen anfertigen lassen. Sie hörte sich Noailles' äußerst banale Ansprache an und ließ das Vorlesen der offiziellen Urkunde, die Bouret ausgearbeitet hatte, über sich ergehen.

Damit war die Sache beendet und die Frau Erzherzogin Französin geworden. Die österreichischen Damen küßten ihr die Hand, und die französische Tür öffnete sich, um die Gräfin Noailles und den Grafen Saulx-Tavannes, den Ehrenkavalier der Dauphine, einzulassen. Wegen dieses Entrees hatte die Gräfin den Außerordentlichen Gesandten bis aufs Blut gepeinigt. Die eingehenden Berichte in den Archiven erzählen davon: »Der Graf von Noailles hatte den Türhüter wissen lassen, er wünsche, daß die Ehrendame, die Frau Gräfin von Noailles, und der Herr Ehrenkavalier, der der Ehrendame beim Eintritt die Hand zu reichen hat, *nebeneinander* eintreten sollen. Um dem Herrn Grafen zu dienen, richtete der Türhüter es ein, daß der zweite Türflügel beim Eintreten so aufging, als wäre er durch den Reifrock der Ehrendame geöffnet worden, was ja zufälligerweise hätte geschehen können.« Der durch sein Manöver wahrscheinlich zu sehr in Anspruch genommene Türhüter öffnete die Tür des französischen Vorzimmers jedoch ein wenig zu früh, so daß »alle sehen konnten, wie sich die österreichischen Damen verabschiedeten«.

Nachdem das alte Gefolge den Saal verlassen, schloß sich die deutsche Tür. Nur Starhemberg war noch zurückgeblieben. In der Gesellschaft so vieler fremder Leute mag sich die arme Kleine recht verlassen vorgekommen sein. Sie ging ein paar Schritte auf Frau von Noailles zu und warf sich ihr, wie zufluchtsuchend, an die Brust. Aber die steife Gräfin mochte finden, daß diese Aufwallung im Protokoll nicht vorgesehen sei, und beeilte sich, der Dauphine Herrn von Noailles vorzustellen, obwohl dies schon am Vortag geschehen war. Doch diesmal stellte sie ihn in seiner Eigenschaft als Grande von Spanien vor, und Marie Antoinette umarmte ihn, wie es der Sitte entsprach. Nun stellte Frau von Noailles, deren Lebenselement die Etikette war, dem jungen Mädchen seinen Hofstaat vor. Ihre erste Ehrendame, die Herzogin von Villars, und ihre zweite, die Herzogin von Picquigny, die Marquise von Duras, die Gräfinnen von Mailly und von Saulx-Tavannes hatten ehemals wie die Gräfin Noailles dem Hofstaat der Maria Leczinska angehört. Ludwig XV. hatte, statt einen neuen Hofstaat zu ernennen, vorgezogen, den alten der Königin beizubehalten, um Intrigen und Stellenjägerei zu vermeiden. Diese Damen aber hatten durch viele Jahre das öde Dasein ihrer vom König vernachlässigten Herrin geteilt, und so war es kein Wunder, daß ihre Erscheinungen und ihr Benehmen alle Jugendlichkeit und Heiterkeit eingebüßt hatten. Der Gedanke, daß sie ihre besten Jugendjahre in Gesellschaft so reifer Damen verbringen sollte, muß Marie Antoinette sicherlich erschreckt haben. Trotzdem lächelte sie liebenswürdig, als sie sich mit schwebendem Schritt dem Vorzimmer und somit Frankreich zuwandte.

Das dumpfe Grollen eines Gewitters verzog sich gegen den Schwarzwald, eine dreifache Artilleriesalve dröhnte von den Festungswällen, es läuteten alle Kirchenglocken, als die von goldenen Blumensträußen gekrönte Kutsche vor den ersten Häusern Straßburgs anhielt. Herr von Autigny, das Haupt des Magistrats, trat an den Wagenschlag und begann eine Rede in deutscher Sprache. Die Prinzessin unterbrach ihn lächelnd: »Sprechen Sie nicht deutsch, meine Herren; von heute an verstehe ich keine andere Sprache als Französisch.«

Erspare man ihr, um sich nicht weniger liebenswürdig zu zeigen, den Rest der Rede? Wir wissen es nicht. Es ist übrigens möglich, daß es sich hier um einen Ausspruch handelt, der sich von einer nach Frankreich kommenden ausländischen Prinzessin immer wieder auf die nächste übertrug, aber gewiß hat keine ihn so reizend geäußert wie Marie Antoinette.

Vom ersten Schritt Marie Antoinettes auf französischem Boden an sind alle Augenzeugen darin einer Meinung, daß ihr »Lächeln allein« genügte, um einen anzuziehen und zu bezaubern. Dazu aber kam noch »ihr schwebender Gang«, »ihr fürstliches Betragen«, »die ein wenig stolze Haltung von Haupt und Schultern«, so daß man sagen mußte: »Es ist schwer, sich beim Anblick dieser Prinzessin einem Gefühl liebevollen Respekts zu entziehen.« Ebenso bestätigen alle Berichte einmütig, wie sehr die Zeitgenossen den Teint der kleinen Antonia bewunderten, der »buchstäblich einer Mischung aus Lilien und Rosen glich« und »ihr ersparte, zur Schminke Zuflucht zu nehmen«, wie eine Frau nicht ohne Neid bemerkte. In jenem verkommenen Jahrhundert rief die Ankunft Marie Antoinettes in der sterbenden Monarchie und verlotterten Gesellschaft die erfrischende Wirkung eines Feldblumenstraußes hervor. »Sie ist wie ein Hauch des Frühlings!« rief der Engländer Burke aus.

Das Straßburger Schaugepränge war ebenso heiter wie das Lächeln der kleinen Dauphine. Als Hirten und Hirtinnen verkleidete Kinder boten ihr Sträuße dar, junge Mädchen schritten blumenstreuend vor dem Wagen her, und kleine Jungen im Kostüm der Schweizergarde bildeten Spalier. Marie Antoinette fand diesen Einfall entzückend und bat, man möge die Wache vor dem erzbischöflichen Palais, wo sie absteigen sollte, durch dieses Miniaturregiment verstärken. Sie trug ihre Bitte mit so viel Anmut vor, daß man geradezu glücklich war, sie ihr erfüllen zu dürfen.

Marie Antoinette lächelte immer. Sie lächelte, als ihr der gichtische Kardinal Rohan, die bresthaften Kirchenräte und die Abordnungen der Zünfte vorgestellt wurden. Es folgten sechsunddreißig würdig und streng aussehende Damen des Lothringer Adels. Nach der endlosen Festtafel stimmte sie zu, »da sie nicht müde sei«, die Abordnung des Domkapitels zu empfangen, als hätte es sich um ein Dessert gehandelt.

Nach diesem schweren Tag würde man ihr nun wohl Ruhe gönnen . . . O nein! Es war für sie ein Bacchusspiel vorbereitet worden, das von Faßbindern, die mit ihren Reifen tanzten, vorgeführt wurde. Sie lächelte – und der Kommandant der Provinz, der alte Marschall von Contades, begleitete sie zum Theater, wo sie einer Vorstellung von »Dupuis et Desronais« und »La servante-maîtresse« beizuwohnen hatte. Sie lächelte, als der Marschall sie in das Palais zurückgeleitete, ihr die illuminierte Stadt zeigte, ihr ein Souper vorsetzen und sie bekränzte Barken bewundern ließ, die auf der Ill, unterhalb der Terrasse, so angelegt hatten, daß die Dauphine, den letzten Bissen noch im Mund, den Fluß überschreiten und die Dekorationen des Parks betrachten konnte. Die Bäumchen, die die Barken zierten, fingen Feuer. Ein prächtiges Feuerwerk spiegelte sich in der Ill, aus der Wasserfontänen aufstiegen. Ein Chor sang indessen »Es lebe der König!« Kaum daß die Lettern des verschlungenen Monogramms des Dauphin und der Dauphine am nächtlichen Himmel erloschen, führte der unermüdliche Marschall das kleine Mädchen, obgleich Mitternacht vorbei war, in den Theatersaal zurück, der sich indessen in einen Ballsaal verwandelt hatte. Es wurde ihr erst gestattet, sich zur Ruhe zu begeben, nachdem sie einigen Tänzen zugesehen hatte. Aber sie lächelte noch immer, und ihr blendender Teint hatte nichts von seiner Frische eingebüßt.

»Wenn man nach dem Aussehen der Frau Dauphine urteilen darf«, schrieb noch am gleichen Abend Noailles an Choiseul, »glaub ich nicht, daß man sich über ihre Gesundheit Sorgen zu machen braucht.«

Am nächsten Morgen wurde das junge Mädchen in Abwesenheit des alten Kardinals Rohan von einem mit goldener Mitra gekrönten, ihr unbekannten Prälaten unter dem Portal des Domes begrüßt. Er war jung, schlank und elegant und verbeugte sich mit Anmut. Es war der Koadjutor des Erzbischofs, Prinz Louis Rohan, der spätere Kardinal Rohan, der eines Tages »Cardinal Collier« heißen sollte. »Er lebte so galant wie nur möglich« – in jener Zeit verstand man sich darauf – in einem Kreis hübscher Frauen, hielt täglich Tafel oder hetzte Hirsch und Fuchs. Manchmal unterbrach er diese Lebensführung eines orientalischen Fürsten, um seinem Onkel, auf dessen Nachfolge er indessen wartete, zu assistieren. Aber dieser Satrap von einem Prälaten vergaß nicht, daß er Mitglied der Akademie war, und wandte sich an diesem Morgen an Marie Antoinette mit Worten, die der illustren Gesellschaft würdig waren.

»Sie werden, Madame, als das lebendige Ebenbild der verehrten Kaiserin unter uns weilen, die die Nachwelt ebenso bewundern wird, wie sie Europa schon seit langem verehrt. Die Seele Maria Theresiens vereint sich nun mit der Seele der Bourbonen.«

Bei diesen Worten stiegen »Madame zwei Tränen« in die Augen und tropften über ihre Wangen, die »sich rosiger färbten«. Am Ende der Ansprache erhob der Prälat die einschmeichelnd klangvolle Stimme: »Aus einer Vereinigung von solcher Schönheit muß das Goldene Zeitalter hervorgehen, und unsere Nachkommen werden die Verewigung des Glücks erleben, das wir unter der Regierung Ludwigs des Vielgeliebten genießen dürfen.«

Ein fragwürdiges Glück, darüber besteht kein Zweifel ... Aber die Rede war so schön verfaßt und so gut gehalten, daß sich die Zuhörer den Kopf nicht weiter zerbrachen. Vor Beginn der Messe erteilte der jugendliche Prälat dem »sich tief verneigenden Kind« mit einer eleganten Handbewegung den Segen. Es war derselbe Mann, dem später durch seine Leichtgläubigkeit und Verblendung ein so schwerer Anteil von Schuld an der entsetzlichen Tragödie zufallen sollte ...

Im Verlauf der folgenden Woche mußte Marie Antoinette in Saverne, Lunéville, Nancy, Commercy, Bar-le-Duc, Saint Dizier, Reims, Châlons und Soissons eine wahre Flut von Ansprachen, Gedichten und Ehrenbezeigungen über sich ergehen lassen. Sie ertrug es mit stoischer Ruhe, abwechselnd Venus, Hebe, Psyche, Antiope, Flora und Minerva zu sein. Mutigen Herzens überstand sie Triumphbögen, Paraden, Bälle, Artilleriesalven, Deputationen, Festessen, Ansprachen, Schauspiele, Ballette, endlose Empfänge, Glockengeläut, Hochämter, Illuminationen, Feuerwerke, Liebestempel aller Art und Pavillons, deren trompetenblasende Genien Frankreichs die Ankunft ihrer künftigen Herrscherin verkündeten. Aber das Programm schien gelegentlich noch immer nicht ausgiebig genug zu sein. An einer der Zwischenstationen »schlug die Gräfin Noailles der Dauphine vor, zu tanzen, da es noch sehr früh am Morgen sei«. Und die Dauphine stimmte ihr wirklich zu! Eine Regimentsmusik wurde herbeigeholt, und Marie Antoinette tanzte mit den Damen und Herren ihrer Suite. Sie schien immer in bester Stimmung, obwohl sie – von Mercy, Starhemberg und Vermond abgesehen – von lauter fremden Gesichtern umgeben war.

Der riesige Hochzeitszug schleppte sich langsam über die staubige Straße, die eigens für diese Fahrt instandgesetzt worden war. An jedem Relais brauchte man 386 Pferde. Die Poststationen von Périgueux, Pont-Saint-Esprit und Angoulême mußten Verstärkungen senden. Alle Einzelheiten waren aufs genaueste festgelegt worden, selbst die Bedienten hatte man nach ihrem Äußern ausgesucht. Die Gründe für die Ablehnung des einen oder andern sind in den Archiven zu finden: »häßliches Gesicht«, »zu klein«, oder beides: »häßlich und plump«.

Zwei riesige Möbelwagen, von denen jeder mit dem Mobiliar eines kompletten Zimmers bepackt war, fuhren dem Zug voraus. Sie lösten einander ab, so daß die Dauphine in jedem Nachtquartier stets eines der beiden Zimmer vorfand. Das Mobiliar bestand aus Fauteuils, Wandschirmen und Faltstühlen aus karmesinrotem, mit Troddeln, Borten und golddurchwirkten Fransen geziertem Damast, sowie zwei Betten, über die eine Decke aus scharlachrotem und eine zweite aus weißem Satin gebreitet war. In diesen Betten sollte Marie Antoinette von dem Mann träumen, dessen Frau sie seit drei Wochen war und den sie nur von ein paar Miniaturen und einem Kupferstich kannte ... Versteht dieser sechzehnjährige Dauphin auch noch etwas anderes als einen Pflug zu führen – wie auf dem Kupferstich? Übertrieb Mlle Cosson de la Cressonière nicht ein wenig, als sie in einem Vierzeiler, den sie im »Mercure« erscheinen ließ, behauptete, daß hier die »jugendliche Psyche zu Amors Lager geleitet wird?«

»Haben Sie es eilig, den Dauphin zu sehen?« fragte sie eine ihrer Damen. »Madame«, erwiderte sie maliziös mit einem reizenden Lächeln, »ich werde in fünf Tagen in Versailles sein – und am sechsten wird es mir leichter fallen, Ihnen zu antworten, als heute.«

Aber die »jugendliche Psyche« sollte »Amor« nicht in Versailles begegnen, sondern im Wald von Compiègne ...

## II

## »UNBEZAHLBARE« FESTE

In der Nähe des Pont de Berne waren am Rande des Waldes von Compiègne am Abend des 14. Mai die Leibgarden, Chevauxlegers, Musketiere und Gendarmen wie zu einer Feldschlacht aufmarschiert, um das drängende Volk in Schach zu halten.

Der König erwartete »seine Enkelin«, wie er Marie Antoinette zu nennen pflegte. Ludwig der XV. war trotz seiner sechzig Jahre immer noch der schönste Mann seines Königreiches. Die Bürde seines Herrscheramtes, die er seit einem halben Jahrhundert trug, hatte ihn weder gebeugt noch müde gemacht. Die Ankunft des kleinen Mädchens, das in den Depeschen von Ministern und Gesandten seit drei Jahren eine so große Rolle spielte, bot dem übersättigten Mann eine höchst willkommene Abwechslung. Vor einigen Tagen hatte er Bouret empfangen, der sich nach der Vorlesung des Protokolls im Pavillon der Übergabe spornstreichs auf den Weg gemacht hatte, um dem König das Dokument zu überbringen. »Wie hat Ihnen Madame la Dauphine gefallen?« fragte ihn der alte Lüstling. »Wie ist es um ihren Busen bestellt?« In späteren Jahren blühte Marie Antoinette zu üppiger Schönheit auf, im Augenblick aber deutete sich ihre Brust erst an, wie auf dem Porträt von Ducreux zu sehen ist. Bouret begnügte sich zu erwidern, »daß Madame la Dauphine eine charmante Gestalt und sehr schöne Augen habe«. »Davon spreche ich nicht«, unterbrach ihn der König, »ich frage Sie, ob sie Busen hat?« Bouret zog sich als Höfling gewandt aus der Affäre: »Sire, ich nahm mir nicht die Freiheit, meinen Blick dahin zu richten.« »Sie sind ein Dummkopf! Das ist doch das erste, worauf man bei Frauen achtet.«

Der König wartete also am Walde von Compiègne und war so angeregt, daß er sogar vergaß, sich zu langweilen und an den Tod zu denken. Während des Wartens beunruhigte ihn freilich ein wenig der Gedanke, wie sich wohl die Dauphine zu Frau von Dubarry stellen würde. Nach einem Bericht Mercys an Maria Theresia hatte vor vierzehn Tagen »die Leidenschaft des Königs über die Scham gesiegt«, und Jeanne Bécu, uneheliche Tochter einer kleinen Schneiderin aus Vaucouleurs im Bourbonnais, war dem Hof, den Töchtern des Königs und dem Dauphin vorgestellt worden. Mercy nannte sie unverblümt eine »Dirne«, die Pamphletisten zweideutig »la Bourbonnaise«.

»Sie ist sehr hübsch, sie gefällt mir, das hat zu genügen«, hatte der König an Choiseul geschrieben. Vor dem alten Schürzenjäger Richelieu drückte er sich schon vertraulicher aus: »Sie bereitet mir Vergnügungen, die ich bisher nicht kannte.«

Das waren freilich Argumente, mit denen man der kleinen Erzherzogin schwerlich kommen konnte, besonders da Maria Theresia es unterlassen hatte, sie auf eine Begegnung mit »dieser Kreatur« vorzubereiten.

Mesdames, die Töchter Ludwigs XV., standen mit verkniffenen Mienen in der Nähe des Königs. Seit einigen Tagen bemühten sie sich vergeblich, ihr inneres Gleichgewicht wiederzufinden. Sie waren ganz aus der Fassung gebracht, weil ihre Schwester, Madame Louise, ohne die Damen Adelaïde, Victoire und Sophie von ihrem Entschluß zu unterrichten, soeben in das Karmelitenkloster von Saint-Denis, das ärmste Frankreichs, eingetreten war. Gerade Madame Louise, die jetzt als Klosterschwester Thérèse Augustine nur noch »mit Erlaubnis der Mutter Oberin« an den König schreiben durfte, war leichten Sinnes gewesen, hatte schöne Toiletten geliebt und, wie uns Frau von Boigne berichtet, »sehr große Neigung zum Kokettieren« gehabt. Daher war auch, als der König bei seiner ältesten Tochter erschien, um ihr mitzuteilen, daß ihre Schwester Louise des Nachts davongelaufen sei, die erste Frage Adelaïdens: »Mit wem?«

Madame Adelaïde, in früheren Jahren entzückend, war seither verwelkt und »bösartig wie die Krätze« geworden. Sie wurde von ihrem Vater je nach Laune der Fetzen oder das Scheuertuch genannt. Sie blies Waldhorn, spielte Maultrommel und fabrizierte Serviettenringe. Man kann sich aber trotz ihrer Vorliebe für schlichte Beschäftigungen kaum ein Wesen vorstellen, das hochfahrender und von seiner Abkunft eingenommener gewesen wäre als sie. Auf ihren Titel »Prinzessin des Königlichen Hauses von Frankreich« war sie so stolz, daß ihr jede Heirat, selbst mit dem Sohn eines regierenden Fürsten, als Mésalliance erschien. Daher zog sie es vor, lieber in Versailles zu versauern. Ihrer Schwester, Madame Victoire, einer bigotten, dicken Person, waren noch schwache Reste einstiger Schönheit geblieben. Ihre Gutmütigkeit ließ ihre Dummheit vergessen. Nach Frau von Boignes Bericht sagte sie während einer Hungersnot mit Tränen in den Augen, als von den Leiden der Hungernden, die nicht einmal mehr Brot hätten, gesprochen wurde: »Aber, mein Gott, könnten sie sich denn nicht mit Kuchen begnügen?«

Madame Sophie, die dritte Schwester, erschreckte durch ihre »seltene Häßlichkeit« alle Leute, ausgenommen den riesigen Herzog von Luynes, der an ihr »einen Ausdruck von Schönheit« zu entdecken meinte. »Ich sah noch nie eine abschreckendere Person«, erzählte Mme Campan. »Sie ging mit ungemein hastigen Schritten; um aber die Leute, die vor ihr zur Seite traten, zu erkennen, ohne sie anzusehen, hatte sie sich angewöhnt, wie die Hasen seitlich zu blicken.« Wie Madame Victoire war auch sie »eine passive Natur«. Das Kommando führte, mit verrosteter Korporalstimme, Madame Adelaïde. Zu jener Zeit lautete ihre Parole, Choiseul und die Dubarry zu entfernen und sich zu diesem Zweck der kleinen Dauphine zu bedienen, obgleich die Schwestern alles getan hatten, um diese Heirat zu verhindern. Abgesehen von ihrer Abneigung gegen Österreich, hatte Victoire die Frau ihres Neffen selbst wählen wollen, um sie nach Gutdünken beeinflussen zu können. Ein Hofbeamter der künftigen Dauphine, der sich vor seiner Abreise nach Straßburg nach »ihren Befehlen« erkundigte, hatte die folgende Antwort erhalten: »Wenn ich zu befehlen hätte, würde ich gewiß nicht den Befehl geben, uns eine Österreicherin zu holen.«

Diese Österreicherin stand soeben im Begriff, ihr den ersten Platz am Hof zu rauben, den sie seit dem Tod ihrer Schwägerin, der Mutter des Dauphin, innehatte. Schon in der nächsten Stunde würde sich dieses vierzehnjährige Kind im Fond der Karosse neben den König setzen!

Unter rauschendem Jubel des Volkes, Trommelwirbel und Trompetengeschmetter traf der Hochzeitszug endlich ein. Die Brautkarosse hielt an, und im gleichen Augenblick entstieg ihr die Dauphine, gefolgt von dem strahlenden Choiseul, dem Ludwig XV. die Gunst erwiesen hatte, ihr ein Stückchen entgegenfahren zu dürfen. Sie eilte mit beschwingtem Schritt auf den König zu und kniete anmutig vor ihm nieder. Der König hob sie lächelnd auf – denn die kleine Dauphine war reizend – und küßte sie väterlich. Dann wandte sie sich dem fünfzehnjährigen riesigen Lümmel von fünf Fuß zehn Zoll Höhe zu, der, von einem Bein auf das andere tretend, verlegen neben dem König stand, und küßte ihn auf beide Wangen. Das also war der Dauphin!

In der königlichen Karosse nahm ihr Gemahl den ihr gegenüberliegenden Sitz ein, und Marie Antoinette hatte alle Muße, ihn ausgiebig zu betrachten. Ihm aber fiel es gar nicht ein, den stumpfen Blick seiner kurzsichtigen Augen auf sie zu richten, obwohl sie doch so frisch und charmant war. Der ungeschlacht linkische Junge wünschte sich offenbar weit fort von hier. Das vierzehnjährige kleine Mädchen vermochte freilich nicht zu erraten, daß sich unter dem unvorteilhaften Äußeren dieses mürrischen, ungeschliffenen und plumpen Menschen Charaktereigenschaften verbargen, die ihn zwar nicht zu einem glänzenden Fürsten, wohl aber zunächst zu einem »guten Jungen« und später zu einem »biederen Manne« machten. Gab es denn nicht genug Entschuldigungsgründe für sein bäurisches und ungefälliges Wesen? Er hatte den Vater mit elf, die Mutter mit dreizehn Jahren verloren und war von dem aufgeblasenen, eitlen Herzog de la Vauguyon sehr schlecht erzogen worden. Sein Großvater war mit so vielen leichtfertigen und schwerwiegenden Dingen beschäftigt, daß er nicht die Zeit fand, sich des apathischen Jungen anzunehmen, dessen Wesen ihm übrigens ein Rätsel blieb. Zu Mercy äußerte er sich darüber: »Das ist kein Mann wie alle anderen.« Was sei das wohl für eine Art von ihm, sich ständig mit Backwerk vollzustopfen, bis er sich übergab? Oder das Vergnügen an manuellen Arbeiten als Schlosser oder Maurer? Kein Arbeiter konnte ins Schloß kommen, ohne daß der Dauphin herbeilief und wie ein Taglöhner mitarbeitete, um dann verschmutzt und erschöpft in seine Gemächer zurückzuschleichen.

Aber diese Dinge wußte Marie Antoinette noch nicht. Trotzdem können wir uns ihre Enttäuschung vorstellen, obgleich sie zu lächeln fortfuhr und nie etwas darüber äußerte. Wo blieb er jetzt, der Dauphin ihrer Träume?

Und was dachte der Bräutigam über dieses rosige, blonde Mädchen, das man ihm übermorgen ins Bett legen würde? Fürchtete er bereits den ironischen Blick ihrer etwas vorstehenden Augen? Weiß er, daß sie spottsüchtig ist? Errät er, daß ihr hübscher kleiner Mund reizend schmollen, sich aber auch verächtlich verziehen kann? Gewiß nicht. Ein solcher Scharfblick war dem tölpelhaften Jungen von fünfzehn Jahren und neun Monaten nicht zuzutrauen.

Ludwig XV. hingegen geriet in immer größere Begeisterung. Er äußerte dies sogleich zu Mercy, der sich beeilte, einen Kurier nach Wien zu senden. Er fügte gleich noch hinzu: »Die ganze königliche Familie ist in die Frau Erzherzogin vernarrt.« Es gelang ihr beinahe schon am Waldrand von Compiègne, die verhärteten Herzen der Töchter des Königs aufzutauen, als sie ihnen so freundlich die Wange zum Kusse darbot. Bei der Ankunft in Compiègne eroberte sie sogleich die Sympathien ihrer Kusins Orléans, Condé und Conti.

In den Gemächern Ludwigs XV. begrüßte sie, »trotz der Gegenwart des Königs«, die Prinzen von Geblüt, die sich der Reihe nach vor ihr verneigten, den Herzog von Orléans, einen Enkel des Regenten von Frankreich während Ludwigs XV. Minderjährigkeit 1715–1723, den Herzog von Penthièvre, einen Enkel Ludwigs XIV. und der Montespan, die Prinzen von Condé und Conti, die ihr schon erwachsen erschienen, während ihre Kusins Chartres und Bourbon fast im gleichen Alter mit ihr standen. Einer von ihnen, der Sohn des Prinzen Condé, war sogar um einige Monate jünger als sie, trotzdem aber schon mit Louise Bathilde von Orléans, einer Schwester des neunzehnjährigen Prinzen von Chartres, verheiratet. Der Sohn des Herzogs von Orléans, der spätere Philipp Egalité, zählte dreiundzwanzig Jahre, seine Frau, die Herzogin von Chartres und Tochter des Herzogs von Penthièvre, war um vier Jahre jünger. Die letzte Prinzessin, eine melancholisch lächelnde junge Frau, die mit Marie Antoinette den »Kuß auf die Wange« tauschte, war Marie Thérèse von Carignan-Savoyen, Prinzessin von Lamballe. Sie war seit zwei Jahren verwitwet, zählte aber nicht mehr als einundzwanzig Jahre. Ihr Gatte, der einzige Sohn des Herzogs von Penthièvre, war nach einem zügellosen Leben an den Folgeerscheinungen einer »Galanterie« elend zugrunde gegangen. Seither lebte sie freudlos bei ihrem Schwiegervater, dem untröstlichen Herzog von Penthièvre, der seine Neurasthenie und seine Uhrensammlung von einem Schloß zum andern schleppte.

Dann wurde die Dauphine in ihre Gemächer geleitet, wo ihr die Kavaliere und Damen vorgestellt wurden, die Ludwig XV. nach Compiègne begleitet hatten. Nach einem Souper in Gesellschaft des Königs und der königlichen Familie betrat der Zeremonienmeister das

Zimmer der Dauphine und legte ihr zwölf Eheringe zur Auswahl vor. Die Ringe waren von dem Intendanten der »Menus-Plaisirs«, der »Lustbarkeiten des Hofes«, geliefert worden. Einer paßte wie angegossen auf den Finger des jungen Mädchens. Er wurde ihr jedoch wieder abgenommen. Sie durfte ihn erst übermorgen nach der Hochzeitsfeier tragen.

Die Dauphine begab sich zur Ruhe. Der Dauphin jedoch durfte nach der Etikette die Nacht nicht unter dem gleichen Dach wie sie verbringen und begab sich daher in das Palais des Grafen Saint-Florentin, des Ministers und Staatssekretärs des Königlichen Hauses.

Marie Antoinette hätte freilich nichts von ihm zu befürchten gehabt. Ludwig August wäre gewiß nicht gewaltsam in das Schlafzimmer seiner Frau eingedrungen, wie sechsunddreißig Jahre später, in dem gleichen Compiègne, Napoleon, der ebenfalls eine blonde Erzherzogin per procurationem geheiratet hatte. Gierig verschlang der Dauphin im Hôtel Saint-Florentin noch ein zweites Abendessen, schlug dann gähnend sein in graue Leinwand gebundenes Tagebuch auf und schrieb mit seiner feinen, kleinen Handschrift unter dem 14. Mai 1770 nicht mehr hinein als die fünf Worte: »Entrevue mit Madame la Dauphine.«

Schon seit einem Monat war Graf Mercy mehr tot als lebendig. Unter den neununddreißig »Damen von Stand«, die am folgenden Tag mit der königlichen Familie im Schloß La Muette, der letzten Etappe vor Versailles, speisen sollten, befinde sich, wie es hieß, Frau von Dubarry! »Es erscheint mir unbegreiflich«, schrieb er an Maria Theresia, »daß der König diesen Augenblick gewählt haben sollte, um seiner Favoritin eine Ehre zu gewähren, die ihr bisher versagt geblieben ist.«

Quälende Angst schnürte dem Herrn Gesandten auf der Fahrt gegen Paris den ganzen Tag die Kehle zu. Als die Karossen in Saint-Denis vor dem Karmeliterkloster hielten, wo die Dauphine der »Schwester Thérèse Augustin« vorgestellt wurde, schöpfte er einige Hoffnung. Es sei doch nicht möglich, sagte er sich, daß der König seine Enkelin am gleichen Tag mit seiner Mätresse und mit seiner Tochter Louise bekannt machen würde, die, wie es hieß, ins Kloster gegangen war, um das skandalöse Betragen ihres Vaters durch dieses Opfer zu sühnen. Von Sorge beschwert, vermochte Mercy den Jubel der Pariser kaum zu genießen, die der Dauphine auf ihrer Fahrt außerhalb der Stadt zujauchzten. Der König, den das Volk schon lange nicht mehr bejubelte, hatte es vorgezogen, vorauszufahren und seine Enkelin in La Muette zu erwarten. Hier lernte sie sogleich nach ihrem Eintreffen die beiden Brüder des Dauphin kennen, Provence und Artois, die nachmaligen Könige Ludwig XVIII. und Karl X. Graf Mercy atmete auf. Der König würde diese beiden Kinder von dreizehn und vierzehn Jahren doch nicht mit »dieser Kreatur« am gleichen Tische speisen lassen! Dann aber erblaßte der Gesandte jählings. Funkelnd von Edelsteinen verbeugte sich unter den »Damen von Stand« die Dubarry vor der Dauphine! Eine Weile später, bei Tisch, fragte der König seine

Enkelin, wie sie die Dame fände, die ihr vom Ende der Tafel zulächelte. »Charmant«, erwiderte Marie Antoinette.

Neugierig gemacht neigte sie sich zu der Gräfin Noailles und erkundigte sich, welche Rolle diese blonde Dame mit den schwarzen Augen, deren Teint an Milch und Rosen erinnere, am Hofe spiele. Die Ehrendame zögerte, bevor sie kurz bemerkte: »Ihre Funktionen? ... Den König zu amüsieren.« Da rief die kleine Braut: »Dann bin ich ihre Rivalin!«

Am entgegengesetzten Ende der Tafel maß die Gräfin Dubarry das junge Mädchen, das morgen die erste Dame Frankreichs sein würde, mit prüfenden Blicken. Am gleichen Abend erklärte sie, leicht mit der Zunge anstoßend, ein Sprachfehler, der ihren königlichen Galan merkwürdigerweise entzückte: »Ist sie nicht sarmant, diese Kleine?«

Schon in einem Monat werden die beiden Damen einander bei weitem nicht mehr so »charmant« finden wie an diesem Abend.

Vor dreiundzwanzig Jahren war ebenfalls eine deutsche Prinzessin, Maria Josepha von Sachsen, nach Frankreich gekommen, um einen Dauphin zu heiraten. Sie wurde auf der gleichen Insel im Rhein übergeben, in Straßburg jubelte ihr das Volk zu, der König und ihr »Gemahl« erwarteten sie am Wald von Compiègne. Sie traf auf einem Schloß ein, wo sie die Bekanntschaft der königlichen Favoritin machte, die damals Marquise von Pompadour hieß. Begrüßt vom Trompetengeschmetter der Garden, hielt ihre Kutsche am nächsten Tag vor der Marmortreppe zu Versailles. Hier wurde sie von Ludwig XV. und dem Dauphin zu ihrem Zimmer im Erdgeschoß des Schlosses geleitet, dessen Fenster auf das südliche Gartenparterre des Parkes schauten.

Auch Marie Antoinette wurde – nachdem sie noch die Bekanntschaft zweier kleiner Mädchen, Mesdames Clotilde und Elisabeth, der Schwestern des Dauphin, gemacht – in das gleiche Zimmer geführt. Hier waren die späteren Könige Ludwig XVI., Ludwig XVIII. und Karl X. zur Welt gekommen.

Ludwig XV. hatte seiner Schwiegertochter den Spitznamen »die traurige Pepa« gegeben. Die Erinnerung an diese Frau haftete noch an dem Raum, der dem Zimmer des Dauphin benachbart war und welches Martin Grün in Grün ausgestattet hatte. Der Vater Ludwigs XVI. hatte seine erste Frau, eine spanische Prinzessin, die er innig liebte, durch den Tod verloren. Er vermochte anfänglich das Schlafzimmer seiner zweiten Gattin gar nicht zu betreten, ohne in Tränen auszubrechen ... Aber die kleine sächsische Prinzessin legte ein bewundernswertes Verständnis an den Tag. »Lassen Sie Ihren Tränen freien Lauf, Monsieur«, sagte sie, »und fürchten Sie nicht, mich zu kränken. Ihr Schmerz kündet mir im Gegenteil, was ich selbst erhoffen darf, wenn es mir glücken sollte, Ihre Wertschätzung zu erwerben.« Sie hatte sie sich über alles Erwarten verdient, und Versailles beobachtete gespannt das rührende Schauspiel eines fürstlichen Eheidylls.

Sollte sich dieses einmalige Phänomen nun wiederholen? Schon an seinem Hochzeitstag benahm sich der Dauphin ebenso kläglich wie sein Vater, allerdings aus einem anderen Grund. Späterhin brachte er es durch seine Ungeschicklichkeit zuwege, Marie Antoinettes Gefühle ernstlich zu verletzen.

Während Braut und Bräutigam in ihren anstoßenden Appartements in golddurchwirkte Stoffe und Silberbrokat gekleidet wurden, erschütterte ein viel gewichtigeres Problem das riesige Schloß. Ein Drama großen Stils spielte sich hier ab. Die Herzoge und Pairs von Frankreich versammelten sich, ein Bischof, Mgr. de Broglie, wagte es, dem König eine in fast beleidigendem Ton gehaltene Denkschrift zu überreichen. Ludwig XV., der sich sonst über alles mokierte, ärgerte sich diesmal so sehr, daß er den Hut zu Boden warf und »ihm die Tränen in die Augen traten«.

Und diese ganze Aufregung wegen eines Menuetts! Der Anfang dieser Affäre ging auf das Jahr 1496 zurück. Als damals Karl VIII. in Frankreich herrschte, hatte sich die jüngere Linie des Hauses Lothringen von der Linie der regierenden Herzöge abgespalten. Indessen war die ältere mit Marie Antoinettes Vater Franz von Lothringen auf den deutschen Kaiserthron gelangt, während die jüngere – die Guise und andere – weiterhin in Frankreichs Diensten verblieben.

Einige Monate vor dem für die Hochzeit festgesetzten Tag hatte sich Madame de Brionne-Lorraine, die Mutter des Prinzen von Lambesq und der Mademoiselle de Lorraine, bei Mercy eingefunden, um ihn zu bitten, ob er nicht anläßlich der Hochzeit der Frau Erzherzogin »eine besondere Auszeichnung« für Mademoiselle de Lorraine erlangen könnte. Der Gesandte fand die Bitte durchaus verständlich. Er berichtete darüber an seine Herrscherin, die seine Meinung teilte, fuhr nach Versailles und trug die Sache dem König vor. Ludwig XV. war einverstanden. Er verfügte, daß Mademoiselle de Lorraine auf dem Ball ihr erstes Menuett nach den königlichen Prinzessinnen und *vor* den französischen Herzoginnen tanzen solle.

Die Nachricht verbreitete sich wie ein Lauffeuer im Schloß. Die Herzoginnen waren einer Ohnmacht nahe. Werden die Lothringer, »diese ausländischen Fürsten«, hieß es verächtlich, diesen Präzedenzfall nicht benützen, um einen eigenen Rang zwischen den Prinzen von Geblüt und den Herzogen zugestanden zu erhalten? Unverzüglich hatten sich Herzoge und Pairs unter dem Vorsitz des Bischofs von Noyon versammelt und dem König eine Petition gesandt. Ludwig XV., im höchsten Maße verärgert, konnte seine Zusage nicht mehr zurückziehen; er gab eine ausweichende Antwort. Daraufhin beschlossen die empörten Herzoginnen, dem Ball fernzubleiben.

So weit war es also an diesem heiteren Maienmorgen des Jahres 1770 gekommen.

Die Braut war angekleidet und wartete gleichsam auf das Stichwort, um auf der Bühne zu erscheinen. Versailles war wahrlich ein großartiges Theater, auf dem das Schauspiel des Königtums in aller Öffentlichkeit vorgeführt wurde. Jedermann hatte hier Zutritt, um in der berühmten Spiegelgalerie mit vor Staunen offenem Munde den König beim Gang zur Messe vorüberschreiten zu sehen oder die Fürstlichkeiten beim Speisen zu bewundern. Ludwig XV. etwa öffnete sein Ei mit solcher Geschicklichkeit, daß dies allein schon es lohnte, nach Versailles hinauszufahren. Nur »Hunden, Bettelmönchen und jüngst von den Blattern Gezeichneten« war es untersagt, die Schwelle des Herkulessaales zu überschreiten. Zurückgewiesen wurden ferner Leute ohne Hut und Degen. Aber diesem Übelstand war leicht abzuhelfen. Man brauchte sich Hut und Rapier nur bei dem Kastellan des Schlosses auszuleihen, der daraus ein lukratives Geschäft machte. Versailles war ein Haufen lärmenden Volks, ein öffentlicher Tummelplatz. Auch »verrufene Frauenzimmer« waren unter der Bedingung zugelassen, da sie ihrem »sträflichen Gewerbe« in den Appartements nicht nachgingen. Selbst Leute, die denkende Tiere produzierten, sind geduldet worden. Kühe stiegen in den ersten Stock, wo sie an den Betten der Prinzessinnen gemolken wurden. War einer bei Hof »vorgestellt«, konnte er die königliche Familie beim Aufstehen, Schlafengehen und bei der Toilette betrachten. Stand ihm aber gar durch hohe Geburt das Recht der »grandes entrées«, des freien Zutritts bei allen Gelegenheiten zu, dann wurde ihm sogar die Ehre zuteil, den Herrn des Hauses auf dem Leibstuhl sitzen zu sehen. Die unglücklichen Fürstlichkeiten konnten sich nur in den Kulissen, das heißt in den kleinen Appartements, einigermaßen ungestört bewegen ...

Bereits am frühen Morgen fuhren die Equipagen der Prinzen und Herzoge im Hofe vor. Die Pferdegeschirre aus gestepptem Leder waren mit goldenem Zierat beschlagen, die schweren Karossenpferde, die Mähnen mit farbigen Bändern durchflochten, waren mit grellroten oder blauen Federbüschen und Kokarden herausstaffiert. Die Kutscher trugen mit Federchen und goldenen oder silbernen Tressen verzierte Hüte. Vier Lakaien in großer Livree klammerten sich, so gut es ging, hinten an die Karosse, und neben dem Kutscher saßen zwei Pagen auf dem Bock.

Das auserwählte Publikum – das Publikum der großen Premieren – drängte sich in der Spiegelgalerie und in der Kapelle. Zu seiner Bequemlichkeit und damit ihm nichts von dem Schauspiel entgehe, waren Balustraden und stufenweise erhöhte Bänke aufgestellt. Grundsätzlich hatten nur Damen »in großem Staat«, Ritter des Heiligen-Geist-Ordens, des Cordon bleu, und die zahlreichen Inhaber von Einladungskarten, im ganzen über fünftausend Personen, Zutritt. Aber man nahm es nicht genau, der Postenkommandant hatte Order, auch Damen von Stand einzulassen, »wenn ihnen zwei Lakaien folgten oder wenn ihnen jemand die Hand gab«. Die »am besten angezogenen« Damen erhielten Plätze in der Großen Galerie zugewiesen.

Endlich, um ein Uhr nachmittags, hob sich der Vorhang.

Der Oberzeremonienmeister schritt gravitätisch vor den Brautleuten, die einander an den Händen hielten. Marie Antoinette – rosig, blond, in von Diamanten funkelndem Silberbrokat – glich einem Sonnenstrahl. Während sie »anmutig schreitend« die Spiegelgalerie entlang und durch die Flucht der großen Appartements schwebte, verließ das bezaubernde Lächeln nicht einen Augenblick ihre Lippen. Bei ihrem Vorübergehen zitierte ein gebildeter Höfling Virgil: »Incessu patuit dea . . .« Neben ihr ging Ludwig August mit verdrießlicher Miene in einem goldenen Galakleid, das zwölftausenddreihundertzweiundzwanzig Livres gekostet hatte. Er wiegte sich schlenkernd in den Hüften; eine unvorteilhafte Eigenheit so vieler Bourbonen.

In der Kapelle, in die der König unter dem Trommelwirbel und Pfeifenklang der Schweizergarde einzog, bildete diese Spalier. Das Gedränge im Kirchenschiff und auf den Galerien war atemberaubend, aber welch ungewöhnliches Bild bot sich einem dar! Der in Weiß und Gold gehaltene Raum schien eher ein Salon zu sein als ein Gotteshaus. Engel mit den Marterwerkzeugen der Passion in den Händen sahen wie betrübte junge Mädchen aus, die Cherubine in der Darstellung der Himmlischen Seligkeit wie Liebesgötter. Juda war durch die Gestalt eines seraphischen Lichtengels symbolisiert, und Gottvater selbst erinnerte, über dem Kirchenschiff schwebend, an einen bärtigen Saturn. Der König und die Prinzen traten hinter das junge Paar, das auf purpurrotem Samt vor dem Altar kniete, der Großalmosenier de La Roche-Aymon, Erzbischof von Reims, vollzog die Trauung. Er segnete die dreizehn Goldstücke – Reminiszenz an den Frauenkauf – und die Ringe. Ludwig August sah seinen Großvater an, und als dieser nickte, schob er den Ring über Marie Antoinettes vierten Finger. Der Prälat segnete die beiden knieenden Kinder, und Ludwig XV. kehrte wieder zu seinem Thronsessel zurück. Unter den Klängen einer von dem Abbé Gauzargues komponierten Motette setzte die Messe ein. Der Hof wohnte ihr, dicht gedrängt auf der Empore, bei. »Da und dort aufgestellte Leibgardisten achteten darauf, daß Ruhe gehalten wurde und alle niederknieten«. Beim Paternoster wurde von dem Ersten Almosenier des Königs, dem Erzbischof von Senlis, und dem Ersten Almosenier der Dauphine, dem Erzbischof von Chartres, ein Baldachin aus Silberbrokat über die Häupter des jungen Paares gehalten. Nach der Zeremonie verkauften die acht Quartalsalmosenverteiler den Baldachin, den die königliche Verwaltung beigestellt hatte, auf eigene Rechnung, was noch zu vielen Diskussionen Anlaß geben sollte.

Gewöhnlich pflegte der Dauphin die Messe mit ebenso lautem wie falschem Gesang zu begleiten. Auch hatte er die Gewohnheit, bei der Wandlung ein Messer aus der Tasche zu ziehen, um ein Stück vom geweihten Brot abzuschneiden oder gar hineinzubeißen. Bei der Hochzeitsmesse scheint er sich keinerlei Extravaganzen erlaubt zu haben, denn die Chronisten überliefern uns keine Details solcher Art.

Nach der Messe legte der Schloßkaplan den Hochzeitspakt vor. An erster Stelle unterschrieb der König, an zweiter Marie Antoinette. Ihre Hand mag gezittert haben, da neben ihrem Namenszug ein Tintenklecks zu sehen ist ...

Nach der Rückkehr in ihr Appartement empfing die Dauphine die Beamten ihres Hofstaats, die in Gegenwart des Grafen Saint-Florentin den Eid der Treue »in ihre Hände« leisteten. Nach den Ehrendamen und den zwölf »Begleitdamen« – die glücklicherweise jünger als die nach Straßburg gesandten waren – folgten der Ehrenkavalier, der Erste Haushofmeister, der Erste Almosenverteiler, die Intendanten, die Edelleute vom Dienst, der Oberstallmeister und die Oberaufseher, die ihrerseits schon den Treueid einer ganzen Armee von Bediensteten entgegengenommen hatten. Da gab es zwölf Kammerfrauen, zwei Prediger, vier Almosenverteiler, fünf Kapläne, einen Ehrenkavalier, einen Haushofmeister vom Dienst und vier Quartalshaushofmeister, zwei Stallmeister vom Dienst und vier Quartalsstallmeister, neunzehn Kammerdiener, fünf Zimmer- und zwei Vorzimmertürhüter, je zwei Ärzte und Apotheker, einen Uhrmacher, vier Tapezierer, achtzehn Lakaien, einen Hofstallmeister, einen Waffenmeister, zwei Taschenmacher für die Leibsänfte, einen Perückenmacher, der gleichzeitig Bademeister war, und einen Leibstuhlträger – auch dieses Amt wurde von einem Mann versehen! Überdies sorgten achtundsechzig Domestiken für die Ernährung der Dauphine. Denn Marie Antoinette besaß seit diesem Morgen ihre eigenen Gemüsegärtner, Kellermeister, Laufburschen, Küchenjungen, Küchenmeister, Mundschenke, Schankjungen, Köche und Käser.

Alle ihre Beamten konnten sich nicht tief genug vor ihr verneigen, und sie ahnte gewiß nicht, was für ein Drama entstehen würde, wenn man an die Vorrechte dieser Herren rührte. Dies hieße, nach ihren eigenen Worten, »alle Herrlichkeit ihres Amtes zerstören«.

Schade, daß ihr Ehrenkavalier sie nicht in den entsetzlichen Konflikt einweihte, der ihn mit ihrem Haushofmeister entzweite. Dies hätte allerdings dem jungen Mädchen ein wenig die Augen geöffnet. Er glaubte, daß gewisse Funktionen, die sein Kollege versah, ihm und nicht jenem zukämen. Es handelte sich um eine Frage des Tafeldienstes: wer nämlich bei Galadiners den Kellermeistern den Befehl zum Auftragen des Weins zu geben habe. Darüber stritten die beiden heftig, unter Berufung auf Gepflogenheiten aus der Zeit der Königin Anna, der Gemahlin Karls VII.

Aber solche Konflikte gab es nicht etwa nur als Folge der Schaffung eines neuen Hofstaats. Die Leute des Königs, seiner Töchter, Enkel und Enkelinnen stritten und beklagten sich ohne Unterlaß. Das Leben des königlichen Garderobemeisters zum Beispiel war ein endloser Leidensweg. Am Palmsonntag 1728 hatte ein Diener »ohne jeden Auftrag« ein Tabourett entfernt, auf welchem der Beamte in der Kapelle hinter dem König zu sitzen pflegte. Seit jenem schwarzen Tag mußten die jeweiligen Garderobemeister stehen. Alle Petitionen und umfangreichen Memoranden halfen nichts. Das Taburett blieb verschwunden, obwohl sie es seit vierzig Jahren zurückverlangten. »Sie hätten doch nichts getan, was eine so arge Beleidigung rechtfertigen würde.« Das ist die Schlußfolgerung ihres Berichtes, die man in den Archives Nationales nachlesen kann.

Am Abend gab der König in den Galagemächern, im Salon de la Paix und im Salon d'Hercule, einen Empfang. In der Spiegelgalerie waren die vergoldeten Möbel zum erstenmal entfernt und durch holzgeschnitzte, vergoldete Kandelaber, deren jeder zweiunddreißig kerzenbesteckte Armleuchter trug, ersetzt worden. Das ursprüngliche Mobiliar aus massivem Silber hatte schon Ludwig XIV. im Jahr 1689 in die Münze geschickt. Der König saß mit dem Dauphin und der Dauphine an einem Tisch, über den ein grüner Samtteppich mit Goldfransen gebreitet war, und spielte mit ihnen Cavagnole, ein langweiliges Hasardspiel. An den Türen wurden indessen die sechstausend Gäste von Türhütern, Garden und Kammerdienern in Empfang genommen und eingeladen, auf den Wandbänken der Großen Appartements Platz zu nehmen. Wer dem König beim Spiel zusehen wollte, mußte hinter den Balustraden der Spiegelgalerie an ihm vorbeidefilieren und diese dann wieder durch den Salon de la Paix und die Gemächer der Königin verlassen. Es mischten sich freilich viele Neugierige aus dem »niederen Volk«, die keine Einladung hatten, unter die Gäste. Ein Gewitter, das sich am Nachmittag entlud, hatte sie aus dem Park vertrieben. Die Absperrung war gewaltsam durchbrochen worden, und nun begafften sie, von Nässe triefend, das große Schauspiel, das hier geboten wurde.

Bald darauf brach ein zweites Gewitter los. Madame Louise zitterte vor Angst. »Ihr Entsetzen war so groß«, erzählte Mme. Campan, »daß sie die unbekanntesten Leute ansprach und tausend liebenswürdige Fragen an sie richtete. Bei jedem Blitz drückte sie ihnen die Hand. Sie würde sie umarmt haben, wenn es eingeschlagen hätte.«

Das Gewitter zog vorüber, und Madame nahm wieder ihre steife Haltung an. Während sich die königliche Familie nun nach der Salle de l'Opéra zum Festmahl begab, ertönte plötzlich eine seltsame Musik. Die französischen und Schweizergarden hatten sich in die Galerie des Nordflügels gedrängt, wo sie eine angeblich türkische Katzenmusik vollführten, nachdem sie ihre blauen, weißen und roten Uniformen abgelegt und sich »als Türken« verkleidet hatten. Auf dem Weg zum Festsaal leisteten Leibgarden in silbergalonierten blauen Röcken, roten Hosen und Strümpfen, wie auch die Schweizergarde in enganliegenden, geschlitzten Beinkleidern und Federbarett die Ehrenbezeigung.

Der neuerbaute Opernsaal, der zum erstenmal benützt wurde, machte freilich nicht den Eindruck eines Theaters. Er war in einen Bankettsaal verwandelt worden. Die tief angelegte Bühne hatte es ermöglicht, auf ihrer Fläche gleiche Balkons wie im Saal einzubauen und sie in einen ovalen Raum mit Wänden aus grüngeädertem, grauem Marmor umzuwandeln. Auf einem zweiten Fußboden, der in gleicher Höhe wie die Bühne über die Fauteuils der Sitzreihen gelegt war, stand ein Tisch von achteinhalb Meter Länge und über ein Meter Breite. An diesem Tisch nahmen die Tafelnden nach der von der Etikette bestimmten Sitzordnung Platz.

Ludwig XV.

| Der Dauphin | Die Dauphine |
| Der Graf von Provence | Der Graf von Artois |
| Madame Clotilde | Madame Adelaïde |
| Madame Victoire | Madame Sophie |
| Der Herzog von Orléans | Der Herzog von Chartres |
| Die Herzogin von Chartres | Der Prinz von Condé |
| Der Herzog von Bourbon | Die Herzogin von Bourbon |
| Der Graf von Clermont | Die Prinzessin von Conti |
| Der Prinz von Conti | Der Graf de la Marche |
| Die Gräfin de la Marche | Der Herzog von Penthièvre |
| Die Prinzessin von Lamballe | |

Und die übrigen Mitglieder des Hofes? Was machten die? Sie bewunderten mit knurrendem Magen das Schauspiel der königlichen Tafelrunde.

Das Mahl, »la Viande du Roi«, bestand aus Hunderten von Gerichten, die aus der sechshundert Meter weit entfernten Marschallsküche unter Trommelwirbel herbeigebracht wurden. Leibgarden und eine unübersehbare Schar aufwartender Edelleute und Haushofmeister begleiteten, mit einem vergoldeten Silberstab in der Hand, die königlichen Schüsseln auf dem Weg von der Küche zur Tafel.

Marie Antoinette berührte die Speisen kaum, der Dauphin jedoch, der zum erstenmal an diesem Tag eine zufriedene Miene zeigte, verschlang sie wie ein Wolf. Besorgt neigte sich der König zu ihm und flüsterte: »Iß heute abend lieber nicht soviel.« – »Warum denn?« lachte der Bräutigam erstaunt. »Je mehr ich am Abend esse, desto besser schlafe ich.« Der König drang nicht weiter in ihn. Er begnügte sich damit, einen melancholischen Blick auf Marie Antoinette zu werfen.

Das Programm sah noch ein gigantisches Feuerwerk vor, doch mußte es zum Leidwesen des Volkes, »das zwar durchnäßt war, dem dies aber nichts ausmachte«, auf den Sonnabend verschoben werden. Der Gewitterregen hatte die Vorbereitungen des Feuerwerkers Ruggieri zunichte gemacht.

Nun waren noch die Brautleute zu Bett zu bringen – und auch zu diesem Akt blieben die Tore des »Königlichen Theaters« geöffnet. Der gesamte Hof drängte sich ins Erdgeschoß, um zuzusehen, wie der Erzbischof von Reims das Brautbett segnete, der König dem Dauphin, der immer gelangweilter und verschlafener dreinsah, das Hemd reichte, und wie die Herzogin von Chartres der errötenden Marie Antoinette beim Überstreifen des Nachtgewandes behilflich war.

Die Brautleute legten sich hinter den Bettvorhängen nieder, dann wurden die Gardinen – denn so befahl es die Etikette – mit einer raschen Bewegung wieder auseinandergeschlagen. Die Anwesenden verneigten sich tief und verließen mit dem König an der Spitze das Brautgemach.

Vor dreiundzwanzig Jahren verbrachte Maria Josepha von Sachsen ihre Hochzeitsnacht in dem gleichen Bett damit, ihren Gemahl zu trösten, der in der Erinnerung an seine erste Frau heiße Tränen vergoß. Marie Antoinette hatte niemanden, den sie hätte trösten können. Nach der überreichlichen Mahlzeit schnarchte der Dauphin neben ihr in dem Bett, in welchem er zur Welt gekommen war.

Am nächsten Morgen schrieb Ludwig August sein famoses »Nichts« in sein Tagebuch, ein Nichts, das einmal zu einem fatalen Symbol werden sollte. Marie Antoinette aber zeigte noch keinerlei Anzeichen von Besorgnis. Der Tag nach der Hochzeit, der 17. Mai, war so ausgefüllt, daß ihr keine Zeit blieb, an Liebe zu denken. Sie mußte den ganzen Hof empfangen und den Leuten von Rang »die Wange zum Kusse reichen«. Abends wurde sie ins Theater geführt, um der Aufführung von »Perseus« beizuwohnen, einer alten Oper von Quinault und Lulli, die von einem gewissen Joliveau zu diese Anlaß »verjüngt« worden war. Um ein von ihm selbst komponiertes Ballett einfügen zu können, kam er auf die verrückte Idee, das »Orchester Lullis zu verstärken« und das Werk in vier Akte zusammenzudrängen.

Marie Antoinette hatte Mühe, das Gähnen zu unterdrücken. Der Chronist Bachaumont sprach sich offen darüber aus: »Die Frau Dauphine wurde mit einem unerträglichen Sprechgesang zu Tode gelangweilt.« Vielleicht hätten sie die technischen Effekte zerstreuen können, aber die maschinelle Einrichtung wollte nicht recht funktionieren. Der für diese verantwortliche Arnould hatte sich unglücklicherweise just vor den Proben ein Bein gebrochen. Am Abend der Vorstellung saß er wie angenagelt in einem Tragstuhl, unfähig, sich in dem großen Theater dorthin zu begeben, wo man ihn brauchte: er mußte hilflos dem Zusammenbruch seines Werkes zusehen. Nicht einmal der Adler – Symbol des Hauses Österreich und der Clou des Abends – funktionierte. Er stürzte schwerfällig auf Hymens Altar, statt sich in elegantem Flug darauf niederzulassen ... Arnould dachte an Selbstmord.

Nur einmal schien Marie Antoinette belustigt: als nämlich Perseus gerade in dem Augenblick, da er seine künftige Gattin befreien sollte, sich mit dem Fuß verfing und vor Andromeda zu Boden fiel ...

Nach dieser langweiligen Darbietung fiel es Marie Antoinette wohl nicht schwer, einzuschlafen und dem Beispiel ihres »Gemahls« zu folgen, der, kaum im Bett, in tiefen Schlaf versank. Am nächsten Morgen, am 18. Mai, Freitag, verließ er das Ehebett schon beim ersten Hahnenschrei, um sich zur Jagd zu begeben. »Der steht aber zeitig auf«, flüsterten die Höflinge.

Ermüdet kehrte er heim und erinnerte sich, daß er eine Frau besaß. Er fand Marie Antoinette beim Spielen mit einem Hündchen. »Haben Sie gut geschlafen?« – »O ja«, erwiderte sie. Weiter kamen sie nicht in ihrer Unterhaltung. Ludwig August entfernte sich, »und die Dauphine«, berichtet Vermond als Augenzeuge dieser Szene, »spielte mit dem Hündchen weiter. Dies zerstreut sie eine Weile, dann beginnt sie wieder zu träumen. Mein Herz ist tief bekümmert«.

Am Abend dieses dritten Ehetages ereignet sich wieder »nichts«, und Marie Antoinette wurde immer verträumter. Mercy, über diese Vorgänge sogleich informiert, berichtete an Maria Theresia. Er bildete sich ein, etwas von Medizin zu verstehen, und versuchte ihr darzulegen, »daß der zurückgebliebene Trieb des Dauphin wahrscheinlich deshalb nicht reagiere, weil sein Körper durch ein plötzlich eingetretenes zu rasches Wachstum geschwächt sei«.

Ludwig XV. machte sich über diesen Mangel an ehelichem Eifer keine Sorgen. Er war vollauf mit der verdammten Menuett-Affäre beschäftigt, die eine ernste Wendung nahm. Herzoginnen »mit dem Privileg auf ein Taburett« und den glänzendsten Namen Frankreichs drohten, sich vom Hof zurückzuziehen, falls Mademoiselle de Lorraine am Sonnabend beim Tanzen vor ihnen an die Reihe käme. Ludwig XV. erniedrigte sich soweit, an die Herzöge zu schreiben, »daß der Tanz beim Ball das einzige sei, das keine weiteren Folgen habe, weil die Auswahl der Tänzer und Tänzerinnen ausschließlich von seinem Willen abhänge und nicht von Amt, Rang oder Würde bestimmt sei«. Der König schloß seinen Brief mit den Worten: »Ich zähle darauf, daß die Großen und der Adel meines Königreichs kraft der Treue, des Gehorsams, der Anhänglichkeit und selbst Freundschaft, die sie mir und meinen Vorfahren stets bezeigten, niemals etwas unternehmen werden, was mir mißfallen könnte, besonders nicht bei dieser Gelegenheit.« Dieser Brief, der »als eines großen Monarchen wenig würdig« beurteilt wurde, vermochte den Konflikt nicht zu bereinigen. Ludwig XV. sandte daher an jede Tänzerin ein Billett, in welchem er es ihr zur Pflicht machte, auf dem Ball zu erscheinen.

Der Ball fand am 19. Mai, an einem Sonnabend statt. Um fünf Uhr nachmittag war, außer den Lothringer Damen, noch niemand im Saale anwesend. Später kamen dann doch, sehr verspätet, einige von den herzoglichen Tänzerinnen. Sie waren aber nicht erschienen, weil Ludwig XV. an sie geschrieben hatte, sondern um ihre neuen Toiletten zur Schau zu stellen – was sie nicht hätten tun können, wenn sie zu Hause geblieben wären. Dennoch fiel die Abwesenheit vieler Herzoginnen auf, die unversöhnlich geblieben waren.

Aber der Ball verlief trotzdem so, wie das Programm ihn vorsah. Er wurde vom Dauphin und der Dauphine eröffnet, die, nach einer Verneigung vor ihrem Großvater, allein das erste Menuett tanzten. Der nachmalige Ludwig XVI. bewies hiebei ebenso große Ungeschicklichkeit wie seine Frau Charme und Anmut. Dann tanzte Marie Antoinette mit dem Herzog von Chartres, dem besten Tänzer bei Hof, einen Kontertanz. Es folgten die Menuette, an welchen Mademoiselle de Lorraine und der Prinz von Lambesq teilnahmen, wie es ihnen vom König zugestanden war. Bemerkte Marie Antoinette vielleicht schon damals im siebten Menuett eine entzückende Tänzerin, deren große blaue Augen ebenso anziehend wirkten wie ihr zurückhaltendes feines Benehmen? Es war niemand anderer als die Gräfin Polignac.

Bei Einbruch der Nacht begab sich die Ballgesellschaft nach der Großen Galerie und der Schloßterrasse, um den Anblick des Feuerwerks zu genießen, das ursprünglich für den 16. Mai vorgesehen war. Das junge Paar, der König und Mercy nahmen vor dem – vorsichtshalber vergitterten – Mittelfenster der Spiegelgalerie Platz, um sich das großartigste Feuerwerk anzusehen, das es jemals in Frankreich gegeben. Die Wappenschilder des Dauphin und der Dauphine und der unvermeidliche Liebestempel erschienen, von vielen tausend Raketen gebildet, am nächtlichen Himmel. Und auf dem »Großen Kanal« musizierte eine Kapelle von einigen hundert Musikanten, indes sich »astronomische Räder«, Mühlen, Kugeln und Sonnen drehten, feurige Pyramiden und Kaskaden glitzerten, Böller und »Schnellfeuer« krachend und knatternd »den Lärm einer Schlacht« imitierten.

Aber der »Strauß aus Gold und Brillanten«, das Bukett, mißlang. Er puffte auf und war schon verschwunden. Die beiden Gewitter trugen wohl die Schuld daran. An seiner Stelle qualmte bloß eine schwelende Rauchwolke auf. Tausende von Parisern und Versaillern tanzten bis sechs Uhr früh im illuminierten Park. Das ganze Fest verlief ohne Zwischenfall; der Ordnungsdienst, siebenhundert französische und Schweizer Garden mit weißen Federn auf den Hüten, brauchte nirgends einzugreifen.

Für Marie Antoinette hatte, als das Fest zu Ende ging, die vierte Nacht ihrer Ehe längst begonnen. Ludwig August schnarchte an ihrer Seite ... Hatte sie sich schon mit dieser befremdlichen Situation abgefunden? Dachte sie vielleicht, daß ihr nichts übrigblieb als abzuwarten, da »das rasche Wachstum« ihres Gatten, nach Mercys Diagnose, »alles« verzögerte? Ihre Mutter schrieb ihr in diesem Sinn. »Es ist noch nichts verloren, Ihr seid ja beide noch so jung! Im Gegenteil, für Eure Gesundheit ist es sicherlich besser. Ihr werdet beide noch kräftiger werden.«

Die Festlichkeiten dauerten den ganzen Monat Mai hindurch und hinderten die junge Frau, sich ihren Träumen allzuoft hinzugeben. Um sie zu zerstreuen, führte man für sie Racines »Athalie« auf und »verzierte« das Drama durch Musikstücke und Chöre, »die man eigens zu diesem Zweck komponierte oder Opern entnahm«. Die berühmte Mlle Clairon gab die Athalie, zum Ärger der Dubarry, die Mlle Dumesnil protegierte. Diese Schauspielerin konnte aber nicht auftreten, ohne vorher eine Flasche Rotwein getrunken zu haben. Eine zweite mußte während der Vorstellung für sie bereitgehalten werden. Vielleicht hatte man befürchtet, sie könnte, erregt durch die Anwesenheit der Dauphine, ihre Dosis überschreiten . . . Kurz, es wurde Mlle Clairon gewählt. Lekain, dessen Häßlichkeit so groß war wie sein Talent, gab Abner – in einem braunen Samtkostüm mit goldener Verschnürung und einem Dreispitz, wie es der Tradition entsprach. Mlle Clairon pflegte spitze Schuhe mit allzu hohen Absätzen zu tragen. Diese Schuhe waren daran schuld, daß sie der Länge nach hinfiel, als sie eines Tages in der Rolle der Camilla dem Dolchstoß des Horatius zu entrinnen hatte. Horatius steckte das Messer wieder in die Scheide, zog seine Handschuhe an und half seiner Partnerin galant vom Boden auf. Dann zog er wieder den Dolch, und das Spiel ging weiter.

Einige Tage später besuchte die Dauphine das berühmte Ballett »La Tour Enchantée«, bei dem die technischen Effekte die Hauptsache waren. Die »Originalidee« stammte von der Herzogin von Villeroy. Es handelte sich um eine Prinzessin, die von einem bösen Geist in einem »Verzauberten Turm« gefangengehalten und selbstverständlicherweise von einem edlen Ritter, der den Unhold tötet, befreit wird. Das Urteil »sehr mittelmäßig« stammt von Joliveau. Die Musik bestand aus einem Durcheinander von Stücken aus verschiedenen Opern, die von einem gewissen Dauvergne »verbessert« waren. Am Schluß sollte der Turm unter der Last von Wagen und Reitern zusammenbrechen und in der Versenkung verschwinden. Aber die Pferde aus dem königlichen Marstall waren mit solchen Dingen nicht vertraut und »brachten alles in Unordnung«. Marie Antoinette gähnte mit Grazie hinter ihrem Fächer.

Die Feste gingen zu Ende. Aber wer sollte die Rechnung bezahlen? Die 30.385 Raketen für das Feuerwerk? Die 90.000 Lampions und 603.611 Feuerpfannen für die Illumination des Parks, die 4.492 römischen Kerzen, 14.444 Kartuschen und 6.820 Raketenbündel sowie die eigens zu dieser Gelegenheit geschneiderten 1.841 Kostüme? Mit einem Wort – die für die Hochzeitsfestlichkeiten aufgewendeten neun Millionen, fast zwei Milliarden Francs nach unserem Geld?

»Wie gefallen Ihnen meine Feste in Versailles?« hatte der König den Finanzminister gefragt. – »Sire, ich finde sie . . . einfach unbezahlbar«, erwiderte er.

Herr von Marigny ordnete an, daß die Rechnungen der Leute, die den neuen Opernsaal gebaut hatten, nicht zu bezahlen seien. Dieses Beispiel machte Schule. In den Archives Nationales befindet sich eine ganze Mappe, die mit kläglichen Bittschriften ruinierter Unternehmer angefüllt ist. Noch zu Beginn der Revolution baten sie flehentlich, es möge ihnen doch wenigstens eine Anzahlung auf die Beträge gewährt werden, die sie für die Hochzeit Marie Antoinettes vor zwanzig Jahren ausgelegt hatten.

Die Dauphine hatte die Bewährungsprobe bestanden. Sie hatte Versailles erobert. »Ihr Aussehen gewann noch durch ihre Liebenswürdigkeit«, erzählt uns ein Augenzeuge. »Sie sprach jedermann mit so viel Grazie an und machte so reizende Verbeugungen, daß alle Welt in wenigen Tagen von ihr begeistert war ... Der Charme ihres Benehmens wird uns allen den Kopf verdrehen.« Der strenge Mercy gestand: »Ihr Lächeln ist bezaubernd.« Bevor sie noch Frankreichs Krone trug, war sie schon mit einer Krone aus Charme und Grazie geschmückt. Alle Welt bemühte sich um sie und schmeichelte ihr. Sie war wunschlos glücklich, sowie es ihr gelang, nicht mehr an das mürrische Wesen Ludwigs Augusts zu denken.

Am 30. Mai setzte sich die kleine Dauphine mit Madame Adelaïde in ihre Karosse. Der Dauphin befand sich weiß Gott wo, aber Marie Antoinette war trotzdem in bester Laune: sie begab sich zum erstenmal incognito nach Paris, wo ein großes Nachtfest stattfinden sollte.

Vor etwa einem Monat, am 28. April, hatte Ludwig XV. der Stadt Paris aufgetragen, Marie Antoinette Geschenke zu machen. »Laßt mich nicht im Stich«, hatte er noch hinzugefügt, »denn dies ist unser Wunsch und Wille«. Bignon, der Vorsteher der Kaufmannschaft, und seine Schöffen hatten ihn nicht im Stich gelassen. Die Geschenke wurden auf Tragbahren rechtzeitig nach Versailles gebracht, und am Hochzeitstag wurden die Bürger angewiesen, »die Geschäfte zu schließen und die Häuser zu beleuchten«. Es wurde jedoch gestattet, auf den alten Wällen, dem heutigen Boulevard des Capucines, einen Jahrmarkt abzuhalten, auf dem es freilich »jedermann verboten war, den Degen zu ziehen, zu fluchen und den Namen Gottes eitel zu nennen«.

Die Stadt hatte überdies beschlossen, am 30. Mai auf der Place Louis XV., der heutigen Place de la Concorde, ein großes Nachtfest zu arrangieren. In der Mitte des nur mangelhaft planierten Platzes, längs der jüngst von Gabriel errichteten Bauten und beim Denkmal des Königs wurde ein korinthischer Tempel konstruiert, flankiert von Delphinen und überhöht von dem Monogramm des jungen Paares und einem »Medaillon mit dessen Bildnis«. Auf diesem Gerüst sollte das Feuerwerk abgebrannt werden ... Seit dem frühen Morgen wurden die Ufer der Seine mit wohlriechender Bergamottessenz besprengt. Um fünf Uhr begann aus den Brunnen Wein zu fließen. Bei sinkender Nacht wurden die Fassaden der erwähnten Palastbauten illuminiert; Lampions und Feuerpfannen, welche die Eiben des Platzes und die Bäume der Champs-Elysées schmückten, wurden angezündet.

Marie Antoinette konnte es nicht erwarten, nach Paris zu kommen. Kaum hatte die Equipage den Pont de Sèvres verlassen, als der Himmel zu glühen begann. In der Ferne ertönten Detonationen – das Feuerwerk hatte begonnen. Bevor die Dauphine die Porte de la Conférence, die heutige Place de l'Alma erreichte, erschienen bereits das Bukett und der ewige Liebestempel am klaren Maienhimmel. Da hielten die sechs Pferde der Karosse und die berittene Garde-Eskorte am Cours-la-Reine plötzlich an. Vom Festplatz drang Geschrei und Lärm herüber, entsetzte Menschen liefen vorbei ... Nur allmählich gelang es der kleinen Prinzessin, die Einzelheiten der Katastrophe zu erfahren. Sogleich nach dem Erlöschen des Buketts war die auf dem Platz, den Kais und den Champs-Elysées angesammelte Menge von 300.000 Menschen haltlos nach der Rue Royale gestürmt, um noch zum Jahrmarkt zurechtzukommen. Das Gedränge war bald so groß, daß ein schwerer Pumpenwagen der Feuerwehr umgestürzt wurde, der sich zum Löschen eines ausbrechenden Brandes auf dem Weg zum »korinthischen Tempel« befand. Dieser Menschenstrom stieß mit einem zweiten zusammen, der vom Boulevard her nach den Champs-Elysées drängte, um deren Illumination zu sehen. Nach dem Bericht des Rathauses waren in wenigen Minuten 400.000 Menschen zwischen der Rue Royale, Rue Saint-Florentin und Rue de la Bonne-Morüe, der heutigen Rue Boissy-d'Anglas, hilflos eingekeilt. Männer, Frauen und Kinder strauchelten über die Wasserrinnen und wurden zertreten. Andere Unglückliche stolpern und fallen über sie. Ein Waffelverkäufer stürzt mit seinem Korb, Kutschen werden umgeworfen. Die Leute versuchen auf Wagen zu klettern, aber diese brechen unter der Last zusammen, die Pferde ersticken in ihren Geschirren. Bald bilden sich Haufen von Leichen. Tote, die sich aus Mund und Nase verblutet haben, stehen, ein danteskes Bild, aufrecht eingekeilt in der Menge, bis der Druck sich löst und sie zu Boden gleiten.

Ihre mit sechs Schimmeln bespannte Karosse brachte die schluchzende Marie Antoinette nach Versailles zurück. Als sie dort ankam, war in Paris das Ärgste überstanden. Nun wurden die Verletzten verbunden, die Toten aufgelesen.

Am Morgen nach der Unglücksnacht schrieb der bestürzte Dauphin an das Rathaus: »Ich höre von dem Unglück, das in Paris anläßlich des Festes für mich geschehen ist. Ich bin tief ergriffen. Soeben wird mir gebracht, was mir der König jeden Monat als Taschengeld schickt. Ich kann nur über das verfügen. Ich sende es Ihnen. Helfen Sie damit den Allerunglücklichsten.« Marie Antoinette vergoß ihre ersten Tränen in Versailles und folgte dem Beispiel des Dauphin.

Am gleichen Morgen lagen hundertzweiunddreißig »etikettierte« Leichen im Friedhof der Madeleine, in derselben grasbewachsenen Umfriedung, wo dreiundzwanzig Jahre später Marie Antoinettes Leichnam mit dem Haupt zwischen den Beinen auf den nackten Erdboden geworden wurde.

III

DER KAMPF UM EIN WORT

Nachdem die Feste vorüber waren, wurde es in Versailles etwas stiller. In nächster Zeit sollte sich der Hof wie in jedem Jahr nach Marly, Choisy, Fontainebleau und Compiègne begeben. Die Etikette herrschte zwar weiter, in den Stunden zwischen den repräsentativen Schaustellungen des Lever und Coucher, der Mittagsmesse, der Mahlzeiten und des Spiels fand man aber wieder Zeit, die alltäglichen Beschäftigungen aufzunehmen. Um zehn Uhr vormittags und um drei Uhr nachmittags suchte der König seine Töchter im Wohnzimmer der Madame Victoire auf, das sich im Erdgeschoß, unterhalb des Salon de la Guerre, befand. Dort pflegte sich um diese Zeit auch Marie Antoinette aufzuhalten. Sie schmückte sich nun nicht mehr mit »funkelnden Diamanten«, sondern trug »ein leichtes Gewand aus Gaze oder Taft«, in welchem sie noch entzückender aussah als in ihren Galaroben. Ludwig XV. pflegte nicht lange zu bleiben. Sehr bald überließ er seine Töchter wieder ihren Kabalen gegen Choiseul und ihrem Zank über Etikettefragen. Er hatte es eilig, seine teure blonde Gräfin aufzusuchen. Einstweilen bewohnte sie Räume, die über seinen Gemächern im oberen Stockwerk lagen. Im Sommer, während der Abwesenheit des Hofes, wurden diese von Gabriel in die köstlichen Appartements umgewandelt, die heute noch zu sehen sind. Zumeist fand sich Ludwig XV. nach seinem Souper im kleinen Appartement um dreiviertel elf Uhr abends nochmals bei seinen Töchtern ein. Bis zu seinem Erscheinen pflegte Marie Antoinette auf einem großen Kanapee zu schlafen. Sie hatte ihren Tag damit verbracht, an einem Rock für den König zu sticken. »Ich hoffe«, gestand sie, »daß er mit Gottes Hilfe in einigen Jahren fertig wird.«

Die Dauphine wußte mit ihrer Zeit nichts Rechtes anzufangen. Der Dauphin kam ermüdet von der Jagd und hatte am Abend nur den einen Gedanken, sich auszuruhen, damit er am nächsten Tag seine weidmännische Tätigkeit mit frischen Kräften wieder aufnehmen könne. »Ich predige meiner Tochter Geduld«, schrieb Maria Theresia an Mercy, »und versichere ihr, daß sie indessen nichts versäumt.« Nach sieben Wochen mag Marie Antoinette die Worte ihrer Mutter vielleicht einmal vergessen und ihrem Gatten etwas von ihren Wünschen verraten haben. Am 8. Juli, an einem Sonntag, berührte der Dauphin zum erstenmal das Problem vor seiner Frau. »Seien Sie überzeugt, daß mir alles, was den Ehestand betrifft, nicht unbekannt ist. Aber vom ersten Tag an machte ich mir ein Verhalten zur Richtschnur, das ich befolgen wollte. Nun ist der Termin gekommen, den ich mir gesetzt habe. Sie werden sehen, daß ich in Compiègne in einer Vertraulichkeit mit Ihnen leben werde, wie Sie sich eine größere nicht wünschen können.«

Am 13. August wurde der Dauphin sechzehn Jahre alt. War dies vielleicht »der Termin, den er sich gesetzt hatte«? Aber auch dieser Tag ging vorüber, ohne daß er sein Versprechen gehalten hätte.

Der ganze Hof war bald über alles unterrichtet. Am meisten alarmiert – würde man es glauben? – waren die Töchter des Königs. »Sie versetzten die Dauphine in Aufregung und Unruhe«, berichtete Mercy. Der König äußerte sein Erstaunen. Marie Antoinette aber gab ihrem Gatten nochmals zu verstehen, »daß auch sie über die Ehe unterrichtet sei«. Der Dauphin versprach, am 20. September »bei ihr zu schlafen«. Marie Antoinette war glücklich und teilte diese Neuigkeit ihren Tanten mit. Diese waren nicht umsonst alte Jungfern, sie plauderten es jedem aus, der ihnen in den Weg lief. Madame Adelaïde, die gewiß nicht viel davon verstand, empfand das Bedürfnis, ihrem Neffen Mut zuzusprechen und ihn zu »ermahnen«, wie Mercy nach Wien berichtet. Der 20. September brach an – aber der Dauphin blieb verstört in seinem Zimmer. Marie Antoinette seufzte, und Maria Theresia empfahl ihrer Tochter, »Liebkosungen und Zärtlichkeiten zu verdoppeln«. Die Dauphine gehorchte, und der Dauphin versprach, am 10. Oktober zu ihr zu kommen. Der Hof werde sich zu dieser Zeit in Fontainebleau befinden, und Ludwig August glaubte, die belebende Waldluft würde günstig auf ihn wirken ... Aber die Vorgänge wiederholten sich: Marie Antoinette vertraute sich wieder ihren Tanten an, Madame Adelaïde plauderte es aus und ermahnte den Dauphin, wodurch dieser wieder kopfscheu wurde. Da entschloß sich der König zum Eingreifen. Er ließ seinen Enkel kommen und fragte ihn, wie sein Benehmen zu erklären sei. »Ich finde meine Frau charmant«, erwiderte der junge Mann, »ich liebe sie auch, aber ich brauche noch einige Zeit, um meine Schüchternheit zu überwinden.« Gut, dachte der König, dann werden wir also noch ein wenig zuwarten.

Aber seine »Unempfindlichkeit«, wie Mercy den Zustand nannte, dauerte weiter an und beunruhigte Maria Theresia. Sie wünschte sich sehnlich einen Enkel, der allein schon durch sein Vorhandensein »die Allianz« gefestigt hätte. »Falls ein so junges Mädchen mit der Figur der Dauphine den Dauphin nicht zu erwärmen vermag«, schrieb sie am 6. Juni verzweifelt an Mercy, »wird jedes Heilmittel unwirksam sein.« Aber es gab trotzdem ein Mittel, durch welches der Dauphin hätte geheilt werden können.

Das »seltsame Verhalten« Ludwig Augusts zeitigte so schwerwiegende Folgen, daß wir uns damit befassen und einem Arzt das Wort erteilen müssen. Doktor Paul Garnière, der glänzende Biograph Corvisarts, hatte die Güte, mir darüber zu schreiben: »Was ging hier eigentlich vor? Empfand der Dauphin physischen Widerwillen vor der jungen Erzherzogin? Keineswegs. Sie war entzückend und zeigte offen ihre Genugtuung, seine Frau zu sein. Auch er äußerte, obwohl er wenig mitteilsam war, bei verschiedenen Gelegenheiten seine Zufriedenheit. War denn der Kronprinz nicht normal? Alle Welt war sogleich davon überzeugt, besonders da Gerüchte und Indiskretionen, deren Herkunft schwer zu ergründen ist, durchblicken ließen, die Natur habe ihn mit einer anatomischen Anomalie bedacht. Sie hätte trotz ihrer Gutartigkeit einen chirurgischen Eingriff in früher Jugend erfordert, um die normale Entwicklung des Dauphin nicht zu behindern. Diese Deformation wurde, als noch Zeit zu einem Eingriff war, einfach ignoriert oder, wahrscheinlich aus Furcht vor der Verantwortung, absichtlich vernachlässigt. Sie allein erschwerte den Vollzug der Ehe beträchtlich. Aber es kam noch etwas hinzu. Die uns erhaltenen Schilderungen des Dauphin beschreiben ihn als einen physisch und geistig schwerbeweglichen Menschen, der in verschiedener Hinsicht zweifellos zurückgeblieben war, besonders in der Entwicklung der Drüsen, denen die Ärzte jener Zeit mit Vorliebe eine entscheidende Bedeutung beimaßen. Jene Anomalie und die Verkümmerung der geschlechtlichen Funktionen hatten bei diesem sechzehnjährigen Jüngling eine völlige Indifferenz zur Folge, statt daß er, wie man annehmen sollte, dem Himmel für eine so verführerische Frau, die überdies bereit war, sich seinem Begehren hinzugeben, dankbar gewesen wäre. Strenge Grundsätze, angeborene Schüchternheit, durch Kurzsichtigkeit verschlimmertes linkisches Wesen allein vermögen demnach das eheliche Versagen des Enkels Ludwigs XV. nicht zu erklären. Die Natur hatte ihn so geschaffen. Vielleicht wäre er anders gewesen, hätte man die geringfügige Operation rechtzeitig vorgenommen. Von Minderwertigkeitskomplexen und dem Gefühl der Lächerlichkeit gequält, unterwarf er sich den Verordnungen seiner Ärzte. Sie versicherten ihm, daß kräftige Ernährung und körperliche Anstrengungen die besten Heilmittel wären. Der Dauphin befolgte diese Ratschläge um so eifriger, als ihr Optimismus und ihre Einfachheit seinem Temperament entsprachen. Er ließ Wochen verstreichen, ohne zu bedenken, daß die Marie Antoinette wider Willen aufgezwungene Rolle einer Ehefrau nur dem Namen nach bei ihr tiefes Mißbehagen auslösen oder selbst ihre Eigenliebe verletzen könnte.«

Um die ihm verordnete »Diät« einzuhalten, verzehrte der Dauphin ungeheure Mengen von Speisen. Nichts war imstande, ihm den Appetit zu verderben. Es störte ihn nicht im mindesten, wenn ihm zwanzig Beamte des Tafeldienstes, die Garden, welche die Gerichte »bewachten«, und hundert Höflinge in tiefem Schweigen beim Speisen zusahen.

Marie Antoinette hingegen aß nur wenig von den aufgetragenen Gerichten. Dafür aber hatte die kleine Dauphine einen scharfen Blick für lächerliche Situationen. Trotzdem konnte sie sich nicht dazu entschließen, Maria Leczinskas Beispiel nachzuahmen, die sich gelegentlich damit vergnügte, einen der Zuschauer herbeizuwinken. »Madame?« fragte der also Ausgezeichnete unter tiefen Bücklingen. »Ich glaube«, erklärte die Königin mit der ernstesten Miene der Welt, »daß dieses Ragout hier ein Hühnerfrikassee ist«. – »Gewiß, Madame, ich bin ganz Ihrer Meinung«, erwiderte der Gefragte stolz und zog sich rückwärtsschreitend zurück.

Marie Antoinette zog es vor, die Leute scharf zu beobachten, die sich vor ihrem Tisch aufgepflanzt hatten ... Sie war nicht imstande, ihre Meinung für sich zu behalten, sie machte anzügliche Bemerkungen und kicherte mit ihren Ehrendamen. Sofort wurde Maria Theresia von Mercy alarmiert: »Die Dauphine vergißt ihre äußere Würde. Sie macht sich über Leute lustig, an denen sie Lächerlichkeiten zu bemerken glaubt.« Noch schlimmer sei, daß ihre Bemerkungen boshafte Spitzen enthielten. Auch »flüstere sie oft jungen Damen ins Ohr und lache dann mit ihnen«. Maria Theresia murrte: »Es wird behauptet, daß Sie den Leuten Lächerlichkeiten andichten und ihnen ins Gesicht lachen ... Um fünf oder sechs jungen Damen oder Kavalieren zu gefallen, würden sie die anderen verlieren.« Wiederholt ermahnte sie die Kaiserin: »Überlassen Sie sich nicht Ihrer Neigung, andere lächerlich machen zu wollen.« Die kleine Dauphine aber nahm sich diese Ermahnungen überhaupt nicht zu Herzen.

Als die spöttischen Bemerkungen seiner Enkelin Ludwig XV. zu Ohren kamen, verhehlte er seinen Unmut nicht und ließ sich die Gräfin Noailles kommen. »Ich habe nichts dagegen«, sagte er, »daß sich die Dauphine in ihren Gemächern ihrem jugendlichen Frohsinn überläßt. Wenn sie aber öffentlich Hof hält, muß sie sich mehr Zurückhaltung auferlegen.« Die Oberstofmeisterin überbrachte Marie Antoinette den Verweis des Königs, die Dauphine aber hörte ihr kaum zu. Sie sei kein Kind mehr und betrachte ihre Erziehung als beendet!

Aus der lächelnden Erzherzogin war eine spottsüchtige, unbändig ausgelassene Dauphine geworden, die keinen andern Wunsch hegte, als sich zu unterhalten. So hatte sie sich in den Kopf gesetzt, Ausflüge zu Pferd zu unternehmen. Mercy, erschrocken angesichts des »zarten Alters der Dauphine«, alarmierte Choiseul, der sogleich zum König eilte. Ludwig XV., den diese Geschichte langweilte, suchte nach einem Ausweg – und gestattete einen Esel. Aber nach ein paar fröhlichen Ausflügen nach Compiègne wurde aus dem Esel ein Pony und schließlich ein richtiges Pferd. Mercy schlug einen Kompromiß vor: »Die Dauphine sollte immer im Schritt reiten und nur ausnahmsweise in kurzem Galopp.« Maria Theresia warnte: »Reiten verdirbt den Teint.« Marie Antoinette befragte den Spiegel, war beruhigt und setzte das Reiten fort. Die Kaiserin seufzte: »Die Esel und Pferde werden die für die Lektüre bestimmte Zeit davongetragen haben.« Ihre Tochter, wünschte sie, möge doch wenigstens nicht an Jagden zu Pferd teilnehmen. Das junge Mädchen versprach es ihr, setzte sich aber schon Anfang Mai 1771, als sie gerade fünfzehn und ein halbes Jahr alt war, über das Versprechen hinweg, indem sie vorgab, »sie wäre dieser Reitjagd zufälligerweise begegnet«. Eine Weile hielt sie sich nun zurück, dann wurde sie wieder rückfällig. Sie ritt hinter der Meute oder folgte ihr in einem leichten Kabriolett, was Maria Theresia noch mehr erschreckte. Wir aber verdanken diesem Ungehorsam eine reizende Szene. Eines Tages fiel ihr Vorreiter vom Pferd und geriet unter die Hufe der Wagenpferde. Die Dauphine weigerte sich, die Fahrt fortzusetzen, ließ den Verletzten vor ihren Augen verbinden und berichtete darüber an ihre Mutter: »Ich sagte allen meinen Leuten, den Pagen, Stallmeistern und Vorreitern, sie seien meine Freunde. Ich sagte zu ihnen: mein Freund, hol die Chirurgen; mein Freund, lauf schnell um eine Tragbahre, paß auf, mein Freund, ob er spricht, ob er zu sich gekommen ist!«

Weniger glücklich war der Einfall des verwöhnten Kindes, sich in eine Marketenderin zu verwandeln. »Die Dauphine«, erzählt Mercy, »pflegt in ihren Kutschen kalten Braten und Erfrischungen aller Art mit sich zu führen und an die Höflinge zu verteilen, die an der Jagd teilnehmen. Das bereitet ihr Vergnügen.« Nach kurzer Zeit kümmerte sich »die ganze Jugend aus der Suite des Königs« nicht mehr um die Jagd. Die jungen Männer, die Mercy geringschätzig »Windbeutel« nannte, versammelten sich um den Wagen der hübschen kleinen Prinzessin, mit der sie sich neckten und köstlich unterhielten.

Die Kaiserin tröstete sich mit ihrem einzigen Sieg. Sie hatte es mit vieler Mühe durchgesetzt, daß ihre Tochter das Korsett wieder anlegte, von dem sich zu befreien sie in Compiègne beschlossen hatte. Nach ernsten Konferenzen zwischen Frau von Noailles, Abbé Vermond und dem Grafen Mercy, nach zahllosen zwischen Wien und Paris über diesen Gegenstand gewechselten Briefen konnte der Gesandte endlich triumphierend berichten: »Madame la Dauphine hat ihr Mieder wieder angelegt.« Trotz dieses glänzenden Sieges seufzte Maria Theresia: »Ihr Sichgehenlassen, ihre Abneigung gegen jede ernste Beschäftigung geben mir Anlaß zu vielen Sorgen.«

Viel Schaden richtete der vertrauliche Verkehr mit den Tanten an. Von ihrem Gatten vernachlässigt, den das eheliche Mißgeschick immer linkischer und mürrischer machte, fand das junge Mädchen anfänglich keine andere Zerstreuung, als ihre Tanten vier- oder fünfmal am Tage aufzusuchen. Ihre Mutter hatte es ihr ja auch empfohlen. »Die Prinzessinnen sind tugendhaft und sehr gebildet. Das ist ein Glück für Sie. Ich hoffe, daß Sie ihre Freundschaft gewinnen werden.« Mercy war anderer Ansicht. Nach seiner Meinung – und er hatte recht – verstanden diese alten Jungfern niemals, »die Liebe und Achtung weder ihrer Familie noch der Öffentlichkeit zu gewinnen«. Die Appartements der drei Damen waren zu einer Brutstätte von Intrigen und übler Nachrede geworden. Selbst untereinander vertrugen sie sich nicht. Sie waren gegenseitig von Neid und Eifersucht erfüllt, ja sie haßten einander fast, und Mercy bemerkte, daß »sich Madame Adelaïde und Madame Sophie bemühten, die Erzherzogin von Madame Victoire abspenstig zu machen«.

Der Einfluß der drei Prinzessinnen sollte bald üble Folgen haben. Marie Antoinette »ließ sich, von dem schlechten Beispiel verleitet, zu unbedachten Äußerungen hinreißen«. »Ich bin überzeugt«, fügte Mercy hinzu, »daß unter allen Ansichten, die Madame Victoire der Dauphine vermittelt, nicht eine einzige ist, die nicht falsch und für sie schädlich wäre.«

Trotzdem scheint Madame Victoire nicht die erste gewesen zu sein, die Marie Antoinette über die Art der Beziehungen zwischen dem König und der Dubarry aufgeklärt hat. Der Dauphin hatte sie darüber unterrichtet, und der Gedanke, daß ihr Großvater eine Mätresse habe, und noch dazu eine solche, ekelte das junge Mädchen an. Sie schrieb am 9. Juli ihrer Mutter: »Ich liebe den König zärtlich, doch tut er einem wegen seiner Schwäche für Madame Dubarry leid, die das dümmste und unverschämteste Geschöpf ist, das man sich vorstellen kann.« Das Kind fürchtete die Reaktion der Mutter und fügte hinzu: »Sie können überzeugt sein, daß ich weder für noch gegen sie Partei ergreifen werde.«

Sie behandelte die Mätresse ihres Großvaters tatsächlich ganz »korrekt«. Mit der Zeit aber gelang es den Töchtern des Königs, sie von der Linie abzudrängen, die sich das junge Mädchen vorgezeichnet hatte.

Ein lächerlicher Vorfall kam ihnen dabei zu Hilfe.

Die Geschichte fing damit an, daß ein paar Damen miteinander in Streit gerieten. Im kleinen Theatersaal des Schlosses Choisy hatten einige Hofdamen vor Beginn der Vorstellung die ersten Sitzreihen eingenommen, als die Dubarry mit zwei Damen ihrer Koterie, der Marschallin de Mirepoix und der Gräfin Valentinois, sehr verspätet erschien. Sie blieb ostentativ vor den Damen stehen, musterte sie von oben herab und wartete, daß man ihr Platz machen werde. Aber keine der Damen rührte sich, bloß ihre Fächer gerieten in nervöse Bewegung. Es ist nicht bekannt, wer das erste Wort gesprochen hat. Angeblich war eine Ehrendame der Dauphine, Frau von Grammont, eine Schwägerin der Herzogin von Choiseul, die Schuldige. Madame Dubarry setzte ihren Willen jedenfalls nicht durch und mußte sich mit einem Platz im Hintergrund des Saales begnügen.

Schon am Tag nach diesem Vorfall verbannte ein Befehl des Königs Frau von Grammont vom Hof. Sie stürzte zu Marie Antoinette und flehte sie um ihren Beistand an. Die Familie Choiseul war entrüstet, die Tanten gerieten in Wut, und die Dauphine erklärte sich bereit, einzugreifen. Glücklicherweise dämpfte Mercy noch rechtzeitig ihren Eifer. Er gab ihr den Rat, den König bei seiner schwachen Seite zu fassen. Sie solle ihm sagen, »sie fühle sich verletzt, daß eine Person ihrer Suite verbannt worden sei, ohne daß man ihr ein Wort darüber gesagt hätte«. Die Dauphine befolgte den Rat – und der König murmelte eine verlegene Entschuldigung. Die Dubarry aber war auf dem Posten. Frau von Grammont gehörte nicht umsonst der Familie Choiseuls an, der ihr erbittertster Gegner war. Ludwig XV. zog den Verbannungsbefehl nicht zurück. Bald darauf versuchte das junge Mädchen es noch einmal in Fontainebleau. Sie sagte dem König mit ihrem reizendsten Lächeln, Frau von Grammont sei schwer erkrankt und wünsche nach Paris zurückzukehren, um sich in ärztliche Behandlung zu begeben. Die kleine Dauphine führte alle Reize ihrer fünfzehnjährigen Jugend ins Treffen und schmeichelte: »Sie werden mir doch nicht den Kummer bereiten, cher papa, eine meiner Damen in Ungnade sterben zu lassen!«

Trotzdem behielt Madame Dubarry die Oberhand. Der König stimmte zwar den Aufenthalt in Paris nach einer ärztlichen Untersuchung zu, die Rückkehr an den Hof wurde der Schuldigen jedoch nicht gestattet. Dieser Affront verletzte den jugendlichen Stolz der Dauphine empfindlich. Der Sturz Choiseuls war die zweite Niederlage, die ihr von der Favoritin bereitet werden sollte.

Der Minister verstand und billigte das Verhalten seiner Schwägerin. Er hatte im großen Theater in Rom etwas Ähnliches erlebt, als er Gesandter Frankreichs am päpstlichen Hofe war. In dieser Eigenschaft saß er regelmäßig in einer Ehrenloge neben der Loge des römischen Gouverneurs. Eines Tages wurde verfügt, daß seine Loge wie alle übrigen Plätze »durch das Los« zu vergeben sei. Choiseul fiel fast in Ohnmacht. Als er sich wieder gefaßt hatte, drohte er, seine Pässe zu verlangen. Man entschuldigte sich, und die Loge stand ihm wieder zur Verfügung. Aber nun genügte dies dem Gesandten nicht mehr. Er verlangte, als Genugtuung für die ihm zugefügte Kränkung, die von dem päpstlichen Wappen gekrönte Loge des Gouverneurs. Über diese Forderung geriet nun Benedikt XIV. außer sich. Choiseul aber blieb fest. Er erklärte, daß er Rom verlassen werde. Am Ende mußte sich der Papst fügen, der an seinem eigenen Hof weniger zu sagen hatte als die Dubarry in Versailles.

Wir können uns also vorstellen, wie tief Choiseul durch die Verbannung der Frau von Grammont in seinem Stolz getroffen war. Seine feindliche Haltung gegen die Dubarry versteifte sich noch – und die Gräfin setzte die Entlassung des Ministers bei ihrem königlichen Liebhaber durch.

Ein Vorwand war bald gefunden. Choiseul drängte zum Krieg gegen England, um Spanien in einer nicht ganz klaren Streitfrage beizustehen. Irgendeine kleine Insel, auf die Spanien Anspruch hatte, war von englischen Matrosen besetzt worden. Ludwig XV. aber meinte, das Gemetzel würde in Europa niemals ein Ende nehmen, wenn Frankreich bei jeder Besetzung fremden Gebiets durch England diesem den Krieg erklären wollte. Er schlichtete den aufkeimenden Konflikt, aber die kriegerische Gesinnung seines Ministers diente ihm als Vorwand, Choiseul am 24. Dezember 1770 in die Verbannung zu schicken. Das war ein Weihnachtsgeschenk an seine hübsche Mätresse, auf das diese schon seit Monaten spekulierte.

Was würde Marie Antoinette angesichts der Verbannung des Mannes unternehmen, dem sie alles verdankte? Mercy war wachsam und steckte sich hinter den gestrengen Abbé Vermond. Die Dauphine möge lediglich »einiges Mißvergnügen« und ja nicht mehr zu erkennen geben. Maria Theresia sandte ihr am 6. Januar 1771 einen Eilkurier. Sie empfahl ihr, »den Dank, den sie Choiseul schuldete, niemals zu vergessen, doch möge sie sich in keine Partei hineinziehen lassen, sondern in allem neutral bleiben«.

Das war leicht gesagt! Marie Antoinette glaubte im Sinne ihrer Mutter zu handeln, wenn sie die Favoritin von nun an übersah. Sie gönnte ihr kein Wort und keinen Blick mehr, die Dubarry war für sie einfach nicht mehr vorhanden. Ihre Tanten und der Dauphin bestärkten sie in dieser Haltung. Ganz Versailles beobachtete den Kampf in heller Begeisterung, es fehlte nur noch Applaus. Der König gab den aufgeregten Klagen der Dubarry nach und sprach mit Frau von Noailles. Er wagte aber nicht, das Problem offen anzugehen. »Die Dauphine«, sagte er, »erlaubt sich ein wenig zu freimütig über Dinge zu sprechen, die sie sieht oder zu sehen meint. Ihre etwas gewagten Bemerkungen seien geeignet, den Frieden in der Familie zu stören.«

Der König zählte also die Dubarry »zur Familie«! Noch am gleichen Abend sprach Marie Antoinette mit ihrem »cher papa«. Ludwig XV. geriet in sichtliche Verlegenheit. Er äußerte sich mit keinem Wort zur Sache, sondern begnügte sich damit, seine Enkelin freundlich zu liebkosen. Alles schien wieder in Ordnung gekommen, tatsächlich aber hatte sich gar nichts geändert. Marie Antoinette unterließ es auch weiterhin, die Dubarry zu bemerken, obgleich die Favoritin von Tag zu Tag mächtiger wurde. Der eigentliche Sitz der Regierung befand sich in den Appartements im zweiten Stockwerk, in welche die Dubarry im Dezember 1770 eingezogen war. In dieser mit erlesenem Geschmack eingerichteten neuen Wohnung der Favoritin pflegte der König mit d'Aiguillon zu arbeiten, der durch die Gnade der Dubarry Nachfolger Choiseuls geworden war. Diese Räume waren nun die eigentlichen »Appartements der Königin«, nicht mehr die Zimmer im ersten Stock, die vordem Maria Leczinska gedient hatten und die jetzt Marie Antoinette bewohnte. Den ausländischen Ministern wurde es schwer, wenn nicht unmöglich, die Königin zur linken Hand zu umgehen. Der arme Mercy wußte darüber ein Lied zu singen. Zum erstenmal begegnete er der Dubarry bei einem Diner, an welchem der Herzog d'Aiguillon, der Nuntius und der Gesandte Sardiniens teilnahmen. Der Gesandte unterhielt sich mit der Favoritin wie mit einer guten Bekannten, der Nuntius kam ihr freundlich entgegen. Die Dubarry behandelte aber den österreichischen Gesandten mit noch viel größerer Liebenswürdigkeit als seine beiden Kollegen. Sie plauderte mit Mercy, als ob sie alte Freunde wären.

Marie Antoinette wurde alles berichtet. In Versailles gab es kein Geheimnis. Sie konnte sich nicht enthalten, dem Gesandten am nächsten Tag spöttisch zuzuflüstern: »Ich gratuliere Ihnen zu der guten Gesellschaft, in der Sie am Sonntag dinierten.« Mercy verbeugte sich.

»Madame«, erwiderte er, »heute abend wird sich etwas noch viel Bemerkenswerteres ereignen. Ich werde mir die Ehre geben, Ihnen morgen zu berichten.«

Mercy hatte zugestimmt, den König an diesem Abend in den Gemächern der Dubarry zu treffen. Es war wohl kein Zufall, daß sich der König verspätete und der Gesandte eine Weile mit der hübschen Frau unter vier Augen blieb. Ihr Charme machte auf ihn Eindruck, denn er berichtete nach Wien: »Ihr Benehmen ist sehr gewandt; sie scheint durchaus nicht bösartig zu sein.« Da er aber fürchtete, durch diesen Bericht bei seiner Herrscherin Anstoß zu erregen, ergänzte er: »Ihre Sprache freilich erinnert noch stark an ihre Vergangenheit.« Was aber wünschte sie von ihm? Sie wollte ihn von ihrem tiefen Respekt vor der Dauphine überzeugen und ihm sagen, wie untröstlich sie über die »Geringschätzung« sei, mit der »Ihre Königliche Hoheit« sie behandle. Der König kam über die kleine Verbindungstreppe aus seinem Zimmer herauf und trat durch die geheime Tapetentür ein. Die Gräfin erhob sich mit der Frage: »Soll ich mich zurückziehen, Monsieur?« Dieses »Monsieur« ließ Mercy erstarren, aber Ludwig XV. blieb gelassen. Er war längst an anderes gewöhnt. Gewiß, er wünsche mit Mercy allein zu bleiben. »Bisher«, begann er, »sind Sie der Gesandte der Kaiserin gewesen. Nun bitte ich Sie, wenigstens auf einige Zeit der meine zu sein. Ich liebe die Dauphine aus ganzem Herzen, ich finde sie bezaubernd. Da sie aber von überaus lebhaftem Temperament ist und einen Gatten hat, der sie nicht zu leiten versteht, läßt sie sich leider in allerhand Intrigen verwickeln.«

Ludwig XV. hatte die Gewohnheit, nicht direkt auf sein Ziel zuzusteuern. Er ging auch diesmal lange um den heißen Brei herum. Endlich bat er Mercy, seinen ganzen Einfluß aufzubieten, um bei der Dauphine zu erreichen, »daß sie jeder bei Hof zugelassenen Person mit der gleichen Höflichkeit wie allen andern begegnen möge«. Und was wünschte diese »bei Hof zugelassene Person«? Mercy berichtete es an die Kaiserin: »Es ist ihr höchster Wunsch, daß die Dauphine ein einziges Mal das Wort an sie richte.« Er fügte noch einen Satz über die Dubarry hinzu, der die Kaiserin aufhorchen ließ: »Wenn man es versteht, sie richtig zu behandeln, ist es sehr leicht, sie zum Sprechen zu bewegen, woraus wir bei verschiedenen Gelegenheiten Nutzen ziehen könnten.«

Mercy war gewonnen, obgleich er dies nicht zugeben wollte. Nun mußte man noch Marie Antoinette gewinnen. Er berichtete ihr über die Zusammenkunft und stellte sie unter den Zwang einer Alternative: »Wenn die Frau Erzherzogin durch ihre Haltung dem Hof bekanntzugeben wünscht, daß sie die Rolle der Gräfin Dubarry kennt, erfordert es ihre Würde, vom König zu verlangen, daß er dieser Frau untersage, künftighin bei Empfängen zu erscheinen. Will sie hingegen den Anschein erwecken, als kenne sie die wirkliche Stellung der Favoritin nicht, dann muß sie diese so wie alle anderen zugelassenen Frauen behandeln und bei sich bietender Gelegenheit das Wort an sie richten, und wäre es auch nur ein einziges Mal. Dadurch würde allen Klagen, ob sie nun berechtigt sind oder nicht, der Boden entzogen.«

Dem Gesandten ihrer Mutter, dachte Marie Antoinette, stehe es ja frei, dem Beispiel des Nuntius zu folgen und bei Madame Dubarry ein- und auszuflattern – da er ja selbst im Konkubinat mit einer Schauspielerin lebte. Sie selbst aber lehnte es entschieden ab, auch nur ein einziges Wort an diese »Kreatur« zu richten, die »ihren Leib dem ersten besten, der zahlen konnte, überlassen hatte, bevor sich Ludwig der Vielgeliebte an ihm entzückte«.

Madame Adelaïde bestärkte ihre Nichte in ihrem löblichen Entschluß, und Mercy spielte seine letzte Karte aus, die Politik. Er erklärte der Dauphine, Ludwig XV. sei über ihr Betragen so erbost, daß die französisch-österreichische Allianz darunter leiden könnte. Vermond unterstützte ihn im gleichen Sinn, und seufzend kapitulierte das verzogene Kind am 10. Juli 1771. Sie war endlich bereit, »dieser Dubarry« ein paar Worte zu sagen, aber nur in Mercys Gegenwart. Der Gesandte solle bei ihrem Cercle erscheinen, sie würde vor ihm stehenbleiben und mit ihm plaudern, um dann wie zufälligerweise ein Wort an die Gräfin zu richten. Mercy verständigte die Frau, die er jetzt »seinen Schützling« nannte, von seinem glänzenden Erfolg. Am 11. Juli schrieb Marie Antoinette noch ein paar Zeilen an Mercy: sie fürchte sich zwar, aber »es bleibe bei der Verabredung«. Zu Beginn des Cercle am Sonntag abend winkte sie den Diplomaten herbei und flüsterte ihm zu: »Ich habe Angst, Monsieur, seien Sie aber beruhigt, ich werde mein Versprechen halten.«

Endlich nahte der große Augenblick. Marie Antoinette begann den üblichen Rundgang. Sie sagte jedem eine nichtssagende Phrase und hörte sich die Banalitäten an, die ihr unter tiefer Reverenz erwidert wurden. Nun nähert sie sich der Dubarry – sie steht fast schon vor ihr –, da fährt die scharfe Stimme Madame Adelaïdes wie ein Kommando dazwischen: »Es ist Zeit, daß wir gehen. Komm! Wir müssen den König bei meiner Schwester Victoire erwarten.«

Die Dauphine wandte sich verwirrt und verschreckt nach ihren Tanten um. Sie hatte den Fehler begangen, den Tanten ihr Mercy gegebenes Versprechen anzuvertrauen. Madame Dubarry kehrte tief gekränkt und wütend in ihre Wohnung zurück.

Die Geschichte machte die Runde in ganz Versailles und Europa. Kuriere brachten sie schleunigst nach Madrid, St. Petersburg und Wien. Maria Theresia aber, die doch in ihren eigenen Ländern die Dirnen auspeitschen ließ, ergriff erstaunlicherweise sogleich Partei für »diese Kreatur«. Das Interesse ihres Landes verlangte eine solche Stellungnahme, da Österreich in diesem Augenblick die Freundschaft Frankreichs dringender brauchte als je zuvor. Wenn die Allianz in Brüche ginge, würde Frankreich nicht dulden, daß sich Österreich mit Preußen über die Teilung Polens verständigte. Falls »die Kleine« mit der Dubarry nicht sprechen will, sagte Kaunitz, werden wir wohl auf unsern Anteil verzichten müssen, und Friedrich und Katharina werden den polnischen Kuchen allein verschlingen. Es ging um Galizien mit zweieinhalb Millionen Menschen! Nein, Marie Antoinette mußte dieses Opfer bringen!

Maria Theresia schrieb ihr einen energischen Brief: »Ein Wort über ein Kleid, über eine Kleinigkeit kostet Sie so viele Grimassen?« fragte sie ihre Tochter. »Ich kann nicht länger schweigen. Nach dem Gespräch mit Mercy und seiner Mitteilung über das, was der König wünscht und was Sie zu tun verpflichtet sind, haben Sie es gewagt, ihm nicht zu gehorchen! Was für einen vernünftigen Grund können Sie anführen? Gar keinen. Sie haben die Dubarry nicht anders einzuschätzen und anzusehen als alle anderen Damen, die am Hof zur Gesellschaft des Königs zugelassen sind. Da Sie sein erster Untertan sind, müssen Sie dem Hof ein Beispiel geben, daß die Wünsche Ihres Gebieters ausgeführt werden. Wenn man freilich niederträchtige Handlungen oder Vertraulichkeiten von Ihnen verlangte, könnte weder ich noch irgend jemand sie Ihnen anraten. Aber irgendein gleichgültiges Wort, ein wenig Beachtung, nicht der Dame, sondern Ihrem Großvater, Ihrem Gebieter und Wohltäter zuliebe.«

Maria Theresia war weit und »die Kleine« setzte sich zur Wehr: »Sie können überzeugt sein«, schrieb sie zurück, »daß mir niemand mehr Anstandsregeln beibringen muß. Wenn Sie aber, wie ich, alles aus der Nähe sehen könnten, was hier geschieht, würden Sie mir wohl glauben, daß diese Frau und ihre Clique sich nicht mit einem Wort zufrieden geben würden, daß man vielmehr immer von neuem beginnen müßte.«

»Sie machen mich lachen«, erwiderte Maria Theresia, »weil Sie sich einbilden, daß ich oder mein Gesandter Ihnen jemals Ratschläge gegen die Ehre geben könnten: nicht einmal gegen das geringste Gebot der Wohlanständigkeit.« In den Augen Maria Theresiens waren die einzig Verantwortlichen die Tanten, sie waren es, die »an allen Fauxpas ihrer Tochter« die Schuld trugen. »Ich sehe, daß Sie in eine Abhängigkeit geraten sind, von der man Sie bald und gründlich abbringen muß.«

Am 2. November 1771 feierte Marie Antoinette ihren sechzehnten Geburtstag. Würde sie fortfahren, ihrer Mutter und Mercy Widerstand zu leisten? Sie war stolz und eigenwillig – Maria Theresia erwähnte dies immer wieder. Nichts kostete sie mehr Überwindung, als nachzugeben. Aber ihre Liebe zu Österreich trug schließlich den Sieg über ihren Trotz davon. »Es bleibt immer mein Stolz, Österreicherin zu sein«, schrieb sie einmal. Österreich zuliebe, an dem ihr Herz zu hängen nie aufgehört hat, gab sie schließlich nach. Sie versprach Mercy noch einmal, mit »dieser Barry« zu sprechen, »aber nicht an einem bestimmten Tag und zu einer bestimmten Stunde, damit sie es nicht vorher ankündigen und darüber triumphieren kann«.

Am Neujahrstag 1772 fiel endlich die Entscheidung. Madame Dubarry verneigte sich zwischen der Herzogin d'Aiguillon und der Marschallin de Mirepoix vor der Dauphine. Marie Antoinette plauderte eine Weile mit der Herzogin, dann blieb sie vor »der Kreatur« stehen und sagte hastig: »Es sind heute viel Leute in Versailles.«

Die Neuigkeit verbreitete sich wie ein Lauffeuer im Schloß; die Tanten tobten, aber Ludwig XV. weinte vor Freude und schloß die Dauphine zärtlich in die Arme. Maria Theresia und besonders Joseph II. atmeten erleichtert auf. Nun stand der Teilung Polens nichts mehr im Wege. Mercy lächelte stolz wie ein Triumphator. Die spätere Königin aber warf den Kopf in den Nacken und erklärte: »Ich habe einmal gesprochen, aber ich bin entschlossen, es dabei bewenden zu lassen. Diese Frau wird den Ton meiner Stimme nicht mehr hören.«

Und sie hielt ihr Wort.

## IV

## MADAME LA DAUPHINE

Der heroisch-komische Kampf zwischen den beiden Frauen, welche die ersten Rollen am Hofe spielten – einem Kind und einer Kurtisane – brachte immerhin einen Vorteil: er entfremdete die Dauphine ihren Tanten. Sie selbst gab es offen zu: »Ich bin zu jung und unüberlegt gewesen. Jetzt weiß ich, woran ich mich halten muß.«

Marie Antoinette versuchte nun ihrem Gatten näherzukommen. »Mein teurer Gemahl«, schrieb sie ihrer Mutter, »hat sich sehr zu seinem Vorteil verändert. Er empfindet Freundschaft für mich und beginnt sogar Vertrauen zu fassen.« Bald darauf berichtete Mercy: »Der Dauphin ist von seiner Frau bereits bezwungen.« Ja, er wird schon fast galant: »Sie ist so anmutig, daß ihr alles zum besten ausschlägt«, gestand er. »Ich muß zugeben, daß sie reizend ist.«

Es stand freilich nicht in der Macht der Dauphine, »den fatalen Gegenstand«, wie Mercy sich ausdrückte, zu kurieren. Sie versuchte, wenigstens das Körpergewicht ihres Gatten herabzusetzen. In Compiègne ließ sie es nach einer Magenverstimmung nicht mehr zu, daß er sich mit Backwerk vollstopfte, ja, sie verbot sogar, ihm bis auf weiteres solches vorzusetzen. Lächelnd und gerührt fügte sich der Vielfraß, und Marie Antoinette, durch diesen Erfolg kühn geworden, versuchte nun, »den jungen Prinzen von seiner sonderbaren Vorliebe für das Maurerhandwerk abzubringen«. Denn »es betrübte sie ungemein«, ihn nach solcher Betätigung verschmutzt und staubbedeckt heimkehren zu sehen. Aber diesmal hatte sie kein Glück. Es gelang ihr »trotz lebhafter Klagen« nicht, den Dauphin davon abzuhalten, allen Arbeitern, die ihm begegneten, an die Hand zu gehen.

Von der Jagd pflegte er sehr spät, oft erst nach dem König heimzukehren. Er war meist so erschöpft, daß er vor Ermüdung taumelte. Am 1. Juli 1771 warf ihm Marie Antoinette »in heftigen Worten seine übertriebene Jagdleidenschaft, die seine Gesundheit zerstöre, vor und beklagte sich bitter über sein verlottertes Äußeres und seine rüden Manieren, die eine Folge dieser Leidenschaft seien«. Ludwig August flüchtete vor dieser Explosion tief beschämt in sein Zimmer. Die kleine Dauphine folgte ihm unverzüglich und »hörte nicht auf, ihm das Ungehörige seiner Lebensführung vorzuhalten. Diese Sprache«, berichtete Mercy weiter, »machte auf den Dauphin so tiefen Eindruck, daß er in Tränen ausbrach«.

Ein kleiner Vorfall ermöglichte es Marie Antoinette, den Einfluß abzuschwächen, den der Herzog La Vauguyon immer noch auf seinen früheren Schüler hatte. »Es hat sich etwas Eigentümliches zugetragen«, erzählte sie ihrer Mutter. »Ich befand mich mit meinem Gemahl allein, als sich Herr de la Vauguyon mit eiligen Schritten der Tür näherte, um zu horchen. Ein Kammerdiener, der dumm oder sehr ehrlich ist, öffnete die Tür, und der Herzog stand, aufgepflanzt wie ein Pflock, vor uns, ohne sich mehr entfernen zu können. Darauf sagte ich meinem Gemahl, wie ungehörig es sei, an den Türen horchen zu lassen, was er sehr gut aufgenommen hat.«

Der Dauphin erklärte sich jetzt sogar bereit, im Salon seiner Frau zu erscheinen. Ihre Gesellschaft bestand damals, in der Zeit vor der Thronbesteigung, vor allem aus den jungen Ehepaaren Provence, Chartres und Bourbon. Der spätere Ludwig XVIII. hatte am 14. Mai 1771 die sehr häßliche Maria Josepha von Savoyen geheiratet. Böse Zungen behaupteten, daß sogar ihre Brust behaart sei.

»Wie gefällt Ihnen Ihre Schwägerin«, hatte Provence den Dauphin am Tag nach seiner Hochzeit gefragt. »Nicht besonders. Ich hätte mich nicht bemüht, sie zur Frau zu bekommen.« »Es freut mich sehr«, erwiderte der junge Ehemann verstimmt, »daß man Ihren Geschmack besser getroffen hat. So sind wir alle beide zufrieden, denn meine Frau gefällt mir ausgezeichnet.« Provence trug nun ein bürgerliches Gehaben zur Schau, indem er erklärte, er wolle den Winter mit seiner besseren Hälfte still in seiner Häuslichkeit verbringen. Bald darauf hieß es am Hof, daß seine Frau ein Kind erwarte. »Ist irgend etwas Wahres daran?« erkundigte sich Marie Antoinette bei ihrem Schwager. »Gewiß«, erwiderte er, »denn es *könnte* täglich wahr werden.« »Ach so«, sagte die Dauphine. »Da Sie mir so treffend zu antworten verstehen, werde ich keine Fragen mehr an Sie stellen.«

Die beiden Ehepaare blieben unzertrennlich. »Wir vertragen uns sehr gut miteinander, meine Schwägerin, mein Schwager und wir beide«, schrieb Marie Antoinette am 21. Juni 1771 an ihre Mutter. Etwas später schloß sich der Graf von Artois den beiden Ehepaaren an. Der spätere Karl X. wurde der Dauphine ein wirklich guter Freund und galanter Begleiter – sogar ein zu galanter. Fürs erste bezeigte er ihr aber bloß »ehrbare Gefühle«. Im November 1773 heiratete er dann die Schwester der Gräfin von Provence. Maria Theresia von Savoyen, über deren Aussehen sich Mercy recht deutlich ausließ: »Ein mageres Gesicht, eine sehr lange Nase, schielende Augen, ein großer Mund, alles in allem eine unregelmäßige und höchst gewöhnliche Physiognomie.« Sie weigerte sich, mit wem immer zu sprechen, und wünschte sich nichts inniger, als nicht beachtet zu werden. Ihr Gatte beeilte sich, ihr diesen Wunsch zu erfüllen. Er begab sich schleunigst zu seiner Mätresse, der reizenden Rosalie Duthé, nach Paris, die für seine Familie viel übrig hatte: im Jahre 1766 hatte sie den Herzog von Chartres mit Artois betrogen. Als das Abenteuer des jungen Grafen bei Hof bekannt wurde, kursierte sogleich ein Bonmot: »Nachdem sich der Prinz den Magen am Kuchen à la Savoie verdorben hatte, kam er nach Paris, um Tee zu trinken.«

Niemand bedauerte die verlassene Gräfin, die »an nichts Anteil zu nehmen schien und allen ungemein mißfiel«. Nur die gutherzige Dauphine »kam ihr freundlich entgegen«. Sie versuchte, »die Teilnahmslosigkeit ihrer Schwägerin zu überwinden«, indem sie diese dem kleinen Kreise beizog, den sie mit dem Dauphin und den beiden Provence bildete. Artois blieb nichts übrig, als mitzutun. Wenn sie nicht öffentlich speisten, nahmen die drei Ehepaare die Mahlzeiten gemeinsam ein. Danach spielten sie Theater. Der König durfte freilich nichts davon wissen, und Ludwig August war der einzige, der dem Spiele zusah. Die Vorstellungen fanden in einem Kabinett des Dauphin im Zwischenstock statt. Provence spielte am besten, Artois recht gut, Marie Antoinette passabel und die beiden savoischen Damen abscheulich. Erster Schauspieler, Regisseur und Souffleur in einer Person aber war Campan, der Schwiegervater der späteren Kammerfrau Marie Antoinettes. Eines Tages überraschte ihn, im Kostüm des Crispin, ein Diener hinter einer Tür. Der Lakai stieß einen Schrei aus und fiel vor Schreck auf den Rücken. Dies war der größte Erfolg, den Campan als Schauspieler aufzuweisen hatte. Die jungen Leute befürchteten aber, daß ihr Geheimnis durch diesen Vorfall entdeckt werden könnte, und »schlossen das Theater« – zum größten Leidwesen des Dauphin, der sich als Zuschauer dabei köstlich unterhalten hatte.

Madame Campan erzählt uns, »dieses Theaterspielen habe bewirkt, daß der Dauphin seine Schüchternheit verlor und sich in der Gesellschaft der Dauphine wohlzufühlen begann«. Nach einem Jahr so enger Gemeinschaft hatte sich Marie Antoinettes Vorliebe für ihre Schwäger etwas abgekühlt. Sie glaubte, sich in ihnen getäuscht zu haben und verglich sie mit dem Dauphin, wobei »dieser Vergleich sehr zu dessen Gunsten ausfiel«, wie Mercy mit sichtlicher Befriedigung feststellte. »Ich bin immer überzeugter«, gestand sie ihrer Mutter, »daß ich, wenn ich unter den dreien einen Gemahl zu wählen hätte, noch denjenigen vorziehen würde, den mir der Himmel beschert hat. Sein Charakter ist wahrhaftig, und obgleich er linkisch ist, ist er mir gegenüber von jeder nur möglichen Aufmerksamkeit und Gefälligkeit.« Dieser Brief stammt vom 15. Dezember 1775 und gewährt uns Einblick in die Gefühle, welche die Dauphine ihrem Gatten entgegenbrachte. Der Dauphin bemerkte, daß er von seiner Frau, die sich allmählich zur bezauberndsten Erscheinung des Hofes entfaltete, anerkannt wurde, und machte keinen so linkischen Eindruck mehr wie früher. Er gewann ein wenig an Sicherheit und Selbstvertrauen, was ihm am Tage seines festlichen Einzugs in Paris zugute kommen sollte.

Es ist kaum zu glauben, aber Marie Antoinette kannte nach dreijährigem Aufenthalt in Versailles von Paris nicht mehr als ein Stadttor: die Porte de la Conférence, und selbst dieses hatte sie an jenem Unglücksabend des 30. Mai 1770 nur flüchtig gesehen. Schuld daran war Ludwig XV., dem nichts daran lag, daß seine Enkel den Beifall empfangen sollten, der ihm schon seit langem versagt geblieben war. Nachdem die Stadt wiederholt darum gebeten, wurde der Einzug endlich auf Dienstag, den 8. Juni 1773, festgesetzt. Um halb neun Uhr morgens verließ ein Ehrengeleit das Rathaus, um Marschall de Brissac, den Gouverneur von Paris, von seinem Sitz in der Rue Cassette abzuholen und sich von hier zur Porte de la Conférence zu begeben, wo das Kronprinzenpaar empfangen werden sollte.

Wachen zu Fuß und zu Pferd zogen mit der Stadtkapelle den Karossen des Bürgermeisters de la Michodière sowie des Ersten und Zweiten Schöffen voraus. Aber diese Honoratioren, damals »Messieurs de la Ville« genannt, saßen nicht selbst in ihren Wagen. Ihre Plätze waren von Stadtbeamten besetzt, und in den vier von Bedienten flankierten Wagen des Stadtkommandanten hatten dessen Offiziere Platz genommen. Der Marschall, der Bürgermeister und die beiden Schöffen fuhren in einem Wagen, der »Carosse du Corps«, dem Offiziere vorausritten und dem die Dienerschaft des Gouverneurs zu Fuß folgte. Nur der Dritte und Vierte Schöffe benutzten ihre eigenen Kutschen, die samt einer zweiten Eskadron von Wachen zu Fuß und zu Pferd den Zug beschlossen.

Trompetengeschmetter ertönte; um halb zwölf begannen die Kanonen des Invalidenpalastes zu donnern. Die Menge ordnete sich in zwei Reihen am Eingang zum Cours-la-Reine, und bald erschien, von königlichen Garden eskortiert, am Hügel von Chaillot der Zug des Kronprinzenpaares. Zuerst fuhren drei Karossen mit Hofdamen vor, dann folgte der Wagen des alten Marschalls Richelieu. Ihm war als dem Oberstkämmerer des Königs die Aufgabe zugefallen, die Gäste der Stadt Paris zu begleiten. Der Dauphin mochte ihn nicht, er nannte ihn eine »vertrocknete Mumie«. Marie Antoinette konnte ihm seine galanten Heldentaten nicht verzeihen, die unter Ludwig XIV. begonnen hatten und bis zum Vorabend der Revolution dauerten. Sie warf ihm außerdem den schlechten Geschmack vor, den er beim Auswählen der Theaterstücke bei Hof bekundete, eine Tätigkeit, die zu seinen Amtsbefugnissen gehörte. Als er seine Charge noch im gleichen Jahre niederlegte, sagte Marie Antoinette zu ihm: »Endlich, Herr Marschall, ist es mit Ihrem Theater vorüber, wir werden uns also von nun an amüsieren können.« Da der Empfang der Stadt Paris aber nicht von dem alten Libertin arrangiert worden war, versprach er amüsant zu werden, und Marie Antoinette lächelte ebenso bezaubernd, wie sie in Straßburg gelächelt hatte.

Nachdem die Honoratioren vorgestellt waren, rollten die beiden Wagenzüge unter dem Donnern der Stadtkanonen, die auf dem Platz Ludwigs XV. standen, die Kais entlang bis zu Notre-Dame. Nach dem feierlichen Hochamt in der Kathedrale begab sich das Kronprinzenpaar über das Collège Louis-le-Grand und die Abtei Sainte-Geneviève, wo Ansprachen gehalten wurden, zum Bankett in die Tuilerien. Auf dem ganzen langen Weg jubelte das Volk der Dauphine, aber auch dem Dauphin stürmisch und begeistert zu. In den Gärten der Tuilerien hatte sich eine unübersehbare Menschenmenge angesammelt. Mindestens zehnmal mußte sich das junge Paar auf dem Balkon dem jubelnden Volke zeigen. Der Beifall fand kein Ende, der Enthusiasmus kannte keine Grenzen. Ganz Paris war von einem Delirium befallen. »Madame«, sagte Brissac, »möge es dem Herrn Dauphin nicht mißfallen, aber Sie sehen hier zweihunderttausend Menschen, die in Sie verliebt sind.« »Freudenausbrüche und Tränen der Rührung« notierte der Stadtschreiber in seinem Bericht. Die Dauphine selbst schrieb einige Tage später an ihre Mutter: »Am letzten Dienstag habe ich ein Fest erlebt, das ich nie in meinem Leben vergessen werde. Wir haben alles an Ehrungen empfangen, was man sich nur ausdenken kann. Aber nicht dies, obgleich es sehr schön war, hat mich am tiefsten ergriffen, sondern vielmehr die Liebe und Hingabe dieses armen Volkes, das trotz der Steuern, die es niederdrücken, außer sich vor Freude war, uns zu sehen. Während eines Spazierganges im Garten der Tuilerien folgte uns eine so große Menge, daß wir drei Viertelstunden weder vor- noch zurückgehen konnten. Der Herr Dauphin und ich ermahnten die Wache mehrere Male, niemanden zu stoßen, was einen sehr guten Eindruck gemacht hat. Es herrschte an diesem Tag eine so gute Ordnung, daß es trotz der ungeheuren Menge, die uns überall folgte, nicht einen Verletzten gegeben hat. Nach der Rückkehr von diesem Spaziergang sind wir noch eine halbe Stunde auf einer offenen Terrasse geblieben. Ich kann Ihnen, meine teure Mutter, die Ausbrüche der Freude und Liebe nicht schildern, die man uns in diesem Augenblick bezeigte. Bevor wir uns zurückzogen, haben wir dem Volk mit der Hand zugewinkt, das darüber große Freude hatte. Wie glücklich ist man doch in unserem Stand, die Liebe eines ganzen Volkes so leicht gewinnen zu können! Und doch gibt es nichts Kostbareres als diese. Ich habe es wohl empfunden und werde es nie vergessen.«

Das Volk von Paris wollte zum Ausdruck bringen, daß es seine Hoffnung in das künftige Herrscherpaar setzte und das Kronprinzenpaar nicht mit dem »alten Galan« und seiner »Bourbonnaise« auf die gleiche Stufe stellte. Um aber die Kränkung, die es dem König dadurch zugefügt, gutzumachen, sagte Marie Antoinette nach der Rückkehr zu ihrem Großvater: »Sire, wie sehr müssen die Pariser Sie lieben, da sie uns so sehr gefeiert haben.«

Von nun an wünschte die kleine Dauphine nichts sehnlicher, als wieder nach Paris zu fahren. Am 16ten besuchte sie die Oper mit dem Dauphin. Trotz seiner »recht ungeschickten Verbeugungen« wurde er mit Applaus begrüßt, als er in der Loge erschien. Er trat verwirrt beiseite, Marie Antoinette erschien an der Brüstung und wurde begeistert akklamiert. Der gleiche Vorgang wiederholte sich am 22ten in der Comédie Française, wo die Dauphine dem Publikum gestattete, den Schauspielern in ihrer Gegenwart Beifall zu spenden, obgleich dies der Etikette widersprach. Am 30ten feierte das Publikum die junge Frau in den »Italiens«, der italienischen Commedia. Als Clairval im »Deserteur« den Montauciel spielte, hatte er die Mütze in die Luft zu werfen und nach dem Text von Sedaine »Vive le Roi« zu rufen. Er fügte, wie er sich's längst ausgedacht, aber scheinbar improvisiert, hinzu: »Et vivent ses chers enfants!«

»Aller Beifall galt stets nur der Dauphine«, schrieb Mercy. »Die herzlichen Äußerungen über sie, die Bemerkungen über das Antlitz, den Liebreiz, die Leutseligkeit und Güte der Frau Erzherzogin würden Bände füllen.« Er war selber von ihr entzückt, und es fiel Marie Antoinette nicht schwer, ihn zu entwaffnen. Er war sogleich besänftigt, wenn die kleine Kokette mit ihrer Unschuldsmiene zu ihm sagte: »Ich werde mich bemühen, möglichst keine Fehler zu machen. Wenn ich aber welche begehe, werde ich sie immer zugeben.«

Aber Maria Theresia ließ sich nicht blenden und erwiderte Mercy: »Ich kenne den Eigenwillen meiner Tochter und weiß, wie geschickt sie alles zu wenden versteht, um ihr Ziel zu erreichen. Nachgiebig ist sie nur dort, wo es sich um Dinge handelt, an denen ihr wenig liegt. Sie verbarg dies selbst vor Ihnen nicht, als sie Ihnen kürzlich, und nun schon zum zweitenmal sagte, es falle ihr schwer, eine Haltung zu ändern, die sie nun einmal eingenommen habe. Ihr Benehmen gegen die Favoritin, ihre Ausflüge zu Pferd und, was noch gefährlicher wäre, ihre Fahrten im Kabriolett geben genug Beweise für ihren unüberlegten und allzu eigenwilligen Charakter. Trotz ihrer guten Eigenschaften und ihrer Begabung fürchte ich daher immer die Folgen ihrer Unbesonnenheit und ihres Eigensinns.«

Mercy versuchte, seine Schülerin in Schutz zu nehmen. Sie meine es ehrlich, wenn sie zugebe, kleine Fehler begangen und unzutreffende Ansichten vertreten zu haben. Eben damit erbringe sie den Beweis für ihre Offenherzigkeit und Wahrheitsliebe. Der Gesandte rechnete ihr die Offenheit, die so viele ihrer Fehler ausgleiche, besonders hoch an, weil Marie Antoinette gerade durch diese das Herz des Dauphin »gerührt habe«. Seit Ende 1773 wich er nicht mehr von ihrer Seite.

Eines Morgens kam er in aufgeräumtester Stimmung in das Zimmer seiner Frau und erzählte begeistert, er habe soeben nach dem Tod eines Mannes, dem er eine Pension gezahlt, zweitausend Taler geerbt. Ohne sich zu erregen, fragte Marie Antoinette: »Haben Sie sich aber auch erkundigt, ob der Verstorbene nicht vielleicht eine Witwe, Kinder oder Eltern in Armut zurückgelassen hat?« Ganz verstört schwieg Ludwig eine Weile, dann rief er strahlend: »Es ist wirklich wahr – Sie machen mich immer im richtigen Augenblick aufmerksam!« Er zog sogleich Erkundigungen ein und »verfehlte nicht, offen zuzugeben, daß das Verdienst an den wohltätigen Verfügungen, die er nun traf, der Dauphine gebühre«. Der Liebreiz seiner Frau, ihre Hilfsbereitschaft, ihre außerordentliche Popularität, von der ein Abglanz auch auf ihn fiel, hatten Ludwig verwandelt. »Die Dauphine«, schrieb Mercy, »zeigt sich stets von ihrer besten Seite, und der Dauphin paßt sich ihr in weit höherem Maße an, als man bei seiner physischen und geistigen Veranlagung jemals hätte hoffen dürfen.«

Der schwerfällige Lümmel von Compiègne gehörte der Vergangenheit an. Marie Antoinette bezeugte es selbst: »Der Dauphin hat sich in Paris immer prächtig gehalten, und ich wage zu sagen, daß er durch unser sichtlich gutes Einvernehmen in den Augen des Volkes gewonnen hat. Deshalb wurde vielleicht erzählt, er hätte mich vor allen Leuten geküßt, obwohl das nicht zutrifft ... Seit langem fällt seine Aufmerksamkeit gegen mich überall auf.« – »Trotzdem«, berichtet Mercy, »besteht kein Anzeichen einer Schwangerschaft, aber man darf dieses wünschenswerte Ereignis täglich erhoffen.«

Zu dieser optimistischen Auffassung Mercys wollen wir Doktor Garnière nochmals das Wort erteilen. »Die Wartezeit«, schrieb er, »konnte nicht ewig dauern. Zunehmendes Alter, kräftige Ernährung, vor allem die Gesellschaft des zärtlichen jungen Mädchens weckten endlich die schlummernden Sinne des Dauphin; aber die Schmerzen, die ihm sein angeborener Defekt bereitete, zwangen ihn, seinen Versuchen zu entsagen. Die Ärzte gaben endlich zu, daß nur ein chirurgischer Eingriff den physisch und moralisch qualvollen Zustand beenden könnte, der sich als Folge der mißlungenen Versuche, die Ehe zu vollziehen, eingestellt hatte. Aber dem Dauphin fehlte der Mut, sich ihm zu unterziehen. Sein Zustand, argumentierte er, habe sich schon gebessert, denn er schlafe nicht mehr gleich ein, wenn er sich ins Ehebett lege; er würde sich also weiter bessern. Er hoffe auf eine natürliche Heilung, die ihm den Eingriff ersparen würde.«

Wenn Marie Antoinette über ihr eheliches Mißgeschick in Tränen ausbrach, umarmte sie der Dauphin bekümmert und fragte sie gerührt, ob sie ihn liebe. »Gewiß«, erwiderte sie, »ich liebe Sie aufrichtig, daran können Sie nicht zweifeln.« – »Diese Worte rührten den Prinzen tief«, erzählt Mercy, »er überschüttete die Frau Erzherzogin mit Zärtlichkeiten und versprach ihr, bei der Rückkehr nach Versailles seine Diät wieder aufzunehmen, und hoffe, daß dann alles gut gehen werde.« Als aber der Hof nach Versailles zurückgekehrt war, seufzte Mercy am 18. Dezember: »Durch ein unbegreifliches Verhängnis scheinen alle diesbezüglichen Hoffnungen eher zu schwinden als sich zu erfüllen.«

Marie Antoinette suchte Trost in ihren Vergnügungen. Sie fuhr im Karneval 1774 oft, ja allzuoft nach Paris, wo sie mit Vorliebe Maskenbälle und Redouten besuchte. In der Nacht des 30. Januar, an einem Sonntag, erkannte sie in der Menge einen jungen Ausländer, der ihr am 19. November, an einem Freitag, vorgestellt worden war und den sie seither im vergangenen Monat noch zweimal bei ihren Montagbällen gesehen hatte. Er war hübsch und liebenswürdig, groß und schlank gewesen, ein junger Mann von bestem Aussehen, elegant, ohne doch ein Geck zu sein. Geschützt von Domino und Maske ging Marie Antoinette auf ihn zu und begann mit ihm zu plaudern, ohne daß er sie anscheinend erkannte. Nach einer Weile, als die Menge auf sie aufmerksam zu werden begann, zog sie sich zurück und verließ den Ball bald darauf in bester Laune.

Der junge Mann war der Sohn eines schwedischen Feldmarschalls und Staatsrats, befand sich auf einer Reise quer durch Europa, um sich zum vollendeten Kavalier auszubilden, war noch nicht zwanzig Jahre und hieß Graf Axel Fersen. »Ein Maskenball, ein Domino, eine Maske und zwei Herzen«, schrieb der letzte Biograph Marie Antoinettes und des jungen Schweden. Das ist nett ausgedrückt, die beiden Herzen schlugen aber damals noch nicht im gleichen Takt.

Über seine Begegnung setzte Fersen lediglich zehn Worte in sein Tagebuch, während er zwei anderen Karnevalsabenteuern zwei ganze Seiten widmete.

Die Bälle in Versailles – am Montag bei Marie Antoinette, am Mittwoch bei Frau von Noailles – dauerten oft bis sechs Uhr früh. Um aber der Dauphine Vergnügen zu bereiten, wurden noch andere Bälle und Feste arrangiert. Die kleine Dauphine lachte, tanzte, mokierte und amüsierte sich – »sie hüpfte und flatterte«, nach einem Ausspruch Goncourts, »wie ein Lied dahin«.

»Marie Antoinette wurde, als die Regierung Ludwigs XV. zu Ende ging, der schwerste Vorwurf aus ihrer hemmungslosen Vergnügungssucht gemacht, aber gerade diese läßt sich mit ihrem Alter entschuldigen«, schreibt Pierre de Nolhac. »Ihre gesunde Natur, ihre jugendliche Lebensfreude fanden darin den Ausgleich für die Langeweile der höfischen Verpflichtungen, denen sie sich unterwerfen mußte.« Das ist sicherlich richtig, es gab aber noch einen anderen Grund, den der letzte Verehrer der Königin nicht zu berühren wagte.

Das eheliche Drama verschlimmerte sich von Tag zu Tag: der »lässige Gatte« besuchte seine Frau jetzt immer häufiger. Er hatte aus seinen Zimmern im Erdgeschoß eine Treppe in das erste Stockwerk legen lassen, die knapp neben dem Alkoven der Dauphine mündete, an der Stelle, wo später ein Kanapee, die »Méridienne« Marie Antoinettes stehen sollte. Der halb impotente junge Mann hätte besser getan, damit zu warten, bis er den Mut gefunden, sich operieren zu lassen. Statt dessen wiederholte er störrisch und gewissenhaft, aber arg behindert, immer öfter seine kläglichen Versuche! »Auf diese Art«, fährt Doktor Garnière fort, »unterzog der ungeschickte, wenngleich von bestem Willen beseelte Gatte seine junge Gefährtin Abend für Abend einer wahrhaft abscheulichen Prozedur, ohne doch zum gewünschten Erfolg zu gelangen. Eine Befleckung ihres Leibes war sicherlich das einzige Resultat. Vielleicht glaubten die beiden unerfahrenen Kinder, daß dies genüge, um eine Schwangerschaft herbeizuführen, die den boshaften Witzen der Höflinge ein Ende setzen würde.«

Sinnlich geweckt, aber unbefriedigt, suchte sich das junge Mädchen hemmungslos zu zerstreuen und abzulenken. Nur eines unterließ sie: sie betrog ihren Gatten nicht, was ihr hoch anzurechnen ist. Ihre Nerven waren überreizt, ihre Stimmungen wechselten sprunghaft. Maria Theresia war darüber entsetzt, aber sie erriet niemals, worauf dies zurückzuführen sei. Die Neurologie war damals noch nicht entdeckt. Trotzdem überschritt ihre Vergnügungssucht zunächst noch nicht die Grenzen, die eine Dauphine von achtzehn Jahren einzuhalten hatte. Die Pariser freuten sich sogar, daß ihre künftige Königin ebenso fröhlich lachen konnte wie eine Bécu oder eine Poisson. »Es gibt keine Worte, um das Entzücken auszudrücken, das in Paris über die Frau Erzherzogin herrscht«, meldete Mercy.

Dieses »Entzücken« ermöglichte es Marie Antoinette, Gluck in Paris durchzusetzen.

Von Marie Antoinette freudig begrüßt, war Gluck im Spätherbst 1773 aus Wien eingetroffen. Sie empfing ihren alten Klavierlehrer in einem kleinen Salon, der an ihr Wohnzimmer anstieß. Sein Erscheinen löste in ihr tausend Erinnerungen an ihre Kinderzeit aus. Metastasios Gedicht »Parnasso Confuso« fiel ihr ein. Gluck hatte es vertont, und bei der Hochzeit Josephs II. hatte sie auf diese Melodie in Schönbrunn mit den Geschwistern getanzt. Damals war sie elf Jahre alt. Leopold spielte das Clavecin, und auch sie hatte in Wien gerne musiziert. In Versailles hatte sie, trotz Esel, Pferd und Kabriolett, das Musizieren nicht vernachlässigt, sie spielte Klavier und Harfe und sang Mozart und Gluck, zwar nicht ganz rein, aber mit recht angenehmer Stimme. Die französischen Opern enttäuschten sie. Rameau lebte nicht mehr, und um die Zuhörer halbwegs zu fesseln, sah man sich gezwungen, ganze Opern aus Potpourris zusammenzustellen, die eben in Mode waren.

Als Gluck den ersten Akt seiner von Racines Tragödie inspirierten »Iphigenie« an die Pariser Akademie gesendet hatte, erklärte deren Leiter freimütig, »ein solches Werk sei geeignet, allen alten französischen Opern den Garaus zu machen«. Er hatte mit der gleichen Offenheit das Äußerste getan, um den Besuch des »Herrn Ritters von Gluck« in Paris zu verhindern. Aber Mercy, der mit Rosalie Levasseur von der Oper auf vertrautem Fuße stand, setzte es durch, daß »Iphigenie« angenommen wurde.

Nach seiner Ankunft spielte Gluck die Oper Marie Antoinette auf dem Clavecin vor. Sie bat ihn um eine Erklärung. »Ich will«, erwiderte er, »die Musik auf ihre eigentliche Funktion zurückführen, die darin besteht, Gefühl und Ausdruck der Dichtung hervorzuheben, ohne die Handlung zu unterbrechen und durch überflüssiges Beiwerk abzuschwächen.« Diese Musik, »die durch nichts anderes als durch ihre eigene Schönheit wirkte«, entzückte Marie Antoinette.

Bei den Proben kam es zu Mißhelligkeiten mit den Darstellern. Sie waren daran gewöhnt, »in der Sprechstimme das Vorbild für die Singstimme zu sehen«, und Glucks andere Auffassung brachte sie aus dem Konzept. »Ich habe mich gehütet«, sagte er, »einen Schauspieler im Dialog oder mitten im Monolog zu unterbrechen und ihn zu zwingen, sich ein langweiliges Ritornell anzuhören.« Aber gerade das verwirrte die französischen Sängerinnen, die gewohnt waren, »unterbrochen« zu werden. Die Intrigen im Opernhaus taten ein übriges, um die Proben zu erschweren. Solche Anarchie versetzte Gluck in tobende Wut. »Ich bin hier, meine Damen«, schrie er, »um ›Iphigenie‹ aufführen zu lassen. Wenn Sie singen wollen, ist es gut, wenn nicht, dann lassen Sie es bleiben! Ich werde der Frau Dauphine melden: ich kann meine Oper hier nicht spielen lassen, es ist unmöglich. Ich werde in den Wagen steigen und nach Wien zurückkehren.« Beim Verlassen des Opernhauses gestikulierte er oft so aufgeregt, daß die Leute ihm eines Tages im Tuileriengarten nachliefen. Sie hielten ihn für verrückt, und die herbeigerufene Wache verhaftete den Komponisten.

In Wien erlitt er ähnliche Wutanfälle, und Kaiser Franz hatte das Orchester beruhigen müssen, das alles hinzuwerfen drohte. »Ihr wißt doch, Kinder, wie er ist! Aber im Grunde ist er doch ein guter Kerl.« Wie ihr Vater seinerzeit in Wien, beruhigte in Paris Marie Antoinette durch Mercys Vermittlung die Darsteller, des Komponisten nahm sie sich persönlich an. Sie hatte sich in den Kopf gesetzt, daß »ihr« Musicus triumphieren sollte! Das erst recht, weil Madame Dubarry erklärte, sie verabscheue Gluck und ziehe Piccini ihm vor. Versailles zerfiel sogleich in zwei feindliche Lager: in Gluckisten, die für die Wahrhaftigkeit und Klarheit des Ausdrucks eintraten, und in Piccinisten, die dem Charme und der Süße der Melodie den Vorzug gaben. Gewiß war die Meinung der Gluckisten, wie etwa J. J. Rousseaus oder Grimms, ebenso berechtigt wie die Ansicht der Piccinisten, zu denen Marmontel und d'Alembert gehörten. Die Versailler Wetterfahnen aber verteidigten Gluck nur aus Haß gegen die Favoritin, oder sie griffen ihn an, um ihr zu gefallen. Es ging so weit, daß Herr von Breteuil, der Gesandte Frankreichs in Neapel, den Auftrag erhielt, Piccini »zu kaufen« und nach Paris zu bringen. Die beiden Rivalen wurden übrigens die besten Freunde und pflegten gemeinsam zu speisen, indes ihre Anhänger einander am liebsten aufgefressen hätten – bis zu dem Tag, an welchem Piccini begann, in Glucks Art zu komponieren!

Aber so weit war es einstweilen noch nicht. Die Erstaufführung von Iphigenie war auf den 13. April 1774 festgesetzt, und ganz Paris sah ihr mit Spannung entgegen. Da erkrankte im letzten Augenblick Legros, der die Rolle des Achilles zu singen hatte. Gluck lehnte jeden Ersatzmann ab und verlangte die Verschiebung der Premiere um einige Tage. Das gehe nicht an, wurde ihm bedeutet, da dies ein arger Verstoß gegen den Respekt vor der königlichen Familie wäre, die ihre Einteilung schon getroffen habe. Aber Gluck wollte nichts davon wissen. Bevor er sich seine Oper verderben lasse, werde er eher die Partitur zerreißen und Paris den Rücken kehren. Marie Antoinette gab ihm recht – eine Stellungnahme, für die es keinen Präzedenzfall gab –, und die Aufführung wurde auf den 19. April verlegt.

Die Dauphine besuchte sie mit dem Dauphin in Gesellschaft der beiden Provence, der Herzoginnen von Bourbon und Chartres und der

Prinzessin Lamballe. Die langen Rezitative und das Fehlen von »Trillern« befremdete ein wenig das französische Publikum. Einige Stellen der Oper erschienen ihm »platt«, ja mittelmäßig. Die meisten Zuhörer waren aber »lebhaft überrascht von den zahlreichen neuen, bedeutenden, starken und schlichten Schönheiten dieser leidenschaftlichen, mitreißenden und dramatischen Musik«. – »Da ich nun weiß«, rief J. J. Rousseau, »daß man in zwei Stunden soviel Freude erleben kann, verstehe ich erst, daß das Leben lebenswert ist.« – Die Dauphine hörte nicht auf, Beifall zu klatschen. »Diese Prinzessin scheint sich verschworen zu haben«, sagte ein Chronist jener Zeit, und auch die unzufriedenen Zuhörer applaudierten, »um der Frau Dauphine gefällig zu sein«.

Am folgenden Abend war der Andrang ungeheuer. Die Wache mußte eingesetzt werden, um die Menschenmenge zurückzudämmen. Dem Komponisten wurden tosende Ovationen bereitet. Es gab jetzt keine Kritik mehr. Die Dauphine hatte das Spiel gewonnen. »In Paris denkt und träumt man nur noch von Musik«, schrieb Grimm. »Um sie drehen sich alle unsere Diskussionen und Unterhaltungen, sie ist die Seele unserer Tischgespräche. Man würde geradezu lächerlich erscheinen, wenn man sich für anderes interessierte.«

Die deutsche Musik – »*die* Musik, mit einem Wort« – hatte sich mit Hilfe Marie Antoinettes durchgesetzt. Dieser Erfolg und die Geschicklichkeit, mit welcher die Dauphine zu manövrieren verstanden hatte, führten Mercy die Möglichkeiten der Rolle vor Augen, die seine »Schülerin« morgen spielen könnte: »Ich sehe die Zeit herannahen, da sich das große Schicksal der Frau Erzherzogin erfüllen wird. Der König wird alt . . .«

Würde dann nicht sie die Herrscherin sein? »Der Dauphin wird niemals Stärke und Willen haben, um allein zu regieren«, erklärte Mercy. »Wenn die Frau Erzherzogin ihn nicht leitet, wird er durch andere geleitet werden.« Aber die Erzherzogin kümmert sich nicht im mindesten um die Staatsgeschäfte. »Sie fürchtet sie im höchsten Maß . . . Daher kommt es, daß sie zu einer passiven und abhängigen Haltung hinneigt.« Mercy schloß: »Es ist von größter Bedeutung, daß die Frau Erzherzogin ihre Fähigkeiten besser kennen und höher einschätzen lernt.« Die Kaiserin aber erwiderte ihm: »Ich gestehe offen, daß ich nicht wünsche, daß meine Tochter entscheidenden Einfluß auf die Staatsgeschäfte gewinnt. Ich weiß aus eigener Erfahrung nur allzugut, welch niederdrückende Bürde einem die Herrschaft über ein großes Reich auferlegt. Ich kenne zudem die Jugend und Leichtfertigkeit meiner Tochter, ihren Mangel an Ausdauer und ihre Unwissenheit. Ich müßte sehr für die Regierung eines Reiches fürchten, das so zerrüttet ist wie gegenwärtig Frankreich.«

Marie Antoinette fühlte, daß ihre Mutter recht hatte. Ihr Herz pochte heftig, als sie acht Tage nach der Aufführung der Iphigenie, am Abend des 27. April 1774, an das Krankenlager des Königs trat, der in

Trianon erkrankt war und den man eiligst nach Versailles zurückgebracht hatte. War die Stunde gekommen, die den beiden Kindern die Last der Krone aufbürden sollte? Das Befinden des Königs schien an diesem Abend nicht bedenklich. Er fieberte und litt an schwerem Kopfschmerz. Seine Kinder schickte er fort und duldete nur Frau von Dubarry an seinem Lager. Als die Dauphine den Kranken am folgenden Tag gegen fünf Uhr abends wiedersah, hatte sich sein Zustand verschlimmert. Es war ihm schon zweimal zur Ader gelassen worden. Sechs Ärzte, fünf Chirurgen und drei Apotheker bemühten sich um ihn. »Er wünschte, daß man noch andere beiziehe«, erzählt ein Augenzeuge. »Er ließ sich durch die vierzehn Heilkundigen sechsmal in der Stunde den Puls fühlen. Wenn einer von ihnen das Zimmer verließ, rief er nach ihm, da er alle ständig um sich haben wollte.«
»Sire«, sagte der Leibarzt Le Monnier, »wollen mir Eure Majestät die Zunge zeigen.« Der König streckte sie weit heraus, ließ sie lange draußen und zog sie bloß zurück, um zu sagen: »Jetzt schauen Sie, Lassonne!« Der zweite Arzt trat vor, betrachtete sie und verbeugte sich. Der König zog die Zunge ein und sagte: »Jetzt Sie, Bourdon!« Dann kam Lorry an die Reihe, und nach ihm defilierten alle übrigen bis zum vierzehnten, und jeder erklärte nach seiner Art, wie zufrieden er mit dem Aussehen der königlichen Zunge sei. Anschließend begann das gleiche Spiel mit dem Bauch des Königs. »Er ließ jeden einzelnen Arzt, Chirurgen und Apotheker vorbeidefilieren und rief einen nach dem andern zu sich.« Zu Marie Antoinette, zum Dauphin und zu seinen Töchtern sprach er kein Wort über sein Befinden.
Ein Schwarm unnützer Leute stand um sein Bett. Sie dachten an nichts anderes, als an den dritten Aderlaß. »Ein dritter Aderlaß!« rief der König erschrocken. »Das würde bedeuten, daß ich ernstlich erkrankt bin!« Am französischen Hof hieß es: »Nach dem dritten Aderlaß soll man die Sakramente empfangen.« Und in diesem besonderen Falle würde dies den König veranlassen, die Dubarry fortzuschicken. »Ich wünsche nicht«, seufzte Ludwig XV., »daß man mir ein drittes Mal zur Ader läßt.«
Die Höflinge warteten mit angehaltenem Atem auf die Entscheidung. Was sie interessierte, war nicht die Krankheit des Königs, sondern die Lage, in welcher sich die Dubarry befand. Die Ärzte wußten sich keinen Rat. Wenn sie einen dritten Aderlaß verordneten, würden sie sich die tödliche Feindschaft der Favoritin und des Herzogs d'Aiguillon zuziehen; es zweifelte niemand, daß der König in acht Tagen wieder gesund sein werde. Würde die Favoritin zurückkehren, wenn sie einmal fortgeschickt worden war? »Darauf muß man es ankommen lassen«, erklärte die Koterie der Töchter des Königs.
Um zehn Uhr abends kam die Dauphine nochmals in das Krankenzimmer. Der König war inzwischen auf ein schmales Feldbett umgebettet worden. Er fühlte sich von Stunde zu Stunde matter. Statt eines dritten Aderlasses hatten der Apotheker Fargeau und sein Gehilfe eine

ausgiebige Darmspülung vorgenommen. Das Zimmer lag in halbem Dunkel, weil die Augen des Kranken kein Licht vertrugen. Da hob ein Diener aus Unachtsamkeit einen Leuchter in die Höhe, so daß der Lichtschein auf das Antlitz des Königs fiel: Stirn und Wangen waren mit kleinen, roten Pusteln bedeckt ... Die Ärzte sahen einander erschrocken an – der König hatte die Blattern. Sogleich drängte Marie Antoinette, die in Wien geimpft worden war, den Dauphin, der die furchtbare Krankheit noch nicht gehabt, aus dem Krankenzimmer. Sie durften es nach dem Hausgesetz wegen der Ansteckungsgefahr von nun an nicht mehr betreten.

Trotzdem sah sie ihren »cher papa« am frühen Morgen des 7. Mai noch einmal. Man hatte sie an diesem Tag um fünf Uhr früh geweckt. Der Sterbende wollte die Kommunion empfangen und schickte nach dem Abbé Maudoux, um zum erstenmal nach achtunddreißig Jahren die Beichte abzulegen. Dieser Entschluß des Königs beendete die Intrigen, die das Schloß seit einer Woche in Atem hielten. Waren die Ärzte optimistisch, dann schwand die Furcht vor dem Ende und man eilte beflissen die Treppe zur Dubarry hinauf. Waren sie pessimistisch, dann kehrte man der Gräfin den Rücken und der Erzbischof von Beaumont ging den Kranken besuchen. Er wagte aber noch nicht, ihm die Beichte zu empfehlen, da Richelieu und d'Aiguillon ihm untersagten, vor dem König davon zu sprechen. »Wenn Sie unbedingt eine Beichte hören wollen«, hatte Richelieu ihm zynisch zugeflüstert, »dann kommen Sie mit mir in eine Ecke, ich werde Ihnen beichten. Meine Beichte, das schwöre ich Ihnen, wird Sie nicht weniger ergötzen als die des Königs.«

An diesem Morgen aber wurde es ernst. Schweren Herzens hatte der König am Tag vorher seine Mätresse gebeten, ihn zu verlassen und nicht wiederzukommen. Wenige Stunden später war sie in einem Mietwagen nach dem Schlößchen Rueil gebracht worden, nachdem sie sich unter Tränen von d'Aiguillon verabschiedet hatte, den sie in ihrem Sturz mitreißen sollte. Marie Antoinette blickte der Zukunft mit bebendem Herzen entgegen. Mercy hatte ihr eingeschärft, »sie müsse, um die Beständigkeit ihres Glückes zu sichern, die Zügel der Regierung ergreifen, die der Dauphin niemals anders als schwächlich werde führen können«. Würde aber sie imstande sein, zu regieren?

Inzwischen war es sechs Uhr geworden. Unter dem Trommelwirbel der Garden trat mit dem Hostiengefäß in den Händen Frankreichs Großalmosenier de la Roche-Aymon aus der Schloßkapelle. Blaß wie der Tod, schritt der Dauphin hinter dem Baldachin, der von vier Kammerherrn getragen wurde. Seit drei Tagen wiederholte er immer wieder: »Die Welt stürzt über mir ein.« Am Fuß der Marmortreppe, die er wegen der Ansteckungsgefahr nicht betreten durfte, blieb er stehen. Marie Antoinette und die königlichen Prinzen erwarteten das Allerheiligste auf dem oberen Treppenabsatz. Sie schlossen sich ihm hinter dem Baldachin an und folgten ihm durch die Staatsgemächer. Ein entsetzlicher Geruch begann sich bemerkbar zu machen und wurde immer heftiger, je näher sie dem Zimmer des Königs kamen. Als der feierliche Zug endlich den Vorsaal erreichte, war der Gestank so fürchterlich, daß es einem den Atem verschlug, obgleich die Fenster nach dem Marmorhof offenstanden.

Die Königin von morgen sank vor der Schwelle des Sterbezimmers auf die Knie. Durch die geöffnete Tür konnte sie den Sterbenden erblicken, wie er ein Kruzifix an die Brust drückte, das ihm Madame Louise aus dem Karmelkloster gesendet hatte. Sein aufgedunsenes, von Eiterkrusten bedecktes Gesicht war schwarz angelaufen und von der Krankheit bis zur Unkenntlichkeit entstellt. Das Antlitz des Vielgeliebten, das so viele Frauenlippen berührt hatten, war nur noch eine Masse von faulendem Fleisch.

La Roche-Aymon hatte dem König das Abendmahl gereicht und wollte sich entfernen, als ihn der Abbé Maudoux zurückhielt. Er flüsterte ihm zu, der König wünsche, eine öffentliche Beichte abzulegen. Dies war der Preis für die Absolution. Trotz des Versprechens an Richelieu und d'Aiguillon, daß es keinen Zwischenfall geben werde, mußte sich der Kardinal dem Beichtvater fügen. Er trat an die Schwelle des Vorsaals, des Cabinet du Conseil, wo sich hinter Marie Antoinette der ganze Hof versammelt hatte, und sprach mit erhobener Stimme: »Meine Herren, der König beauftragt mich, Ihnen zu sagen, daß er Gott um Verzeihung für die Beleidigungen bittet, die er ihm angetan, und für das schlechte Beispiel, das er seinem Volk gegeben hat.«

In der tiefen Stille, die diesen Worten folgte, murmelte der Sterbende mühsam: »Ich wollte, ich hätte die Kraft gehabt, es selbst zu sagen.«

Am 10. Mai 1774 um ein Viertel vier Uhr nachmittags erlosch die Kerze, die in einem Fenster des königlichen Gemaches brannte. Dies war das vereinbarte Zeichen, daß die gräßliche Agonie zu Ende sei ...

Marie Antoinette und der Dauphin hielten sich zu dieser Stunde wartend im Wohnzimmer der Dauphine auf, als sie plötzlich ein »donnerndes Tosen« aufhorchen ließ. Die Höflinge eilten durch die Spiegelgalerie, um den neuen König mit dem brausenden Ruf: »Der König ist tot, es lebe der König!« zu begrüßen. Die achtzehnjährige Königin und der neunzehnjährige König begriffen, was geschehen war. Sie sanken in die Knie und riefen schluchzend aus: »O Gott, beschütze uns, wir sind ja viel zu jung, um zu regieren.«

V

## EINE MONDÄNE KLEINE KÖNIGIN

Der neue König durfte mit den Ministern seines Großvaters wegen der Ansteckungsgefahr nur brieflich verkehren. Die erste Frage an ihn lautete, ob er »Briefschaften und Anordnungen mit Ludwig oder mit Ludwig August unterzeichnen werde«? Zum erstenmal schrieb er die fünf Buchstaben seines Namens an den Rand des Briefes, für den er sich als Ludwig XVI. entschieden hatte. Am gleichen Tag setzte er sie nochmals unter das Dokument, welches die Bestimmungen über die Beisetzung seines Großvaters enthielt.

Der Brust des toten Königs sollte, wie es in Frankreich Brauch war, das Herz entnommen werden, um es gesondert in einer der Pariser Kirchen beizusetzen. Am 11. Mai wurde jedoch dem Erzbischof von Paris mitgeteilt, der Leichnam des Königs sei so rasch in Verwesung übergegangen, daß man ihn nicht öffnen und daher »die Eingeweide dieses Fürsten zur Aufbewahrung nicht übermitteln könne«. Infolgedessen war Ludwig XV. der einzige König, der in Saint-Denis samt seinem Herzen beigesetzt worden ist.

Diesem Umstand verdankten es die Eingeweide des Vielgeliebten, daß sie zwanzig Jahre später von Martin Droling nicht dazu benützt werden konnten, sein berüchtigtes »Interieur einer Küche« zu malen. Während der Revolution kaufte Droling die einbalsamierten und dadurch mumifizierten fürstlichen Herzen auf und verrieb sie in seine Farben, die dadurch angeblich »besonders transparent und leuchtend wurden«.

Am Totenbett des Verstorbenen konnten keine Totengebete abgehalten werden, da die Mönche »die Luft des Zimmers nicht zu atmen vermochten« und sich in das Cabinet du Conseil zurückziehen mußten. Sein Leichnam wurde unter einer Eskorte von vierzig Leibgardisten und sechsunddreißig fackeltragenden Pagen des Marstalls mitten in der Nacht und im Galopp nach Saint-Denis übergeführt. Dies war das letzte Privileg, das ihm zuteil wurde. Die Schenken am Weg waren von Betrunkenen überfüllt. Sie riefen dem Leichenwagen mit Fistelstimme »Taïoh! Taïoh!« nach, wie der König, in etwas lächerlichem Tonfall, der Meute zuzurufen pflegte, wenn diese hinter dem Wilde her war.

Die Leute verulkten den Abt von Sainte-Geneviève: der Kredit seiner Schutzheiligen im Himmel scheine wahrhaftig nicht groß zu sein! Er hatte den berühmten Reliquienschrein zur Anbetung ausstellen lassen, um die Genesung des Königs zu erflehen. »Worüber beklagt ihr euch eigentlich?« gab der Abt lächelnd zurück. »Ist er denn nicht gestorben?« Madame Dubarry war die einzige, die den Tod des Königs wirklich beweinte. Sie wurde zur »Staatsgefangenen« erklärt und noch am gleichen Abend nach der Abtei von Pont aux Dames ins Exil gebracht.

Das Trauerzeremoniell wurde trotz der schweren Zeiten bis ins einzelne befolgt. Die Wagen der Prinzen und der mit den »Honneurs du Louvre« privilegierten Kavaliere wurden schwarz, die Karossen des Königs und der Königin hingegen violett ausgeschlagen. Für diesen Posten allein wurden 322.650 Livres aufgewendet. Die gleiche Summe kosteten der Kopfschmuck der Pferde sowie der Helm, das Panzerhemd, die Panzerhandschuhe und die Sporen, die man gemeinsam mit dem Sarkophag in die Gruft versenkte. Die Möbel und Betten mußten schwarz überzogen, die Hofbeamten und die Dienerschaft schwarz gekleidet werden. Dies kostete an die 300.000 Livres! Allein für den Großen Marstall wurden 1365 neue Trauergewänder angeschafft; fort mit den aufgeputzten Livreen! Nur die silber- und goldbefransten blauen Maschen, die auf der Schulter getragen wurden, brachten einen etwas freundlicheren Ton in die Trauerstimmung des ungeheuren Mausoleums, in das sich Versailles verwandelt hatte.

Der düstere Rahmen hinderte aber nicht, daß die Herzen von Freude erfüllt waren. Alle Welt erhoffte von der neuen Regierung das Beste, und eine unbekannte Hand hatte das Wort »resurrexit« – er ist auferstanden – auf den Sockel des Denkmals Heinrichs IV. geschrieben. Wohlstand und Überfluß würden wiederkehren! Die Frauen wollten nur noch Kornähren im Haar tragen, die Stutzer kauften sich Trauertabatieren mit dem Bildnis des Königs und der Königin als »Trost im Leid«. Alle Leute vergossen Tränen: »von Tränen feuchte Augen« kamen in Mode, aber sie bedeuteten nicht Kummer, sondern Rührung. Rührung über den neunzehnjährigen König, dem zwar alle Anmut fehlte, der aber trotz seiner Jugend schlicht, natürlich und gutmütig zu sein schien. Hatte er nicht seinem Obergarderobenmeister d'Estissac, als dieser ihn zum erstenmal um seine Befehle fragte, den Auftrag erteilt, ihm acht Anzüge aus einfachem Tuch anfertigen zu lassen? War er nicht gesehen worden, wie er am 15. Mai in Choisy außerhalb des Schloßbezirks wie ein schlichter Bürger spazierenging? Hatte er sich nicht bei seiner Heimkehr mit Frau und Schwägerinnen, die ungeniert Erdbeeren aßen und Milch tranken, im Schloßpark auf eine Bank gesetzt? War dieses Bild à la Greuze nicht »göttlich« und von »unbeschreiblicher Anmut«? Es gehörte zum guten Ton, bei solchen Berichten »in einen Strom von Tränen« auszubrechen ... Rührung auch über die so entzückende achtzehnjährige Königin, die sich in den Alleen von Choisy so nett in den Arm ihres Gatten einhängte und mit der verglichen »Heben, Floren und Grazien«, wie Walpole sagte, »die reinsten Straßendirnen seien«. Hatte sie nicht auf die Abgabe für den »Gürtel der Königin« verzichtet, die ihr bei der Thronbesteigung zustand und in Paris als zusätzliche Steuer von Wein und Kohle eingehoben wurde? Das Recht stammte aus früherer Zeit, da die Börse noch am Gürtel getragen wurde, und der Verzicht ließ die Tränen der Rührung noch reichlicher fließen. »Wie liebe ich in diesem Augenblick die Franzosen«, rief Maria Theresia aus, »welche schöpferischen Kräfte hat eine Nation, die so lebhaft fühlt!«

Sobald Marie Antoinette über die erste Unsicherheit hinweggekommen war, berauschte sie sich an den drei Worten »Königin von Frankreich«. »Obwohl mich Gott schon in dem Rang, den ich jetzt bekleide, zur Welt kommen ließ«, schrieb sie ihrer Mutter, »so kann ich doch nicht umhin, die Güte der Vorsehung zu bewundern, die mich, das jüngste Ihrer Kinder, für das schönste Königreich Europas auserwählt hat.« Maria Theresia aber behielt ihren klaren Blick für Realitäten und schrieb besorgt an Mercy: »Das Schicksal meiner Tochter kann entweder nur ganz großartig oder sehr unglücklich werden . . . Ich glaube, daß die schönen Tage für sie vorüber sind.« Und an die neue Herrscherin schrieb sie am 18. Mai: »Ihr beide seid sehr jung, und die Bürde ist groß. Ich bin darüber besorgt, ja wirklich beunruhigt.« Vierhundert Meilen von Versailles entfernt, schien sie vorauszuahnen, daß ihre nun selbständig gewordene »Antonia« die Zügel übermütig schießen lassen würde.

Marie Antoinette wartete damit nicht erst, bis sie nach Versailles zurückgekehrt war. Nach kurzem Aufenthalt in Choisy begab sich der neue Hof nach La Muette, wo die junge Königin die Kondolenzen zum Tode Ludwigs XV. entgegennahm. Das Defilieren der in tiefes Schwarz gekleideten Damen dauerte endlos. Es war ein düsteres und wenig erfreuliches Gepränge, in dessen Verlauf eine Palastdame, die Marquise von Clermont-Tonnerre, erklärte, sie sei müde, und sich hinter den Reifröcken der Königin und ihrer Hofdamen auf den Fußboden setzte. Eine solche Ungehörigkeit hätte genügen müssen, um sie vom Hof zu entfernen, aber Marie Antoinette tadelte sie nicht einmal dafür. Im Gegenteil: als die Marquise »allerlei Ulk zu treiben« begann, konnte sie, wie Madame Campan erzählt, nicht mehr ernst bleiben. Sie »hob den Fächer vors Gesicht, um ein unwillkürliches Lächeln zu verbergen«. Andere Augenzeugen versichern, »die Königin habe sechzigjährigen Herzoginnen und Prinzessinnen, die es für ihre Pflicht gehalten, bei dieser Zeremonie zu erscheinen, in unpassender Weise ins Gesicht gelacht«. Dieser Bericht scheint der Wahrheit mehr zu entsprechen, da einige Damen bald nachher erklärten, sie würden den Hof der »kleinen Spötterin« nie wieder besuchen. Marie Antoinette zuckte geringschätzig die Achseln über diese »gezierten Weiber«. Von Damen in reiferem Alter behauptete sie, sie seien hundertjährig. »Ich kann nicht verstehen«, sagte sie, »wie man es wagen kann, bei Hof zu erscheinen, wenn man älter als dreißig ist«. Damen von ungraziösem Wuchs nannte sie »Pakete«. Früher hatte sie sich heimlich über sie lustig gemacht, jetzt lachte sie sie offen aus. Belleval sagte darüber: »Sie mokiert sich leider über alle Welt, ohne sich zu beherrschen.«

Marie Antoinette vermochte sich auch der Herzogin d'Aiguillon gegenüber nicht »zu beherrschen«, als sich diese bei der Trauerzeremonie tief vor ihr verneigte. Sie unterließ es nicht nur sie anzusprechen, sondern »blickte ihr verächtlich ins Gesicht«, wie uns ein Augenzeuge berichtet. Die Folge war, daß die »Koterie d'Aiguillon«, die frühere Koterie der Dubarry, sehr bald ein böses Liedchen in Umlauf setzte:

> Petite reine de vingt ans,
> Vous qui traitez si mal les gens,
> Vous repasserez la barrière ...

So weit war es schon innerhalb eines Monats nach der Thronbesteigung gekommen!

Ein Zeitgenosse, der Abbé Baudeau, versichert, die ersten Pamphlete gegen Marie Antoinette seien von der »jesuitischen Kabale des Kanzlers d'Aiguillon« ausgeheckt worden. Ist er vielleicht auch, wie sich der Abbé ausdrückte, der Organisator des »Scheibenschießens mit roten Kugeln« gewesen? Es gibt keinen Beweis für diese schwere Beschuldigung, wohl aber ein beunruhigendes Indiz. Aus einem Akt in den Archives de la Bastille läßt sich nachweisen, daß der Chevalier d'Abrieu, der Privatsekretär und Freund des Kanzlers, gemeinsam mit dem Zeitungsschreiber Dubec ein Traktat für die »Nouvelles à la main«, deren übler Geist bekannt ist, verfaßt hat. Bald darauf, am 28. Juli, wurde Dubec unter dem Verdacht verhaftet, er sei einer der Verfasser von »Lever de l'Aurore«. In Marly hatte Marie Antoinette einmal eine Nacht durchwacht, um am Morgen den Sonnenaufgang zu genießen. Das erwähnte abscheuliche Pamphlet stellte diese harmlose Nachtwache als eine wüste Orgie hin. Es berührt jedenfalls peinlich, daß eine solche Verbindung zwischen dem Sekretär des Kanzlers und dem Schmierfink Dubec bestanden hat.

Marie Antoinette merkte von diesen Vorgängen nichts. Die Bewunderung und die Schmeicheleien ihrer Umgebung berauschten sie. Sie schwebte wie in einer Wolke von Weihrauch dahin.

Nach dem Tod seines Großvaters wandte sich Ludwig XVI. um Rat an seine Tanten. Wen sollte er an die Spitze seiner Regierung stellen? Die Tanten erwiderten ihm, ihr Bruder, der verstorbene Dauphin, hätte Herrn von Machault berufen. Der König nickte zustimmend und stellte eine zweite Frage. An wen sollte er sich wegen der Beisetzungsfeierlichkeiten wenden, die einen Monat nach dem Hinscheiden Ludwigs XV. stattfinden sollten? Niemand sei durch seine Vergangenheit dazu geeigneter, erklärte Madame Adelaïde, als Herr von Maurepas.

Ludwig XVI. sandte die Briefe, mit denen er die beiden Männer zu sich berief, am gleichen Tage ab. Trotz seiner dreiundsiebzig Jahre eilte Maurepas unverzüglich nach Versailles und erreichte es noch vor Machault. Als die Pompadour »regierte«, war er vom Hof verbannt worden, weil er angeblich bei einem Souper ein Chanson gesungen hatte, das »diese liederliche Dirne, die aus dem Hof einen Stall machte«, als persönliche Beleidigung empfand. Er bemühte sich gewandt und schmeichlerisch um die Gunst des jungen Königs. Als diesem gemeldet wurde, daß der Staatsrat versammelt sei, verbeugte sich der alte Höfling, als ob diese Meldung auch ihn beträfe. Der König wurde verlegen, ließ ihn stehen, ja verabschiedete sich nicht einmal. Maurepas aber folgte ihm und setzte sich an den Ratstisch. »Wünschen Eure Majestät mich zum Ersten Minister zu ernennen?« fragte er. Ludwig XVI. nahm seinen ganzen Mut zusammen. »Nein«, stotterte er, »das ist ganz und gar nicht meine Absicht.« – »Ach so«, lächelte Maurepas, »ich verstehe. Eure Majestät wünschen von mir zu hören, daß die Ernennung gar nicht mehr nötig ist.«

Machault mußte nach Hause zurückkehren, und Maurepas wurde Erster Minister. Er regierte mit seinem Neffen d'Aiguillon, der zum allgemeinen Erstaunen alle seine Ämter behielt und Kanzler blieb.

Damals kursierte in ganz Paris das boshafte Couplet:

> Maurepas était impuissant,
> Le Roi l' a rendu puissant;
> Le ministre reconnaissant
> Dit: Pour vous, Sire.
> Ce que je désire,
> D'en faire autant.

Der neue Minister fürchtete, daß durch die »Trennung«, die zwischen dem Königspaar bestand, der Einfluß Maria Theresias auf ihre Tochter wachsen könnte. Aber Maurepas brauchte sich nicht zu beunruhigen. Marie Antoinette war flügge geworden und handelte nach eigenem Ermessen. »Ich bin sehr erstaunt über ihr Eingreifen in der Affäre d'Aiguillon«, sagte die Kaiserin.

In einem knappen Monat erreichte die Königin tatsächlich, was ihr am meisten am Herzen lag: die Entfernung des Freundes der »Kreatur«. Tag für Tag lag sie dem König in den Ohren. Die Königin von Frankreich konnte die der Dauphine zugefügten Demütigungen nicht vergessen, und Maurepas, im geheimen entzückt, allein regieren zu können, riet seinem Neffen, den ungleichen Kampf aufzugeben. Ende Juni überreichte der Kanzler dem König seine Demission. »Die Entlassung des Herzogs d'Aiguillon«, schrieb Mercy, »ist allein das Werk der Königin. Ohne ihr Zutun wäre er an seinem Platz geblieben.« Aber Ludwig XVI., der mit dieser Entlassung einen Schritt nach vorn getan hatte, machte sogleich zwei Schritte zurück, indem er dem Exkanzler eine Gratifikation von 500.000 Livres bewilligte. Darüber seufzte Marie Antoinette, da diese Zuwendung ja nicht ihr zugute kam: »Ich fürchte, daß der König zu milde und gefällig ist.« Sie erwartete, daß Choiseul automatisch als Außenminister zurückkehren würde. Er verging vor Ungeduld, noch immer mit seiner Frau in Chanteloup leben zu müssen, obgleich er doch »weder seine Frau noch das Landleben liebte«. Aber Ludwig XVI. legte keinen Wert auf seine Rückkehr. Choiseul hatte einmal die Ungeschicklichkeit begangen, ihm zu sagen: »Ich könnte eines Tages das Mißgeschick haben, Ihr Untertan zu werden, aber ich werde niemals Ihr Diener sein.« Der junge König hatte ihm das nicht vergessen: Choiseul sollte niemals sein »Diener« sein, und nach Versailles dürfe er erst »in zwei Monaten« zurückkehren. Marie Antoinette jedoch ließ es auf die Probe ankommen. »Sie verlangte vom König diese Gefälligkeit, und zwar ohne Verzug«, berichtete Mercy. Ludwig XVI. gab nach! Als er aber Choiseul am 15. Juni wiedersah, begnügte er sich, ihm zu sagen: »Es sind Ihnen viele Haare ausgegangen, seit wir uns zum letztenmal gesehen haben.«

Welche Stellung würde Wien zu diesem unfreundlichen Empfang des »Champions der Allianz« einnehmen? Maria Theresia war von diesem halben Erfolg befriedigt, da sie die Rückkehr Choiseuls in die Regierung keineswegs wünschte. »Bei dem gegenwärtigen Stand der Geschäfte würde uns ein Minister von der Art Choiseuls nicht genehm sein«, ließ sie an Mercy schreiben. Da ihre Mutter dieser Ansicht war, gab sich Marie Antoinette ebenfalls zufrieden und begnügte sich mit der Entlassung des Herzogs von Aiguillon.

Eine andere Sache von viel größerer Bedeutung bedrückte und beschäftigte sie: die Etikette, deren Zwang sie sich unablässig unterwerfen mußte. Sie wollte dieses Joch abschütteln, und um sie zu verstehen, möge man sich an die veralteten tyrannischen Gebräuche erinnern, die teilweise bis auf Franz I. zurückgingen. Beim Erwachen durfte Marie Antoinette ihr Frühstück nicht ungestört einnehmen. Die Leute mit dem Privileg des »petite entrée« sahen ihr dabei zu. Ihren ersten Arzt, ihren ersten Chirurgen, einen Arzt vom Dienst und ihren Vorleser, Abbé Vermond, mag man sich noch gefallen lassen. Warum aber erschienen die vier ersten Kammerdiener des Königs, deren vier Anwärter und die ersten Ärzte und Chirurgen Ludwigs XVI., um der jungen Frau zuzusehen, wie sie ihre Morgenschokolade trank? Bei ihrem Bad allerdings, das sie in einem Schaff nahm, welches man in das Zimmer rollte, assistierten nur ihre Frauen. Dann legte sie sich nochmals nieder, um erst gegen Mittag wieder aufzustehen. Sie setzte sich vor ihren Toilettentisch, der in einem Kreis von Faltstühlen stand, die den hohen weiblichen Hofchargen vorbehalten waren. Die männlichen standen herum und sahen zu, wie sich Marie Antoinette frisieren ließ und Rouge auflegte. Unablässig betraten Kavaliere das Zimmer, um ihre Aufwartung zu machen. Marie Antoinette unterbrach die Toilette und begrüßte sie lächelnd. Die Begrüßung der königlichen Prinzen und Prinzessinnen hingegen bestand nach der Etikette in einem Auflegen der Hände auf die Armstützen ihres Fauteuils, als ob sie sich erheben wollte. Sie blieb aber sitzen.

Die männlichen Besucher entfernten sich nun, und das Zeremoniell des Ankleidens begann. Darüber lese man die berühmte Stelle in den Memoiren der Madame Campan nach: »Das Ankleiden der Königin war ein Meisterwerk der Etikette; alles war dabei streng geregelt. Den Hauptdienst versahen die Oberstshofmeisterin und die ›dame d'atours‹.

Wenn beide gleichzeitig anwesend waren, assistierten ihnen die erste Kammerfrau und zwei Kammerfrauen vom Dienst. Es bestand aber zwischen ihnen ein Unterschied. Die dame d'atours reichte den Unterrock und die Robe. Die Obersthofmeisterin goß das Wasser zum Waschen der Hände ein und überreichte das Hemd. War eine königliche Prinzessin anwesend, dann überließ ihr die Obersthofmeisterin das Überreichen des Hemdes, gab es aber nicht direkt der königlichen Prinzessin, sondern der ersten Kammerfrau, die es an die Prinzessin weiterreichte. Alle Damen hielten sich streng an diese Gebräuche als an ein ihnen zustehendes Privileg. An einem Wintertag war die Königin, die nichts mehr am Leibe hatte, eben im Begriff, das Hemd anzuziehen, das ich ihr hinhielt. Da trat die Obersthofmeisterin ins Zimmer, zog hastig die Handschuhe aus und nahm das Hemd. In diesem Augenblick klopfte jemand leise an die Tür. Es war die Herzogin von Chartres. Nachdem sie die Handschuhe abgelegt hatte, griff sie nach dem Hemd. Aber die Obersthofmeisterin durfte es ihr nicht reichen; sie gab es mir zurück, und ich gab es der Herzogin. Wieder klopfte es leise. Diesmal war es die Gräfin von Provence. Die Herzogin von Chartres präsentierte ihr das Hemd. Die Königin hielt die Arme über der Brust gekreuzt und schien zu frieren. Die Gräfin von Provence bemerkte es. Sie zog die Handschuhe nicht erst aus, sondern begnügte sich damit, ihr Taschentuch wegzulegen. Dann streifte sie der Königin das Hemd über den Kopf und zerraufte sie dabei. Die Königin lachte, um ihre Ungeduld zu verbergen, dann aber murmelte sie zwischen den Zähnen: ›Wie widerlich und unerträglich das alles doch ist!‹«

Wenn der König eine Nacht bei der Königin verbrachte, erschienen gegen acht Uhr früh seine Diener im Zimmer, denen die Frauen der Königin die Tür geöffnet hatten, und verlöschten das Nachtlicht, das in einer silbernen Schale brannte. Nachher schlugen sie die Bettvorhänge an der Seite, wo sich der König befand, zurück und reichten ihm seine Pantoffel und seinen Hausrock. Ludwig XVI. überließ seine Frau der Morgenruhe und begab sich in seine Gemächer zurück, gefolgt von einem Diener, der ihm ein kurzes Schwert nachtrug, das am vergangenen Abend »in Reichweite des Königs« auf einen Fauteuil gelegt worden war.

Die Zeremonie des königlichen »Lever« begann aber erst um halb zwölf Uhr, also gute drei Stunden nachdem sich der König erhoben und angekleidet hatte. Er hatte inzwischen seiner kleinen Schmiedewerkstätte einen Besuch abgestattet, sich dort mit dem Schlossermeister Gamin über alles mögliche unterhalten und auf den Schloßterrassen nach Katzen geschossen. Mitunter setzte er sich in einen Fauteuil, um die Leute, die auf dem Wege zu seinem Lever waren, durch ein Fernrohr zu beobachten. Dann mußte er sich wieder auskleiden und sein Nachtgewand anlegen. Im Gegensatz zu Marie Antoinette ließ er die langwierige Zeremonie geduldig über sich ergehen. Aber er hielt nicht still, sondern ging im Zimmer auf und ab, so daß man ihm nach-

laufen mußte, um ihm sein Hemd oder die Unterhosen anzulegen ...
Im Sommer machte es ihm ein besonderes Vergnügen, die anwesenden Hofchargen auf den Balkon hinauszustoßen, wo Leintücher ausgespannt waren, die ständig mit Wasser überrieselt wurden. Besonders gern wählte er sich den Sieur Laroche als Zielscheibe seiner königlichen Späße. Dieser Mann bekleidete den Posten des Aufsehers der Menagerie und war viel unsauberer als die ihm anvertrauten Tiere. Der König brach in lautes Gelächter aus, wenn es seinen Pagen endlich gelang, dem sich zur Wehr setzenden Laroche die Perücke vom Kopf zu reißen. Er ließ ihn bloß in Frieden, wenn der Herzog von Villequier, ein entfernter Verwandter Laroches, zugegen war, und hielt sich dann an einem alten Kammerdiener schadlos, den er so lang und heftig kitzelte, bis der alte Mann unter dem dröhnenden Gelächter des Königs verängstigt davonlief. Oder er hob einen Pagen auf einer Ofenschaufel mit gestreckten Armen in die Höhe. Seine Muskelkraft wurde von allen gerühmt. Er war der einzige Mann bei Hof, der die Arkebuse eines Schweizergardisten abschießen konnte, ohne von dem Rückstoß dieser kleinen Kanone umgeworfen zu werden. Trotz dieser Gewohnheiten eines Jahrmarktringers vergaß er aber nicht, was er der Etikette schuldig war. Er wußte sehr gut, daß, falls ihn die Königin am Morgen besuchen kam, der Oberkämmerer oder der erste Kammerherr »ihr Kleid an der ersten Tür in Empfang zu nehmen hatte«, während dem ersten Kammerdiener aus unbekannten Gründen das Privilegium zustand, es bis an die Balustrade des Bettes zu bringen.

Marie Antoinette wurde auf Schritt und Tritt von einer kleinen Armee begleitet. »Auf wen wartet denn diese Abteilung von Kriegern, die ich im Schloßhof gesehen habe?« fragte der Abbé Vermond sie eines Tages ironisch. »Zieht irgendein General aus dem Schloß, um seine Armee zu inspizieren?« Ihr »Vorleser« rühmte immer wieder die schlichten Sitten, die am Hof des Hauses Lothringen üblich waren. Wenn beispielsweise ein Vorfahre Marie Antoinettes eine neue Steuer einheben wollte, begab er sich ohne Begleitung in die Kirche, stand nach der Predigt auf, schwenkte den Hut und nannte die Summe, die er gerade brauchte. Marie Antoinette, die nicht zwei Schritte ohne Begleitung machen durfte, liebte es, diese Geschichte zum besten zu geben. Denn jeder ihrer Schritte setzte eine Legion von Beamten und Dienern in Bewegung, von denen ihr über fünfhundert zugeteilt waren.

Hätte Marie Antoinette sich nicht damit trösten können, daß sie sich sagte, sie sei durch dieses Ringelspiel aus einer früheren Zeitepoche die bestbediente Frau des Königreichs? Aber die Königin war ja gar nicht von gelernten Dienstleuten umgeben, sondern von den betreffenden Hofchargen. Deren Privilegien konnten nicht zurückgezogen werden und erfüllten sie mit einer unglaublichen Anmaßung. Im praktischen Dienst, von dem sie nichts verstanden, waren sie lediglich höchst ungeschickte »Dilettanten«. Bemerkte Marie Antoinette etwa, daß die Steppdecke ihres Bettes verstaubt war, und ließ durch verschiedene Zwischenpersonen die Zimmergehilfen rufen, dann erklärten diese, daß sie für diesen Staub nicht zuständig seien, »da das Bett der Königin als Möbelstück gelte, wenn Ihre Majestät nicht darin liege«. Man müsse sich also an den ersten Kammerdiener, dem die Möbel unterstünden, und nicht an sie wenden. Hatte Marie Antoinette Durst, so konnte sie nicht trinken, wenn die Obersthofmeisterin und die erste Kammerfrau nicht anwesend waren, denn nur diese Damen allein besaßen das Privileg, ihrer Gebieterin ein Glas Wasser zu reichen. Übrigens ein Glas mit lauem Wasser, zufolge der zahlreichen Handreichungen, deren Objekt es vorher gewesen war.

Ein abscheulicher Geruch schlug Marie Antoinette aus dem Hof des Oeil-de-Boeuf entgegen, sobald sie die Fenster ihrer »kleinen Appartements« öffnete. Das Schloß glich tatsächlich einer Kloake. »Die Durchgänge, die Höfe, die Korridore«, sagt ein Augenzeuge, »sind mit Urin und Fäkalien angefüllt. Der Gestank im Park, in den Gärten und im Schloß dreht einem den Magen um.« Viollet-le-Duc erzählt, er habe gegen 1830 das Schloß mit einer alten Marquise besucht, die noch am Hof Marie Antoinettes gelebt hatte. Die alte Dame fand sich in den verlassenen Räumen nicht zurecht und schien sich hier nicht mehr heimisch zu fühlen. Als die beiden Besucher aber in einen Raum gelangten, wo »ein vom Frost gesprengtes Abflußrohr das Parkett mit Unrat überschwemmt hatte«, dessen Gestank einem den Atem verschlug, stieß die alte Marquise einen Freudenschrei aus. »Ach«, rief sie, »jetzt bin ich zu Hause . . . Das ist das Versailles meiner Zeit . . . So ist es überall gewesen.«

Mit diesen üblen Düften vermengte sich ein beißender Geruch nach Rauch, von dem die Mauern imprägniert waren und der bis in den August hinein anhielt. Er stammte von dem schlechten Abzug der Kamine. Ein technischer Erfinder hatte zwar versucht, einen rauchverzehrenden Apparat zu konstruieren, der im Schloß von Saint Hubert ausprobiert wurde. Der Apparat aber, der aus einem Türmchen mit Klappe bestand, verursachte ein so störendes Kreischen, daß des Nachts niemand ein Auge schloß und man lieber den alten Rauch in Kauf nahm, der Versailles seit den Tagen des großen Königs durchzog und den man ertrug wie einen alten Bekannten.

Da es nicht möglich war, das Schloß umzubauen, mußte sich Marie Antoinette mit einer gewissen Modifizierung der Etikette begnügen. »Der am längsten bestehende Brauch«, erzählte Madame Campan, »schrieb den Königinnen Frankreichs vor, nur in Begleitung von Frauen in der Öffentlichkeit zu erscheinen. Dies galt sogar für den Tafeldienst. Auch der König wurde, wenn er mit der Königin öffentlich speiste, von Frauen bedient. Kniend und mit einer Serviette über dem Arm präsentierte die Obersthofmeisterin mit vier anderen Frauen in Galaroben dem Königspaar die Schüsseln. Die Obersthofmeisterin schenkte auch die Getränke ein. Dieser Dienst stand ursprünglich den Hoffräulein zu. Die Königin Marie Antoinette schaffte diesen alten Brauch sogleich nach ihrer Thronbesteigung ab. Sie entledigte sich ferner des Zwanges, sich innerhalb des Schlosses stets von zwei Frauen ihrer Suite in Hofrobe begleiten zu lassen, wenn die übrigen Damen ihrer Suite nicht mehr um sie waren. Von nun an folgten ihr nur mehr ein Kammerdiener und zwei andere Bediente. Alle Fehler, die von ihr begangen wurden, bestanden in solchen Veränderungen. Die Tendenz, die Gebräuche von Versailles durch die schlichten Gepflogenheiten des Wiener Hofes zu ersetzen, schadete der Königin mehr, als sie glaubte.« Sie liebte es nicht, wenn man mit ihr über Probleme der Etikette sprach oder sie daran erinnerte, was Maria Leczinska getan oder unterlassen hatte. »Madame«, sagte sie dann, »machen Sie das, wie Sie wollen. Aber glauben Sie nicht, daß eine Königin, die als Erzherzogin von Österreich zur Welt kam, diesen Dingen das gleiche Interesse entgegenbringt und sich ihnen ebenso unterwirft, wie eine polnische Prinzessin, die Königin geworden ist.« – »Der Zwang langweilt Ihre Majestät«, schrieb ein Chronist, »sie wird sich nicht von einer Etikette versklaven lassen, von der sie sich schon als Dauphine befreit hat.«

Vor allem vereinfachte sie das berühmte Lever. Sobald sie frisiert war, ließ sie die hohen weiblichen Hofchargen, deren Ärger man sich denken kann, einfach stehen und begab sich, nur von ihren eigenen Kammerfrauen begleitet, in ihre kleinen Appartements, wo sie sich ohne Zuschauer in Ruhe anziehen lassen und sich vor allem mit ihren Toiletten beschäftigen konnte. Dieser »Arbeit« konnte sie sich übrigens bloß in ihren Zimmern widmen, da die »Künstler«, die sich um ihre Toiletten bemühten – Mademoiselle Bertin und die drei Lionard –, nicht hoffähig waren. Ja, selbst diese kleinen Appartements hätten sie als Bürgerliche eigentlich nicht betreten dürfen.

Der Brauch untersagte es ferner allen »Subalternen«, die für den Hof arbeiteten, ihre »Kunst« außerhalb des Hofes auszuüben. Wie schrecklich aber wäre es, dachte Marie Antoinette, wenn die Phantasie der Rose Bertin und der Physiognomisten – wie sich die Lionards titulierten – im Kontakt mit dem zurückgebliebenen Versailles »provinzlerisch« würde! Auch wünschte Marie Antoinette, daß die von ihr bevorzugten Künstler die Pariser Damen weiterhin anziehen und frisieren sollten. Die konservativen Anhänger der Etikette waren darüber allerdings entsetzt.

Die Herzogin von Chartres hatte Mademoiselle Bertin der jungen Königin kaum zwei Monate nach dem Tod Ludwigs XV. vorgestellt. Sobald die kleine Trauerzeit im November abgelaufen war, stürzte sich die Bertin sogleich in ihre Tätigkeit, welche sie »ihre Arbeit mit Ihrer Majestät« zu nennen beliebte. Mehrmals in der Woche kam die hübsche Rose mit einem Schwarm anmutiger junger Mädchen am Morgen nach Versailles. Sie brachte eine Unzahl großer Kartons mit, aus denen sie die neuesten Toiletten hervorholte, die sie mit Namen wie: »Plaisirs indiscrets, Soupirs étouffés oder Désirs masqués« getauft hatte. Von einem Besuch zum anderen nahmen die Kartons an Volumen zu, da die Reifröcke bald einen Umfang von vier bis fünf Metern erreichten. Eines Morgens zögerte die Königin ... In welcher Farbe sollte sie die Toilette bestellen, der die Bertin den Namen »Composition honnête« verliehen hatte? Sollte sie vielleicht diesen bräunlichen Taft wählen? In diesem Augenblick trat der König ein, warf einen Blick auf den Taft und sagte verächtlich: »Braun wie ein Floh!« Sofort wurde »Flohbraun« die große Mode. Sehr bald darauf unterschied man schon Nuancen, wie »Flohbauch« und »Flohschenkel«. Ein paar Tage später wählte Marie Antoinette ein aschfarbenes Gewebe aus. »Das ist die Haarfarbe der Königin«, erklärte, galanter als sein Bruder, der spätere Ludwig XVIII. Jede Dame, die etwas auf sich hielt, mußte nun diese »göttliche« Farbe tragen. Kuriere mit einer Locke der Königin wurden in die Gobelinmanufaktur, ja bis nach Lyon gesandt, damit die Spinnereien die richtige Nuance herstellen konnten.

Aus den Kartons kamen aber auch Schuhe hervor, deren Absätze mit einem Streifen von Smaragden verziert waren. Mademoiselle Bertins Triumph jedoch waren ihre »Poufs aux sentiments«, eine Haartracht, die sie gemeinsam mit den Physiognomisten geschaffen hatte. Nach Ludwigs XV. Tode hatten die eleganten Damen, als Zeichen der Trauer um den König oder der Hoffnung auf das neue Regime, einen Zypressenzweig oder ein Füllhorn im Haar getragen, eine aufgehende Sonne, die Ludwig XVI. symbolisierte (man kannte ihn damals noch nicht), oder als Sinnbild von Frieden und Milde einen Olivenzweig. Mitunter waren auch Kornfelder zu sehen gewesen, auf denen die Hoffnung Ernte hielt ... Eines Tages aber trug die Königin einen ganzen englischen Garten auf dem Kopf, mit Wiesen, Hügeln und silbrigen Bächen. Die Herzogin von Lauzun, die Kopfschmerzen offenbar nicht scheute, erschien bei Frau du Deffand mit einer Coiffure, die gleich eine ganze Landschaft darstellte. Man sah einen Jäger, der auf Enten zielte, die sich am Ufer eines windbewegten Sees tummelten. Auf einer »Anhöhe« stand eine Mühle. Die Müllerin ließ sich von einem kecken Abbé hofieren, indes sich der Müller gegen das Ohr der Herzogin mit einem Esel »entfernte«.

Einmal aber wäre Mademoiselle Bertin beinahe von einem Sieur Beaulard entthront worden, dem Erfinder der mechanischen Frisuren. Man brauchte bloß auf eine Feder drücken, um eine Rose zum Erblühen zu bringen. Mit Hilfe eines anderen »à la bonne meunière« genannten Mechanismus konnte man die Frisur senken oder heben, je nachdem, ob eine rückständige alte Dame den Salon betrat oder verließ. Mademoiselle Bertin erblaßte vor Neid und Eifersucht ... Marie Antoinette blieb ihr aber treu. Sie hatte es nicht zu bereuen, da Rose Bertin, gemeinsam mit Lionard, nun die verschiedensten Coiffuren für sie »kreierte«: »au Lever de la Reine, à la Puce, à l'Iphigénie, à l'Eurydice (um Gluck ein Vergnügen zu bereiten), à la Modéstie, à la Frivolité.« Besondere Vorliebe hatte Marie Antoinette für Straußfedern, von denen bis zu zehn Stück für die »Coiffure à la Minerve« verwendet wurden. Die Frisur wurde dadurch so hoch, daß die Königin, als sie sich zu einem Ball der Herzogin von Chartres begeben wollte, nicht in den Wagen steigen konnte. Anfang Februar 1775 begann Maria Theresia dieses »Gefieder« ihrer Tochter scharf zu tadeln. Als diese ihrer Mutter ihr Porträt schickte, sandte sie es zurück, indem sie so tat, als sei eine Verwechslung unterlaufen: »Ich habe nicht das Bild einer Königin von Frankreich erhalten, sondern das Bild einer Schauspielerin.« Mercy gab zwar zu, »daß der Federnschmuck übertrieben werde«, doch folge die Königin darin nur einer allgemein verbreiteten Mode. Die Kaiserin ließ sich nicht beirren: »Eine hübsche junge Königin voll Anmut hat solchen Unsinn nicht nötig.«

Die Nachteile, die sich aus Marie Antoinettes übertriebener Vorliebe für Rose Bertin ergaben, kannte Maria Theresia freilich nicht, aber Madame Campan berichtet uns als gewiß unverdächtige Zeugin: »Alle Frauen ahmten die Königin selbstverständlich nach. Sie wollten den gleichen Putz, die gleichen Federn, die gleichen Schmuckgehänge tragen wie die Königin, deren damals vollerblühte Schönheit allen diesen Dingen bestrickenden Reiz verlieh. Dadurch erhöhten sich die Ausgaben der jungen Damen außerordentlich, worüber deren Mütter und Gatten ungehalten wurden. Es kam vor, daß junge Frauen Schulden machten. Die Folge waren erregte Auseinandersetzungen in der Familie und eheliche Zerwürfnisse. Es hieß allgemein, die Königin würde alle französischen Damen zugrunde richten.« Rivarol schrieb sehr richtig: »Immer mehr Frau als Königin, vergaß sie ganz, daß es ihr Schicksal war, auf einem Thron zu leben und zu sterben.« Für Marie Antoinette »gab es nichts Erstrebenswerteres, als« – wie ein anderer Zeuge bestätigt –, »die hübscheste und bestangezogene Frau des Hofes zu sein.«

Um mondän zu sein, wollte sie sich selbst und allen anderen gefallen. Mondän sein bedeutete, stets von einem Schwarm von Bewunderern umgeben zu sein. Der kleinen Königin war es freilich nicht möglich, sich wie irgendeine der eleganten Pariserinnen von 1775 zu benehmen, die am Morgen, in ihren »Bettmantel« gehüllt, über die Witze ihrer Freunde lachte, während ein ausgelassener Abbé sich in einem Fauteuil räkelte und das neueste Chanson trällerte. Aber wie diese versuchte auch sie, stets eine Schar beflissener junger Männer um sich zu haben.

Zu jener Zeit zog sie allen andern jungen Leuten ihren Schwager, den Grafen von Artois, vor. Nach Mercy führte dieser, der spätere Karl X., ein leichtsinniges und höchst ausschweifendes Leben. »Es gibt für ihn nur einen König von Frankreich: die Königin.« Er drückte seinen Bruder, sooft er ihm begegnete, vertraulich an sich, »trat ihm beinahe auf die Füße«, sprach ihn nicht mehr »Majestät« an und hielt es unter seiner Würde, ihm täglich »seine Aufwartung« zu machen. Seiner Schwägerin gegenüber bestanden »seine Aufwartungen« darin, daß er sie amüsierte. Er schlug ihr vor, den Siegern im Ringelstechen Preise zu überreichen, kutschierte sie selbst im »diable«, einem zweirädrigen offenen Wagen, oder veranstaltete mit seinem Vetter, dem Herzog von Chartres, Pferderennen, die bisher nur in Newmarket abgehalten wurden und in Paris etwas Neues waren. Am 9. März 1775 luden die beiden Prinzen die Königin ein, die erste Veranstaltung dieser Art zu besuchen, die vor den Toren von Paris, am Rande des Bois de Boulogne, stattfand. Trotz Regen und Wind, der sich in ihren Röcken verfing, hielt Marie Antoinette, auf einer ungedeckten Estrade stehend, auf die sie über eine unbequeme Leiter klettern mußte, tapfer bis zum Ende durch. Das Pferd eines ihrer Freunde, des Herzogs von Lauzun, gewann das Rennen, verendete aber nach diesem Sieg. Eine große Menschenmenge hatte sich eingefunden, um diesem Schauspiel beizuwohnen. Marie Antoinette wurde viel weniger akklamiert als bei früheren Gelegenheiten. Sie war aber mit ihren Gedanken schon beim nächsten Vergnügen und schenkte dem ersten Zeichen ihrer beginnenden Unbeliebtheit keine Beachtung.

Die Königin dachte während des ersten Winters der Regierung in erster Linie an ihre Bälle. Die Akten des Intendanten der »Menus Plaisirs«, Papillon de la Ferté, spiegeln ihre zahlreichen Wünsche, »durch welche beträchtliche Ausgaben für Federn und Feingoldsachen, die die Königin bestellt hatte, verursacht wurden«. Marie Antoinette kümmerte sich nicht um die Seufzer des Intendanten, ihr lag bloß am Herzen, ihre Freunde zu unterhalten. Der Fasching 1775 »hat den jungen Leuten nur allzu freien Zutritt bei der Königin verschafft«, klagte Mercy. Aber auch nach dem Ende des Faschings trat keine Ruhe ein. Marie Antoinette dachte gar nicht daran, den Schwarm dieser Jeunesse dorée zu entlassen. Für diese jungen Leute, die der Volksmund »Leichtköpfe« nannte und die unter dem gepuderten Haar wirklich nicht viel im Kopfe hatten, war Marie Antoinette tatsächlich »ihre Königin«. Ihre Fehler, über welche sich Maria Theresia und Mercy Sorgen machten – »Gehässigkeit, Überheblichkeit, nachträgerisches Wesen, kleinliche Rachsucht« –, existierten für diese »Leichtköpfe« nicht. Sie war in ihren Augen eine mondäne, hübsche Frau, die entzückend zu lachen verstand, ihren lieben Freunden nichts als Freude bereitete und ihnen gegenüber stets charmant und gütig war. »Es ist immer das gleiche, wenn einer ihr nur Amüsements verschafft«, stellte Mercy bitter fest.

Ihre Koterie verstand es ausgezeichnet, ihr die Zeit mit »Amüsements« zu vertreiben. Der Graf Adhémar zum Beispiel, der eigentlich Montfalcon hieß und dem sein zweifelhafter Adel verziehen wurde, weil er »sehr in Mode« war und zur Harfe sang. Vaudreuil hatte ihn eingeführt, von dem manche sagten, er habe »ein charmantes Gesicht«, während andere ihn »einfach häßlich« fanden. Häßlich fanden ihn wahrscheinlich die Männer, die Frauen hingegen charmant, denn die Prinzessin d'Henin sagte, sie kenne nur zwei Männer, die mit Frauen umzugehen verstünden: Lekain und Vaudreuil. »Der Graf von Vaudreuil«, sagte Tilly von ihm, »beherrscht zwar die Königin, aber sich selbst vermag er nicht zu beherrschen.« Er war durch seine ausgesucht höflichen Umgangsformen ebenso bekannt wie durch seine hemmungslosen Wutanfälle. Auch war er kein Mann, sondern eine Wetterfahne: er wechselte seine Meinung öfter als seine Perücke. Dann gab es einen Esterházy, einen Ungarn, der soeben an den Versailler Hof gekommen war. Er war ein Haudegen, fiel durch »brutale Schönheit« auf und war von einer Legende umgeben: seine Familie führte ihren Ursprung auf Attila zurück und besaß sechzig Burgen und vierhundertvierzig Dörfer. Aber da ihm das noch nicht genügte, verlangte er, man möge seine Schulden bezahlen und ihm ein Regiment verleihen. Die Königin beeilte sich, ihm diese beiden Wünsche zu erfüllen, ja sie kümmerte sich später sogar um die Garnison seiner Husaren. »Genügt es, daß er zu meinen Freunden gehört, um ihn zu verfolgen?« sagte sie zum Kriegsminister. »Warum schicken Sie das Regiment Esterházy nach Montmédy, das eine schlechte Garnison ist? Schicken Sie es in eine andere Garnison. Ich wünsche, daß Herr von Esterházy zufrieden ist. Und erstatten Sie mir hierüber Bericht.« Der Ungar erhielt Rocroy, eine damals sehr beliebte Garnison, wo er seine Mußestunden damit verbrachte, zahlreiche Briefe an die Königin zu schreiben und Briefe von ihr zu empfangen.

Noch ein zweiter Ausländer, ein großer Verehrer Versailles', gehörte zur Gesellschaft der Königin, der Prinz de Ligne, der »in Frankreich als Österreicher und in Österreich als Franzose« galt. »Die Freude am Vergnügen führt mich nach Versailles, die Erkenntlichkeit läßt mich wieder dahin zurückkehren«, bekannte er. Der geringste Vorwand genügte ihm, um die Strecke von Beloeil nach Versailles in vierundzwanzig Stunden zurückzulegen. Er war der selbsteste unter Marie Antoinettes Freunden und brachte der Königin respektvolle und vornehme Verehrung entgegen. Für ihn war »ihre Seele ebenso schön und rein wie ihr Antlitz«.

Ein anderer Freund der Königin war der Herzog von Coigny, der 1774 achtunddreißig Jahre zählte. Fürs erste benahm er sich »einfach und bescheiden«, er sollte sich aber später ändern. Den größten Einfluß auf Marie Antoinette übte der Baron Besenval aus. Seine Mutter, eine Gräfin Bielinska, war Polin, väterlicherseits war er Schweizer, und als Oberstleutnant der Schweizergarde war er nach Frankreich gekommen. Seine dreiunddreißig Jahre genügten ihm, sich als Ratgeber der jungen Herrscherin aufzuspielen und ihr respektvoll den Hof zu machen. Er verstand es, sie zu unterhalten, in ihren Augen eine große Tugend. Seiner Ansicht nach besaß Marie Antoinette »keinerlei angeborene Heiterkeit«, ihr Interesse könne nur durch »Histörchen der Tageschronik und geschickt verschleierte Unschicklichkeiten« geweckt werden und vor allem durch »jene Art von boshaftem Klatsch, wie man ihn an den Höfen findet.« Besenval aber beherrschte gerade diesen Konversationston meisterhaft. Es genügt, sich seine Porträts anzusehen, die sich im Besitz seines Nachkommens, des Herzogs Amadeus von Broglie, befinden, um zu erkennen, daß er ein Mann von Geist war. Marie Antoinette begann sich sogleich zu langweilen, wenn sie seine Gesellschaft entbehren mußte.

Am gefährlichsten wurde ihr zweifellos Lauzun, für den die Königin eine viel zu tiefe Sympathie empfand. Sie hörte nicht auf Mercy, der diesen leichtsinnigen jungen Mann »wegen seines unruhigen Geistes und seiner vielen schlechten Eigenschaften als für sie höchst gefährlich« bezeichnete. Zwei Jahre lang verschloß sie sich den Warnungen des Gesandten. Lauzun vertrieb ihr, wie Besenval, die Langeweile, auch er verstand sich auf den leichten Ton, der in der Gesellschaft der Königin eingerissen war.

»Monsieur«, fragte sie eines Tages einen alten Feldmarschall, der von nichts als seinen beiden Schlachtrossen sprach, »welchem dieser beiden Pferde geben Sie den Vorzug?« – »Madame«, erwiderte der Marschall gravitätisch, »wenn ich am Tage einer Schlacht auf meinen Schecken gestiegen wäre, würde ich nicht absitzen, um meinen Braunen zu besteigen. Und wenn ich auf meinen Braunen gestiegen wäre, würde ich nicht absitzen, um meinen Schecken zu besteigen.« Einen Augenblick später wurde über zwei hübsche Frauen des Hofes gesprochen. »Monsieur«, wandte sich die Königin an einen ihrer Freunde, an Lauzun oder Vaudreuil, »welche würden Sie vorziehen?« »Madame«, antwortete der Gefragte ebenso gravitätisch wie vorhin der Feldmarschall, »wenn ich am Tag einer Schlacht auf die eine –« »Genug, genug«, winkte die Königin lachend ab. Das war der Ton, der in ihrer Umgebung herrschte.

Mitunter verbrachte ein Spielverderber den Abend bei der Herzogin von Guéménée, bei der sich die »Koterie« einzufinden pflegte: der König. Glücklicherweise ging er zeitig zu Bett und zog sich daher schon um elf Uhr zurück. Eines Abends hatte einer den kecken Einfall, die Pendeluhr vorzustellen, damit man ihn früher los werde. Der König verschwand tatsächlich. Dieser Scherz wurde am Hof bekannt und von den »Rückständigen« streng getadelt. Die Königin aber zuckte bloß ihre hübschen Schultern. Die Hauptsache war, unter sich zu sein und zwanglos schwätzen zu können. Und über was wurde gesprochen? Madame Campan, der man keine besondere Strenge vorwerfen kann, teilt es uns mit: »Der letzte Schlager, die neuesten Witze und Skandalgeschichten bildeten den einzigen Unterhaltungsstoff im engen Kreis der Königin.«

Frivolität und Leichtsinn waren überall an der Tagesordnung. Nur um mondän zu erscheinen, beschäftigten sich die jungen Leute ausschließlich mit den albernsten Dingen. Es gehörte zum guten Ton, »jung zu sein«. Damit verband sich ein unglaublicher Mangel an Bildung. Der Prinz de Ligne bezeugt es uns, daß alle Leute vom Marschall bis zum Leutnant, vom Kardinal bis zum niedrigsten Kleriker durch Unwissenheit glänzten. In dieser Welt war Marie Antoinette am rechten Platz. Sie schlug niemals ein ernstes Buch auf, dagegen las sie Bücher mit indezentem Inhalt. Joseph II. tadelte sie später wegen dieser Lektüre, die ihre Phantasie vergifte, Maria Theresia stellte besorgt fest, daß sie nicht imstande sei, sich in ernste Dinge zu vertiefen, Besenval wieder versicherte glaubwürdig, »daß ihre Konversation zusammenhanglos und sprunghaft sei und von einem Gegenstand zum anderen flattere«.

Es blieb aber nicht nur bei dieser Geselligkeit. Die Freunde der Königin wurden ehrgeizig und wünschten, daß ihre Rolle als Spaßmacher Marie Antoinettes auch etwas trage. Im April 1775 veranlaßten sie die Königin, für den Herzog von Fitz-James die Stellung eines Marschalls zu verlangen. Marie Antoinette, die die Herzogin gerne hatte, verwendete sich beim König, und dieser war einverstanden. Der Kriegsminister jedoch war entsetzt und erklärte: »Niemand weiß etwas von den militärischen Fähigkeiten dieses Herrn!« Ludwig XVI. versuchte, die Zusage rückgängig zu machen. Die Königin aber hatte den neuen Marschall bereits angekündigt, und Fitz-James wartete schon im Vorzimmer, um sich zu bedanken. Es war dem König nicht mehr möglich, die Ernennung zurückzuziehen, über die ganz Paris in schallendes Gelächter ausbrach. Um seinen Fehlgriff zu verschleiern, ernannte Ludwig noch sieben andere Marschälle, die von militärischen Dingen ebensowenig verstanden. »Brecht in Jubel aus, o glückliche Franzosen«, trällerten die Pariser spöttisch, »die vom König soeben ernannten Marschälle – sichern euch den ewigen Frieden – denn vom Krieg verstehen sie nichts.«

Aber die Königin hatte das Spiel gewonnen, und Besenval glaubte, nun einen Schritt weiter gehen zu können. Er redete Marie Antoinette ein, ihr Stolz dürfe nicht dulden, daß sich Aiguillon nur wenige Meilen von Versailles in seinem Schlosse Veretz aufhalte. Er müsse nach Aiguillon am Ufer der Garonne verbannt werden! War denn nicht er der Anstifter all der Pasquille und Pamphlete, die täglich gegen Marie Antoinette in Umlauf gesetzt wurden? Besenval und Mercy waren davon überzeugt. Der Gesandte versicherte: »Meine sorgfältig durchgeführten Nachforschungen und Beobachtungen erbringen täglich neue Hinweise darauf, daß der Herzog von Aiguillon der Hauptakteur in allen den kleinen Kabalen ist, die gegen die Königin angezettelt werden.« Er erstattete ihr darüber Bericht, was aber nur geringen Eindruck auf sie machte. Trotzdem bat sie den König, den ehemaligen Kanzler nach Aiguillon in die Verbannung zu schicken. Ludwig sagte zuerst »sichtlich verlegen« zu, dann aber, nachdem er mit Maurepas gesprochen, verbarrikadierte er sich hinter irgendeinen Vorwand. Die Königin drang nicht weiter in ihn, und Mercy sagte, man »müsse es dabei bewenden lassen«.

Da kannte er Besenval aber schlecht! Der Baron wußte um einen Trick, den der Gesandte niemals hätte anwenden können. Er trotzte und spielte den Gekränkten und erhielt von Marie Antoinette, was er sich wünschte. Um des lieben Friedens willen und um nicht länger auf Besenvals amüsante Gesellschaft verzichten zu müssen, gab sie nach, wie sie später Frau von Polignac nachgeben sollte.

Besenval gehörte zur Partei Choiseuls. »Das Interesse, das die Königin mir entgegenbrachte, hätte mir genügt, d'Aiguillon anzugehen«, gestand er schamlos in seinen Memoiren. »Ich wurde aber auch noch von anderen Überlegungen geleitet. Er hatte den Sturz Choiseuls herbeigeführt, und ich wollte ihn dafür bestrafen. Auch konnte ich keine Rückkehr Choiseuls erhoffen, solange d'Aiguillon noch irgendeinen Einfluß besaß.« Er brachte die Königin bald dahin, »zu fühlen, von wie großer Bedeutung es sei, sich d'Aiguillons zu entledigen«. – »Es ließ sich nur schwer ein Vorwand finden, um ihn zu verbannen«, schrieb der Baron. »Ich riet der Königin, vor allem ins Treffen zu führen, daß er den Grafen von Guines in unverschämter Weise beleidigt hat.«

Guines, ein Elegant, den Marie Antoinette besonders schätzte, war französischer Gesandter am englischen Hof. Trotzdem hielt er sich zumeist in Versailles auf. Die kurze Zeit, die er in London verbrachte, genügte ihm aber, um unter dem Schutz der diplomatischen Zollfreiheit seines Gepäcks Schmuggel zu treiben. Als er eines Tages entlarvt wurde, schob er alle Schuld auf seinen Sekretär Tort de la Soude. In dem folgenden Prozeß wurden die beiden Männer konfrontiert, wobei sich die Schuld des Gesandten sehr bald herausstellte. Um sich reinzuwaschen, behauptete Guines, es handle sich um nichts als Verleumdung, Aiguillon wolle ihn bloß vernichten. Nach dem Sturz des Ministers griff er diesen aufs heftigste an. Maurepas stellte sich auf die Seite seines Neffen, Marie Antoinette jedoch verteidigte den Gesandten. Besenval geriet über diese Wendung in helles Entzücken, während Maurepas seufzte: »Es ist nicht möglich, gegen eine Königin anzukämpfen.« Er überließ Marie Antoinette das Feld, und diese brachte den König auf ihre Seite. Guines wurde rehabilitiert und blieb Gesandter. Der Herzog von Aiguillon mußte aber bestraft werden, da er es gewagt hatte, einen Freund der Königin »zu beleidigen«. »Ich habe mit dem König gesprochen«, sagte sie zu Besenval, in dessen Händen die Fäden dieser Intrige zusammenliefen. »Er beginnt endlich zu merken, daß Herr von Aiguillon ihn zum besten halten könnte, und ich glaube, daß er Ordnung machen wird.«

Der König und Mercy fühlten jedoch trotz aller Klagen Marie Antoinettes über den Minister, daß »Besenvals perfide Geschicklichkeit die Königin auf den Gedanken gebracht hatte, in dem Schutz, welchen sie Guines angedeihen ließ, ein Mittel zu erblicken, um sich an d'Aiguillon zu rächen«. Der König zögerte daher, einen Entschluß zu fassen, worüber Marie Antoinette wütend wurde. Als Aiguillon vor der

Königin erschien, um ihre Befehle für die Jahresrevue des königlichen Hauses einzuholen, bei der er an der Spitze seiner Eskadron zu defilieren hatte, erwiderte sie ihm in scharfem Ton: »Meine Befehle? Holen Sie sich Ihre Befehle bei Madame Dubarry!« Bei der Revue in Marly am 30. Mai zog sie die Vorhänge mit unbeherrschter Gebärde vor das Kutschenfenster, als die Chevauxlegers unter Aiguillons Kommando vor ihr defilierten. Der Exminister behauptete sogar, sie hätte ihm die Zunge herausgestreckt. Noch am selben Tag verlangte sie die Verbannung dieses Freundes der »Kreatur«. »Die Haare stehen mir zu Berg, wenn ich diesen Menschen nur sehe«, sagte sie empört. Ludwig XVI. überließ es ihr seufzend, die Angelegenheit in die Hand zu nehmen. Unverzüglich ließ sie sich Maurepas kommen. »Was soll denn mein Neffe für ein neues Unrecht begangen haben?« fragte er. »Mir ist keines bekannt.« »Das ist ganz gleich«, warf die Königin hin. »Das Maß ist voll, ich habe genug.« »Aber, Madame«, erwiderte Maurepas, »wenn der König jemandem Böses zufügen muß, dann sollte es doch nicht durch Sie geschehen.« »Sie mögen recht haben, und ich glaube, daß ich es auch nicht mehr tun werde. Aber für diesmal bleibt es dabei.« Der Premierminister mußte sich beugen. »Mein Neffe ist ein viel zu guter Untertan, um etwas zu tun, was der Königin mißfallen könnte. Er wird Paris in einigen Tagen verlassen.«

Marie Antoinette bekannte sich offen zu ihrer Handlungsweise: »Die Abreise d'Aiguillons ist ganz mein Werk. Das Maß war voll. Dieser abscheuliche Mensch unterstützte allerlei Spionage und üble Nachrede. In der Affäre von Guines hat er mehr als einmal versucht, mir die Stirn zu bieten . . . Ich habe seine Entfernung vom König verlangt. Es ist wahr, daß ich keinen Verhaftungsbefehl wünschte. Aber damit ist nichts verloren, denn statt in der Touraine bleiben zu dürfen, wie er wollte, wurde er gebeten, seine Reise bis nach Aiguillon fortzusetzen, das in der Gascogne gelegen ist.«

Da der frühere Minister nun endlich nach seinem halbverfallenen Schloß verschickt worden war, hätte sich Marie Antoinette gern wieder dem Wirbel ihres vergnügten Lebens hingegeben, ihren »dissipations«, wie Maria Theresia tadelnd sagte. Aber die Salbung Ludwigs XVI. in Reims war für Sonntag, den 11. Juni 1775, angesetzt und würde das fröhliche Leben der mondänen kleinen Königin unliebsam unterbrechen. Gähnend lauschte sie den Worten des Abbé Vermond, der ihr im Auftrag Mercys erklärte, »es sei früher ein ziemlich feststehender Brauch gewesen, daß zugleich mit den Königen auch die Königinnen die Salbung empfingen«. Es sei nach seiner und des Gesandten Ansicht notwendig, daß sie an der bevorstehenden großen Zeremonie teilnehme. Der Abbé aber kehrte oft genug unverrichteter Dinge nach dem Luxembourg zurück, wo Mercy wohnte: »Die Königin stünde dieser Angelegenheit ohne jede Anteilnahme gegenüber.« Die beiden Vertrauensleute Maria Theresiens wunderten sich darüber nicht. Sie wußten sehr gut, daß diese Tage der Repräsentation ihrer königlichen Schülerin keine Freude bereiten konnten. Es machte ihr ja viel größere Freude, die Königin ihrer Koterie zu sein als die Königin Frankreichs. Die Öffentlichkeit begann schon darauf aufmerksam zu werden. Aber dieses eine Mal siegte nochmals, vielleicht zum letztenmal, ihr Charme und entfesselte Stürme der Begeisterung, die an die ersten Stunden nach dem Regierungsantritt erinnerten.

# VI

## »DER WINDKOPF«

In der von strahlenden Lustern festlich erleuchteten Kathedrale zu Reims knieten der König und der Erzbischof tief niedergebeugt vor dem Hauptaltar auf einem liliengeschmückten Teppich. Dies war der einzige Augenblick an diesem anstrengenden Tag, der die beiden Hauptakteure ein wenig zu Atem kommen ließ. Den achtundsiebzigjährigen Kirchenfürsten hatten schon die ersten zwei Stunden der Zeremonie arg mitgenommen und erschöpft.

Die Salbungen nahmen ihren Anfang. Es waren im ganzen neun, und jede von ihnen war von einer Formel begleitet, die der Erzbischof mit zitternder Greisenstimme psalmodierte. Die Anwesenden vernahmen den tausendjährigen Satz: »Niemals möge er seine Rechte auf die Königreiche der Sachsen und Mercier, der Völker des Nordens und der Zimbern aufgeben.« Die Mercier waren die Engländer! Ihr Königreich Mercia erstreckte sich von der Nordsee den Trent entlang bis an die Walliser Berge und wurde 829 von König Egbert von Wessex unterworfen!

Vor den letzten Salbungen wurde der König mit der Tunika, der Dalmatika und dem liliengeschmückten Krönungsmantel bekleidet, und der Siegelbewahrer de Mirosmesnil rief mit erhobener Stimme die Großen Frankreichs einen nach dem andern auf. »Monsieur, der Sie den Herzog von Burgund repräsentieren . . .« Der Graf von Provence trat vor. Mirosmesnil wendete sich nun dem künftigen Karl X. zu, dem Grafen von Artois, der in einem halben Jahrhundert zu seiner eigenen Salbung wieder hierher zurückkehren sollte: »Monseigneur, der Sie den Herzog der Normandie repräsentieren . . .« Den hermelingefütterten Herzogsmantel um die Schultern, den Herzogshut auf dem Haupt, die Ordenskette des Heiligen-Geist-Ordens um den Hals, traten die weltlichen Pairs vor, Orléans, Chartres, Condé und Bourbon, welche Aquitanien, Toulouse, Flandern und die Champagne repräsentierten, und schlossen sich mit den sechs geistlichen Pairs um den König zusammen. Der Erzbischof begann nochmals zu psalmodieren. eine der Gebetsformeln klang seltsam orientalisch: »Möge der König die Stärke des Nashorns besitzen und wie ein Sturmwind die feindlichen Völker vor sich hertreiben bis an das äußerste Ende der Erde.« Es war wohl notwendig, daß der König solche Kräfte besaß, um die mit Rubinen und Smaragden überladene schwere Krone Karls des Großen zu tragen, die ihm der Erzbischof aufs Haupt setzte. Während dieser Zeremonie berührten die zwölf Pairs die Krone mit der Hand als Symbol der Schilderhebung der alten fränkischen Könige. Als die Krone Ludwig aufs Haupt gesetzt wurde, schwankte er unter ihrem Gewicht, und die Nächststehenden hörten ihn seufzen.

Marie Antoinette konnte diesen Stoßseufzer freilich nicht vernehmen. Als sie ihren Gemahl mit dem Zepter in der Hand und der Krone auf dem Haupt aus ihrer Loge erblickte, war sie so beeindruckt, daß ihr die Tränen über die Wangen liefen. Glich er nicht ganz den gekrönten Königen in dem Handbuch, aus welchem ihr der Abbé de Vermond die Geschichte Frankreichs vorlas? Das Zepter trug die Lilie Frankreichs und die aus dem Horn des Einhorns geschnitzte Schwurhand.

Der achtzigjährige Konnetabel de Clermont-Tonnerre hatte Mühe, dem König das mächtige Schwert Joyeuse Karls des Großen voranzutragen. Bekleidet mit dem schweren Krönungsmantel – der aus dreißig Quadratfuß Samt gefertigt und mit Hermelin gefüttert war –, stieg Ludwig XVI. die vierzig Stufen zur Empore schwerfällig hinauf. Damit war die Inthronisation beendet. Erzbischof und Pairs umarmten den König und riefen dreimal: »Vivat rex in aeternum!« Die Tore der Kathedrale öffneten sich, das Volk strömte in das Kirchenschiff und rief begeistert: »Es lebe der König!« Hunderte von Vögeln wurden freigelassen und schwebten, vom Licht geblendet, zwischen den funkelnden Lustern. Musketensalven dröhnten, alle Glocken der Stadt läuteten, Jubel, Freudengeschrei, Applaus wollten kein Ende nehmen.

Die Königin brach in Tränen aus. Als sie zu ihrem Platz zurückkehrte, berichtet Mercy, »erdröhnte die Kirche trotz der Heiligkeit des Ortes von Geschrei, Applaus und Freudenausbrüchen, die man kaum wiederzugeben vermöge«. Während der langdauernden Zeremonie, die jetzt erst begann, blickte der König wiederholt tief bewegt »mit einem solchen Ausdruck von Verehrung, daß man ihn nicht beschreiben könne«, auf die Königin. Marie Antoinette sah wie im Traum, daß Ludwig ein goldener und ein silberner Brotlaib gereicht wurde, daß er mit den zwölf Pairs den Friedenskuß tauschte und das Abendmahl in beiderlei Gestalt empfing. Das Königspaar war so ergriffen, daß ihm wahrscheinlich zwei Zwischenfälle entgingen. Den müden Händen des alten Clermont-Tonnerre war Karls des Großen Schwert entglitten, und der Graf von Artois, dessen saloppes Benehmen allgemein Ärgernis erregte, hatte seinen Herzogshut fluchend fallen lassen.

Es folgte nun das endlose königliche Bankett, dem die Königin, aber immer noch als Zuschauer, beiwohnte. Beim Klang der Oboen, Flöten und Trompeten sah eine große Menschenmenge zu, wie Hunderte von Gerichten vorübergetragen wurden, die etwa dreißig Privilegierte vor ihren Augen verspeisten. Nach dem Bankett legte Ludwig seinen Krönungsornat ab, nahm den Arm seiner Frau und ging mit ihr wie ein einfacher Bürger in den Garten des erzbischöflichen Palais, wo sich die beiden unter die jubelnde Menge mischten. Die Leute zeigten sich den Vertreter von Tripolis, der, obwohl doch ein »Barbar« und Heide, vor Rührung weinte. Danach ließ Ludwig noch in seiner unerschütterlichen Ruhe die ermüdende Zeremonie des Ordens von Saint-Sulpice über sich ergehen.

Am folgenden Morgen ritt der König auf seinem Pferd Vainqueur, das einen silbernen Pferdeharnisch trug, der 27.543 Livres gekostet hatte, nach der Abtei von Saint-Remi. Herolde ritten ihm voraus, die Kavaliere folgten zu Pferd. Hinter ihm wurden zwei andere Pferde, Fier und Monarch, am Zügel geführt, für den Fall, daß er das Pferd unterwegs zu wechseln wünschte. Nach dem Gottesdienst legte er, von Ärzten und Chirurgen umgeben, zweitausendvierhundert an Skrofulose Erkrankten die Hand auf. »Gott möge dich genesen lassen, da der König dich berührt«, wiederholte der Prinz von Beauveau zweitausendvierhundertmal, indes der König »jedem einzelnen Kranken die Hand auf das Haupt legte«.

Am Abend ging Ludwig XVI. mit der Königin am Arm im »Liebeswäldchen«, dem Bois d'Amour, vor den Toren der Stadt spazieren. In der Menge, die sie jubelnd umdrängte, befand sich ein unhübscher Bursche von fünfzehn Jahren, der eigens aus Troyes herübergekommen war ... Der junge Mann hieß Danton.

Den Jubel der letzten Tage noch im Ohr, fuhr die Königin am 16. Juni nach Compiègne. Sie versicherte immer wieder von neuem, »daß sie den Tag der Salbung nie in ihrem Leben, und sollte es hundert Jahre dauern, vergessen werde«. Warum wurde sie von Mercy und Vermond unablässig geschulmeistert? fragte sie sich. Das Volk liebte und bejubelte sie doch! Sie gab sich keine Rechenschaft, daß es sich bei diesen Ovationen, wie Mercy nach seiner Rückkehr aus Reims an ihre Mutter schrieb, »nur um einen Augenblickserfolg handle, der nicht genug begründet sei, um sich davon täuschen zu lassen«. Der Diplomat durchschaute die wahre Lage, die Königin aber ließ sich täuschen. »Ich habe auf der ganzen Fahrt mein möglichstes getan, um auf den Jubel des Volkes zu antworten«, schrieb sie am 22. Juni 1775 ihrer Mutter. »Es ist erstaunlich und auch ein großes Glück, daß wir zwei Monate nach der Revolte und trotz der Brotverteuerung so gut empfangen worden sind. Es ist das Außerordentliche an dem französischen Charakter, daß er sich durch böse Eingebungen leicht hinreißen läßt, aber sofort zum Guten zurückkehrt. Deshalb sind wir sicherlich noch mehr verpflichtet, für das Glück des Volkes zu arbeiten, wenn wir sehen, wie gut es uns auch in seinem Unglück behandelt. Der König schien von dieser Wahrheit durchdrungen zu sein.«

Der König war »durchdrungen« und würde sein möglichstes tun. Aber die Königin? Das Brot war nicht nur teuer, es fehlte sogar. Hatte sie nicht bemerkt, daß auf der Fahrt nach Reims die Straßenarbeiter beim Passieren der Kutschen »niederknieten, die Hände zum Himmel hoben und dann an den Mund führten, um durch diese Geste um Brot zu flehen«? Im April 1775, ein Jahr nach dem Regierungsantritt und vierzehn Jahre vor der Revolution, waren in vielen Provinzen wegen der Brotknappheit Aufstände ausgebrochen. Die Aufständischen hatten gedroht, die Königin zur Verantwortung zu ziehen. War das nicht eine Warnung? Trotzdem nahm die Königin, nach Versailles zurückgekehrt, ihre gewohnte Lebensweise wieder auf. In ihren Augen hatte »das Glück des Volkes« nichts mit ihrer Vergnügungssucht zu tun. Maria Theresia hielt ihr die unvermeidlichen Folgen vor, die sich aus ihrer »schrankenlosen Vergnügungssucht« ergeben müßten, und schloß: »Ich könnte sie Ihnen nicht lebhaft genug vor Augen führen, um Sie vor dem Abgrund zu retten, in den Sie sich stürzen.« Mercy war nahe dran, die Ursache dieser »Vergnügungssucht« zu erraten, die eine »geheimnisvolle Macht« über die Königin ausübte und ihr Gemüt »geradezu verwüstete«. Als er eines Tages wiederum mit seinen Ermahnungen begann, wurde Marie Antoinette »traurig und nachdenklich«. Nach einem schweren Seufzer »äußerte sie sich über einige Einzelheiten ihres Ehelebens, die ihr viel Kummer bereiteten«. »Ich muß mich zerstreuen«, sagte sie, »und das kann ich nur, wenn ich mich amüsiere.«

Ludwig XVI. war zu dieser Zeit sicherlich »im wahrsten Sinne des Wortes« in seine Frau verliebt, aber an dem »fatalen Gegenstand«, wie Mercy es nannte, hatte sich nichts geändert. Ende 1774 sprach der König mit Lassonne, dem Arzt der Königin, der ihm dringend eine »Erweiterung des zu engen Teiles« nahelegte. »Vor acht Tagen hat der König eine lange Unterredung mit dem Arzt gehabt; ich bin über seine Dispositionen sehr froh und hege gute Hoffnung«, schrieb Marie Antoinette am 17. Dezember ihrer Mutter. Als aber der Chirurg seine Instrumente – »wahre Marterwerkzeuge« – vor dem König ausbreitete, wich dieser zurück und »schob den Eingriff auf«. Das hinderte ihn aber nicht, seine Frau ständig zu besuchen. Im Frühjahr 1775 wurde sogar unterhalb der Spiegelgalerie ein schmaler Geheimgang zwischen den Zimmern des Königs und der Königin angelegt, von dem heute nur noch Reste erhalten sind. Er ermöglichte Ludwig XVI., den Vorsaal des Oeil-de-Boeuf, der ja einem öffentlichen Platz glich, zu meiden und die ergebnislosen Versuche bei seiner Frau nur allzuoft und gewissenhaft zu wiederholen.

»Das alte römische Sprichwort ›Tota mulier in utero‹ wirft ein grelles Licht auf dieses eheliche Drama«, schrieb Doktor Garnière. »Wenn es richtig ist – und viele Beispiele beweisen es den Ärzten täglich –, daß das labile seelische Gleichgewicht der Frau oft eine Folge mangelhafter sexueller Befriedigung ist, dann kann es uns nicht wundern, wenn die junge Königin, die sicherlich das leidenschaftliche Temperament so vieler Mitglieder der Familie Habsburg geerbt hatte, ihrer Familie und dem Volk leichtsinnig und launenhaft zu sein schien. Fast jede Nacht mußte sie sich den Versuchen ihres Gatten unterwerfen, die ihre Sinne erregten, ohne sie befriedigen zu können. ›Die Lässigkeit liegt sicherlich nicht bei mir‹, schrieb sie ihrer Mutter. ›Aber meine liebe Mama möge verstehen, daß meine Lage beschwerlich ist.‹ Ohne um die Folgen dieser unnützen Versuche viel zu wissen, trachtet sie schließlich instinktiv, sich ihnen zu entziehen, obgleich sie vordem monatelang über die Gleichgültigkeit desselben Gatten geklagt hatte, dessen geruhsamer Schlaf ihre Jugend beleidigte. Jetzt dehnte sie ihre Abende aus, in der Hoffnung, ihn schlafend vorzufinden. Tagsüber betäubte sie sich in einem Wirbel von oft fragwürdigen Zerstreuungen und suchte, gewiß ohne böse Absicht, nach Freundschaften, die ihr Zärtlichkeitsbedürfnis stillen könnten.«

Die Herrschaft der Favoriten fing damals an.

Im Jahre 1775 war es Mode, eine Freundin in allen Ehren (was man nicht genug betonen kann) zu haben, von der man seufzend sagen konnte: »Ach, sie bezaubert mich, wir passen so gut zueinander!« Eine unzertrennliche Freundin, »bis irgendeine Laune oder die geringste Meinungsverschiedenheit den Bruch herbeiführte«. Man nannte das »coquetages d'amitié«. Diese Freundschaften waren so allgemein, daß die Porzellanmanufaktur in Sèvres Gruppen fabrizierte, welche »Die zärtlichen Freundinnen« oder »Vertraulichkeiten zwischen zwei jungen Frauen« und andere ähnliche Motive darstellten.

Die erste »junge Frau«, welcher die Königin »vertrauliche Mitteilungen« machte, sollte die Prinzessin von Lamballe sein.

Marie Thérèse von Savoyen, Prinzessin von Lamballe, war nicht hübsch, »sie machte aber aus einiger Entfernung den Eindruck einer hübschen Frau«. Sie hatte viel gelitten und war so »naiv«, daß Marie Antoinette das Gefühl hatte, sie beschützen zu müssen. Ihre Nerven waren so überempfindlich, daß der Anblick eines »gemalten Hummers« genügte, um sie in Ohnmacht fallen zu lassen. Maria Theresia bezeichnete solche Ohnmachtsanfälle, die damals in der Mode waren, als »Grimassen«, und Mercy äußerte sich sehr zurückhaltend »über das Benehmen dieser Oberintendantin«. Im Jahre 1775 stand Frau von Lamballe bei Marie Antoinette in so hoher Gunst, daß sie sie zur Oberintendantin ihres Hofstaates ernennen ließ. »Stellen Sie sich mein Glück vor«, schrieb sie am 13. Juli an den Grafen Rosenberg, »ich werde meine intime Freundin glücklich machen und noch mehr davon haben als sie.«

Es war der Königin nicht leicht gefallen, Ludwig XVI. zu dieser Ernennung zu bewegen. Aber als sie ihm versicherte, daß »dies der innigste Wunsch ihres Lebens sei«, gab er, wie immer, auch diesmal nach. Der Finanzminister erhob zwar seine Stimme gegen die Schaffung der neuen Hofcharge, da sie erhöhte Ausgaben verursachte, er drang aber nicht durch. Die Prinzessin trat ihre Charge an und erhielt dafür, trotz des ungeheuren Vermögens ihres Schwiegervaters, die gleichen Zuwendungen an »Gehalt, Kost- und Wohngeld, Bedienung und anderen Gebühren«, welche seinerzeit die Oberintendantin der Maria Leczinska, Mademoiselle de Clermont, erhalten hatte, die aber über kein persönliches Vermögen verfügte. Dazu bekam Frau von Lamballe noch eine zusätzliche Zuwendung von 50.000 Livres, »um ihr zu ermöglichen, dieses wichtige Amt auch ausüben zu können«. Das Amt war so wichtig, daß sich die beiden ersten Ehrendamen zurückzogen, da sie es als eine Schmälerung ihrer Vorrechte betrachteten. Marie Antoinette tröstete sich darüber. Nun konnte sie ihre Zeit erst recht mit der Prinzessin allein verbringen und diese Stunden des Beisammenseins »genießen und sich herrlich mit ihr unterhalten«, wie ein Chronist uns meldet.

Diese Freundschaft und die ihr gewidmeten vielen Stunden paßten nicht in Besenvals Konzept. Er wünschte, »die Königin solle Leute zu Ministern machen, auf die sie sich verlassen könne«. Der Chevalier de Vergennes war ernannt worden, »ohne daß die Königin verständigt wurde oder sich im geringsten darum gekümmert hätte«. Auch an der Ernennung des redlichen und ehrenhaften Turgot hatte sie keinen Anteil gehabt. Dieser Zustand »mußte sich ändern«! Als Marie Antoinette die schlechte Laune ihres »Amuseurs« bemerkte, setzte sie alles in Bewegung, um die Entlassung des Ministers des Königlichen Hauses La Vrillière, der Besenval mißfiel, zu erwirken, was ihr ziemlich leicht gelang. Nach diesem Sieg gab es aber einen Mißerfolg. Marie Antoinette und ihre Freunde wünschten, Sartines als Nachfolger La Vrillières zu sehen. Sartines war Marineminister, obwohl er noch niemals ein Schiff gesehen hatte. An seine Stelle sollte d'Ennery treten, der auch zur Koterie gehörte. Was sollte also zur Verwirklichung dieses Planes unternommen werden? Man mußte dabei mit Maurepas rechnen, der andere Pläne hatte und seit der Affäre d'Aiguillon endgültig ins Lager der Gegner der Königin übergegangen war.

»Was soll ich also tun?« fragte Marie Antoinette den Baron Besenval.

»Benützen Sie diese Gelegenheit«, riet er ihr, »sich gut mit Maurepas zu stellen, um die gewünschten Ministerien zu erhalten. Lassen Sie ihn kommen und sagen Sie ihm, daß Sie geneigt seien, das Vergangene zu vergessen und in gutem Einvernehmen mit ihm zu leben. Sie seien überzeugt, daß er die großen Vorteile zu würdigen wisse, die sich aus einem solchen Einvernehmen für die Staatsgeschäfte, den König, für ihn selbst und für uns alle ergeben würden. Er möge daher alles tun, was in seiner Macht steht, um diese Freundschaft und Ihr Vertrauen zu verdienen. Sie hätten keinen größeren Wunsch, als ihm Freundschaft und Vertrauen schenken zu können. Doch bedürfe es eines Beweises, um alle Ihre Zweifel an seiner Ergebenheit gründlich zu zerstreuen. Diesen Beweis würde er durch die Überlassung des Marineministeriums an d'Ennery erbringen.«

Marie Antoinette stimmte ihm eifrig zu, »aber«, seufzte Besenval, »kaum hatte ich ihr Zimmer verlassen, war es auch schon vergessen. Einer Promenade folgte eine Jagd, und dieser eine Theatervorstellung. Es vergingen vier Tage, ohne daß die Königin die mir versprochene Unterredung hatte«. – Die »Unterredung« wurde ein Mißerfolg. Sie kam zu spät. Maurepas entschuldigte sich: Malesherbes sei bereits an die Stelle La Vrillières ernannt worden. Sartines behalte daher das Marineministerium, so daß kein Ministerposten für Ennery frei sei. –

Dann gab es einen Theatercoup: Malesherbes lehnte den Posten ab. Maurepas wollte dies nicht zur Kenntnis nehmen und sandte ihm noch in der Nacht zwei dringende Nachrichten. Aber Malesherbes hielt seine Absage aufrecht. Ein drittes Schreiben, das Maurepas ihm sandte, glich einem Alarmruf: »Wenn die Königin diesmal die Oberhand behält, ist alles verloren«, schrieb Maurepas beschwörend. Da nahm Malesherbes den Posten endlich an. »Die Königin erhielt, wie man zu sagen pflegt, eine Ohrfeige«, schrieb Besenval. Marie Antoinette war über den Affront entrüstet. Der König aber wahrte wie immer seine Ruhe. Doch als sich Maurepas bei der Königin entschuldigen wollte, riet er ihm davon ab. »Gehen Sie jetzt nicht zu ihr«, sagte er, »es könnte Ihnen schlecht bekommen!«

Besenvals Versuch, Maurepas zu überlisten, war ein taktischer Fehler gewesen. Er hätte es mit dem König versuchen sollen, »der im wahrsten Sinn des Wortes in seine Frau verliebt war«. Wenn sie sich an ihn wandte, hatte sie nur selten Mißerfolg. Hatte sie denn nicht in Reims die Zustimmung des Königs sogar zu einer Begegnung mit Choiseul erhalten, obgleich Ludwig XVI. diesen Mann offensichtlich nicht leiden konnte? Marie Antoinette war in dieser Angelegenheit mit bemerkenswerter Durchtriebenheit vorgegangen. Danach beging sie freilich die Unvorsichtigkeit, dem Vertrauten ihrer Kinderzeit, dem Grafen Rosenberg, am 13. Juli darüber zu schreiben, woraus eine wahre Tragödie entstehen sollte: »Sie werden vielleicht von der Audienz gehört haben, die ich dem Herzog von Choiseul in Reims gewährt habe . . . Sie werden mir gewiß glauben, daß ich ihn nicht gesehen habe, ohne vorher darüber mit dem König gesprochen zu haben. Sie würden aber kaum die Geschicklichkeit erraten, die ich anwandte, um nicht den Anschein zu erwecken, als wollte ich um Erlaubnis bitten. Ich habe dem König gesagt, daß ich Lust hätte, Herrn von Choiseul zu sehen und nur wegen des Tages in Verlegenheit wäre. Ich habe es so gut gemacht, daß mir *der arme Mann* die bequemste Stunde vorgeschlagen hat, zu der ich ihn sehen konnte. Ich glaube dabei von meinem Recht als Frau ausgiebigen Gebrauch gemacht zu haben.«

Der arme Mann!

An den gleichen Grafen Rosenberg hatte sie schon am 17. April 1775 geschrieben: »Mein Geschmack ist nicht der gleiche wie der des Königs, der nur die Jagd und mechanische Arbeiten liebt. Sie werden zugeben, daß ich nicht gut in eine Schmiede passen würde.«

Der arme Mann! Auch darin ging Marie Antoinette mit der Zeit. Liebe unter Ehegatten gehörte damals nicht zum guten Ton. Ein verliebter Gatte, der seine Frau bat, ihn zu duzen, machte sich lächerlich; man fand es aber charmant, wenn sie ihm antwortete: »Laß mich in Ruh!« Unbekümmert und gleichgültig zu sein, galt als oberstes Gesetz. Die Ehemänner benahmen sich gegen ihre Frauen nicht besser. Métra überliefert uns ein Zwiegespräch zwischen zwei Freunden der Königin, dem Herzog von Coigny und dem Marquis von Conflans.

»Ich muß dir gestehen, daß ich in großer Verlegenheit bin.« »Ja aber warum denn?« »Weil ich noch nie in meinem Leben bei deiner Frau soupiert habe.« »Bei Gott – ich auch nicht! Weißt du was? Wir werden gemeinsam zu ihr soupieren gehen. Dann wird es sich schon ertragen lassen.« Marie Antoinette hatte sich diesen Ansichten angepaßt, und ein Chanson machte in Paris die Runde: »Die Königin sagte unbedacht – zu ihrem Vertrauten Besenval – Mein Gemahl ist ein armer Mann! – Der andere erwiderte leichthin: – Jeder denkt es, ohne es zu sagen, – Sie sagen es, ohne zu denken.«

Der arme Mann! Diese drei Worte erschreckten Maria Theresia tief, als ihr Rosenberg den Brief ihrer Tochter vorlegte. Sie wußte nichts über die Art der mondänen Französinnen und schrieb am 31. Juli entsetzt an Mercy: »Meine Tochter wird nicht verfehlen, ihren Untergang zu beschleunigen ... Ich bin bis auf den Grund meines Herzens ergriffen. Welcher Stil, welche Art zu denken! Das bestätigt nur zu sehr meine Besorgnisse. Sie läuft mit großen Schritten ihrem Ruin entgegen.«

Auch Joseph II. brachte Rosenberg, der zu den engsten Vertrauten der Kaiserin gehörte, den Brief zur Kenntnis. Der Kaiser schonte seine Schwester nicht und schrieb ihr in aller Öffentlichkeit: »Erlauben Sie, daß ich zu Ihnen mit der ganzen Freimütigkeit spreche, die die Liebe allein und mein Interesse für Sie rechtfertigen und wofür die gute Absicht die Entschuldigung bildet ... Soviel ich weiß, mengen Sie sich in unendlich viele Dinge, die Sie erstens nichts angehen, von denen Sie aber auch nichts verstehen und für welche Kabalen und eine schmeichlerische Umgebung Sie eine Demarche nach der andern machen lassen, indem Sie bald Ihre Eigenliebe, bald Ihr Verlangen, zu glänzen, aufzustacheln oder sogar einen bestimmten Haß und Groll zu nähren wissen. Diese Demarchen sind geeignet, Ihr Lebensglück zu trüben, und müssen Ihnen notwendigerweise früher oder später schmerzliche Peinlichkeiten verursachen und zu einer Verminderung der Liebe und Achtung des Königs führen, wodurch Sie die gute Meinung der Öffentlichkeit verlieren werden und damit alle Achtung, die Sie mit Hilfe dieser guten Meinung gewinnen könnten und sogar bis jetzt erstaunlicherweise gewonnen haben. Worin mengen Sie sich, meine teure Schwester, ein? Sie tauschen Minister aus, lassen einen anderen auf seine Güter verschicken, dem oder jenem dieses oder jenes Ressort geben. Sie helfen dem einen einen Prozeß gewinnen, dann schaffen Sie ein neues kostspieliges Amt in Ihrem Hofstaat, und schließlich sprechen Sie von Staatsgeschäften und bedienen sich sehr wenig passender Ausdrücke für Ihre Stellung. Haben Sie sich nur einmal gefragt, mit welchem Recht Sie sich in die Angelegenheiten der Regierung und der französischen Monarchie einmengen? Welche Studien haben Sie denn gemacht? Welche Kenntnisse haben Sie sich erworben, um sich einbilden zu dürfen, daß Ihr Urteil oder Ihre Meinung für irgend etwas gut sein kann, vor allem in Staatsangelegenheiten, die so ausgedehnte Kenntnisse erfordern? Sie, eine liebenswürdige Person, die den ganzen Tag nur an eitle Dinge, an ihre Toiletten und Amüsements denkt, die weder etwas Vernünftiges liest noch auch nur eine Viertelstunde im Monat einem vernünftigen Gespräch zuhört, die, dessen bin ich gewiß, niemals überlegt oder nachsinnt und die Folgen der Dinge, die sie tut oder sagt, nicht erwägt? Der Eindruck des Augenblicks allein bestimmt Ihr Handeln, und Ihre einzigen Wegweiser sind die Worte und Argumente derselben Leute, die unter Ihrem Schutz stehen und denen Sie glauben. Kann man etwas Unvorsichtigeres, Unvernünftigeres und Unpassenderes als das schreiben, was Sie dem Grafen Rosenberg über die Art mitgeteilt haben, in der Sie eine Unterredung mit dem Herzog von Choiseul in Reims arrangiert haben? Wenn sich jemals ein Brief wie dieser verirrte, wenn Ihnen jemals, woran ich fast nicht mehr zweifle, ähnliche Worte und Äußerungen vor Ihren intimen Vertrauten entschlüpfen, dann kann ich nur das Malheur Ihres Lebens kommen sehen, und ich gestehe, das bereitet mir wegen der Zuneigung, die ich für Sie hege, unendlichen Schmerz.«

Maria Theresia bat ihren Sohn, den Brief zu mildern und abzukürzen. Aber selbst der abgeschwächte Text erzürnte Marie Antoinette im höchsten Maße. Sie machte Mercy einen heftigen Auftritt. Er hörte sie ohne ein Wort der Entgegnung an, bis ihr sein Schweigen »nach einer halben Stunde« auffiel und sie ihn fragte: »Und Sie, Mercy, was sagen Sie dazu?« Der Gesandte gab ihr offen zur Antwort, daß er nicht mehr wissen, wie er sich verhalten solle, da alle seine respektvollen Mahnungen bisher ohne Wirkung geblieben wären. »Ich bin von schmerzlichen Gefühlen bedrückt und durch die Aussicht auf eine wenig glückliche Zukunft der Königin entmutigt ... Ich muß ehrlich zugeben, daß die Dinge schlecht stehen, daß Eure Majestät sich nicht der Mühe unterziehen, einer Sache auf den Grund zu gehen, sondern Ihre Entschlüsse nach der Eingebung des Augenblicks und unter dem Einfluß Ihrer ehrgeizigen Umgebung fassen. Die Beschäftigung mit unnützen oder selbst bedenklichen Vergnügungen setzt Eure Majestät der Gefahr aus, alles Vertrauen, alle Ehrfurcht und Liebe der Öffentlichkeit zu verlieren ...« Marie Antoinette blickte verwundert auf den Vertrauensmann ihrer Mutter. Zum ersten Male schienen ihr Bedenken aufzusteigen, und Mercy gab sich dem Glauben hin, daß sie den Alarmruf der Kaiserin und Josephs II. verstanden habe.

Der Hof begab sich wie in jedem Herbst nach Fontainebleau. Schauspieler, Sänger, Tänzer und Perückenmacher folgten ihm unmittelbar nach. Alle diese Leute mußten untergebracht werden, ja sogar »Personen, die weder eine Charge noch einen Dienst versahen, sondern nur gewohnheitsmäßig an den Hof zu kommen pflegten«. Das Schloß besaß aber nur 172 Wohnräume, und wenn diese besetzt waren, mußten die Gäste in der Stadt wohnen, wo ihre Namen wie in einem Marschquartier mit Kreide an die Türen geschrieben wurden.

Nur den Prinzen stand das Recht auf gelbe Kreide zu, die anderen hatten sich mit weißer zu begnügen.

Im Herbst 1775 regnete es in Fontainebleau fast täglich. Marie Antoinette hatte sich erkältet und konnte das Schloß nicht verlassen. Sie besuchte ein paar Theateraufführungen, die zwar nicht sehr gelungen waren, trotzdem aber etliche Millionen kosteten. Aus Sparsamkeitsgründen waren die Kostüme einiger Schauspieler aus den Gewändern der Salbung geschneidert worden, was dem König trotz seiner Kurzsichtigkeit auffiel.

Das stillere Leben ermöglichte Mercy und Vermond, ihre Ermahnungen öfter als in Versailles vorzubringen. Aber ihre Aufgabe gestaltete sich dadurch besonders schwierig und heikel, daß Marie Antoinette an »wechselnden Stimmungen« litt und sich in einem Gemütszustand befand, aus welchem sich nach Mercy »nichts als Verwirrung und Nachteile ergaben«. In jenem Herbst in Fontainebleau scheint die Gunst der Königin für Lauzun, den nachmaligen Herzog von Biron, den »höchsten Punkt« erreicht zu haben, wenn man seinen Memoiren, die aber vielleicht von seinem ersten Verleger »ausgeschmückt« worden sind, glauben darf. Es ging so weit, daß man sich sogar in seiner Gegenwart durchsichtige Anspielungen erlaubte. Dadurch fühlte sich Lauzun – immer nach seinen Memoiren – verpflichtet, Marie Antoinette aufzusuchen und ihr erregt zu sagen: »Ich muß Eure Majestät davon unterrichten, daß man die Frechheit so weit treibt, die Freundlichkeit zu tadeln, durch welche Sie mich auszuzeichnen geruhen. Ich wage es, Sie zu bitten, Ihre Aufmerksamkeit gegen mich zu vermindern und mir zu erlauben, weniger oft als bisher vor Ihnen zu erscheinen.« Marie Antoinette wollte davon nichts wissen. »Ich bitte Sie inständig«, beharrte Lauzun, »ja ich verlange sogar als einzigen Lohn für meine unbedingte Ergebenheit, daß Sie sich nicht durch die Bevorzugung meiner Person kompromittieren.« »Wie«, rief die Königin, »wünschen Sie, daß ich feig sein soll? . . . Nein, Herr von Lauzun, wir halten zusammen. Wenn man Sie zugrunde richten will, muß man zuerst mich vernichten.« – »Ich warf mich ihr zu Füßen«, berichtete Lauzun. »Sie streckte mir die Hand entgegen, die ich mit heißen Küssen bedeckte, ohne mich zu erheben. Sie neigte sich zärtlich über mich, und als ich aufstand, hielt ich sie in den Armen . . . Ich war versucht, das Glück zu genießen, das sich mir darzubieten schien.« – Wir wissen nicht, was an dieser Szene wahr und was an ihr erfunden ist. Vielleicht hat Lauzun in seinem albernen Dünkel freundschaftliche Sympathie für Bereitschaft zur Hingabe gehalten. Gewiß aber ist, daß die Königin einige Tage später eine weiße Reiherfeder bewunderte, welche die Uniformmütze ihres »Favoriten« schmückte. Lauzun reichte sie ihr, und Marie Antoinette trug sie am folgenden Abend im Haar.

Madame Campan berichtet: »Lauzuns Dünkel scheint die Gunst überschätzt zu haben, die ihm (durch das Tragen der Feder) gewährt worden ist. Kurz nach dem Geschenk der Reiherfeder suchte er um eine Audienz an, die ihm bewilligt wurde, wie sie jedem anderen Höfling seines hohen Ranges ebenfalls bewilligt worden wäre. Als er empfangen wurde, befand ich mich im Nebenzimmer. Kurze Zeit nach seinem Eintritt öffnete die Königin die Tür und sagte, sichtlich gereizt, mit erhobener Stimme: ›Hinaus, Monsieur!‹ Herr von Lauzun verbeugte sich tief und verschwand. Die Königin war sehr aufgeregt und sagte zu mir: ›Diesen Menschen lasse ich nie wieder herein.‹«

Der »schöne Lauzun« läßt über diesen Vorfall kein Wort verlauten. Aber vielleicht entsprechen beide Berichte der Wahrheit. Es wäre möglich, daß Lauzun, der die freundschaftliche Geste der Königin vor ein paar Tagen mißverstanden hatte, an diesem Tag versuchte, »das Glück zu genießen, das sich ihm darzubieten schien«. Später, als er endgültig aufgehört hatte, der Königin zu gefallen, war er frech genug, ihr einen ganzen Tag als Lakai verkleidet zu folgen, um ihre Aufmerksamkeit auf sich zu lenken. Aber Marie Antoinette bemerkte ihn gar nicht. »Er glaubte aber auf seine Kosten zu kommen«, erzählte Frau von Oberkirch, »indem er sich, als die Königin in ihrer Kutsche nach Trianon heimkehrte, auf ein Knie niederließ, damit sie den Fuß auf sein zweites setze, anstatt das Trittbrett zu benützen. Ihre Majestät blickte ihn erstaunt an, tat aber als Frau von Verstand und Geist, die sie war, als erkenne sie ihn nicht, und rief einen Pagen herbei. ›Veranlassen Sie bitte, Monsieur‹, befahl sie ihm, ›daß dieser Bursche entlassen wird. Er ist so ungeschickt, daß er nicht einmal weiß, wie man einen Wagenschlag öffnet . . .‹ Es wird versichert, daß diese Lehre Herrn von Lauzun so tief verletzt hat, daß er sich kaum mehr vor der Königin zeigte.« Das Benehmen der Königin, ihre ständig »wechselnden Stimmungen« mochten diesem hochmütigen Laffen zur Entschuldigung dienen. Aber Marie Antoinette begann bereits die Früchte dessen, was sie gesät hatte, zu ernten.

Frau von Lamballe war kaum ernannt, als Frau von Polignac, noch in Fontainebleau, schon in der Gunst der Königin aufzusteigen begann. »Von ihr«, berichtete Mercy der Kaiserin, »ist die Königin noch viel mehr eingenommen als von ihren Vorgängerinnen.« Die Herrschaft der Gräfin Polignac sollte mit einigen Schwankungen vierzehn Jahre dauern. Manche behaupteten, man könne ihr »die schamlose Nichtswürdigkeit« vom Gesicht ablesen, andere fanden, »ihr Antlitz offenbare Charme und Sanftmut wie kaum ein zweites . . . Einer dieser Köpfe voll Geist und Sanftmut, wie Raffael sie malte.« »Ihr Charakter«, sagte Besenval, »war noch vollkommener als ihr Antlitz.« Sie besaß »eine Gelassenheit, die sich durch nichts aus dem Gleichgewicht bringen ließ«. Soll man daraus schließen, daß sie nicht aufrichtig war? Mercy behauptete es. – Im Jahre 1775 war sie sechsundzwanzig Jahre alt und mit einem Oberst, dem Grafen Jules de Polignac, verheiratet, der nur über ein mäßiges Einkommen verfügte. Ihr Geliebter war, nach Brauch und Sitte der Zeit, der intime Freund ihres Gatten, der

Graf von Vaudreuil, der sie tyrannisierte und ihr die heftigsten Auftritte machte. Die Familie wurde durch ihre Schwägerin Diana, geborene Polastron, ergänzt. Sie war häßlich und hatte einen Buckel, verstand es aber, jede Gesellschaft durch ihre Späße köstlich zu unterhalten. Von allen vieren war sie die bei weitem Intelligenteste, aber auch die Intriganteste.

Marie Antoinette sah die »Comtesse Jules« zum erstenmal bei einem Konzert, bei dem die Gräfin sang. Der Charme und die sanfte Stimme der jungen Frau ergriffen das Herz der Königin. Später fühlte sie sich zu Frau von Polignac durch deren Treuherzigkeit, ihr empfindsames Wesen (sie weinte bei jeder Gelegenheit) und ihre »bescheidene Anmut« hingezogen, und bald sollte sie bekennen: »In ihrer Gesellschaft bin ich nicht mehr die Königin, sondern nur noch ich selbst.«

Nach Diana von Polignac begegnete ihre Schwägerin dem leidenschaftlichen Interesse Marie Antoinettes mit geschickter Zurückhaltung: sie besitze kein Vermögen und halte es daher für besser, sich vom Hofe zurückzuziehen. Die Königin war gerührt und untersagte ihr, den Hof zu verlassen. Es sei ihre Sache, der Freundin behilflich zu sein. Die Gräfin, die wohl bemerkte, daß die »Koterie Lamballe«, vor allem der Chevalier de Luxembourg, sich bemühte, ihr das Leben in Fontainebleau zu erschweren, brach in Tränen aus und erklärte Marie Antoinette: »Wir lieben uns noch nicht genug, um eine Trennung als Unglück zu empfinden, aber ich fühle, es wird bald so weit sein, daß ich die Königin nicht mehr werde verlassen können. Kommen wir dem dadurch zuvor, daß Eure Majestät mir erlaubt, aus Fontainebleau abzureisen.« Diese Szene endete, wie de Ligne berichtet, damit, daß die Königin, vor Rührung weinend, ihre Freundin in die Arme schloß und mit ihr in den Park ging.

Aber eine Königin von Frankreich hatte nicht das Recht, über die Späße eines Lauzun zu lachen oder den Arm um die Taille einer Lamballe oder Polignac zu legen. Die Zahl der Pamphlete und Spottlieder sollte sich alsbald vermehren. »Wir befinden uns in einer Epidemie von satirischen Chansons«, schrieb Marie Antoinette am 15. Dezember 1775 an ihre Mutter und fügte leichtherzig hinzu: »Auch ich bin nicht verschont geblieben; man hat mir sehr freigebig beiderlei Neigungen, die für Frauen und Liebhaber, unterstellt.« Dem Volk fiel es um so leichter, »sich durch böse Eingebungen hinreißen zu lassen«, als diese ihm aus Versailles selbst geliefert wurden. Ein Pamphletist der Zeit hat es formuliert: »Ein gemeiner Höfling zettelt sie im geheimen an, ein anderer setzt sie in Verse und Strophen und läßt sie durch das Bedientenpack in die Markthallen und auf den Gemüsemarkt gelangen.« Über die demonstrativ zur Schau gestellte, übertriebene Vorliebe Marie Antoinettes für die Polignac klatschte ganz Paris, und am Hof führte sie zu vielerlei Unzuträglichkeiten. Mercy berichtete verblüfft: »Die beiden aufeinander eifersüchtigen Favoritinnen beklagen und zanken sich ohne Unterlaß.« Fontainebleau wurde zum Theater dieses Kampfes der beiden Damen, von welchen jede ihre Verbündeten und Gegner, ihre Intrigen und Eifersüchteleien hatte. Die Königin litt unter diesem Zwist, sie wäre so glücklich gewesen, wenn ihre beiden Freundinnen sich vertragen und geliebt hätten. »Ich würde mich so gerne an dem Glück eines privaten Lebens erfreuen, das es für uns wohl nicht gibt, wenn wir es uns nicht selber schaffen.«

»Der Abend ist die kritischeste Zeit des ganzen Tages«, sagte Mercy. Nach dem Souper pflegte sich Marie Antoinette zu der Prinzessin von Guéménée zu begeben, wo sie die Polignacs, Coigny, Vaudreuil, Besenval und andere junge Leute traf, die der Schrecken des wackeren Mercy waren. Frau von Guéménée, die Erzieherin der königlichen Prinzessinnen Frankreichs, »erzog« im Augenblick nur die junge Madame Elisabeth – Madame Clotilde hatte kürzlich den Erbprinzen von Piemont geheiratet –, und ihre Funktionen nahmen ihre Zeit nicht allzusehr in Anspruch. Sie besaß eine Menge von Hunden, von denen sie behauptete, daß sie mit ihnen »durch die Vermittlung von Geistern in Verbindung stehe«. Während der Konversation fiel sie mitunter plötzlich in Trance: ein »Geist« suchte sie auf, um sich mit ihr über irgendwelche Wünsche ihrer Hunde zu unterhalten. Wenn die Prinzessin von ihren Geistern und Hunden heimgesucht wurde, zog Marie Antoinette vor, zu der Prinzessin Lamballe zu gehen, wo sich der Herzog von Chartres und alle, die »zum Palais Royal«, also zur jüngeren Linie des Königshauses gehörten, zu versammeln pflegten. Guéménéenisten und Lamballisten lagen sich ununterbrochen in den Haaren und zogen sich gegenseitig durch den Dreck. Nur in zwei Punkten waren sie einig: in der Verleumdung und im Betteln um Stellen. »An jedem Tag«, fuhr Mercy fort, »gehen aus diesen beiden Quellen abwechselnd so viele Einmengungen und Wünsche hervor, daß es unmöglich wäre, Eure Majestät auch nur einen Teil vorzulegen, ohne auf Einzelheiten einzugehen, die kein Ende nehmen würden.«

Besenval und seine Freunde erregten sich an diesen Abenden heftig über die Ernennung eines neuen Kriegsministers. Besenvals Kandidat war der Graf von Châtelet, der Sohn der »göttlichen Emilie«. Frau von Polignac und Vaudreuil neigten eher der Ernennung des Marquis de Castries zu. Aber der König wählte auf den dringenden Rat Maurepas' und Malesherbes' einen Mann, der außerhalb der Hofkabalen stand. Er wurde aus dem Elsaß geholt, wo er seine Birnbäume kultivierte. Es handelte sich um Herrn von Saint-Germain, der »unter dem Beifall aller Militärs« zum Kriegsminister ernannt wurde. Die Enttäuschung der Koterie war groß. Saint-Germain – »ein Jean Jacques Rousseau in Stiefeln und Mütze« – schaffte sogleich einen Teil der Paradetruppen ab und verminderte die schwere und leichte Reiterei auf achtundachtzig Mann. »Offenbar, um den König zu den Sitzungen im Parlament zu eskortieren?« fragte die Königin ironisch. »Nein, Madame, um ihn zu begleiten, wenn das Tedeum gesungen wird«, entgegnete Saint-

Germain, der den Fehler hatte, kein Höfling zu sein. Als Marie Antoinette ihren Gemahl eines Abends über den Tisch mit Brotkügelchen bombardierte, fragte Ludwig XVI. den neuen Minister, was er täte, wenn so auf ihn geschossen würde? »Sire«, antwortete der Wackere, »ich würde das Stück vernageln.« Worauf ein eisiges Schweigen entstand ...

Eine andere Tragödie begann sich durch die übermäßigen Ausgaben der Königin anzubahnen. Ende 1775 kaufte sie ein Paar Diamantohrgehänge für etwa hundert Millionen nach unserem Geld und bald darauf Armbänder für 250.000 Livres. Um diese Ankäufe durchzuführen, mußte sie Schulden machen. Als ihr Maria Theresia schrieb: »Solche Geschichten durchbohren mein Herz, insbesondere, wenn ich an Ihre Zukunft denke«, antwortete sie ihr sorglos: »Ich habe es nicht für möglich gehalten, daß man sich die Mühe geben kann, die Güte meiner teuren Mama mit solchen Bagatellen zu befassen.« Eine solche Ausgabe für Schmuck, dessen Bezahlung selbst ihre Mittel überstieg, bezeichnete sie als Bagatelle!

Marie Antoinette hatte die Philippika ihres Bruders sehr bald vergessen und jagte während des Winters 1775/76 nach wie vor hinter den Vergnügungen her. Am 11. Februar fuhr sie zum Opernball, blieb bis fünf Uhr früh, kehrte um halb sieben nach Versailles zurück, das sie um zehn Uhr wieder verließ, um ein Pferderennen im Boulogner Wäldchen zu besuchen. Die Anglomanie war große Mode; auch die Königin verfiel der Leidenschaft für Pferde. An jedem Dienstag fand, von Artois und Chartres veranstaltet, im Bois de Boulogne ein Rennen statt. Aber am gleichen Tag sollte die Herrscherin das diplomatische Korps empfangen ... Die Diplomaten warteten vergeblich, und es ist nicht schwer, die sauersüßen Bemerkungen zu erraten, die sie austauschten, als sie Versailles unverrichteter Dinge verließen.

Im Januar 1776 herrschte entsetzliche Kälte. In Pelze gehüllt, fuhr Marie Antoinette im Schlitten nach Paris. Ludwig XVI. ging indessen in einem alten Mantel spazieren, gab armen Leuten, die Eis brachen, Geld oder begnadigte Holzdiebe, die im Wald von Ville d'Avray von den Waldhütern festgenommen worden waren. Als er einmal heimkehrte, kreuzte er den Weg der Königin, die von einem Opernball zurückkam. »Hat das Publikum Sie mit Applaus empfangen? Wie haben Sie es gefunden?« »Kalt.« »Sicherlich nur deshalb, Madame, weil Sie nicht genug Federn haben.« »Ich möchte Sie dort sehen, Sie und Ihren Turgot! Ich glaube, man hätte Sie tüchtig ausgepfiffen.«

Turgot war bei der Königin ebenso unbeliebt wie bei »den Grundherren und Krämern«. Welche Begründung hatte sie dafür? Daß sich der Finanzminister »den menschlichen Schwächen nicht anzupassen vermochte«? Oder daß er das Parlament, die Industrie, die Finanz und die Aristokratie rücksichtslos vor den Kopf stieß und, wie Sully, nichts für die Landwirtschaft übrig hatte? Oder mochte sie ihn nicht, weil er nicht wie ein vorsichtiger Chirurg, sondern eher wie ein brutaler Vivisektor vorging? Nichts von alledem. Sie konnte Turgot nicht leiden, weil er gewagt hatte, den Grafen von Guines von dessen Londoner Posten abzuberufen. Diese Abberufung brachte Turgot um sein Portefeuille und setzte seinen Wirtschaftsreformen ein Ende, durch welche vielleicht die Monarchie hätte gerettet und die Revolution von 1789 vermieden werden können.

Der Sturz Turgots war zweifellos das Werk Marie Antoinettes, der Joseph II. den Spitznamen »Windkopf« – tête à vent – gegeben hatte. Als sie ihrer Mutter am 15. Mai 1776 versicherte, »sie habe sich nicht dareingemischt«, sagte sie nicht die Wahrheit. Ihre Verantwortung war ebenso groß wie die Schwäche des Königs. Dreimal ließ sie von ihm den Text eines Briefes arbeiten, mit welchem Guines als Entschädigung für den Verlust des Gesandtenpostens die »Genehmigung zur Führung des Herzogstitels« erteilt worden ist. »Die Absicht der Königin war, vom König zu verlangen«, schrieb Mercy, »daß der Sieur Turgot am gleichen Tag davongejagt, ja in die Bastille gesperrt werde, an dem der Graf von Guines Herzog wurde.« Es gelang dem Gesandten nur mit Mühe, die »äußersten Folgen des Zornes der Königin« gegen einen Mann zu verhindern, »der im Ruf einwandfreier Ehrenhaftigkeit stand und beim Volke sehr beliebt war«. Aber Turgot mußte abtreten, bevor er noch die Pläne seiner Finanzreformen fertigstellen und dem König unterbreiten konnte.

Es fehlte nicht viel, daß auch Vergennes, dessen politische Einstellung österreichfreundlich war, seinen Posten als Außenminister »wegen der Sache Guines« verloren hätte. Mercy, der wußte, welch peinliche Überraschung dies für Maria Theresia bedeuten müßte, klärte sie über die Hintergründe auf: »Die Lösung des Rätsels liegt in der Umgebung der Königin, deren Freunde einmütig für den Grafen von Guines eintreten. Ihre Majestät wird ständig von ihnen bedrängt und möchte sich die Sache vom Halse schaffen. Man stachelt ihren Ehrgeiz auf und erzürnt sie gegen die Leute, welche sich um der guten Sache willen ihren Wünschen entgegenstellen könnten, indem man diese anschwärzt. All das vollzieht sich bei den Rennen und anderen Vergnügungspartien und bei abendlichen Zusammenkünften im Haus der Prinzessin Guémenée. Die Königin wird so sehr in Atem gehalten und durch Vergnügungen abgelenkt, die Nachgiebigkeit des Königs ihr gegenüber ist so groß, daß es mitunter nicht möglich ist, der Vernunft zum Durchbruch zu verhelfen.« Der Abbé Vermond, der von Mercy beauftragt war, »der Vernunft zum Durchbruch zu verhelfen«, fühlte sich so entmutigt, daß er den Hof verlassen wollte. Im Sommer 1776 mußte Mercy gestehen, »daß es keine Autorität mehr gebe, die sich dem Willen der Königin entgegenstellen könnte«.

Der Gesandte hielt vor allem den Entschluß der Königin, den Gatten der Frau von Polignac zum »Anwärter« ihres Oberstallmeisters, des

Grafen von Tessé, zu ernennen, für »äußerst schädlich«. »Ihre Majestät glaubt dadurch einen Freundschaftsdienst zu erweisen, aber die Öffentlichkeit will darin nur Verblendung und übertriebene Vorliebe für die Gräfin von Polignac erkennen, welche sich augenblicklich ihrer ganzen Gunst erfreut.« Er fügte noch klagend hinzu: »Weiland die Königin besaß nur hundertfünfzig Pferde. Sobald aber Herr von Polignac die Pferde gekauft haben wird, welche er als ›Anwärter‹ braucht, werden dreihundert Pferde im Stall der Königin stehen, und die Kosten werden um 200.000 Livres höher sein als zur Zeit weiland der Königin Maria Leczinska.«

Mercy glaubte, damit alles gesagt zu haben. Eine Mappe in den Archives Nationales, deren Inhalt bisher unbemerkt geblieben ist, belehrt uns aber über den wirklichen Umfang des Raubzuges, den sich Polignac geleistet hat.

Zunächst ist festzustellen, daß der Graf von Polignac in seiner Eigenschaft als »Anwärter«, das heißt als Nachfolger des Oberstallmeisters der Königin, das Recht auf Pferde und Wagen besaß, »die ausschließlich in seinen persönlichen Diensten standen, nicht aber für den Dienst bei der Königin bestimmt waren; wenn er die Ehre hatte, der Königin zu folgen, sei es in die Stadt, bei Spazierfahrten oder zur Jagd, dann benützte er einen Wagen der Suite und nicht den seinen«. Als Dienerschaft wurden ihm vierzehn »Livrierte« zugestanden, Bediente, Kutscher, Stallburschen und Vorreiter. Er verdoppelte diese Zahl nicht nur, sondern erhöhte auch noch auf Kosten des Königs die Löhne seiner Piköre von 756 auf 1143, der Bediente von 503 auf 759 und der Sänftenträger von 596 auf 893 Livres. Da er fand, daß seine Leute, Pferde und Wagen im Marstall des Königs nicht genug Platz hätten, ließ er je ein Gebäude in Versailles, Compiègne und Fontainebleau für seine Zwecke mieten. Ein Kontrollor, dessen Namen wir nicht kennen, klagte, »der Herr Graf Jules habe, damit seine eigenen Wünsche keinen Schwierigkeiten begegnen, alle Arbeiter aus den Ställen der Königin abgezogen«. Ferner gestattete die Königin ihrem neuen Anwärter zwei Gespanne von je sieben Zugpferden und vier Reitpferde, somit achtzehn Pferde im ganzen, deren Zahl der Graf sogleich auf fünfundzwanzig erhöhte. Im großen wie im kleinen Marstall war es üblich, für Pflege und Futter je Tag und Pferd ein Livre zwölf Sols auszulegen. Der Graf aber verrechnete täglich für jedes Pferd neun Livres und sechs Sols! Auf diese Weise kostete die überflüssige Stelle des Anwärters dem Staat nach heutigem Geld im Jahre 1777 dreizehn, 1778 fünfzehn, 1779 neunzehn und 1780 an die dreiundzwanzig Millionen Francs. Kein Wunder, da die Pferde des Anwärters neunmal soviel Hafer fraßen als die Pferde des Oberstallmeisters! Zu dieser märchenhaften Verrechnung bemerkte ein entmutigter Kontrollor in einem aufschlußreichen, bisher unveröffentlichten Schriftsatz: »Wenn der Graf von Tessé die Auszahlung ablehnte, würde sich der Graf Jules bei der Königin beschweren; diese würde die Erhöhung beim König erwirken, und der Graf von Tessé stünde als Mann schlechten Willens da.«

Ein Jahr nach der Ernennung Polignacs hatte sich das Verhältnis zwischen dem Oberstallmeister und seinem Nachfolger so zugespitzt, daß ein Duell befürchtet wurde. Tessé, der seinen Beruf, wie schon sein Vater und Vorgänger, leidenschaftlich liebte, vermochte den Leichtsinn und die Gewissenlosigkeit nicht zu verstehen, die sein Anwärter bei der Ausübung des Dienstes an den Tag legte. Er beschloß, eine Italienreise zu machen, und erbat einen Urlaub von fünfzehn Monaten, um seine Galle zu beruhigen. Polignac vertrat ihn und paßte den Marstall seinen eigenen Rechenkünsten an. Eine einzige Ziffer möge genügen. Der Hufbeschlag hatte bisher jährlich 6000 Livres gekostet. Von nun an kostete er 20.000!

Obwohl Mirabeau solche Einzelheiten gar nicht kannte, hatte er leichtes Spiel, als er eines Tages ausrief: »Tausend Taler der Familie d'Assas für die Errettung des Staates, eine Million der Familie Polignac dafür, daß sie ihn ruiniert hat.«

Frau von Lamballe war im Sommer 1776 schon halb in Ungnade gefallen, was sie aber nicht hinderte, »wegen des Quartiers in Versailles, Compiègne und Fontainebleau Verlegenheiten und Kosten zu verursachen«. »Das größte Übel jedoch«, berichtete Mercy, »sind die Vergünstigungen, welche durch die Oberintendantin vermittelt werden.« Ihr Bruder, der Prinz Eugen von Carigan, erhielt eine Jahresrente von 40.000 Livres, dazu einen Gehalt als Oberst von 13.000 Livres, »obwohl Offiziere in diesem Rang sonst nur 4000 Livres beziehen«. »Diese Ausgaben gehen ausschließlich auf den Einfluß der Königin zurück.«

Marie Antoinette war nicht imstande, etwas abzulehnen. Sie fürchtete sich davor, daß ihre Koterie Besenvals Beispiel nachahmen und ihr durch Schmollen und üble Laune das Leben schwer machen könnte. Diese Räuber glaubten wahrhaftig, sich alles erlauben zu dürfen, und rechneten mit dem empfindsamen Gemüt ihrer Gebieterin. »Die Königin ist impulsiv«, schrieb Mercy am 17. September 1776 an die Kaiserin, »und verläßt sich fast immer auf die Darstellung der Bittsteller. Sie müßte sich freilich, bevor sie sich für sie verwendet, über Tragweite und Umfang der Forderungen wie über Verdienste und Ansprüche des Bittstellers unterrichten. Der Einfluß der Königin wird so hoch eingeschätzt, daß die Mehrzahl der Minister ihr gehorcht, ohne Einwendungen zu wagen. Ihre Interventionen erfolgen entweder, weil es ihr lästig ist, abzulehnen, oder aus Neigung für den Bittsteller.« Als Maria Theresia diesen Brief erhielt, konnte sie nicht umhin, »einige Rückschläge« zu wünschen, die »ihr teures Kind« wieder auf den rechten Weg bringen könnten. Vor einigen Monaten hatte sie sich vorgenommen, ihrer »Antonia« keine Vorwürfe mehr zu machen, da diese wirkungslos geblieben waren, aber diesmal wurde sie ihrem Vorsatz untreu. »Ich kann nicht mehr schweigen«, schrieb sie, »da ich Sie um Ihres Wohles willen liebe und nicht, um Ihnen zu schmeicheln. Verlieren Sie nicht durch Ihren Leichtsinn das Ansehen, welches Sie sich im Anfang gewonnen haben. Man weiß, daß der König sehr bescheiden ist, so fiele alle Schuld einzig auf Sie. Ich wünsche nicht, eine solche Veränderung zu erleben.«

Das Ansehen der Königin hatte in der Öffentlichkeit schon sehr gelitten. Im vergangenen Frühjahr war es ihr nicht mehr gelungen, Glucks Alkestis bei den Parisern durchzusetzen. Die Oper wurde aufgeführt, aber der Beifall Marie Antoinettes vermochte das Publikum nicht mehr wie früher mitzureißen. Die Begeisterung für die Königin ließ zu Beginn des Herbstes 1776 merklich nach und sollte nach ihren Fahrten nach Fontainebleau im Oktober und November noch lauer werden. In Fontainebleau fanden die von Artois und Chartres veranstalteten Pferderennen statt, deren schlechter Ruf nur allzu begründet war.

Das leichtfertige Sichgehenlassen bei diesen Rennen versetzte Mercy in Schrecken. Marie Antoinette pflegte sich dort mit ihrer Suite in einem Salon aufzuhalten, der sich im ersten Stock eines aus Holz erbauten Pavillons befand. Aber wie sah ihr Gefolge aus! »Ein Wirbel junger Leute in Stiefeln und Ärmelröcken«, die wild durcheinander schrien. »Es herrscht ein Lärm und ein Geschrei, daß man das eigene Wort nicht versteht.« Zwischen zwei Rennen »plünderten« sie die Eßvorräte. Am lautesten betrug sich Artois. Er lief aufgeregt im Pavillon treppauf, treppab, drängte sich rücksichtslos durch die Zuschauer zu seinen Jockeis, um sie anzufeuern, kehrte wieder zu der »Bande« zurück, stellte der Königin den Sieger vor und beschimpfte den Besiegten, den er überdies, wenn er auf ihn gesetzt hatte, mit Schlägen bedrohte. Er wimmerte kindisch, wenn er verlor, und gab sich »kläglichen Freudenausbrüchen« hin, wenn er gewann. Der Königin gelang es zwar, in diesem Durcheinander (Mercy nannte es pêle-mêle) »Anmut und Größe« zu bewahren, aber die Zuschauermenge »vermochte diese Nuance nicht zu bemerken« und war entrüstet.

Am 13. November kam es zu einem offenen Skandal. Artois hatte in England das berühmte Rennpferd King Pepin aus dem Besitz des Marquis von Rockingham gekauft und Chartres hatte Glow Worm erworben, dessen Vater der berühmte Hengst Eclipse war. Der König hatte zugesagt, sich das »leichtfertige« Schauspiel anzusehen, und riskierte einen Taler und drei Livres auf das Pferd seines Bruders oder des späteren Egalité (worüber die Chronisten nicht einig sind). Artois wettete ein Vermögen, und von den zahlreichen Engländern, die über den Kanal gekommen waren, setzte einer 10.000 Louis gegen King Pepin. Tatsächlich gehörten 5000 davon Rockingham, der wußte, daß sein ehemaliges Pferd zu lange Beine hatte, die es in den Kurven behindern würden. So war es auch, und Glow Worm gewann das Rennen. Artois geriet in hemmungslose Wut. Er wollte seinen Jockei töten und griff zum Entsetzen des Königs, der kein Pferdenarr war, Chartres mit unbeherrschten, heftigen Worten an. »Ich habe es satt«, schrie er,

»unausgesetzt von Ihnen begaunert zu werden, im Spiel und bei den Rennen!«

Nach der Rückkehr des Hofes aus Fontainebleau nach Versailles wurde »Don Japhet d'Arménie« von Scarron gegeben. Der König benützte diese Gelegenheit, um die Stars der Truppe zu ersuchen, »den Gang, die Haltung und den ganzen Hokuspokus der Königin und des Grafen Artois bei jenem famosen Rennen in Fontainebleau nachzuahmen«. Die Parodie war so gelungen, daß Marie Antoinette sich erkannte. Ihr Ärger war groß, und das derbe Gelächter des Königs trug nicht dazu bei, sie milder zu stimmen. Dieser Bericht eines Chronisten legt die Vermutung nahe, daß Marie Antoinette während des Rennens doch nicht immer »Anmut und Größe« bewahrt hat.

Ludwig XVI. mißbilligte zwar die Passion seiner Frau für Pferderennen, aber er duldete, daß sie Hasard spielte, obgleich dies überall sonst gesetzlich verboten war. Nach dem Spiel auf »dem grünen Rasen« der Rennbahn setzten sich die Königin und ihre Freunde vor einen anderen grünen Teppich. Der König spielte nicht mit und sagte einmal zu einem der Spieler: »Ich verstehe, daß Sie um große Einsätze spielen. Sie spielen mit Geld, das Ihnen gehört, aber ich würde mit dem Geld anderer Leute spielen.« Marie Antoinette begriff diesen Unterschied nicht. Sie spielte mit Leidenschaft, ja sie erhielt von ihrem schwachen Gatten sogar die Erlaubnis, einen Bankhalter aus Paris kommen zu lassen, um einmal eine Partie Pharao zu spielen. »Das wird keine Folgen nach sich ziehen, wenn nur an diesem einen Abend gespielt wird«, meinte der König. Der Mann, welcher die Spielbank halten sollte, Herr von Chalabre, kam am 30. Oktober an. Etwas erschrocken über die große Zahl der Spieler, verlangte er einen zweiten Bankhalter. Ein gewisser Poinçot, ein Ritter des Militär-St.-Ludwig-Ordens, bot sich an. Er durfte sich beim Spiel nicht niedersetzen, da er nicht Hauptmann war. Das Hauptmannspatent war »der niedrigste Rang, mit dem dieses Recht verbunden war«. Poinçot befand sich in dieser illustren Gesellschaft nur als Außenseiter, als »polisson«, was der übliche Ausdruck dafür war, daß sein Adel nicht über das Jahr 1400 zurückreichte und er daher bei Hof nicht vorgestellt werden konnte. Aber was machte das aus. »Einen Stuhl für Herrn Poinçot!« befahl die Königin. Dieser Stuhl sollte dem »polisson« einige Monatsgagen kosten.

Es wurde die ganze Nacht bis in den tiefen Morgen hinein gespielt. Die Königin zog sich um vier Uhr zurück, nachdem sie nur 90 Louis (etwa 430.000 Francs) verloren hatte, während Artois die sechsfache Summe gewann. Am 31ten abends wurde das Spiel bei Frau von Lamballe fortgesetzt. Marie Antoinette ging um drei Uhr zu Bett, aber die Partie dauerte bis zum Vormittag des Allerheiligentages. Als Ludwig XVI. darüber ungehalten war, erklärte ihm die Königin: »Sie haben eine Spielpartie gestattet, ohne deren Dauer festzusetzen. Daher durfte sie mit Fug und Recht auch sechsunddreißig Stunden dauern.« »Ach was«, rief er lachend, »solange Sie dabei mittun, sind Sie nichts wert!« Aber auch er war infolge seiner Schwäche nicht viel wert, denn am 11. November schlug er selber vor, die beiden Bankhalter nochmals kommen zu lassen. Die Partie fand wieder bei Frau von Lamballe statt und dauerte die ganze Nacht.

Die bösen Folgen blieben nicht aus. Mercy fand die Königin eines Tages beunruhigt und »bedrückt über den Stand ihrer Schulden, deren Höhe sie nicht einmal kannte«. Der Diplomat verwandelte sich in einen Buchhalter und errechnete ein Defizit von 487.272 Livres (100 Millionen Francs), obwohl die Apanage der Königin erst kürzlich verdoppelt worden war. Die Königin war »ein wenig überrascht«.

Marie Antoinettes Leichtsinn in diesem Punkt ist noch am ehesten entschuldbar, wenn man bedenkt, daß die Ausgaben in ihrer Umgebung von einem anscheinend Irrsinnigen eingeführt und bestimmt worden sind. Wenn man gewisse Akten in den Archives Nationales aufschlägt, hält man sich für verpflichtet, jedes Schriftstück zweimal zu lesen, da man fürchtet, es mißverstanden zu haben. Der Apotheker der Königin etwa erhielt ein jährliches Pauschale von 2000 Livres für seine Drogen, ob Marie Antoinette nun krank war oder nicht. Die Armee der Bedienten empfing in jedem Jahr auch dann eine Reisekostenvergütung, wenn keine Reise stattfand. Auch die Gardisten im Dienst bekamen nach einem alten Brauch wie vor zweihundert Jahren für »Stroh und Strohsack« eine Entschädigung, obgleich das Möbelmagazin ihnen schon seit langem »die Matratzen lieferte«. Die Türsteher nahmen alle drei Tage eine große gelbe Wachskerze zur Beleuchtung der Tische beim Souper entgegen, die aber nicht verwendet wurde; ihre Veruntreuung war erlaubt und anerkannt. Der Limonadenbereiter der Königin erhielt kein Gehalt, da »der Gewinn aus seinen Lieferungen das Gehalt ersetzte«. Bekannt ist die nette Geschichte von dem Küchenjungen, der beauftragt war, Nacht für Nacht ein tüchtiges Feuer im Küchenherd zu unterhalten, »um Asche zu erzeugen«, die der Küchenmeister am nächsten Tag für eigene Rechnung verkaufte.

Aus einem Akt der Archive geht hervor, wie wenig ernst die Klagen in den bekannten Aufzeichnungen des Papillon de la Ferté zu nehmen sind, denn seine Ausgaben brachten ihm schöne Gewinne. Ferté, der »in gutem Einvernehmen mit den Lieferanten lebte«, war Auftraggeber und Kontrollor der Ausgaben in einer Person, er kontrollierte sich selbst! So wurden – ein Beispiel für hunderte – für die Aufführung von Racines Athalie »Hirtenstäbe und Bauernhüte« verrechnet, aber »es gab keine Gelegenheit, sie zu benützen«, was uns im Fall von Athalie freilich nicht überraschen kann. Der Schreiber der »Menus Plaisirs« klagte über Rechnungen dieser Art: »Ich würde kein Ende finden, wollte ich auf alle Einzelheiten der Vergeudungen und überflüssigen Ausgaben eingehen, die mir täglich unterkommen. Die Unterbeamten glauben, da sie nicht überwacht werden, sich nach dem Beispiel ihres Chefs alles erlauben zu können.«

Aus unerfindlichen Gründen erhielt der Zahnarzt der Königin sechs Dutzend Taschentücher, und die Oberbedienten empfingen jährlich eine geheimnisvolle »Sonnenschirmgebühr«. Das »Trinkgeld« riß überall ein. Die Kammerdiener der Königin erhielten eine Gebühr für die Taburetts der Herzoginnen und der spanischen Granden sowie bei der Leistung des Amtseides der Oberbeamten, nicht zu reden von ihren Löhnen, den Neujahrsgeschenken und »dem Ersatz für ihr Anrecht auf die Kerzen«.

Die Kerzen spielten eine große Rolle. Sobald die Königin ihr Empfangszimmer verließ, um sich in die kleinen Appartements zurückzuziehen, wurden die Kerzen ausgelöscht. Sie wurden, auch wenn sie nur einige Minuten gebrannt hatten, nicht wieder verwendet, sondern an verschiedene Privilegierte verteilt, die sie auf eigene Rechnung verkauften. Die Kerzen des Vorzimmers, des großen Kabinetts und der Korridore wurden den Kammerdienern des Königs überlassen. Die Kammerfrauen Marie Antoinettes erhielten die Kerzen der Kabinette, des Spielzimmers und des Empfangszimmers der Königin. Als an einem Abend Wandleuchter und Luster nicht angezündet wurden, erhielten Diener und Frauen eine Entschädigung von 80 Livres. Das »Anrecht auf die Kerzen« brachte jeder der vier Kammerfrauen der Königin eine Jahreseinnahme von 50.000 Livres gleich 10 Millionen Francs unserer Währung. Im Sommer wurden abends Kerzen im Gewicht von 109 Pfund zwar nicht verbrannt, aber angezündet, im Winter waren es 145 Pfund. Wenn aber aus Sparsamkeitsgründen beschlossen wurde, die Zahl der Feste zu verringern, wagten es die Leute, Ersatz zu verlangen.

Die Ausgaben für »Unterstützungen, Gratifikationen und Ruhegehälter« beliefen sich allein für den Hofstaat Marie Antoinettes auf jährlich 867.383 Livres, 18 Sols, 11 Deniers, gleich 175 Millionen Francs. Unter den nicht veröffentlichten Abrechnungen der Königin finden wir seltsame Servitute. So war Marie Antoinette beispielsweise verpflichtet, den Franziskanermönchen »als Ersatz für einen Karpfen am Fasttag« jährlich 252 Livres zu zahlen. Bei den Nonnen von Piquepuce »war es Brauch, der Königin Salat aus feingehackten Kräutern zu präsentieren«, wofür die Nonnen 120 Livres erhielten, ohne daß sie jemals Salat geliefert hätten.

Über solche Posten mag Marie Antoinette gelächelt haben, aber ihre Finanzen kamen dadurch nicht in Ordnung. Auf die Vorstellungen Mercys entschloß sie sich, mit dem König über ihre Schulden von 487.272 Livres zu sprechen. Ludwig XVI., der ihr das Pharaospiel und ihre übrige Verschwendung erlaubte, der den »Wirbel der jungen Leute« duldete und ihr Ministerposten zugestand, erklärte auch diesmal »ohne zu zögern und mit größter Liebenswürdigkeit«, daß er ihre Schulden aus seiner Schatulle begleichen werde. Marie Antoinette bekam kein einziges Wort des Tadels oder des Vorwurfs zu hören. »Die Nachgiebigkeit des Königs, die sich auf alles erstreckt, ist ungemein fatal«, schrieb Mercy, »weil sie es unmöglich macht, die Königin von Beschäftigungen abzubringen, die nicht geeignet sind, ihrem wahren Wohl zu dienen.« Ludwig XVI. hätte eine Entschuldigung vorbringen können, welche Maria Theresia freilich nicht zu erraten vermochte. Der König gab in allem nach, damit seine Frau – die dies noch immer nicht war – »nicht Geschmack an noch unpassenderen Vergnügungen finde«. Vielleicht sagte er sich, die Vergnügungssucht seiner Gattin sei ein Vorbeugungsmittel, durch welches das Schlimmste verhütet werde.

Während die Höflinge Witze machten und die Reimschmiede die paradoxe Situation in Verse setzten, beschäftigten sich andere mit dem »fatalen Gegenstand«. Als das Königspaar am Silvestertag 1776 aus der Kapelle trat, eilte ein Abbé herbei, kniete nieder und hielt dem König »eine Denkschrift hin, in welcher er das Geheimnis zur Fortsetzung seiner erlauchten Familie enthüllte«. Es handelte sich um die Alraunwurzel, die »eingenommen oder aufgelegt werden müsse«. Der Abbé wurde mitsamt der Denkschrift freundlich ans Gittertor geführt, und der König ging lachend weiter. Marie Antoinette aber fiel es schwer, sich ein Lächeln abzuzwingen.

Die Nachgiebigkeit Ludwigs XVI., der soviel Nachsicht nötig hatte, nahm ständig zu. Er gestattete, die Zahl der Bälle, Belustigungen, Spiele und Theatervorstellungen zu verdoppeln. Im Karneval 1777 munterte er seine Frau auf, die Maskenbälle in der Oper zu besuchen. Mercy berichtete darüber am 19. Februar 1777 an die Kaiserin: »Sie spricht da mit jedermann, promeniert dort, gefolgt von jungen Leuten, darunter einer Anzahl von Ausländern, besonders Engländern, die sie auszeichnet; und das alles ist mit einer Art Familiarität geschehen, an die sich die Öffentlichkeit niemals gewöhnen wird.« Sie gewöhnte sich auch nicht an den Anblick ihrer Herrscherin inmitten der »Bande« ihrer Freunde bei den Rennen in Fontainebleau, und auch die Pariser Aristokratie vermochte sich nicht daran zu gewöhnen, vergeblich nach Versailles hinauszufahren. Es ging zwar nicht an, die Empfangstage zu verschieben, aber Marie Antoinette änderte oft im letzten Augenblick sprunghaft ihre Dispositionen. Paris begann, die Empfänge der Herrscherin zu meiden. »Die geringe Zahl derer, welche die Königin als ihre Koterie bezeichnet«, schrieb Mercy, »entfremdet ihr die Mehrzahl der Höflinge beiderlei Geschlechts und hindert sie daran, ihre Aufwartung zu machen.«

Da trat ein Ereignis ein, das die Feste störte. Joseph II. kam nach Paris. Er wollte versuchen, Ordnung zu schaffen.

Es war nicht das erste Wiedersehen Marie Antoinettes mit einem ihrer Brüder. Zu Beginn des Jahres 1775 war der Erzherzog Maximilian mit dem Grafen Rosenberg nach Versailles gekommen, und schon dieser erste Besuch hatte genug Kopfzerbrechen über das Zeremoniell verursacht.

Da der vierzehnjährige Erzherzog inkognito als Graf von Burgau gekommen war, hielten es die Prinzen der Häuser Orléans, Condé, Conti und Penthièvre für angebracht, daß der Bruder der Königin ihnen die erste Aufwartung zu machen habe. Aber sie warteten vergeblich auf seinen Antrittsbesuch. Marie Antoinette ärgerte sich sehr und sagte gereizt: »Meinem Bruder wird es leid tun, die Prinzen nicht zu sehen, aber er ist nur kurz in Paris. Es gibt hier vieles anzuschauen, er wird auf die Prinzen verzichten.« Die Angelegenheit zog weite Kreise, und Paris hatte dem Herzog von Chartres Beifall gespendet, weil er Versailles während des Aufenthaltes des »Herrn Grafen von Burgau« fern bleiben wollte.

Diesmal handelte es sich aber um einen Kaiser, der freilich ebenfalls inkognito bleiben und als Graf von Falkenstein gelten wollte. Vor seinem Eintreffen wurden die Prinzen nervös. Sie wollten sich zwar korrekt verhalten, aber es ergaben sich trotzdem viele Probleme. Sollten sie für den Kaiser, falls er sie besuchen sollte, einen Fauteuil in Bereitschaft halten? Und sie selbst? Würden sie sich auf einen Faltstuhl setzen, oder durften sie sich einen Stuhl mit Lehne gestatten? Hatten sie den »Grafen von Falkenstein« beim Fortgehen nur bis an die Tür des Salons oder bis an die Tür des Vorzimmers zu begleiten?

Es war schon richtig, daß Joseph II. bizarre Gewohnheiten hatte. Beim Diktieren etwa gefiel er sich darin, seinen Sekretären das flokkige Ende des Zopfes abzuschneiden. Ein unveröffentlichtes Schriftstück der Archive erzählt, er habe zu seinem Vergnügen aus dem Fenster auf Hunde geschossen, die sich auf den Wällen herumtrieben, und »Demoisellen, die ihm Bittschriften überreichen wollten, mit der Peitsche davongejagt«. Der gleiche anonyme Bericht behauptet, den Kaiser hätte nichts mehr ergötzt, als im Wiener Krankenhaus Frauen bei der Niederkunft zuzusehen oder sich stundenlang auf dem Narrenturm aufzuhalten, um sich das Geheul der Geistesgestörten anzuhören.

Der bevorstehende Besuch ihres Bruders versetzte Marie Antoinette in große Unruhe. Sie fürchtete seinen Tadel und bereitete sich darauf vor, »ihm nichts schuldig zu bleiben«.

Am 18. April 1777 fuhr die Kutsche des Kaisers um halb acht Uhr abends in den Hof des Luxembourg ein, wo Mercy, durch einen Rheumatismusanfall ans Bett gefesselt, Joseph II. erwartete. Mercy erstattete ihm während zwei Stunden Bericht über die Situation am Hof und sprach auch »über die verschiedenen Möglichkeiten, die sich bei der ersten Begegnung mit der Königin ergeben könnten«. Seine Sorge war unbegründet. Die Unterredung, die in einem kleinen Salon stattfand, verlief in bester Eintracht. Der Kaiser sagte scherzend, wenn Marie Antoinette nicht seine Schwester wäre und er sich mit ihr vermählen könnte, würde er nicht zögern, eine so charmante Frau zu seiner Gemahlin zu machen. So war von Anfang an das herzlichste Verhältnis zwischen den Geschwistern hergestellt, und Marie Antoinette zauderte nicht, ihren schweren Kummer dem Bruder anzuvertrauen. Sicherlich »empfindet sie gar keine Liebe für den König«, schrieb Joseph später seinem Bruder, aber die Ursache der Tragödie war eben doch der »fatale Gegenstand«. Als die Gräfin d'Artois einem Sohn das Leben schenkte, erzählte Marie Antoinette mit Tränen in den Augen, fanden sich auch die Marktweiber ein, um dem Bruder des Königs zu gratulieren. Dann verfolgten sie die Königin bis an die Türen ihres Appartements und riefen ihr in den unflätigsten Ausdrücken zu, daß es ihre Sache wäre, Erben zu gebären. Der Kaiser versprach ihr, mit dem König zu sprechen, und benützte inzwischen die Zeit, um sich alles anzusehen – und alles zu kritisieren.

Er mischte sich unter die Leute und schrieb seinem Bruder am 29. April: »Gestern habe ich gesehen, wie der Sonntag in Versailles in publico gefeiert wird; das Lever, die Messe und die Tafel. Ich befand mich in der Menge der Zuschauer, um alles beobachten zu können. Es war recht amüsant, und da ich selbst sooft Komödie spiele, benützte ich die Gelegenheit, um andere Komödie spielen zu sehen.« Sein schlichtes Wesen begeisterte die Öffentlichkeit. Er hatte es abgelehnt, im Fond der königlichen Karosse Platz zu nehmen, und hatte sich auf den Vorderplatz gesetzt! Er logierte bei einem bescheidenen Bademeister in Versailles, der ihm zwei Zimmer vermietet hat! Er schläft auf einem gewöhnlichen Bärenfell! Er fährt auch bei Regen »in einem häßlichen kleinen Wagen ohne Verdeck«! Die Leute waren entzückt.

> A nos yeux étonnés de sa simplicité
> Falkenstein a montré la majesté sans faste.
> Chez nous par un honteux contraste
> Qu'a-t'-il trouvé? Du faste sans majesté!

Joseph II. wunderte sich über das Benehmen der Brüder des Königs in dessen Gegenwart: »Sie ließen sich so sehr gehen, daß sie sich nach Aufhebung der Tafel in kindischer Weise im Zimmer jagten und sich auf die Sofas warfen.« Diese Ungehörigkeiten bestimmten sein Urteil: Artois sei nicht mehr als ein »Stutzer«, seine Frau eine »ganz dumme Person«, Provence »undurchsichtig und von eiskaltem Wesen«, und die Gräfin von Provence »sei häßlich, gewöhnlich und äußerst intrigant, sie sei nicht umsonst Piemontesin«. Der König machte einen besseren Eindruck auf ihn: »Er ist ein Schwächling, aber kein Dummkopf. Er hat Kenntnisse und Urteil, aber er ist körperlich wie geistig apathisch ... Das fiat lux ist bei ihm nocht nicht gekommen, die Materie befindet sich noch im Urzustand.« Unter dem fiat lux verstand der Kaiser vor allem den »fatalen Gegenstand«, und Ludwig XVI., der seinem Schwager die Lage offen und ehrlich eingestand, versprach, sich der diskreten Operation zu unterziehen, die sein Chirurg ihm nahelegte.

An seiner Schwester fand der Kaiser immer mehr Gefallen. Er applaudierte als erster, als der Chor in Glucks »Iphigenie« beim Auftreten Klytämnestras »feiern wir unsere Königin« sang. »Sie ist liebenswürdig und charmant«, schrieb er. »Ich habe Stunden über Stunden mit ihr zugebracht, ohne gewahr zu werden, wie sie vergingen. Ihre Tugend hat standgehalten, was mehr ihrem Charakter als der Besonnenheit zuzuschreiben ist. Damit verbindet sie Geist und eine Gabe der Auffassung, die mich oft überrascht hat. Ihre erste Regung ist immer richtig.« Die Königin blendete ihn wie alle, die ihr nahten, aber seine Bewunderung hinderte ihn nicht, zu urteilen: »Sie ist eine sehr hübsche und liebenswürdige Frau, aber sie denkt an nichts als an ihr Vergnügen.« Zu dem Schauspieler Clairval sagte er: »Eure junge Königin ist recht leichtsinnig, aber euch Franzosen scheint das glücklicherweise nicht allzusehr zu mißfallen.«

Nach einem Diner ohne Suite in Trianon am vierten Tag seines Aufenthalts ging Joseph II. mit seiner Schwester in den Park und begann, ihr ihre »ewige Vergnügungssucht« vorzuhalten. »Er entwickelte seine Ansichten«, berichtete Mercy, entwarf ein treffendes Bild der Situation der Königin und der ihr drohenden Gefahren, er sprach darüber, wie leichtsinnig sie sich durch den trügerischen Reiz ihrer Vergnügungen fortreißen lasse, und stellte ihr die unausbleiblichen und erschreckenden Folgen vor Augen. Dabei wies er besonders auf ihre Gleichgültigkeit gegenüber dem König, die schlechte Wirkung ihres gesellschaftlichen Umgangs, die Vernachlässigung jeder ernsten Beschäftigung und auf ihre Spielleidenschaft hin.« Dem Kaiser mißfiel vor allem »der Umgangston in dieser Ansammlung von Leuten« und das freie Benehmen, »welches als Folge des Pharaospieles bei Frau von Guéménée herrschte«. »Dieses Haus«, erklärte er, »ist eine wahre Gaunerhöhle.« Die Königin zeigte den besten Willen und versprach, sich zu bessern, aber erst nach der Abreise des Kaisers. Sie »wollte nicht den Anschein erwecken, als ob sie gegängelt würde«. Die Abreise von Versailles fiel Joseph II. schwer. »Ich mußte alle meine Kraft zusammennehmen, um fortzugehen.« Auch Frankreich hatte ihn eingenommen. »Die Regierung kann das Land mit einer Fingerbewegung dorthin führen, wohin sie will. Ich muß meinen Deutschen Schläge versetzen, und sie bleiben dennoch am gleichen Fleck.«

Die Trennung von ihrem Bruder bereitete Marie Antoinette so tiefen Kummer, daß sie am Abend des 31. Mai einen »Nervenanfall« erlitt. »Die Abreise des Kaisers hat wirklich bei mir eine Lücke hinterlassen, über die ich nicht hinwegkommen kann«, schrieb sie ihrer Mutter am 14. Juni. »Ich war während dieser Zeitspanne so glücklich, daß mir heute alles wie ein Traum erscheint. Was mir aber niemals wie ein Traum erscheinen wird, sind alle seine guten Ratschläge und Winke, die er mir gegeben hat, und die für immer in meinem Herzen eingezeichnet bleiben. Ich muß meiner teuren Mama gestehen, daß er mir etwas gegeben hat, um das ich ihn sehr gebeten habe und das mir die größte Freude bereitet: er hat mir nämlich seine Ratschläge schriftlich zurückgelassen. Diese sind meine Hauptlektüre, und wenn ich jemals (woran ich zweifle) vergessen könnte, was er mir gesagt hat, hätte ich dieses Schriftstück immer vor Augen, das mich bald an meine Pflicht erinnern würde.«

Joseph II. hatte die Worte dieses Schriftstücks nicht auf die Goldwaage gelegt. »Die Zeit schreitet vor, Sie haben nicht mehr die Entschuldigung, ein Kind zu sein. Was soll aus Ihnen werden, wenn Sie noch länger zögern? Eine unglückliche Frau und eine noch unglücklichere Königin.« Dann ging er auf ihr Verhalten zum König ein. »Scheinen Sie nicht gelangweilt, ja abgestoßen, wenn er seine Gefühle zeigt, wenn er mit Ihnen spricht?« Auch ihre Gesellschaft griff er an. »Haben Sie schon einmal darüber nachgedacht, welche schlechte Wirkung Ihre gesellschaftlichen Bindungen und Freundschaften, wenn sie sich nicht auf in jeder Hinsicht untadelige und verläßliche Personen erstrecken, auf die öffentliche Meinung haben können und müssen, weil Sie daran teilzunehmen und das Laster zu billigen scheinen? Haben Sie jemals erwogen, welche schrecklichen Folgen das Hasardspiel durch die schlechte Gesellschaft, die es um Sie versammelt, haben kann?« Und die Maskenredouten in der Oper mit ihren unschicklichen Abenteuern? »Schon der Ort hat einen sehr schlechten Ruf. Was suchen Sie denn dort? Sie können kein anständiges Gespräch mit Ihren Freunden führen, allein die Maske hindert Sie daran. Auch tanzen können Sie dort nicht. Wozu also diese Abenteuer und Ungehörigkeiten? Warum mischen Sie sich unter diese zügellosen Burschen, Dirnen und Fremden? Um ihre zweideutigen Reden zu hören und vielleicht selbst welche zu führen, die ihnen ähneln? Wie ungehörig das alles ist! ... Ich muß gestehen, daß das der Punkt ist, über den ich alle Leute, die Sie lieben und die anständig denken, am meisten empört gesehen habe. Der König bleibt nächtelang allein in Versailles, und Sie befinden sich unterdessen in Gesellschaft der ganzen Kanaille von Paris. Ich bange jetzt ernstlich um das Glück Ihres Lebens. So kann es nicht weitergehen. *Die Revolution wird grausam sein*, wenn Sie ihr nicht vorbeugen ...«

Das Wort war anders gemeint, als wir es heute verstehen würden. »Sie werden eines Tages aus Ihrem Traum erwachen«, wollte der Kaiser sagen. Aber klingt es nicht wie eine Prophezeiung, das Wort von der grausamen Revolution, das Joseph II. zwölf Jahre vor dem Sturm auf die Bastille niedergeschrieben hat?

Die Wirkung der brüderlichen Ermahnungen hielt nicht lange vor, denn Mercy schrieb schon am 17. Oktober an die Kaiserin: »Ich erhole mich nicht von meinem Erstaunen, wie kurz der Eindruck gewesen ist, den Seine Majestät der Kaiser auf den Geist der Königin gemacht hat; und nachdem ich diese erlauchte Prinzessin während zweier Monate ganz durchdrungen von den nützlichen Wahrheiten gesehen habe, die ihr vorgehalten worden waren, erscheint es unbegreiflich, daß alle

Dinge wieder in einen Zustand geraten, der wirklich schlimmer ist als vor der Reise des Kaisers in dieses Land. Ich habe Ursache zu glauben, daß die schriftliche Instruktion Seiner Majestät vernichtet und ins Feuer geworfen worden ist. Was mich aber noch mehr betrübt, ist der Umstand, daß die Königin, entgegen ihrem Charakter, sich weder Sorgen noch Skrupel macht, das ihrem Bruder gegebene Versprechen zu brechen.«

Der Einfluß der Favoriten war größer denn je, und die Gunst für Frau von Polignac und den Herzog von Coigny erreichte ihren Höhepunkt. »Diese beiden Personen«, schrieb Mercy, »erpressen der Königin Gefälligkeiten, die der Öffentlichkeit ständigen Anlaß zu Klagen geben. Die Schützlinge des Herzogs von Coigny erhalten Stellungen im Finanzministerium, und die Schützlinge der Gräfin Polignac empfangen laufend finanzielle Zuwendungen, zum Nachteil derer, die Anspruch hätten, sie gerechterweise zu bekommen. Kein Minister wagt es, sich den Wünschen der Königin zu widersetzen.«

Im Sommer 1777 begannen die berüchtigten Promenaden auf den Terrassen von Versailles, über welche, nach Madame Campan, nicht nur Paris und Frankreich, sondern ganz Europa in einer Art sprachen, die für Marie Antoinette durchaus nicht schmeichelhaft war. Die Kammerfrau und Mercy erzählen, die Königin sei, um die Kühle zu genießen, am Abend, mit einer ihrer Schwägerinnen oder Damen am Arm, auf den Schloßterrassen spazierengegangen. Dann kam Artois auf den Einfall, die Musikanten der Kapelle kommen und sie bis tief in die Nacht auf einer Estrade spielen zu lassen. Die Versailler wollten »sich an diesen Serenaden erfreuen«. Es sammelte sich bald eine große Menschenmenge an, und die Königin beging den Fehler, sich unter die Zuhörer zu mischen. In der Meinung, daß man sie nicht erkenne, setzte sie sich einmal neben einen subalternen Ministerialbeamten auf eine Bank und ein andermal zu einem Leibgardisten und fing mit ihnen ein Gespräch an. Diese beiden harmlosen Vorfälle wurden so lange »ausgeschmückt«, bis sie endlich Ausschweifungen geworden waren. »Wie oft«, schrieb ein Pamphletist in den »Ermahnungen an die Königin«, »haben Sie das Ehebett vernachlässigt und sich Ihrem Gatten entzogen, um Bacchanten und Satyre aufzusuchen und sich in roher Lust mit ihnen zu vereinigen?« Hundert Bände würden nicht genügen, um die Flut schmutziger Verdächtigungen aufzuzeichnen. Bald nach Beginn der Konzertpromenaden wurde im Oeil-de-Boeuf eine ganze Sammlung von Spottgedichten gegen die Königin abgeworfen. Joseph II. erhob in Wien seine warnende Stimme, aber »die Königin schnitt ihm das Wort ab und antwortete mit Ausflüchten, die fast spöttisch klangen«.

Bei seinem Schwager hatte Joseph II. mehr Erfolg gehabt. Im Juli entschied sich Ludwig XVI. endlich für die diskrete Operation. »Sein Ehrgefühl war sicherlich sehr ausgeprägt«, schreibt Doktor Garnière,

»und half ihm über seine Abneigung gegen das Messer hinweg. Die Operation an sich war zwar leicht, aber trotzdem äußerst schmerzhaft, wenn man bedenkt, daß sie ohne jede Anästhesie vollzogen wurde. Ein paar Einschnitte, im Grunde nur eine anatomische Nachhilfe, und alles wäre überstanden gewesen, wenn die Schmerzen nach diesem Eingriff nicht noch einige Tage angehalten hätten. Stolz auf seine Überwindung und in der Hoffnung auf Heldentaten, von denen er seit sieben Jahren träumte, ertrug Ludwig XVI. mutig alle Widerwärtigkeiten. Er sollte nicht enttäuscht werden, und es scheint, daß beide Partner trotz der so langen Wartezeit zufrieden waren. Ludwig gestand seinen Tanten: ›Ich liebe diese Art des Vergnügens sehr und bedaure, sie so lange nicht gekannt zu haben.‹ Und Marie Antoinette schrieb ihrer Mutter am 30. August: ›Ich befinde mich in dem für mein ganzes Leben größten Glück.‹« »Wenn man sich aber frägt, ob Marie Antoinette im August 1777 tatsächlich Königin von Frankreich geworden war, dann darf man wohl annehmen, daß die Wirklichkeit nicht dem entsprach, was sie während der langen Periode erzwungener Keuschheit erwartet hatte.«

Man braucht dies nicht »anzunehmen«, denn Marie Antoinette gestand bald einer Person ihrer Umgebung: »Ich wäre weder betrübt noch böse, wenn der König eine flüchtige Neigung faßte, vorausgesetzt, daß er dadurch mehr Schwung und Kraft gewinnen könnte.« Infolge der Ungeschicklichkeit und Unerfahrenheit des Königs änderte die Operation, welche ja auch die Vergnügungssucht der Königin hätte dämpfen sollen, nichts an ihrer Lebensführung. Schon sehr bald nach dem Beginn des »größten Glücks« floh sie das Ehebett und schrieb ihrer Mutter, »der König liebe es nicht, zu zweit zu schlafen«. Aber Mercy stellte diese Behauptung am 17. Oktober 1777 richtig: »Der König hat niemals Widerwillen dagegen gehabt und hat diese Gewohnheit nur wegen der beim Spiel durchwachten Nächte der Königin unterbrochen. Er geht früh schlafen, um frühmorgens aufzustehen. Er weiß niemals, wann die Königin sich zurückziehen wird, und will sie nicht genieren. Das ist der wahre Grund für das lit à part, was mit Rücksicht auf die Sitten des Königs und dieses Landes für die Königin sehr nachteilig ist.«

Das Hasardspiel wurde im Haus der Prinzessin Guéménée fortgesetzt und nahm immer wüstere Formen an. »Der Herzog von Chartres hat 30.000 Louis verloren« – gleich 144 Millionen Francs! Es half Mercy nichts, der Königin vorzuhalten: »Die Regierung hat die Gefahr der Hasardspiele erkannt und trachtet, ihre Ausbreitung zu verhindern. Darum ist es unerhört und skandalös, daß diese Spiele bei der Königin eingeführt wurden und in den Stunden gespielt werden, die der Etikette gewidmet sind.« Die einzige Antwort, die sie ihm gab, lautete: »Ich fürchte mich zu langweilen.«

»Das Spiel ist der einzige Gegenstand, gegen den die Königin keinerlei Einrede zuläßt«, schrieb Mercy an die Kaiserin. »Am 25. Oktober 1777«, fuhr er fort, »hat Ihre Majestät alles bis auf den letzten Taler verloren. Am nächsten Tag befahl sie ihrem Schatzmeister, das Geld für den Monat November zu bringen, das wenige Tage später ebenfalls verspielt war, unabhängig von einer Spielschuld von 500 Louis, die noch nicht bezahlt ist.« Marie Antoinette amüsierte sich mehr denn je und achtete auf keinen Alarmruf. Sie wettete um 100.000 Francs (heute gleich zwanzig Millionen) mit Artois, daß es ihm nicht gelingen würde, während des sechswöchigen Aufenthaltes in Fontainebleau ein Schloß im Bois de Boulogne erbauen zu lassen. Der spätere Karl X. nahm die Wette an und erklärte, er werde noch vor der Rückkehr nach Versailles in Bagatelle – so sollte das Schlößchen heißen – ein Fest zu Ehren der Königin geben. Neunhundert Arbeiter arbeiteten Tag und Nacht. Artois gewann die Wette. Mercy berichtete darüber: »Da alle Baumaterialen fehlten, vor allem Quadersteine, Kalk und Gips, und man sich nicht Zeit nahm, sie zu beschaffen, gab der Graf von Artois – was das Unerhörteste in dieser Angelegenheit ist – Patrouillen der Schweizergarde Befehl, auf den Landstraßen danach zu fahnden und alle Wagen zu beschlagnahmen, die mit den genannten Materialien beladen waren. Sie wurden sogleich bezahlt, da sie aber schon an Privatleute verkauft waren, wurde diese Methode als eine Art Gewalttätigkeit empfunden und empörte die Öffentlichkeit. Man versteht nicht, daß die Königin solche Willkür duldet, und nimmt leider an, daß diese ohne ihren Schutz nicht gestattet worden wäre. Ihre Majestät geruht, mir häufig zu versichern, es liege ihr fern, die unbesonnenen Handlungen des Prinzen, ihres Schwagers, zu billigen, doch besäße sie kein Mittel, seinem schlechten Benehmen Einhalt zu tun. Im ersten Punkt spricht sie die Wahrheit, wofür ich genug Beweise habe. Was aber den zweiten Punkt betrifft, so wäre das wirksamste Mittel, um die Ungehörigkeiten des Grafen von Artois zu verhindern, daß die Königin ablehnen würde, an seinen Lustbarkeiten teilzunehmen, da diese die Ursache seines schlechten Benehmens sind.«

Aber Marie Antoinette lehnte dies keineswegs ab, sondern besuchte das Schlößchen Bagatelle. Es ist uns nicht bekannt, ob ihr Schwager ihr die Fresken und Hochreliefs gezeigt hat, die den Zwischenstock schmückten und eines Marquis de Sade würdig waren; aber später wurde es in der Öffentlichkeit behauptet.

Durch einen Vorfall, der sich am Faschingsdienstag 1778 ereignete, färbte die Unbeliebtheit Artois' auf die Königin ab. Marie Antoinette verbrachte die Nacht mit ihm und dem Grafen Provence auf der Opernredoute. Während des Maskenballes mischte sich Artois nach seiner Gewohnheit »in die übelste Gesellschaft«. Bald darauf sah man ihn Arm in Arm mit Frau von Canillac promenieren, einer Gesellschaftsdame der Herzogin von Bourbon, die von dieser kürzlich entlassen worden war, weil sie nicht nur ihr, sondern auch dem Herzog

Gesellschaft geleistet hatte. Die Herzogin, obgleich selbst kein Muster an Tugend, war eifersüchtig wie eine Tigerin. Als sie die Rivalin erkannte, machte sie mit erhobener Stimme ein paar abfällige Bemerkungen. Artois, ebenfalls maskiert, trat auf sie zu und gab ihr eine ungebührliche Antwort. »So wie Sie kann nur Herr von Artois oder ein Gassenjunge zu mir sprechen«, rief die Herzogin empört und riß dem Bruder des Königs die Maske vom Gesicht...

Der Skandal war groß und wurde noch größer, als sich Artois am folgenden Tag bei Frau von Polignac rühmte, er habe der Herzogin einen Faustschlag ins Gesicht versetzt. Die Herzogin nannte ihren »Angreifer« einen »unverschämten Menschen«, und Bourbon hielt es für seine Pflicht, seinen Kusin zum Duell zu fordern, obgleich er seine Frau »sehr wenig schätzte«. »Tun Sie Ihre Pflicht«, befahl ihm sein Vater, »und fürchten Sie nichts.« Dann ordnete der Prinz Condé für den Fall, daß sein Sohn den Bruder des Königs töten sollte, die Bereitstellung von Relaisgespannen auf der Straße nach Belgien an. Vaudreuil und Besenval bereiteten alles für den Zweikampf vor, und trotz des Verbotes Ludwigs XVI. und der Bemühungen Marie Antoinettes zur Verhinderung des Duells traten sich die beiden Gegner am 16. März 1778 im Boulogner Wäldchen mit gezogenem Degen gegenüber. Nach kurzem Kampf glitt der Degen Artois' unter den Arm Bourbons und verletzte ihn leicht. »Viermal mehr, als die ganze Sache wert ist«, rief der Kapitän Crussol von der Leibgarde des Prinzen. »Es ist nicht meine Sache, das zu entscheiden«, erklärte Artois, indem er den Degen zur Parade hob. »Der Herr Herzog möge sagen, was er wünscht, ich stehe zu seinen Diensten.« – »Monsieur«, erwiderte der Herzog, die Spitze seines Degens senkend. »Ihre Güte erfüllt mich mit Dankbarkeit. Ich werde die Ehre, die Sie mir zuteil werden ließen, niemals vergessen.« Die Gegner schlossen sich versöhnt in die Arme.

Trotzdem litt der Ruf zweier Menschen, die sich gar nicht geschlagen hatten, durch diese Affäre: dem Herzog von Chartres, dem Bruder der Herzogin von Bourbon, warf man vor, er habe den Streit nicht ernstgenommen, und Marie Antoinette sagte man nach, daß sie Partei für ihren »unverschämten« Schwager ergriffen habe. Diese Verdächtigung war sicherlich falsch, aber die Königin fing zu ernten an, was von ihr gesät worden war. Während der spätere Egalité sich wohlweislich hütete, am Abend des Duells in der Comédie Française zu erscheinen, beging die Königin die Unvorsichtigkeit, das Theater mit ihrem Schwager zu besuchen. Der Prinz von Condé, der Herzog und die Herzogin von Bourbon wurden lebhaft akklamiert. Der Beifall für Marie Antoinette und Artois war aber so vereinzelt und lau, daß er beinahe ironisch klang.

Anläßlich dieses Karnevalstreites vermochte die Königin zum erstenmal den Weg zu erkennen, den sie seit der Zeit, da ihr die Pariser mit Tränen in den Augen »Liebe und Hingabe« bezeigten, zurückgelegt hatte.

In Paris herrschte im Karneval 1778 wieder einmal Mangel an Brot ...
Nach einer auf einer Opernredoute verbrachten Nacht glitt die Königin im grauenden Morgen mit einem Gefolge von einundzwanzig Schlitten, von welcher der ihre 10.000 Taler gekostet hatte, über den Boulevard. Sie erstickte beinahe vor Lachen. Der Abend hatte allerlei unerwartete Abenteuer gebracht. Für eine Weile war sie unversehens mitten unter die Dirnen geraten. Dann hatte sich eine als Marktweib maskierte Person ihrer Loge genähert. Die Maske sprach sie mit Marie Antoinette an und warf ihr scheltend vor, daß sie nicht bei ihrem Gatten läge, der »in diesem Augenblick wahrscheinlich im Ehebett schnarchte«. Um sich mit dem Unbekannten besser unterhalten zu können, beugte sich Marie Antoinette unter ausgelassenem Gelächter so tief über die Logenbrüstung, daß »der Maskierte beinahe ihre Brust berührte«. –

Als ihr Schlitten knirschend über die verschneite Straße nach Versailles dahinglitt, rief sie in entwaffnender Ahnungslosigkeit: »Ach, so gut wie heute habe ich mich noch niemals amüsiert!«

## VII

## WENIGER AUFFALLENDE VERGNÜGUNGEN

Frankreich, das lange Zeit an der Seite des Preußenkönigs gekämpft hatte, zeigte zu Beginn des Jahres 1778 keine Neigung, sich für den Kaiser von Österreich in einen Krieg verwickeln zu lassen.

Der Kurfürst Maximilian Joseph von Bayern war am 30. Dezember 1777 ohne leiblichen Erben gestorben, so daß die bayrische Kurlinie mit ihm erloschen war. Joseph II. erblickte darin die seit langem herbeigesehnte Gelegenheit, sich Bayerns zu bemächtigen, und machte Rechtsansprüche aus dem 15. Jahrhundert geltend. Diese alten Ansprüche auf Niederbayern und Teile der Oberpfalz waren dem Kaiser im übrigen von dem rechtmäßigen Nachfolger des Verstorbenen, dem Kurfürsten Karl Theodor von der Pfalz, dem Haupt der älteren Linie des Hauses Wittelsbach, in einem Geheimvertrag vom 3. Jänner 1778 bestätigt worden.

Als die Königin den Tod des Kurfürsten erfuhr, schrieb sie der Gräfin Polignac, sie sei besorgt, daß »Joseph etwas unternehmen könnte«. Ihre Sorge war begründet. Niederbayern, das Österreich beanspruchte, wurde von zwölftausend Mann österreichischer Truppen besetzt. »Dieses Gebiet ist für uns von unschätzbarem Wert«, erklärte Joseph II. seiner bestürzten Mutter, »unser Schritt wird keinen Krieg zur Folge haben.« Das heißt, keinen Krieg mit Preußen, vorausgesetzt, daß Frankreich »fest zur Allianz« steht und Marie Antoinette den österreichischen Standpunkt unterstützt. Aber ein Brief der Königin an die Gräfin Polignac beweist, daß sie die französische Auffassung und nicht die Ansicht ihres Bruders teilte. Es kam hinzu, daß sich Frankreich auf die Seite der englischen Kolonien in Nordamerika gestellt hatte und sich auf einen Krieg mit England vorbereiten mußte. Sollte es sich zu gleicher Zeit in Amerika mit England und in Europa mit Preußen schlagen?

Als Mercy bemerkte, daß sich Marie Antoinette nicht um die österreichischen Interessen kümmerte, schlug er energische Töne an: die Königin von Frankreich müsse sich daran erinnern, daß sie eine österreichische Erzherzogin sei. Maria Theresia überbot ihn noch: »Ich brauche jetzt Ihre ganze Zuneigung zu mir, zu Ihrer Familie und zu Ihrem Vaterland«, schrieb sie am 1. Februar 1778. Zu ihrem Vaterland! »Meine beiden Vaterländer«, sagte Marie Antoinette. Wenn sie den Wünschen ihrer Mutter nachgäbe, würde sie die erste Königin von Frankreich sein, die sich einer solchen Handlung schuldig machte. Die Kaiserin kümmerte sich nicht darum, sie übte auf das Herz ihrer Tochter einen geradezu erpresserischen Druck aus. Der König von Preußen werde sicherlich alles tun, um die Allianz zu seinem Vorteil zu sprengen: »Das würde mir den Tod bringen, da ich Sie so innig liebe.«

Mercy berichtete der Kaiserin am 18. Februar über den Eindruck, den diese Worte auf die Königin gemacht hatten: »Als die Königin diesen Artikel las, habe ich sie erbleichen sehen...« Er bedrängte Marie Antoinette: sie solle handeln und mit dem König sprechen, und auch der Abbé de Vermond tat das Seine im gleichen Sinn. Der »Vorleser« der Königin war zwar Franzose und wurde von Frankreich besoldet, er handelte aber stets wie ein politischer Agent Österreichs.

Marie Antoinette entschloß sich, den König aufzusuchen, auf den sie »ziemlich lebhaft« einsprach. Aber Ludwig XVI. antwortete ihr nach Mercys Bericht vom 18. Februar etwas, das sie nicht erwartet hatte. »Der Ehrgeiz Ihrer Verwandten«, sagte er, »wird alles umstürzen. Mit Polen haben sie begonnen, und jetzt kommt Bayern an die Reihe. Ich bedaure es Ihretwegen.« »Aber«, antwortete die Königin, »Sie können nicht leugnen, Monsieur, daß Sie über diese bayrische Angelegenheit unterrichtet und mit ihr einverstanden waren.« Ludwig erinnerte sich zweifellos nicht an die Anspielungen, die ihm Joseph II. gemacht haben soll, denn er erwiderte: »Ich war so wenig damit einverstanden, daß man eben den französischen Gesandten den Befehl erteilte, an den Höfen, bei denen sie akkreditiert sind, bekanntzugeben, daß diese Zerstückelung Bayerns gegen unseren Willen geschieht und wir sie mißbilligen.«

Das war ein harter Schlag, und Maria Theresia, die das gewaltsame Vorgehen ihres Sohnes in ihrem Herzen ebenso mißbilligte, erkannte die »kritische Lage«, in welcher sich ihre Tochter befand. Sie schrieb, die Königin müsse »mit großer Vorsicht und Geschicklichkeit« vorgehen, um nicht des Verrates an den französischen Interessen bezichtigt zu werden. »Wenn die Minister jemals davon erführen, würde kaum einer die Gelegenheit versäumen, um ihre Stellung zu schwächen und ihren Einfluß in den Staatsgeschäften auszuschalten.« Aber die Ereignisse überstürzten sich. Friedrich II. von Preußen protestierte im März formell gegen die österreichischen Ansprüche auf Bayern, verlangte die Zurückziehung der Truppen und drohte mit Krieg. Maria Theresia, außer sich über den Ernst der Lage, empfahl ihrer Tochter nun keine Vorsicht mehr, sondern bat sie im Gegenteil dringend, Mercy in seinen Demarchen offen zu unterstützen. Mercy machte den Vertrag von 1756 geltend, nach welchem der König im Fall eines Angriffs dem Kaiser 24.000 Mann Truppen und Geld zur Verfügung zu stellen hatte. Marie Antoinette aber, »allzu beschäftigt mit ihren Zerstreuungen und den unaufhörlichen Nachtfesten des Karnevals 1778«, half dem Gesandten ihrer Mutter nicht. Am 20. März 1778 schrieb er an die Kaiserin: »Wenn die Königin bei ihren Demarchen und der Anwendung ihrer Macht ein wenig dringlicher wäre, würde hier alles fast ohne Widerstand gelingen. Ich bin aber weit davon entfernt, eine so wünschenswerte Haltung zu erreichen; und Eure Majestät müssen keineswegs befürchten, daß sich Ihre erlauchte Tochter in die Staatsgeschäfte so einmischt, daß sie sich kompromittieren kann. Ich bin nur wegen der geringen Mühe, die sie sich in dieser Angelegenheit gibt, verlegen.«

Durch seine dringenden Vorstellungen erreichte es Mercy aber doch, daß sich Marie Antoinette zwischen dem 20. und 25. März zu energischerem Eingreifen aufraffte. Sie befahl Maurepas und Vergennes zu sich und schrieb über diese Unterredung am 25. März an ihre Mutter: »Sie haben mir wegen der Allianz zufriedenstellend geantwortet und scheinen wirklich an ihr zu hängen. Sie haben aber solche Angst vor einem Landkrieg, daß ich von ihnen keine genügend klare Antwort erhalten konnte, als ich sie ins Gedränge brachte und fragte, was sie tun würden, wenn der König von Preußen die Feindseligkeiten begonnen hätte.« Die Kaiserin hatte den Eindruck, ihre Tochter habe sich nicht entschieden genug eingesetzt. Sie erhielt den Brief am 31. März – der Kurier hatte sechs Tage gebraucht – und schrieb am 2. April an Mercy: »Meine Tochter bleibt sich immer gleich. Von ihren Vergnügungen mitgerissen, ist sie nicht imstande, sich mit höheren Dingen ernstlich zu befassen. Man muß sich mit dem begnügen, was man ihr mit Hilfe von Ermahnungen entreißt.«

Infolge eines zweiten Briefes ihrer Mutter und einer neuerlichen Vorsprache Mercys kompromittierte sich Marie Antoinette Mitte April zum zweitenmal. Sie ließ Maurepas und Vergennes nochmals kommen. »Ich habe mit ihnen ein wenig nachdrücklich gesprochen und glaube, auf sie Eindruck gemacht zu haben, insbesondere auf den letzteren. Ich bin mit den Überlegungen dieser Herren nicht sehr zufrieden gewesen, die nur Winkelzüge suchen und den König daran gewöhnen wollen.« Tatsächlich waren die Überlegungen dieser Herren« aber ganz eindeutig: Frankreich könne nur dann eine Intervention ins Auge fassen, wenn der König von Preußen die Niederlande bedrohe. Diese Auffassung stimmte mit der des Königs überein. Der Vertrag garantierte nicht die »Neuerwerbungen« Österreichs in Polen und Bayern, die das Haus Habsburg seit der Unterzeichnung des Vertrages im Jahre 1756 durch Gewalt vollzogen hatte.

In diesem Augenblick trat das »so lang erwartete und so sehr erhoffte« Ereignis ein: Marie Antoinette erwartete endlich ein Kind. Dieses Ereignis verlieh ihr eine neue Autorität, und die französische Regierung bezog jetzt eine Stellung, die den Wünschen Wiens entsprach. Mercy berichtete der Kaiserin: »Die Schwangerschaft der Königin verleiht ihr jetzt ein Ansehen, welches dem, das sie früher besaß, so sehr überlegen ist, daß sich hier die vorteilhaftesten Veränderungen ergeben würden, wenn diese erlauchte Prinzessin ihre Stellung und die Vorteile, die sie daraus hinsichtlich der Neigung und des Charakters des Königs und der Haltung seiner gegenwärtigen Minister ziehen kann, richtig einzuschätzen verstünde. Ich unternehme alles, was mir möglich ist, um die Königin darüber aufzuklären.«

Am 20. April 1778 sandten Maurepas und Vergennes eine ziemlich

»harte« Note nach Wien, in welcher sie Österreich zu verstehen gaben, daß es auf Frankreich nicht rechnen könne. Gestärkt durch ihr »überlegenes Ansehen« kanzelte Marie Antoinette die beiden Minister energisch ab und berichtete ihrer Mutter: »Ich bin wirklich außer mir gewesen über diese so unredliche Depesche . . . Ich habe sofort, als ich davon erfuhr, meine Unzufriedenheit ausgedrückt. Es ist unerhört, mit welchem Talent die hiesigen Minister die Affären in einer Sintflut von Worten ertränken können. Nach allem, was mir Mercy gesagt hatte, und den Bemerkungen, die ich mich nicht enthalten konnte, jeden Augenblick über die für mein Leben bedeutsamste Angelegenheit zu machen, habe ich sie nichtsdestoweniger so in die Enge getrieben, daß sie ein wenig den Ton ändern mußten. Sie haben ihr Unrecht wegen dieser häßlichen Depesche zugegeben.« – »Infolge der Angst, welche die Königin ihnen eingejagt hatte«, änderten die Minister ihren Standpunkt und garantierten »die Sicherheit der Niederlande« in aller Form. Wenn Friedrich Österreich in dessen »Belgischen Provinzen« angreifen sollte, würde er an der Seite der österreichischen Armee die französischen Truppen finden.

Maria Theresia war über diesen Erfolg so erfreut, daß sie ihre Tochter von nun an gleichsam als Agentin der österreichischen Politik betrachtete. »Seit Sie die Güte haben, mit soviel Liebe und Eifer unser Interesse wahrzunehmen und sich in unsere Lage hineinzudenken«, schrieb sie ihr am 17. Mai aus Schönbrunn, »halte ich es für notwendig, Sie immer mehr einzuweihen.« Inzwischen aber hatten sich der König und seine Minister, ohne die Königin davon zu unterrichten, mit dem Preußenkönig »verständigt« und ihm ihre wahre Einstellung enthüllt. Mit anderen Worten, sie hatten ihn wissen lassen, daß er freie Hand im Süden gegen Böhmen habe, nicht aber im Westen gegen Frankreich. Marie Antoinette wurde von Mercy, und nicht vom König und dessen Ministern, über den geheimen Inhalt dieser Verständigung informiert. »Ich habe mich gegen eine solche Unterlassung der Königin gegenüber mit allem Nachdruck verwahrt«, schrieb Mercy. »Ich wies darauf hin, welchen Mangel an Respekt dies bedeute, und fügte hinzu, daß sie ihren Einfluß nicht mehr werde behalten können, wenn sie Verstöße dieser Art durchgehen ließe. Die Königin war über meine Worte betroffen und beschloß, mit dem König zu sprechen.« Bei dieser Unterredung machte Marie Antoinette ihrem Gatten einen heftigen Auftritt, den Ludwig XVI. schweigend über sich ergehen ließ, bis er schließlich verdrossen bemerkte: »Sie sehen, ich bin so sehr im Unrecht, daß ich Ihnen kein Wort erwidern kann.« »Dann sprechen Sie mit Ihren Ministern und sagen Sie ihnen, wie unredlich es ist, daß sie mir gegenüber geschwiegen haben. Vor allem liegt mir daran, daß ihnen ein solches Benehmen nicht zur Gewohnheit wird.«

Friedrich II. gehörte nicht zu den Männern, welche die Ausführung ihrer Pläne auf die lange Bank schoben. Als er dessen gewiß war, daß Frankreich nicht marschieren werde, kehrte er dem Rhein den Rükken, überschritt die böhmische Grenze und rückte zu Beginn des Juli in Nachod ein. Die Verzweiflung der Königin war so groß, daß der König erklärte, »er könne es nicht ertragen, sie in so großer Sorge zu sehen, er werde alles tun, um ihren Schmerz zu erleichtern; er habe stets das gleiche wie sie gewollt, aber seine Minister hätten ihn zurückgehalten«. »Das Wohl meines Reiches erlaubte mir nicht, mehr zu tun, als ich getan habe«, sagte er. Da ihr Gemahl vorschützte, von seinen Ministern »zurückgehalten« worden zu sein, wandte sich Marie Antoinette an Maurepas, und als dieser zu seinen gewöhnlichen Ausflüchten Zuflucht nehmen wollte, verlor die Königin die Geduld. »Mein Herr«, sagte sie lebhaft, »es ist das vierte oder fünfte Mal, daß ich Ihnen von Geschäften spreche, und Sie haben mir niemals eine andere Antwort gegeben. Bis jetzt habe ich Geduld gehabt, aber die Dinge werden zu ernst, und ich will nicht mehr dergleichen Niederlagen erleiden.« Dann wies sie auf die zweideutige Haltung Frankreichs hin, die den König von Preußen, statt ihn zurückzuhalten, zu seiner Aggression ermutigt habe. Die Königin hatte recht, aber das Verhalten Frankreichs entsprach dem Interesse des Landes. Der eigentliche Zweck der Allianz mit Österreich: das Gleichgewicht zwischen diesem und Preußen im Sinn des Westfälischen Friedens aufrechtzuerhalten, durfte nicht aus den Augen verloren werden.

Marie Antoinette war in Schwung gekommen und fuhr fort, Ludwig und seinen Ministern zuzusetzen. Sogar Maria Theresia schrieb am 2. November besorgt an Mercy: »Ich bin sehr dankbar für das Interesse meiner Tochter an den Affären. Ich wünsche nur, daß sie nicht zu ungestüm vorgeht, um nicht dem König lästig, den Ministern verdächtig und der Nation verhaßt zu werden.« – Der Nation verhaßt! Man glaubt sich plötzlich in das Jahr 1792 versetzt. – Aber die französischen Interessen begannen sich nun den österreichischen Wünschen anzugleichen, da das europäische Gleichgewicht durch die Schwäche Habsburgs und die neue Macht der Hohenzollern bedroht war. Als daher Marie Antoinette auf Veranlassung Mercys – aber so, »als handle sie aus eigenem und ohne fremde Einflüsterung« – im August eine Vermittlung Frankreichs anregte, wurde dieser Gedanke um so bereitwilliger aufgegriffen, als die Gefahr bestand, Hannover könnte in den Krieg eintreten und eine zweite Front bilden. Die Verhandlungen setzten ein und führten am 13. Mai 1779, dank der Vermittlung zweier so mächtiger Staaten wie Frankreich und Rußland, zum Frieden von Teschen.

Dieser Krieg, in welchem drei ihrer Brüder das Leben aufs Spiel setzten und der im Sommer 1778 die Straße nach Wien abzuschneiden drohte, übte eine heilsame Wirkung auf die Königin aus. Mercy berichtete, er habe die Königin noch niemals so tief bedrückt gesehen wie in dieser Zeit. »In einer Stunde des Vertrauens und der Güte geruhte sie mir zu sagen, sie wolle mir eine Generalbeichte ablegen. Dann sprach sie von ihren Vergnügungen und ihrer Gesellschaft, vor allem aber über alle Einzelheiten ihres Privatlebens, und befahl mir, ihr meine Ansicht über jeden einzelnen Gegenstand und jede Person mitzuteilen. Ich entledigte mich bereitwillig dieser Aufgabe und vergaß nichts, was der Königin dienlich sein konnte. Sie geruhte, mich mit größter Güte anzuhören, und fügte hinzu, daß die Betrübnis, in der sie sich befinde, sie dahin gebracht habe, sich ernste Gedanken über ihr künftiges Verhalten zu machen, und daß sie endlich die Notwendigkeit fühle, sich zum Guten zu entscheiden.«

Nach diesem vertraulichen Gespräch schöpfte Mercy nochmals Hoffnung für die Zukunft.

Kurz nach Mitternacht, am 19. Dezember 1778, fuhr die Königin aus dem Schlafe auf: die Wehen hatten begonnen. Sogleich bemächtigte sich die Etikette tyrannisch Marie Antoinettes. Als der Geburtshelfer Vermond am späten Vormittag mit lauter Stimme ankündigte, daß die schwere Stunde der Königin gekommen sei, stürzten die Neugierigen mit solchem Gepolter in das Zimmer, daß »dieses Lärmen geeignet war«, wie Madame Campan erzählt und Mercy bestätigt, »die Königin umzubringen«. Die Kammerfrau Marie Antoinettes entwarf von der Niederkunft ein Bild, dem es nicht an pittoresken Zügen fehlte: »Der König hatte vorsichtshalber noch in der Nacht die riesigen Wandschirme aus Gobelinstoff, die das Bett Ihrer Majestät umgaben, mit Stricken festbinden lassen. Ohne diese Maßnahme wären sie sicherlich umgeworfen worden und auf die Königin gefallen. Es war nicht mehr möglich, sich im Zimmer zu bewegen, das von einer so gemischten Menge erfüllt war, daß man meinen konnte, sich in einem öffentlichen Lokal zu befinden. Zwei Savoyarden stiegen sogar auf die Möbel, um die Königin besser betrachten zu können. Ihr Bett war für die Niederkunft dem Kamin gegenüber aufgestellt worden. Dieser Lärm, der Schreck über das weibliche Geschlecht des Kindes – welches die Königin, wie es heißt, durch ein mit der Prinzessin Lamballe vereinbartes Zeichen erfuhr – oder ein Mißgriff des Arztes unterdrückten die natürlichen Folgen der Geburt und bewirkten, daß der Königin das Blut plötzlich zu Kopf stieg. Ihr Mund verzerrte sich und der Geburtshelfer rief: ›Luft und heißes Wasser! Ich muß am Fuß zur Ader lassen!‹ Die sehr hohen Fenster waren luftdicht verschlossen worden, die Fugen von oben bis unten mit Streifen aus Papier verklebt, aber der König riß sie mit einer Energie auf, die ihm nur seine zärtlichen Gefühle für die Königin verleihen konnten. Da aber das heiße Wasser nicht schnell genug zur Stelle war, sagte der Geburtshelfer dem ersten Chirurgen der Königin, er möge den Aderlaß ohne Wasser machen. Er gehorchte, ein Blutstrahl sprang aus der Ader, und die Königin schlug die Augen auf. Es war kaum möglich, den Jubel einzudämmen, der dem jähen Schreck so plötzlich folgte. Die Prinzessin Lamballe war bewußtlos fortgetragen worden. Kammerdiener und Türhüter nah-

Kaiserin Maria Theresia
und ihr Gatte Franz von Lothringen mit ihren Kindern
auf der Treppe des Schlosses Schönbrunn.
Zeitgenössisches Gemälde von M. Meyen.

Kinderballett in Wien
anläßlich der Hochzeit Josephs II. am 23. Januar 1763:
Marie Antoinette mit ihren Brüdern Ferdinand und Maximilian.
Zeitgenössischer Kupferstich.

Marie Antoinette
als österreichische Erzherzogin am Spinett.
Gemälde aus dem 18. Jahrhundert.

Marie Antoinette,
Königin von Frankreich.
Gemälde von Elisabeth-Louise Vigée-Lebrun,
1783 (Ausschnitt).

men die indiskreten Neugierigen, die sich mit dem Hinausgehen nicht beeilten, beim Kragen und räumten das Zimmer.«

Kuriere jagten sogleich nach allen Richtungen davon. Der seit fünf Stunden versammelte Magistrat von Paris empfing die Nachricht von der Geburt der Madame Royale um halb eins durch einen Boten des Gouverneurs, und von seiten des Königs um ein Uhr fünf aus dem Mund des Grafen von Bevi.

Der Graf erhielt dafür eine emaillierte goldene Tabakdose im Wert von 1440 Livres.

Am Abend feierte Paris »das Öffnen des Leibes der Königin«. Die Stadträte begaben sich in roten und schwarzen Roben, mit Blumensträußen in der Hand – denn mit Girlanden und Armbändern aus Blumen schmückten sie sich nur bei der Geburt eines Prinzen –, auf den Rathausplatz. In seiner Mitte war ein Scheiterhaufen aus fünfhundert Reisigbündeln errichtet worden, den der Vorsteher der Kaufmannsgilde in Brand setzte. Dreimal schritten sie beim Klang von Trommeln und Fanfaren an der Spitze eines Zuges von »livrierten« Stadtbeamten, fackeltragenden Bedienten und mit Partisanen bewehrten Schweizerwachen rings um den Platz. Eine halbe Stunde später wurde ein Feuerwerk abgebrannt, und gleichzeitig feuerte »die ganze Artillerie der Stadt« eine Salve ab. Die Nation hatte zwar auf einen Dauphin gehofft, sie freute sich aber nicht weniger über eine Prinzessin, da deren Geburt bewies, daß das Königspaar Kinder bekommen konnte. Und darauf kam es ja an. Eine Pariser Milchfrau schrieb unter ihr Ladenschild zwei Verse, in welchen sie sagte, »die Nation habe vom Himmel einen Amor erbeten, und um ihn anzukündigen, sei nun eine Grazie herabgestiegen«. Damals waren alle Milchfrauen von Paris der Dichtkunst ergeben.

Am nächsten Morgen wurde ein Bulletin in achthundert Exemplaren ausgegeben, in welchem es hieß, daß die »Grazie« sich bester Gesundheit erfreue und »das Befinden der Königin so zufriedenstellend sei, wie man es nur wünschen könne«. Es war ein Sonntag, und das Feiern in Paris nahm seinen Fortgang. Die »Stadtherren« strengten ihre Phantasie allerdings nicht an. Sie veranstalteten wieder einen Rundgang um einen frischen Reisighaufen und setzten ihn abermals in Brand.

Am Montag verkündete ein zweites gedrucktes Bulletin, »der Leib sei geschmeidig und schmerzlos, die Königin habe eine ruhige Nacht verbracht, und der leichte Schweiß halte an«, ein Befund, über den Lassonne und der Geburtshelfer Vermond besondere Befriedigung zeigten. Dann wurden noch zwei abschließende Bulletins veröffentlicht, die in der unverblümten Terminologie jener Zeit auf Einzelheiten eingingen, welche ich dem Leser ersparen will. Der Königin ging es von Tag zu Tag besser. Sie nahm »Reisbrei mit Biskuit« zu sich, aß am 26. Dezember schon Geflügel und war während des Diners in bester Laune.

Am 8. Februar 1779, an einem Montag, wurde dem Königspaar von der Stadt Paris ein offizieller Empfang bereitet. An dem gleichen Tag wurden hundert Paare getraut und von der Königin mit einer Mitgift von 100.000 Francs heutiger Währung beschenkt. Die Paare begaben sich, »die Haare schon gekräuselt und zurechtgemacht«, zu dem Pfarrer ihres Sprengels, von wo sie in Kutschen der Stadt nach Notre-Dame zur Trauung fuhren. Inzwischen erwartete das »Stadtkollegium«, von Stadtwachen begleitet, das Herrscherpaar an der Porte de la Conférence. Als der lange Wagenzug, von Leibgarden, leichten Reitern und Pagen umgeben, erschien, näherten sich die Stadtväter, die »Messieurs de la Ville«, dem Wagen der Königin, in welchem aber nur der Graf von Tessé, ihr Oberstallmeister, saß. Marie Antoinette befand sich mit dem König in dessen »Leibwagen«, dem »Trompeter vom Kammerdienst« voranritten und den vierundzwanzig Großlakaien zu Fuß und sechs Pagen zu Pferd flankierten. Der Bürgermeister trat an den Wagenschlag und sprach zu den Majestäten: »Möge diese erste Frucht Ihrer gegenseitigen Zuneigung und alle künftigen, die der Himmel uns noch zu schenken gedenkt, mit dem Liebreiz ihrer erlauchten Mutter die Tugenden verbinden, welche Eure Majestät ihnen durch Beispiel und Erbschaft übermitteln werden.« Der König, der von dieser Tirade nichts auffaßte als ihre gute Absicht, erwiderte »in der liebenswürdigsten Weise«. Der Wagenzug setzte sich in Bewegung und rollte, an den Tuilerien vorbei, über den Kai nach Notre-Dame, wo die Majestäten von den soeben getrauten hundert Paaren erwartet wurden, die, »in langer Reihe aufgestellt, einen rührenden und ergreifenden Anblick boten«.

Aber trotz dieses »rührenden Anblicks« und der monatlichen Zuwendung von 15 Livres an die jungen Frauen, falls sie ihre künftigen Kinder selbst stillen würden, trotz der Entlassung von hundertunddreißig Häftlingen aus Schuldhaft und Kerkern, der öffentlichen Ausspeisung und den Reverenzen der Mademoiselle Bertin und ihrer dreißig Arbeiterinnen vom Balkon ihres Hauses in der Rue Saint-Honoré, des Feuerwerks auf der Pointe de la Cité und der illuminierten Kaskade auf dem Pont-Neuf war der Empfang, den Paris dem Herrscherpaar bereitete, eisig. Auf der langen Fahrt, die von Notre-Dame über Sainte-Geneviève durch die Rue des Francs-Bourgeois und über den Pont-Neuf nach dem Platz Ludwigs XV. führte, waren nur vereinzelte Hochrufe zu vernehmen gewesen, und in manchen Vierteln rollte der vergoldete Wagenzug durch ein beharrlich düster schweigendes Doppelspalier.

Marie Antoinette war entrüstet. Mercy versuchte ihr zu erklären, »daß ihre Zerstreuungen und die Kosten, welche sie verursachten, und eine nach dem Augenschein maßlose Sucht, sich in einer Zeit, da Krieg und Elend herrschten, zu vergnügen, ihr die Gemüter entfremden konnten, und daß sie sich einige Zurückhaltung auferlegen sollte«.

Die Königin gab dies zu und versprach abermals, ihre Lebensweise zu ändern und in Zukunft »auf alle auffallenden Vergnügungen zu verzichten«.

Aber das Übel war bereits geschehen, und Marie Antoinette sollte das Opfer ihrer harmlosesten Handlungen werden. Was immer sie unternehmen mochte – alles kehrte sich von nun an gegen sie.

Am Faschingsdienstag 1779 beschloß sie, die Maskenredoute in der Oper, um nicht aufzufallen, im tiefsten Inkognito zu besuchen. Sie verließ Versailles mit der Prinzessin Hénin und fuhr zum Palais des Herzogs von Coigny, des Oberstallmeisters des Königs. Hier stieg sie in einen schlichten Wagen, um beim Eintreffen in der Oper nicht erkannt zu werden. Der Wagen aber war so alt, daß er auf der Fahrt zusammenbrach. Die beiden maskierten Damen stiegen aus. Da sie auf der Gasse nicht stehenbleiben konnten, gingen sie, über ihr Abenteuer lachend, in das erstbeste Haus, das einem Tuchhändler gehörte. Es war nicht möglich, den Wagen zu reparieren. Deshalb holte der Diener des Herzogs von Coigny einen Fiaker herbei, und in diesem ungewöhnlichen Gefährt fuhr die Königin vor der Oper vor. »Ist das nicht lustig, ich und in einem Fiaker!« sagte sie lachend zu ihren Freunden. »Von diesem Augenblick an«, erzählte Madame Campan, »war ganz Paris über das Fiakerabenteuer unterrichtet. Man sagte, an diesem nächtlichen Abenteuer sei alles Geheimniskrämerei; die Königin habe sich in einem Privathaus ein Stelldichein mit einem besonders bevorzugten Kavalier gegeben, und der Name des Herzogs von Coigny wurde offen genannt. Da der Gedanke an die Möglichkeit eines solchen galanten Abenteuers einmal geweckt war, gab es keine Grenze mehr für die Verleumdungen, die in Paris über die Königin kursierten.« Die Kammerfrau fügte hinzu, daß die Königin infolge des Fiakerabenteuers beim Spiel oder bei der Jagd mit keinem jungen Mann mehr sprechen konnte, ohne daß er als ihr Liebhaber bezeichnet worden wäre.

Wie hätte es dann anders sein sollen, als die Öffentlichkeit im nächsten Monat erfuhr, daß die an den Masern erkrankte Königin mit Coigny, Guines, Esterházy und Besenval drei Wochen in Trianon verbrachte, wobei diese Herren in ihrem Dünkel geltend machten, die Königin auch während der Nacht nicht allein lassen zu können. »Ich widersetzte mich heftig dieser lächerlichen Idee«, berichtete Mercy, »und ließ den Arzt Lassonne intervenieren, der, immer schwach und verängstigt, es nicht wagt, sich Vorgängen zu widersetzen, die zu verhindern sein Stand ihm das Recht gibt. Schließlich trat ich mit Vermond so nachdrücklich auf, daß verfügt wurde, daß diese Herren das Zimmer der Königin um elf Uhr abends verlassen mußten und es vor dem Morgen nicht wieder betreten durften.« Der ganze Hof brach in Gelächter aus und unterhielt sich darüber, welche vier Damen man wohl aussuchen werde, um den König zu behüten, falls er einmal erkranken sollte ... Die Königin ließ weder den König noch ihre gewohnte Bedienung in ihr Zimmer. Eine Ausnahme machte sie nur mit dem Abbé Vermond, der sie auf Anordnung Mercys anflehte, »dem König einige freundliche Zeilen zu schreiben«. Marie Antoinette lehnte diesen Vorschlag heftig ab. Erst nach vielem Zureden erreichte Vermond, daß sie dem König ein paar Worte schrieb, die »der arme Mann« gerührt entgegennahm.

Man kann sich vorstellen, was alles in Paris über die Königin geklatscht worden ist, die maskiert im Fiaker zur Opernredoute fuhr und sich drei Wochen lang mit vier Männern in ihr Zimmer sperrte. Zwei von diesen vier Krankenwärtern, Coigny und Guines, wurden als ihre Liebhaber bezeichnet. Hat Coigny, der der Königin so viele Beweise ihrer Gunst »erpreßte«, auch die letzte erhalten? Es heißt, daß Briefe vorhanden seien – aber ihr gegenwärtiger Besitzer will sie aus Ehrfurcht vor dem Andenken an die Königin nicht aus den Händen geben. So sind wir auf bloße Vermutungen angewiesen.

Die öffentliche Meinung wollte wissen, Marie Antoinette habe ihre Gunst, als sich Coigny in Frau von Châlons verliebte, dem Herzog von Guines zugewendet. Das war eine offenkundige Verleumdung. Der ehemalige Gesandte war alles andere als ein Adonis. Er war ungeheuer dick geworden und besaß für jeden Anzug zwei Hosen. Eine normale für die Tage, an welchen er sich niedersetzen mußte, und eine zweite, die so eng gearbeitet war, daß er etwas schlanker aussah, die er aber nur beim Stehen tragen konnte. Vor dem Ankleiden fragte ihn sein Kammerdiener: »Werden der Herr Herzog sich heute niedersetzen?« »Wenn er an diesem Tag stehenbleiben konnte«, erzählte der Herzog von Levis, »stieg er auf zwei Stühle und von da in seine enge Hose, die von zwei Dienern gehalten wurde.« Er war gewiß nicht der Geliebte der Königin, er amüsierte sie aber besser als irgendwer sonst und war bei ihr so beliebt, daß sich Mercy in einem Brief vom Sommer 1779 beunruhigt zeigte. Um sich dieses »ebenso intriganten wie ehrgeizigen« dicken Mannes zu entledigen, riet er Maria Theresia, ihrer Tochter zu schreiben, »das Gerücht breite sich überall aus, sie werde so von dem Herzog von Guines beherrscht, daß sie sich zu nichts entschließe, bevor sie nicht seine Ansicht kenne«. Die Kaiserin befolgte den Rat. Die Königin erwiderte am 15. September 1779 etwas »pikiert«, es handle sich nur »um Medisancen, die in diesem Land eine schlechte Gewohnheit seien«. Aber die List hatte doch Erfolg. Die Königin, die nichts so sehr fürchtete, als von jemand beherrscht zu werden, zog sich allmählich von ihrem Favoriten zurück. Und schon im Herbst 1779 konnte Mercy erfreut berichten, »daß der Herzog von Guines alle Gunst verloren habe«.

Aber die Gefahr, falls eine solche bestanden hätte, drohte im Jahr 1779 nicht von dieser Seite.

Im August 1778 war Graf Axel von Fersen wieder nach Versailles gekommen. Marie Antoinette hatte ihn sogleich erkannt. »Ach«, sagte sie, »ein alter Bekannter!« Trotz dieses schmeichelhaften Empfangs war der schwedische Offizier nur sehr unregelmäßig im Schloß erschienen. Verletzt und erstaunt über eine Zurückhaltung, die sie nicht gewohnt war, hatte sich Marie Antoinette Creutz gegenüber, der schwedischer Gesandter von Paris war, verwundert geäußert und ihn nach Fersen gefragt. »Die Königin, welche die reizendste und liebenswürdigste Fürstin ist, die ich kenne«, schrieb Fersen an seinen Vater, »hatte die Güte, sich öfter nach mir zu erkundigen. Sie hat Creutz gefragt, warum ich am Sonntag nicht zu ihrer Spielpartie käme, und als sie erfuhr, daß ich an einem Tag gekommen war, an welchem keine Spielpartie stattfand, entschuldigte sie sich gewissermaßen bei mir.« Trotz seiner natürlichen Bescheidenheit mußte Fersen bemerken, daß er Gefallen erregte. An jedem Sonntag fand er sich nun zur Stunde des Spieles bei Marie Antoinette ein, die ihn »gütig aufnahm und immer mit ihm sprach«. Eines Tages sagte sie ihm, »sie habe große Lust«, ihn einmal in seiner schwedischen Dragoneruniform zu sehen. Der junge Mann bequemte sich ihrem Wunsche an und wurde zum erstenmal in den kleinen Appartements empfangen. Marie Antoinette betrachtete »sehr aufmerksam«, wie ein Augenzeuge berichtet, die schwedische Uniform – den blauen Waffenrock über weißer Tunika, die eng anliegende Reithose aus Wildleder und den von einem blaugelben Federstoß überhöhten Tschako – und bewunderte alles.

Der Graf von Tilly berichtet, daß Fersen im Verlauf des Frühlings und Sommers 1779 allmählich in den Freundeskreis der Königin in Versailles und Trianon aufgenommen wurde, »ohne daß er intrigiert oder Aufsehen erregt hätte«. Das Unvermeidliche geschah: er verliebte sich in die Königin. Marie Antoinette fühlte sich ihrerseits von diesem etwas melancholischen jungen Mann von dreiundzwanzig Jahren angezogen, dem zwar das Beschwingte und Sprühende des französischen Charakters abging, der aber durch seinen männlichen Ernst alle Frauen bezauberte. Sie liebte ihn noch nicht, aber sie empfand lebhafte Sympathie für ihn. Fersens Neigung aber wuchs von Tag zu Tag. »Wenn etwas das Übermaß seiner Neigung vermuten lassen konnte«, erzählt der Page der Königin, »so war es sein immer zurückhaltenderes und respektvolleres Benehmen, das freilich auch als Verstellung eines Höflings hätte gedeutet werden können. Aber Herr von Fersen verstellte sich nicht, und seine ganze Kunst bestand darin, schlicht zu sein.«

Das Gefühl, welches Fersen auf solche Art im tiefsten Herzen zu verbergen trachtete, wurde so leidenschaftlich, daß er zu fliehen beschloß. Er ließ sich für eine der militärischen Expeditionen nach Nordamerika anwerben. Das Staunen in Versailles kannte keine Grenzen. »Wie, mein Herr, Sie lassen Ihre Eroberung im Stich?« Fersen erwiderte schlicht: »Wenn ich eine gemacht hätte, würde ich sie nicht im Stich lassen; aber ich reise ab, ohne daß es jemand bedauert.« Es hatte dieser bevorstehenden Abreise bedurft, um Marie Antoinette zum Bewußtsein zu bringen, daß sie für den schwedischen Offizier eine

Vorliebe besaß, ein »Penchant«, wie man damals zu sagen pflegte. Als er sie besuchte, um Abschied zu nehmen, »ließ sie ihn nicht aus den Augen, die sich mit Tränen füllten, während sie ihn ansah«, berichtet ein Augenzeuge. Aber es war ein falscher Alarm. Nach langer Wartezeit in Le Havre wurde die Expedition aufgeschoben, und Fersen mußte nach Versailles zurück. Er wurde nun, auf Veranlassung der Königin, obgleich er sich um keine Stellung bewarb, zum Oberst à la suite im Regiment Royal Deux Ponts ernannt. Gewisse Leute aus der Umgebung der Königin fanden sein Benehmen jetzt bei weitem nicht mehr so »zurückhaltend« wie früher, und Fersen schrieb seinem Vater: »Die Güte der Königin und die Ernennung zum Oberst haben mir die Eifersucht aller jungen Leute des Hofes zugezogen.«

In Trianon wurde Fersen zu den intimen Abendgesellschaften eingeladen. Bei einer dieser Gesellschaften sang die Königin in offensichtlicher Absicht eine Arie aus der Oper »Dido«, die in Paris erst 1783 aufgeführt wurde: »Ah que je fus bien inspirée, quand je vous reçus dans ma cour.« Als Fersen sechsundzwanzig Jahre später der Aufführung von Dido im Stockholmer Opernhaus beiwohnte, sagte er seufzend: »Wie viele Erinnerungen und wieviel Schmerz weckt diese Oper in meinem Herzen!«

Nach dem Bericht des Grafen Saint-Priest »unternahm Frau von Polignac nichts, um ihre Freundin von Fersen abzubringen ... Vaudreuil und Besenval dachten zweifellos ebenso wie sie, daß ein alleinstehender Ausländer von wenig unternehmendem Charakter bei weitem einem Franzosen vorzuziehen sei, der für seine Verwandtschaft alle Vergünstigungen beanspruchen würde und vielleicht das Haupt einer Clique werden könnte, die sie alle ausschalten würde. So wurde die Königin ermutigt, ihrer Neigung zu folgen, der sie sich ohne viel Vorsicht überließ«.

Um die Königin von Frankreich nicht noch mehr zu kompromittieren, setzte Fersen abermals alles daran, in Nordamerika mitkämpfen zu dürfen. Im März 1780 wurde er endlich durch Interventionen von Breteuil und Vergennes Adjutant des Generals Rochambeau und begab sich nach Brest. Am 13. April schiffte er sich dort auf der Jason ein, einem Schiff von 64 Kanonen.

Der schwedische Gesandte rühmte vor König Gustav III. die »bei seiner Jugend besonders anerkennenswerte Besonnenheit und Vorsicht« Fersens und fügte hinzu: »Übrigens benimmt sich die Königin jetzt viel zurückhaltender und besonnener als früher.« Marie Antoinette hatte dies Mercy versprochen, und diesmal hielt sie Wort. Zwei Ereignisse kamen ihr dabei zu Hilfe: die Geburt der Madame Royale, ihrer Tochter, und ihr »Penchant« für Fersen. Die Jahre 1779 und 1780 bezeichnen ohne Zweifel einen entscheidenden Wendepunkt im Leben der Königin. Der Wirbel hörte auf, und die klassische Erscheinung der Königin des Trianon, die ihren späteren Verehrern so teuer ist, wurde sichtbar. Zu dieser Zeit trug Marie Antoinette keine Federn mehr, sondern setzte strohgeflochtene »Hirtenhüte« auf. Sie bestellte in diesem Jahr noch 93 Roben, 41 Staatskleider und 56 »Polonaises« (kurze Damenkleider), aber alles »à la simplicité«, und Trianon bildete für diese »Einfachheit« den erträumten Rahmen.

Das Jahr 1780 »ist die interessanteste Epoche in der Geschichte Trianons«, schreibt Pierre de Nolhac. Das Leben verlief dort so »einfach« wie nur möglich. Wenn die Königin den Salon betrat, wurde das Klavierspiel nicht unterbrochen, die Damen stickten weiter, die Herren setzten ihre Billard- oder Kartenpartie unbeirrt fort. Die Damen trugen weiße Perkalkleider, leichte Schultertücher und Strohhüte, die Herren schlichte Frack- oder Gehröcke »von der Farbe des Londoner Rußes«, die bloß durch scharlachrote Samtkrägen ein wenig aufgeputzt waren.

Diese Art aber, die Schloßfrau zu spielen, wurde Marie Antoinette deshalb verübelt, weil zu viele Leute davon ausgeschlossen waren. Im Juni wohnte nur die Gräfin Polignac in Trianon. Sie war vor kurzem Herzogin geworden, nachdem sie am 14. Mai den künftigen Minister Karls X. in die Welt gesetzt hatte. Die Niederkunft ihrer Freundin hatte Marie Antoinette in solche Aufregung versetzt, daß der ganze Hof nach La Muette übersiedeln mußte, damit die Königin Frau von Polignac, die in Passy wohnte, täglich besuchen konnte. Im gleichen Monat Mai hatte die neugebackene Herzogin ihre kaum noch heiratsfähige Tochter mit dem Herzog von Guiche verheiratet. Diese junge Person, die sogleich den Spitznamen Guichette erhielt, hatte von Ludwig XVI. eine Mitgift von 800.000 Livres, gleich hundertsechzig Millionen Francs, bekommen, obgleich der König sonst nicht mehr als 6000 Livres für diesen Zweck zu bewilligen pflegte. Ihrer Mutter wurden 400.000 Livres Schulden bezahlt, dem Neugeborenen ein Herzogtum bewilligt, und der Schwiegersohn bekam ein Jahr später einen Grundbesitz, der 35.000 Livres Rente abwarf. Ihr Liebhaber, der Graf Vaudreuil, erhielt eine Jahrespension von 30.000 Livres, unter dem Vorwand, seine Güter lägen »auf den Inseln«, so daß er infolge des Krieges von dort kein Einkommen beziehen könne. Mercy schrieb entsetzt nach Wien, »es gebe kein Beispiel, daß eine so große Summe in so kurzer Zeit einer einzelnen Familie zugeteilt worden wäre«, und am Hof kursierte eine bösartige Scherzfrage: »Ist das Kind der Frau von Polignac von der Königin oder von Vaudreuil, da Polignac schon seit einem Jahr abwesend ist?«

Marie Antoinette ging achselzuckend darüber hinweg. Sie war so glücklich über den Besuch der Herzogin im Schlößchen von Trianon. Im zweiten Stockwerk war »Guichette« einquartiert, deren Gatte gebeten worden war, in Anbetracht der Jugend seiner Frau zu Hause zu bleiben. Aus dem gleichen Grund war auch der Gatte der jungen »Bichette«, die als dritter Gast in Trianon weilte und am 5. Juni den Grafen Polastron, den Bruder der Polignac, geheiratet hatte, am Tag nach der Hochzeit zu seinem Regiment abkommandiert worden. Zwei weitere Gäste, Cousinen der Polignac, ergänzten die kleine Gesellschaft: die entzückende Gräfin Châlons, in die Coigny verliebter war denn je, und die geistreiche Gräfin Andlau, eine Tochter des Philosophen Helvétius. Selbst die Hofdamen mußten in Versailles bleiben. Wenn der König gelegentlich zu Tisch kam, wurden dem Menü zwei Vorspeisen und zwei Braten hinzugefügt. Denn Ludwig XVI. wäre vielleicht nicht satt geworden, hätte er sich mit der gewöhnlichen Speisenfolge der Königin und ihrer Gäste begnügen müssen, die nur aus drei Suppen, drei großen Fleischgerichten, zwölf Vorspeisen, vier Braten, zwei mittleren und vierzehn kleinen Zwischengerichten und zwei Gängen Backwerk bestand. Nach der Mahlzeit hielt sich die Koterie in ihrem Benehmen aus Furcht vor einer groben Bemerkung des Königs ein wenig zurück. »In der besten Absicht, gegen jemand freundlich zu sein«, erzählte Frau von Boigne, »trat der König so nahe an ihn heran, daß er ihn zwang, bis an die Wand zurückzuweichen. Wenn ihm nichts einfiel, was er hätte sagen können – und das passierte ihm oft –, lachte er schallend, kehrte auf dem Absatz um und ging davon.« Die fünf Jahre seiner Regierung hatten ihn nicht abmagern lassen, und seinen Manieren fehlte es nach wie vor an »Galanterie« – eine Todsünde in dieser dekadenten Gesellschaft. Sein Gelächter war ebenso derb wie seine Späße. Mitunter setzte er sich dem jungen Narbonne auf den Schoß und imitierte ein Baby, das gewiegt werden wollte. Er war sicherlich gutmütig, einfach und natürlich, aber diese Eigenschaften wurden von den Freunden der Königin, denen »geistreich zu sein« als oberstes Gesetz galt, nicht im geringsten geschätzt.

Nach dem Diner gab die Königin mitunter intime Empfänge für einige Auserwählte. Da sich aber auch andere einschlichen, verlangte der Hausmeister von dem Architekten die Anbringung von doppelten Schlössern an allen Türen.

Die Gäste ergingen sich in dem berühmten Garten, der das Gespräch ganz Europas bildete. Das Hameau wurde erst später angelegt, aber der Garten, an dessen Anlage Marie Antoinette persönlich hervorragend beteiligt war, war im Sommer 1780 so gut wie fertiggestellt. Sie hatte der Entwicklung der Gartenkunst im 18. Jahrhundert entscheidenden Impuls gegeben. Die französischen Gartenanlagen mit ihren linear ausgerichteten Alleen, den sauber gehaltenen geschweiften Blumenbeeten, gestutzten Hecken, als Drachen ausgeschnittenen Eiben und abgeschlossenen Buchenrondellen erschienen danach als Gipfel der Langeweile und Häßlichkeit. »Die Natur bringt nichts nach dem Meßband hervor«, sagte Wolmar in der Neuen Heloïse und fügte hinzu, es sei unterhaltsam »zu sehen, wie die Menschen, als seien sie ihres Spaziergangs schon bei dessen Beginn überdrüssig, ihn in gerader Linie zu machen wünschen, um ihn rascher zu beenden.« Marie Antoinette war der Ansicht, Le Nôtre habe die Natur verhunzt, »indem er sie nach dem Zirkel des Architekten ausgerichtet hat«. Der Marquis von Girardin aber sagte, »es genüge nicht, einen symmetrischen Garten unter dem Vorwand, natürlich sein zu wollen, durch einen unsymmetrischen zu ersetzen, sondern man müsse Landschaftsbilder schaffen, durch welche Auge und Geist gleichzeitig erfreut würden«.

Marie Antoinette kümmerte sich glücklicherweise nur um das Auge und nicht um den Geist. Sie verabscheute die Gärten, von welchen Laborde sagte, »sie glichen einem Lehrbuch über Moral«, wo »jeder Baum ein gemütvolles Motto trug und jeder Fels etwas Zärtliches aussagte«. Da sie »nach ländlich-schlichtem Wesen dürstete«, wünschte sie, »natürlich zu sein«. Vernünftigerweise lehnte sie die türkisblaue Chinoiserie Antoine Richards ebenso ab wie Gabriels falsche Ruinen. »Nichts von diesen zertrümmerten Tempeln«, die den Prinzen de Ligne so sehr entsetzten. Die Königin entschied sich für den Plan, den der Graf Caraman entworfen hatte. Der ehemalige Generalleutnant der Armeen Ludwigs XV. hatte einen mit Eiben und Buchsbäumen bepflanzten Hügel mit einer Grotte und einem Wasserfall – den sogenannten Schneckenberg – vorgeschlagen, weiter einen »Schweizer« Felsen und ein von einem Lusthaus gekröntes Belvedere, das sich in einem See spiegeln sollte. Dem See würde ein Bach entspringen und sich durch den Garten und um einen Amortempel schlängeln, um dann, in zwei Arme geteilt, vor dem kleinen Schloß zu enden. Das alles sollte in einer Rekordzeit ausgeführt werden, »denn Sie kennen Ihre Gebieterin«, heißt es in dem Bericht im Archiv, »sie wünscht ihren Garten baldigst genießen zu können«. So hatte der Garten trotz der hohen Kosten, 352.275 Livres in einem einzigen Jahr, sehr schnell feste Gestalt angenommen. Ein ganzer Wald war aus der königlichen Baumschule La Rochette bei Melun nach Versailles transportiert worden.

Im gleichen Jahr 1780 arbeitete Mique an der Fertigstellung der Gemächer der Königin. In ihrem Boudoir konnten am Abend durch einen Mechanismus Spiegel vor die Fenster geschoben werden: daher der Name »Cabinet des glaces mouvantes«. Auch die Bibliothek wurde in diesem Jahr eingerichtet. Sie war »in sanftem Blau ausgemalt« und mit apfelgrünen Taftvorhängen versehen. Der breiteste Raum auf den Regalen war den Bänden über das Theater eingeräumt: Théatre français in vierzehn Bänden, Théatre bourgeois, Proverbes dramatiques, Théatre italien, Théatre de société, Théatre de campagne. Den beiden letzten Bänden gab Marie Antoinette den Vorzug, weil sie in diesem Jahr auf der Bühne des kleinen Theaters von Trianon, das im Sommer fertig geworden war, als Schauspielerin debütierte. Sie hatte eine »Truppe« gebildet, die sich aus Madame Elisabeth – ihrer jungen Schwägerin, die jetzt ihrem Kreis angehörte –, aus Artois und der »Koterie« zusammensetzte, der Polignac, ihrer Tochter Guichette, ihrer Schwägerin Diane de Polignac, aus Esterházy, Adhémar, Crussol und Vaudreuil, der »als bester Schauspieler der Pariser Gesellschaft« galt. Auf dem Balkon saßen nur der König und die königliche Familie. Marie Antoinette hatte auch die Gräfin von Provence gebeten, der Truppe beizutreten, sie hatte aber diese Zumutung empört abgelehnt: »Das wäre meiner nicht würdig.« »Aber«, erwiderte Marie Antoinette erstaunt, »da ich als Königin von Frankreich Theater spiele, brauchen Sie sich doch keine Skrupel zu machen.« »Wenn ich auch keine Königin bin«, versetzte die Gräfin, »bin ich doch aus dem Holz, aus dem man Königinnen macht.« Das war das erste und letzte originelle Wort ihres Lebens; und sie blieb Zuschauer an der Seite des Königs und der anderen Mitglieder der königlichen Familie. Nicht einmal die Prinzen von Geblüt waren zugelassen. In den Logen und im Parterre saßen die Dienstleute Trianons. Campan hatte seine Rolle als Souffleur wieder aufgenommen, zum großen Ärger des Oberstkämmerers, des Herzogs von Fronsac. Er war ein Sohn des Marschalls von Richelieu und hatte kraft seines Amtes den »Menus-Plaisirs Ihrer Majestät« vorzustehen. »Sie können nicht erster Kammerherr sein, wenn wir anderen Schauspieler sind«, erklärte ihm die Königin. »Im übrigen habe ich Ihnen schon gesagt, was ich in Trianon wünsche. Ich halte hier nicht Hof, ich bin eine Privatperson.«

Was für Stücke wurden von der Truppe gespielt? Kleine komische Opern oder Komödien mit Musikeinlagen: L'Anglais à Bordeaux von Favert, Le Sorcier von Poisinet, Rose et Colas und La Gageure imprévue von Sédain, worin Marie Antoinette in der Rolle einer Magd auszurufen hatte: »Wir übrigen Domestiken ...« In Les Fausses Infidélités von Berthe hatte sie die Rolle der charmanten Angélique gewählt, die mit dem jähzornigen Dormilly verlobt war. Dieser wurde von Vaudreuil dargestellt, dessen Charakter alles eher als sanftmütig war. »Der spielt nach der Natur«, bemerkte anzüglich der König. Er unterhielt sich köstlich und klatschte begeistert Beifall, »besonders wenn die Königin ihre Rolle spielte«. In den Pausen stieg er auf die Bühne, sah zu, wie Marie Antoinette »Toilette« machte, und beglückwünschte sie mit Tränen in den Augen, obwohl sie, wie man sagte, »königlich schlecht spielte«. Im Vergleich zu Adhémar aber war sie immer noch eine vollendete Schauspielerin. Als Colin in J. J. Rousseaus Le Devin du Village stotterte er so kläglich, als er ihr auf den Knien eine Liebeserklärung machte, daß sie das Lachen kaum verbeißen konnte. Nach dem Fallen des Vorhangs sagte sie dann, daß auch die Böswilligsten an der Wahl eines solchen Verliebten nichts würden aussetzen können. Anders verhielt es sich freilich bei der musikalischen Komödie Le Sabot perdu von Piis und Barré, die etwas später gegeben wurde. Die Redensart »casser son sabot« – seinen Holzschuh zerbrechen – bedeutet, daß »ein Mädchen einen Fehltritt tut«. In dieser Komödie verlor nun die Königin als Babet ihren Holzschuh, nachdem sie sich so lange gegen ihren Anbeter gewehrt hatte, bis es diesem – dem Grafen von Artois – schließlich doch gelang, sie zu küssen. Es war gewiß »ein Kuß in der Familie«, wie Pierre de Nolhac sagte, aber die Pamphletisten faßten ihn anders auf.

Wenn nicht Theater gespielt wurde, vergnügte man sich mit Gesellschaftsspielen wie »Tire en Jambe«, bei dem man auf einem Stock ritt, oder dem bekannten »Descampatives«, einem gleichsam umgekehrten Blindekuhspiel. Die Spieler waren in große weiße Tücher gehüllt, mit Ausnahme eines einzigen, nach welchem die Verhüllten der Reihe nach mit einer Serviette schlugen und der den Namen des Angreifers erraten mußte. Es wurden Pfänder gegeben, die dann, wie Mercy berichtet, »durch bizarre Bußen ausgelöst werden, und der ausgelassene Lärm, der dadurch verursacht wird, dauert oft bis tief in die Nacht«. Es versteht sich, daß dieses Spiel in den Pamphleten zur Orgie umgedichtet wurde.

Im September wurden die Unterhaltungen in Trianon durch die Sparmaßnahmen Neckers, des Nachfolgers Turgots, ein wenig gestört. Die Koterie war tief entrüstet. Vierhundert »Hauptmüßiggänger« und zwölfhundert »subalterne Müßiggänger« wurden aus dem Hofstaat des Königs entlassen. »Ich wünsche Ordnung und Sparsamkeit in allen Ressorts meines Hofstaates«, hatte Ludwig XVI. erklärt, »und werde alle entlassen, die dagegen sprechen.« Marie Antoinette gehörte zur Partei derer, die »dagegen Sprachen«. Es heißt, sie habe Nekker wissen lassen, »daß sie nicht gewillt sei, ihren Haushalt nach dem Geschmack der Rue Saint-Denis einzurichten und die Schlüssel ihres Kellers selbst in der Tasche zu tragen.«

Necker erkannte, daß seine Aufgabe nicht leicht sein würde. Im nächsten Jahr, 1781, trat er zurück. Bis dahin aber legte er, da er einschneidende Sparmaßnahmen nicht durchzusetzen vermochte, die berüchtigten Anleihen auf, deren Zinsen den Staatsschatz so schwer belasteten, daß es schließlich zum finanziellen Zusammenbruch kam.

Die Koterie atmete erleichtert auf. Sie würde durch die Pläne des Generaldirektors der Finanzen nicht sonderlich berührt werden. Trotzdem mußten die Theateraufführungen in Trianon im Oktober unterbrochen werden, da ein Onkel der Frau von Polignac und Verwandter Vaudreuils gestorben war. Die »Truppe« hatte Ferien. Da also die Favoritin und ihr Liebhaber der Trauer wegen nicht auf die Bretter steigen konnten, trösteten sie sich zu Beginn des Winters 1780 mit der Rolle, die Besenval sie bei der Königin zu spielen ersuchte: es ging ganz einfach darum, »einen Kriegsminister zu machen«. Infolge ziemlich verworrener Intrigen Marie Antoinettes war Sartines im Marineministerium durch den Marquis von Castries ersetzt worden. »Wird die Königin es dabei bewenden lassen?« fragte Besenval die Frau von Polignac. »Warum sollte sie nicht auch einen Kriegsminister machen, da sie genug Einfluß besaß, einen Marineminister ernennen zu lassen?« »Es ist wirklich hoch an der Zeit«, erwiderte Frau von Polignac, »sich ernstlich um Herrn von Ségur zu kümmern.« Es war ein Lieblingsprojekt Besenvals, den Prinzen von Montbarry nach Hause zu schicken und ihn durch den Marschall Ségur ersetzt zu sehen. Doch da er die weibliche Natur kannte, hatte er die Sache so eingefädelt, daß sich dieser hübsche Hohlkopf von einer Polignac einbildete, die Idee stamme von ihr. »Ich hörte nicht auf«, erzählte Besenval, »Frau von Polignac zuzureden, sie möge die Königin anfeuern, die immer behauptet, sie bleibe bei ihrem Vorhaben, aber man dürfe nichts übereilen.«

Maurepas wußte sicherlich, daß Montbarry nicht mehr in seiner Stellung zu halten war, aber auch er hatte einen Kandidaten: Herrn von Puységur. Es gelang ihm mit viel Geschicklichkeit, Marie Antoinette zu überzeugen, »daß Frau von Polignac den Einfluß mißbrauche, den sie auf die Königin habe«. Marie Antoinette geriet ernstlich in Zorn und warf ihrer Freundin in heftigen Worten vor, daß diese sie für ihre Sonderinteressen aufopfern wolle. Die Herzogin brach in Tränen aus und erklärte, den Hof verlassen zu wollen. Marie Antoinette war verzweifelt. »Tränen strömten ihr über die Wangen, und es endete damit, daß sie sich Frau von Polignac zu Füßen warf und sie beschwor, ihr zu vergeben.« Die Tränen der Herzogin flossen reichlicher, aber es waren jetzt Tränen der Rührung. Die Freundinnen fielen einander in die Arme und küßten sich – und Marie Antoinette versprach, dem Marschall ihre Unterstützung zu gewähren. Aber sie vergaß diese Szene, kaum daß sie vorüber war, und die Ernennung ließ auf sich warten. Besenval setzte der Polignac tüchtig zu und warf ihr Mangel an Eifer vor.

Am 30. Dezember gab es einen Theatercoup: die Königin mußte ihrer Freundin mitteilen, daß Puységur ernannt worden sei. Die Koterie geriet außer sich. Von Besenval instruiert, richtet die Polignac einige Zeilen an die Königin, mit welchen sie diese bat, sogleich zu ihr zu kommen. Marie Antoinette gehorchte. Sie suchte ihre Freundin um elf Uhr abends auf. Die Herzogin »warf ihr in heftigen Worten vor, wie erniedrigend es für sie sei, daß Maurepas in dieser Sache die Oberhand über sie gewonnen habe«. »Jeder, der Augen hat, wird sehen«, erklärte Marie Antoinette, »wer die Oberhand behält, Sie oder Maurepas. Und der, der unterliegt, wird nichts zu lachen haben.« Sie gelobte ihr, morgen mit dem König zu sprechen. Um sieben Uhr früh suchte sie den König auf und nahm sich kein Blatt vor den Mund. Maurepas, der im Stockwerk über dem König im Appartement der Mätressen Ludwigs XV. wohnte, wurde gerufen und wußte der Ernennung des Kandidaten der Königin nur schwache Argumente entgegenzuhalten. Ludwig XVI., der eben eine heftige Szene erlebt hatte, gab den Wünschen seiner Frau nach und setzte sich in ihrem Sinn lebhaft für ihren Kandidaten ein. Als Maurepas immer noch ungläubig, den König fragend ansah, versetzte die Königin scharf und unmißverständlich: »Mein Herr, Sie haben den Willen des Königs vernommen. Schicken Sie sofort nach Herrn von Ségur!«

Maurepas verbeugte sich und gehorchte. »Dies war der empfindlichste Schlag, den ich je in meinem Leben erhalten habe«, hat er später einbekannt.
Die Wahl war übrigens nicht allzu schlecht. Der Marschall wäre ein würdiger Nachfolger Saint-Germains gewesen, wenn er am 22. Mai 1781 nicht eine Verordnung erlassen hätte, durch welche er allen Offizieren, die nicht vier adelige Ahnen besaßen, das weitere Avancement untersagte.

Maria Theresia erfuhr nichts mehr von dem Sieg ihrer Tochter über Maurepas. Mitte November hatte sich das Befinden der großen Kaiserin sehr verschlechtert. Sie war an einer »Verhärtung der Lungen«, an einer Lungenentzündung, erkrankt, blieb aber bis zum letzten Augenblick bei klarem Bewußtsein. Am 29. November seufzte sie, daß sie ihr Ende nahen fühle. Um acht Uhr abends erlitt sie einen Erstickungsanfall. Sie erhob sich aus dem Bett und schleppte sich, von ihrem Sohn gestützt, an das offene Fenster. Als Joseph II. sie besorgt fragte, ob sie sich sehr schlecht fühle, erwiderte sie: »Zum Sterben gut genug.« Dann blickte sie auf ihren Arzt und sagte: »Zünden Sie die Sterbekerze an und drücken Sie mir die Augen zu.« Sie sank in die Arme ihres Sohnes zurück und starb.

In Versailles wurde der Abbé Vermond von Ludwig XVI. damit betraut, der Königin die Nachricht vom Tode ihrer Mutter mitzuteilen. Marie Antoinette war niedergeschmettert. Der Hof legte am 7. Dezember Trauer an. Am 10. versuchte Marie Antoinette ihrem Bruder zu schreiben, sie brach aber in Tränen aus und schrieb nur wenige Zeilen. »Ich sehe nicht mehr, was ich schreibe.« Als sie erfuhr, daß ihre Mutter zwei Tage vor ihrem Tod ihren abwesenden Kindern den Segen erteilt hatte, flossen ihre Tränen noch reichlicher. Mit zum Himmel emporgehobenen Händen hatte die Kaiserin jedes ihrer Kinder beim Namen genannt: Leopold, Großherzog von Toskana, Maria Christine, Herzogin von Sachsen-Teschen, Amalie, Herzogin von Parma, Maria Caroline, Königin von Sizilien und Neapel. Dann hatte sie, nach einem kurzen Zögern, den letzten Namen fast herausgeschrien: Marie Antoinette, Königin von Frankreich, und war schluchzend in Tränen ausgebrochen. Seit sie am 31. Juli 1775 an Mercy geschrieben hatte: »Meine Tochter läuft mit großen Schritten ihrem Ruin entgegen«, wußte sie, daß keine Hoffnung mehr bestand: »Meine Tochter wird nicht verfehlen, ihren Untergang zu beschleunigen.« Gewiß hatte sie sich über »die Amüsements von Trianon« keine großen Sorgen gemacht, denn Mercy berichtete ihr, »er halte sie für vorübergehend«. Aber der leere Raum, den Marie Antoinette, um mit ihren teuren Freunden allein zu bleiben, am Hof um sich geschaffen hatte, beunruhigte sie in ihrer klaren Voraussicht. Mercy hatte der Königin nahegelegt, Versailles nicht zugunsten Trianons zu vernachlässigen; die Kaiserin billigte seine »sehr begründeten« Empfehlungen noch in dem letzten Brief, den sie am 3. November ihrem Gesandten schrieb: Ein großer Hof müsse vielen Leuten zugänglich sein, da sonst Haß und Eifersucht die Köpfe erhitzten und Klagen, Abneigung und eine Art von Entfremdung entstünden. Auch Marie Antoinette konnte in der Stille ihres Zimmers, wo sie sich mit der Herzogin von Polignac eingeschlossen hatte, im letzten Brief ihrer Mutter nachlesen: »Ich freue mich, daß Sie sich vornehmen, die ganze Repräsentation in Versailles wieder aufzunehmen: ich kenne die ganze Langeweile und Leere davon; aber glauben Sie mir, wenn es keine Repräsentation gibt, sind die Unannehmlichkeiten, die daraus entstehen, viel wesentlicher als die kleinen Unbequemlichkeiten des Repräsentierens, besonders bei Ihnen, bei einer so lebhaften Nation.«

Marie Antoinette hatte ihrer Mutter tatsächlich am 11. Oktober versprochen, damit aufzuhören, nur noch »die Königin von Trianon« zu sein. Aber leider war es schon zu spät, die Entfremdung war bereits eingetreten. Schon Ende des vergangenen Jahres hatte sie ihren Widerwillen überwunden und sich an drei Tagen der Woche in ihren Appartements in Versailles aufgehalten. Aber »es waren trotzdem nicht mehr Leute nach Versailles gekommen«. Ihre Koterie hatte endgültig alle Leute entfernt, die sich im Fall der Gefahr um den Thron hätten scharen können. Marie Antoinette gab sich über diese Isolierung noch keine Rechenschaft, da der große Apparat noch immer fast reibungslos funktionierte. Aber im Verlauf ihres zehnjährigen Aufenthaltes in Versailles und einer sechsjährigen Regierungszeit war es ihr gelungen, sich eine Menge Leute zu entfremden. Zu diesen gehörten alle, denen sie ihre Mißachtung gezeigt, über die sie sich mokiert und die sie aus dem engen Kreis ihrer Vertrauten ausgeschlossen hatte, weil sie ihr zu alt erschienen; oder jene, die sooft nach Versailles gekommen waren, ohne ihre Herrscherin auch nur zu Gesicht zu bekommen oder mit denen zu sprechen sie sich geweigert hatte; vor allem aber ihre früheren Freunde, von denen sie sich abwandte, wie etwa der Herzog von Chartres, um den sich schon eine Gruppe von Frondeuren zu sammeln begann ... Die Schwägerin des nachmaligen Königsmörders Egalité, die Prinzessin Lamballe, die schon 1779 am Hofe kaum mehr geduldet worden war, wurde 1780 endgültig von allen gesellschaftlichen Veranstaltungen ausgeschlossen. Im Herbst verließ sie den Hof und suchte bei dem Herzog von Penthièvres Zuflucht. Sie hatte sich mit ihrem Los abgefunden, aber Chartres war nicht gewillt, die Ungnade der Königin hinzunehmen. Marie Antoinette hatte ihn nach der Seeschlacht bei der Insel Quessant, wo seine Haltung als Kommandant eines Geschwaders recht kläglich war, nicht einmal in Schutz genommen, ja sie soll sich sogar auf die Seite der Spötter geschlagen haben, die sich über die Feigheit« des Herzogs lustig machten. Aber noch mehr verletzte es ihn, daß sie ihm im Juli 1779 brieflich den Rat erteilte, er möge, um sich »die strenge Form eines Befehls des

Königs« zu ersparen, die Armee verlassen, die in Saint-Malo stand und England bedrohte, und ins Palais Royal nach Paris zurückkehren. Ludwig XVI. liebte seinen Vetter nicht und wollte nicht riskieren, daß dieser, der künftige Chef der jüngeren Linie, zu Land vielleicht glücklicher kämpfen würde als zur See. Chartres gehorchte und kehrte ins Palais Royal zurück. Bei Hof durfte er nicht erscheinen. Er lebte als Privatmann, bis er sich später als Philipp Egalité der Opposition in die Arme warf. Aber schon 1780 versammelte die Clique des Palais Royal alle Unzufriedenen um Chartres und stellte sich bewußt gegen die Clique von Trianon. Bevor man einander aufs Schafott schickte, begnügte man sich mit Nadelstichen. Marie Antoinette schien diesen Vorgängen keine große Bedeutung beizumessen. Darin ähnelte sie dem Herzog von Chartres. Auch er hatte Feinde, und wenn diese ihn angriffen, zuckte er die Achseln und sagte sein bekanntes: »Ich pfeife darauf«.

In ihrer Verblendung verlangte Marie Antoinette von Boufflers, er solle ein Chanson dichten, »in welchem alle Fehler zusammengefaßt seien, die ihr in den verleumderischen Schriften vorgeworfen würden«. Der Chevalier fügte sich. Er verfaßte ein Chanson von vier zehnzeiligen Strophen, in welchem er unter dem Namen Themira ein Porträt der Königin entwarf, das alles andere als schmeichelhaft, aber eben darum treffend war. Unüberlegtheit, Vorliebe für Schmeicheleien, Unpünktlichkeit und Unverläßlichkeit, Egoismus als oberstes Gesetz ihres Handelns und übertriebene Zärtlichkeitsbezeigungen wurden ihr darin im Spiegel der Themira vorgehalten. Man sollte meinen, die Königin hätte sich über ein solches Chanson geärgert. Keineswegs! Der Verfasser der »Mémoires secrets« behauptet sogar, »Ihre Majestät habe geruht, es ihrem Hofstaat selber vorzusingen«. Muß man da nicht annehmen, daß Marie Antoinettes Intelligenz, die ihr manche Historiker nachrühmten, nur eine fromme Legende ist?

Als sie endlich erwachte befand sie sich im Kerker der Conciergerie, und der Henker schickte sich an, ihr die Hände zu fesseln.

## VIII

## EINE MAKELLOSE SEELE

Im Jahre 1781 wurde Marie Antoinette am 2. November sechsundzwanzig Jahre alt und erwartete ihr zweites Kind. Aus der jugendlich unentwickelten Erzherzogin war eine Frau geworden, die Haltung und Benehmen einer vollendeten Herrscherin besaß. »Wenn ich nicht Königin wäre«, bemerkte sie zu Madame Vigée-Lebrun, »würden die Leute behaupten, daß ich anmaßend bin.« Aber die Leute behaupteten es auch so. Viele ihrer Zeitgenossen – vom Grafen Séneffe bis zum jungen Camille Desmoulins – waren über ihre »hochmütige Miene« und den »arroganten Blick« betroffen, wenn sie Gelegenheit hatten, sie hinter den Fenstern ihrer Karosse zu erblicken.

Ihr Page, der Baron von Tilly, der sie nicht mochte, entwarf von ihr das folgende Bild: »Ihre Augen waren nicht schön, aber ausdrucksvoll. Wohlwollen oder Abneigung spiegelten sich in ihrem Blick so deutlich, wie ich es sonst noch bei niemand bemerkt habe. Ich bin nicht sicher, ob ihre Nase zu ihrem Antlitz paßte. Ihr Mund war ausgesprochen unangenehm. Von ihrer vorgeschobenen, manchmal hängenden starken Unterlippe wurde gesagt, sie verleihe ihrem Gesicht einen edlen und besonderen Zug. Sie war aber zu nichts anderem gut, als Zorn und Indignation zu zeigen, was nicht gerade der gewohnte Ausdruck von Schönheit ist. Ihr Teint war ebenso bewunderungswürdig wie ihre Schultern und ihr Hals. Die Brust erschien ein wenig zu voll, und ihre Taille hätte schlanker sein können. Doch habe ich noch niemals so schöne Arme und Hände gesehen. Sie hatte zwei Arten zu gehen; entweder mit festen, etwas eiligen Schritten, niemals aber, ohne ihre gute Haltung zu verlieren; und eine andere weichere und wiegende, ich möchte fast sagen liebkosende, die aber dennoch den Respekt vor ihr nicht vergessen ließ. Ihre Verbeugung war von bezaubernder Grazie, wenn sie mit einer einzigen Reverenz zehn Personen begrüßte und dabei einem jeden durch Blick und Wendung des Kopfes gewährte, was ihm zukam. Mit einem Wort: man wollte ihr fast immer ihren Thron anbieten wie anderen Frauen einen Stuhl.«

»Marie Antoinette stand damals in der vollen Blüte ihrer Jugend und Schönheit«, erzählte ihre Porträtistin Madame Vigée-Lebrun, die sie während der Sitzungen stundenlang beobachtet hatte. »Sie war groß und herrlich gewachsen, nicht zu voll und nicht zu schlank. Ihre Arme waren prachtvoll, ihre Hände klein und vollendet geformt, ihre Füße reizend. Keine Frau in Frankreich hatte einen so schönen Gang wie sie. Das Haupt trug sie aufrecht, mit einer Majestät, an der man sie inmitten ihres Hofstaates sogleich als die Herrscherin erkannte. Den Zügen ihres Gesichts fehlte die Regelmäßigkeit, es war – eine Eigenart ihrer Familie und der österreichischen Nation – zu sehr in die Länge gezogen. Aber das Bemerkenswerteste an diesem Gesicht war der blendende Teint. Ich habe noch nie einen so leuchtenden gesehen, leuchtend ist das treffende Wort dafür; denn ihre Haut war so durchscheinend, daß sie keine Schatten zuließ. Daher vermochte ich auch die Wirkung nicht zu erzielen, die ich wünschte: es fehlten mir die Farben, um den Teint dieses charmanten Gesichts zu malen und dessen zarten Ton wiederzugeben, den ich bei keiner anderen Frau mehr gefunden habe.«

Madame Vigée-Lebrun aber malte nicht nur mit dem Pinsel, sondern auch in Worten ein nicht weniger farbenfreudiges Bild Marie Antoinettes. Sie hatte, da sie sich infolge vorgeschrittener Schwangerschaft unpäßlich fühlte, den mit der Königin vereinbarten Besuch versäumt und erschien verlegen und aufgeregt am nächsten Tag in Versailles, als die Königin eben im Begriff war, auszufahren. »Mein Herz klopfte heftig. Ich hatte Angst, weil ich mich im Unrecht befand. Die Königin wendete sich mir zu und sagte freundlich: ›Ich habe Sie gestern den ganzen Vormittag erwartet. Ist Ihnen etwas zugestoßen?‹ – ›Es tut mir leid, Madame‹, erwiderte ich, ›aber ich war so leidend, daß ich dem Befehl Eurer Majestät nicht folgen konnte. Ich komme heute nur, um Ihre neuen Befehle entgegenzunehmen, und kehre sogleich wieder um.‹ – ›Nein, nein‹, sagte die Königin, ›bleiben Sie nur. Ich möchte nicht, daß Sie vergeblich hierhergekommen sind.‹ Sie bestellte den Wagen ab und gewährte mir eine Sitzung. Ich erinnere mich, da ich, durch ihre Güte verwirrt, so hastig nach meinem Farbenkasten griff, daß er umfiel und seinen Inhalt über das Parkett verstreute. Als ich mich bückte, um meine Ungeschicklichkeit gutzumachen, rief die Königin: ›Lassen Sie das, lassen Sie das – Ihre Schwangerschaft ist zu weit vorgeschritten, Sie dürfen sich nicht mehr bücken.‹ Und sie hob trotz meiner Einwendungen alles selber vom Boden auf.«

Die Porträts Marie Antoinettes vermitteln auch den Eindruck einer großen persönlichen Lauterkeit. Joseph II., der Versailles 1781 kurz besucht hatte, äußerte wiederholt seine Verwunderung, daß seine Schwester ihre Tugend in einer Umgebung bewahrt habe, wo »ein so freies Benehmen herrschte«. Nach dem Prinzen de Ligne »flößte ihr Takt ebensoviel Respekt ein wie ihre königliche Haltung. Es war unmöglich, sich in ihrer Gegenwart zu vergessen. Man wagte vor ihr kein allzu freies Wort, keine zweideutigen Anekdoten und keine derbe Bosheit«. Vor 1780, zur Zeit des »Regimes« des Grafen Artois, war es gewiß nicht immer so gewesen – aber der Prinz de Ligne war galant und erinnerte sich nur an die »makellose Seele« der Königin. Nach der Geburt der Madame Royale war Marie Antoinette prüde geworden. »Ich empfange keine Frau, die von ihrem Gatten getrennt ist«, erklärte sie, als sie den Besuch der Fürstin von Monaco ablehnte.

1781 schrieb der junge Tilly, der Page der Königin, eine Komödie – »Laurette oder die von Amor gekrönte Tugend« – nach einer Erzählung Marmontels, ein »reizendes und einwandfrei anständiges Stück«, falls wir dem Autor glauben dürfen. Marie Antoinette verbot ihm jedoch, sie den Schauspielern zu geben. »Aber, Madame«, fragte er, »macht denn die Aufführung Schwierigkeiten?« – »Nein, das nicht. Aber es schickt sich nicht, daß sich ein Edelmann dem öffentlichen Urteil aussetzt.« Als der junge Mann trotzdem weiterdrängte und Herrn de Boufflers und den Kardinal de Bernis zu seinen Gunsten anführte, unterbrach ihn die Königin kurz: »Ich bitte Sie, nicht mehr an die Sache zu denken.« Tilly führte sich übrigens schlecht auf – er gab zuviel aus und amüsierte sich –, was die Königin, nach Mercys Bericht, veranlaßte, ihm die Leviten zu lesen: Führen Sie sich auf, wie es sich gehört, dann werden Sie in mir die Stütze finden, die Sie wünschen. Kleiden Sie sich einfacher: in den letzten Tagen sehe ich zwei neue gestickte Gewänder an Ihnen. Obwohl Sie ein anständiges Vermögen besitzen, wird es Ihnen nicht genügen, wenn Sie Ihre Ansprüche übertreiben. Warum diese Coiffure und diese Schmachtlocken? Wollen Sie Komödie spielen? Die Einfachheit wird zwar nicht bewirken, daß Sie auffallen, aber man wird Sie um so mehr schätzen.«

Wenn man die von Christian Melchior-Bonnet publizierten Memoiren Tillys liest, hört man beinahe den Klang der Stimme Marie Antoinettes. Die Szene begann eines Morgens in der Spiegelgalerie. Die Königin begab sich in die Kapelle. »Als sie mich bemerkte, zeichnete sie mich durch ihren Gruß aus und sprach mich an, während sie weiterging, so daß ich ihr folgte. Nach einigen Fragen schwieg sie. Ich benutzte diese Pause und nahm mir die Freiheit, ihr zu sagen, ich würde mich ihr gerne zu Füßen legen, um sie inständig zu bitten, mich eine Minute anzuhören. ›Seien Sie vor fünf Uhr bei mir‹, war ihre Antwort.« Tilly erschien zur bestimmten Stunde. »Ein Türhüter teilte mir mit, die Königin sei noch nicht zu Hause, sie würde aber bald heimkehren. Es waren tatsächlich kaum fünf Minuten vergangen, als sie eintraf. Sie nickte und fragte mich, wo ich diniert hätte? ›Bei Frau von Beauvilliers, Madame.‹ – ›Bei meiner?‹ – ›Nein, Madame, bei der von Madame Adelaïde.‹ – ›Ladet sie denn Leute zum Diner ein?‹ – ›Gewiß, Madame, wenigstens mich. Sie hat mich schon als Kind gekannt und macht mit mir keine Umstände.‹ – ›Wenn Herr von Champcenetz in Versailles gewesen wäre, hätten Sie mit ihm diniert. Er ist ein guter Gesellschafter.‹ – ›Madame, er hat einigen Geist und ist sehr heiter.‹ – ›Das ist charmant und wird ihn vorwärtsbringen. Nun gut, Monsieur, was wünschen Sie? Kommen Sie herein!‹ – ›Ich bitte Eure Majestät, mich mit einiger Nachsicht anzuhören, denn ich werde vielleicht etwas ausführlicher sein, als ich es dürfte.‹ – ›Ich werde Ihnen trotzdem zuhören.‹ – ›Madame, es ist ein Herr hier eingetroffen – eine Art Beamter, dem meine Eltern und ich gut gesinnt sind. Er würde gerne eine Stellung in Alençon erhalten, die frei geworden ist ... hier steht es auf einem Blatt Papier ... es hängt von Herrn von Miromesnil ab. Dieser Herr ist ein ausgezeichneter Untertan und würde sich glücklich schätzen, diesen Posten zu bekommen. Ein Wort Eurer Majestät an den Herrn Siegelbewahrer – und es ist klar ...‹ – ›Nun weiter! Was ist klar?‹ – ›Ja, Madame ... daß er nicht ablehnen könnte ...‹ – ›Ist das alles?‹ – ›Ja, Madame.‹ – ›Ich werde ihm schreiben – geben Sie mir dieses Papier.‹ – ›Madame, es ist ganz zerknittert.‹ – ›Geben Sie es schon her! Kommen Sie morgen um halb vier, der Brief wird fertig sein. Adieu.‹ – ›Ich weiß nicht, wie ich der Königin meine ganze Dankbarkeit ausdrücken kann.‹ – ›Indem Sie sich ordentlich aufführen.‹«

Verfolgen wir die Sache weiter, so sehen wir, auf welche Art man zu jener Zeit einen Posten »loshakte«. Der Page ging zu Miromesnil und setzte ihm die Wünsche des »Herrn« auseinander. Der Siegelbewahrer fuhr auf: »Bei Gott, Sie sind nicht richtig im Kopf, junger Mann! Sie verlangen einen Posten, der nur als Anerkennung für höchste Leistungen vergeben wird und Fähigkeiten voraussetzt, für die Sie keinerlei Beweise erbringen!« Lächelnd – und triumphierend – zog Tilly den Brief Marie Antoinettes aus der Tasche. Miromesnil las ihn und stammelte bestürzt: »Mein Herr, ich bin überzeugt, Ihre Majestät wußte nicht ... daß das ... nun ich sage: *fast* unmöglich ist ... Aber schließlich ... nichts macht mich glücklicher, als den Befehlen der Königin zu gehorchen.«

Während des zweiten Besuches Josephs II. in Versailles im Juli 1781 gab Marie Antoinette ihrem Bruder in ihrem geliebten Trianon ein Nachtfest, über welches der Graf von Liedekerque-Beaufort, ein Page des Grafen von Provence, in seinen Erinnerungen berichtet, aus denen nur einige Fragmente in der Revue de Paris erschienen sind: »Wir kamen zum Schloß, wo ein rechtes Durcheinander herrschte. Niemand behinderte uns, in unserer goldstrotzenden Pagenuniform einzutreten. Wir eilten durch ein Vorzimmer, gingen den gastronomischen Düften des Speisesaales nach und waren sehr überrascht und betreten, uns plötzlich in dem Salon zu befinden, wo der Kaffee für die königliche Gesellschaft vorbereitet war. Wir wollten uns eilig durch die Tür entfernen. In diesem Augenblick öffneten sich die beiden Flügel, und wir standen der Königin und Joseph II. gegenüber, der ihr die Hand reichte, um mit ihr vor der übrigen Gesellschaft in den Salon einzutreten. Sie können sich unseren Schreck vorstellen; aber er dauerte nicht lang. Die Königin war belustigt und sagte heiter und gütig: »Nun, meine kleinen Freunde, wo wollt ihr denn hin?« Ihr sanftes Lächeln beruhigte uns, und wir gestanden ihr, daß ihr schönes Fest, da wir im Garten vor Hunger starben, für uns recht traurig wäre, wenn man uns nicht ein Stückchen Kuchen gäbe, das wir in der Anrichte erbitten wollten – aber wir hätten uns in der Tür geirrt. ›Sehen Sie‹, sagte sie zu ihrem Bruder, ›wie nett und aufrichtig sie sind!‹ Wir durften uns niedersetzen, und sie ließ uns in einer Ecke Kuchen, Brioche etc. servieren. So nahmen wir unseren Kaffee pêle-mêle mit den erlauchten Herrschaften, denen wir, einschließlich Josephs II., auf ihre kleinen Neckereien sehr lustig antworteten, ohne dabei auf das Schmausen zu vergessen. Wir waren von dem Gedanken entzückt, der königlichen Gesellschaft nachher durch alle Vergnügungen des Gartens folgen zu dürfen, da wir mit einemmal zur Begleitung von Monseigneur gehörten. Wir folgten, wie man sich denken kann, in respektvollem Abstand. Bald öffnete sich eine Gittertür, durch welche wir eine reservierte Allee betraten, in welcher sich aber trotzdem schon zahlreiche vornehme Leute befanden, die, mit Sonderkarten versehen, schon vorher eingetreten waren, so daß sich viele Spaziergänger in der Allee hin und her bewegten. Das sollte so sein, weil sie die Menge auf einem Jahrmarkt darzustellen hatten; zu diesem Zweck waren auch an beiden Seite der Allee wie auf einem wirklichen Jahrmarkt Buden aufgestellt: Damen vom Hof, die auf sehr zierliche Weise als Verkäuferinnen verkleidet waren, forderten dazu auf, Lotterielose zu nehmen, die sie auf Kredit anboten . . .«

Welcher Raum in Trianon erinnert nun den Besucher am lebhaftesten an Marie Antoinette? Etwa der Salon, in welchem »der Kaffee für die königliche Gesellschaft vorbereitet war«? Geschnitzte Feldblumengirlanden schmückten seine Holzverkleidung, die Möbel waren mit grünem Samt bezogen, auf dem Kamin aus violettem Bruchstein sind noch heute die beiden Vasen aus versteinertem Holz zu sehen, die Joseph II. 1780 aus Wien gesendet hatte. Oder vielleicht der Raum im Zwischenstock, dessen Wände mit Musselin und hellfarbigen Seidenstickereien drapiert waren? Er war wirklich ihr persönlichstes Zimmer, denn der König hatte hier niemals eine Nacht verbracht. Im anstoßenden Boudoir zierten Tauben, Blumenkränze, Köcher und Rosenzweige die feine Wandvertäfelung. In diesem Zimmer ist ihre Gegenwart für alle, die die Vergangenheit lieben, am deutlichsten spürbar, oder aber in ihren kleinen Appartements mit dem Blick in den Hof des Oeil-de-Boeuf in Versailles. Es ist begreiflich, daß Marie Antoinette trotz der Düsternis, die in den köstlichen kleinen Räumen herrschte, es vorzog, in diesem Schmuckkästchen zu leben, das so gut zu ihr paßte, statt in dem prunkvollen, mit karmesinrotem Gold- und Silberbrokat überladenen Schlafzimmer oder in ihrem Salon aus Stuck und Marmor, dessen Fenster auf das südliche Gartenparterre des Schlosses blickten.

Am liebsten hielt sie sich in ihrem »cabinet intérieur« auf. Es war der »modernste« Raum des Schlosses, in welchem sich der Empirestil schon durch geflügelte Sphinxe und Dreifüße nach antiker Art ankündigte, und wo Marie Antoinette auf einem Kanapee zu sitzen pflegte, das in einer aus seidendrapierten Spiegeln gebildeten Nische stand. In diesem Raum befanden sich ihr Schreibpult, ihr Arbeitskorb und ihr Klavier, auf welchem sie Mozart zu spielen liebte. Hier empfing sie auch den berühmten Sänger P. J. Garat, »das Wunder von Bordeaux«. Er war in Begleitung seines Vaters, eines Parlamentsbeamten, und des Musikers Salieri bei ihr erschienen und wurde ihr von seinem Vater vorgestellt. »Wie, Herr Garat«, hielt sie diesem vor, »Sie haben Ihren Sohn, einen so ausgezeichneten Musiker und Sänger, nach Paris gebracht, ohne ihn mir vorzustellen?« Der junge Garat entschuldigte sich damit, daß »er nur Lieder in der Mundart der Provinz Aquitanien zu singen verstehe«. »Nun gut, Monsieur, – wir wollen Ihre Gascogner Lieder hören.« Salieri setzte sich an das Klavier. Marie Antoinette war entzückt, besonders da Garat den Text eines jeden Liedes, nachdem er es gesungen, ins Französische übersetzte. »Und die französischen Opern sind Ihnen wirklich unbekannt, Herr Garat?« fragte die Königin. »Gewiß, Madame. Ich kenne sie nicht, da mein Herr Vater mir nur erlaubt hat, meine Zeit mit dem Studium der Rechte zu vertrödeln.« Die Königin lachte über diese Antwort, und der Vater Garat war »Hofmann genug«, um das gleiche zu tun. »Kennen Sie wirklich gar nichts?« »Mein Gott, Madame, ich war gestern in der Oper und habe Armida gehört – vielleicht habe ich etwas behalten.« »Ach sehen Sie! Herr Salieri, wollen Sie bitte die Partitur nehmen und Herrn Garat begleiten?« Das Gedächtnis ließ den jungen Garat nicht im Stich, und er sang alle Solopartien der berühmten Oper. Marie Antoinette applaudierte begeistert. »Wir sehen uns wieder, Herr Garat«, sagte sie und reichte ihm die Hand zum Kuß.

Im September 1781 befand sich die Königin im achten Monat ihrer zweiten Schwangerschaft. Wenn sie sich in ihrem beschwerlichen Zustand nach dem Diner ausruhen wollte, mied sie das Zimmer, wo ihr breites Bett stand, das von einem Baldachin mit reichen Schnitzereien, die Blumen und Girlanden darstellten, gekrönt war. Sie öffnete die Tür des Alkovens und betrat den schmalen Gang, den Mique für sie angelegt hatte, »da Ihre Majestät wünschte, allein zu sein, sooft es ihr paßte, ohne die Dienerschaft zu stören und von dieser gestört zu werden«. Die Tür zur rechten Hand öffnete sie freilich nur selten. Sie führte in die Bibliothek. Campan hatte dort in diesem Jahr die Bücher der Königin aufgestellt – die Bücher, die sie niemals aufschlug. Sie begnügte sich, gelegentlich eine der Schubladen aufzuziehen, deren Griff den österreichischen Doppeladler darstellte, und in einer Mappe mit Stichen zu blättern. Aber nach dem Diner zog sie es vor, sich auf ihrem neuen, soeben von Mique fertiggestellten Kanapee, der »Méridienne«, auszustrecken, oder sie legte sich im Spiegelalkoven nieder, wo sie sich, unter einem bestimmten Sehwinkel, ohne Kopf sehen konnte. Wie oft mögen die Blicke ihrer blauen Augen über die bewunderungswürdigen, von Forestier ziselierten Rahmen der Spiegel geglitten sein, in welchen sich die Dekorationen der Brüder Rousseau auf der Täfelung im Spiegelbild wiederholten: Rosenzweige und Kränze, Lilien, Amoretten, von Pfeilen durchbohrte Herzen, Doppeladler und Delphine – eine Allegorie der Liebe und des Dauphin, den sie so ungeduldig erwartete!

Marie Antoinette war die beste Mutter, die man sich vorstellen kann. Als ihre kleine Tochter Anfang Oktober 1780 zahnte, war sie tief betrübt und schrieb am 11. Oktober in ihrem letzten Brief an Maria

Theresia: »Die Gesundheit meiner Tochter hat mich seit drei Wochen beschäftigt und ein wenig beunruhigt. Mehrere Zähne, die alle auf einmal herauskommen wollten, haben ihr große Schmerzen verursacht und Fieber gebracht ... Seit gestern hat der Anfall aufgehört; Gott gebe, daß das zu Ende ist. Ich bin von der Sanftmut und Geduld dieser armen Kleinen inmitten ihrer Leiden, die in gewissen Augenblicken sehr stark gewesen sind, gerührt.« Und als jemand die kleine Prinzessin fragte, »wo ihre Mama sei, hat mich diese arme Kleine, ohne daß es ihr jemand sagte, angelächelt und umarmt. Ich gestehe, daß dieses erste Zeichen des Erkennens mir große Freude gemacht hat, und ich glaube, daß ich sie nun noch mehr liebe«.

Ludwig XVI. schrieb in seinem ganzen Leben nur zwei Berichte: eine Seite über die Geburt seiner Tochter, der Madame Royale, und zwei über die Niederkunft der Königin am 22. Oktober 1781. »Die Königin hatte die Nacht vom 21. auf den 22. Oktober sehr gut verbracht. Beim Erwachen spürte sie geringe Wehen, die sie aber nicht hinderten, ein Bad zu nehmen; sie beendete es um halb elf; die Wehen blieben auch weiterhin mäßig. Ich gab keinerlei Befehl für die Schießjagd in Saclé, die erst zu Mittag beginnen sollte. Zwischen Mittag und halb eins nahmen die Wehen zu. Sie legte sich auf ihr Bett, und um Punkt viertel zwei nach meiner Uhr kam sie diesmal glücklicherweise mit einem Jungen nieder. Während der Geburtswehen waren nur Frau von Lamballe, der Graf d'Artois, meine Tanten, Frau von Chimay, Frau von Ossun, Frau von Tavannes und Frau von Guéménée im Zimmer, die abwechselnd in den Salon de la Paix gingen, den man leergelassen hatte. Im Grand Cabinet war mein Hofstaat, der der Königin, die Kronbeamten und die Kammerfrauen, die im Augenblick der stärksten Wehen hereinkamen und sich im Hintergrund des Zimmers hielten, ohne sich zu rühren ...«

Dieser Bericht klingt wie das dürre Protokoll eines Gerichtsbeamten; wir ziehen ihm die Schilderung eines Briefes, den Fersens Freund Baron Stedingk an König Gustav von Schweden schrieb, bei weitem vor: »Nach einer qualvollen Viertelstunde des Wartens stürzte eine Kammerfrau der Königin mit fliegenden Haaren herein und rief uns zu: ›Ein Dauphin!‹ Doch dürfe man noch nicht darüber sprechen. Unsere Freude war aber so groß, daß wir sie nicht unterdrücken konnten. Wir stürzten aus dem Zimmer in den Saal der Gardes de la Reine. Die erste Person, der ich dort begegnete, war Madame, die eilig zur Königin lief. Ich rief ihr zu: ›Ein Dauphin, Madame! Was für ein Glück!‹ Dieser Ausruf war nur das Ergebnis der zufälligen Begegnung und meiner übergroßen Freude, er erweckte aber den Eindruck eines schlechten Scherzes und wird in soviel Variationen erzählt, daß er, wie ich fürchte, nicht dazu beiträgt, mich bei Madame beliebt zu machen. Das Vorzimmer der Königin bot einen charmanten Anblick. Die Freude war ungeheuer und hatte allen den Kopf verdreht. Man sah

Leute, die sich kaum kannten, bald lachen und bald weinen. Männer und Frauen warfen sich einander an den Hals, und selbst die Leute, die der Königin am wenigsten verbunden waren, wurden von der allgemeinen Freude mitgerissen. Ganz anders war es, als sich die Flügeltüren zum Zimmer der Königin eine Stunde nach der Geburt öffneten und der Herr Dauphin gemeldet wurde. Frau von Guéménée trug ihn strahlend auf den Armen durch die Appartements in ihre Gemächer. Applaus und Freudenrufe erhoben sich, die in das Zimmer der Königin drangen und sicherlich auch ihr Herz erreichten. Jeder wollte das Kind berühren und ihm seine Verehrung bezeigen, man folgte ihm in Scharen nach. Als es in seinem Appartement ankam, wollte es der Erzbischof zuerst mit dem Cordon bleu, dem Großkordon des Ordens vom Heiligen Geist, dekorieren, der König aber sagte, daß es vorher Christ werden müsse. Die Taufe wurde am Nachmittag um drei Uhr vollzogen. – Man hatte zunächst nicht gewagt, der Königin mitzuteilen, daß es ein Dauphin sei, aus Furcht, sie zu sehr aufzuregen. Alle, die sie umgaben, beherrschten sich so gut, daß die Königin, die diese Zurückhaltung bemerkte, glauben mußte, es sei ein Mädchen. ›Sie sehen‹, sagte sie, ›wie vernünftig ich bin; ich frage Sie nichts.‹ Der König sah ihre Besorgnis und hielt es an der Zeit, sie davon zu befreien. Er sagte mit Tränen in den Augen: ›Der Herr Dauphin wünscht einzutreten.‹ Das Kind wurde ihr gebracht, und alle Augenzeugen dieser Szene sagen, sie hätten nie etwas Ergreifenderes erlebt. Als Frau von Guéménée das Kind entgegennahm, sagte die Königin: ›Nehmen Sie es, es gehört dem Staat; dafür werde ich meine Tochter zurücknehmen.‹«

In Paris nahmen die Stadtväter, Beamte und der Gouverneur an den üblichen Zeremonien teil und schritten mit großem Gefolge dreimal um den Scheiterhaufen. Diesmal trugen sie Girlanden und Armbänder aus Blumen – aber, »in Anbetracht der Jahreszeit«, aus künstlichen Blumen. Das Freudengeläut dauerte ohne Unterbrechung drei Tage und Nächte, es wurde Geld unter das Volk verteilt, Garküchen standen unter freiem Himmel, zwei Tage lang ruhte jede Arbeit in Paris. Die Frauen ersetzten ihre »Jeanette«, das Kreuz, das sie an dünner Kette um den Hals zu tragen pflegten, durch einen Delphin. Die Schlosser schenkten dem König ein Geheimschloß, das zu öffnen ihm nicht gelang. Die Rauchfangkehrer brachten einen Schornstein nach Versailles, »groß genug, um für einen von ihnen als Versteck zu dienen«. Die Bäcker buken im »Vestibül der Königin« ein Brot, welches »Ihrer Majestät ausgezeichnet schmeckte«. Und schließlich machten die Obsthändler einen Silberkessel zum Geschenk, dazu bestimmt, den Brei für das Neugeborene zu kochen.

Unter den zahllosen Versen, welche die Pariser anläßlich der Geburt des Dauphin dichteten, befand sich auch eine Ode an die »hohe Fürstin, deren Tugenden alle Herzen erobert haben«. Sie schloß mit einer Bitte an den Himmel:

Conserve, o ciel protecteur,
Les jours d'Antoinette.

Ihr Verfasser hieß Collot d'Herbois und war später das Haupt des Jakobinerklubs, einer der Männer, die das Todesurteil des Königs unterzeichneten.

Ein anderer Dichter zog es vor, sich über seine Kollegen lustig zu machen, und sandte einen Vierzeiler nach Versailles: »O Monseigneur, wie hold ist doch Ihr Los – nicht weil Sie zur Herrschaft über Frankreich geboren sind – sondern weil Sie die vielen schlechten Verse nicht kennen – die von uns für Sie geschmiedet werden.«

Auch die Marktweiber kamen aus Paris und sagten vor dem König ein Gedicht auf, dessen Strophen, nach ihrem eigenen Ausdruck, »so schlüpfrig und gemein« waren, daß wir sie hier nicht wiedergeben wollen. Aber Ludwig XVI. gefielen sie so gut, daß er schallend lachte und ihre Wiederholung verlangte. Die »Damen der Halle« ließen sich nicht lange bitten und fingen von vorne an, wobei sie die obszönen Stellen durch entsprechende »Körperbewegungen und Gesten« noch unterstrichen.

Am 26. Oktober, an einem Freitag, begaben sich die Stadtväter in ihren Amtsroben nach Notre-Dame, wo in Gegenwart des Königs ein Tedeum abgehalten wurde. Zwei Tage später fuhren sie nach Versailles und baten den König, den Dauphin bewundern zu dürfen. Er gewährte ihnen diese Gunst, »empfahl jedoch«, wie es im Protokoll heißt, »dem Vorsteher der Kaufmannsgilde, dem Kind« – das noch nicht acht Tage alt war – »den Titel Monseigneur zu geben«. Die Stadtväter nahmen dies zur Kenntnis. »Sie näherten sich Monseigneur, der in der Wiege lag; der Herr Bürgermeister richtete im Namen der Stadt eine Ansprache an ihn.« Neben der Wiege stand die Amme, die den treffenden Namen Madame Poitrine trug. Sie wurde von einer »gardienne du ventre«, einer »Hüterin des Bauches«, überwacht, die sie nie verließ, »um der medizinischen Fakultät jederzeit über ihren Gesundheitszustand Bericht erstatten zu können«. Am 31. Oktober, einem Dienstag, kam der Magistrat nochmals nach Versailles, um Marie Antoinette seine Glückwünsche auszusprechen. Sie empfing den Gerichtsschreiber und versicherte ihm, »daß es ihr ausgezeichnet gehe«.

Damit glaubte die Stadt, ihre Schuldigkeit getan zu haben. Die Zeiten waren hart, die Finanzlage der Stadt war elend, und so hätte der Magistrat mit Festen, Tedeum und feierlichen Empfängen lieber auf bessere Tage gewartet. Im vergangenen Jahr waren sieben mit der königlichen Familie verwandte Fürstlichkeiten gestorben: Louise von Braunschweig, der Graf von Modena, der Herzog von Wolfenbüttel, die Herzogin von Württemberg, die Kurfürstinwitwe von Sachsen, Prinz Karl von Lothringen, ein Onkel Marie Antoinettes, und schließlich die Kaiserin Maria Theresia. Gewiß hatte der König bei jedem

Sterbefall den Stadtvätern großzügig eine »Trauerrobe« mit schwarzem Flor zukommen lassen, doch hatte die wiederholte Trauer der Stadt beträchtliche Kosten verursacht: 2700 bis 3000 Livres bei jedem Todesfall. Am 30. Mai hatte die Stadt in Notre-Dame ein feierliches Requiem für Maria Theresia abhalten und für die Herolde Dalmatiken aus violettem Samt, für den Wappenkönig und den Ausrufer schwarze Roben mit dem Wappen der Kaiserin anschaffen müssen. Dazu kamen noch die Kosten für die schwarzen Draperien in der Kirche und die kostspieligen allegorischen Darstellungen über dem Portal und um den Katafalk.

Der Vorsteher der Kaufmannsgilde, de Caumartin, der auch an die wiederholten und drückenden Reisekosten der Stadt bei jedem »Fieberanfall« eines Mitgliedes der königlichen Familie dachte, meinte, daß die Festlichkeiten diesmal auf einen etwas späteren Zeitpunkt verlegt werden könnten. Auch würden die Feste mitten im Winter das Doppelte kosten – und an Brot fehle es ja auch schon! Marie Antoinette aber fragte lachend, ob man warten wolle, bis der Dauphin alt genug sei, um auf dem Ball im Rathaus zu tanzen – und die Stadtväter fügten sich: die Festlichkeiten würden am 21. und 23. Jänner 1782 stattfinden. Die Bürgerschaft aber, die das Elend in Paris aus nächster Nähe sah, begann zu murren, was nichts Gutes zu bedeuten hatte. Daher wurden einige Vorsichtsmaßnahmen getroffen. Die einfachsten bestanden darin, daß die Kohlenbecken, die Stellen für die Ausspeisung und die Musikkapellen vermehrt wurden, um das Volk zu verteilen und zu verhindern, daß es sich in Massen vor dem Rathaus ansammle, wo das Feuerwerk abgebrannt werden sollte. Damit das Königspaar das Schauspiel besser sehen könne, war eine lange Galerie aus Holz errichtet worden, in welcher auch das Festmahl stattfinden sollte. Der Aufenthalt Marie Antoinettes im Rathaus dauerte nur wenige Stunden. Trotzdem wurde ihr ein Zimmer mit blauem Damast, dessen Plafond »mit Blumen austapeziert« war, und ein mit karmesinroten Stoffen bespannter Garderoberaum eingerichtet. Damit ferner das Herrscherpaar die königlichen Beamten des Tafeldienstes nicht kommen lassen mußte, schuf der Magistrat sogar die neue Charge eines Haushofmeisters der Stadt.

Die Sorgen Caumartins waren also begründet, aber es war damit noch nicht genug. Die Prinzen von Geblüt waren von der Stadt nicht zum Bankett, sondern nur zu dem Empfang nach dem Bankett eingeladen worden. Sie erklärten daraufhin dem König, sie würden nicht erscheinen, da sie ihm »bei dieser Gelegenheit, bei der sie mit aller Welt auf die gleiche Stufe gestellt würden, von keinerlei Nutzen sein könnten«. Aber auch die Herzöge waren unzufrieden. Die Stadt habe es gewagt, sie mit den gleichen Worten einzuladen wie den hohen Adel. Der Bürgermeister wußte nicht, was tun. Wenn er zwei verschiedene Formulierungen gewählt hätte, wäre der hohe Adel beleidigt gewesen.

Am Morgen des 21. Januar war alles bereit. Das Wetter war prächtig. In der vergangenen Nacht hatte man den Straßenschmutz, von dem Paris damals erfüllt war, fortgeräumt; die Einwohner hatten die Gassen vor ihren Türen sorgfältig gekehrt und die Feuerpfannen vorbereitet, um ihre Häuser abends zu beleuchten. Die Stadt hatte ihrerseits 6021 Feuerpfannen vor den öffentlichen Gebäuden aufgestellt, und Caumartin seufzte, wenn er an die Rechnungen dachte.

Um neun Uhr kam die Königin ohne den König aus La Muette. Da es sich um ihren »ersten Kirchgang nach dem Wochenbett« handelte, hatte sie das Recht, ohne den König in Paris einzuziehen. In ihrer Karosse befanden sich Madame Elisabeth, die jetzt bei allen Zeremonien stets zugegen war, Madame Adelaïde, die Herzogin von Bourbon, die Prinzessin Chimay und Frau von Lamballe, die nur an den Hof kam, wenn dies der Dienst ihrer Charge erforderte. An der Porte de la Conférence empfing sie nach gewohntem Brauch der Gouverneur und hielt, mit einem Knie den Boden berührend, seine Ansprache, und die Königin erwiderte »mit der Grazie, die ihr eigen war«. Der Empfang durch die Pariser war diesmal »korrekt«. Der Beifall ließ sich gewiß nicht mit der Begeisterung von früher vergleichen, aber das Volk wollte der Königin immerhin seine Freude über die gesicherte Thronfolge zum Ausdruck bringen. Nach dem Hochamt in Notre-Dame, wo Marie Antoinette, auf den unbedeckten Fliesen kniend, ihre Wöchnerinnengebete sprach, und nach einem Besuch in Sainte-Geneviève fuhr die Königin unter Salutschießen und Glockengeläute zum Pont de Bled. Vor dem alten Rathaus verließ sie ihren Wagen und begab sich nach einer neuerlichen Ansprache in ihr Zimmer aus blauem Damast, wo sie auf den König wartete.

Ludwig XVI. hatte La Muette in großer Gala um drei Viertel eins verlassen und traf eine Stunde später in Begleitung seiner beiden Brüder, des Oberstallmeisters Prinz Lambesq, des ersten Stallmeisters Herzog von Coigny und des Gardekapitäns Herzog d'Ayen vor dem Rathaus ein. Aber nur Provence und Artois durften, in Gesellschaft von sechsundsiebzig Frauen, an der königlichen Tafel teilnehmen. Herr von Caumartin reichte dem König die Serviette und kostete jedes Gericht, bevor es dem Herrscher gereicht wurde, indem er die Speisen mit einem Stückchen Brot berührte. Seine Schwester, Madame de la Porte, bediente die Königin. Die anderen Stadtherren bemühten sich um die Prinzen und Prinzessinnen, während die übrigen Damen von Lakaien in scharlachroter, mit Goldlitzen verbrämter Livree bedient wurden. An den übrigen Tischen versahen zweihundertdreißig ebenso livrierte Diener den Tafeldienst. Die Schüsseln wurden von hundertfünfzig Mann der Stadtwache, die aber »weder Gewehr noch Hut« trugen, herbeigebracht.

Zu beiden Seiten der Galerie waren stufenweise erhöhte Bänke für »Personen von höchstem Ansehen« aufgestellt worden, aber zu essen wurde ihnen trotz ihres Ranges nichts angeboten. Das Volk defilierte pausenlos hinter Balustraden, die man angebracht hatte, um »einem jeden Gelegenheit zu geben, sich an einem Schauspiel zu erfreuen, das ebenso erlaucht wie prächtig war«. Das Mahl begann um drei Viertel drei und war um fünf Uhr zu Ende, aber nur an der königlichen Tafel. Infolge eines Durcheinanders in der Küche war, unter anderem, der Tisch der Herzöge um diese Zeit erst bei der Vorspeise angelangt. Der Stadtschreiber berichtet: »Die Herren Herzöge haben nur Radieschen und Butter gespeist, denn Seine Majestät hob die Tafel auf.« Man kann sich ihre üble Laune vorstellen, besonders da man sie nun auch noch hinauskomplimentieren mußte, um den großen Raum freizumachen. Denn in dieser Galerie sollte das Herrscherpaar nach dem Empfang dem Feuerwerk beiwohnen, welches auf einem mit Delphinen geschmückten Liebestempel abgebrannt wurde. »Das Feuerwerk entsprach nicht den Erwartungen«, berichtete der Stadtschreiber offenherzig, »entweder aus Nachlässigkeit des Feuerwerkers, des Sieur La Varinière, oder der schlechten Jahreszeit wegen.«

Zum Abschluß gab das ganze Stadtkollegium dem Herrscherpaar das Geleit nach La Muette. In der Rue Saint-Honoré ließ die Königin den Wagen vor dem Palais Noailles halten, wo sie der Marquis de Lafayette mit gezogenem Hut erwartete. Er war, mit Lorbeer bedeckt, soeben aus Nordamerika zurückgekehrt und hatte seine Aufwartung in Versailles noch nicht machen können. Er verneigte sich vor dem Wagenschlag, und Marie Antoinette reichte dem Helden des Tages die Hand zum Kuß aus dem Fenster.

Zwei Tage später fand im Rathaus ein Maskenball statt – das letzte große Fest des Ancien Régime. Es waren dreizehntausend Personen eingeladen worden, es kamen aber doppelt soviel, und ein wahres Gesindel war tonangebend. Marie Antoinette, die eintraf, als man sie noch nicht erwartete, wurde beinahe erdrückt. Die Büfetts wurden gestürmt, die Leute drangen rücksichtslos selbst in die verborgensten Winkel des Gebäudes ein, obwohl »Räumlichkeiten vorbereitet waren, wo sich ermüdete Personen ausruhen und solche, die das Fest verlassen wollten, in aller Bequemlichkeit auf ihren Wagen warten konnten«. Marie Antoinette ging um zwei Uhr fort, der Ball aber dauerte bis sieben Uhr früh. Am gleichen Tag fuhr der anscheinend unermüdliche Bürgermeister mit den vier Stadtschöffen nach Versailles, um dem Königspaar für sein Erscheinen zu danken, und erhielt, zur großen Erleichterung Caumartins, 30.000 Livres zur teilweisen Deckung der entstandenen Kosten.

Diese Geste machte auf die Stadtväter tiefen Eindruck. Als Marie Antoinette bald darauf an Rotlauf erkrankte, kam täglich ein Polizeioffizier der Stadt nach Versailles, um sich nach ihrem Befinden zu erkundigen. Als ein Pariser Fischer beim Pont Notre-Dame einen Stör von sechseinhalb Fuß, gleich zwei Meter zehn – die Zeiten haben sich seither geändert –, fing, beeilten sich die Schöffen, das Tier zu kaufen

und eine Wanne anfertigen zu lassen, um das Ungeheuer darin nach
Versailles zu schaffen und es dem König lebendig zu schenken. Eine
ganze Karawane von Maultieren, die Fässer trugen, »um das Wasser
von Zeit zu Zeit aufzufrischen und zu wechseln«, begleitete den Stör.
Trotzdem verendete er unterwegs. Er setzte aber seinen Weg nach
Versailles im Wagen fort, wo er von allen bewundert wurde, bevor er
in die königliche Küche wanderte.

Am 30. Jänner kam Herr von Caumartin nach Versailles, um bei
einem Ball »zu gaffen«, den die Leibgarde für die Königin zu Ehren der
Geburt des Dauphin im Opernsaal des Schlosses gab. »Sie sind wohl
hierhergekommen, um zu lernen, wie man Feste gibt?« fragte ihn lachend eine Maske. Man muß freilich zugeben, daß dieser Abend besonders gelungen war. Marie Antoinette eröffnete den Bal paré um
fünf Uhr nachmittags mit Herrn von Morot, dem Dienstältesten der
Leibgardisten. Artois tanzte mit Frau von Condé und Guichette mit
dem Herzog von Bourbon. Um sechs Uhr ließen die Garden das Volk
ein und führten es an das Büfett, »was nicht wenig zu seiner Begeisterung beitrug, die es durch Ausrufe wie: ›Ha, das schmeckt aber gut‹
ausdrückte«. Beim Anstoßen mit den Gläsern ließ es den König, die
Königin, den Dauphin und die ganze Familie hochleben. In einem
Augenblick der Stille hörte man sogar eine Stimme rufen: »Hoch sollen der Wein und die Pasteten leben, welche uns die Herren Gardisten
geben!« Um acht Uhr wurde das Volk hinausgeleitet. Die Leibgardisten setzten sich zu Tisch, und die französischen Garden, »die den
Polizeidienst im Inneren des Schlosses versehen hatten«, folgten ihrem Beispiel. Damit war das Fest aber noch nicht zu Ende. Es wurde
mit einem Maskenball fortgesetzt. Der König kam gegen elf Uhr wieder, »aber der Schlaf überkam ihn, und um halb zwölf ging Seine
Majestät zu Bett«. Marie Antoinette aber blieb und amüsierte sich
herrlich. Sie trug einen schwarzen Domino. Da sie aber bald erkannt
wurde, wechselte sie im Verlauf der Nacht dreimal ihre Maskierung.

Marie Antoinette liebte noch immer Bälle, sie hielt es aber »in ihrem
Alter« – sie war noch nicht dreißig! – nicht mehr für angebracht, wie
früher zu tanzen. Drei oder vier Jahre später erlaubte sie sich bei jedem
Ball nur noch einen Kontertanz oder eine »colonne anglaise«. Wenn
der König anwesend war, durfte sie ihm nach der Etikette niemals den
Rücken kehren. Infolge dieser erzwungenen Haltung geschah es mitunter, daß die Musik ihrem Tanz ein wenig voraus war, doch war dann,
wie Horace Walpole erklärte, »der Takt daran schuld« und nicht die
Königin.

Noch ein halbes Jahrhundert später schwärmten die letzten
Getreuen Karls X., als sie mit dem ehemaligen Grafen Artois in Prag
im Exil lebten, von den Bällen der Königin. Damals waren sie Pagen
gewesen und damit »betraut, die Honneurs zu machen«. Auf einen lächelnden Wink Marie Antoinettes, die alles aufmerksam überwachte,

begleiteten sie die Damen »mit der Ungezwungenheit ihres Alters und der Höflichkeit ihres Ranges«, um ihnen Erfrischungen anzubieten und sie dann wieder zu ihrem Platz zurückzuführen. Der Ballsaal befand sich links vom Königshof, an der Stelle des Durchgangs, der es heute ermöglicht, über den Prinzenhof in den Park zu gelangen. In wenigen Stunden konnte das Säulenvestibül durch hölzerne Pavillons erweitert werden. »Man trat zuerst«, erzählte ein Page der Königin, »in ein mit Statuen geschmücktes Boskett aus Blattpflanzen und Rosenbüschen, an dessen Ende ein offener Tempel stand, in welchem sich das Billard befand. Rechts führten schmale Alleen zum Ball- und zum Spielsaal. Um den Spielern zu ermöglichen, dem Tanz zuzusehen, war eine der Türen mit einer riesigen Glasscheibe versehen worden. Diese Scheibe war so durchsichtig, daß man einen Schweizer als Schildwache davorstellen mußte, um ungeschickte Leute zu hindern, durch sie hindurchzugehen. Der Ballsaal, in welchen ein paar Stufen abwärts führten, hatte die Form eines Rechtecks. Rings um den Saal lief eine Galerie, in welcher man promenierte, ohne den Tanz zu stören, und zwischen deren Säulen man die Tanzenden beobachten konnte. Von hier aus durften Leute zusehen, die bei Hof nicht vorgestellt waren und denen es nicht gestattet war, die Logen zu betreten, die sich längs der Wände des Saales befanden.« Im Winter wurde der Ballsaal durch »Warmluft führende Röhren« geheizt, im Sommer verbreiteten Springbrunnen, deren Strahlen aus mächtigen Marmorbecken stiegen, wohltuende Kühle in dem weiten Raum.

Von der Galerie sah man den Tänzern zu und beobachtete vor allem die Neulinge mit scharfem Auge. Wehe dem, der eine Ungeschicklichkeit beging, wie etwa Herr von Chabannes, der »fast schon in Mode« gekommen war. Er hatte das Mißgeschick, bei einem Kontertanz hinzufallen; dabei stieß er den erschrockenen Ruf »Jesus Maria« aus, der ihm als Spitzname blieb. »Er ging dann in den Krieg nach Amerika und zeichnete sich dort auch aus«, erzählte Frau von Boigne, »kehrte aber als Jesus Maria zurück, wie er als Jesus Maria hingegangen war.« Der Herzog von Guines hatte recht, seinen Töchtern an dem Tag, an welchem sie bei Hof vorgestellt wurden, zu sagen: »Vergeßt nicht, daß Laster in diesem Land keine bösen Folgen haben, daß es aber tödlich ist, wenn man sich lächerlich macht.«

Manche alte Herren, die sich noch immer jugendlich fühlten, tanzten ohne Kopfbedeckung, denn – was eine Spitzfindigkeit der Epoche war – »da niemand bei ihnen voraussetzte, sie seien gekommen, um sich dem Tanz hinzugeben, waren sie auch nicht entsprechend gekleidet«. In einer halbkreisförmigen Rotunde standen zur Erfrischung enorme Körbe mit Früchten und Backwerk sowie antike Amphoren mit Getränken. Kammerfrauen hielten sich in kleinen Zimmern bereit, um die durch den Tanz in Unordnung geratenen Toiletten der Damen wieder in Ordnung zu bringen.

Die Königin paßte auf alles auf, nicht anders als eine Hausfrau unserer Zeit, und duldete nicht, daß die jungen Leute beisammensaßen und sich über Pferde und Politik unterhielten. Um Mitternacht wurde an Tischen zu zwölf Gedecken gespeist. Die Bedienung besorgten Lakaien des Königs und der Königin in rot-silbernen Livreen. Nach dem Souper erschien der König, spielte eine Partie Billard, riskierte einen Taler beim Tricktrack, schickte Leute, die zu hoch spielten, zu ihrem Regiment zurück, und schaute von der Galerie den Tänzern zu, bevor er zu Bett ging. »Sobald Ludwig XVI. gegangen war«, erzählte später der Page, »fing man zu lachen und sich zu amüsieren an.« Der anbrechende Morgen setzte dem Ball ein Ende. Er wurde mit der Farandole, einem provenzalischen Rundtanz, abgeschlossen, an welchem die Königin lachend teilnahm. Die Pagen begleiteten dann, soweit sie noch halbwegs munter waren, die Damen, nachdem sie ihnen Bouillon und andere »Stärkungen« angeboten hatten, zu ihren Wagen, während die übrigen Pagen, von Müdigkeit überwältigt, in den Ecken schliefen. Die Leute, die im Schloß wohnten, begegneten auf den Gängen und Treppen von Versailles Schweizergardisten, die, von Pudeln begleitet, die Runde machten. Die Hunde waren eigens darauf dressiert, alle Winkel zu durchstöbern. Ohne diese Maßnahme wäre das Schloß das Dorado öffentlicher Dirnen und ein Schlupfwinkel von allerlei Diebsvolk gewesen.

Am späten Abend oder am frühen Morgen stießen die Patrouillen mitunter auf einen Mann, der »so blaß und abgezehrt war, wie Geistesgestörte auszusehen pflegen«. Aber die Schweizer ließen ihn in Ruhe. Es war Herr von Castelnaux, der seit langem sterblich in die Königin verliebt war. Sein Leben bestand darin, die Geliebte von weitem anbetend zu betrachten. »Immer allein, rechnete er sich die Stunde aus, zu der er ihr begegnen könnte.« Er hielt sich stundenlang in der Spiegelgalerie auf und versäumte niemals eine Galatafel. »Wenn er einen Wagen hörte, war er sogleich am Fuß der Treppe.« Nicht einmal die Kälte war imstande, ihn zu verscheuchen. »Während des Aufenthaltes der Königin in Trianon«, berichtete Madame Campan, »wurde die Leidenschaft des unseligen Mannes noch lästiger. Er aß in aller Eile bei einem der Schweizer ein Stück Brot und verbrachte den ganzen Tag auch bei Regenwetter damit, am Rand der Abzugsgräben um den Garten herumzugehen. Die Königin begegnete ihm oft, wenn sie allein oder mit den Kindern spazierenging.« Eines Tages bat sie Herrn von Sèze, er möge versuchen, den Unglücklichen zur Vernunft zu bringen. Castelnaux versprach zuerst, »sich in seine Provinz zurückzuziehen«, dann nahm er aber seine Zusage wieder zurück: es übersteige seine Kräfte, Versailles zu verlassen. »Von mir aus«, seufzte die Königin, »mag er mich weiter belästigen. Ich will nicht, daß man ihm das Glück der Freiheit raubt.«

Zu Beginn des Sommers 1782 fanden in Versailles wiederum Feste statt. Der Graf und die Gräfin du Nord, wie sich der künftige Zar Paul und seine Frau, geborene Prinzessin von Württemberg, nannten, hielten sich in Paris auf. Marie Antoinette wußte, wie wenig Sympathie ihr Katharina II. entgegenbrachte, aber sie empfing »diese Nords« darum nicht weniger liebenswürdig und gab ihnen ein Fest in Trianon. Die Gräfin du Nord hatte auf dem Kopf einen kleinen Vogel aus Edelsteinen sitzen, der »sich bei der geringsten ihrer Bewegungen mittels einer Feder über einer Rose wiegte«. Marie Antoinette »gefiel er so gut«, daß auch sie sich einen wünschte. Die hohen Coiffuren waren schon aus der Mode gekommen. Statt dessen schmückte man jetzt die Frisur mit Blumen, deren Stiele »in flachen, der Kopfform angepaßten Fläschchen« staken. »Es war ein charmanter Anblick«, berichtet Frau von Oberkirch, »als die Damen am 6. Juni in dieser Frisur in Trianon erschienen. Der Frühling im weiß gepuderten Haar erzeugte eine Wirkung ohnegleichen.« Die Damen aber wagten kaum den Kopf zu bewegen – aus Furcht vor einer »Überschwemmung«. Sie trugen jetzt Kleider und Frisuren »nach Art der Gärtnerinnen«, »aux fleurs des champs«, nach »Waschfrauenart«, oder »à la belle fermière«, und sehr bald wurde Mique von Marie Antoinette beauftragt, ihr am Ende des Parks ein Hameau, ein »schlichtes kleines Dorf«, zu errichten. So wie bei einer naiven, schlichten Schäferin sollte die Einfachheit künftighin ihren einzigen Schmuck bilden.

Wir wollen aber noch der Baronin Oberkirch das Wort erteilen, die zu dem Ball eingeladen war, der bei der Königin zu Ehren »dieser Nords« stattfand. »Ich kann mich noch immer nicht von den Unbequemlichkeiten erholen, welche die Wagenfahrten von Paris nach Versailles bereiteten, wenn man sich in großer Toilette befand. Sie waren so beschwerlich, daß die Frauen, die sie mehrmals in der Woche machten, ihrer wohl überdrüssig wurden. Der Ball war wunderbar; die Königin tanzte mit dem Großfürsten; es ist unmöglich, mehr Grazie und Noblesse zu entfalten als unsere Herrscherin. Ihre Gestalt und Haltung sind über allen Vergleich erhaben. Ich befand mich eine Weile hinter ihr und der Großfürstin. ›Frau von Oberkirch‹, sagte die Königin, ›sprechen Sie doch ein wenig deutsch; ich möchte wissen, ob ich mich noch daran erinnere. Ich verstehe nur noch die Sprache meines neuen Vaterlandes.‹ Ich sagte einige deutsche Worte zu ihr. Sie blickte sinnend vor sich hin, ohne zu antworten. ›Ah‹, sagte sie schließlich, ›ich bin doch sehr erfreut, deutsch sprechen zu hören. Sie sprechen wie eine Sächsin, Madame, ohne elsässischen Akzent, was mich wundert. Deutsch ist wirklich eine schöne Sprache; aber erst Französisch! Wenn es meine Kinder sprechen, erscheint es mir als die lieblichste Sprache der Welt.‹« Sie übertrug ihre Gefühle auch auf ihre Kinder. Als Frau von Oberkirch vor der kleinen Madame Royale erschien, fragte das Kind nach ihrem Namen und sagte dann: »Sie sind also Deutsche, Madame?« »Nein, Madame, ich bin Französin aus dem Elsaß.« »Oh, um so besser. Denn eine Ausländerin möchte ich nicht liebhaben wollen.«

Am Ende des Sommers 1782 bereitete Marie Antoinette die Erziehung ihrer Kinder schwere Sorgen. Der gigantische Bankerott der Frau von Guémenée mit einer Schuldenlast von dreiunddreißig Millionen Livres zwang die Prinzessin zur Demission. Wer sollte sie ersetzen? Marie Antoinette dachte an die fromme Prinzessin Chimay oder die gelehrte Prinzessin Duras – aber Besenval war auf dem Posten: sie müsse Frau von Polignac ernennen lassen. »Die Ernennung einer anderen Dame würde den Eindruck erwecken, daß Eure Majestät nicht mehr genug Einfluß besitzen, um Ihrer besten Freundin zu dieser Stelle zu verhelfen.« »Ich dachte, daß Sie die Herzogin besser kennen; sie wird von diesem Posten nichts wissen wollen.« Aber der Schweizer war ein schlauer Bursche: er hatte die Königin an ihrer empfindlichsten Stelle getroffen. Sie verwendete sich in seinem Sinn, und der König fügte sich wie immer. Die Öffentlichkeit begann sogleich zu tuscheln: nun würden die Revenuen der Polignacs noch höher werden. Selbst Joseph II. erklärte in Wien, er sei durch diese Wahl »schokiert«, die der Königin später aufs bitterste vorgeworfen wurde. Sie aber tröstete sich mit der Begründung, »sie würde es nun leichter haben, die Erziehung ihrer Kinder, vor allem ihrer Tochter, zu überwachen, ohne daß sie riskiere, die Eitelkeit der Erzieherin zu verletzen«.

Die kleine Marie Thérèse – Madame Royale – verließ von nun an nicht mehr die Zimmer ihrer Mutter. Dies hatte zur Folge, berichtete Mercy am 28. Dezember 1782 an Joseph II., daß alle Gespräche »über wichtige und ernste Dinge durch die Zwischenfälle beim Spielen des königlichen Kindes unterbrochen werden, was die angeborene Neigung der Königin, zerstreut und unaufmerksam zu sein, so sehr verstärkt, daß sie auf das, was ich ihr sage, kaum noch hört und es noch weniger versteht ... Dadurch ist mein Einfluß auf sie jetzt geringer denn je zuvor«. Aber das wäre ja nur von Vorteil gewesen, Herr von Mercy! Denn es bedeutete, wie sich später zeigte, in den Augen der Öffentlichkeit eine schwere Belastung der Königin, daß man sie in die Affäre der freien Schiffahrt auf der Schelde, die Joseph II. so sehr am Herzen lag, oder in die ewigen Händel zwischen Preußen und Österreich hineingezogen hatte. Im gleichen Brief schrieb Mercy: »Die Folgen der Unbeständigkeit der Königin lassen sich nicht mehr berechnen.« Aber diese Sprunghaftigkeit hatte auch eine gute Seite. Trotz der der »Clique« gewährten neuen Gunst hatte sich die große »Passion« ein wenig abgekühlt. Die Polignac blieb zwar für Marie Antoinette noch immer »die zärtlichste Freundin«, ihr Einfluß aber war nicht mehr so groß wie früher: ihre ständigen Wünsche fingen die Königin zu ermüden an. Erst kürzlich hatte die Polignac gewagt, den Posten des Ministers des Königlichen Hauses für Adhémar zu verlangen, und Marie Antoinette hatte dies abgelehnt. Frau von Polignac war verärgert und spielte die Gekränkte. Marie Antoinette aber setzte sich jetzt viel leichter darüber hinweg, als sie es noch vor zwei Jahren vermocht

Ludwig XVI.,
König von Frankreich.
Ausschnitt eines Gemäldes von
Nicolas Monsau.

Die Königin mit ihren Kindern.
Gemälde von Elisabeth-Louise Vigée-Lebrun,
1785/1787.

Die Königin bei einer
Porträtsitzung in ihrem Schlafzimmer in Versailles.
Gemälde von Jean-Baptiste-André Gautier-Dagoty.

Oben: Marie Thérèse von Savoyen-Carignan,
Prinzessin von Lamballe, die Favoritin der Königin und seit 1755
Oberintendantin ihres Hofstaates.

Unten: Axel Graf von Fersen,
schwedischer Diplomat, der an der Vorbereitung zur Flucht
der französischen Königsfamilie 1791 beteiligt war.

hätte, da sie eine andere Freundin entdeckt hatte: Geneviève de Gramont, Gräfin d'Ossun, die seit dem vorigen Jahr ihre dame d'atours war.

Diesmal durfte man sich der »Unbeständigkeit«, die Mercy beklagte, von Herzen gratulieren. Denn Frau von Ossun intrigierte nicht und verlangte kein Geld. Sie erhielt 600 Livres Gehalt, 4000 Kostgeld, 3600 »de plat« (ein Ausdruck, dessen Bedeutung wir nicht kennen) und 886 für ihre »Fahrten und Pferde«. Im ganzen also nicht einmal 10.000 Livres; und mehr verlangte sie auch nicht. Marie Antoinette sagte sich häufig mit vier oder fünf Personen bei ihr zu Tisch an und hatte Mühe, sie zur Annahme von ein paar tausend Talern als Entschädigung zu bewegen.

Da die »Garderobe« Marie Antoinettes fast einem Ministerium glich, unterstand Frau von Ossun ein zahlreiches Personal. »Alles war ihr untergeordnet«, erzählte Madame Campan, »und ohne ihre Unterschrift wurde nichts bezahlt, von den Schuhen angefangen bis zu den gestickten Lyoner Roben. Der dame d'atours unterstanden in Dienerschaft eine erste Kammerfrau, die alle Kleidungsstücke der Königin zu pflegen und in Ordnung zu halten hatte; zwei Frauen zum Fälteln und Bügeln; zwei Garderobediener und ein Gehilfe, dessen Dienst darin bestand, am Morgen mit Taft bedeckte große Körbe mit allem, was die Königin an diesem Tage anziehen würde, und große Einschlagtücher aus grünem Taft, welche die Staatskleider und Roben enthielten, nach dem Appartement zu schaffen. Der Garderobediener vom Dienst legte der ersten Kammerfrau an jedem Morgen ein Buch mit den Mustern der Roben, Staatsroben etc. vor. Ein kleines Stück des Kleides genügte, um zu zeigen, von welcher Beschaffenheit es war. Die erste Kammerfrau präsentierte der Königin, sobald diese erwachte, das Musterbuch und ein Nadelkissen; Ihre Majestät bezeichnete mit Stecknadeln alles, was sie an diesem Tage zu tragen wünschte. Das Buch wurde in die Garderobe zurückgetragen, und bald sah man, wie alles, was sie an diesem Tage brauchte, in umfangreichen Taftbündeln herbeigeschafft wurde.« Eines dieser Musterbücher, in welchem man noch die Spuren der Stecknadeln Marie Antoinettes bemerkt, ist in den Archiven erhalten geblieben. Man kann vor diesen grüngetupften oder auf lila Grund weißgepunkteten Mustern von der Vergangenheit träumen. Im Frühjahr 1782 trug die Königin lavendelblaue Kleider mit kleinen weißen Tupfen oder satinierten Streifen, oder ein langes, mit weißen Tüpfelchen durchwirktes Überkleid. Die Galarobe, welche obenan auf der Liste steht und vielleicht bei dem Fest in Versailles zu Ehren der Nords getragen wurde, hatte die Farbe von lila Jaspis, während eine Reifrockrobe aus goldgesticktem Musselin angefertigt war.

Nach Madame Campan »hatte Marie Antoinette für den Winter zwölf Galaroben, zwölf kleine, sogenannte Phantasieroben, zwölf reiche Galaroben, die beim Spiel oder den Soupers in den kleinen

Appartements getragen wurden, und ebensoviele Roben für den Sommer. Die Frühlingsroben wurden auch im Herbst getragen. Alle diese Kleider wurden am Ende jeder Saison ausgemustert, abgesehen von denen, die sie aufheben ließ, weil sie ihr besonders gefallen hatten«. Die treu ergebene Kammerfrau der Königin versuchte, uns einen Teil der Wahrheit zu verbergen. Die Historiker geben die Zahl der jährlich angeschafften Kleider gewöhnlich mit rund einhundert an. Wenn man aber die Akten in den Archiven aufschlägt und das – unter dem Durchschnitt liegende – Jahr 1782 herausgreift, gelangt man zu der Gesamtzahl von hundertsiebzig Kleidern. »Die ausgemusterten Kleider wurden, nach jeder Ausmusterung, auf Befehl der dame d'atours den ersten Frauen der Königin überlassen.« Über dieses Kapitel gleitet Madame Campan »verschämt« hinweg. In Wirklichkeit erhielt – immer nach den Archiven – eine jede der ersten Frauen im Jahr 1782 zwölf kurze Damenkleider, zweiundzwanzig Überkleider und, am Ende jeder Saison, »eine Galarobe und ein einfaches Kleid«. Dazu kamen noch Taftunterröcke, Schuhe, Seidenstrümpfe, Handschuhe und Halbhandschuhe. Es handelte sich aber nicht etwa um abgetragene Kleider. Eine Notiz besagt, die Zahl der Gewänder sei so groß gewesen, »daß nicht alle von ihnen verwendet werden konnten und viele ausgemustert wurden, ohne je getragen worden zu sein«. Die übrigen Kleider – vor allem die Roben und Staatskleider – bekam Frau von Ossun, die sie für eigene Rechnung verkaufen durfte. Das war gerechtfertigt, denn die dame d'atours war vielleicht die einzige unter den Frauen der Königin, die, neben ihrer Rolle als Statistin, noch wirkliche Arbeit leistete.

Die Ausgaben ihrer Gebieterin versetzten die Gräfin d'Ossun in Schrecken. Marie Antoinette erhielt jährlich zwischen drei und vier Millionen Livres, gleich 600 bis 800 Millionen Francs heutiger Währung, zur Deckung aller Kosten ihres Hofstaates und der Menus-Plaisirs. Der Posten für diese betrug 1780 rund 300.000 Livres. Für ihre Garderobe waren im Budget 120.000 Livres vorgesehen, die aber niemals ausreichten. Die Ausgaben überstiegen diesen Betrag im Jahre 1776 um 28.000 Livres, 1780 um 74.118, 1783 sogar um 83.076 Livres. Und da will uns Madame Campan weismachen, daß das Gefallen, welches Marie Antoinette an großer Aufmachung fand, nach »den ersten Jahren der Regierung einer Vorliebe für Einfachheit gewichen sei, die sie sogar unklugerweise übertrieben habe«. Die Wahrheit findet sich in der Rechnungslegung der Gräfin d'Ossun. Als sie den Schatzmeister um die Bezahlung der »wahrhaft maßlosen« Beträge ersuchte, fügte sie hinzu: »Indem ich dem König dieses Etat unterbreite, bitte ich Sie, ihm mein tiefes Bedauern zu übermitteln, daß ich ihn um einen so hohen Zuschuß bitten muß.« Der Staatsschatz war übrigens nicht imstande, sogleich zu zahlen. Erst im Februar 1784 erhielt Frau von Ossun den Zuschuß für 1782. Ihr schwarzes Schaf war vor allem nach wie vor Mademoiselle Bertin. »Diese Mehrausgaben«, schrieb sie,

»ergeben sich, unter anderem, aus den Rechnungen der Mademoiselle Bertin.«

Die Schneiderin der Königin lieferte direkt an Marie Antoinette statt an die Garderobe. Ihre Rechnungen schickte sie drei oder vier Monate später, »als sich niemand mehr an die Lieferungen erinnern konnte ... Daraus ergab sich, daß man in ihren Rechnungen sehr oft Kleidungsstücke anerkennen mußte, die man weder gesehen noch taxiert hatte, und die bezahlt werden mußten, ohne daß man auch nur wußte, ob sie geliefert worden waren«. Zudem waren ihre Preise »exorbitant«. Für eine Staatsrobe, die Marie Antoinette am Neujahrstag trug, wagte sie 6000 Livres zu verrechnen – somit eine Million zweihunderttausend Francs für eine einzige Toilette! »Ein so hoher Betrag hätte wohl einer Erläuterung bedurft«, erklärte der Sekretär der Garderobe und schlug vor, »zur Überprüfung der Rechnungen der Mademoiselle Bertin einen Fachmann anzustellen. Aber«, fuhr er fort, »es wäre passender, Mademoiselle Bertin selbst zur Detaillierung ihrer Rechnungen anzuhalten, widrigenfalls die Stücke gestrichen würden, die sie ohne nähere Angaben in Rechnung stellt. Dies wird seit langem von ihr verlangt, aber es ist nicht möglich, es zu erreichen.« Daraufhin wurde der Betrag einer Rechnung von Amts wegen um 9000 Livres herabgesetzt.

Aber Rose Bertin war nicht die alleinige »Modewarenhändlerin« Marie Antoinettes. Außer den »externen Schneiderinnen« gab es im Schloß noch eine ganze Schar von »Schneiderinnen vom Dienst«, im ganzen waren es elf, ferner Schneiderinnen für außergewöhnliche Kleider, dann solche, die auf lange Überkleider, sogenannte lévites, spezialisiert waren, Schneider für Reitkleider, Leute, welche »die Gestelle der Reifröcke und Halskrägen« anfertigten, andere, die Hauben zusammensetzten, ja selbst eine gewisse Demoiselle Brisemiche, deren Aufgabe darin bestand, »die Volants an den Unterröcken der Königin anzubringen«. Diese Kohorte, deren Gehälter auf Rechnung eines anderen Budgets gingen als auf das, welches Frau von Ossun verwaltete, dürften nicht übermäßig beschäftigt gewesen sein, da die »Ausbesserungs- und Flickarbeiten« außerhalb des Schlosses vorgenommen wurden, unter anderem von Madame Eloff, die Kleider und Schuhwerk ausbesserte. Die gleiche Madame Eloff lieferte auch die Halskragen und Mieder Marie Antoinettes.

Man darf nicht glauben, daß diese Verschwendung, die ihre neue Freundin mit Sorge erfüllte, das Gewissen der Königin beschwerte. Ihre Ausgaben waren ja noch bescheiden gegen jene des Grafen Artois. Seine Schulden betrugen 21 Millionen Livres, und Mercy berichtete, daß dieser Schuldenstand »die Folge seines unermeßlichen Aufwandes und großer Betrügereien seiner Sachwalter sei«. Aber auch Artois machte sich darüber keine Sorgen ... 1783 kam der neue Finanzminister Calonne ans Ruder, der ihnen nichts abschlug. Er begünstigte die Verschwendung des Hofes durch Anleihen gemäß seinem berüchtigten Grundsatz, man müsse viel ausgeben, um als reich zu gelten. Indessen bemerkte Marie Antoinette nicht, daß ihre Vergeudung ihr nicht weniger Schaden zufügte als ihre früheren unklugen Streiche. Ein Zeitgenosse, der Abbé de Véri, schrieb zu Beginn des Jahres 1783: »Das Volk von Paris fühlt sich dem König nur verbunden, weil es alle Vorwürfe, die es Ludwig XVI. machen könnte, auf die Rechnung der Königin setzt. Der ständige Wechsel in der Mode des Putzes, der Coiffuren und Kleidung nebst anderen Ausgaben für leichtfertigen Aufwand sind die wahre Ursache der allgemeinen Unbeliebtheit der Königin. Die Kleinbürger erklären, sie würden durch ihre Frauen und Töchter ruiniert, die die Abwechslung der Königin in der Mode nachahmen wollen. Die Kaufleute und Fabrikanten sehen nicht mehr voraus, was sie noch werden verkaufen können. Da nun die gleichen Leute wissen, daß der König keine solchen Neigungen hat, sondern in seiner Lebensführung anspruchslos ist, liebt man ihn wegen des Kontrastes, der zwischen seinen Neigungen und denen der Königin besteht.«

Wie hätte Marie Antoinette auch glauben sollen, daß man sie für ihre Ausgaben zur Verantwortung ziehen könnte, da ihr Vorwürfe gemacht wurden, wenn sie »in ihrem Verhalten schlicht« sein wollte? Dafür legt ein Bild der Madame Vigée-Lebrun Zeugnis ab, welches die Königin in einer »Gaulle« darstellte, einer Art Hemd, das durch die Kreolen von San Domingo in Mode gekommen war. Das Bild wurde im Jahr 1783 im Pariser Salon ausgestellt. Die Leute sammelten sich vor dem Gemälde, um Marie Antoinette zu sehen, die darauf »wie ein Stubenmädchen gekleidet« war. Sie wolle, hieß es, die Lyoner Seidenfabrikanten und Weber zugunsten der flämischen Tuchmacher, die Untertanen ihres Bruders seien, ruinieren. Man sagte spöttisch, das Gemälde »stelle Frankreich in der Gestalt Österreichs dar, das seine Blößen mit einem Fetzen Zeug bedecke.«

Verärgert ließ die Königin das Porträt aus der Ausstellung zurückziehen. Warum sollte sie sich scheuen, Geld hinauszuwerfen, da Calonne nichts anderes von ihr verlangte und andrerseits die öffentliche Meinung behauptete, sie ruiniere die französische Textilindustrie, wenn sie sich in Batist und Musseline kleide? Die Ausgaben für die Garderobe, die 199.957 Livres im Jahr 1783 betrugen, stiegen von nun an senkrecht in die Höhe. 1784 erreichten sie 217.652 Livres und 1785 gar 258.002.

Was half es, daß ihre »Amüsements jetzt weniger auffallend« waren, wie sie es Mercy versprochen hatte. Sie waren darum nicht weniger ruinös.

## IX

## LIEBE INNERHALB GEWISSER GRENZEN

Als Marie Antoinette an einem Juninachmittag des Jahres 1783 in ihrem vergoldeten Salon Harfe spielte, klopfte der Türhüter leise an die Tür. Im nächsten Augenblick stand Axel Fersen im Zimmer. Aber wie sehr hatte er sich verändert! »Schön wie ein Engel« bei seiner Abreise nach Amerika, schien er seither »um zehn Jahre gealtert«. Die Königin hörte zu spielen auf und reichte ihm die Hand zum Kuß.

Sicherlich hatten die Strapazen des Krieges den Oberst à la suite so sehr altern lassen und nicht der Kummer über seine Trennung von Marie Antoinette. Während seines dreijährigen Aufenthaltes in Nordamerika hatte er seine »Eroberung« gewiß nicht vergessen, doch wäre es lächerlich, behaupten zu wollen, er sei untröstlich verliebt gewesen. Bevor er sich nach Frankreich einschiffte, hatte er noch daran gedacht, ein altes Projekt wieder aufzunehmen und eine Engländerin, Miß Leyel, die er von früher kannte, zu heiraten. Er schrieb darüber an seinen Vater: »Nachdem ich für mein Avancement gesorgt und meinen Ehrgeiz befriedigt habe, ist es Zeit, an eine solidere Grundlage zu denken. Ich bin in dem Alter, in welchem eine Heirat notwendig wird, so wenig ich mich auch für dieses Sakrament berufen fühle. Die Heirat mit Miß Leyel bietet große Vorteile. Ich habe sie nicht aus den Augen verloren und habe meine Korrespondenz mit ihr während des Aufenthaltes in Amerika fortgesetzt. Ich schrieb ihr fünf oder sechs Briefe, habe jedoch keine Antwort erhalten. Sollte sie auf ihrer Ablehnung beharren, so habe ich meine Augen auf eine andre geworfen. Dieses Projekt wird ganz von Ihrem Willen abhängen. Ich habe daran kein anderes Interesse als das, welches Sie daran nehmen: es ist die Tochter des Herrn Necker.«

Nun aber sah er Marie Antoinette wieder ...

Als er einen Monat nach seiner Rückkehr erfuhr, daß sich Miß Leyel während seiner Abwesenheit verheiratet hatte, schrieb er seiner Schwester Sophie und gestand ihr seine Liebe zu der Königin ein: »Ich bin sehr froh, daß Miß Leyel verheiratet ist. Man wird mir nicht mehr davon sprechen, und ich hoffe, daß man keine andere finden wird. Denn ich habe meinen Entschluß gefaßt. Da ich der einzigen, der ich angehören möchte und die mich wirklich liebt, nicht angehören kann, will ich niemandem angehören.« Auch das Projekt, Mademoiselle Necker zu heiraten, wurde aufgegeben – Staël trat an Fersens Stelle.

Marie Antoinette scheint ihr »Penchant« ebenfalls wiedergefunden zu haben, und Fersen hatte bald keinen anderen Wunsch, als in Frankreich zu bleiben und von Ludwig XVI. das Kommando eines Ausländerregiments zu erhalten. Der Inhaber der Royal Suédois, Graf Alexander Sparre, war bereit, ihm das Regiment für hunderttausend Livres zu verkaufen. Fersen wandte sich an seinen Vater. Er bat ihn um seine Unterstützung bei der Bezahlung dieser Summe, da ihm dies ermöglichen würde, einen Teil des Jahres in Versailles zu verbringen. Er flehte ihn an, er »möge ihm den einzigen Wunsch erfüllen, der ihn für immer glücklich machen würde und für den er auch noch tausend andere Gründe habe, die er dem Papier nicht anzuvertrauen wage«. Der Staatsrat Fersen antwortete in strengem Ton: »Ich würde Ihrem Plan gerne zustimmen, wenn ihm nicht eine praktische Unmöglichkeit entgegenstünde: wir haben, weder Sie noch ich, die dazu notwendigen Mittel.«

Glücklicherweise schaltete sich König Gustav ein. Er bat Ludwig XVI., dem Grafen Fersen ein Regimentskommando zu verleihen, »der in den Armeen Eurer Majestät in Amerika unter allgemeiner Anerkennung gedient und sich daher Ihres Wohlwollens würdig erwiesen hat«. Am 12. September übermittelte Fersen dem König diesen Brief und teilte Gustav III. am gleichen Tage mit: »Der König hat sogleich zugestimmt und die größte Bereitschaft gezeigt, sich der Angelegenheit anzunehmen ...« Am 20. September schrieb Marie Antoinette ihrerseits an den König von Schweden, um ihm zu versichern, »sie würde alles tun, um die Absicht ihres Bruders und Kusins zu fördern«. Am nächsten Tag, am 21. September 1783, ernannte Ludwig XVI. den Grafen Fersen zum Kommandeur-Inhaber des Regiments Royal Suédois. Fersen zahlte dem Grafen Sparre die hunderttausend Livres, die er sich zu diesem Zwecke ausgeliehen hatte. Aber ebenfalls am 21. September bewilligte ihm der König den gleichen Betrag a conto eines Abzuges von seinem Gehalt, so daß er sich seiner Schuld entledigen konnte.

Zu dieser Zeit hatte Fersen Paris bereits verlassen, um König Gustav III. zu treffen. Der König befand sich unter dem Namen eines Grafen von Haga auf einer Deutschlandreise und hatte Fersen um seine Begleitung ersucht. Am 9. November notierte dieser in sein Postbuch: »(Geschrieben) an die Königin, um ihr für das Regiment zu danken.« Ob er ihr wohl auch sein Bedauern über das Mißgeschick aussprach, das ihr vor neun Tagen in Fontainebleau widerfahren war? Marie Antoinette hatte ohne viel Beschwerden eine Fehlgeburt gehabt. Es traten keinerlei Komplikationen auf, und als der Friedensschluß mit England am 29. November feierlich bekanntgegeben wurde, war die Königin wieder hergestellt. Zwölf Trompeter, zwölf Oboenbläser und acht Trommler marschierten durch die Gassen von Paris, und an jeder Straßenkreuzung verkündete ein Ausrufer die frohe Kunde.

Fersen befand sich damals in Italien. Zum »treuen Liebhaber« war er weder geboren noch sollte er jemals ein solcher werden. In Florenz machte er die Eroberung »der schönen Emilie«, der Schwägerin des Lord Cowper. In Neapel tröstete er Lady Elisabeth, eine Tochter des

Herzogs Frederick von Bristol, die mit John Thomas Foster in unglücklicher Ehe lebte. Die hübsche Engländerin fand Axel so charmant, daß sie daran dachte, sich scheiden zu lassen, und als Fersen Neapel verließ, begann sich eine Korrespondenz zwischen den Verliebten anzuspinnen.

Am 7. Juni 1784 traf der Graf Haga mit seinem Gefolge in Versailles ein. Ludwig XVI., der nicht verständigt war, jagte in Rambouillet und kehrte in aller Eile zurück. Seine »Bedienung« war nicht zur Stelle. Man kleidete ihn an so gut es ging, und als er vor dem schwedischen König erschien, trug er zwei verschiedene Schuhe an den Füßen. »Wollen Sie«, lachte die Königin, »einen Maskenball besuchen?«

Der Besuch dauerte sechs Wochen. »Wir schwimmen in Festen, Vergnügungen und Unterhaltungen aller Art«, schrieb Fersen an seinen Vater. »Wir sind ununterbrochen beschäftigt und in Eile und haben niemals Zeit genug, um alles zu tun, was wir uns vornehmen. Dieser Wirbel gefällt dem Herrn Grafen von Haga ungemein; darum muß er mir wohl auch gefallen, obwohl es mir schon zuviel ist. Wir hatten schon eine große Oper in Versailles und einen Galaball, dazu eine Anzahl von Diners und Soupers. Morgen gibt es ein Fest im großen Garten der Königin in Trianon; es ist das letzte, aber es erwarten uns noch viele Soupers und Theatervorstellungen in Paris. Wir versäumen nie ein Schauspiel und würden lieber auf Trinken, Essen und Schlafen verzichten, als bei einem Theaterstück nicht von Anfang bis zu Ende zugegen zu sein; das ist unsere Leidenschaft!«

Über das Fest in Trianon unterrichtet ein Brief Gustav III. an seinen Bruder: »Auf dem kleinen Theater wurde Le Dormeur réveillé von Marmontel, Musik von Grétry« – tatsächlich war es La Dormeuse éveillée mit der Musik von Piccini – »mit den vereinigten Ballettkorps der Oper und der Comédie Italienne gespielt. Wir soupierten in den Gartenpavillons, und nach dem Souper wurde der englische Garten illuminiert. Das war ganz entzückend. Die Königin hatte angesehenen Leuten, die nicht beim Souper zugegen waren, gestattet, im Garten zu promenieren, und da weiße Kleidung vorgesehen war, bot sich uns wirklich das Schauspiel der elysischen Gefilde. Die Königin wollte sich nicht zu Tische setzen; sie machte die Honneurs in der liebenswürdigsten Weise, sprach mit allen Schweden und kümmerte sich um sie mit Sorgfalt und größter Aufmerksamkeit.« Marie Antoinette schien wie verwandelt zu sein. »Sie ist schön wie ein Wunder«, bemerkte die Baronin Oberkirch.

Die Neigung ging allmählich in Leidenschaft über ... Die Feste und Zerstreuungen ließen Marie Antoinette nicht vergessen, daß Fersen vermögenslos war. Vor seiner Abreise nach Schweden erhielt er in seiner Eigenschaft als Oberst eines französischen Regiments eine Rente von 20.000 Livres.

Während der langen Reise schrieb Fersen von jeder Etappenstation an eine geheimnisvolle Joséphine. »Unter diesem Namen«, schrieb die ausgezeichnete Archivarin Alma Söderhjelm, »unterhielt Fersen eine geheime Korrespondenz mit Marie Antoinette.« Diese Auslegung wurde erst kürzlich von Henry Valloton angezweifelt. Am 27. Juli aber schrieb Fersen aus Lüneburg und am 29. Juli aus Warnemünde an Joséphine – und notierte es in seinem Postbuch –, »welchen Namen er dem Hund geben solle«, den zu kaufen sie ihn gebeten hatte, »und ob es geheimzuhalten sei«. Joséphine antwortete zweifellos, der Kauf brauche nicht verheimlicht zu werden, denn am 9. November schrieb Fersen aus Stockholm an Boye einen Brief, dessen Inhalt er in seinem Postbuch mit folgenden Worten vermerkte: »Gebeten, mir einen Hund zu schicken, der nicht klein ist, in der Größe der Hunde, die Herr Pollett hatte, gesagt, daß er für die Königin von Frankreich bestimmt ist.« Viel später, schon in der Revolution, lesen wir in seinem Tagebuch: »Ich war bei Mercy, um ihn zu fragen, ob man sich um die Diamanten Joséphines gekümmert habe; er hatte die Stirn, mir zu erwidern, er wisse nicht, ob welche vorhanden gewesen seien; er habe wohl eine Kassette erhalten, habe jedoch den Schlüssel der Erzherzogin (Christine) bei ihrer Ankunft ausgehändigt.« Nun wissen wir aber, daß die Königin knapp vor ihrer Fahrt nach Varennes ihre Diamanten Mercy hatte zukommen lassen, damit er sie ihrer Schwester übergebe. So ist Joséphine also doch Marie Antoinette.

Trotzdem muß es – und daraus erklärt sich der Irrtum Vallotons – eine zweite Joséphine gegeben haben. Das Postbuch zeigt, daß Fersen »an Joséphine« mit der Bitte schrieb, einen »Wärmkorb« (zum Erwärmen der Wäsche) anzufertigen. Hier kann es sich nicht um die Königin gehandelt haben. Madame Sullivan, eine der Freundinnen Fersens, hatte eine Kammerfrau namens Joséphine. Fersen wohnte gelegentlich im gleichen Stockwerk wie diese im Hause Crawfords, des Gönners der Madame Sullivan. In was für einer Beziehung stand diese Joséphine zu Fersen? Wahrscheinlich war sie ihm nicht mehr als »eine gefällige Freundin«, die es auch übernahm, Briefe Fersens an seinen Lehrer weiterzuleiten, was vier Worte in seinem Tagebuch beweisen: »Geschrieben Crawford durch (Vermittlung) Joséphine.«

Fersen stand also in laufender brieflicher Verbindung mit Marie Antoinette. Diese Briefe sind verschwunden. Im Schloß Stafsund in Schweden waren etwa sechzig Briefe Marie Antoinettes an Axel Fersen aufbewahrt. Sein Großneffe Baron Klinkowström publizierte sie 1878. Aber die Briefe waren unvollständig, ganze Sätze waren darin durch Punkte ersetzt. Warum? Nach Klinkowström soll Fersen selbst – sofern es nicht sein Bruder Fabian gewesen ist – verschiedene Zeilen durchgestrichen haben, um sie unlesbar zu machen. Der Baron schrieb darüber: »Nachdem der Graf Fersen die Briefe beantwortet hatte, wurden sie dem König von Schweden gesandt, damit sich dieser nach den Mitteilungen der Königin selbst ein Urteil über die politische Lage und ihre Gefahren bilden könne. Damit der König aber nicht in Versuchung gerate, gewisse Ausdrücke der Königin über heikle Dinge zu tadeln, hat Graf Fersen durch Ausstreichungen jeder Indiskretion vorgebeugt. Diese Begründung reicht völlig aus, um uns zu erklären, warum sich Graf Fersen verpflichtet fühlte, manche Sätze in den Briefen der Königin von Frankreich durch Ausstreichen unlesbar zu machen. Die Freunde dieser erlauchten Märtyrerin werden finden, daß diese Begründung ausreicht, um jeder übelwollenden Interpretation den Boden zu entziehen.«

Es gab jedoch nur wenige »Freunde dieser erlauchten Märtyrerin«, die eine solche Begründung ausreichend fanden. Das Interesse wendete sich im Gegenteil den punktierten Linien zu, die an die Stelle der gestrichenen Zeilen getreten waren. Am Anfang und Ende der Briefe, zwischen zärtlichen Sätzen, sollte Marie Antoinette über politische Fragen gesprochen haben? Wenn sie beispielsweise schrieb: »Wie geht es Ihnen gesundheitlich? Ich wette, daß Sie sich nicht schonen, und Sie haben unrecht ... gestrichene Stelle ... Was mich betrifft, so geht es mir besser, als es eigentlich sollte«, hätte sie etwas eingeschoben, das Gustavs III. Mißfallen hätte erregen können? Und wenn sie später schrieb: »Adieu ... gestrichene Stelle ... ich werde Ihnen nicht mehr schreiben können ... gestrichene Stelle ...«, hätte sich der König von Schweden, wenn er den vollständigen Text des Briefes gelesen hätte, »über gewisse Ausdrücke der Königin« über die politische Lage, die zwischen solchen Sätzen standen, ärgern sollen?

Der Baron Klinckowström empfand selbst, wie wenig stichhaltig seine Begründung war. Er fürchtete, es könnte der modernen Wissenschaft gelingen, die gestrichenen Stellen zu entziffern. Und als er den Tod nahen fühlte, rief er eine alte Freundin und einen treuen Diener an sein Krankenlager. – Dies ist eine historische Tatsache und nicht etwa eine Szene aus einem alten Melodrama. – Unter den Augen des Barons entfachte der Diener ein Feuer, und die alte Freundin warf die Briefe Marie Antoinettes, einen nach dem andern, in den Kamin.

Glücklicherweise entdeckte Frau Alma Söderhjelm bei der Gräfin Nordenfalk, geborene Sophie Piper, die von Fersens Lieblingsschwester abstammte, eine Menge Dokumente: den Schluß des Tagebuches, das Postbuch, Briefe Fersens an seinen Vater, einen Brief Sophies an ihren Bruder etc. Aus diesen Dokumenten darf geschlossen werden, daß die Liebe zwischen Marie Antoinette und Fersen, im Gegensatz zu der Ansicht des Historikers Verner von Heidenstam, etwas anderes war als ein rein platonisches Gefühl, »das der Troubadoure und Ritter der Tafelrunde würdig gewesen wäre«.

Dann hatte Lucien Maury das Glück, einen Brief zu entdecken, der dem Autodafé des alten Barons nicht zum Opfer gefallen war. Es war ein chiffrierter Brief Marie Antoinettes aus der Zeit nach ihrer Rückkehr aus Varennes. Er zeigt keinerlei Streichungen, und Maury hat ihn dechiffriert. Er beginnt mit den Worten: »Ich kann Ihnen sagen, daß ich Sie liebe«, und schließt: »Lassen Sie mich wissen, an wen ich die Briefe adressieren kann, die ich Ihnen schreiben werde, da ich ohne das nicht zu leben vermag. Leben Sie wohl, geliebtester und liebendster aller Männer; ich küsse Sie aus ganzem Herzen – adieu, le plus aimé et le plus aimant des hommes; je vous embrasse de tout coeur.« Die Küsse dieses Briefes waren aber keine Ausnahme, denn sie schrieb in einem andern: »Leben Sie wohl, mein teurer Rignon«, so nannte sie ihn, »ich küsse Sie zärtlich – je vous embrasse bien tendrement.«

Henry Valloton, der in Fersen »den Typus des diskreten und seiner Dame treu ergebenen Ritters« erblickte, schrieb dazu, »Küsse in Briefen seien zu jener Zeit allgemein üblich gewesen: Baron Stedingk, Schwedens Gesandter in Moskau, sandte Küsse an Fersen, seinen alten Kameraden aus dem amerikanischen Freiheitskrieg; Fersen küßte Herrn von Taube; Ludwig XV. küßte den zukünftigen König von Schweden bei dessen erstem Besuch in Paris; der Graf von Provence küßte Gustav III.; La Fayette *embrasse de tout coeur* – küßte aus ganzem Herzen den General Bouillé, obgleich er ihn ehrlich haßte. Es ist zwecklos«, schloß Henry Valloton, »sich auf einen so dürftigen Beweis stützen zu wollen.« Aber er zitiert bloß Küsse unter Männern. Wenn jedoch eine Königin von Frankreich einem Dragonerobristen schreibt, »je vous embrasse bien tendrement«, so ist das, wenn schon kein Beweis, so mindestens ein Indiz, welches um so beachtenswerter ist, als noch andere Indizien hinzukommen.

Alma Söderhjelm schrieb: »Die Art und Weise, in der Fersen auf die über Marie Antoinette umlaufenden Gerüchte reagierte, ist sehr bezeichnend. Würde er 1791 die Worte: ›Man sagt, daß die Königin mit Barnave schläft‹, als etwas an sich durchaus Mögliches notiert haben, wenn er keinerlei Ursache gehabt hätte, eine solche Möglichkeit anzunehmen? Oder: als er sich nach dem Tod Marie Antoinettes auf eines seiner schwedischen Güter begab, das die Königin Hedwig Eleonore seinerzeit ihrem Geliebten, dem Grafen Gyllenstjerna, geschenkt hatte, vermerkte er diese Tatsache und fügte hinzu, daß er sich diesem Besitztum durch ›die Gleichartigkeit‹ noch verbundener fühle.«

Dann gibt es noch das bekannte »dort geblieben«, – »resté là«.

Am Abend des 13. Februar 1792, an einem Montag, gelang es Fersen, verkleidet in die Tuilerien einzudringen, wo sich die Königin als Gefangene der Revolution befand. In seinem Tagebuch steht: »Zu ihr gegangen, meinen gewöhnlichen Weg genommen. Besorgnis wegen der Nationalgarden, ihre Wohnung wundervoll, den König nicht gesehen.« Es folgten zwei unlesbar gemachte Worte. Alma Söderhjelm glaubt, daß man trotz der Streichung »resté là« zu erkennen vermöge und im übrigen aus dem Zusammenhang hervorgehe, daß Fersen die Tuilerien erst am nächsten Abend verlassen habe. Henry Valloton legte den Text Experten zur Untersuchung vor und schrieb: »Fassen wir zusammen: das schwedische Institut meint unter allem Vorbehalt, daß der gestrichene Text Resté là zu lauten scheint, und der Leiter des Instituts hat den Eindruck, daß diese Rekonstruktion der Wirklichkeit entsprechen könnte.« Wie immer dies auch sein mag, ich schließe mich gerne der Ansicht meines hervorragenden Kollegen an, daß durch diese beiden Worte »der Beweis für einen Ehebruch« durchaus nicht erbracht ist. Aus Furcht vor den Nationalgarden verbrachte Fersen die Nacht im Schloß, vielleicht aber anderswo als im Bett Marie Antoinettes.

Das von der Etikette vorgesehene Morgenzeremoniell traf Axel Fersen offenbar niemals im Zimmer der Königin an. Aber Marie Antoinette vermochte in Trianon wie in Versailles dem »Schwarm ihrer Feinde« wohl zu entgehen. In den Memoiren Besenvals lesen wir, daß ihn die Königin 1778 am Morgen eines Märztages rufen ließ, um mit ihm über das Duell zwischen Artois und Bourbon zu sprechen. »Ich begab mich zuerst zum Lever des Königs. Kaum war ich in sein Zimmer getreten, als ich Campan, den Sekretär der Königin, bemerkte, der mir ein Zeichen gab; ich trat zu ihm, und ohne daß man bemerkte, daß er zu mir sprach, sagte er: ›Folgen Sie mir, aber in einiger Entfernung, damit es niemand bemerkt.‹ Ich folgte ihm durch etliche Türen und über Treppen, die mir völlig unbekannt waren, und als wir uns außer Seh- und Hörweite befanden, sagte er: ›Mein Herr, Sie glauben wohl, daß sich das nicht schickt; aber es ist nicht ganz so, denn der Gatte ist eingeweiht.‹ ›Mein lieber Campan‹, erwiderte ich, ›wenn man graue Haare und Falten hat, erwartet man nicht, daß eine junge und hübsche Königin von zwanzig Jahren einen so gewundenen Weg gehen läßt, um etwas anderes als geschäftliche Dinge mit einem zu besprechen.‹ – ›Sie erwartet Sie‹, fuhr er ungeduldig fort, ›ich habe schon zweimal nach Ihnen geschickt und habe Ihnen überall aufgelauert, wo ich glaubte, Sie treffen zu können.‹ Bald nachdem er diesen Satz beendet hatte, befanden wir uns in der Höhe der Dächer in einem sehr unsauberen Korridor vor einer häßlichen kleinen Tür. Er steckte den Schlüssel ins Schloß und rief, indem er die Tür vergeblich zu öffnen versuchte: ›Ach, mein Gott, der Riegel ist innen vorgeschoben! Warten Sie hier auf mich, ich muß es von der andern Seite versuchen.‹ Nach kurzer Zeit kam er zurück und sagte mir, es tue der Königin leid, aber sie könne mich im Augenblick nicht empfangen, da sie sogleich zur Messe gehen müsse, sie bitte mich aber, um drei Uhr wieder hierherzukommen. Ich kam also wieder, und Campan führte mich auf einem Umweg in ein Zimmer, wo ein Billard stand, das ich kannte, da ich oft mit der Königin darauf gespielt hatte. Er führte mich weiter in ein anderes Zimmer, das ich nicht kannte; es war einfach, aber gut möbliert. Daß sich die Königin solch eine bequeme Gelegenheit gewünscht hätte, wunderte mich nicht, wohl aber, daß sie es gewagt hatte, sie sich zu verschaffen.«

In ihren Memoiren gab Madame Campan das Vorhandensein dieser Räume zu, versuchte aber, die Tugend ihrer Gebieterin zu verteidigen. Sie sagt, dieses Quartier sei im Fall einer Niederkunft oder Krankheit der Königin für die Ehrendame Ihrer Majestät bestimmt gewesen. Wenn Marie Antoinette aber nicht leidend war, benutzte sie selbst »dieses sehr kleine Vorzimmer, dieses Schlafzimmer und Wohnzimmer, die über ihren kleinen Appartements lagen«.

Lesen wir aber noch die »Confession« von Georges Laguerre nach, die im März 1906 im »Intermédiaire« erschienen ist: »Meine Familie war mit Jean François Barrière eng befreundet. François Barrière, Schriftsteller und Publizist, war 1786 geboren und gab 1823 die Memoiren der Madame Campan heraus. Er starb 1868 in der Rue de Monceau, wo er meinen Eltern gegenüber wohnte. Mein Vater Léon Laguerre, Doktor der Rechte, der sich für schöne Literatur und Geschichte lebhaft interessierte, besuchte häufig Herrn Barrière, um sich mit ihm zu unterhalten und seine schöne Bibliothek durchzusehen. Mein Vater hat mir oft erzählt, daß François Barrière ihm eines Tages um das Jahr 1867 ein kleines, nur wenige Seiten umfassendes Manuskript der Madame Campan unter dem Versprechen, es am Abend wieder zurückzustellen, geliehen habe, das in den Memoiren nicht veröffentlicht war. Mein Vater las es mit großem Interesse. Darin sagte Madame Campan, daß Marie Antoinette infolge ungeheuerlicher Verleumdungen zahlreiche Liebhaber zugeschrieben worden seien; das seien reine Fabeln, gegen welche sie protestiere. Doch da sie über diese heiklen Dinge nun schon spreche, müsse sie zugeben, gewußt zu haben, daß die Königin für den jungen Chevalier von Fersen eine Schwäche gehabt habe. Sie führe für ihre unglückliche Gebieterin die mildernden Umstände an ... Mein Vater gab, wie er es versprochen, die kostbaren Blätter am gleichen Abend zurück. Bald darauf starb François Barrière im Alter von zweiundachtzig Jahren. Mein Vater besorgte das Inventar seiner Papiere und die Liquidation seiner Hinterlassenschaft. Er hatte das unveröffentlichte Fragment der Campanschen Memoiren nicht vergessen, und da es sich nicht vorfand, fragte er Madame Barrière, eine ausgezeichnete Frau, die Inspektorin der Schulen der Stadt Paris gewesen war, was aus diesem Manuskript geworden sei. Sie wies auf den Kamin des Arbeitszimmers und erwiderte, sie und ihr Mann hätten es kurz vor seinem Tode verbrannt, aus Respekt vor dem Andenken an die Königin Marie Antoinette.«

Kann man wirklich noch Partei ergreifen, wenn man alles gelesen hat, was über diese heikle Frage geschrieben worden ist? Kann man Saint-Priest vorbehaltlos glauben, wenn er behauptet, Marie Antoinette und Fersen seien ein Liebespaar gewesen? Ich selbst schließe mich Pierre Audiat an, der letzthin im Figaro Littéraire schrieb: »Es gibt verschiedene Arten von Liebespaaren ... Lord Holland, ein Zeitgenosse, beschuldigte in seinen ›Erinnerungen an den französischen Hof‹ Madame Campan, in ihren Memoiren ›die Wahrheit verheimlicht zu haben, obgleich sie ihr bekannt gewesen sei‹. Sie sei, fügte er hinzu, in die Liebesbeziehungen des Paares eingeweiht gewesen, die übrigens ›recht begrenzt‹, ohne Skandal und Entwürdigung, gewesen seien, aber immerhin Liebesbeziehungen waren. Wir dürfen mithin sagen«, schloß Pierre Audiat, »daß Fersen und Marie Antoinette ein Liebespaar waren, daß ihre Beziehung jedoch, wenn der Ausdruck erlaubt ist, ›recht begrenzt‹ gewesen ist.« Treffender könnte man es nicht ausdrücken, und diese »Begrenzung« gestattet es nicht, auf der Hypothese zu beharren, nach welcher Fersen der Vater des späteren Ludwigs XVII. gewesen sein soll; er wurde am 27. März 1785 geboren, neun Monate nach Fersens Aufenthalt in Versailles. Aber selbst wenn diese Beziehung weniger »begrenzt« gewesen sein sollte, hätte, wie Pierre Audiat sehr richtig bemerkt, »allein schon die Gefahr, ein Majestätsverbrechen an der Dynastie zu begehen, Fersen als glühenden Royalisten abgehalten, in seiner Liebe gewisse Grenzen zu überschreiten«.

Das änderte aber nichts daran, daß sich Fersen an Marie Antoinette gebunden fühlte. Sicherlich würde er, »diese unter einer Hülle von Eis glühende Seele«, noch viele Liebesabenteuer bestehen, aber er lehnte es immer ab, sich mit einer Frau fürs Leben zu verbinden. Emilie und Elisabeth, seine italienischen Eroberungen, wünschten beide, ihr Abenteuer mit Fersen durch eine Heirat mit ihm legitimiert zu sehen. Aber er winkte ihnen ab. Zuerst schrieb er an Emilie, »daß das niemals geschehen könne und sie nicht mehr daran denken möge«. Dann bat er Lord Cowper, seine Schwester »zu trösten«. Aus Schloß Gripsholm, wo sich der schwedische Hof während des Winters aufhielt, antwortete er Elisabeth Foster auf deren Brief und vermerkte die Begründung in seinem Notizbuch mit zwei Worten, die er sogar unterstrich: »Alles erklärt.«

Fersen kannte keinen andern Gedanken, als nach Frankreich zurückzukehren. Während des ganzen Winters 1784 wurde von nichts anderem gesprochen als von der Möglichkeit eines Krieges in den Niederlanden. In diesen Krieg wäre Frankreich, und somit auch Fersens Regiment, verwickelt worden. Auch hätte Frankreich gegen Österreich kämpfen müssen, und Fersen, der in der Ferne festgehalten war, ahnte den Kummer Marie Antoinettes.

Die Frage der Scheldemündung drohte abermals, Europa in Brand zu stecken. Im vergangenen Jahr hatte Joseph II. die Verbindung mit Katharina II. aufgenommen, um über die Aufteilung des Ottomanischen Reiches zu verhandeln; in diesem Jahr legte er es darauf an, Antwerpen Luft zu schaffen. Die Niederlande waren seit 1460 im Besitz der Scheldemündung – und sind es übrigens heute noch – und blockierten diese zum Verdruß des Kaisers, der Frankreichs Intervention bei den Holländern wünschte. Seit einem Jahr herrschte zwischen Frankreich und England Frieden, und Ludwig XVI. und Vergennes wußten sehr gut, daß die Umwandlung der Schelde in einen österreichischen Fluß in London, aber auch in Berlin, auf Ablehnung stoßen würde. Als daher Marie Antoinette am 1. September 1784 die Frage der Scheldemündung auf Wunsch Mercys vor Vergennes zur Sprache brachte, antwortete der Minister zurückhaltend, »der Hof von Versailles könne den Holländern keine Vorschriften machen«. Joseph II. nahm diese Äußerung sehr übel und schrieb seiner Schwester: »Das Verhalten des Herrn Vergennes ist wenig geeignet, die militärischen und politischen Beziehungen, die uns einen, zu festigen, ja kaum, um sie weiteraufrechtzuerhalten.«

Das Lebenswerk Maria Theresias müßte zusammenbrechen, wenn die Allianz auseinanderginge – und Marie Antoinette stellte sich energisch gegen Vergennes. »Ich habe offen mit dem König darüber gesprochen«, schrieb sie, »und öfter als einmal. Er hat mir ein paarmal unwillig geantwortet, und da er unfähig ist, eine Sache zu erörtern, konnte ich ihn nicht überzeugen, daß entweder sein Minister getäuscht wird oder daß dieser ihn täuscht.«

Dann trat ein Ereignis ein, welches Marie Antoinette erlaubte, auf diese Angelegenheit wieder zurückzukommen. Da die Holländer die Freigabe der Scheldemündung weiterhin verweigerten, befahl Joseph II. einem seiner Schiffe, aus Antwerpen auszulaufen und die Durchfahrt zu erzwingen. Am 4. Oktober wurde das Schiff, die Brigantine Le Louis, auf der Höhe von Saftingen von den Holländern beschossen und versenkt. Daraufhin mobilisierte Joseph II. eine Armee von 80.000 Mann, worauf die Niederlande den Schutz Ludwigs XVI. anriefen. Mercy und Joseph II. verlangten von der Königin energische Schritte«. Es wiederholten sich die gleichen Vorgänge wie seinerzeit in der bayerischen Frage, aber sie waren diesmal viel gefährlicher, da der König, wie Mercy sagte, »keinerlei Einfluß mehr auf die Staatsgeschäfte hatte, weil er keine Entschlußkraft und zu wenig Kenntnisse besaß«. So konnte es geschehen, daß Vergennes ihm einen Brief an Joseph II. diktierte, in welchem der König die Holländer gleichsam entschuldigte. Marie Antoinette fand den Brief »unmöglich« und setzte alles daran, um einen selbstgeschriebenen Brief von ihm zu erlangen. Ludwig XVI., dem Szenen ein Greuel waren, gab nach und bot seinem Schwager seine guten Dienste als Vermittler an. Joseph II. erhielt dieses Schreiben am 6. November. Ohne die Antwort aber erst abzuwarten, beschloß Vergennes am 12. November im Einvernehmen mit dem Ministerrat, eine »scharfe Note« nach Wien zu senden. In dieser Note schob Frankreich alles Unrecht Joseph II. zu und kündigte ihm an, daß es Truppen an der niederländischen Grenze zusammenziehen werde. Der König unterzeichnete das Dokument am 15. November. Marie Antoinette machte ihrem Gatten abermals eine Szene. Es gelang ihr, die Absendung der »abscheulichen Depesche« um fünf Tage zu verzögern.

Joseph II. war darum nicht weniger erbost, schlug aber trotzdem ein absonderliches Friedensangebot vor: der Kurfürst von Bayern sollte sein Land an Österreich abtreten und würde dafür die Niederlande erhalten; damit würden die Differenzen um die Scheldemündung ein Ende finden.

Ludwig XVI. und Vergennes standen diesem Projekt mit Mißtrauen gegenüber. Der Minister blieb dem Grundsatz Heinrichs II. treu, »die deutsche Lage so schwierig wie nur möglich zu erhalten«. Der Gedanke, daß Deutschland sich auf der ganzen Linie von Dünkirchen bis Basel festsetzen sollte, gefiel ihnen nicht. Sie fanden aber einen Ausweg: sie würden unter der Bedingung einverstanden sein, daß Joseph II. die Zustimmung des Königs von Preußen erhalte. Damit war das Projekt zum Scheitern verurteilt, da Friedrich II. ihm niemals sein Plazet geben würde.

Der Streit begann von neuem, die Kriegsgefahr verschärfte sich. Zwei Armeekorps bezogen unter dem Oberbefehl des Prinzen von Condé Quartiere in Flandern und am Rhein. Marie Antoinette verdoppelte ihre Einflußnahme, und man muß leider sagen, daß sie in dieser Epoche weit mehr der Minister ihres Bruders als die Königin von Frankreich gewesen ist. Joseph II. sandte ihr gleichzeitig zwei Briefe, von denen sie einen ihrem Gatten zeigen konnte, während der andere für sie persönlich bestimmt war. In diesem Brief vom 19. November legte er ihr dringend ans Herz, »keinen Schritt ohne Zustimmung des Grafen Mercy zu machen«, und Marie Antoinette gehorchte. Ja, sie trat sogar gegen das französische Interesse auf. Frankreich hätte aus dieser Affäre gern einigen Vorteil gezogen; Breteuil sprach von einer Abtretung Luxemburgs und Namurs an Frankreich. Aber »die Königin fuhr ihn an«, berichtete Mercy, und der Minister wagte nichts mehr zu sagen.

Wie peinlich berührt es in diesem Zusammenhang, daß Mercy die Schwester seines Gebieters zu dem »Eifer« beglückwünschte, dessen sie sich im Dienst des österreichischen Kaisers befleißigt hatte. Es mutet fast wie eine Geste der Herablassung an, wenn er anerkennt, »sie habe es diesmal weniger schlecht gemacht, sich ihrem erlauchten Bruder nützlich zu erweisen, als je zuvor«. Von ihm veranlaßt, hielt sie ihn, den österreichischen Gesandten, über alles auf dem laufenden, was sich im Staatsrat zutrug, und fuhr fort, die Post zu verzögern. »Ich werde den Brief (Josephs II.) dem König erst heute abend oder morgen früh geben«, teilte sie Mercy mit. Sie sah ihren Gatten, bevor dieser noch Zeit fand, sich mit Vergennes zu beraten, und erhielt so von Ludwig XVI. Zusagen, die im Widerspruch zu den Beschlüssen des Staatsrates standen.

Am nächsten Tag kam es zwischen ihr und Vergennes zu einem heftigen Auftritt vor dem König, der über die Wendung, welche das Gespräch nahm, sehr verdrossen war. Sie erzielte übrigens nur einen halben Erfolg und entschuldigte sich am 31. November bei Joseph II.: »Die Verzögerungen und Schwierigkeiten des Herrn von Vergennes werden Sie ungeduldig machen, mein teurer Bruder. Sie wären noch größer, wenn ich nicht so zu ihm spräche, daß es Eindruck auf ihn macht.« Joseph II. wurde wirklich ungeduldig. Er verlangte eine Lösung und schrieb seiner Schwester einen Monat später: »Ich bestehe darauf und werde nicht aufhören, darauf zu dringen.« Der Brief des Kaisers kreuzte sich mit einem Brief der Königin, in welchem sie schrieb: »Sie haben sicherlich Ursache, sich über das Benehmen in diesem Lande da (ce pays-ci) zu beklagen. Erinnern Sie sich nur, was Sie hier gesehen haben und was Sie darüber wissen.«

»Ce pays-ci!« Was war das für eine Ausdrucksweise! Aber schließlich setzte Marie Antoinette ihre Wünsche durch. Frankreich versprach in einer Note, im Fall eines Konfliktes zwischen Joseph II. und den Vereinigten Niederlanden Österreich nicht den Krieg zu erklären und sich damit zu begnügen, »eine Beobachtungsarmee an die Grenze« zu entsenden. Die Holländer sahen sich preisgegeben und kapitulierten. Sie sandten eine Delegation nach Wien, die sich dort entschuldigte, und mußten überdies für die versenkte Brigantine eine beträchtliche Entschädigung zahlen. Frankreich aber, das nichts mit dieser Kanonade zu tun hatte, verpflichtete sich, einen Teil der Summe auf sich zu nehmen.

Daraus entstand dann die Legende von den mit Gold gefüllten Kisten, die über die Grenze gegangen seien, die Legende von den berüchtigten zweihundert Millionen, die Marie Antoinette ihrem Bruder geschickt haben soll, damit er gegen die Türken Krieg führen könne.

Den Parisern war es bekannt, daß Frankreich kläglichen Haltung in der niederländischen Frage und die Zahlung einer Entschädigung an Österreich auf den Einfluß der Königin zurückzuführen sei. Von nun an nannten sie sie nur mehr die »Autrichienne«, und dieser Beiname blieb ihr bis zu ihrer Hinrichtung. Im Frühling dieses Jahres 1785 pflegte man zueinander zu sagen: »Wir fahren nach Saint-Cloud, um die Fontäne und die Autrichienne zu sehen.« Denn seit dem 20. Februar gehörte das Schloß Saint-Cloud Marie Antoinette. Der König hatte es für sie vom dem Herzog von Orléans für das Sümmchen von sechs Millionen gekauft. Man stelle sich die empörte Kritik der Opposition vor – denn nun konnte man wirklich schon von einer Opposition reden. – »Jetzt wird ihre Manie für englische Gärten von neuem beginnen«, oder: »Mique entwirft schon die Pläne für Vergrößerungen, deren Kosten einige Millionen betragen werden.« Und ein Rat rief vor versammeltem Parlament: »Es ist ebenso unklug wie unmoralisch, daß einer Königin von Frankreich Paläste gehören.«

Als Marie Antoinette nach der Geburt ihres zweiten Sohnes am 24. Mai ihren Einzug in Paris hielt, wurde ihr keinerlei Beifall mehr gespendet. Fersen, der soeben in Paris eingetroffen war, schrieb darüber betrübt an König Gustav: »Die Königin ist sehr kalt empfangen worden, es hat keine einzige Akklamation gegeben, es herrschte tiefes Schweigen.«

Nach der Rückkehr nach Versailles weinte sie sich lange in den Armen Ludwigs XVI. aus. Sie erkannte zum ersten Male, wie tief der Abgrund war, der sie von den Franzosen trennte; doch über die Ursachen des eisigen Empfanges gab sie sich keine Rechenschaft. »Was habe ich ihnen getan, was habe ich ihnen getan?« wiederholte sie schluchzend immer wieder.

# X

## DER DONNERSCHLAG

Marie Antoinette weinte zwar über den unfreundlichen Empfang, den ihr die Pariser bereitet hatten, bald aber nahm ein Ereignis »von großer Bedeutung« ihre Aufmerksamkeit gefangen und trocknete ihre Tränen: sie sollte die Rolle der Rosina aus dem »Barbier von Sevilla« proben! Ohne sich über die Person des Autors im klaren zu sein, hatte sie just eine Komödie jenes Caron de Beaumarchais gewählt, dessen »Hochzeit des Figaro« von Ludwig XVI. verboten worden war und über den sich der König geäußert hatte: »Dieser Mann macht sich über alle Dinge lustig, die man in einem Staat achten muß.« Die Koterie der Königin jedoch, der das Frondieren Spaß machte, ließ das Stück zuerst bei Vaudreuil, in dessen Gutshaus auf dem Lande, spielen, und am 27. April 1784 wurde es, auf Betreiben Marie Antoinettes, mit sensationellem Erfolg im Théâtre Français aufgeführt. »Es gibt etwas, das noch verrückter ist als mein Stück, und das ist sein Erfolg«, urteilte der Autor selbst. Aber noch verrückter als der Erfolg war das unbegreifliche Vergnügen der Kavaliere, sich auf offener Bühne verhöhnt zu sehen, und die Tatsache, daß die Königin sich für das Stück eingesetzt hatte.

In Trianon sollte Marie Antoinette die Rosina spielen – »das hübscheste Liebchen«, hieß es im Text –, Vaudreuil den Almaviva und Artois den Figaro. Täglich fanden Proben statt, die Aufführung war für den 19. August festgesetzt. Als sich die Königin am 12. Juli 1785 in Versailles befand, erschien der Hofjuwelier Böhmer, um ihr einen Schmuck zu überreichen, den ihr der König anläßlich der Taufe des Herzogs von Angoulême geschenkt hatte. Gleichzeitig überreichte er ihr ein Handschreiben seines Kompagnons Bassenge. »Madame«, schrieb der Juwelier, »wir sind aufs höchste beglückt, annehmen zu dürfen, daß die letzten Zahlungsbedingungen, die uns vorgeschlagen wurden und denen wir uns beflissen und ehrfurchtsvoll unterwerfen, als ein neuer Beweis unserer Ergebenheit und unseres Gehorsams gegen die Befehle Eurer Majestät angesehen werden; es gereicht uns zur tiefsten Genugtuung, zu denken, daß der schönste Diamantschmuck, den es gibt, der erhabensten und besten aller Königinnen dienen wird.«

Marie Antoinette vermochte nicht zu begreifen, was dieser Galimathias bedeuten sollte. Um was handelte es sich denn? Aber Böhmer war schon verschwunden, das Erscheinen des Finanzministers mochte ihn verscheucht haben. Die Königin ließ ihn suchen – vielleicht befand er sich noch in der Galerie –, aber man fand ihn nicht mehr. Sie las den Brief Madame Campan vor, die aber auch nichts damit anzufangen wußte. Böhmer hatte offenbar den Verstand verloren! Schon 1774, und später noch einige Male, hatte er Marie Antoinette angefleht, ihm ein Diamantkollier aus fünfhundertvierzig herrlichen Steinen abzukaufen. Es war übrigens recht ungraziös und glich eher dem Brustgeschirr eines Zirkuspferdes als einem Halsband. Es hätte eine Million sechshunderttausend Livres kosten sollen. Als die Königin den Kauf ablehnte, warf sich Böhmer, der sein ganzes Vermögen in diesem Schmuck angelegt hatte, vor ihr auf die Knie und drohte in einer etwas lächerlichen Szene, »er werde sich in den Fluß stürzen«. Marie Antoinette hatte ihn ersucht, aufzustehen und solche »Verzweiflungsausbrüche« künftighin zu unterlassen.

Die Sache mit dem unverkäuflichen Halsband mochte den Verstand des armen Böhmer verwirrt haben. »Dieser Mann ist eine wahre Strafe für mich«, seufzte die Königin, »er hat immer irgendeine Verrücktheit im Kopf. Ich werde ihm keine Aufträge mehr erteilen...« Bei diesen Worten hielt sie das Blatt in eine Kerzenflamme. »Es aufzuheben«, meinte sie, »steht nicht dafür.«

Diese anscheinend so bedeutungslose Geste sollte die schlimmsten Folgen haben. Denn dieser Augenblick – der ergreifendste des ganzen Dramas, wie Funck-Brentano bemerkte – war der einzige, in welchem die Königin in unmittelbare Berührung mit der Halsbandaffäre gekommen war.

Am 1. August begab sich Madame Campan in ihr Landhaus, wo Böhmer sie aufsuchte. Er war äußerst besorgt, da er keine Antwort auf seinen Brief erhalten hatte. Die Kammerfrau versuchte ihm klarzumachen, daß keinerlei Hoffnung bestünde, die Königin von ihrem Entschluß, keine Diamanten mehr zu kaufen, abzubringen. »Wenn ich Geld zum Ausgeben hätte«, habe Marie Antoinette ihr letzthin gesagt, »möchte ich es lieber für Saint-Cloud verwenden.« Ja, sie hatte Madame Campan sogar gebeten, dies ihren Juwelieren bei erster Gelegenheit mitzuteilen. »Aber an wen soll ich mich denn wenden«, rief Böhmer bestürzt, »um Antwort auf meinen Brief zu erhalten?« »An niemanden«, erklärte Madame Campan. »Ihre Majestät verbrannte Ihr Billett, ohne auch nur zu verstehen, was Sie Ihr damit sagen wollten.« »Aber Madame, das ist doch nicht möglich! Die Königin weiß, daß sie mir Geld zu geben hat.« »Geld, Herr Böhmer? Aber wir haben Ihre letzten Rechnungen doch längst bezahlt.« »Ja, wurden Sie denn nicht ins Vertrauen gezogen, Madame? Man hat doch einen Mann nicht bezahlt, den man ruiniert, indem man ihm anderthalb Millionen Livres schuldig bleibt!« »Haben Sie den Verstand verloren, Böhmer? Wofür sollte die Königin Ihnen eine so exorbitante Summe schulden?« »Für mein Halsband, Madame«, erwiderte Böhmer trocken. »Was, schon wieder dieses Halsband, mit dem Sie die Königin seit Jahren sekkieren?« »Aber die Königin wollte es haben und hat es durch den Herrn Kardinal de Rohan kaufen lassen!« »Sie sind im Irrtum«, rief die Kammerfrau. »Seit der Kardinal aus Wien zurück ist, hat die Königin nicht ein Wort mit ihm gewechselt: kein Mensch ist bei ihr so unbeliebt wie er.« »Nein, Madame, Sie irren sich, nicht ich. Sie trifft ihn im geheimen und hat ihm fünfundzwanzigtausend Livres als erste Anzahlung für mich gegeben. Sie hat das Geld aus ihrem kleinen Schreibtisch aus Sèvresporzellan genommen, der in ihrem Boudoir neben dem Kamin steht.« »Hat Ihnen das der Kardinal gesagt?« »Gewiß, Madame, er selbst.«

Auf Madame Campans Rat eilte Böhmer nach Trianon. Die Königin aber war mit der Probe ihrer Rolle als Rosina beschäftigt und hatte für ihn keine Zeit. »Er ist verrückt, ich habe ihm nichts zu sagen und wünsche ihn nicht zu sehen.« Als ihr aber Madame Campan zwei oder drei Tage später auseinandersetzte, um was es sich bei Böhmer handelte, »schien sie zu erschrecken. Sie kannte sich in diesem Labyrinth nicht aus, ihre Gedanken verirrten sich darin«. Sogleich sandte sie um den Juwelier, der herbeieeilte und seinen ungereimten, unglaublich klingenden Bericht wiederholte.

In den verworrenen Darlegungen des Juweliers war vor allem von dem Kardinal Louis de Rohan die Rede. Nach der Erteilung des Segens in Straßburg hatte Marie Antoinette oft von der sonderbaren Eminenz reden hören, die mit den Frauen auf allzu vertrautem Fuße stand. Vor allem dieser Punkt seiner Lebensführung hatte Maria Theresia aufs äußerste empört, an deren Hof er, zur Zeit der Allmacht der Dubarry, als Gesandter Frankreichs gekommen war. Fast in jedem ihrer Briefe an ihre Tochter und Mercy hatte sie über den liederlichen Prälaten gesprochen. »Unsere Frauen«, schrieb sie, »ob schön oder häßlich, sind von ihm bezaubert.« Sie stellte fest, daß die Damen ihres Hofes die Diners in der französischen Gesandtschaft, wo man an kleinen Tischen speiste, begeistert besuchten. Ehrlich entrüstet mußte sie beobachten, wie »die Frauen, ob schön oder häßlich«, mit diesem geistlichen Herrn »tanzten« und »liebäugelten«, der Maskenbälle besuchte oder wie ein Lakaie gekleidet auf die Jagd ging und dabei an einem einzigen Tag eintausenddreihundertachtundzwanzig Schüsse abgab. »Er führt bei jeder Gelegenheit schamlose Reden, die weder mit seinem Stand als Kleriker noch als Gesandter vereinbar sind ... Die Horde seiner Suite ist ebenso, ein Haufen sittenloser Leute ohne alle Meriten.«

Nachdem er zwei Jahre Gesandter gewesen, vermochte die Kaiserin diesen »unverbesserlichen« Menschen niht mehr zu ertragen. Aber Rohan wurde in Versailles von Aiguillon und in Wien von Joseph II. gehalten, den dieser Prälat »durch seine Albernheiten, sein Geschwätz und seine dummen Witze« amüsierte. Auch Kaunitz stand recht gut mit ihm; er war ein bequemer Gesandter, der es an Entgegenkommen nicht fehlen ließ. Maria Theresia mußte bis zur Thronbesteigung ihres Schwiegersohnes warten, um die »garstige und schändliche Gesandtschaft« endlich loszuwerden. Dann fürchtete sie wieder den schlechten Einfluß, welchen der »geschmeidige Schmeichler« auf ihre Tochter ausüben könnte. Tatsächlich hatte Rohan während des ganzen Jahres

1776 »Gelegenheiten gesucht, um sich bei der Königin einzuschmeicheln«. Marie Antoinette aber hatte sich geweigert, den Kardinal, gegen den sie aufrichtige Abneigung empfand, auch nur zu empfangen. Als er noch Gesandter in Wien war, hatte Rohan an Aiguillon geschrieben: »Ich habe Maria Theresia über das Unglück der unterdrückten Polen tatsächlich weinen sehen. Aber diese Fürstin, die die Kunst, sich nicht durchschauen zu lassen, so gut beherrscht, scheint weinen zu können, wann immer es ihr beliebt; in der einen Hand hält sie das Taschentuch, um ihre Tränen zu trocknen, mit der anderen greift sie nach dem Schwert, um bei der Teilung (Polens) als Dritte im Bund mit dabeizusein.« Der Minister hatte den Brief der Dubarry gegeben, die ihn bei einem ihrer Soupers vorlas. Marie Antoinette hatte davon erfahren. Rohans spöttische Bemerkung hatte sie um so tiefer verletzt, als sie ja leider zutraf. Würde sie diesen Brief jemals vergessen können? »Trotz der Abneigung, die meine Tochter für den Koadjutor von Straßburg an den Tag legt«, schrieb die Kaiserin, »halte ich es nicht für unmöglich, daß sich ihre Gefühle ändern, sei es infolge ihrer Unüberlegtheit oder als Folge ihrer Gewohnheit, den Einflüsterungen ihrer Favoriten und Favoritinnen nachzugeben.«

Glücklicherweise hatte sich Rohan zunächst nach Straßburg begeben müssen, um die Nachfolge seines Onkels anzutreten. Dann aber kehrte er an den Hof zurück, da er die Zusage erhalten hatte, an die Stelle des Großalmoseniers von Frankreich zu treten, des Kardinals de La Roche-Aymon, der schon mit einem Fuß im Grabe stand. Ludwig XVI. hatte sich dieses unsinnige Versprechen durch die Gräfin Marsan, eine Cousine Rohans, entlocken lassen. Als er es auf Drängen Marie Antoinettes, der wiederum von Mercy zugesetzt wurde, zurücknehmen wollte, geriet Frau von Marsan in große Erregung und berief sich auf »das Wort des Königs«. »Teure Cousine«, seufzte Ludwig XVI., »ich weiß, daß ich Ihnen diese Stelle versprochen habe, aber heute geht es nicht mehr, es ist unmöglich.« Aber die Gräfin Marsan ließ nicht locker. »Ich kann es nicht mehr«, stöhnte der König, »ich habe der Königin mein Wort gegeben.« »Sire, ich respektiere den Willen der Königin, aber Eure Majestät können Ihr Wort nicht zweimal verpfänden. Die Königin wird nicht wünschen, daß der König ihr zuliebe etwas tut, das der geringste Edelmann selbst unter Androhung des Todes niemals täte. Da ich von dem mir gegebenen Wort bereits öffentlich gesprochen habe, würde ich mich gezwungen sehen, auch darüber zu sprechen, daß der König es nicht gehalten hat, um der Königin einen Gefallen zu erweisen. Ich bitte Eure Majestät untertänigst, dies zur Kenntnis nehmen zu wollen.« Ludwig XVI. blieb keine andere Wahl, als nachzugeben. So kam es, daß Prinz Rohan, Erzbischof von Straßburg, Kardinal der Heiligen Kirche und Mitglied der französischen Akademie, nach dem Tod des Kardinals de La Roche-Aymon Großalmosenier von Frankreich wurde. Er wohnte dem Lever des Königs bei, hielt den Gottesdienst bei Hof an allen hohen Feiertagen, er taufte den kleinen Herzog der Normandie, aber Marie Antoinette sprach niemals ein Wort mit ihm.

Diesen Mann sollte die Königin gebeten haben, beim Ankauf eines Halsbandes zu vermitteln? Das war ausgeschlossen.

In den Berichten Böhmers tauchte aber wiederholt auch noch ein anderer Name auf, der Name einer gewissen Comtesse de La Motte-Valois, die vorgab, von König Heinrich II. abzustammen. Marie Antoinette geriet in Zorn: es gebe keine Valois mehr und keine Dame bei Hof, die diesen erlauchten Namen trage! Niemals habe sie etwas von dieser Frau gehört. Aber Böhmer erzählte, auf welche Weise er und sein Kompagnon mit Frau von La Motte in Verbindung gekommen seien. Er kenne einen gewissen Generalprokurator Louis François Achet, dessen Schwiegersohn, der Advokat Laporte, zu den Freunden der Gräfin gehöre. Achet habe ihm und Bassenge gesagt, daß die Dame in enger Beziehung zur Königin stehe. Sie habe Laporte sogar Briefe gezeigt, welche die Königin ihr geschrieben hatte. Die Juweliere hätten wieder Hoffnung geschöpft. »Wenn uns jemand zum Verkauf des Halsbandes verhilft«, erklärten sie, »würden wir ihm gerne tausend Livres für seine Vermittlung zahlen.«

Von seinem Schwiegervater veranlaßt, hatte Laporte, der tief verschuldet war, mit der Gräfin La Motte über das Halsband und die Schwierigkeiten der beiden Juweliere gesprochen. Wenn sie das Halsband nicht verkauften, seien sie ruiniert, da sie hohe Summen aufgenommen hätten, um die Steine zusammenzubringen. Vielleicht könnte die Gräfin eingreifen, da sie ja das Vertrauen der Königin besitze. »Haben Sie das Halsband gesehen?« fragte die Gräfin Laporte. »Gewiß«, erwiderte dieser. »Ein wahres Wunder, Madame! Die Hofjuweliere haben jahrelang daran gearbeitet, und allein der Wert der Steine ist ungeheuer, selbst wenn man von der Fassung absieht.« Trotzdem schien es die Gräfin mit der Besichtigung des »Wunders« nicht eilig zu haben. Sie suchte »die Böhmers«, wie man die Juweliere allgemein nannte, erst am 29. Dezember auf und schien das Schmuckstück, obgleich es etwas plump gearbeitet war, prachtvoll zu finden. Am 21. Januar 1785 kam die Gräfin, diesmal in Begleitung Achets, wieder zu den Juwelieren, um ihnen mitzuteilen, daß ein hoher Kavalier, der »im Auftrag der Königin unterhandle«, das Halsband vielleicht erwerben würde. Die Juweliere konnten ihr nicht genug danken und wollten ihr ein Schmuckstück schenken, welches sie jedoch zurückwies. Am 24. Januar kam sie um sieben Uhr früh zum drittenmal und kündigte den Besuch des Kardinals de Rohan an, eben jenes »hohen Kavaliers«, von welchem sie vor vier Tagen gesprochen hatte. »Mit ihm«, sagte sie, »werden Sie alle Zahlungsbedingungen und Garantien vereinbaren. Aber hüten Sie sich, ihm zu sagen, daß ich mich eingemengt habe. Ich bin genügend durch den Dienst belohnt, den ich Ihnen erweisen konnte.«

Nach ein paar Stunden erschien die Eminenz, betrachtete das Halsband und erkundigte sich nach dem Preis – dreihundertzwanzig Millionen Francs heutiger Währung. Der Kardinal »verheimlichte nicht seine Absicht, über den Ankauf zu unterhandeln, zwar nicht für sich selbst, wohl aber für jemanden, den zu nennen er vielleicht die Erlaubnis erhalten werde«. Am 29. Januar bot er Böhmer an, den Schmuck zum festen Preis von einer Million sechshunderttausend Livres zu kaufen, zahlbar in vier Raten innerhalb zweier Jahre. Das Halsband sollte am 1. Februar geliefert und die erste Rate am 1. August erlegt werden. Der Kardinal schrieb den Vertrag, der von Charles Böhmer und Paul Bassenge unterzeichnet wurde, eigenhändig nieder. Am 1. Februar erhielten die Juweliere einen Eilbrief des Großalmoseniers, mit dem Ersuchen, ihm das Halsband unverzüglich zu bringen. Die »Böhmer« nahmen die Kassette unter den Arm und eilten ins Palais Rohan.

»Das Schmuckstück ist für die Königin bestimmt«, eröffnete ihnen der Kardinal und wies das von ihm verfaßte und von den Juwelieren unterzeichnete Schriftstück vor, in welchem alle Bedingungen des Kaufes enthalten waren. Neben jedem Absatz stand das Wort »genehmigt«, und darunter las man die Unterschrift: »Marie Antoinette de France.« »Machen Sie sich eine Abschrift«, sagte der Kardinal. Die beiden Juweliere kopierten das Schriftstück, »ohne daß die sonderbare Unterschrift den geringsten Verdacht in ihnen erregt hätte«. Sie überließen die Kassette dem Kardinal, damit dieser sie der Königin überreiche.

Und was geschah dann? Dann sahen sie die Frau Gräfin wieder, baten sie zu Tisch, um ihr zu danken, und begaben sich zu ihr, in die Rue Neuve-Saintes-Filles, wohin »die Freundin der Königin« sie zum Diner eingeladen hatte.

Am 1. August, berichtete Böhmer weiter, hatten er und sein Kompagnon den Besuch des Kardinals erhalten. Aber Seine Eminenz war nicht etwa gekommen, um die erste Rate von vierhunderttausend Livres zu erlegen, sondern um im Auftrag der Königin einen Zahlungsaufschub zu verlangen. Frau von La Motte hatte dem Kardinal am Tag vorher einen mit Marie Antoinette unterzeichneten Brief gebracht, in welchem ihm die Königin mitteilte, daß sie sich in finanziellen Schwierigkeiten befinde. Sie verpflichtete sich darin, am 1. Oktober siebenhunderttausend Livres zu erlegen, und zahlte einstweilen die Zinsen der Schuld, die fünfunddreißigtausend Livres betrugen. Der Betrag war dem Kardinal von Frau von La Motte überreicht worden, er hatte das Geld gleich mitgebracht. Die Juweliere hatten diese Mitteilung sehr unfreundlich aufgenommen, da sie selbst zu Rückzahlungen an ihre Gläubiger verpflichtet waren, unter welchen sich Herr von Saint-James befand, der sie schon arg bedrängte. Der Kardinal hatte versprochen, bei der Königin vorstellig zu werden – und dabei war es an jenem 1. August geblieben.

Am folgenden Tag wurde Bassenge zu seiner und seines Kompagnons Verwunderung zu der Gräfin La Motte gerufen. »Sie sind betrogen worden«, sagte sie ihm; »die Bürgschaft, die sich in der Hand des Kardinals befindet, trägt eine gefälschte Unterschrift. Aber der Prinz ist reich genug, er wird schon zahlen.«

Böhmer sei sogleich zu Madame Campan gegangen, die ihm die Augen geöffnet habe, und begab sich dann klopfenden Herzens zu dem Kardinal, dem er von seinem Besuch bei der Kammerfrau erzählte: die Königin habe gesagt, »sie wisse nicht, was wir von ihr wollen, sie kenne sich nicht mehr aus«. Und der geängstigte Juwelier hatte ahnungsvoll gefragt: »Werden Sie nicht beide von Ihrer Vermittlerin hinters Licht geführt?« Der Kardinal hatte erst gezögert, dann aber erwiderte er: »Ich zögere mit der Antwort nicht etwa deshalb, weil ich sie nicht bei der Hand habe ... Ich überlege nur, ob ich Ihnen alles sagen soll.« Und nach einer Pause habe er hinzugefügt: Würden Sie beruhigt sein, wenn ich Ihnen sagte, daß ich direkt mit der Königin verhandelt habe?« »Zweifellos, Monseigneur.« »Dann ist es gut. Ich gebe Ihnen die Versicherung, daß ich die Verhandlungen direkt mit der Königin geführt habe; ich schwöre es Ihnen mit meinem Eid.« Dann habe der Großalmosenier behauptet, selbst gesehen zu haben, wie die Königin das Geld »ihrem kleinen Schreibtisch aus Sèvresporzellan« entnommen habe ... Die gleiche Versicherung war von dem Kardinal übrigens auch Saint-James gegeben worden; er hatte diesen gebeten, sich mit der Zurückforderung der Summen zu gedulden, die Böhmer ihm schuldig war.

Die Gemeinheit, die dieser Bericht enthüllte, erschütterte Marie Antoinette. Doch angenommen, sie hätte das Halsband wirklich kaufen wollen – hätte dann nicht der Umstand, daß der Kauf dem König verheimlicht wurde, die Juweliere beunruhigen müssen? Aber keineswegs!

Es war ja nicht das erste Mal.

Im Juni 1776 hatte die Königin, ohne dem König etwas davon zu sagen, zwei Armbänder für dreihunderttausend Livres bestellt. Da sie sie nicht bezahlen konnte, hatte sie statt Geld Edelsteine in Zahlung gegeben, welche von den Juwelieren im Verrechnungsweg zu einem niedrigen Preis zurückgekauft worden waren. Der Erlös hatte nicht genügt, besonders da auch noch Ohrgehänge zu bezahlen waren, und Marie Antoinette war gezwungen gewesen, ihren Kauf dem König einzugestehen. Mercy hatte darüber an Maria Theresia berichtet: »Der Herrscher hörte sie entgegenkommend an wie immer. Er erlaubte sich nur freundlich zu bemerken, es überrasche ihn nicht, daß die Königin bei ihrer Vorliebe für Diamanten kein Geld habe. Nach dieser Bemerkung wurden die zweitausend Louis am nächsten Tag erlegt.« Die Kaiserin schrieb am 2. September 1776: »Solche Geschichten durchbohren mein Herz, besonders wenn ich an die Zukunft denke.« Marie Antoinette aber hatte sich darüber keine Sorgen gemacht und spöttisch zu dem Abbé Vermond gesagt: »Voilà, meine Brasseletten sind in Wien angekommen.« Die Juweliere erinnerten sich ferner auch daran, daß die Königin im gleichen Jahr und ebenfalls ohne Wissen des Königs bei ihnen Ohrgehänge für sechshunderttausend Livres gekauft und dann mit dem König darüber hatte sprechen müssen, der die Schuld in vier Ratenzahlungen aus seiner Schatulle beglich.

Jetzt aber fühlte Marie Antoinette den Boden unter ihren Füßen wanken ... Hatte sie denn nicht erst vor wenigen Tagen zu Madame Campan gesagt, sie möge keine Diamanten mehr und werde nie mehr in ihrem Leben welche kaufen? Aber früher hatte sie Diamanten ungemein geliebt, und die Juweliere konnten nicht wissen, daß sich dies geändert hatte. Daher waren weder die beiden Juweliere noch Rohan überrascht, als Frau von La Motte ihnen sagte, die Königin wolle das Halsband, dessen Kauf sie offiziell abgelehnt habe, im geheimen und hinter dem Rücken des Königs erwerben.

Als die erste Aufregung vorüber war, mochte Marie Antoinette denken, daß diese Geschichte auch nicht ernster genommen zu werden brauche als 1777 die Affäre der Frau Cahuet de Villers, die als Gattin eines Schatzmeisters des Königlichen Hauses den Namen der Königin mißbraucht hatte, um Privatleuten Geld herauszulocken. Auch sie hatte vorgegeben, bei der Königin zu verkehren, sie hatte Schmuck »im Auftrag der Königin« gekauft und Briefe mit ihrer Unterschrift gefälscht. Sie hatte ein Dokument hergestellt, nach welchem die Königin zweihunderttausend Livres aufnehmen wollte. Es hatte sich damals ein Generalpächter namens Béranger gefunden, der sich glücklich schätzte, der Königin diesen Dienst erweisen zu dürfen, in der Hoffnung, dadurch hoffähig zu werden.

Aber war der Kardinal ein neuer Béranger? Oder hatte er selbst das Halsband herausgelockt und unterschlagen? War er ein Dummkopf oder ein Betrüger? Nach einem Brief Marie Antoinettes an ihren Bruder vermutete sie, »Rohan sei in Geldbedrängnis gewesen und habe geglaubt, die Juweliere zu dem von ihm genannten Termin bezahlen zu können, so daß dann nichts entdeckt worden wäre«. Am 9. August 1785 wußte Marie Antoinette noch nichts von der berüchtigten Begegnung mit Rohan in einem Boskett, wo sie ihn heimlich getroffen haben sollte. Sie wünschte jedenfalls, daß dieser »seltsame Roman«, wie es nannte, ehestens aufgeklärt werde, und trug Böhmer auf, einen schriftlichen Bericht zu erstatten, den der Juwelier ihr am 12. August überreichte. Der König wurde davon sogleich in Kenntnis gesetzt, und am 15. August, dem Himmelfahrtstag Mariä und Namenstag der Königin, versammelten sich Marie Antoinette, Ludwig XVI., der Minister des Königlichen Hauses, Baron Breteuil, und der Großsiegelbewahrer de Mirosmenil im Arbeitszimmer des Königs.

Die Königin verlangte die Verhaftung des Kardinals. »Er hat meinen

Namen wie ein Falschmünzer mißbraucht.« Das sei ein schändlicher Betrug! Der beste Beweis dafür sei, daß der Kardinal Böhmer und Saint-James belogen, daß er als Kirchenfürst gewagt hatte, unter Eid zu behaupten, er habe mit der Königin persönlich verhandelt.

Mirosmenil riet dringend zur Vorsicht, aber Breteuil stellte sich auf die Seite der Königin. Er haßte den Kardinal, der sich ständig über ihn lustig machte, seit er sein Nachfolger auf dem Wiener Gesandtschaftsposten geworden war. Nach seiner Ansicht hätte der tief verschuldete Kardinal dies alles ins Werk gesetzt, um sich des Halsbandes zu bemächtigen. Ludwig XVI. und Mirosmenil hingegen meinten, »der Rang und Name Rohans erlaubten nicht, ihn zu verhaften, bevor er gehört worden sei«. Aber Marie Antoinette geriet in solche Erregung, daß Ludwig befahl, den Kardinal zu rufen; zum Gang in die Kapelle bereit, wo er den Gottesdienst zelebrieren sollte, wartete er mit dem versammelten Hof in der Salle du Conseil.

Es war elf Uhr, als der Kardinal in vollem Ornat das Arbeitszimmer des Königs betrat. »Mein teurer Cousin«, fragte ihn dieser, »haben Sie bei Böhmer Diamanten gekauft?« »Ja, Sire.« »Was haben Sie damit gemacht?« »Ich dachte, sie seien der Königin übergeben worden.« »Wer hat Sie denn zu diesem Kauf ermächtigt?« »Eine Dame namens Gräfin de La Motte-Valois; sie hat mir einen Brief der Königin vorgewiesen, und ich dachte, Ihrer Majestät damit einen Dienst zu erweisen.« »Wie konnten Sie das glauben, Monsieur«, unterbrach ihn die Königin, »Sie, mit dem ich seit acht Jahren kein Wort gesprochen habe! Wie konnten Sie glauben, ich hätte Sie mit einem solchen Geschäft beauftragt, und noch dazu durch die Vermittlung einer solchen Kreatur?« »Ich sehe ein, daß ich schändlich betrogen worden bin«, erwiderte der Kardinal, »ich werde das Halsband bezahlen. Der Wunsch, Eurer Majestät Wohlwollen zu verdienen, hat mich verblendet. Ich habe den Betrug nicht durchschaut und bedaure es tief.« Der Prälat wagte nicht, der Königin ins zornige Antlitz zu blicken. Er zog den mit Marie Antoinette de France unterzeichneten Vertrag aus der Tasche. »Das ist weder die Schrift der Königin«, rief der König, »noch würde sie so signieren! Wie ist es möglich, daß ein Prinz aus dem Hause Rohan und ein Großalmosenier von Frankreich glauben konnte, die Königin hätte sich mit Marie Antoinette de France unterschrieben, da doch jedermann weiß, daß die Königinnen nur mit ihrem Taufnamen unterzeichnen? Klären Sie mir doch dieses ganze Rätsel auf! Ich will Sie nicht schuldig finden, ich wünsche Ihre Rechtfertigung. Erklären Sie mir aber, was alle diese Schritte bei Böhmer, diese Beteuerungen, diese Briefe zu bedeuten haben!« Der Prälat war blaß wie der Tod geworden, schwankend trat er an den Tisch und stützte sich darauf. »Sire, ich bin zu verstört, um Eurer Majestät so antworten zu können, daß . . .« »Beruhigen Sie sich, Herr Kardinal, und gehen Sie in mein Kabinett. Dort werden Sie Papier, Federn und Tinte finden. Schreiben Sie nieder, was Sie mir zu sagen haben.«

Der Bericht, den Rohan dem König nach einer Viertelstunde überreichte, war so verworren wie nur möglich. Nur eine Tatsache ging daraus hervor: »daß eine Frau namens de Valois ihn davon überzeugt hatte, daß er den Kauf des Halsbandes für die Königin durchführen sollte und er von dieser Frau betrogen worden war«.
»Wo ist diese Frau?« fragte der König. »Sire, ich weiß es nicht.« »Haben Sie das Halsband?« »Es befindet sich in den Händen dieser Frau.« Der Baron Breteuil las den Bericht durch, den Böhmer verfaßt hatte, dann fuhr der König fort: »In diesem Bericht ist die Rede von Vollmachten, die die Königin geschrieben und unterzeichnet haben soll. Wo sind diese Papiere?« »Sire, ich besitze sie, aber sie sind gefälscht.« »Das glaube ich gern!« »Ich werde sie Eurer Majestät bringen.« Der König sah ihn mißbilligend an. »Ich mache Sie aufmerksam, daß Sie verhaftet werden.« Der Kardinal verfärbte sich. »Ah, Sire, ich werde Ihren Befehlen stets gehorsam sein – aber ersparen Sie mir die Schmach, im geistlichen Ornat vor den Augen des ganzen Hofes verhaftet zu werden.« »Es muß sein«, erwiderte Ludwig XVI. kurz. Dann erinnerte ihn Rohan daran, daß seine Cousine, Frau von Marsan, die Erzieherin des Königs gewesen sei. Bei dieser Erinnerung wollte Ludwig nachgeben, aber Marie Antoinettes Augen standen voll zorniger Tränen. Es mußte ein Ende gemacht werden, der König raffte sich auf und sagte: »Monsieur, ich werde trachten, Ihre Familie darüber hinwegzubringen, so gut ich es vermag. Ich wünsche nichts mehr, als daß Sie imstande sein mögen, sich zu rechtfertigen. Aber ich muß tun, wozu ich als König und Gatte verpflichtet bin.«
Den Kardinal vor sich herstoßend, ging Breteuil zu der Tür, die in den Salon de la Pendule führte, wo die hohen Hofchargen auf den Gang zur Messe warteten. Der übrige Hof drängte sich in der Salle du Conseil, im Chambre de Parade, im Oeil-de-Boeuf und in der Spiegelgalerie. Mit erhobener Stimme rief Breteuil dem Hauptmann der Leibgarden zu:
»Verhaften Sie den Herrn Kardinal!«
Eine platzende Bombe hätte kein größeres Entsetzen hervorrufen, keine ärgere Verwirrung anrichten können. Nur der Prälat behielt seine Ruhe. Unter dem Eingang der Galerie stehend, schrieb er noch ein Billett an seinen Vertrauensmann, den Abbé Georgel. Er bat ihn, alle Briefe zu verbrennen, die sich »in dem roten Portefeuille« befänden. Sie waren ihm von Frau von La Motte zugestellt worden, und er hatte sie für Handschreiben der Königin gehalten. Sie waren gefälscht.
Das Aufsehen war ungeheuer. »Nur in Frankreich kann es geschehen«, schrieb Erzherzog Leopold an seinen Bruder Joseph II., »daß ein glaubens- und sittenloser Kardinal, Erzbischof und Großalmosenier des Königs wie ein gemeiner Fälscher, Lump und Betrüger verhaftet wird. Das ist unglaublich!« Das war auch die Ansicht des Kaisers: »Ich hätte ihn niemals einer Gaunerei oder so schwarzer Niedertracht für fähig gehalten, deren er jetzt beschuldigt wird.« Die beiden Brüder der

Königin zweifelten sicherlich an der Schuld des Kardinals. War ihre Schwester denn so weltfremd? Sie unterließen diese Frage, doch in Paris kannte man solche Hemmungen nicht. Marie Antoinette war wie verblendet. »Was mich betrifft«, schrieb sie an ihren Bruder Joseph, »so bin ich von dem Gedanken entzückt, daß ich von dieser häßlichen Geschichte nicht mehr werde sprechen hören.« Für sie war die Sache abgetan. Während der Kardinal, der noch zu Hause genächtigt hatte, am nächsten Tag den Weg in die Bastille antrat, begab sich Marie Antoinette nach Trianon, wo sie die letzten Proben für den »Barbier« erwarteten.

Ob sie wohl, als ihr Partner Basil die berühmte Stelle über die Verleumdung deklamierte, daran dachte, daß diese Darstellung einmal auch auf sie zutreffen könnte? . . . »Gestern ging die Königin«, wie die Gräfin de La Marck sagte, »ständig in die Oper und in die Komödie, machte Schulden, veranlaßte Prozesse, putzte sich mit Federn und Flitter heraus und mokierte sich über alle Leute.« Gestern glich die Verleumdung nur »einem leisen Raunen, das wie die Schwalbe vor dem Gewitter leicht über den Boden gleitet«. Jetzt aber sollte ihr Name durch den Schmutz gezogen werden, zugleich mit dem Namen eines sitten- und glaubenslosen Prälaten, einer Fälscherin, eines Betrügers und einer Dirne. Die Verleumdung würde sich »drohend aufrichten, sich zischend aufblähen und immer frecher ihr Haupt erheben«. Und diese von Haß geschwellte Verleumdung würde behaupten, daß Marie Antoinette die Geliebte des Großalmoseniers von Frankreich gewesen sei.

Aber wo hielt sich die Hauptbeschuldigte auf, die Gräfin Jeanne de La Motte-Valois? Sie befand sich in Bar-sur-Aube, wo man ihr vor ihrer Verhaftung reichlich Zeit ließ, gemeinsam mit ihrem Freund Beugnot, dem späteren Minister Ludwigs XVIII., die leidenschaftlichen Liebesbriefe Rohans an die Königin von Frankreich zu verbrennen.

Am 18. August wurde sie verhaftet und in die Bastille gebracht. Hier wurde festgestellt, daß die Gefangene doch etwas mehr als nur eine Abenteurerin war. Sie stammte wirklich von den Valois ab und führte in ihrem Wappen auf blauem Grund drei goldene Lilien. Vier Generationen lagen zwischen ihr und Henry de Saint-Rémy, dem anerkannten Sohn Heinrichs II., und seiner Frau Nicole de Savigny, Dame de Saint-Rémy. Aber ihre Familie war über eine Mesalliance nach der anderen schließlich ins Elend geraten, ihr Vater, Baron Jacques de Saint-Rémy, war im Hôtel-Dieu, dem großen Pariser Krankenhaus, verarmt gestorben. Sie selbst hatte eine traurige Kindheit gehabt. Ihre Mutter war eine Bäuerin, die ein liederliches Leben mit einem Soldaten führte. Das Kind wurde von beiden geprügelt und zum Betteln angehalten, wobei es die Passanten um ein Almosen »für eine arme Waise aus der Familie Valois« anflehen mußte. So bettelte es eines Tages in der Nähe des Dorfes Passy am Wegrand auch eine Dame der Aristokratie an, die Marquise von Boulainvilliers. Von Mitleid ergriffen, nahm diese das Kind und dessen Schwester zunächst in ihr Haus, gab sie dann in die Lehre und schickte sie schließlich in die Klosterschule der Abtei Longchamp, in welche nur Töchter aus adeligen Häusern aufgenommen wurden. Es war der Marquise mit Hilfe des berühmten d'Hozier geglückt, die Abstammung ihrer Schützlinge von den Valois nachzuweisen. Ende 1776 billigte der König seinen beiden entfernten Cousinen eine Jahrespension von 800 Livres zu. Zum Dank für die Güte der Marquise brannten die beiden »Prinzessinnen«, wie sie sich zu nennen beliebten, aus dem Kloster durch und landeten in einer Schenke in Bar-sur-Aube. Eine zweite Protektorin, Frau von Surmont, nahm sich ihrer an. Im Haus dieser Dame lernte Jeanne, die zu einem bildhübschen jungen Mädchen herangewachsen war, den Gendarmerieoffizier Marc Antoine Nicolas de La Motte kennen. Am 6. Juni 1780 wurde die Hochzeit in Bar-sur-Aube gefeiert, und das junge Paar, das sich aus eigener Machtvollkommenheit in den Grafenstand erhob, begab sich auf die Suche nach dem Glück. Als Frau von Boulainvilliers, die offenbar nicht nachtragend war, auf der Straße von Saverne nach Straßburg die junge »Gräfin« dem Kardinal de Rohan vorstellte, glaubte sie, es gefunden zu haben.

Einige Monate später wurde der »Graf« zum »Kapitän à la suite des Dragonerregiments von Monsieur«, also des Grafen von Provence ernannt, und das Paar übersiedelte nach Paris. Die ersten Monate waren nicht leicht, trotz der Mildtätigkeit des Großalmoseniers und der Besuche »hoher Militärs und Beamten«, die von Frau von La Motte empfangen wurden, während ihr Gatte, der wußte, was sich ziemte, nicht zu Hause war. »Die Erbin des Blutes der Valois« beschloß, im Vorzimmer von Versailles in Ohnmacht zu fallen, um die Aufmerksamkeit der Königin auf sich zu lenken. Zweimal wiederholte sie den Versuch, als Marie Antoinette an ihr vorüberging, aber die Königin bemerkte sie nicht einmal. Im Appartement der Gräfin von Artois hatte sie den gleichen Mißerfolg. Nur Madame Elisabeth erbarmte sich, als sie die hübsche junge Frau in ihrem Salon de Service umsinken sah. Die ließ die Pension des Königs auf tausendfünfhundert Livres erhöhen. Aber nach einer neuen, vielleicht weniger geschickt simulierten Ohnmacht schöpfte die Schwester Ludwigs XVI. Verdacht. Frau von La Motte verwandelte sich nun in eine »Vermittlerin von allerlei Geschäften in den Ministerien und bei Hof«, übrigens ein Beruf, der fast schon als solcher anerkannt wurde. Er brachte weit mehr als die Ohnmachtsanfälle ein, besonders nachdem es Jeanne gelungen war, den Leuten – und selbst dem Kardinal – weiszumachen, daß sie die Königin sehr oft besuche. Bald herrschte Wohlstand bei den La Mottes; sie lebten jedenfalls auf großem Fuß.

Die beiden Hauptbeschuldigten befanden sich nunmehr hinter Schloß und Riegel. Was aber brachte der Kardinal zu seiner Verteidigung vor? Er habe das Halsband im Auftrag der Königin gekauft, und die Gräfin La Motte habe zwischen ihm und der Königin vermittelt. Am Abend des 1. Februar habe er sich nach Versailles begeben, wo Frau von La Motte ein Absteigquartier besaß. Die Kassette mit dem Halsband habe er ihr mitgebracht. Frau von La Motte war allein und sagte: »Die Königin wartet; das Halsband wird ihr noch heute abend zugestellt werden.« ... Nach ein paar Minuten wurde ein Bote der Königin gemeldet. Der Kardinal zog sich »aus Diskretion« in einen »halboffenen« Alkoven zurück. Er sah einen schwarzgekleideten Mann, der einen Brief überreichte und dann hinausging. Frau von La Motte trat zu dem Alkoven und zeigte ihm den Brief: er sei von der Königin und »enthalte den Auftrag, die Kassette dem Überbringer einzuhändigen«. Der Mann wurde wieder hereingerufen, nahm die Kassette in Empfang und verschwand im Dunkel der Nacht. »Wer ist denn das?« hatte der Kardinal gefragt. »Er gehört zum Kammerdienst und zum Orchester der Königin«, erwiderte Frau von La Motte.

Dieser klaren Aussage gegenüber behauptete Frau von La Motte, die Geschichte von der Übergabe der Kassette sei reine Erfindung. Sie habe zwar einmal »gesprächsweise« auf das Halsband angespielt, der Kardinal habe darauf jedoch nicht weiter reagiert. Aber »am nächsten oder übernächsten Tag habe Rohan sie um die Adresse Böhmers fragen lassen«. Mehr wisse sie nicht. Aber hatte nicht der Kardinal, meinte sie, das Schriftstück, welches die Unterschrift Marie Antoinette de France trug, in Anwesenheit der Juweliere eigenhändig niedergeschrieben, und hatte nicht er den Vertrag mit den Böhmers geschlossen? Nach der Meinung der Gräfin »hatte der Kardinal ohne Wissen der Königin unterhandelt«. Jedermann wisse, daß der Prinz durch maßlose Verschwendung und dadurch, daß sein Schloß in Zabern abgebrannt sei, in finanzielle Bedrängnis geraten sei. Und dann behauptete die Gräfin plötzlich, daß der Hauptschuldige Cagliostro wäre.

Der Alchimist hatte mit dem Betrug nicht das geringste zu tun. Aber Frau von La Motte meinte, die allgemeine Aufmerksamkeit würde von ihr abgelenkt werden, wenn sie den berühmten Scharlatan in die ohnehin schon genug verworrene Angelegenheit hineinzöge. Ganz Paris sprach damals von dem Grafen Cagliostro. Er behauptete, zweitausend Jahre alt zu sein, der Hochzeit von Kanaan beigewohnt zu haben und mit Christus am Ufer des Sees von Tiberias spazierengegangen zu sein. Wenn ein Ungläubiger ihn ein wenig in die Enge trieb, erwiderte er stolz: »Ich bin der, der da ist.« In Wirklichkeit hieß er Giuseppe Balsamo und war so wenig Graf, wie Jeanne Gräfin war. Er hatte das Vertrauen des Kardinals gewonnen und sollte für diesen Gold und Diamanten fabrizieren. Der Kardinal habe der Gräfin gesagt, Cagliostro sei ein großer Mann, von dem man nur mit Hochachtung sprechen könne. Er habe ihm auch versprochen, ihn mit der Königin auszusöhnen und ihn zum Minister zu machen. Er sei untröstlich, »sich den Haß der Königin zugezogen zu haben«. Dies sei für sein Herz eine Bitternis, welche ihm seine schönsten Tage vergifte. Um seine Eminenz zu trösten, ließ Cagliostro Marie Antoinette in einer Flasche erscheinen. Der Kardinal sah freilich nichts, aber die Gegenwart der Königin wurde ihm durch das Medium eines Kindes vermittelt, das »rein sein mußte wie ein Engel«. Es trug den Großkordon des Heiligen-Geist-Ordens und hatte eine silbergestickte Schürze um, auf welcher »in der Mitte eine große Sonne« prangte. Es war angeblich das Kind, welches die Königin im März zur Welt bringen sollte, mithin der spätere Ludwig XVII. Cagliostro zog seinen Degen, legte die Hand auf das Haupt des Kleinen, fuchtelte mit dem Rapier herum und blies auf das Haar des Kindes. Dann zog er es hinter einen Paravent, wo eine Flasche mit klarem Wasser auf einem Tische stand.

»Ich befehle dir«, schrie Cagliostro, »mich alles, was ich wünsche, erblicken zu lassen! Kleiner, was siehst du?« Der Kardinal hielt klopfenden Herzens den Atem an. »Nichts«, antwortete das Medium. »Stampf mit dem Fuße auf, Kleiner! Was siehst du jetzt?« »Nichts.« »Stampfe nochmals! Nun?« »Ich sehe eine große, schöne Frau, sie ist schwanger, ich sehe sie in einem Bett.« »Kennst du die Königin? Hast du sie schon gesehen? Erkennst du sie?« »Ja, Monsieur, ich sehe die Königin.«

»Der Kardinal«, erzählte Frau von La Motte, geriet in Ekstase, kroch im Staub zu Füßen des Magiers und küßte ihm die Hände.« Sie haßte Cagliostro als gefährlichen Konkurrenten bei ihren Betrügereien und beschuldigte ihn schon bei ihrem ersten Verhör am 20. August: er sei dem Kardinal beim Diebstahl des Halsbandes behilflich gewesen, dieser Gaukler sei der Komplice des Kirchenfürsten. Aber da zu viele Indizien gegen sie sprachen, vermochte sie dem Polizeileutnant diese Version nicht weiszumachen. Wie kam es denn, daß das Ehepaar La Motte seit dem 1. Februar ein so verschwenderisches Leben führen konnte? Kostbare Möbel waren in zweiundvierzig Wagen nach Bar-sur-Aube geschafft worden, sechs Karossen und zwölf Pferde waren gekauft, zahlreiches Personal war eingestellt worden: Köche, Lakaien, Küchenmädchen, Kutscher und sogar »ein Neger, der von Kopf bis Fuß in Silber gekleidet war«. Feste und Empfänge jagten einander, und um die Auslagen zu decken, wurden Diamanten über Diamanten verkauft. Der »Graf« war sogar nach London gereist, um über den Verkauf von Steinen im Wert von zweihundertvierzigtausend Livres zu verhandeln. »Einige dieser Steine waren beschädigt, als seien sie hastig und ungeschickt mit einem Messer aus ihren Fassungen gebrochen worden.« Dies seien die Diamanten des Halsbandes! »Kann sein«, erwiderte Frau von La Motte bei ihrem Verhör am 26. August, »aber der Kardinal hat mich mit dem Verkauf beauftragt, um seine Verbindlichkeiten erfüllen zu können. Er hat mir zweimal große Mengen von Diamanten gegeben.«

Am 25. August 1785, an einem Montag, begann Jeanne de La Motte ihre Verteidigungsschrift zu verfassen. Ihre Beweisführung war recht geschickt. »Ich würde nicht in Frankreich geblieben sein, wenn ich schuldig wäre. Ich wäre geflohen und zu meinem Gatten gereist, der sich derzeit in England aufhält.« Diese Verteidigung änderte nichts an dem Urteil, das sich der Untersuchungsrichter längst gebildet hatte: Breteuil und die Königin hätten sich geirrt; der Kardinal sei unschuldig und nicht der Komplice der La Motte, sondern diese habe den Betrug allein begangen; Rohan habe die Wahrheit gesagt, als er darlegte, auf welche Weise er von der Gräfin geprellt und ausgebeutet worden sei. Für ihn war der Fall geklärt. Für die Gegner der Königin jedoch, denen sich nun die Familien Rohan, Marsan, Brionne und Soubise anschlossen, war der Kardinal nicht das Opfer einer Abenteurerin, sondern der Königin geworden. »In der Stadt«, vermerkte die Correspondance secrète, »hielt man Frau von La Motte und den Kardinal für die Schuldigen, aber bei Hof wurde die Königin beschuldigt.« Die oppositionellen Mitglieder des Parlaments – also des Gerichts, das im Namen des Königs in letzter Instanz entschied – waren entzückt. »Was für ein großes und vielverheißendes Ereignis«, rief einer der Frondeure aus. »Ein Kardinal als Betrüger entlarvt! Die Königin in eine Fälschungsaffäre verwickelt! Krummstab und Zepter kompromittiert! Welch ein Triumph für die Idee der Freiheit! Wie bedeutungsvoll für das Parlament!«

Aber im Verlauf der ersten Verhöre tauchte plötzlich eine Begebenheit auf, die sich schon vor dem Diebstahl zugetragen hatte und welche die bisher unbegreifliche Leichtgläubigkeit des Kardinals erklärte. Es war dies die Affäre des Bosketts, die schon ein Jahr zurücklag und der Königin vielleicht noch mehr schadete als die Halsbandaffäre.

Frau von La Motte hatte einen Plan ausgeheckt, um die Beschränktheit dieses mit dem Kardinalpurpur geschmückten Dummkopfs Rohan auszubeuten. Sie machte ihm weis, sie habe über ihn und seinen Kummer mit der Königin »so überzeugend gesprochen, daß sie deren Vorurteile allmählich habe zerstreuen können«. Eines Tages erklärte sie ihm strahlend: »Die Königin hat mich ermächtigt, Ihnen zu sagen, Sie mögen sich wegen der Dinge schriftlich rechtfertigen, deren man Sie zu Unrecht beschuldigt.« Die Dankbarkeit des Kardinals kannte keine Grenzen. Er setzte sich hin und schrieb eine Rechtfertigung. Die Königin antwortete ihm, und bald entwickelte sich durch Vermittlung der Frau von La Motte eine rege Korrespondenz. In Wahrheit wurden die Briefe der Königin von einem Kameraden des »Grafen« geschrieben, einem ehemaligen Gendarmen namens Marc Antoine Rétaux de Villette. Er war nicht nur ein geschickter Fälscher, sondern auch ein guter Sänger, und es hieß, daß seine Stimme das Herz der »Gräfin« bezaubert hätte.

Den Kardinal zu trösten, hatte für diese Ehe zu dritt natürlich nur dann einen Sinn, wenn sich dies rentierte. Darum begann Frau von La Motte ihrem Geliebten Briefe zu diktieren, in welchen Marie Antoinette den Kirchenfürsten unter verschiedenen Vorwänden bat, ihr Geld vorzustrecken. Der Kardinal schöpfte keinen Verdacht, denn es war ja bekannt, daß die Königin verschwendete und Schulden hatte. Als Gegenleistung für seine Dienste, die leisten zu dürfen er entzückt war und die dem Trio auf großem Fuß zu leben erlaubten, wünschte er eine Audienz bei Marie Antoinette. Jetzt wurde die Sache schwierig, da die La Motte ja nicht wie Cagliostro imstande war, die Königin, und dazu in einer Wasserflasche, frei ins Haus zu liefern. Sie mußte also eine andere Möglichkeit ausfindig machen. Jedermann wußte, daß die Königin am Abend im Park spazierenging – zahllose Geschichten kursierten über diese Promenaden. Warum hätte sie also dem Kardinal nicht eine nächtliche Audienz im Garten gewähren sollen? Es mußte nur eine Frau gefunden werden, die im Schutz der Dunkelheit die Rolle der Königin spielen konnte. Dieses kühne Projekt schreckte den Grafen La Motte keineswegs. Er begab sich auf die Suche und entdeckte sehr bald in den Gärten des Palais Royal, dem Rendezvousplatz der Prostituierten, eine junge blonde Person, die der Königin erstaunlich ähnlich sah. Sie hieß Nicole Oliva und pflegte »auf den Strich zu gehen«. Er sprach sie an, und nachdem er sie neunmal besucht hatte, brachte er die Gräfin zu ihr und verschwand.

Jeanne machte nicht viel Umstände. Sie nannte sie »mein Herz« und sagte ihr: »Ich besitze das volle Vertrauen der Königin, wir sind wie Zwillingsschwestern. Sie hat mir soeben einen neuen Beweis ihres Vertrauens gegeben, indem sie mich beauftragte, eine Person ausfindig zu machen, die etwas tun würde, das man ihr sagen wird, sobald es an der Zeit ist. Ich schenke Ihnen fünfzehntausend Livres, wenn Sie diese Aufgabe übernehmen.« Die Demoiselle war entzückt: »Es wäre für mich ungemein schmeichelhaft, der Königin einen Gefallen erweisen zu dürfen.« »Der Herr Graf de La Motte wird Sie morgen abend abholen und im Wagen nach Versailles bringen«, schloß Jeanne und ließ die junge Frau – nach deren eigener Aussage – »von Freude und Hoffnung wie betäubt«, zurück.

Am nächsten Tag brachte der »Graf« die junge Person nach Versailles. Als sie vor dem Gittertor des Schlosses anlangten, wurde der Wagen von Frau von La Motte angehalten, die zu ihrem Gatten sagte, er möge Madame in ihre Wohnung begleiten. La Motte gehorchte, brachte die Demoiselle in die Rue Dauphine und verschwand. Nach zwei Stunden kehrte er mit Frau von La Motte, »deren Gesicht vor Freude strahlte«, wieder zurück. »Ich habe die Königin von Ihrem Eintreffen unterrichtet«, sagte Jeanne. »Sie hat sich darüber sehr gefreut und wünscht sehnlich den morgigen Tag herbei, um zu wissen, wie die Sache abgelaufen ist.« – »Ja, aber«, fragte Mademoiselle Oliva erstaunt, »was wollen Sie denn, daß ich tun soll?« »Oh, das ist die einfachste Sache von der Welt. Ich werde es Ihnen erklären . . .«

Tags darauf kleidete Frau von La Motte die junge Person an. »Ich wurde in ein weißes Kleid aus getupftem Linon gesteckt, in eine Art

Kinderkleid oder Gaule, wenn ich mich recht erinnere.« Es war das Kleid, welches die Königin auf dem Porträt der Madame Vigée-Lebrun trug, das im vorigen Jahr 1783 im Salon ausgestellt worden war. Dann übergab ihr die »Gräfin« einen Brief ohne Adresse. »Ich werde Sie heute abend in den Park begleiten, wo Sie einen hohen Kavalier treffen und ihm diesen Brief überreichen werden.« Am 11. August 1784 holten Herr und Frau von La Motte die junge Oliva zwischen 11 Uhr und Mitternacht ab. Sie trug eine Mantille um die Schultern und eine »Thérèse«, einen breitkrempigen Hut, auf dem Kopf. Als sie beim Gittertor der Orangerie anlangten, gab ihr die Gräfin eine Rose in die Hand. »Reichen Sie die Rose mit dem Brief dem Kavalier, der zu Ihnen treten wird, und sagen Sie nur: ›Sie wissen, was das bedeutet.‹ Die Königin wird in der Nähe sein, um die Begegnung zu beobachten, sie wird mit Ihnen sprechen . . .« Die Demoiselle begann vor Angst zu zittern; sie sei ein armes Mädchen, stammelte sie, und wisse nicht, welchen Titel sie der Königin geben solle. »Sprechen Sie sie immer mit Eure Majestät an«, sagte La Motte, und seine Frau führte sie in ein Buchenrondell. »Bleiben Sie hier, ich gehe den Kavalier holen.« Und während der Kleinen das Herz im Halse klopfte, ging sie davon.

Der Kavalier, es war Rohan, trat in das Rondell und verbeugte sich tief. »Ich hatte solche Angst, daß ich noch immer nicht begreife, wie ich auch nur die Hälfte von dem habe tun können, was mir aufgetragen war.« Sie hatte dem Kardinal zwar die Rose gegeben und den eingelernten Satz aufgesagt, aber den Brief hatte sie ganz vergessen. Kaum hatte Rohan die Rose entgegengenommen, als ein Bedienter der Königin – der verkleidete Rétaux – erschien und flüsterte: »Madame und die Gräfin Artois sind ganz in der Nähe!« Frau von La Motte eilte herbei: »Schnell, schnell«, sagte sie hastig, »kommen Sie!« Sie faßte die junge Frau am Arm, zog sie mit sich fort und übergab sie La Motte. Dann kehrte sie zu dem Kardinal zurück, der vor Freude außer sich war. Er glaubte verstanden zu haben, daß die »Königin« gesagt hätte: »Sie dürfen hoffen, daß alles Vergangene vergessen ist.« Er war entzückt, aber nicht im mindesten erstaunt. Hieß es denn nicht, Marie Antoinette treffe ihre »Liebhaber« im Park? Und waren nicht bei Hof und in der Stadt die Namen Guines, Coigny, Lauzun und Fersen oft genug genannt worden? Von nun an konnte Frau von La Motte von ihm »im Auftrag der Königin« verlangen, was sie wollte; er erfüllte alle ihre Wünsche »mit dem Gefühl tiefster Ehrfurcht und Erkenntlichkeit«. Noch im August verlangte sie sechzigtausend Livres »für Unglückliche, denen, wie sie wisse, die Königin beizustehen wünsche«. Bis zum Jahresende wechselten Geldforderungen und glühende Liebesbriefe, die der ehemalige Gendarm Rétaux schrieb, miteinander ab. Der Kardinal antwortete mit Briefen, »die ein Mann, der sich achtet, nicht zu Ende lesen könnte«, wie Beugnot berichtet. Er hatte Gelegenheit gehabt, in diese Briefe Einblick zu nehmen, bevor er sie in Bar-sur-Aube verbrannte.

Der Kardinal faßte um so weniger Verdacht, als die La Motte, um ihn hinters Licht zu führen, von Zeit zu Zeit ein paar Louisdor von ihm erbat, damit sie ihr Leben bestreiten könne. Angesichts einer solchen Borniertheit zögerte sie keinen Augenblick, zur Tat zu schreiten, als Laporte sie im Auftrag der Juweliere bat, für diese ein gutes Wort bei der Königin einzulegen. Ihr Entschluß war schnell gefaßt: sie würde das Halsband von dem Kardinal kaufen lassen und es für sich behalten.

Heute sehen wir klar, doch damals war es anders. »Ich halte es nicht für möglich«, sagte der Erzbischof von Tours, »daß sich der Kardinal eines so plumpen Betruges schuldig gemacht haben sollte.« Fersen hingegen, der sich zu dieser Zeit bei seinem Regiment befand, schrieb über die umlaufenden Gerüchte: »Man sagt, daß es sich nur um ein abgekartetes Spiel zwischen der Königin und dem Kardinal handle, daß er mit ihr auf bestem Fuß stehe, daß sie ihn tatsächlich mit dem Kauf des Halsbandes beauftragt habe, daß die Königin nur so tue, als könne sie ihn nicht leiden, um ihr Spiel zu verbergen, daß der König davon unterrichtet worden sei und ihr Vorwürfe gemacht habe, daß sie in Ohnmacht gefallen sei und vorgegeben habe, schwanger zu sein . . .«

Für die Gegner Marie Antoinettes stand fest, daß sie auf die eine oder andere Art in die Sache verwickelt sei. Die weniger Unduldsamen meinten, die Szene im Boskett sei gestellt worden, um die hinter einer Hecke verborgene Königin zu amüsieren. Sie habe den Kardinal im Einvernehmen mit Breteuil – oder sogar mit Jeanne de La Motte, wagten manche zu behaupten – zum besten halten wollen. Danach habe Jeanne die Intrige auf eigene Faust weitergetrieben. Dadurch vereinfachte sich alles: der Kardinal hörte auf, ein Dummkopf zu sein, und die La Motte war nicht mehr die Urheberin dieser üblen Angelegenheit. Andere wunderten sich, daß Rétaux de Villette, der ebenso wie die Demoiselle Oliva verhaftet worden war, die Fälschungen und die Szene im Boskett zwar eingestand, hingegen leugnete, die Rolle des schwarzgekleideten Mannes gespielt zu haben, der das Halsband in der Nacht des 1. Februar bei Frau von La Motte abgeholt hatte. Andere wieder waren überrascht, daß die Gräfin nicht sofort am 15. August in Bar-sur-Aube verhaftet worden sei. Warum hatte man damit drei Tage gewartet? Am meisten verwundert aber waren die Leute über die Ruhe und Unbefangenheit der Jeanne de La Motte. Sie war am 5. August nach Bar-sur-Aube gefahren, wo sie Besuche empfing und erwiderte, auf großem Fuß lebte und nicht im mindesten daran dachte, das Weite zu suchen. War vielleicht jemand bereit, die schützende Hand über sie zu halten?

So kam es, daß sich alles gegen die Königin kehrte: die vollendete Geschicklichkeit der Frau von La Motte, alle Mißgriffe der mit der Untersuchung Beauftragten und der Beschuldigten, alle nicht aufgeklärten Einzelheiten. Sie wurde das Opfer ihres Rufes. Sie bemerkte aber nicht, wie der »Abgrund«, von dem Maria Theresia gesprochen hatte, sich unter ihren Füßen zu öffnen begann. Statt den Parisern, die sie mit Schmutz bewarfen, aus dem Weg zu gehen, zeigte sie sich ihnen, sorglos wie immer, in einem seltsamen Aufzug. Als sie sich am 5. Oktober nach Fontainebleau begeben wollte, beschloß sie, auf der Seine dorthin zu fahren. Sie bestieg am »Rand der Ebene von Issy« eine Barke, auf welcher sie Paris durchquerte. Zwölf Pferde zogen von der Uferböschung aus das kleine Schiff stromaufwärts. Die Kanonen des Invalidenpalastes donnerten den Salut, und Marie Antoinette stieg auf das Deck, um sich »dem am Ufer versammelten Volk zu zeigen«.

Bald saßen alle, und selbst die kleinsten Statisten, die in dieses Drama verwickelt waren, in der Bastille – mit Ausnahme La Mottes, der nach England geflohen war, wo er die restlichen Steine verkaufte. Da alle geständig waren, kam die Wahrheit allmählich an den Tag. Nur Jeanne weigerte sich, trotz der erdrückenden Beweise, ihre Schuld zuzugeben. »Herr von Rohan hat das Halsband gestohlen«, behauptete sie beharrlich. »Ich und mein Gatte haben die Diamanten nur in seinem Auftrag umfassen lassen oder verkauft.« Als man in sie drang, ihre lächerliche Verteidigung aufzugeben, erklärte sie: »Es gibt noch etwas, aber das ist so geheim, daß ich es nur dem Minister des Königlichen Hauses unter vier Augen anvertrauen würde.« Sobald sie aber merkte, daß Breteuil bereit sein könnte, das angebotene »Tête-à-tête« anzunehmen, begann sie Tobsuchtsanfälle zu simulieren, riß sich die Kleider vom Leib und saß stundenlang nackt in ihrer Gefängniszelle. Bei ihrem letzten Verhör verlor sie endlich die Nerven. Sie brach in Tränen aus, gestand aber trotzdem nicht mehr, als daß sie die Anstifterin der Szene im Boskett gewesen sei. Im übrigen vertraue sie ihr Schicksal »der göttlichen Vorsehung« an.

Vor seinem Aufenthalt in der Bastille hatte der Kardinal sooft als möglich weltliche Kleider getragen. Nun aber legte er sein geistliches Gewand nicht mehr ab. Er erschien vor Gericht stets nur im spitzenbesetzten Chorhemd und purpurnem Umhang, und während er seine Vergehen eingestand, spielte seine Hand, auf welcher der Bischofsring glänzte, mit dem hellblauen Band des Ordens vom Heiligen Geist. Seine Haltung war vornehm und würdig und, wenn es nötig war, auch voller Demut. Seine größte Sorge bestand darin, Cagliostro und dessen Frau zu entlasten. Es gelang ihm, mit seinem Advokaten Target eine geheime Korrespondenz zu führen, die uns erhalten geblieben ist. Nur zweimal erkundigte er sich nach Marie Antoinette: »Teilen Sie mir mit«, schrieb er, »ob es der Wahrheit entspricht, daß die Königin noch immer betrübt ist.«

Nach beendeter Untersuchung veröffentlichte Target die damals übliche umfangreiche Denkschrift, welche die Verteidigung seines Klienten enthielt. Die Pariser antworteten darauf mit Spottversen über den »großen Unschuldigen«, und Rohan richtete eine Eingabe an den König. Er bat ihn, vor Gericht erscheinen zu dürfen, damit das Urteil gefällt werden könne, fügte aber bedeutsam hinzu: »Wenn ich jedoch hoffen darf, daß die Untersuchung, die geführt wurde und deren Ergebnis ich nicht kenne, Eure Majestät überzeugt hat, daß meine Schuld nur darin besteht, betrogen worden zu sein, wage ich es, Eure Majestät inständig zu bitten, das Urteil gemäß Ihrer Rechtsprechung gütigst selbst zu fällen.«

Mit anderen Worten: Ludwig XVI. hätte nur erklären brauchen, auch er halte den Kardinal für unschuldig und verbanne ihn lediglich nach seinem Wohnsitz, und der öffentliche Prozeß wäre vermieden worden. Aber Marie Antoinette wollte es anders: »Ich wünsche, daß dieser Greuel vor den Augen aller Welt in allen Einzelheiten aufgeklärt wird.« Von ihrer Rachsucht verblendet, hielt sie den Kardinal für schuldig, wenn auch nicht des Diebstahls an dem Halsband, so doch, daß er zu glauben gewagt hatte, daß sie ihn liebe. Und sie drängte den König, den Rechtsfall an das Parlament zu verweisen.

Durch diese Handlungsweise erweckte sie später den Eindruck, mitschuldig zu sein.

Die Königin zögerte also nicht, ihre Ehre diesen frondierenden »Robenträgern« anzuvertrauen, die sie haßten und nur ein Ziel verfolgten: Krone und Herrscherin herabzusetzen. Der Prozeß, der nun begann, war nicht der Prozeß des Kardinals, sondern ein Prozeß, der der Königin gemacht wurde. Goethe hatte recht, als er sagte, die Halsbandaffäre sei tatsächlich das Vorspiel der Revolution gewesen.

Da der Prinz Rohan an dem Diebstahl, für den er verhaftet worden war, keine Schuld trug, konnte eine richterliche Entscheidung bloß über das eine Faktum gefällt werden: ob der Großalmosenier zu verurteilen oder freizusprechen sei, weil er es für möglich gehalten hatte, die Königin habe ihm ein galantes Rendezvous gegeben, habe ihm glühende Liebesbriefe geschrieben und ihn ohne Wissen des Königs beauftragt, ein Halsband um eine Million sechshunderttausend Livres zu kaufen.

Es erhob sich nun die Frage, ob ein Kirchenfürst vor ein weltliches Gericht gestellt werden dürfe. Entscheidungen selbst der Konzile von Antiochia und Nizäa wurden dagegen angeführt, wo »entschieden worden sei, daß über Bischöfe nur Bischöfe zu Gericht sitzen dürften«. »Gewiß«, erwiderten die Leute, die für den Prozeß waren, »aber damals war Gallien noch nicht zum Christentum bekehrt.« »Ja, aber seit Chlodwigs († 511) Zeiten bis in das X. Jahrhundert gibt es Präzedenzfälle, daß über Bischöfe von Konzilien geurteilt wurde.« Als Gegenbeweis wurde der Fall des Kardinals de la Balue angeführt; Ludwig XI. hatte ihn verhaften lassen und ihn selbst abgeurteilt. »Ja, aber Seine Heiligkeit der Papst belegte ihn mit Kirchenstrafen, und Ludwig XI. erkannte seine Verfehlung und erbat die Absolution.« »Hat aber nicht Heinrich III. den Kardinal de Guise ermorden lassen?« »Freilich; aber er wurde dafür auch exkommuniziert.« Man mußte zu einem Ende kommen, und darum bezog man sich auf »frühere Bullen«, die näher zu bezeichnen man sich freilich hütete. In diesen Bullen seien Bischöfe und Kardinäle darauf verwiesen worden, »daß während ihres irdischen Daseins sogar ihre Seelen den Gesetzen der weltlichen Herrscher unterworfen seien«.

Der Prozeß wurde auf den 22. Mai 1786 angesetzt.

> Oliva dit qu'il est dindon,
> Lamotte dit qu'il est fripon,
> Lui-même dit qu'il est bêta.
> Alleluia!
> Le Saint-Père l'avait rougi,
> Le Roi, la Reine l'ont noirci,
> Le Parlement le blanchira.
> Alleluia!

Wie? Der Kardinal sollte weißgewaschen werden? Die Regierung sollte die Verkündung eines solchen Urteils, sollte einen solchen Schlag ins Gesicht der Königin zulassen? Das war ausgeschlossen!

Schon vor Beginn des Prozesses fing man an, Partei zu ergreifen. Am ärgsten trieben es die Frauen, die zumeist auf der Seite des Kardinals standen. Sie trugen Diamantschnüre im Haar, die mit strohgelb gefütterten roten Bändern befestigt waren, was den »Kardinal auf dem Stroh« = im Elend symbolisieren sollte. Selbst in der Clique Polignac und Vaudreuil traf Marie Antoinette auf Leute, die Anhänger des Kardinals waren. »Die großen Damen bei Hof«, schrieb Hardy in sein Tagebuch, »setzten sich mit großer Wärme für den Kardinal ein; sie waren ihm dankbar und tief gerührt über das Zartgefühl, welches er zu Beginn seiner Haft bewiesen hatte, indem er den Abbé Georgel, seinen Vertrauensmann, beauftragte, alle Korrespondenzen mit einer Anzahl von ihnen zu vernichten oder zu verbergen.«

Am 22. Mai trat das Parlament – mit Ausnahme der Prinzen von Geblüt und der Pairs – zusammen. Es bestand aus den vereinigten vierundsechzig Richtern der Oberkammer des Parlaments und des Kriminalgerichts. Sie brauchten sechs Tage, nur um die Akten zu lesen. Dann wurde das Wort dem Generalstaatsanwalt Joly de Fleury erteilt. Er verlangte, daß das »mit Marie Antoinette de France unterzeichnete Schriftstück als betrügerische Fälschung bezeichnet werde«. Er forderte weiters, daß der Kardinal »vor die Oberkammer treten und mit vernehmlicher Stimme erklären müsse, er habe in vermessener Weise an das Rendezvous im Boskett geglaubt und dazu beigetragen, die Händler im Irrtum zu führen, indem er sie in gutem Glauben ließ, die Königin sei in Kenntnis des Handels; er müsse erklären, daß er dies bereue, und müsse den König und die Königin öffentlich um Verzeihung bitten. Er sei dazu zu verurteilen, seine Ämter niederzulegen,

Almosen an die Armen zu verteilen, sein restliches Leben fern von allen königlichen Residenzen zu verbringen und endlich bis zur Verkündigung des Urteils in Haft zu bleiben«. Der Generalstaatsanwalt schloß sein Plädoyer: »Der Kardinal beruft sich darauf, daß die Vorgänge im Garten von Versailles ihn in seinem Irrtum bestärken mußten. Aber durfte er sich denn erlauben, an ein falsches und unterschobenes Redenzvous auf der Terrasse von Versailles zu glauben, durfte er sich überhaupt dorthin begeben und hat er sich nicht einer sträflichen Beleidigung der Königin schuldig gemacht, als er dorthin ging?«

Der Haß der »robins«, der Gerichtsbeamten, gegen Marie Antoinette war so groß, daß dieses rechtschaffene und gerechte Plädoyer eine heftige Szene auslöste. Der Generaladvokat Séguier sprang auf und schrie mit zornrotem Kopf: »Der Kardinal muß freigesprochen werden! Und Sie, Fleury, der Sie schon am Rand des Grabes stehen, wollen Sie sich und das Gericht noch mit Schande bedecken?« »Ihr Zorn, Monsieur, überrascht mich nicht«, erwiderte Fleury gelassen. »Ein Wüstling wie Sie muß die Sache des Kardinals zwangsläufig verteidigen.« »Ich besuche manchmal Mädchen«, gab Séguier unter dem Lächeln des Gerichtshofes zu. »Ich lasse sogar meinen Wagen vor ihrer Haustür warten. Das ist meine Privatangelegenheit. Aber niemand hat es noch erlebt, daß ich mir meine Meinung in gemeiner Weise abkaufen lasse.«

Am 30. August begannen die Verhöre. Rétaux de Villette kam als erster dran und zog sich sehr geschickt aus der Affäre. »Er kam den Fragen sogar zuvor und beantwortete sie, bevor sie noch zu Ende gesprochen waren, genau und richtig.« Als Frau von La Motte, die nach ihm an die Reihe kam, den Armesünderstuhl erblickte, wich sie zurück. »Setzen Sie sich nur«, sagte der Gerichtsdiener trocken. »In kaum zwei Minuten«, erzählte ein Augenzeuge, »wurde ihre Haltung jedoch so selbstsicher, daß man hätte meinen können, sie befinde sich zu Hause und sitze auf dem bequemsten Sofa.« Ein anderer Augenzeuge berichtet, »sie habe auf alle vorgebrachten Fragen unerschrocken und ohne jede Befangenheit geantwortet, wobei sie sich mehr an die Wahrscheinlichkeit als an Tatsachen und vor allem an die Unmöglichkeit hielt, in diesem Prozeß Briefe und Schriftstücke und alle greifbaren Beweise, die man gern gesehen hätte, vorzulegen«. Als die angeblichen Briefe Marie Antoinettes an Rohan zur Sprache kamen, lehnte sie ab, darüber zu sprechen, »um die Königin nicht zu beleidigen«. Aber der Präsident trieb sie in die Enge, und sie unterstand sich, schließlich auszusagen, der Kardinal habe ihr »zweihundert Briefe von der Hand der Königin gezeigt, in welchen sie ihn duzte«. Nach diesen Worten erhob sich ein Tumult der Entrüstung. »Privat« waren die Herren zwar stets bereit, die schlimmsten Dinge über die »Österreicherin« zu sprechen; vor der Öffentlichkeit aber waren sie es sich schuldig, eine solche Unverschämtheit wie die der La Motte skandalös zu finden.

Als Jeanne abgeführt war, ließ der Präsident d'Aligre den Kardinal verständigen, »daß der Armesünderstuhl entfernt worden sei und er somit vor dem Gerichtshof erscheinen könne«. Rohan betrat den Saal in einer violetten Robe – in der Trauerfarbe mithin der Kardinäle. Er sah sehr mitgenommen aus, da er durch ein mit Grünspan bedecktes Kochgeschirr soeben in der Bastille eine Grünspanvergiftung erlitten hatte, und zitterte so heftig, daß der Präsident ihn aufforderte, Platz zu nehmen. Rohan gehorchte, erholte sich bald und sprach dann eine halbe Stunde. Er trug seine klägliche Geschichte vor, und es gelang ihm vorzüglich, das zu erreichen, was er wollte: daß man ihn für noch dümmer hielt, als er ohnehin war. Nach seiner Rede »grüßte er den Obersten Gerichtshof und die übrigen Beamten«. Alle erwiderten seinen Gruß, ja die Mitglieder der Oberkammer erhoben sich sogar, »was eine besondere Auszeichnung bedeutete«.

Die kleine Oliva rührte das Herz der Richter; sie ließ sie auf sich warten, weil sie ihr schon in der Bastille geborenes Kind, welches ihr künftiger Gatte, der Sieur de Beausire, ihr gemacht hatte, erst hatte stillen müssen. Eine reizende Episode, die wohl auf die damals herrschende »Rousseaumanie« zurückzuführen ist. Dann rief Cagliostros Redeweise Lachsalven hervor. Er drückte sich in einem Jargon aus lateinischen, griechischen, italienischen und arabischen Wörtern aus, und als der Präsident ihn fragte, wer er eigentlich sei, erwiderte er: »Ein Reisender von Distinktion.«

Das Urteil wurde am 31. Mai 1786 verkündet.

Schon um fünf Uhr früh fanden sich alle Familienmitglieder der Rohan, Brionne, Soubise, Montlason und Marsan in Trauerkleidung vor dem Eingang zur Oberkammer ein und verneigten sich, ohne ein Wort zu sagen, vor den vierundsechzig Richtern, die langsam an ihnen vorübergingen. Es war eine nicht mißzuverstehende Demonstration.

»Um zwei Uhr unterbrachen die abstimmenden Beamten ihre Beratung, um an einem Tisch mit vierzig Gedecken zu speisen, den der erste Präsident im Saal Saint-Louis hatte aufstellen lassen; aber die meisten aßen stehend, und um halb vier begaben sie sich wieder in den Sitzungssaal.«

Zwei Richter verlangten die Todesstrafe, was aber nur ein Winkelzug war; denn die Verhängung einer »Leibesstrafe« machte es den dreizehn geistlichen Räten – unter welchen sich elf Gegner Rohans befanden! – zur Pflicht, den Beratungssaal zu verlassen. Die Verurteilung des Kardinals zu einer solchen Strafe kam ja gar nicht in Frage, da nicht die geringsten Schuldbeweise vorhanden waren. Es handelte sich für die Anhänger des Hofes einzig darum, eine Formel zu finden, um die »Beleidigung der Königin« ahnden zu können. Der Präsident schlug vor, dahin zu entscheiden, »daß sich der Kardinal wenigstens der Ausübung seiner Funktionen als Großalmosenier so lange zu enthalten habe, bis der König eine andere Entscheidung treffe«. Weiters könnte das Urteil darauf verweisen, »daß man aus der Bastille nicht entlassen werde, ohne der Verbannung anheimzufallen«. Andere Richter stellten den Antrag, der Angeklagte solle öffentlich bekennen, »daß er, unter Mißbrauch des Namens der Königin, an Böhmer und Bassenge dreißigtausend Livres gezahlt habe, für welche er sich im Auftrag der Königin eine Quittung habe geben lassen; daß er die Vermessenheit besessen habe, den schuldigen Respekt vor den geheiligten Personen des Königs und der Königin zu verletzen; und daß er in vermessener Weise, ohne Wissen des Königs und der Königin und ohne sich ihrer Absichten zu vergewissern, Verhandlungen mit Böhmer und Bassenge angeknüpft und weitergeführt habe«.

Fünfzehn Räte stimmten diesem strengen, aber gerechten Antrag zu. Andere, die merkten, daß der Antrag keine Majorität erhalten werde, beantragten einfach das »hors de cour«, die Einstellung des Verfahrens. Dadurch wäre der Angeklagte wenigstens nicht völlig reingewaschen worden. Die Einstellung hätte nämlich bedeutet, daß man ihn, wenn auch der inkriminierten Fakten nicht für schuldig, so doch für diese verantwortlich hielt, was eine gewisse Genugtuung für die Königin beinhaltet hätte.

Aber die Majorität behielt die Oberhand. Der Kardinal wurde mit sechsundzwanzig gegen zweiundzwanzig Stimmen »von jeder Schuld freigesprochen«, und ebenso Cagliostro. Das Verfahren gegen Nicole Oliva wurde eingestellt, Rétaux wurde aus dem Königreich ausgewiesen. Jeanne de La Motte wurde verurteilt, auf beiden Schultern mit einem »V« als Diebin (voleuse) gebrandmarkt und lebenslänglich eingesperrt zu werden.

Die Pariser wollten die Stadt illuminieren, doch die Polizei ließ es nicht zu. Am Abend strömten zehntausend Menschen nach der Bastille, um dem Kardinal zuzujubeln. Ihre Freudenausbrüche galten aber nicht weniger der entwürdigenden Niederlage der »Österreicherin«.

In Versailles war Marie Antoinette in Tränen aufgelöst. »Kondolieren Sie mir«, sagte sie zu Madame Campan. »Soeben wurde der Intrigant von jeder Schuld freigesprochen, er, der mich ruinieren oder sich unter Mißbrauch meines Namens und meiner Unterschrift Geld verschaffen wollte.« Auch der König hielt Rohan noch immer sowohl der »Beleidigung« wie auch des Betruges schuldig. Statt sich dem Urteil zu fügen, was klüger gewesen wäre, schrieb er an Breteuil: »Der Herr Siegelbewahrer hat mir Bericht über das Urteil erstattet, durch welches alle Verhaftungsbefehle aufgehoben sind. Infolgedessen werden Sie Herrn von Launey Auftrag erteilen, den Kardinal von Rohan und Cagliostro aus der Bastille zu entlassen. Doch da die Königin durch die Affäre des Halsbands und der Diamanten, an welcher er so sehr beteiligt war, schwer kompromittiert ist, werden Sie den Kardinal anweisen, sein Amt als Großalmosenier und den damit verbundenen Orden zurückzulegen. Sie werden ihm auftragen, Paris innerhalb von drei Tagen zu verlassen, niemand zu sehen als seine Familie und seine Sachwalter, und sich nach seiner Abtei La Chaise-Dieu zu begeben, wo ihn, wie ich hoffe, nur sehr wenig Leute aufsuchen werden. Cagliostro werden Sie anweisen, Paris in acht Tagen und das Königreich in drei Wochen zu verlassen.«

Frau von Marsan warf sich der Königin zu Füßen, um Gnade für ihren Cousin zu erflehen. Aber Marie Antoinette erwiderte kalt: »Der Kardinal hat sich den Befehlen des Königs zu fügen.« »Diese Ablehnung lehrt mich, wie lästig meine Gegenwart Eurer Majestät sein muß; ich habe heute zum letztenmal die Ehre, vor ihr zu erscheinen.« »Ich würde es bedauern, Madame.«

Die Affäre endete mit dem unvermeidlichen Kalauer, wie es der Erzherzog Leopold sogleich nach der Verhaftung vorausgesehen hatte:

> Le Parlement l'a purgé,
> Le Roi l'a envoyé à la Chaise!

Die Vollstreckung des Urteils an Jeanne de La Motte, die am 21. Juli stattfand, war gräßlich. Als ihr das Urteil im Gefängnishof nochmals vorgelesen wurde, waren sechs Henkersknechte kaum imstande, sie niederzuhalten. Sie stieß wild mit den Füßen um sich, biß, heulte und fluchte lästerlich: »Sie verteidigte sich wie eine Löwin, mit Händen, Füßen und Zähnen, in einer Art, daß sie gezwungen waren, ihr die Kleider samt dem Hemd vom Leibe zu reißen, was ein äußerst unschicklicher Anblick für die Zuschauer war.« Sie wälzte sich auf dem Boden, und es gelang ihr, von den Bütteln verfolgt, die große Treppe zu erreichen. Dort wurde sie wieder gefaßt, die Knechte warfen sie nieder, und der Henker brandmarkte sie mit dem glühenden Eisen auf der einen Schulter. In diesem Augenblick bäumte sie sich auf und warf sie sich herum, so daß das zweite »V« auf ihrer Brust statt auf der Schulter eingebrannt wurde. Bevor sie in Ohnmacht fiel, brachte sie noch einem der Knechte durch den Rock hindurch eine tiefe Bißwunde bei.

Unmittelbar nach dieser Exekution wurde die Delinquentin in die Salpêtrière gebracht. Zehn Monate später gelang ihr die Flucht. Die Königin, hieß es verleumderisch, habe ihr dazu verholfen, da La Motte, der sich in London aufhielt, »mit der Bekanntgabe von Schriftstücken, deren Veröffentlichung man scheute, gedroht habe, wenn man ihm seine Gattin nicht zurückstelle«.

In drei Jahren sollte das Gewitter losbrechen, dessen erster Donnerschlag soeben unheilverkündend verhallte. »Das Ereignis erfüllt mich mit Schrecken«, schrieb Goethe, »wie das Antlitz der Medusa.«

## XI

## MADAME DÉFICIT

Am Tag nach der Verkündung des Urteils, am 1. Juni 1786, schrieb Marie Antoinette an Frau von Polignac: »Kommen Sie zu mir, um mit mir zu weinen, kommen Sie Ihre Freundin trösten. Das soeben ausgesprochene Urteil ist ein entsetzlicher Schimpf. Ich bin vor Schmerz und Verzweiflung in Tränen gebadet ... Kommen Sie zu mir, mein teures Herz.« Es scheint, daß die Herzogin die richtigen Worte fand. Denn als die Königin am 4. Juni an Mercy schrieb, um über ein Diner in Trianon zu plaudern, erwähnte sie das Urteil in einem hinzugefügten Postskriptum nur mit ein paar belanglosen Worten: »Wie finden Sie das Urteil?« Und Mercy schrieb an Kaunitz: die Königin habe sich »gekränkt«, doch habe sie sich bald »beruhigt«.

Noch vor wenigen Jahren wäre Marie Antoinette zu Frau von Polignac geeilt, statt sie um ihren Besuch zu bitten. Jetzt aber störte sie bei »ihrer teuren Freundin« die Anwesenheit Vaudreuils, der seine Sympathie für Rohan offen zur Schau getragen hatte. »Vier Jahre vor der Revolution«, berichtet ein Augenzeuge, »war es so weit gekommen, daß die Königin, bevor sie Frau von Polignac besuchte, sich stets erst durch einen ihrer Bedienten darüber unterrichten ließ, wer sich bei ihr befände, und dann oft genug nicht hinging.« Die Polignac beeilte sich nicht, die Liste ihrer Gäste zu ändern, ja sie wagte im Gegenteil zu sagen, der Wunsch Ihrer Majestät, ihren Salon zu besuchen, sei kein Grund für sie, ihre Freunde auszuschließen. Marie Antoinette seufzte zwar über diese Unverschämtheit, sie nahm sie ihr aber nicht ernstlich übel. »Ich bin Frau von Polignac deswegen nicht böse«, sagte sie einmal zu La Marck. »Sie ist im Grunde gut und liebt mich, aber ihre Umgebung hat sie gegen mich eingenommen.« Die Umgebung« war vor allem Vaudreuil, dem Marie Antoinette nicht zu begegnen wünschte.

Nach dem Skandal der Halsbandaffäre ging das Königtum hoffnungslos seinem Untergang entgegen, obgleich sich im zweiten Halbjahr 1786 eine gewisse Entspannung bemerkbar machte. Die Gegner der Königin waren über ihren vollen Sieg selbst überrascht und schienen eine Atempause einzulegen. Der Sommer in Trianon war anscheinend noch nie so beschaulich gewesen wie in diesem Jahr.

Zu Beginn des Juni befand sich Marie Antoinette im achten Monat ihrer Schwangerschaft, so daß sie sich im Wagen zu ihrem endlich fertiggestellten Hameau bringen ließ. Die Mauerrisse an den kleinen Häusern und die verwitterten Ziegel waren zwar nicht echt, trotzdem war es aber ein richtiges Dorf, wo die Schafe geschoren, die Kühe gemolken, die Hühnereier sorgfältig eingesammelt wurden. In Butterfässern aus Porzellan und Näpfen mit Marie Antoinettes Monogramm wurden Butter und Käse erzeugt, die besten Milchprodukte der Ile-de-France, wie man versicherte, besonders wenn sich die Königin und ihre Freundinnen selbst mit deren Herstellung unterhalten hatten. Auch gab es dort einen Meier und eine Meierin, das Ehepaar Valy-Bussard, das aus der Touraine gekommen war und dem noch einige Leute als Personal unterstanden.

Die Königin hatte sich persönlich ein Häuschen errichten lassen, dessen Mauern auch heute noch stehen. Der Fußboden bestand aus gefärbtem Stroh und ahmte ein Mosaikmuster nach. Ermüdet von ihrer Schwangerschaft, konnte Marie Antoinette aus den Fenstern des »Hauses der Königin« zusehen, wie die Meierin und ihre Magd am Ufer des Teiches Wäsche wuschen, oder die Gartengehilfen bei ihrer Arbeit in den kleinen Gemüsegärten beobachten, welche die Häuschen umgaben. Dabei konnte sie Milch aus den bekannten brustförmigen Schalen, den bols-seins, trinken – falls diese in Trianon tatsächlich verwendet worden sind. Auf dem Rasenplatz tummelten sich die Hühner unter einem Netz, der Kuhhirt weidete seine Herde, der Meier fischte in dem kleinen See, in welchem man siebenundzwanzig Hechte und zweitausend Karpfen eingesetzt hatte. In diesem »glücklichen Dorf« im Sinne Bernhardin de Saint-Pierres vergaß Marie Antoinette im Verlauf des Juni den Schimpf, den die »robins« ihr angetan hatten. Vor allem aber war die Reise des Königs nach Cherbourg Balsam für ihr Herz.

Am Dienstag, den 20. Juni, hatte Ludwig XVI. Trianon verlassen, um über Rambouillet nach Cherbourg zu fahren, von wo er Ende der Woche an Marie Antoinette schrieb, um sie an seiner Freude teilnehmen zu lassen: begeisterte Ovationen seien ihm bereitet worden! »Die Liebe meines Volkes hat mich im tiefsten Herzen ergriffen. Urteilen Sie selbst, ob ich nicht der glücklichste König der Welt bin.« Marie Antoinette schöpfte wieder Hoffnung. Die Monarchie war also doch nicht verhaßt! Als der König aber die Normandie verließ, um heimzukehren, nahm der Jubel unterwegs merklich ab. »Ich merke, daß ich mich Versailles nähere«, seufzte er. Der Haß, den Paris gegen Marie Antoinette hegte, fiel auch auf den König zurück, den alle Welt für einen zu nachgiebigen Gatten hielt, »der nie eifersüchtig und zu unbekümmert sei und dessen köstlichstes Vergnügen darin bestünde, seinen Fettwanst zu füttern und mit aufgestützten Ellbogen zu saufen«. Als Marie Antoinette am 9. Juli ihr viertes Kind zur Welt brachte, freuten sich darüber nur jene Pariser, die an den Büfetts der Stadt gratis zu trinken bekamen.

Das Volk, das häufig Hunger litt, wußte, daß das flotte Leben in Versailles weiterging – denn der Minister Calonne war an der Macht. 1786, im Jahr der Halsbandaffäre, verausgabte Marie Antoinette für ihre Toiletten 272.000 Livres, rund sechzig Millionen Francs heutiger Währung, womit sie ihr Garderobebudget um 150.000 Livres überschritt. Und dabei trug die Königin angeblich nur ganz einfache Kleider à la laitière oder en chemises ... Es ist freilich richtig, daß sich Mademoiselle Bertin an den Kopfbedeckungen schadlos hielt: an den gigantischen Hauben, die Platz für zehn Köpfe geboten hätten, und an riesigen Hüten, die in ihrem Umfang Aushängeschildern von Hutmachern glichen und ein kleines Vermögen kosteten.

Seit der Thronbesteigung hatten der Graf von Provence drei Milliarden heutiger Währung und der Graf von Artois zwei Milliarden Francs erhalten, und Calonne freute sich, wenn man ihm diese Ziffern nannte: er nahm die Anleihen auf, »um das Geld auszugeben«. Man hieß ihn den Zauberer. »Wie hätte ich ahnen sollen, daß sich die Finanzen in so schlechtem Zustande befanden?« sagte später Marie Antoinette. »Wenn ich fünfzigtausend Livres verlangte, erhielt ich hunderttausend.« Ende 1786 konnte der Zauberer nicht mehr weiter, und es blieb ihm nur noch ein Ausweg offen: die Einberufung einer Versammlung der Notabeln. Sie sollte beraten, wie man die Staatskasse wieder füllen könnte, ohne anderer Leute Geld auszugeben.

Die Monarchie hatte Bankrott gemacht und erklärte ihre Zahlungsunfähigkeit.

Als Calonne dieser Versammlung von einhundertvierundvierzig Notabeln – Marschälle, Herzoge, Pairs, Magistrate, Prinzen – die Bücher vorlegte, wußte ganz Frankreich, was Versailles der Nation gekostet hatte. Arme Teufel, die kaum ein Livre am Tag verdienten, erfuhren, daß die kleine Madame Elisabeth ganz allein jährlich Fleisch und Fische für hundert Millionen Francs heutiger Währung verspeiste. Wer war schuld daran? Der Könïg, der schlichte, biedere Mann, konnte es nicht sein. Auch die kostspielige Etikette nicht mit ihren veralteten Gebräuchen, nicht die zweitausendeinhundertelf Domestiken und die viertausend Personen des königlichen Hofstaates. Nein – es gab nur eine einzige, die an allem schuld war: die Königin. Das Defizit sei allein die Folge ihrer wahnsinnigen Verschwendung, ihrer Vergnügungssucht und ihres tollen Hasardspiels, der Habgier und des Diebstahls ihrer Favoriten. Marie Antoinette hatte sich viele Feinde gemacht. Schon jetzt begannen sie ihre Gegner zu beschuldigen, »sie habe die Finanzen Frankreichs – den Ertrag aus dem Schweiß des Volkes – in ungeheuerlicher Weise vergeudet, um ihre liederliche Vergnügungssucht zu befriedigen«. Damals flüsterte man sich dies nur zu; bald aber sollte es ein Funktionär in einem Gerichtssaal mit erhobener Stimme verkünden: Fouquier-Tinville, dessen Anklagerede vom Oktober 1793 der obige Satz entnommen ist.

Von nun an hieß die Königin nur noch Madame Déficit. In den Augen der Nation verkörperte sie geradezu den finanziellen Zusammenbruch Frankreichs. Im Februar 1787, im gleichen Monat, in welchem die Notabelnversammlung zusammentrat, besuchte sie die Komödie, wo »Athalie« gegeben wurde.

> Confonds dans ses conseils cette reine cruelle;
> Daigne, daigne, mon Dieu, sur Nathan et sur elle
> Répandre cet esprit d'impudence et d'erreur
> De la chute des rois funeste avant-coureur.

Als Joad diese Stelle gesprochen hatte, erhob sich dröhnender Beifall, der die Königin veranlaßte, ihre Loge zu verlassen. Einige Tage vorher war sie in der Oper sogar ausgepfiffen worden!

Sie gab jedoch nur ein einziges Unrecht zu, das in ihrer Freundschaft mit Frau von Polignac bestehe, »die sich durch ihre Bereicherung verhaßt gemacht habe«, wie Mercy am 14. August 1787 berichtete. In den Augen der Königin war die Favoritin die einzige Ursache »dieser abscheulichen und ungerechten Entfesselung (des allgemeinen Hasses), in welcher die Öffentlichkeit hartnäckig verharrte«. Und sie hielt an ihrer Freundschaft mit der Herzogin doch nur »aus Gewohnheit, aus Furcht, sich zu langweilen, und aus dem Bedürfnis heraus, sich zu zerstreuen«, fest, berichtete Mercy nicht ohne Genugtuung nach Wien. Aber selbst vor dieser Flut von Haß, die immer höher stieg und bald über ihr zusammenschlagen sollte, kapitulierte ihre Leichtfertigkeit nicht, und sie sagte in ihrer unglaublichen Verblendung: »Ich werde über die Bosheit triumphieren, indem ich dreimal soviel Gutes tun werde wie bisher.«

Ludwig XVI. hatte Calonne fallenlassen müssen, und Marie Antoinette schlug, auf Empfehlung Vermonds, an seiner Stelle Loménie de Brienne, den Erzbischof von Toulouse, vor. Zuerst hatte der Abbé gewünscht, daß Brienne das Erzbistum von Paris verliehen werde, aber der König hatte sich widersetzt. »Ein Erzbischof von Paris«, sagte er, »müßte doch wenigstens an Gott glauben.« Das gleiche hätte man 1787 auch vom Finanzminister sagen können, da ihn ja nur noch ein Wunder retten konnte. Ludwig XVI. gab nach und bestätigte die Ernennung Briennes. Die Königin frohlockte. »Täuschen wir uns nicht, Messieurs«, sagte sie beim Verlassen des Beratungszimmers, »er wird der leitende Minister.«

Die privilegierten Freunde der Königin sollten das bald zu ihrem Schaden zu spüren bekommen. Da Brienne von den hundertvierzig Notabeln die Zustimmung zu einer durchgreifenden Finanzreform – und damit zur Erhöhung gewisser Steuern – nicht erhalten konnte, beschränkte er sich auf Sparmaßnahmen beim Hofstaat und beschloß, für das nächste Jahr allein im Hofstaat der Königin hundertdreiundsiebzig Hofchargen aufzulassen. Die Kammerherren vom Dienst und andere niedere Stellen sagten kein Wort, aber die hohen Hofchargen widersetzten sich. Coigny, der sein Oberstallmeisteramt aufgeben mußte, da der große und kleine Marstall zusammengelegt wurden, machte dem König einen heftigen Auftritt, obgleich er seine Bezüge beibehielt. Vaudreuil fand sich mit dem Verlust seines Amtes als Oberfalkonier stillschweigend ab. Besenval behielt seine Schweizer, hatte aber trotzdem die Stirn, der Königin zu sagen: »Madame, es ist entsetzlich, in einem Land zu leben, wo man nicht sicher ist, morgen noch zu besitzen, was einem heute gehört. Das hat es bisher nur in der Türkei gegeben!« Auch Polignac war einer der wenigen, die sich ruhig verhielten, als ihm die Generaldirektion des Postwagenverkehrs entzogen wurde; es blieb ihm allerdings die Anwartschaft auf den kleinen Marstall erhalten.

Marie Antoinette setzte den Aufwand ihrer Hofhaltung herunter; es fanden nur noch wenig Feste und Bälle statt. Sie hatte freilich auch keine Lust zu tanzen: sie war in Trauer, denn im Sommer 1787 war die kleine Prinzessin Sophie an einem Lungenleiden gestorben, wie der Befund der Sektion besagte, die in Trianon vorgenommen worden war.

Trotz der Entlassung von sechshundert Mann Garde und Chevauxlegers genügten die Einsparungen nicht, um das Defizit auszugleichen, und Brienne sah sich gezwungen, vor das Parlament zu treten. Aber die Notabeln bereiteten ihm Schwierigkeiten. Sie lehnten es ab, zwei Verordnungen zu registrieren: eine Stempelsteuer und eine neue Grundsteuerregulierung, nach welcher alle adeligen und bürgerlichen Grundbesitzer dem König eine Grundsteuer entrichten sollten. Impots perpétuels, dauernde Auflagen zu bewilligen, stehe nur den Generalständen zu, und nur diese, die Etats Généraux, könnten noch den Bankrott des Königreichs beschwören. Da ließ Brienne, von Marie Antoinette veranlaßt, die beiden Verordnungen im Weg eines Lit de justice registrieren, einer Parlamentssitzung also, in welcher der König die Eintragung seiner Edikte anordnete. Diese Sitzung fand am 6. August in Versailles statt, und danach wurde das Parlament vom König nach Troyes verbannt. Sogleich begann Paris aufsässig zu werden: Karossen wurden angehalten, Umzüge veranstaltet, eine Puppe, die Brienne symbolisierte, wurde verbrannt. Die Stadt veranstaltete eine kleine Probe vor der großen Schlacht. Die Pariser wußten, daß die Königin seit dem Tod Vergennes aktiv in die Regierung eingriff und die »Väter des Vaterlandes« nicht ohne ihr Zutun verbannt worden seien. Auch sie wäre in effigie verbrannt worden, wenn die Polizei dies nicht verhindert hätte. Nach diesen Vorfällen empfahl der Polizeileutnant der Königin, sich nicht mehr in Paris zu zeigen...

Die Lage spitzte sich weiter zu, die Kassen waren leer, es mußte etwas geschehen. Das Parlament wurde aus der Champagne zurückgerufen. Als eine Anleihe von vierhundertzwanzig Millionen nötig wurde, hielt der König im Justizpalast neuerlich ein Lit de justice, um die diesbezügliche Verordnung registrieren und dadurch in Rechtskraft erwachsen zu lassen. »Ich ordne an, daß das Edikt in die Register meines Parlaments eingetragen werde, um nach Form und Inhalt durchgeführt zu werden.« Um die Empfindlichkeit der Notabeln zu schonen, hatte er unterlassen, die sonst übliche Formel »nach meinem ausdrücklichen Befehl« hinzuzufügen. Es war demnach nur ein eingeschränktes Lit de justice, bei welchem es nicht untersagt war, seine Meinung zu äußern. Ein Tumult erhob sich, in welchem zum erstenmal Worte wie Willkür und Despotismus zu hören waren. Die Unruhe stieg und ebbte plötzlich ab: der Herzog von Chartres, der seit zwei Jahren Herzog von Orléans war, hatte sich erhoben. Zum erstenmal stellte sich der Chef der jüngeren Linie öffentlich gegen Ludwig XVI. »Wenn der König«, sagte er mit beherrschter Stimme, »eine Sitzung im Parlament abhält, muß abgestimmt werden. Wenn es sich um ein Lit de justice handelt, haben wir freilich zu schweigen.« Und nach kurzer Pause fügte er hinzu: »Diese Registrierung ist ungesetzlich.« Uns würde eine solche Bemerkung nicht so schlimm erscheinen, im 18. Jahrhundert jedoch war sie eine »Unverschämtheit«, die den König vor den Kopf stieß. »Nein, sie ist gesetzlich«, stotterte er, »sie ist gesetzlich, weil ich sie wünsche.«

Der spätere Philipp Egalité wurde mit einer Ovation bedacht, und der König kehrte unverrichteter Dinge nach Versailles zurück. An den Maßnahmen, die nun ergriffen wurden und die praktisch in der Unterdrückung des Parlaments gipfelten, wirkte Marie Antoinette maßgeblich mit. Es scheint, daß bis zur Wiederberufung Neckers nur wenig Entscheidungen ohne ihre Billigung getroffen wurden. Nach der Verhaftung der beiden Hauptanführer d'Eprémesnil und Monsabert und der Verschickung Orléans nach Villers-Cotterets schrieben daher die Notabeln an den König, »solche Maßnahmen kämen ihm nicht von Herzen und solche Exempel stünden mit seinen Grundsätzen nicht im Einklang, sie stammten vielmehr aus einer anderen Quelle«. Dies war eine unmißverständliche Anspielung auf die Königin.

Am 27. Dezember 1787 schrieb Fersen an König Gustav: »Der König ist wie immer schwach und mißtrauisch, Vertrauen hat er nur zu der Königin, es scheint auch, daß sie alles entscheidet, die Minister besuchen sie oft und informieren sie über alles; in der Öffentlichkeit wird viel davon gesprochen, daß der König zu trinken beginne und die Königin dieses Laster unterstütze, um daraus Gewinn zu ziehen und ihn alles, was sie wünscht, unterschreiben zu lassen; nichts ist unrichtiger als das, denn der König hat keine Vorliebe für das Trinken.«

Wenn jemand gut unterrichtet war, dann war es Axel Fersen. Nach Saint-Priest begab er sich »drei- oder viermal wöchentlich zu Pferd in den Park in die Gegend von Trianon, und die Königin machte es ohne Begleitung nicht anders; diese Rendezvous erregten öffentliches Ärgernis, trotz der Bescheidenheit und Zurückhaltung des Favoriten, der nach außenhin nichts merken ließ und der diskreteste aller Freunde der Königin war«.

Fersen mußte nach Schweden zurückkehren, da Gustav III. Krieg mit Rußland führte. Während seiner Abwesenheit wurde Ludwig XVI. bei einem Jagdausflug ein Päckchen Briefe zugesteckt. Er setzte sich ins Gras, um sie zu lesen, und seine Begleiter entfernten sich. Als sie wieder vorbeikamen, fanden sie den König in Tränen aufgelöst. Sein

Kummer war so groß, daß er nicht reiten konnte und in einer Sänfte nach Versailles zurückgebracht werden mußte. Der Königin gestand er, daß die Briefe die schlimmsten Beschuldigungen gegen sie und Fersen enthielten. »Man will uns also den einzigen Freund nehmen, auf den wir uns noch verlassen können«, klagte Marie Antoinette, erklärte sich aber bereit, Fersen nach seiner Rückkehr nicht mehr zu empfangen. Der König redete ihr das aus, und als Fersen nach Frankreich zurückkam, suchte er Versailles fast täglich auf.

Trotz der beunruhigenden Vorzeichen blieb der Himmel einstweilen noch immer heiter. Die Katastrophe hätte vielleicht noch vermieden werden können, aber das Königtum beging jetzt einen verhängnisvollen Fehler, der nicht mehr zu reparieren war: es rief die Nation zu Hilfe und entfesselte so den furchtbaren Mechanismus, der auf seinem Weg alles zermalmen sollte.

Sogleich nach der Ausschaltung des Parlaments waren Unruhen ausgebrochen, die da und dort bedenkliche Formen annahmen, wie etwa in Grenoble, wo die Menge die königlichen Truppen angriff und zurückwarf. Durch ganz Frankreich hallte der Ruf nach der Einberufung der Generalstände und der Rückkehr Neckers. Sechs Monate lang behalf sich Ludwig XVI. mit Ausflüchten, bis er schließlich in der Einsicht, daß auch die Notabelnversammlung versagt hatte, das Versprechen abgab, die Deputierten der Stände im nächsten Jahre nach Versailles einzuberufen. Die unvermeidliche Folge dieser Zusage war die Entlassung Briennes, dem Marie Antoinette als Entschädigung den Kardinalshut verschaffte. Er wurde durch Necker ersetzt. »Ich zittere bei dem Gedanken, sehen Sie mir diese Schwäche nach, daß ich es bin, die ihn zurückrufen ließ«, schrieb Marie Antoinette an diesem Tag an Mercy. »Wenn die teuflischen Machenschaften ihn wieder scheitern lassen oder er die Autorität des Königs zurückdrängt, wird man mich noch mehr hassen.«
Sie sah die Dinge jetzt richtig, aber es war schon zu spät. Necker tat sicherlich sein möglichstes, ja er ging so weit, dem Staatsschatz zwei Millionen aus seiner eigenen Tasche zu leihen, aber auch ihm war bang zumute. »Ich sehe die große Flut heranrollen. Wird sie mich verschlingen?« Unter der großen Flut verstand er die Generalstände, deren Zusammentritt die Öffentlichkeit in solchem Maß erregte, daß sogar das Defizit zu einer Anglegenheit zweiter Ordnung wurde. Tausende von Broschüren erschienen, die öffentliche Meinung erhitzte sich bis zur Weißglut. Am ärgsten trieben es die Frauen. »Sie wissen wie ich«, schrieb Fersen an einen Freund, »wie sehr die Frauen hier den Ton angeben und es lieben, sich in alles einzumengen. Sie kümmern sich jetzt nur mehr um die Verfassung, und die jungen Männer sprechen mit ihnen, um ihnen zu gefallen, nur noch über Generalstände und Regierungen, obgleich auch ihre Westen, Kabrioletts und

Röcke mitunter Abwechslung ins Gespräch bringen. Ich weiß nicht, ob das Königreich durch alle diese Veränderungen gewinnen wird, aber die Gesellschaft hat an ihnen nur verloren.« Wenn man Mercy glauben darf, hatte auch Marie Antoinette »daran verloren«: »Ihre Majestät scheint jetzt ganz von den Dingen in Anspruch genommen, welche die Innenpolitik, die Einsparungen, die Reformen, die parlamentarischen Debatten betreffen. Das alles wird mit wenig Methode und ohne ein festes Konzept behandelt . . . Daher eine Verwirrung, die das Übel verschlechtert, statt es zu bessern, was wieder Entrüstung und Verdruß zur Folge hat. Die Mißstimmung fällt zum Teil auf die Königin zurück, die darunter so sehr leidet, daß es ihren natürlichen Charakter sehr beeinträchtigt.« Der Gesandte hatte keine Nachsicht mit Marie Antoinette, die ihm damals schrieb: »Mein Vertrauen zu Ihnen erlaubt mir nicht, Sie in Unkenntnis der Gespräche zu lassen, die ich mit mehreren Ministern hatte.«

Am 1. Januar 1788 erfuhr Paris, daß der dritte Stand ebensoviel Deputierte stellen würde wie die beiden anderen Stände. Klerus und Adel, zusammengenommen. Daraufhin wurden die Häuser illuminiert.

Der letzte Tag des Jahres 1787 war in Versailles mit dem gleichen Zeremoniell wie unter dem Sonnenkönig begangen worden. Aber noch niemals hatte eine solche Kälte geherrscht. Alle Fenster hatten sich mit einer dicken Eisschicht überzogen. Das Holz schwelte in den Kaminen und brannte nicht. Es war nicht möglich, im Schloß ein Scheit zu finden, das nicht feucht gewesen wäre – aber das Lever vollzog sich mit der gleichen feierlichen Langsamkeit wie immer, ja sogar noch langsamer, denn an diesem Morgen waren die Stadtherren von Paris in großer Parade erschienen, um dem König die traditionellen Silberstücke zu überreichen. In der Kapelle war es so eisig, daß die Messe abgekürzt wurde, und während der Galatafel fror das Wasser in den Karaffen ein. Aber die Höflinge und die Herzoginnen in großem Dekolleté ließen es sich trotzdem nicht nehmen, dem König beim Speisen zuzusehen. Ludwig XVI. aß mit großem Appetit; Marie Antoinette hingegen entfaltete kaum die Serviette und ertrug die nicht enden wollende Speisenfolge von fünfzig Gängen mit stoischer Fassung.

Außer den politischen Sorgen bedrückte noch ein anderer großer Kummer das Herz der Königin: die Gesundheit ihres ältesten Sohnes ließ viel zu wünschen übrig. Der Dauphin war sehr abgemagert und fieberte jeden Abend. Seine Wirbelsäule war »verkrümmt und bildete einen Höcker«. Die heilsame Wirkung der Höhenluft war damals noch nicht bekannt, aber die Ärzte diskutierten darüber, ob die Luft in La Muette für das kranke Kind nicht besser wäre als das Klima von Versailles. »Die Luft in La Muette ist bewegter als in Versailles; der Fluß, der dort vorüberfließt, frischt sie auf«, erklärte Le Monier. »Weder der

Mont Valérien noch der Hügel von Montmartre bieten in La Muette genügenden Schutz gegen die kalten Winde, und der Garten liegt gegen Norden«, erwiderte Portal. »Ja, aber der Nordwind fegt die Lüfte rein!« Dessaut sprach für Versailles: »Der Boden ist hier fruchtbar und fördert die Vegetation, während er in La Muette aus Sand besteht. Und dann ist Monseigneur seit seiner Geburt an das Klima von Versailles gewöhnt.« »Aber das Appartement Monseigneurs in Versailles ist ungesund und feucht. Die Wände ziehen Wasser wie ein Schwamm«, behauptete Sabatier. »Das eine Fenster blickt auf das Bassin der Schweizer, wo das Wasser stagniert, das zweite auf den großen Kanal, der keinen Abfluß hat.« »Ach, hören Sie auf!« erwiderte Lassonne. »Die Luft ist hier gesund, die Sümpfe sind längst trockengelegt. Ich wohne seit vierzig Jahren in Versailles und konnte mich überzeugen, daß es hier keine Epidemien gibt. Wir sind vor den Nordwinden geschützt, während das Bois de Boulogne feucht ist.«

Die Ärzte vermochten sich nicht zu einigen, und um zu verhindern, daß sich das Sanitätskorps einmenge, beschlossen sie schließlich, das Kind nach Meudon zu schicken. Auch Ludwig XVI. war als Kind sehr schwächlich gewesen, und die Luft von Meudon hatte ihm prächtig angeschlagen – man brauchte ihn jetzt nur anzusehen! Aber der Zustand des Kleinen verschlechterte sich täglich. »Sein Anblick ist herzzerreißend«, schrieb die junge Gräfin Laage, die den Prinzen mit der Prinzessin Lamballe besuchte. »Als wir ankamen, hatte er eben Unterricht im Lesen. Er war auf den Gedanken gekommen, sich auf das Billard betten zu lassen, auf dem man Matratzen ausgebreitet hatte. Die Prinzessin Lamballe und ich warfen uns einen Blick zu; wir dachten beide das gleiche: es sah wie eine Aufbahrung auf einem Paradebett aus. Frau von Lamballe fragte ihn, was er denn lese? ›Eine sehr interessante Epoche unserer Geschichte, die Regierung Karls VI.; damals gab es viele Helden.‹ Ich erlaubte mir zu fragen, ob er alles der Reihe nach lese oder nur die interessantesten Stellen. ›Der Reihe nach, Madame. Ich weiß noch nicht genug, um auswählen zu können, und es interessiert mich alles.‹ Während er das sagte, blickte er mich mit seinen erlöschenden schönen Augen an.« Marie Antoinette fuhr oft zu ihrem Sohn. »Alles, was dieser arme Kleine sagt, zerreißt das Herz der Königin. Er liebt sie zärtlich. Letzthin bat er sie, in seinem Zimmer bei ihm zu speisen. Ach, sie schluckte mehr Tränen, als sie Brot aß.« Sie erinnerte sich an einen Tag, an welchem sie herzlich über ihn hatte lachen müssen. Bei einer Vorstellung im kleinen Theater von Trianon saß der Kleine auf den Knien seines Vaters, als sie plötzlich in ihrer Rolle steckenblieb. Campan suchte, im Souffleurkasten sitzend, hastig nach der Seite, vermochte sie aber trotz seiner riesigen Brille nicht zu finden. Da erhob sich in der beklemmenden Stille die Kinderstimme des kleinen Dauphin: »Monsieur Campan, nehmen Sie doch Ihre große Brille ab – Mama kann Sie nicht verstehen.« Sie erinnerte sich auch an den Jubel des Kindes, als die Stadtvä-

ter von Paris ihm am 22. August des vorigen Jahres zwei kleine Pistolen, einen goldenen Degen und ein Gewehr, dessen Kolben mit kleinen Delphinen und Lilien köstlich verziert war, zum Geschenk gemacht hatten – ein Gewehr, welches er niemals schultern würde.
Am 4. Mai 1789 verließ der kleine Dauphin sein Krankenbett. Man brachte ihn nach Versailles, wo er vom Balkon des kleinen Marstalls dem Umzug der Generalstände zusah, die sich aus der Kirche Notre-Dame in die Kirche Saint-Louis begaben.

Die Revolution begann mit einem Umzug, in dessen Reihen die letzten Könige von Frankreich schritten: Ludwig XVI., Ludwig XVIII., Karl X., Ludwig Philipp, damals Herzog von Chartres, und der junge Herzog von Angoulême; er sollte, was kaum einem Schüler bekannt ist, 1830 in Rambouillet drei Minuten lang als Ludwig XIX. König von Frankreich sein.

Der Herzog von Orléans, der Ludwig XVI. aufs Schafott schicken und dessen Sohn gleichzeitig Karl X., Ludwig XIX. und Heinrich V. entthronen sollte, schritt unter den Deputierten des Adels. Er war der Held des Tages! Es fehlte auch der künftige Beherrscher Frankreichs nicht, Maximilian de Robespierre, der sich im schlichten schwarzen Anzug mit weißer Musselinkrawatte unbekannt unter den Deputierten des dritten Standes bewegte. Alle Teilnehmer des Umzugs hielten brennende Kerzen in der Hand, die Bannerträger und königlichen Falkoniere ausgenommen, denen der Falke auf der Faust saß. Als der König, den »Regent«-Diamanten auf dem Hut und umgeben von den höchsten Kronbeamten, in großer Gala erschien, wurden ihm begeisterte Ovationen zuteil. Beim Erscheinen der Königin, die eine silber- und golddurchwirkte Robe trug, herrschte feindseliges Schweigen. Als sie auf der Place d'Armes unter dem Balkon vorbeiging, auf welchem der todkranke kleine Dauphin lag, traf sie der Ruf: »Es lebe der Herzog von Orléans!« wie ein Peitschenschlag. Orléans, der einst alle Vergnügungen mit ihr geteilt hatte und seither ihr Feind geworden war! Sie begann zu schwanken, die Prinzessin Lamballe eilte an ihre Seite, um sie zu stützen. Aber schon richtete sie sich wieder auf und ging weiter...

Ein wenig später stieg der Bischof von Nancy, de la Fare, in der Kirche Saint-Louis auf die Kanzel und erkühnte sich zu sagen: »Sire, Ihr Volk hat Ihnen unzweideutige Beweise seiner Geduld gegeben. Es ist ein Volk von Märtyrern, dem das Leben anscheinend nur gelassen wurde, um es noch größeren Leiden auszusetzen.« Die Deputierten des dritten Standes, die bisher geglaubt hatten, bloß allzu bedrückte Steuerzahler zu vertreten, horchten auf und hoben die Köpfe – die sie nun nicht mehr beugen sollten. Dann blickte der Bischof auf die Königin und griff die verschwenderische Lebensführung des Hofes an: »Im Namen eines guten Königs, eines gerechten und verständigen Monarchen üben diese schändlichen Erpresser ihr barbarisches

Handwerk aus.« Nach diesen Worten wurde zum erstenmal in einer französischen Kirche Beifall geklatscht. Nach der Rückkehr ins Schloß erlitt Marie Antoinette einen so heftigen Nervenanfall, daß sie ihre Diamantarmbänder in Stücke brach.

Während Necker am nächsten Tag bei der feierlichen Sitzung seine endlose und ungeschickte Rede vorlas, blickte die Königin beunruhigt auf die Versammlung der tausendeinhundertfünfundsechzig Deputierten, die ganz verblüfft waren, als sie vernahmen, daß sie »den Vorzug, als Generalstände von Seiner Majestät einberufen worden zu sein, nicht der zwingenden Notwendigkeit einer Finanzhilfe« verdankten. Necker teilte ihnen mit monotoner Stimme mit, das reguläre Defizit betrage nicht mehr als sechsundfünfzig Millionen, die zu decken kein Kunststück sei. So könnte man etwa »den Verkauf von Schnupftabak auf die Bretagne ausdehnen«. Und die Schlußfolgerung des »Zauberers« lautete: »Was für ein Land ist doch Frankreich, wo man ein Defizit, das in ganz Europa so viel Aufsehen erregt hat, ohne neue Steuern mit bisher nicht beachteten einfachen Mitteln verschwinden lassen kann.«

Die Deputierten blickten sich verwundert an. Wozu waren sie hierhergekommen? Nur um zu hören, daß die Bretonen Frankreich retten würden, indem sie künftighin anstatt Tabak zu kauen Tabak schnupfen würden? Da es möglich war, das Defizit mit so einfachen Mitteln auszugleichen, könnte man ja auch daran denken, die Verwaltung des Königreichs zu vereinheitlichen, um nicht, wie Voltaire sagte, bei jedem Wechsel der Postpferde auch die Landesgesetze wechseln zu müssen. Nicht deshalb waren sie von Ludwig XVI. einberufen worden. Aber der König schien vom besten Willen beseelt – soeben hatte er erklärt, er sei »der beste Freund seiner Völker« – und würde sich sicherlich glücklich schätzen, wenn man etwas Ordnung und Einheitlichkeit in das Mosaik seiner Staats- und seiner Wahlländer oder selbst seiner Provinzen brächte, wie etwa des Elsaß und der drei Bistümer (Metz, Toul, Verdun), die wohl zu Frankreich gehörten, aber mit diesem nicht freien Handel treiben konnten.

»Der Kampf hat begonnen«, schrieb am gleichen Abend ein Deputierter des dritten Standes und meinte damit nicht den Kampf gegen, sondern mit dem König zur Rettung Frankreichs. Die Ovationen für Ludwig XVI., als er sich in der Versammlung erhob, waren bezeichnend, und um ihm eine Freude zu machen, wurde auch »Es lebe die Königin« gerufen. Auch mögen die Deputierten Mitleid mit ihr empfunden haben, da sie »traurig und niedergedrückt« aussah. Marie Antoinette lächelte überrascht und dankte mit einer ihrer graziösen Verbeugungen, die stürmischen Beifall auslöste. Mit einem blassen Lächeln auf den Lippen kehrte sie ins Schloß zurück. Der König zog sich eilig um, dann stiegen die beiden Gatten in einen bereitstehenden Wagen und jagten nach Meudon: das Befinden des Dauphins verschlimmerte sich von Tag zu Tag.

Im Verlauf des kommenden Monats kehren die drei Worte »Besuch in Meudon« in dem lakonischen Tagebuch des Königs wie ein Leitmotiv immer wieder. Zwischen zwei Audienzen, die er den Deputierten zwischen zwei Jagden gewährte, eilte er hastig zu Marie Antoinette, die nicht mehr vom Lager des sterbenden Kindes wich. Am 2. Juni um zehn Uhr abends läutete die große Glocke von Notre-Dame zum vierzigstündigen Bittgebet, am 3. Juni wurde das Allerheiligste in allen Kirchen von Paris ausgestellt. Der König war um vier Uhr in Meudon eingetroffen und fuhr um zehn Uhr abends wieder fort. Die Königin blieb bei ihrem Sohn ... Um ein Uhr morgens starb ihr Kind. Aber die Etikette erlaubte ihr nicht einmal, an dem von zwölf Kerzen umstandenen Totenbett zu weinen. Sie mußte sich nach Versailles zurückbegeben.

Die sogleich vorgenommene Sektion ergab, daß »die Wirbelsäule des Kindes angefressen, bucklig und verkrümmt, die Rippen verbogen und die Lungen verwachsen« waren.

Aber nicht die Königin, sondern »ihre Dienerschaft« bettete den kleinen Leichnam in den weißen, mit Silbernägeln beschlagenen Samtsarg. Nicht der König gab seinem Sohn das Geleit nach Saint-Denis, sondern der Prinz von Condé mit seinem Gefolge von Schweizergarden und fackeltragenden Lakaien. Das Herz des kleinen Toten aber wurde von dem Sohn des Herzogs von Orléans, dem späteren Louis Philipp, in einer Karosse zur Beisetzung nach Vale-de-Grâce gebracht. Die Eltern mußten als Sklaven des Zeremoniells in Versailles verbleiben. »Die Messe um neun Uhr«, notierte der König, »Salut, ich habe niemand gesehen, Begräbnis meines Sohnes.« Nur eines war ihnen gestattet: sie verbrachten eine Woche in Marly – ihr letzter Aufenthalt in Marly! – und baten den Erzbischof von Paris, tausend Seelenmessen lesen zu lassen. Bevor der Prälat dazu den Auftrag erteilte, erkundigte er sich besorgt, wer sie bezahlen würde, da die Kassen leer seien. »Diese Summe«, entschied der König, »soll durch Herrn de La Ferté gezahlt und von den Ausgaben für Silberzeug abgezogen werden.« – So weit war es also schon gekommen!

Am 19. Juni 1789 empfing der König »seine Ratgeber« in Marly. Die Lage war zweifellos ernst. Am 17. Juni hatten sich die Deputierten des dritten Standes als Nationalversammlung mit der Begründung konstituiert, »daß sie sechsundneunzig Teile der Nation verträten«. Ohne zu zögern, erklärten sie alle Steuern, die ihre Zustimmung nicht erhalten hatten, als »ungesetzlich« und forderten die beiden anderen Stände auf, sich mit ihnen zu vereinigen. Am 18. Juni schloß sich ihnen ein Teil des Klerus an. Den »fortschrittlichen« Edelleuten gelang es aber nicht, den Adel mitzureißen. Er wollte seine Beschlüsse weiterhin selbständig fassen – aber wie lange noch? Der Erzbischof von Paris, der Kardinal de La Rochefoucauld, und der Herzog von Luxembourg als Haupt des Adels forderten den König zum Widerstand auf: die

Krone sei in Gefahr, die Generalstände hätten ihre Rechte überschritten und müßten aufgelöst werden.

Necker kam nach Marly und wurde zuerst von Marie Antoinette empfangen, die die Deputierten »eine Ansammlung von Narren« nannte. Er versuchte, die Gegensätze auszugleichen, und schlug bei der Beratung vor, der König möge der Vereinigung der drei Stände zustimmen und diese bevollmächtigen, die Verfassung des Königreichs abzuändern, jedoch nur unter der Bedingung, daß zwei Kammern geschaffen würden. Necker trat auch dafür ein, daß jedem Franzosen ohne Ansehen der Geburt alle zivilen und militärischen Stellen offenstehen sollten.

Nach zweistündiger Beratung, als Neckers Argumente den König schon zu überzeugen begannen, trat ein Hofbeamter ein und flüsterte ihm etwas ins Ohr. Ludwig XVI. stand hastig auf und verließ den Raum. »Die Königin hat ihn holen lassen«, murmelte Necker. »Da ist nichts zu machen.« Als der König zurückkehrte, hatte er seine Meinung geändert. Marie Antoinette hatte gewonnenes Spiel: man dürfe mit den »Rebellen« nicht paktieren.

Am 20. Juni fanden die »Rebellen«, während sich der König auf der Hirschjagd befand, die Türen des Sitzungssaales verschlossen. Sie versammelten sich also um im Ballhaus und leisteten den bekannten Schwur, »sich nicht zu trennen, bevor die Verfassung vollendet sei«. Von da an waren alle Mitglieder des dritten Standes, wie Mirabeaus' Sekretär Dumont später schrieb, »gegen die königliche Gewalt verbündet«.

Das Königspaar kehrte nach Versailles zurück. Necker, Saint-Priest und Montmorin baten es dringend, »den dritten Stand, das Echo der öffentlichen Meinung, nicht zu erbittern«. Aber Marie Antoinette, von Provence, Artois und drei Ministern von sechs unterstützt, trat für autoritäre Gewalt ein. Ludwig XVI., der sich ja nie zu einem eigenen Entschluß durchzuringen vermochte, spielte also den Autoritären: die drei Stände haben getrennt zu beraten. Er habe keine Nationalversammlung einberufen, sondern die Generalstände – und diese dürften nur anläßlich der königlichen Sitzungen zusammentreten, so wie ehemals ihre Vorgänger im Jahr 1588 in Blois, wo der Baron d'Oignon über die Einhaltung der Rangordnung gewacht hatte.

Am 23. Juni erfolgte dann eine königliche Sitzung, bei welcher der Adel und der Klerus von dem jungen Dreux-Brézé durch die Haupttür eingelassen wurden, während der dritte Stand im strömenden Regen warten mußte, bis er durch die ihm angewiesene Seitentür eintreten durfte. Necker, der seine Ansicht öffentlich bekanntgegeben hatte, blieb der Sitzung fern. Von der Königin und den Prinzen umgeben, spielte Ludwig XVI. die Rolle des blinden Despoten: er hob die Beschlüsse des dritten Standes vom 17. Juni über die Steuern auf und erklärte die Aufrechterhaltung des Zehents und der grundherrlichen Privilegien. »Sollte ich neuen Hindernissen begegnen«, schloß der

König, »woran ich nicht glauben will, so würde ich selbst das Glück des Volkes gründen und mich als dessen alleinigen Vertreter betrachten.« Mit anderen Worten: ich würde nicht zögern, die Generalstände aufzulösen. Bevor er mit der triumphierenden Königin und seinem Gefolge die Sitzung verließ, sagte er noch: »Ich befehle Ihnen, sich zu trennen und morgen in den gesonderten Räumen zu beraten.« Der Adel und ein Teil des Klerus leisteten Folge. Als aber der dritte Stand beisammenblieb, kehrte der Großzeremonienmeister Marquis de Dreux-Brézé zurück und sagte, ohne den Hut abzunehmen, zu Bailly: »Monsieur, Sie haben den Befehl des Königs gehört?«

Die meisten historischen Aussprüche wurden erst hinterher erfunden. Sicherlich weigerte sich Mirabeau, seinen Platz zu verlassen, er mag auch von den Bajonetten gesprochen haben, vor denen allein er weichen würde. Aber es ist nicht wahrscheinlich, daß er die berühmte Ansprache, die sich auf so vielen Kupferstichen findet, wirklich gehalten hat.

Als Brézé dem König seinen Mißerfolg meldete, sagte dieser: »Eh bien, wenn die Herren des dritten Standes nicht gehen wollen, so mag man sie nur dort belassen.« Er schien an der Sache keinerlei Interesse zu nehmen. Vielleicht läßt sich diese merkwürdige Einstellung aus einer Notiz in seinem Tagebuch vom 23. Juni erklären. Nach »königlicher Sitzung der Stände« stehen dort die überraschenden und unverständlichen Worte: »Reise nach Marly um 7 Uhr 1/4, um die Pakete zu machen.« Möglich, daß der König seine Sachen in Marly gelassen und es an diesem Tage eilig hatte, wieder hinzufahren, um zu packen. Wozu aber hatte er dann ein paar hundert Leute Dienerschaft?

Während sich der König mit seinen »Paketen« beschäftigte, ließ Mirabeau die Immunität der Deputierten dekretieren. Von nun an würde jede Verhaftung eines Deputierten, wie jene d'Eprémesnils, als »Kapitalverbrechen« des Königs gewertet werden. Die Deputierten betrachteten die Botschaft des Königs als »Mißvertrauensvotum«, und Mirabeau sprach davon, »die Königin anzuzeigen«, da sie seiner Ansicht nach die Ursache aller Übel sei. »Was, die Königin?« fragte der auf der Tribüne sitzende jüngere Sohn des Herzogs von Orléans. »Ja, warum denn nicht?« rief sein Bruder, der spätere Louis Philipp (1790 Mitglied des Klubs der Jakobiner, 1830–1848 König der Franzosen).

Die so viele Jahrhunderte alte absolute Monarchie lag wahrlich im Sterben.

An den nächsten Tagen schrieb Ludwig XVI. täglich das tragische Wort »Nichts« in sein Tagebuch. Dies mochte heißen, daß keine Jagd stattgefunden, daß er keinen Hirsch erlegt hatte. Er ritt jetzt nicht mehr hinter der Meute her, sondern versuchte, die Revolution in ihrem Laufe einzuholen. Erst hatte er die Vereinigung der drei Stände verboten, dann ordnete er sie wieder an. Nun aber erklärte der Adel,

»das Königtum müsse gegen den König verteidigt werden«. Marie Antoinette teilte diese Meinung, mischte sich aber nicht ein: sie war zu verzweifelt und ließ den König machen, was er wollte.

»Monsieur«, erklärte der König dem Oberhaupt des Adels, »ich bitte Ihren Stand, sich mit den beiden anderen zusammenzuschließen. Wenn es aber nicht genügt, daß ich Sie bitte, dann befehle ich es Ihnen!«

Am 27. Juni war – wie Bailly sagte – »die Familie komplett«, und Paris illuminierte die Häuser. Marie Antoinette war der Jubel des Volkes unbegreiflich. Wie konnte Frankreich sich darüber freuen, daß eine Bande von Schmutzfinken und »robins« die Monarchie herabsetzte? Man müsse die Gewalt, die man sich hatte entreißen lassen, wieder in die Hand bekommen. Ludwig XVI., der wie ein Rohr im Winde schwankte, nahm seine Rolle als Despot, die er seit dem 23. Juni aufgegeben, gehorsam wieder auf. Er stimmte dem Gedanken eines Staatsstreiches zu. Zur Auflösung der Nationalversammlung brauchte er aber Truppen. Verschiedene Regimenter, die meist aus Fremden, aus deutschen und schweizerischen Söldnern bestanden, wurden in Eilmärschen in die Gegend von Paris dirigiert. Bald standen die Royal-Cravate in Charenton, Salis-Samaden in Issy, die Hussards in der Militärschule und der Royal-Allemand in La Muette. Besenval, der Paris »einschließen« sollte, leitete die Operationen.

Am 9. Juli sandte die erschrockene Nationalversammlung eine Deputation an den König, der erst am nächsten Tag eine ausweichende Antwort gab: »Nur Übelwollende könnten meine Völker über die von mir getroffenen Vorsichtsmaßnahmen in eine falsche Meinung versetzen.« Die weitere Entwicklung ist bekannt. Am 11. Juli wurde Necker entlassen, am 12., einem Sonntag, rief Camille Desmoulins im Palais Royal der Menge zu: »Ich komme soeben aus Versailles! Necker ist entlassen, das ist das Signal zu einer neuen Bartholomäusnacht gegen die Patrioten. Heute abend werden wir von den schweizerischen und deutschen Bataillonen ermordet werden. Es bleibt uns nur noch ein Ausweg: wir müssen zu den Waffen greifen!« Und am 14. Juli wurde, »um sich in den Besitz von Waffen zu setzen«, die Bastille gestürmt.

Auch an diesem Tag schrieb der König, bevor er schlafen ging, sein bekanntes »Nichts« in das Tagebuch, obgleich ihn am Nachmittag eine Deputation der Nationalversammlung gebeten hatte, die auf dem Marsfeld kampierenden Truppen zur Beruhigung der Stadt Paris zurückzuziehen. Er hatte die Erfüllung dieser Bitte zugesagt, da damit keine Gefahr verbunden war. Versailles und die Umgebung von Paris wimmelten von Soldaten, die Schweizergarde stand seit drei Tagen in Alarmbereitschaft, und Frau von Polignac hatte an die beiden deutschen Regimenter, die in der Orangerie biwakierten, noch am Nachmittag Kuchen verteilt. Die Deputation hatte ihm auch mitgeteilt, daß die Pariser gegen die Bastille marschierten. Eh bien, dachte der König, sie würde sich verteidigen. Wozu hatte Herr von Launay Kanonen? Nach der ersten Salve würden die Angreifer das Weite suchen. Morgen würde er sich in die Versammlung begeben, um die Generalstände aufzulösen ... Friedlich schlief der König ein. Aber plötzlich wurde er unsanft aus dem Schlaf gerissen. Der Großmeister seiner Garderobe, der Herzog von La Rochefoucauld-Liancourt, stand vor seinem Bett. »Die Bastille ist erstürmt, Launay ist ermordet, sein Kopf wird auf einer Pike durch die Stadt getragen«, sagte er atemlos. Der König richtete sich auf. »Aber ... aber«, stammelte er, »das ist ja eine Revolte ...« – »Nein, Sire, das ist eine Revolution!« erwiderte der Herzog.

Es wurde beratschlagt, was zu tun sei. Marie Antoinette empfahl, sogleich nach Metz zu fahren. »Nach Metz zu fahren ist leicht«, warf der Marschall de Broglie ein, »was werden wir aber dort tun?« Der König wollte nachgeben. Jetzt, da ihn nichts daran hinderte, den geplanten Staatsstreich durchzuführen, ja, da ihm im Gegenteil ein Vorwand gegeben war, zog er es vor, seine Meinung abermals zu ändern. Am nächsten Tag suchte er in Begleitung seiner Brüder die Versammlung auf und gab den Deputierten die Zurückziehung aller Truppen bekannt. Er fügte hinzu: »Ich bin eines Sinnes mit der Nation und vertraue euch mein Schicksal an.« Dieser Satz löste begeisterten Jubel aus. Die Deputierten begleiteten, sich an den Händen haltend, den König in das Schloß zurück, das angesammelte Volk lief ihnen mit Vivarufen nach, »trotz Ihrer Person, Monseigneur, und Ihrer Ansichten«, wie dem Grafen Artois zugerufen wurde. In den Höfen des Schlosses drängte sich eine ungeheure Volksmenge, die den König, die Königin und den neuen Dauphin immer wieder auf den Balkon herausrief. Marie Antoinette beauftragte Madame Campan, den späteren Ludwig XVII. zu holen und Frau von Polignac zu bitten, ihn nicht zu begleiten. Als Madame Campan diesen Auftrag überbrachte, sagte Frau von Polignac erschüttert: »Ah, welch ein Schlag für mich.«

Nachdem Madame Campan ihre Mission ausgeführt hatte, ging sie in den Hof und kam gerade zurecht, um das Königspaar, Madame Royale und den Dauphin auf dem Balkon erscheinen zu sehen. »Ach«, hörte sie ein Weib enttäuscht sagen, »die Herzogin ist nicht mehr bei ihr?« »Nein«, erwiderte der Mann, »aber in Versailles ist sie noch. Sie wühlt unterirdisch wie ein Maulwurf – aber keine Sorge, wir graben sie schon noch aus.« Verstört berichtete Madame Campan dieses Gespräch der Königin, und da diese seit dem Morgen schon eine Reihe ähnlicher Warnungen erhalten hatte, ließ sie die Herzogin kommen. »Ich befürchte das Schlimmste«, sagte sie zu ihr. »Reisen Sie um unserer Freundschaft willen ab, noch ist es Zeit ... Man greift Sie doch nur an, um mich zu treffen.« Die Polignac wollte nichts von Abreise wissen. Wie, sie sollte alles aufgeben, was ihr das Leben lebenswert machte? »Setzen Sie sich nicht der Gefahr aus«, mahnte die Königin, »das Opfer Ihrer Anhänglichkeit und meiner Freundschaft zu werden.« In diesem Augenblick trat Ludwig XVI. ein. »Helfen Sie mir, Monsieur«, rief ihm die Königin zu, »diese treuen Freunde zu überzeugen, daß sie uns verlassen müssen.« Der König, der sich eben entschlossen hatte, Necker zurückzurufen, sagte seufzend: »Mein grausames Schicksal zwingt mich, alle fortzuschicken, die ich liebe und schätze. Gerade habe ich Artois befohlen, abzureisen, und gebe Ihnen den gleichen Befehl. Bedauern Sie mich, verlieren Sie aber keine Minute!«

Als Frau von Polignac mit ihrem Gatten, ihrer Tochter und ihrer Schwägerin um Mitternacht in den Wagen stieg, wurde ihr ein Brief der Königin überreicht: »Adieu, teuerste Freundin, das Wort ist furchtbar! Hier der Befehl für die Pferde! Ich habe nur noch die Kraft, Sie zu umarmen.«

In Sens wären die Polignac beinahe erkannt worden, doch gelang es ihnen, nach Basel zu entkommen, wo sie ein Brief Marie Antoinettes erwartete: »Ich wage es, Ihnen ein Wort zu schreiben, mein teures Herz ... Ich vermag Ihnen nicht mein ganzes Bedauern auszudrükken, von Ihnen getrennt zu sein, und hoffe nur, daß Sie in gleichem Sinne fühlen. Wir sind nur von Not und Unglück und Unglücklichem umgeben ... Alle Welt flieht, und ich bin noch glücklich, zu denken, daß alle, die mir nahestehen, jetzt von mir entfernt sind.«

Fersen befand sich in Valenciennes, wo er Artois, Condé, Bourbon, Enghien, Vaudreuil und den Marquis von Polignac bei ihrer Durchfahrt sah. Alle Freunde der Königin verließen Versailles: Coigny, Calonne, Lambesq, Luxembourg, Breteuil, die Familien Marsan, Rohan und Castries – und selbst der Abbé de Vermond. Sie alle überließen Marie Antoinette ihrem Schicksal. »Meine Kinder sind mein einziger Trost«, schrieb sie an Frau von Polignac. »Ich habe sie soviel als möglich um mich. Sie wissen sicherlich von der Ernennung der Frau von Tourzel – sie hat mich viel Überwindung gekostet.«

Frau von Tourzel war tatsächlich zur Erzieherin der beiden königlichen Kinder ernannt worden. Am 24. Juli hatte die Königin, während die Unruhe immer mehr wuchs, eine Anleitung für sie verfaßt, aus welcher uns eine bisher unbekannte Marie Antoinette entgegentritt: »Mein Sohn ist vier Jahre und vier Monate weniger zwei Tage alt«, schrieb die Königin an die Erzieherin. »Ich spreche weder von seinem Wuchs und seinem Äußeren, Sie brauchen ihn nur anzusehen. Seine Gesundheit ist immer gut gewesen, aber schon in der Wiege zeigte sich, daß seine Nerven sehr empfindlich waren, und selbst das geringste ungewohnte Geräusch erregte ihn. Er hat seine ersten Zähne spät, aber ohne Krankheit und Zwischenfälle bekommen. Nur bei dem letzten, ich glaube, es war dem sechsten, hat er in Fontainebleau einen Krampfanfall erlitten; seither hatte er nur noch zwei, einen im Winter von 87 auf 88, den anderen nach der Impfung, aber dieser war nur leicht. Die Empfindlichkeit seiner Nerven hat zur Folge, daß ihn jeder Lärm, an den er nicht gewöhnt ist, erschreckt; er fürchtet sich zum

Beispiel vor Hunden, weil er ihr Bellen in seiner Nähe gehört hat. Ich habe ihn nie gezwungen, Hunde anzuschauen, weil ich glaube, daß seine Furcht mit zunehmender Vernunft von selbst verschwinden wird. Er ist wie alle kräftigen und gesunden Kinder sehr ausgelassen und heftig in seinen Zornausbrüchen, aber er ist ein gutes, zärtliches und liebevolles Kind, wenn ihn seine Heftigkeit nicht mitreißt. Er besitzt ungewöhnliches Selbstbewußtsein, das, wenn man es richtig leitet, ihm eines Tages zum Vorteil gereichen könnte. Bevor er sich mit jemand anfreundet, versteht er sich zu beherrschen und schluckt selbst Zorn und Ungeduld hinunter, um liebenswürdig zu erscheinen. Er hält, was er versprochen hat, er ist aber sehr indiskret und wiederholt gerne, was er gehört hat, und fügt oft, ohne lügen zu wollen, etwas hinzu, das seiner Einbildungskraft entspringt. Das ist sein größter Fehler, den man ihm keineswegs durchgehen lassen darf. Im übrigen ist er, ich wiederhole es, ein gutes Kind, und mit Einfühlung und Festigkeit zugleich, ohne aber allzu streng zu sein, kann man aus ihm machen, was man will. Gegen Strenge würde er sich auflehnen, da er für sein Alter sehr viel Charakter hat. Das Wort Verzeihung hat ihn seit frühester Kindheit aufgebracht. Wenn er unrecht hat, wird er alles tun und sagen, was man von ihm verlangt, aber das Wort Verzeihung spricht er nur unter Tränen und mit unendlichen Qualen aus. Meine Kinder wurden dazu erzogen, stets größtes Vertrauen zu mir zu haben und, wenn sie ein Unrecht begangen haben, es mir zu sagen. Ich sehe daher, wenn ich sie auszanken muß, mehr gekränkt aus als erzürnt über das, was sie angestellt haben. Ich habe sie alle daran gewöhnt, daß ein von mir ausgesprochenes Ja oder Nein unwiderruflich ist, doch gebe ich ihnen stets eine Begründung, die ihnen in ihrem Alter verständlich ist, damit sie es nicht für eine Laune halten. Mein Sohn kann nicht lesen und ist ein schlechter Schüler; er ist zu zerstreut, um sich anzustrengen. Er hat keine Ahnung von seiner hohen Stellung, und ich wünsche dringend, daß dies so bleibt. Unsere Kinder erfahren immer noch früh genug, wer sie sind. Er liebt seine Schwester zärtlich. Sooft ihm etwas Vergnügen macht – es sei, irgendwohin zu gehen, oder wenn man ihm etwas schenkt –, ist sein erster Gedanke, für seine Schwester das gleiche zu verlangen. Er ist von Natur aus heiter, er braucht für seine Gesundheit viel frische Luft, und ich glaube, es ist besser, wenn man ihn auf der Gartenterrasse spielen und lernen läßt, als längere Spaziergänge mit ihm zu unternehmen. Die Bewegung, die kleine Kinder beim Laufen und Spielen im Freien machen, ist ihnen gesünder, als wenn man sie zum Spazierengehen zwingt, da sie dies oft zu sehr ermüdet.«

Die tragischen Ereignisse im ersten Monat der Revolution bewirkten eine Annäherung Marie Antoinettes an ihren Gatten. Als die Nationalversammlung und Paris Ludwig XVI. aufforderten, seine »gute Stadt« zu besuchen, nahm er die »Einladung« an, ohne zu bedenken, daß er durch die Erniedrigung seiner Person auch das Massaker beim Sturm auf die Bastille gleichsam sanktionierte. Marie Antoinette versuchte ihn zurückzuhalten, da dieser Besuch der reinste Wahnsinn sei. Trotzdem fuhr der König nach Paris, nachdem er zuvor kommuniziert und Provence, »für den Fall, daß er nicht mehr zurückkehren sollte«, zum Generalleutnant des Königreichs ernannt hatte. Die Königin zitterte um sein Leben. Dieser arme Mann, dieses Rohr im Wind, hatte es endlich erreicht, ihr Herz zu rühren. Sie unterdrückte mühsam die Tränen und zog sich mit den Kindern in ihr Zimmer zurück. »Todesstille herrschte im ganzen Schloß«, schrieb Madame Campan. Marie Antoinette war überzeugt, daß ihr Gatte nicht mehr zurückkehren würde. Sie gab Befehl anzuspannen – aber nicht, um zu fliehen, sondern um sich als Herrscherin in die Nationalversammlung zu begeben. »Messieurs«, wollte sie dort sagen, »ich bin gekommen, um Ihnen die Gemahlin und die Familie Ihres Gebieters anzuvertrauen. Dulden Sie nicht, daß hier auf Erden getrennt wird, was im Himmel vereinigt worden ist.« – »Als sie mir diese Worte wiederholte«, schrieb Madame Campan, »schluchzte sie auf und sagte: ›Sie werden ihn nicht zurückkehren lassen.‹« Aber Ludwig kehrte zurück und Marie Antoinette warf sich ihm weinend in die Arme. Erst als sie die Kokarde an seinem Hut erblickte, die anzustecken man ihn genötigt hatte, soll sie nach Mercys wenig glaubhafter Behauptung zurückgetreten sein und gesagt haben: »Ich wußte nicht, daß ich einen Bürgerlichen geheiratet habe.«

Am 23. Juli besuchte Mercy Versailles, wo er »nichts als Verwirrung« vorfand. »Man erwartet dort alles vom Zufall«, schrieb er. Am 11. August kam er abermals hin und berichtete: »Die Königin erträgt ihre Leiden mit dem größten Mut. Man muß unendlich viel Mut besitzen, um von den Ungerechtigkeiten und Greueln nicht niedergedrückt oder empört zu werden, mit denen diese erlauchte Fürstin zu kämpfen hat.« Marie Antoinette schöpfte ein wenig Hoffnung: »Seit einigen Tagen scheinen die Dinge eine bessere Wendung zu nehmen«, schrieb sie Ende August an Frau von Polignac, »doch kann man sich auf nichts verlassen: die Übeltäter haben so großes Interesse und alle Mittel, alles wiederum zum Schlechten zu kehren und selbst das Beste zu verhindern ... Seien Sie aber überzeugt, daß diese Widerwärtigkeiten meine Kraft und meinen Mut nicht vermindert haben.« Jetzt lernte sie die Menschen kennen, die ihr wahrhaft ergeben waren: »Es gibt so viele Leute, die mir wirklich und aufrichtig ergeben sind und an die ich gar nicht dachte.« Zu diesen gehörte Grétry, der der Königin soeben seinen künftigen Schwiegersohn Bouilly vorgestellt hatte. Bouilly war der Autor des Textbuches zu Grétrys Oper »Peter der Große«, die erst kürzlich aufgeführt worden war.

Der junge dramatische Autor trug übrigens an seinem Degen eine Schleife, die seine Braut Antoinette Grétry, ein Patenkind der Königin, gestickt hatte. Aber lassen wir den charmanten und kindlich naiven Jean Nicolas Bouilly selbst berichten: »Wir wurden gegen halb ein Uhr in die kleinen Appartements der Königin geführt. Sie kam soeben aus der Kapelle, wo sie die Messe gehört hatte. Als sie in ihren Musiksalon trat, entledigte sie sich ihres Hutes aus schwarzem Samt und ihrer weiten schwarzen Spitzenmantille, die eine wahrhaft majestätische Gestalt und den entzückendsten Hals verhüllt hatte, und winkte uns heran. Bei meinem Anblick stutzte sie überrascht und rief, kaum daß Grétry mich vorgestellt hatte: ›Ich glaube mich nicht zu täuschen, Monsieur, ich habe Sie doch schon einmal gesehen.‹ ›Eure Majestät geruhen‹, erwiderte ich lächelnd, ›sich an den unverschämten jungen Mann zu erinnern, der es gewagt hat, sich auf der Terrasse der Orangerie auf einen Platz zu setzen . . .‹ ›Ach ja, auf einer Marmorbank, auf welcher ich saß. Jetzt erkenne ich Sie . . . Grétry‹, fügte sie in liebenswürdigstem Ton hinzu, ›Sie dürfen sich rühmen, einen ritterlichen Frauenfreund als Mitarbeiter zu haben.‹ Nach diesen Worten gratulierte sie uns zu unserem Erfolg und geruhte, mir für die Ergebenheit zu danken, die ich in der Sache des Königs bewiesen hatte. ›Das freut mich um so mehr‹, sagte sie mit maliziösem Lächeln, ›als es heißt, Sie seien der Sohn eines Deputierten des dritten Standes.‹ Indem sie nun mit entzückender Heiterkeit auf die Vorliebe, die sie für Literatur und Künste als deren Förderin hatte, überging, richtete sie einige charmante und teilnehmende Fragen über die lieblichen Illusionen eines ersten Erfolges an mich. Es genüge nicht, erwiderte ich, Erfolg zu haben, man müsse ihn auch festzuhalten wissen. Sie betrachtete mich abermals, mit großer Aufmerksamkeit, und ich hörte sie deutlich zu Grétry, der neben ihrer Ottomane saß, sagen: ›Ihr Mitarbeiter ist ein ausgezeichneter Mann – ganz ausgezeichnet.‹ Ich war wie berauscht und versuchte der Bezauberung zu entkommen, die mich fast schon umgarnte. Marie Antoinette machte auf mein ganzes Wesen einen um so lebhafteren Eindruck, als sie von Antoinette Grétry mit der herzlichen Anteilnahme einer Patin sprach. Die wohlwollenden Worte aus ihrem Munde drangen mir tief ins Herz! Bisher hatte mich ihre Schönheit geblendet, ihre Grazie entzückt: nun rührte mich ihre innige Güte, ihre ermutigende und würdevolle Vertraulichkeit, die ihr die Herzen aller gewann, die mit ihr sprachen. ›Wie alt ist mein Patenkind?‹ fragte sie dessen Vater in wahrhaft mütterlichem Ton. ›Siebzehn Jahre‹, erwiderte Grétry, ›und in dieser ganzen Zeit hat sie alle ihre Kleidung und ihren Putz nur als Geschenk Eurer Majestät erhalten.‹ ›Ich hoffe‹, sagte die Königin, ›daß es immer so bleiben wird. Sie besitzt alle Eigenschaften, um eines Tages eine ausgezeichnete Frau zu werden. Ich nehme es auf mich, ihr einen Gatten auszuwählen.‹ ›Ich glaube‹, meinte Grétry mit dem ihm eigenen feinen Lächeln, ›wir würden besser tun, sie selber wählen zu lassen‹. ›Ich bin damit sehr einverstanden‹, erwiderte Marie Antoinette, indem sie ihre schöne Hand dem Komponisten reichte, der sie respektvoll küßte. Da rief ich unwillkürlich in heller Begeisterung aus: ›Ach, wer würde die berühmten Leute nicht um ihre Vorrechte beneiden!‹ ›Sie, Monsieur, stehen unter so günstigen Auspizien am Anfang einer ruhmreichen Laufbahn, daß ich Sie wohl nicht zu ermutigen brauche.‹ Bei diesen Worten reichte Marie Antoinette auch mir ihre königliche Hand. Überrascht und ganz benommen beugte ich das Knie und berührte diese erlauchte Hand mit meinen bebenden Lippen. ›Haben Sie Nachsicht mit ihm, Majestät‹, sagte Grétry, indem er meinen Arm nahm und mir ein Zeichen gab, aufzustehen, ›er hat heute zum erstenmal Nektar getrunken.‹ Dieses charmante Wort brachte mich wieder zur Besinnung.«

Nach dieser reizenden Szene wollen wir uns das Bild der Königin von Trianon noch einmal ins Gedächtnis rufen, zum letztenmal vor dem endgültigen Zusammenbruch dieser Epoche, die so köstlich und anziehend war, daß sie den üblen Duft vergessen ließ, der ihrem angefaulten Jahrhundert entströmte.

In den Monaten August und September hielt sich Marie Antoinette häufig in Trianon auf. Das Schlößchen wurde fast täglich von Deputierten der Nationalversammlung besichtigt. Sie waren sehr erstaunt, dort nicht den berüchtigten, mit Edelsteinen austapezierten Salon vorzufinden, von welchem die Pamphlete zu berichten wußten. Ja, sie schienen beinahe enttäuscht, als ihnen gesagt wurde, daß es sich nur um eine Theaterdekoration handle und die »Edelsteine« aus Glas seien.

Nach dem Diner pflegte Marie Antoinette ihre Miniaturmolkerei im Hameau aufzusuchen. Eines Tages hätte sie dort beinahe drei junge Lothringer überrascht, die gekommen waren, um Trianon zu sehen. Einer von ihnen, François Cognel, verfaßte darüber einen Bericht, dem wir ein neues und reizvolles Bild der Königin verdanken. »Als wir gerade fortgehen wollten, wurde uns gesagt, die Königin sei gekommen. Da wir keine Zeit mehr hatten, die Gartentür zu erreichen, drängte uns unser Führer rasch in den Stall. Die Königin befand sich in Begleitung einer Hofdame. Sie verabschiedete sie und kam allein auf die Molkerei zu. Sie trug ein einfaches Linonkleid, ein Schultertuch und eine Spitzenhaube. In dieser schlichten Kleidung sah sie noch majestätischer aus als in der Galarobe, in welcher wir sie in Versailles gesehen hatten. Ihre Art zu gehen ist ganz besonders: man bemerkt keinen Schritt, sie gleitet mit unvergleichlicher Grazie dahin. Wenn sie sich unbeobachtet glaubt, wie wir sie hier sahen, trug sie das Haupt noch stolzer als sonst. Unsere Königin ging ganz nah an der Stelle vorbei, wo wir uns befanden, und als sie vorüberging, hatten wir alle drei das Verlangen, das Knie vor ihr zu beugen.«

Ihre üppigen Formen hatten an der Grazie ihres Ganges nichts geändert. Aus dem Einschreibbuch ihrer Schneiderin, Madame Eloff, wissen wir, daß ihre Taillenweite damals acht- bis neunundfünfzig Zentimeter und ihr Brustumfang hundertneun Zentimeter betrug. Das letztere Maß erscheint vielleicht etwas reichlich, aber es entsprach der Mode jener Zeit.

Am Morgen pflegte sie ein Glas Milch von »ihren Kühen« zu trinken, um dann auf dem Mooslager in der kleinen Grotte hinter dem mit Buchs bestandenen Hügel ein wenig zu ruhen und, eingewiegt vom Murmeln der Quelle, die dort entsprang, zu träumen ... So war es auch am Nachmittag des 5. Oktober.

Seit einigen Tagen schien alles besser zu gehen. Die Steuern liefen freilich noch immer nicht ein, aber der König hatte Silbergeschirr im Gewicht von dreizehntausend Pfund in die Münze geschickt. Die Königin hatte ihrerseits dreihundertachtzig Schüsseln, eine Menge Leuchter und vergoldete Silberbestecke dazugegeben. Um ein persönliches Opfer auf sich zu nehmen, trennte sie sich von ihren kleinen Spiegeln, Dosen für Schönheitspflästerchen, Spucknäpfen mit Handgriff, Zahnstocherbehältern und von dem großen Silberbecken, in welchem sie sich die Füße zu waschen pflegte.

An diesem 5. Oktober, es war ein Montag, faßte Marie Antoinette neuen Mut. Erst am Tag vorher hatte sie zu einer Deputation gesagt, sie sei von dem Fest am Donnerstag entzückt gewesen. Mit dem »Fest am Donnerstag« war das Bankett gemeint, welches die Garnison von Versailles am 1. Oktober ihren Kameraden vom Regiment Flandern gegeben hatte. Das Regiment war erst kürzlich zur Verstärkung des Schutzes der königlichen Familie aus Douai gekommen, da die französischen Garden in der Nacht vom 30. auf den 31. Juli mit Waffen und Gepäck nach Paris desertiert waren. Es war zwar in Versailles eine Nationalgarde aufgestellt worden, aber von diesen als Soldaten verkleideten Krämern, die von einem Admiral, dem Grafen Estaing, kommandiert wurden, war nicht viel zu erwarten. Das Regiment Flandern zählte freilich auch nicht mehr als elfhundert Mann, doch konnte man außerdem noch mit dem Militärgendarmeriekorps des königlichen Palastes und der in Rambouillet stationierten Abteilung des Regiments Chasseurs Lorrains rechnen. Zu diesen kamen noch dreihundert Mann der Leibgarde des »Quartier de Juillet«, die man zurückgehalten, wodurch der normale Mannschaftsstand dieser Truppe sich verdoppelt hatte; sie war allerdings recht undiszipliniert und bestand sicherlich aus »glühenden Anhängern des dritten Standes«, doch hatte sie ihre Loyalität am vergangenen Donnerstag offen zu erkennen gegeben.

Marie Antoinette hatte das am 1. Oktober im Opernsaal des Schlosses stattfindende Bankett erst gar nicht besuchen wollen, gab aber dann dem Drängen einer ihrer Damen, der Frau von Tessé, nach, die sie bat, wenigstens einen Blick in den Saal zu werfen. Die zweihundertsechs Teilnehmer aßen an einem Tisch, der in Hufeisenform auf der Bühne aufgestellt war. Nach dem zweiten Gang hatte der Kapitän der ersten Gardekompagnie, der Herzog von Villeroi, die im Parterre des Zuschauerraumes zechenden Grenadiere, Reiter und Schweizer aufgefordert, mit dem Glas in der Hand auf die Bühne heraufzukommen und auf die Gesundheit des Königs, der Königin, des Dauphins und der königlichen Familie anzustoßen. So war es auch geschehen, und bei jedem Vivat hatten die Trompeten einen Tusch geschmettert. Einer der Teilnehmer soll allerdings auch »auf die Gesundheit der Nation« gemurmelt haben, doch habe niemand darauf geachtet. Als Marie Antoinette dies berichtet wurde, hatte sie gezögert – begab sich dann aber doch mit dem soeben von der Jagd heimgekehrten König und ihren beiden Kindern in die der Bühne gegenüberliegende vergitterte Loge. Die Tischgenossen hatten dem Wein und dem von dem Restaurateur Deharmes gelieferten Mahl schon tüchtig zugesprochen, und als die königliche Familie erschien, war sie mit einer stürmischen Ovation empfangen worden... Noch jetzt, fünf Tage nach dem Ereignis, vermeinte die Königin, die Akklamationen, die begeisterten Rufe zu vernehmen. Sie hatte den Dauphin einem Offizier der Schweizergarde anvertraut. Er stellte das freundlich lächelnde Kind auf den Tisch, auf welchem der Dauphin, ohne auch nur ein Glas umzustoßen, die Runde von einem Gast zum andern machte. Die Musikkapelle hatte »O Richard, ô mon Roi« von Grétry gespielt, und alle Anwesenden sangen das Lied im Chor mit:

> O Richard, ô mon Roi,
> L'univers t'abandonne
> Sur la terrasse il n'est donc que moi
> Qui m'intéresse à ta personne.

Als dann das Lied »Kann man kränken, was man liebt?« von Sedaine folgte, war der Beifall so stürmisch geworden, daß sich die königliche Familie auf die Bühne hinuntergebegen hatte. Stehend und mit gezogenem und hoch erhobenem Degen tranken die Offiziere auf die Gesundheit ihrer königlichen Gäste – ein Anblick, den Marie Antoinette niemals vergessen konnte. Sicherlich kamen ihr diese Akklamationen und Zurufe und der nachfolgende Tanz im Marmorhof etwas zu wild und übertrieben vor. Sie mag es auch mißbilligt haben, daß Estaings Adjutant Perceval auf einen Balkon kletterte und dabei schrie: »Wir wollen von nun an königliche Garde heißen.« Aber diese jungen Tollköpfe waren vom Wein erhitzt, so daß man ihnen ihre Ausschreitungen wohl nachsehen mußte.

Aber am folgenden Sonntag, am 4. Oktober, verwandelten die Pariser Zeitungsschreiber – Leute wie Marat, Desmoulins oder Loustalot, von denen man ja nichts anderes erwarten konnte – dieses fröhliche Fest in eine Orgie. Sie wagten zu schreiben, daß die Teilnehmer, vor Trunkenheit taumelnd, die dreifarbige Kokarde in den Staub getreten hätten. Die Königin hatte nichts dergleichen bemerkt. Vielleicht hatten einige junge Leute der Versailler Nationalgarde ihre dreifarbige Kokarde verkehrt angesteckt und sie dadurch in die weiße umgewandelt, die von den Regimentern Flandern und Chasseurs Lorrains getragen wurde. Vielleicht hatten sie sogar weiße Kokarden entgegengenommen, die man an sie verteilte. Auch mögen einige vom Alkohol benebelte junge Leute in vorgerückter Stunde unter den Fenstern der Königin »Nieder mit der Nationalversammlung!« gerufen haben. Dies wurde behauptet, aber Marie Antoinette hatte nichts gehört. Im übrigen wurden diese phantasievollen Einzelheiten von Leuten verbreitet, welche, wie der Generalleutnant Lecointre der Nationalgarde des Stadtviertels Notre-Dame, zu dem Bankett gar nicht eingeladen waren. Die Anwesenden wußten nichts davon, oder sie leugneten es ab.

Am 3. Oktober, am Sonnabend, wurden dann die übriggebliebenen Speisen und gegen vierhundert Flaschen Wein in der Reitschule der Garden vertilgt. Auch bei dieser Gelegenheit wurden Vivatrufe auf den König und die Königin ausgebracht. Doch wurde diesmal weder die Nation noch die Nationalversammlung vergessen, da man sie ebenfalls hochleben ließ.

Marie Antoinette glaubte, daß sich nun alles beruhigen würde ... »Sowie ein Augenblick der Ruhe oder der scheinbaren Sicherheit eintrat, gab sie sich sogleich wieder allen ihren Illusionen hin«, sagte ein Zeitgenosse. So war es auch an diesem 5. Oktober. Sie ahnte nicht, daß die Erregung in Paris seit jener »Orgie am Donnerstag« auf den Siedepunkt gestiegen war. In Paris gab es kein Brot, während man in Versailles, wie in den Zeitungen zu lesen stand, Mehlvorräte hamsterte und überdies noch wagte, die Nation zu beschimpfen. In den Gassen schrie das Volk, »es sei Zeit, der Königin den Hals abzuschneiden«.

Aber wie fern war sie doch in Trianon von allen diesen Dingen!

Verträumt blickte die Königin aus der Grotte hinaus auf ihren Garten, wo sich die Bäume schon herbstlich verfärbten ... Der Himmel hatte sich verdüstert, bald würde es regnen, es wurde Zeit, nach Versailles zurückzukehren. Da sah sie auf dem Weg einen Pagen, der hastig auf die Grotte zueilte ... Im nächsten Augenblick stand er vor ihr: »Ich komme von Herrn von Saint-Priest«, keuchte er, »Paris marschiert nach Versailles.«

## XII

## MARIE ANTOINETTES EINTRITT IN DIE GESCHICHTE

Es regnete in Strömen, als sich die erste Horde von sechstausend Weibern auf den Weg nach Versailles machte. An der Spitze des Zuges rollten vier Kanonen, marschierten zehn Trommler und, allen voran, Maillard, der Eroberer der Bastille.

Die kotbespritzten, durchnäßten Weiber riefen den Gaffern am Wegrand zu: »Seht her, wie wir aussehen – aber das Luder wird es uns teuer bezahlen.« Bewaffnet waren die Megären mit Besenstielen, Mistgabeln, Degen, Bratspießen und alten Pistolen, mit langen Küchenmessern, die sie an den Meilensteinen wetzten. »Ah, wenn ich ihr nur den Bauch mit diesem Messer aufschlitzen könnte, um ihr das Herz aus dem Leib zu reißen!« »Wir alle wollen ein Stück dieser Marie Antoinette nach Hause bringen!« »Ich will einen Schenkel!« »Und ich ihre Eingeweide!«

»Indem sie sich solche Dinge zuriefen«, berichtete ein Augenzeuge, der Advokat Antoine Périn, »hielten sie ihre ausgebreiteten Schürzen vor sich hin, als hätten sie schon darin, was sie sich wünschten, und begannen in dieser Pose zu tanzen.« Der Advokat übermittelte uns noch andere gegen Frau von Polignac und Marie Antoinette gerichtete Bemerkungen und Gesten von unglaublicher Gemeinheit.

Da und dort waren auch ein paar Gewehre zu sehen, doch wurden sie von Männern getragen, die sich als Frauen verkleidet hatten. Die verkleideten Männer sind keine Legende. Es gibt für diese beiden Oktobertage dreihundertundneunzig Aussagen, die alle in diesem einen Punkt übereinstimmen. Der Grund für eine solche Maskerade wird uns von einem Zeitgenossen angegeben: »Man entschloß sich nur schwer, gegen Frauen mit Waffengewalt vorzugehen.« Darum mußten sich die Männer, die mitziehen wollten, entweder am Ende des Zuges anschließen oder sich als Frauen verkleiden. Aber sie schrien nicht weniger laut als die Weiber: »Wir wollen die Königin haben, tot oder lebendig!« Und die Frauen antworteten: »Kümmert ihr euch um den König! Die Königin ist unsere Sache.« – »Wir werden ihr den Hals abschneiden und Kokarden aus ihren Gedärmen drehen!«

Um halb vier erreichte die Spitze dieses fürchterlichen, lärmenden Pöbelhaufens Versailles. Am Beginn der Avenue de Paris wurden ein paar Frauen von einer kleinen Reiterschar beinahe niedergeritten: der König, den man von dem Marsch der Pariser verständigt hatte, kehrte in aller Eile von der Jagd zurück. Sogleich nach seiner Ankunft im Schloß wurde Generalalarm gegeben, die Sturmglocke begann zu läuten, die Gittertore wurden, zum erstenmal seit der Zeit des Sonnenkönigs, geschlossen. Auf der Place d'Armes traten die Leibgarden, das Regiment Flandern und zweihundert Mann der Nationalgarde von

Versailles ins Gewehr. Sie hatten aber nicht eine einzige Patrone erhalten. Hinter diesem Wall von Truppen befand sich das Schloß in höchster Verwirrung. Was sollte man tun? Der König beratschlagte bei der Königin, als der Kapitän der Garden eintrat und Befehle verlangte. »Ach was«, sagte Marie Antoinette, »wegen der paar Weiber! Machen Sie sich nicht lächerlich.« Aber Saint-Priest erkannte die Situation besser und entwickelte seinen Plan: »Ich verwies darauf, wie gefährlich es wäre, diese Volksmenge in Versailles zu erwarten, und schlug die in dieser Lage zu ergreifenden Maßnahmen vor. Sie bestanden darin, die Seinebrücken von Sèvres und Saint-Cloud durch je ein Bataillon des Regiments Flandern und die Brücke von Neuilly durch die Schweizergarden zu sichern; der König solle die Königin und die königliche Familie nach Rambouillet senden, wo sich das Regiment Chasseurs Lorrains befand, während Seine Majestät selbst mit den zweihundert Chasseuren der Bistümer und seinen achthundert Leibgarden den Parisern entgegenreiten sollte. Jenseits der Brücke von Sèvres würde der König an der Spitze dieser tausend Reiter der Pariser Truppe befehlen, zurückzumarschieren und, falls sie nicht gehorchte, einige Kavallerieattacken reiten lassen, um sie nach Möglichkeit zu zerstreuen. Sollte das nicht gelingen, so hätte der König noch Zeit, an der Spitze seiner Truppen nach Versailles zurückzukehren und dann nach Rambouillet zu marschieren.«

Der Plan bestach Ludwig XVI., aber Marie Antoinette wollte sich nicht von ihrem Gatten trennen. »Ich wünsche nicht, daß sich der König einer Gefahr aussetzt, die ich nicht mit ihm teilen kann.«

Während die Stunden im Schloß in zauderndem Abwarten und Entschlußlosigkeit nutzlos verstrichen, überschwemmten die kotbespritzten Fischweiber die Gassen von Versailles, und einige drangen, mit Maillard an der Spitze, in die Nationalversammlung ein. »Das Volk hungert«, schrie der Eroberer der Bastille, »es ist verzweifelt, es wird sich zu Ausschreitungen hinreißen lassen. Wir verlangen, Häuser von Leuten durchsuchen zu dürfen, die im Verdacht stehen, Mehl zu verstecken. Es liegt bei der Nationalversammlung, Blutvergießen zu verhüten. Aber in der Versammlung sitzen Volksfeinde, die an der Hungersnot schuld sind. Diese Leute geben den Müllern Silbergeld und Kassenscheine, damit sie das Mahlen unterlassen.« »Die Namen, die Namen! Nennen Sie die Namen!« wurde ihm von allen Bänken zugerufen. »Der Erzbischof von Paris«, erklärte Maillard in vollem Ernst, »hat einem Müller zu diesem Zweck zweihundert Livres gegeben.« Die Rechte brach in Entrüstungsrufe aus, aber Robespierre bestätigte diese absurde Behauptung, was eine seiner ersten Interventionen war. Ein unbeschreiblicher Tumult brach los. Die Weiber heulten: »Brot, Brot, Brot!«, stiegen über die Bänke, küßten den Präsidenten, den Bischof von Langres, zogen ihre Röcke aus, um sie zu trocknen, verhöhnten die Deputierten, und bald »ging es im Heiligtum der Vertreter des ersten Volkes der Welt höchst indezent zu«.

Einen »geschliffenen Dolch« in der Hand, trat eine der Megären zu dem Gerichtspräsidenten des Parlaments der Normandie, Thomas de Frondeville, und fragte ihn flüsternd, ob die Appartements der Königin wirklich so gut bewacht seien, wie man behaupte, und ob es nicht doch eine Möglichkeit gebe, dort einzudringen. Eine andere schwenkte ein Stück schwarzes Brot in der Hand und schrie, sie wolle es der »Österreicherin« in den Rachen stopfen, bevor sie ihr den Hals umdreht. Andere Weiber belästigten unausgesetzt die noch immer auf der Place d'Armes stehenden Truppen oder »boten den Berittenen an, vor ihren Augen die Röcke in die Höh zu heben«. Immer wieder schrien die Weiber: »Ah, dieses Luder, wir würden sie zerreißen, wenn wir sie in den Fäusten hätten.«

Dichter Nebel senkte sich mit der Dämmerung über die Stadt Versailles. Drüben im Schloß, hinter den Reihen der vom Regen triefenden Dragoner, blinkten in einigen Fenstern die ersten Lichter auf. Der König empfing soeben eine von Deputierten geführte Abordnung von fünf Pariser Frauen. Eine von diesen, die zwanzigjährige »Arbeiterin« Louison Chabry, fiel, als sie sich dem König gegenübersah, vor Aufregung in Ohnmacht, und Ludwig XVI. hielt ihr höchst persönlich »scharfe Essenzen« unter die Nase, damit sie sich erhole. Während er »gütig« mit der Abordnung sprach, hallten die Wutschreie der Viragos bis in das Oeuil-de-Boeuf herauf. »Wir werden den Kopf der Königin auf einer Pike nach Hause tragen!« Der König seufzte und fragte Louison: »Sie sind doch nicht gekommen, um meiner Frau Böses zu tun?«

Ein Adjutant Lafayettes hatte indessen schlechte Nachrichten gebracht. Der Kommandant der Pariser Nationalgarde sei mit dreißigtausend Mann, darunter die ehemalige französische Leibgarde, im Anmarsch auf Versailles. Sofort empfahl Saint-Priest dringend den allgemeinen Rückzug nach Rambouillet oder selbst in die Normandie. Der König wollte keine Entscheidung treffen, ohne Marie Antoinettes Ansicht zu kennen. Sie war einverstanden, da es sich nun nicht mehr darum handelte, sich vom König zu trennen. Sie stürzte in das Zimmer ihrer Kinder und rief den Gouvernanten zu: »Wir reisen in einer Viertelstunde, packen Sie, beeilen Sie sich!«

Aber es war zu spät! Was um vier Uhr möglich gewesen wäre, ließ sich um acht Uhr nicht mehr nachholen. Die aufgeregte Menge verhinderte die Karossen an der Ausfahrt aus dem Marstall. Es hätte Gewalt angewendet werden müssen, aber der König weigerte sich. »Gehen Sie zu den Damen und sagen Sie ihnen, daß sich alles geändert hat – wir bleiben hier«, sagte Marie Antoinette resigniert zu einem Diener.

Der Hof war über diese Entscheidung tief bestürzt, mit Ausnahme Marie Antoinettes, die sich bemühte, ihre Umgebung zu beruhigen. In der Nacht vom 5. zum 6. Oktober bewahrte sie in bewundernswerter Weise ihre Ruhe und Selbstbeherrschung. In dieser Nacht trat die Königin in die Weltgeschichte ein.

»Ihre Haltung«, berichtete ein Augenzeuge, »war vornehm und würdig, ihre Miene ruhig. Obwohl sie sich keiner Täuschung darüber hingeben konnte, was sie zu befürchten hatte, vermochte niemand auch nur das geringste Zeichen von Besorgnis an ihr wahrzunehmen. Sie beruhigte einen jeden, dachte an alles und kümmerte sich weit mehr um jene, die ihr teuer waren, als um ihre eigene Person. An diesem Abend des 5. Oktober empfing sie zahlreiche Leute in ihrem großen Salon; sie sprach zu allen, die sich ihr näherten, mit Seelenstärke und Würde und übertrug ihre Zuversicht auf jene, die ihre Furcht nicht zu verbergen vermochten.«

»Ich weiß, daß die Leute aus Paris gekommen sind, um meinen Kopf zu fordern, ich habe aber von meiner Mutter gelernt, den Tod nicht zu fürchten; ich sehe ihm mit Ruhe entgegen.«

An diesem Abend scheint sie sich ihrer furchtbaren Verantwortung zum erstenmal bewußt geworden zu sein. Ein paar Edelleute, eine Handvoll Offiziere, darunter Fersen, waren noch um sie. Sie baten sie um die Ermächtigung, sich Pferde aus den Ställen zu holen, um die königliche Familie zu verteidigen, falls diese angegriffen würde. »Ich bin bereit, Ihnen die gewünschte Order zu geben«, erwiderte Marie Antoinette, »aber nur unter einer Bedingung: daß Sie von ihr sofort Gebrauch machen, wenn das Leben des Königs in Gefahr schwebt. Hingegen werden Sie sie nicht benützen, wenn ich bedroht bin.«

Indessen erteilte Ludwig XVI. auf den dringenden Rat des Deputierten Mounier der »Deklaration der Menschenrechte« mit Tränen in den Augen seine Zustimmung. Weinend befahl er den Leibgarden und dem Regiment Flandern, ihre Posten zu verlassen und im Park, beziehungsweise im Hof des kleinen Marstalls zu biwakieren. Da er von diesen Truppen nicht mehr verteidigt werden wollte, hätte es keinen Sinn gehabt, sie aufzuopfern.

»Bis auf die Knochen durchnäßt, im Schlamme watend, im Straßenkot strauchelnd« traf die Pariser Armee eine halbe Stunde nach Mitternacht ein. Lafayette ließ seine Mannschaften auf der Place d'Armes und begab sich ins Schloß. »Sire«, sagte er mit einer theatralischen Armbewegung, »ich bringe Ihnen meinen Kopf, um den Kopf Eurer Majestät zu retten. Wenn mein Blut fließen soll, dann lieber im Dienst meines Königs als beim schmachvollen Fackelschein auf dem Richtplatz.« »Sie wissen sicherlich, Herr von Lafayette«, erwiderte Ludwig XVI., »wie sehr es mich immer freut, Sie und meine braven Pariser Garden zu sehen. Bitte, teilen Sie ihnen das mit.« Danach bat Lafayette den König in uns nicht überlieferten Worten, er möge gestatten, daß die ehemalige französische Garde die Posten, von denen sie vor einem Monat desertiert war, wieder übernehme und ihr der Schutz des Schlosses anvertraut werde. Ludwig XVI. war, wodurch er sich zum zweitenmal an diesem Abend demütigte, einverstanden und »verließ sich«, nach einem Ausspruch Rivarols, »in allem auf einen General, der sich selbst auf nichts verlassen konnte«.

Inzwischen war es zwei Uhr nachts geworden. »Gehen Sie zur Königin«, befahl der König seinem Kammerdiener, »und sagen Sie ihr, sie möge schlafen gehen; ich werde dasselbe tun.« Marie Antoinette entließ ihre Dienerschaft, lehnte das Anerbieten einiger Edelleute, die Nacht zu ihrem Schutz vor ihrer Zimmertür zu verbringen, ab und legte sich zu Bett. Aus dem Hof dröhnte Trommelwirbel herauf: es war die Wachtparade der Nationalgarde von Versailles, die von den französischen Garden abgelöst wurde. Hufschlag hallte aus der Ferne und verklang in der Herbstnacht: die Leibgarde zog sich nach Rambouillet zurück, indes die Schweizergarde nach Rueil in ihre Kasernen abmarschierte. Nur eine Handvoll Leibgardisten bewachte die inneren Zugänge des Schlosses. Die französischen Garden besetzten ihre Posten, die Gitter und die Ausgänge in den Park, sie ließen aber, nach ihren alten Instruktionen, alle Tore offen, um die Ablösung der Schildwachen zu erleichtern.

Die Königin schlief ein... Lafayette hatte sich in das kaum hundert Schritte entfernte Palais Noailles zurückgezogen, streckte sich aufs Bett und versank in Schlaf... »Ich habe kein Mißtrauen gehabt«, sagte der leichtsinnige Held später zu seiner Rechtfertigung, »das Volk hatte mir doch versprochen, sich ruhig zu verhalten.«

Der Morgen des 6. Oktober dämmerte schon herauf. Die Spieluhr im Zimmer der Königin ließ silbern das Liedchen »Il pleut, bergère« erklingen: es war sechs Uhr. In diesem Augenblick hörte Marie Antoinette unter ihren Fenstern ein Geräusch. Sie läutete. Ihre erste Kammerfrau Marie Elisabeth Nolle sagte ihr, es seien »Frauen aus Paris, die kein Nachtquartier gefunden hätten und auf der Terrasse spazierengingen«. Beruhigt schlummerte Marie Antoinette wieder ein. Eine Viertelstunde später wurde sie jäh aus dem Schlaf geschreckt. Zwei ihrer Kammerfrauen, Madame Thiébaut und Madame Augié, waren in ihr Zimmer gestürzt: die Menge sei ins Schloß gedrungen, Gardisten seien getötet worden. Schon war der Tumult des Volkes, das den Eingang in die Räume der Königin suchte, in nächster Nähe zu hören.

Marie Antoinette zog hastig Strümpfe und einen Rock an und flüchtete mit ihren Kammerfrauen durch den schmalen Korridor, dessen Tapetentür sich neben ihrem Bett befand. Aber die Tür zum Oeil-de-Boeuf war versperrt! Inzwischen waren die Rebellen schon in ihr Zimmer eingedrungen, wo sie wie die Vandalen hausten. Minutenlang mußte sie warten, bis ein Diener auf der anderen Seite ihr Klopfen hörte und die Türe aufschloß. Schluchzend und mit dem Ruf: »Meine Freunde, meine teuren Freunde, rettet mich!« lief sie durch den Raum zu den Gemächern Ludwigs XVI. Erst im ehemaligen Speisesaal wurde sie ruhiger. Doch der König war nicht da. Er war ihr durch den schmalen Gang zu Hilfe geeilt. Als er von einem Gardisten hörte, sie sei in Sicherheit, holte er den Dauphin, indes Marie Antoinette zum Zimmer ihrer Tochter stürzte. Fünf Minuten später waren alle vier im

Zimmer des Königs vereinigt. Die Angreifer versuchten, die Tür zum Oeil-de-Boeuf mit Äxten einzuschlagen – aber plötzlich wurde es still. Was war geschehen? Die französischen Garden hatten die Gewehre geladen und drängten die Eindringlinge aus dem Schloß.

Im Marmorhof jedoch und im Königshof stand Kopf an Kopf eine dichtgedrängte Menge. »Ein Haufen fast nackter Weiber«, berichtete ein Augenzeuge, »und mit Piken bewaffneter Männer drohten mit fürchterlichem Geschrei zu den Fenstern hinauf.« Marie Antoinette blickte hinunter. »Da ist sie ja, die verdammte H . . .« – »Wir werden ihren Kopf auf einer Pike nach Paris tragen!« Ein rothaariges Weib hob eine Sichel hoch: »Damit werde ich ihn dir abschlagen!« Ein Ruf aber kehrte immer wieder: »Es lebe der Herzog von Orléans!«

Der spätere Egalité kam erst nach Versailles, als alles zu Ende und die Gefahr vorüber war. Er hatte alles, was hier geschah, gewollt, geplant und organisiert. Manche Leute behaupteten sogar, sie hätten ihn gesehen, wie er den Angreifern auf der Marmortreppe den Weg zu den Gemächern der Königin gewiesen habe. Aber zu dieser Stunde befand er sich noch im Palais Royal in Paris.

Marie Antoinette entfernte sich nicht vom Fenster. Madame Elisabeth stand neben ihr, die kleine Madame Royale vor ihr und der Dauphin auf einem Sessel. Er blickte hinunter und verstand nicht, was dort vorging. »Mama, ich habe Hunger.« Die Königin küßte ihn mit Tränen in den Augen: »Hab ein wenig Geduld.«

Aus dem Hof wurde heraufgeschrien: »Heraus mit dem König auf den Balkon!« Lafayette, der seinen entwaffnenden Optimismus nicht verlor, zog Ludwig XVI. in eine Fensternische. »Nach Paris! Nach Paris!« heulte die Menge, als sie ihn erblickte. Es half nichts, daß Lafayette die Leute unablässig beschwor, sich doch endlich zurückzuziehen – niemand rührte sich vom Fleck. Plötzlich ertönte der Ruf: »Die Königin soll auf dem Balkon erscheinen!« Ihre Umgebung flehte sie erblassend an, sich dieser Gefahr nicht auszusetzen. Aber die Tochter Maria Theresias blickte hinunter auf die wimmelnde Menge, die ihre Waffen schwang, und sagte ruhig: »Ich werde mich ihnen zeigen.« Als sie mit ihren beiden schluchzenden Kindern an der Hand auf den Balkon trat, wurde geschrien: »Keine Kinder! Die Königin allein!« Mit einer Armbewegung schob sie die Kinder in das Zimmer zurück und stand allein auf dem Balkon. Die Blicke von tausend Augen hefteten sich auf sie: ihr Haar war unfrisiert, die Hände hielt sie gekreuzt über ihrer weiß und gelb gestreiften Jacke. »Schieß!« wurde gerufen, »schieß auf sie!« Da verbeugte sich die Königin mit einer grüßenden Gebärde. Diese Unerschrockenheit löste ungeheuren Jubel aus. Der Ruf: »Es lebe die Königin!« brauste dröhnend über den weiten Platz.

Die Herrscherin trat ins Zimmer zurück und bedeckte ihre Kinder mit Küssen und Tränen. Aber der Ruf: »Nach Paris! Nach Paris! Nach Paris!« gellte wieder auf, schwoll an und wurde so drohend, daß man ihn nicht mehr ignorieren konnte. Zum zehntenmal trat Ludwig XVI.

mit Lafayette auf den Balkon und rief, nachdem er sich mit Mühe Ruhe verschafft hatte: »Meine Freunde, ich bin bereit, mit Frau und Kindern nach Paris zu gehen. Das Teuerste, was ich habe, vertraue ich der Liebe meiner braven und treuen Untertanen an.« In den aufbrausenden Beifall knatterten Gewehrschüsse, selbst dumpfer Kanonendonner war zu hören.

»Majestät«, fragte Lafayette die Königin, »was beabsichtigen Sie zu tun?« »Ich kenne das Schicksal, das mich erwartet, aber es ist meine Pflicht, zu Füßen des Königs und in den Armen meiner Kinder zu sterben.« »Eh bien, Madame, kommen Sie mit mir.« Er führte sie auf den Balkon hinaus, aber das losbrechende Geheul machte es ihm unmöglich, das zu sagen, was er sich vorgenommen hatte. Da verbeugte er sich ritterlich vor der Königin und küßte ihr die Hand. Die Menge begann zu applaudieren und schrie: »Es lebe der General, es lebe die Königin!« Dann hielt Lafayette eine seltsame Ansprache an den versammelten Pöbel: »Die Königin ist betrogen worden. Sie gelobt, sich künftighin nicht mehr irreführen zu lassen, ihr Volk zu lieben und ihm anzugehören wie Jesus Christus seiner Kirche.« Durch einen Schleier von Tränen – von Tränen der Scham – blickte Marie Antoinette auf die Menge, die ihr nun nicht enden wollende Ovationen darbrachte.

Um ein Uhr fünfundzwanzig verließ der Wagenzug des gestürzten Königtums Versailles für alle Zeiten. Die Fahrt nach Paris war die erste Etappe auf dem Weg zum Schafott.

Da der große Saal der Garden mit Blut besudelt war, benützte die königliche Familie eine Nebentreppe und stieg mit dem Grafen und der Gräfin von Provence und mit Frau von Tourzel in den Wagen. Nach einer halben Stunde setzte sich der Zug endlich in Bewegung. Die blutigen Köpfe der beiden Leibgardisten, die der Pöbel beim Sturm auf das Schloß ermordet hatte, wurden dem Zug auf Piken vorangetragen.

Die Luft war mild, der Himmel blau; es war ein strahlender Herbsttag.

Hinter einem regellosen Haufen verwilderter Soldaten, der mehr einer »tragischen Maskerade« als einer Truppe glich, und einer Kohorte »betrunkener Weiber, die rittlings auf Kanonen saßen«, folgte die königliche Karosse. Marie Antoinettes Antlitz verriet »ihren tiefen Kummer«, und der König bedeckte die Augen immer wieder mit dem Taschentuch, »um seine Tränen zu verbergen«. Zügellose Weiber umtanzten schreiend und kreischend den Wagen: »Wir bringen sie zurück, den Bäcker, die Bäckerin und den kleinen Bäckerbuben. Sie werden uns Brot geben, oder sie werden etwas erleben!« Auch manche Offiziere Lafayettes erlaubten sich, nach einem Augenzeugen, »wenig passende« Bemerkungen: »Marie Antoinette hat zu ihrem Vergnügen getanzt, jetzt werden wir sie zu unserem Vergnügen tanzen lassen.« Dem königlichen Wagen folgten die entwaffneten Garden und ein endloser Zug von Hofkarossen. In einer dieser Karossen befand sich Fersen.

Die Fahrt dauerte volle sechs Stunden ... An der Zollschranke von Chaillot wagte Bailly, der dem Vorsteher der Kaufmannsgilde Caumartin als Bürgermeister gefolgt war, zum König zu sagen: »Welch schöner Tag, Sire, da die Pariser Eure Majestät und die königliche Familie in ihrer Stadt besitzen dürfen.«

Aber der »schöne Tag« war noch nicht zu Ende. Bailly geleitete seine Gefangenen zum Rathaus. »Da die Nationalgarde«, berichtete uns Dom Leclercq, »nicht genügte, um auf dem ganzen Weg Spalier zu bilden, hatte man ein Bataillon aus Franziskanern, Rekollekten, Kapuzinern etc. gebildet, das Bataillon der Bettelmönche, das ein Artilleriehauptmann namens Corbeau mit aller Sachkenntnis kommandierte. Eine dreifarbige plumpe Quaste statt der Kokarde auf der Brust und den blanken Säbel über die Schulter gehängt, spielten sich die ehrwürdigen Ordensbrüder als martialische Krieger hinter ihrem Führer auf, der mit der Miene eines Siegers in seiner Ordonnanzuniform paradierte. Als Ludwig XVI. an dieser Gruppe vorbeikam, die ihr bestes tat, um ihm die Ehrenbezeigung zu leisten und seine Aufmerksamkeit zu erregen, wendete er sich ab und wischte sich verstohlen die Tränen aus den Augen.«

Auf dem Rathaus akklamierte eine dichtgedrängte Menge das Königspaar. Diesmal waren es keine Fischweiber und kein Pöbel, sondern schlichte kleine Leute, die glücklich waren, »Es lebe der König, die Königin, der Dauphin und wir alle!« rufen zu können. Sie weinten Freudentränen, sie umarmten und küßten sich ... Die Revolution war zu Ende!

Fersen hatte sich in die Tuilerien begeben, um Marie Antoinette zu erwarten, aber Saint-Priest ersuchte ihn, sich wieder zu entfernen: »da seine Beziehung zu der Königin bekannt sei«, könnte seine bloße Anwesenheit genügen, um Marie Antoinette zu gefährden. Fersen gehorchte und zog sich wieder zurück.

Gegen zehn Uhr traf die königliche Familie endlich in den Tuilerien ein, wo sich der Hof seit der Minderjährigkeit Ludwigs XV. nicht mehr aufgehalten hatte. Das Schloß war kaum noch möbliert. Seit Mittag vertrieb man daraus eine Menge Leute, die sich aus eigener Machtvollkommenheit einquartiert hatten. Es war eine richtige Rumpelkammer, in welcher sich der Hof einzurichten suchte, so gut es eben ging.

Die Zimmertür des kleinen Dauphin ließ sich nicht verschließen, und Frau von Tourzel, die nicht wagte, sich niederzulegen, wachte die ganze Nacht am Bett des Kindes.

Am Morgen schimmerte ein leichter Hoffnungsstrahl. Eine freundlich gesinnte große Volksmenge hatte sich angesammelt und brachte dem König, dem Dauphin und selbst der Königin nicht endende Ovationen dar. Marie Antoinette zeigte sich am Fenster und versicherte, »sie liebe die Einwohner ihrer guten Stadt Paris«. »Ja, sicherlich«, ließ sich eine

Stimme vernehmen, »aber am 14. Juli wollten Sie die Stadt belagern und bombardieren lassen, und am 5. Oktober über die Grenze fliehen!« Aber dieser Vorwurf war nicht ernst gemeint und wurde unter fröhlichem Gelächter wie ein Scherz beklatscht.

»Wir dürften über die Haltung des Volkes besonders heute morgen recht zufrieden sein, wenn wir vergessen könnten, wo wir uns befinden und auf welche Weise wir hierhergekommen sind«, schrieb Marie Antoinette an Mercy, dem nahegelegt worden war, sich nicht zuviel zu zeigen. »Ich hoffe, daß vieles in Ordnung kommen wird, wenn es an Brot nicht mangelt. Ich spreche mit dem Volk: mit der Miliz, mit Marktweibern, alle reichen mir die Hand, und ich gebe ihnen meine ... Niemals wird man glauben können, was sich in den letzten vierundzwanzig Stunden zugetragen hat. Nichts, was man sagt, wird übertrieben sein, im Gegenteil, weit unter dem, was wir erleiden mußten.«

»Aller Haß muß ein Ende finden«, hatte sie an diesem Morgen zu den Marktweibern gesagt. Aber aus ihrem eigenen Herzen konnte sie ihn trotz ihres guten Willens nicht verdrängen. Ja, sie empfand ein wenig Verachtung für ihren Gatten, der, schlenkernd und ohne Haltung, »gute Miene zum bösen Spiel machte«. Die Tochter Maria Theresias war nie imstande, das furchtbare Erwachen am 6. Oktober und die ihr zugefügten Demütigungen zu vergessen. Sie behauptete zwar, »sie habe alles gewußt, gesehen und dann vergessen«, aber die Erinnerung an die beiden Köpfe, die als bluttriefende Trophäen auf Piken vor ihrer Karosse getragen worden waren, schwand niemals aus ihrem Gedächtnis. Das wilde Geschrei des Pöbels, der sie aus ihrem Palast verschleppt hatte, tönte unablässig in ihren Ohren nach. Wie ihr Sohn, vermochte auch sie »das Wort Verzeihung nur unter Tränen und mit unendlichen Qualen« auszusprechen. Ja, mehr als das: sie sprach es niemals mit aufrichtigem Herzen aus, wie Lafayette sehr richtig erkannte: »Sie besitzt alles, um die Herzen der Pariser zu gewinnen, sie entfremdet sie sich aber zumeist durch ihren ablehnenden Stolz und ihre Verstimmung.«

Man wird ihr freilich aus ihrer Einstellung keinen Vorwurf mehr machen, wenn man einmal in der Nationalbibliothek Einblick in die ekelhaften, mit abscheulichen Illustrationen »geschmückten« Pamphlete genommen hat, die von 1788 bis 1793 gegen sie verfaßt worden sind. Die Königin kannte sicherlich nur einen geringen Teil dieser Sammlung von Schmutz und Obszönität, aber dieser Bruchteil mochte genügen, um ihre »makellose Seele« ebenso tief zu verletzen wie das Geheul des Pöbels, der ihren Kopf verlangte. »Die Verleumdung ist die tödlichste Waffe«, sagte sie oft zu Madame Campan, »mit der man auch mich umbringen wird.« Ihr ganzes Sinnen richtete sich nur noch auf eines: »Größe und Haltung in der Gefahr zu zeigen, statt sie vielleicht noch abzuwenden«, wie Lafayette später sagte.

Das Pariser Parlament wurde von ihr in den Tuilerien empfangen.

»Sie bewahrte trotz ihres Kummers ihr sicheres Benehmen, das aber ihre Entrüstung durchblicken ließ. Ihren Sohn hielt sie auf dem Schoß, und man konnte sich des Eindrucks nicht erwehren, daß sie ihn, trotz der Beweise ihres heroischen Mutes, die sie so oft erbracht, als einen Schutz betrachtete, unter den sie sich stellte.«

Ihre beiden Kinder, denen sie die Kosenamen Mousseline und Chou d'amour gegeben hatte, waren jetzt ihre einzige Freude. »Wir bewohnen zu dritt das gleiche Zimmer«, schrieb sie an Frau von Polignac. »Sie befinden sich fast immer bei mir und sind mein einziger Trost. Wenn ich überhaupt noch glücklich sein könnte, dann wäre ich es durch diese kleinen Wesen. Chou d'amour ist reizend, und ich liebe ihn wahnsinnig. Auch er liebt mich sehr, auf seine Art ... Er ist gesund, entwickelt sich prächtig und ist nicht mehr zornig. Er geht täglich spazieren, was ihm sehr gut tut.«

Aber auch Fersen brachte ihr Trost. Aus einem seiner Briefe, die er Ende 1789 an seine Schwester schrieb, wissen wir, daß er einen ganzen Tag »mit ihr« verbringen durfte. Er fügte hinzu: »Sie werden sich meine Freude vorstellen können!« Während des ganzen Frühlings 1790 konnte er Marie Antoinette unbehindert besuchen. »Die arme Frau«, klagte er, »sie ist ein Engel in ihrer Haltung, ihrem Mut und ihrer Empfindsamkeit. Nie habe ich mehr geliebt.« Und einige Tage später schrieb er noch: »Sie ist sehr unglücklich, aber auch sehr mutig. Ich suche sie zu trösten, so gut ich nur kann. Ich bin es ihr schuldig, sie ist so unendlich gütig zu mir.«

Es scheint, daß Marie Antoinette ohne die ihr so teure Gegenwart Fersens ihre Last nicht hätte tragen können, denn an dem König fand sie keinen Halt. Wenn er mit ihr sprach, »zeigte sich zwar in seinem Blick und Verhalten eine Ergebenheit, wie selbst die geliebteste Freundin sie nur selten zu wecken vermag«. Sicherlich holte er auch weiterhin ihren Rat ein und fragte sie um ihre Ansicht; aber der arme Mann, der das Opfer seiner ewigen Unentschlossenheit war, vermochte ihr weder zu helfen noch ihr eine Stütze zu sein. Die Ereignisse waren ihm völlig über den Kopf gewachsen. »Wenn man ihm über die Staatsgeschäfte Bericht erstattet«, sagte einer seiner Minister, »hat man den Eindruck, als spräche man zu ihm über Dinge, die den Kaiser von China betreffen.« Und nun beging er einen kapitalen Fehler: er ließ zu, daß der »Moniteur« das berüchtigte »Rote Buch« veröffentlichte, in welchem die Ausgaben des Hofes verzeichnet waren. Natürlich wurde nur der Verschwendung der Königin für ihre Favoriten Beachtung geschenkt. Bis ins kleinste Dorf Frankreichs wußten die Leute jetzt, welche Beträge die Familie Polignac und die anderen Freunde Marie Antoinettes erhalten hatten. Zu Beginn der Königsdämmerung lehnte sie entschieden ab, sich noch um irgend etwas zu kümmern. »Ich menge mich in nichts mehr ein«, erklärte sie gereizt.

»Das Staatsschiff treibt im Sturm«, sagte Mirabeau, »und niemand steht am Steuer.« Allmählich ließ sich Marie Antoinette von Mercy überreden, ihren Entschluß zu ändern, und Mirabeau rief aus: »Der König hat in seiner Umgebung nur einen Mann, und der ist seine Frau!« Gerade an Mirabeau aber dachte Graf Mercy. Er war der einzige, der imstande war, den Gang der Revolution noch aufzuhalten. Auf Mercys Bitte übernahm es La Marck, Marie Antoinette davon zu überzeugen. Die Aufgabe war nicht leicht, da die Königin ein gutes Gedächtnis hatte. »Ich hoffe«, sagte sie, »wir werden nie so unglücklich sein, um zu dieser letzten Peinlichkeit greifen zu müssen, bei einem Mirabeau Hilfe zu suchen.« Als dieser Ausspruch Mirabeau hinterbracht wurde, prophezeite er: »Der König und die Königin werden zugrunde gehn, und der Pöbel wird ihre Leichen schänden.«

Marie Antoinette fühlte, daß er recht hatte, und gab nach: Mercy und La Marck mögen versuchen, Mirabeau zu gewinnen. Das bereitete ihnen keine Schwierigkeiten. Der plebejische Graf war schon ernüchtert und warf das Steuerruder nach rechts herum; er nahm das Angebot des Hofes an. »Er ist ein Verräter nur im Sinn seiner Überzeugungen«, sagte Lafayette, der mitunter geistreich war. Im übrigen ließ sich Mirabeau seinen »Verrat« nicht schlecht bezahlen: sechstausend Livres monatlich – heute eine Million zweihunderttausend Francs –, zweihundertachttausend Livres zur Abdeckung seiner Schulden und eine Million als »Prämie«, zahlbar an dem Tag, an welchem die Nationalversammlung geschlossen würde. Am 10. Mai schrieb er an Ludwig XVI.: »Ich verpflichte mich, dem König mit Loyalität, Eifer, Aktivität, Energie und einem Mut zu dienen, von dem man sich vielleicht keine Vorstellung machen kann. Ich verspreche ihm schließlich alles, ausgenommen den Erfolg, der niemals von einem einzelnen abhängt und den nur tollkühne Anmaßung garantieren könnte, bei der furchtbaren Krankheit, die den Staat unterhöhlt und dessen Oberhaupt bedroht.«

»Wenn man sich darauf einläßt, eine Revolution zu führen«, hatte er am 10. Oktober 1789 gesagt, »besteht die Schwierigkeit nicht darin, sie vorwärtszutreiben, sondern sie zu bremsen.« Sechs Monate später zeigte sich die Richtigkeit dieser Erkenntnis. Nach geschlossenem Pakt versuchte Mirabeau, dem König ein paar Befugnisse, die dessen ungeschickten Händen entglitten waren, zurückzugewinnen, doch stieß er dabei auf den Widerstand des linksstehenden Triumvirates Barnave, Lameth und Duport. Er brachte es nur zu halben Erfolgen. Vielleicht hätte er bessere erzielt, wenn er sich mit Lafayette verbündet hätte, aber die beiden Männer konnten einander nicht leiden.

Marie Antoinette hatte Mirabeau noch nicht empfangen. Sie teilte Fersens Ansicht, daß er »ein großer Schelm sei, vor dem man sich hüten müsse«. Schließlich erklärte sie sich trotzdem bereit, ihn im Park von Saint-Cloud zu treffen. Die königliche Familie hatte nämlich die »Erlaubnis« erhalten, die gute Jahreszeit in Saint-Cloud zu verbringen. Mirabeau bemerkte die verweinten Augen der Königin, er erriet, welche Leiden sich hinter ihrem Stolz verbargen – und war von ihr bezaubert. Er zeigte ihr so viel Ergebenheit und Ehrfurcht und schien seine Ausschweifungen so aufrichtig zu bereuen, daß die Königin ihm beim Abschied die Hand reichte, die er kniend küßte. »Majestät«, sagte er, sich erhebend, »die Monarchie ist gerettet.« Und er schrieb an La Marck: »Nichts wird mich aufhalten, ich werde eher sterben, als mein Versprechen nicht zu halten.«

Die Begegnung hatte am 3. Juli 1790 stattgefunden, und einen Monat lang gab sich Marie Antoinette neuer Hoffnung hin. Die letzten »Ferien« des Königtums erlebte sie als eine fast glückliche Ruhepause. Fersen wohnte bei Freunden in Auteuil und ritt schon »in der Morgendämmerung« nach Saint-Cloud, wo er seine Tage verbrachte: »Ich schreibe Ihnen bei ihr«, teilte er seiner Schwester mit, »und mein einziger Kummer ist, sie in allem ihrem Unglück nicht ganz trösten und sie nicht so glücklich machen zu können, wie sie es zu sein verdient.« Natürlich wurde über diese Besuche geredet, aber Marie Antoinette kümmerte sich nicht darum. »Es wurde mir gemeldet«, schrieb Saint-Priest, »daß ein Soldat der französischen Garden, die damals besoldete Garden hießen, nahe daran war, Fersen zu verhaften, als dieser um drei Uhr früh das Schloß verließ. Ich hielt mich verpflichtet, dies der Königin mitzuteilen und sie darauf hinzuweisen, daß die Anwesenheit des Grafen von Fersen und seine Besuche im Schloß einige Gefahr zur Folge haben könnten. ›Sagen Sie es ihm selbst‹, antwortete sie, ›wenn Sie es für angebracht halten. Ich fühle mich nicht dazu verpflichtet.‹ Und die Besuche wurden tatsächlich fortgesetzt.«

Dieser Zustand einer trügerischen Stille zwischen zwei Gewitterstürmen wurde durch das Föderationsfest vom 14. Juli 1790, das einer der schönsten Tage in der Geschichte Frankreichs ist, ein wenig verlängert. Dreifarbige Bänder ins Haar geflochten, wohnte die Königin diesem ungewöhnlichen ersten »Vierzehnten Juli« auf dem Marsfeld vor der Militärschule bei. Ihr gegenüber hörten viertausend Menschen die Messe, die Talleyrand, der Bischof von Autun, unter Trompetengeschmetter und Trommelwirbel zelebrierte. Die ungeheure Menge saß auf den Tribünen eines Amphitheaters, das zweihunderttausend Pariser freiwillig errichtet hatten, um die Delegierten der Nationalgarden aus ganz Frankreich zu empfangen. Diese Gemeinschaftsarbeit hatte bei allen Beteiligten das Gefühl einer erstaunlichen brüderlichen Verbundenheit wachgerufen, ein Gefühl, das an diesem Festtag durch die Ansprache des Königs noch gesteigert wurde. Ganz Frankreich schien ein Herz und ein Sinn zu sein. Von der allgemeinen Stimmung ergriffen, hellten sich die bekümmerten Züge der Königin auf. Sie nahm den kleinen Dauphin liebevoll in ihre Arme und hob ihn in die Höhe. Bei diesem Anblick brach die Menge in einen Sturm der Begeisterung aus.

Am Abend wurde getanzt, die Menschen umarmten und küßten sich. Die Revolution war zu Ende! An diesem 14. Juli wurde, wie Octave Aubry ganz richtig bemerkte, der Patriotismus geboren.

»Wenn Ludwig XVI. verstanden hätte, die Föderation auszuwerten, wären wir verloren gewesen«, gestand Barnave.

Nach der Rückkehr nach Saint-Cloud nahm das Leben wieder seinen schleppenden Gang. Die Zeiten der Juweliere, der Rose Bertin, der Léonards, der fröhlichen Heiterkeit waren nur noch eine schöne Erinnerung. Marie Antoinette verbrachte jetzt viele Stunden mit Handarbeiten oder mit der Beaufsichtigung ihrer spielenden Kinder. »Wenn ich traurig bin, nehme ich meinen kleinen Jungen zu mir ...« Eine Billardpartie mit dem König, eine Spazierfahrt im Bois de Boulogne oder auf der Chaussee von Antin bildeten ihre einzigen Zerstreuungen.

Aber die jakobinische Revolte der Garnison von Nancy, die von dem General Marquis de Bouillé blutig niedergeschlagen wurde, sollte der Revolution neuen Auftrieb verleihen. Paris warf der Königin vor, sie habe die Hinrichtungen veranlaßt, die doch von dem General befohlen worden waren. Mißbilligt freilich hat sie sie sicherlich nicht – und in der Oper wurde der Chor in der »Iphigenie«: »Célébrons notre Reine« von den Zuhörern ausgepfiffen.

## XIII

## VARENNES ODER DAS VERHÄNGNIS

Mit schwerem Herzen rang Ludwig XVI. seinem Gewissen die Unterzeichnung des Dekrets über den Bürgereid der Geistlichkeit ab. »Lieber wäre ich König von Metz, als in einer solchen Lage weiter König von Frankreich zu bleiben«, äußerte er sich zu Fersen.
Als der Papst die Mitte 1790 von der Nationalversammlung beschlossene »Zivilkonstitution des Klerus« am 10. März 1791 verwarf, erkannte die Königin, daß es für den König nur noch einen Ausweg gebe: die Flucht. Er müßte Montmédy erreichen, wo der General Bouillé Garnisonskommandant war, um dort alle Truppen »wie auch alle seine Untertanen, die ihm noch treugeblieben, zu vereinigen und zu versuchen, den von den Aufwieglern irregeleiteten Rest seines Volkes auf den rechten Weg zurückzuführen«. Wenn die Wiederherstellung der Ordnung nicht gelingen sollte, würde sich der König »auf die Hilfe seines Alliierten« stützen, das heißt, auf die Hilfe Österreichs. Seit sechs Monaten beschäftigte sich Marie Antoinette mit nichts anderem als dem Gedanken an Flucht, und Mirabeau teilte ihre Ansicht. »Aber woran denken diese Leute!« sagte er. »Sehen sie denn nicht den Abgrund, der sich unter ihren Füßen auftut?« Wir wissen von La Marck, daß Mirabeau glaubte, »der König brauche nichts anderes zu tun, als seinen Willen, Paris zu verlassen, eindeutig bekanntzugeben, den Tag seiner Abreise zu bestimmen und energisch auf seinem Entschluß zu beharren. Dann würde man ihm seinen Willen lassen müssen!«
Ein ernster Vorfall bewies, daß Mirabeau sich Illusionen machte. Am 25. Februar begaben sich sechshundert mit Stockdegen und Hirschfängern bewaffnete Edelleute unter dem Vorwand einer in Vincennes ausgebrochenen Revolte in die Tuilerien, angeblich, um das Königspaar zu schützen. In Wirklichkeit wollten sie jedoch versuchen, es »in die Mitte zu nehmen« und es nach Metz zu bringen. Lafayette aber eilte, rechtzeitig verständigt, von Vincennes herbei und veranlaßte den König, den Edelleuten die Ablieferung ihrer Waffen zu befehlen. Daraufhin legten die »Ritter vom Dolch«, wie man sie später nannte, ihre armseligen Waffen im Vorzimmer auf Kommoden und Tische und verließen zwischen einem Doppelspalier von Nationalgarden das Schloß, das mancher von ihnen nicht mehr wiedersehen sollte. Nach diesem schmerzlichen Ereignis war Ludwig XVI. schutzlos preisgegeben und sollte bald noch hilfloser werden, als Mirabeau Ende März schwer erkrankte. »Ich nehme in meinem Herzen die Trauer um die Monarchie mit ins Grab«, sagte er. »Ihre Trümmer werden die Beute der Aufrührer werden.« Am 2. April 1791 starb er.
Für Marie Antoinette war es nicht leicht, den König von der Not-

Varennes, 22. Juni 1791:
Festnahme der königlichen Familie auf
der Flucht nach England.
Holzstich, um 1890.

20. Januar 1793:
Abschied Ludwigs XVI. von seiner Familie im Temple.
Gemälde von Jean-Jacques Hauer.

Der König mit seinem Beichtvater
vor seiner Hinrichtung am 21. Januar 1793.
Radierung (Ausschnitt), um 1810.

Die Witwe Capet im Temple.
Gemälde von Jean-Louis Prieur d. J.,
1793.

wendigkeit einer Abreise zu überzeugen. Ihre Aufgabe wurde ihr dadurch erschwert, daß die Töchter Ludwigs XV., die Damen Victoire und Adelaïde, Paris am 19. Februar 1791 in aller Heimlichkeit verlassen hatten. Sie waren zuerst in Maret, dann in Sanlieu und schließlich in Arnay-le-Duc festgehalten worden. Es hatte erst einer Verfügung der Nationalversammlung bedurft, bevor die beiden Tanten des Königs weiterreisen konnten, und das Verhalten der Nationalgardisten war während dieser Fahrt äußerst aggressiv gewesen.

Dieser halbe Mißerfolg war nicht gerade ermutigend. Aber vierzehn Tage später ereignete sich ein Vorfall, durch welchen Ludwig XVI. so tief in seinem Gewissen und seinem christlichen Glauben verletzt wurde, daß er sich zu einem Entschluß durchrang. Es erhob sich die Frage, ob er die österliche Kommunion aus den Händen des Pfarrers von Saint-Germain-l'Auxerrois entgegennehmen solle, der den Bürgereid nach der Zivilkonstitution des Klerus geleistet hatte. Er wählte einen Ausweg, der ihm allgemeine Mißbilligung einbrachte: am Palmsonntag hörte er zwar die Messe, die von dem nichtbeeidigten Kardinal de Montmorency gelesen wurde, er kommunizierte aber nicht bei dem beeidigten Pfarrer.

Die Folgen ließen nicht auf sich warten. Schon als er die Kapelle verließ, weigerte sich die Nationalgarde, ihm Spalier zu bilden, und in der Stadt begann es sogleich zu gären. Am folgenden Tag, am 18. April, beschloß der König, sich wie im vergangenen Jahr nach Saint-Cloud zu begeben. Sofort grollte die Revolution, er wolle Paris nur verlassen, um »nicht konstitutionelle« Ostern zu feiern. Gegen Mittag stiegen der König, die Königin, Madame Royale, Madame Elisabeth und der Dauphin in den Wagen. Der Karussellplatz wimmelte von Menschen; als die Wagen den Hof der Tuilerien kaum verlassen hatten, fielen die Leute den Pferden in die Zügel. Und die Nationalgardisten bedrohten die Vorreiter der königlichen Karosse mit ihren Säbeln, statt einzugreifen... Lafayette gab ihnen Befehl, die Durchfahrt freizumachen. Ihre Antwort war: »Wir wollen nicht, daß er abfährt. Wir schwören, daß er bleiben wird!« Der König steckte den Kopf aus dem Wagenfenster und rief: »Es wäre noch schöner, wenn ich selbst nicht frei sein sollte, nachdem ich der Nation die Freiheit gegeben habe!« Wüstes Geschrei schlug ihm ins Gesicht: »Dreck von einem Aristokraten! Dickes Schwein!« Lafayette riet dem König, das Standrecht zu erklären und Gewalt anzuwenden. »Ich wünsche nicht, daß meinetwegen Blut vergossen wird.« Zwei endlose Stunden blieb die königliche Familie auf diese Weise belagert. Schließlich öffnete sich der Karossenschlag, Ludwig XVI. stieg behäbig aus. »Ihr wollt also nicht, daß ich wegfahre?« Dumpfes Schweigen. »Es ist also nicht möglich? Eh bien, dann werde ich bleiben.« Und Ludwig XVI. begab sich ins Schloß zurück.

»Sie werden jetzt wohl zugeben, daß wir nicht mehr frei sind«, sagte die Königin; und diesmal war Ludwig XVI. endlich bereit, Paris zu verlassen und sich nach Montmédy zu begeben.»Der Vorfall, der sich eben zugetragen hat«, schrieb Marie Antoinette am übernächsten Tag an Mercy, der sich nach Brüssel zurückgezogen hatte, »bestärkt uns mehr denn je in unseren Plänen ... Unsere Lage ist furchtbar! Wir müssen ihr im nächsten Monat unbedingt entfliehen. Der König wünscht dies noch mehr als ich.«

Die Ausführung der Flucht wurde Axel Fersen anvertraut. Schon im vergangenen Dezember hatte er im Einvernehmen mit der Königin einen viel zu luxuriösen, grün und gelb lackierten, mit weißem Utrechter Samt ausgeschlagenen Reisewagen bestellt. Das Inventar des Wagens bestand aus »zwei eisernen Bratpfannen, einem Behälter für acht Flaschen, zwei kupfernen Nachtgeschirren, zwei eisenbeschlagenen Gabeln als Bremsen für den Wagen im Gebirge«. Dazu kamen noch allerlei Ersatzteile für den Fall eines Defekts: »Deichselbolzen, Bestandteile der Achsen und Ortscheite, Sattelschnallen, Stoßscheiben, Hufnägel etc.«

In den beiden Monaten, die dem großen Abenteuer vorausgingen, arbeitete Fersen, um die geliebte Frau zu retten, mit dem restlosen Einsatz aller seiner Kräfte. Fast täglich kam er durch eine unbewachte Tür in die Tuilerien, hielt sie über alles, was er unternahm, auf dem laufenden, beschaffte einen falschen Paß auf den Namen einer Baronin Korff und brachte ihr die chiffrierten Depeschen des Generals Bouillé. Inzwischen nahm der Fluchtplan allmählich feste Gestalt an. Madame Elisabeth, Frau von Tourzel und drei als Kuriere verkleidete Offiziere der Leibgarde sollten die königliche Familie begleiten, dazu zwei Kammerfrauen, die in einem eigenen Kabriolett reisen würden. Im ganzen würden es somit elf Personen sein. An jeder Umspannstation würde man sechs Pferde für den Reisewagen und drei für das Kabriolett sowie zwei Reitpferde für die Kuriere bestellen müssen. Das war ein bißchen zuviel, um nicht aufzufallen.

Bouillé kam persönlich nach Paris, um eingehend mit Fersen zu beraten. »Das Schweste scheint mir zu sein, wie man die Tuilerien verläßt. Alle Ausgänge werden scharf bewacht.« Der General hatte recht. Im Sommer 1791 glichen die Tuilerien geradezu einem Nomadenlager oder einer Karawanserei. Um sich davon zu überzeugen, braucht man bloß die Verhöre der Dienerschaft nachzulesen, denen diese am Tag nach der Flucht unterzogen wurde.

Der Türsteher Pierre Joseph Brown zum Beispiel nächtigte auf zwei auf dem Fußboden ausgebreiteten Matratzen in der Großen Galerie, die in den Prinzenhof mündete. »In der Galerie, wo ich schlafe«, sagte er aus, »schlafen noch zwei Jungen, die als Laufburschen der Dienerschaft beschäftigt werden, ihre Namen kenne ich aber nicht.« Am Abend schlugen sie ihr Lager, ebenso wie noch viele andere Diener, in dem gleichen Raum wie Brown auf, der sich dadurch in einen Schlafsaal verwandelte. Der Diener Pierre Hubert zog es vor, seine Matratze im Billardzimmer auszubreiten, weil sein Kamerad, der Sieur

Péradon, dort »zu schlafen pflegte«. Ein Gardejäger schlief jede Nacht »auf einer quer durch die Zimmertür der Madame Elisabeth gebreiteten Matratze«. Ein anderer Diener bereitete sich sein Lager »in einem kleinen Raum, rechts von dem besagten Zimmer«. Es wäre ermüdend, weitere Einzelheiten aufzuzählen. Es genügt ja, festzustellen, daß des Nachts nicht nur die königlichen Salons und Gemächer von Dienstpersonal überfüllt waren, das auf rasch improvisierten Lagerstätten schlief, sondern daß sich ab elf Uhr abends auch in den Kammern unter dem Dach und zwischen den Stockwerken ein ganzes Volk von Domestiken zusammenpferchte. Wie sollte die königliche Familie das Schloß verlassen, ohne dabei bemerkt zu werden? Und wenn ihr dies gelänge, wie sollte sie dann den Schildwachen und Patrouillen entgehen, die das Schloß wie eine belagerte Festung unablässig umkreisten?

Fersen »nahm Bouillé gegenüber die Verantwortung für die Lösung dieser heiklen Aufgabe auf sich«. Da es unmöglich war, am Abend der Flucht den Reisewagen in die Umgebung des Schlosses zu bringen, kaufte Fersen eine »Citadine«, eine Art Omnibus oder Fiaker, welche die Flüchtlinge bis an die Stadtgrenze bringen sollte. Als »Lohnkutscher« verkleidet, würde er sie selbst kutschieren.

Und was sollte weiter geschehen? Bis Châlons würde man die Flüchtlinge allein reisen lassen. Ab Pont-de-Somme-Vesle, der ersten Poststation hinter Châlons, würden sie an jeder Poststation Kavallerieabteilungen vorfinden, die sie über Sainte-Menehould, Clermont, Varennes, Dun und Stenay nach Montmédy eskortieren würden. Fersen teilte die Ansicht des Generals über die Fahrt bis Châlons, »da«, schrieb er, »es am besten sei, bis dorthin keine Vorsichtsmaßnahmen zu treffen; alles hinge von der Schnelligkeit und der Geheimhaltung ab«. Aber dann? »Wenn Sie sich auf Ihre Leute nicht unbedingt verlassen können«, fuhr Fersen fort, »wäre es besser, sie erst ab Varennes einzusetzen, um vorher keine Aufmerksamkeit im Land zu erregen. Der König würde bis Varennes einfach unbemerkt durchfahren.« Zehnmal kam er auf diesen Punkt zurück. Versichern Sie sich unbedingt der Zuverlässigkeit dieser Eskorten, oder setzen Sie sie erst von Varennes an ein«, betonte er immer wieder. Leider hat Bouillé nicht auf ihn gehört!

Der Zeitpunkt der Flucht wurde auf Montag abend, 20. Juni 1791, festgesetzt. Das intime Tagebuch Fersens gibt uns die Möglichkeit, die letzten Tage vor der Flucht nachzuerleben.

»Donnerstag, 16. Bei der Königin um 9 Uhr einhalb. Ihre Sachen selbst fortgetragen; sie haben keinen Verdacht, auch in der Stadt nicht. – Freitag 17. In Bondy und Le Bourget gewesen (um den Anfang der Reisestrecke kennenzulernen). – Sonnabend 18. Bei der Königin um 2 Uhr einhalb bis 6 Uhr. – Sonntag 19. Mitgenommen 800 Livres und die Staatssiegel. Im Schloß geblieben von 11 Uhr bis Mitternacht.«

Am 20. Juni schrieb Ludwig XVI. das Wort »nichts« in sein Tagebuch.

Um dreiviertel zehn waren Marie Antoinette, der König, Madame Elisabeth und der Graf und die Gräfin von Provence nach dem rasch eingenommenen Abendessen im großen Salon der Königin versammelt, der im Erdgeschoß lag und dessen Fenster auf den Garten hinaus blickten.

Auch der künftige Ludwig XVIII. sollte in dieser Nacht, aber nach einer anderen Richtung, mit seiner Frau entfliehen.

Als die Pendeluhr auf dem Kamin die zehnte Stunde schlug, erhob sich Marie Antoinette und verließ den Salon. Sie eilte zuerst in ihr Zimmer und dann durch den Korridor und über eine kleine Treppe ins erste Stockwerk zum Zimmer ihrer Tochter. Sie mußte eine Weile klopfen, bevor Madame Brunier, von der erwachten kleinen Marie Thérèse herbeigerufen, ihr öffnen kam. Die Königin teilte ihr mit ein paar hastigen Worten mit, daß sie und Frau von Neuville, die Kammerfrau des Dauphin, das Schloß sogleich verlassen müßten und die königliche Familie in Claye, der zweiten Poststation auf der Strecke nach Metz, erwarten sollten. Es würde sie jemand zu einem Kabriolett begleiten, das sie schon beim Pont Royal erwarte. Sie befahl ihr, dem Kind das schlichte Kleidchen anzuziehen, das sie mitgebracht – es war aus einem mit blauen Sträußchen bedruckten Kattunstoff geschneidert –, doch möge sie sich beeilen. Dann eilte sie in das Zimmer des Dauphin. Frau von Neuville hatte den kleinen Prinzen, den späteren Ludwig XVII., im Auftrag der Frau von Tourzel bereits geweckt. »Wir fahren nach einer Festung, wo es viele Soldaten gibt«, flüsterte ihm die Königin zu. Erfreut verlangte der Kleine seine Stiefel und seinen Säbel, doch wurde ihm, zu seinem Bedauern, statt seiner französischen Gardeuniform das Kleid eines kleinen Mädchens gebracht. »Schnell, schnell«, mahnte seine Mutter, »beeile dich – wir reisen ab.« Aber er scheint sich rasch getröstet zu haben, denn als ihn seine Schwester nachher im Zimmer der Königin fragte, »was er wohl glaube, daß man nun machen würde«, erwiderte er strahlend: »Wir werden sicherlich Theater spielen, da wir ja beide verkleidet sind.«

Inzwischen war es schon dreiviertel elf geworden. Nach Fersens bis ins einzelne ausgearbeitetem Plan sollten die königlichen Kinder das Schloß zuerst verlassen. Den Dauphin in den Armen, gefolgt von ihrer Tochter und Frau von Tourzel, verließ die Königin ihr Zimmer. Sie eilte durch den Korridor, der das Schloß in seiner ganzen Länge durchzog, zu den Zimmern des Oberstkämmerers de Villequier, der kürzlich emigriert war, und schloß die Tür mit einem Schlüssel auf, den sie sich hatte verschaffen können. Die kleine Gruppe ging rasch durch den leerstehenden Raum in ein Vorzimmer, dessen unbewachte Glastür in den Fürstenhof führte. Die Königin spähte durch die Scheiben hinaus: im unsicheren Schein der Wagenlaternen und Lampen, die den Hof nur matt erleuchteten, zeichnete sich ein Schatten ab: es war der als Kutscher verkleidete Fersen. Er faßte die Hand des Dauphin, während Frau von Tourzel die Hand der kleinen Prinzessin ergriff, und so gingen sie, unvorsichtigerweise von der Königin gefolgt, über die Treppe in den Hof, wo Nationalgarden, Kutscher und Lakaien sich lärmend miteinander unterhielten. An der langen Reihe der Karossen entlang, in welchen die Höflinge zum Coucher des Königs gekommen waren, erreichten sie unbehelligt den Fiaker, der fast in der Mitte des Hofes stand. Frau von Tourzel stieg mit den Kindern ein, Fersen schwang sich auf den Kutschbock, gab seinen Mähren eins mit der Peitsche und fuhr in aller Ruhe gemächlich aus dem Hof. Mit klopfendem Herzen blickte die Königin dem Fiaker nach, der dann, nach einem kleinen Umweg über die Kais und den Platz Ludwigs XV., die Rue de l'Echelle erreichte, wo er an der Ecke der Place du Petit-Carroussel stehenblieb und im Dunkel der Nacht wartete. Fast wie durch ein Wunder gelang es Marie Antoinette, ohne Zwischenfall wieder in den Salon zurückzukehren. Der Graf von Provence war eben im Begriff, Abschied zu nehmen. »Bevor wir uns trennten«, erzählte er, »umarmten wir uns innig.«

Während der König als Sklave einer Etikette, die nicht umzubringen war, bei der Zeremonie des Coucher die herkömmliche Rolle spielen mußte, suchte Marie Antoinette ihr Zimmer auf, wo sie, als ob nichts geschehen wäre, den Wagen zu einer Spazierfahrt für den nächsten Tag bestellte. Mit bebendem Herzen dachte sie an ihre Kinder, von denen sie noch nie getrennt gewesen – jetzt irrten sie in einem Fiaker durch die Gassen dieser furchtbaren Stadt. Nie hätte sie, wenn Axel nicht bei ihnen gewesen wäre, diesem gefährlichen Unternehmen zugestimmt. Die Diener schlossen die Fensterläden und schoben die Riegel vor die Türen, die Königin ließ sich von ihren Kammerfrauen auskleiden, legte sich zu Bett und entließ ihr Personal . . . Es war ein Viertel nach elf . . .

Einen Augenblick später half Madame Thiébaut, die eingeweiht war, ihrer Gebieterin in ein unauffälliges graues Seidenkleid und reichte ihr einen schwarzen Umhang und einen breitkrempigen Hut mit einem Schleier. Marie Antoinette schob den Riegel vorsichtig beiseite, öffnete die Tür zum Korridor – und prallte erschrocken zurück. Ein Wachtposten patrouillierte draußen auf und ab. Sie benutzte nach einer Weile angstvollen Wartens den Augenblick, da der Mann ihr den Rücken kehrte, um aus der Tür zu schlüpfen und die Treppe zu erreichen, über welche sie ins Zimmer des Herrn von Villequier gelangte, wo sie von einem als Kurier verkleideten Offizier der Leibgarde, Herrn von Malden, erwartet wurde. An seinem Arm betrat sie den geräumigen Hof. Gemächlich promenierend, schlenderten sie unbeachtet an den plaudernden Nationalgardisten vorbei. Auf dem Weg zur Place du Petit-Carroussel sprach Malden beruhigend auf die Königin ein: alles gehe vortrefflich, meinte er . . . Madame Elisabeth fand sich als erste bei dem Fiaker ein, aber der König ließ ein wenig auf sich warten. Sein Coucher, bei welchem Lafayette anwesend war, hatte sich ungewöhnlich in die Länge gezogen. Ein von fackeltragenden Reitern eskortierter Wagen fuhr so nahe an der Königin und ihrem Begleiter vorbei, daß seine Räder sie beinahe streiften: Lafayette kehrte soeben vom Coucher des Königs zurück. Aber wo befanden sie sich denn? Malden hatte sich in dem Gewirr der Gassen zwischen dem Karussellplatz und dem Louvre verirrt. Er wußte nicht mehr, wie er in die Rue de l'Echelle gelangen sollte. Als sie den Fiaker, vor welchem Fersen unruhig auf und ab ging, schließlich fanden, war es Mitternacht geworden. Die Flüchtlinge waren jetzt endlich vereint.

Fersen stieg auf den Bock und fuhr los ... Nach einer Weile bemerkte der König, der Paris wie seine Westentasche kannte, daß Fersen, statt zur Zollschranke von Saint-Martin zu fahren (hinter welcher der Reisewagen wartete), in der Richtung nach der Chaussee von Antin fuhr, doch wagte er nicht, den Kopf zum Fenster hinauszustrecken, um den »Kutscher« auf seinen Irrtum aufmerksam zu machen. Aber plötzlich hielt der Fiaker, zur Überraschung der Flüchtlinge, vor einem Haus in der Rue de Clichy, wo die Berline, der Reisewagen, eingestellt gewesen war. Fersen stieg vom Bock, pochte an das Tor und erkundigte sich beim Hausmeister, ob der Wagen auch wirklich fortgefahren sei. Nach der bejahenden Antwort fuhr er endlich – sicherlich über die Boulevards und durch das Stadttor Saint-Martin – zu dem vereinbarten Ort.

Als der Fiaker das Zollgebäude erreichte, war es schon halb zwei geworden. Hier ging noch eine weitere halbe Stunde verloren, bis der Reisewagen gefunden war. Fersens Kutscher und ein zweiter Gardeoffizier, Herr von Moustier, hatten die Berline vorsorglich auf einem Nebenweg der Metzer Chaussee abgestellt und sie dadurch gar zu gut versteckt. Jetzt fuhr der Fiaker so an den anderen Wagen heran, daß die königliche Familie umsteigen konnte, ohne sich die Schuhe auf der Straße zu beschmutzen. Fersen kippte den Fiaker in den Straßengraben, fesselte den Pferden die Beine mit den Zügeln und stieg auf den Bock des Reisewagens.

Als sich das schwere Gefährt in Bewegung setzte, mag es zwei Uhr nachts gewesen sein. Es war die kürzeste Nacht des Jahres, in einer Stunde mußte es zu dämmern beginnen. Fersen fuhr wie der Teufel; in einer halben Stunde waren sie in Bondy, wo die von dem dritten Gardeoffizier de Valory bestellten sechs Pferde schon angeschirrt vor dem Posthaus standen. Während die Stallknechte die Pferde, die Fersen gehörten, ausspannten, stieg er vom Kutschbock: der König hatte erklärt, er wünsche nicht, daß er sie weiter begleite. Er mag es vielleicht nicht ganz passend gefunden haben, unter dem Schutz des Mannes zu reisen, den alle Welt für den Geliebten seiner Frau hielt. Mit Tränen in den Augen nahm Marie Antoinette Abschied von ihm, und Fersen sagte mit absichtlich lauter Stimme: »Leben Sie wohl, Madame de Korff!« Nach Moustiers Aufzeichnungen »umarmte der König Fersen herzlich und dankte ihm mit ergreifenden Worten«. Wenn man bedenkt, daß Fersen als Pariser Lohnkutscher verkleidet war, dürften die

Stallknechte und die Vorreiter, die schon im Sattel saßen, über diese Familiarität ein wenig erstaunt gewesen sein.

Die Pferde waren rasch gewechselt, und bald blickte Fersen dem sich entfernenden schweren Wagen nach, den Malden auf einem Postpferd eskortierte. Valory war schon vorausgeritten, um die Umspannpferde in Claye bereitstellen zu lassen. Langsam verklang das Rollen der eisenbeschlagenen Räder, bis es endlich in der Nacht erstarb ... Fersen sah auf seine Taschenuhr. Die Flüchtlinge verließen Bondy um zwei Stunden später, als es in Fersens Plan vorgesehen war.

Die Fachleute behaupten, daß sich im Mittelpunkt eines Taifuns eine Zone befinde, wo auch nicht der geringste Windhauch die Meeresoberfläche kräuselt. Während der zwanzigstündigen Fahrt von Bondy nach Varennes – der ersten und letzten Umspannstation – schien sich die königliche Familie inmitten dieser windstillen Zone zu befinden, indes sich rings um sie schon der Orkan erhob.

*Sechs Uhr.* Der schwere gelb-grüne Wagen verließ hinter dem Kabriolett mit den beiden Kammerfrauen die Ortschaft Meaux. Die Pferde waren ohne Zwischenfall gewechselt worden. Auf der von vier Baumreihen gesäumten Straße rollten die beiden Wagen hinunter nach Trilport. Sie hatten das Schlimmste hinter sich. Marie Antoinette schöpfte Hoffnung und lächelte, als der König sagte: »Seien Sie überzeugt, daß ich ein ganz anderer Mensch sein werde als bisher, wenn ich erst wieder fest im Sattel sitze.« – Der ganze Argonnerwald wimmelte von Detachements, die sich auf ihre Posten begaben. Die von Bouillé und Fersen beschlossenen Aktionen wurden ausgeführt. – In Sainte-Menehould, auf halbem Weg zwischen Châlons und Varennes, ertönte das Trompetensignal zum Satteln und Aufsitzen für vierzig Husaren. Sie hatten für den Umspann in Pont-de-Somme-Vesle zu sorgen, wo der königliche Wagen gegen zwei Uhr eintreffen sollte. Die Einwohner des kleinen Marktfleckens fluchten über das »Detachement von Aristokraten«.

*Acht Uhr.* Der Wagen fuhr nicht sehr schnell. Die Flüchtlinge, die nach den Aufregungen der Nacht Appetit bekamen, machten sich an die von Fersen besorgten Eßvorräte: Boeuf à la mode und kaltes Kalbfleisch. Sie aßen, »ohne Teller und Gabeln«, berichtete Moustier, »wie Jäger oder sparsame Reisende«. Die Königin winkte dem neben dem Wagenschlag trabenden Malden, bot ihm zu essen und zu trinken an und sagte: »In diesem Augenblick hat Herr von Lafayette seinen Kopf vielleicht nicht mehr auf den Schultern.« – In Paris sprang Lafayette aus dem Bett und legte seine Uniform an. Im Schloß war die Nachricht vom Verschwinden der königlichen Familie aus ihren Gemächern vom Dachgeschoß bis hinunter in die Küchen in alle Winkel gedrungen und hatte sich wie ein Lauffeuer in Paris verbreitet. Während Lafayette in seinem Zimmer die Degenkoppel umschnallte, vernahm er schon »ein Gemurmel, welches dem Brausen der vom Sturm aufgewühlten

Wogen« glich. Als er dann vor den Tuilerien eintraf, empfing ihn das Toben »eines sturmgepeitschten Ozeans«. Ganz Paris war auf die Gasse gestürzt, von dem Gedanken »berauscht, zum erstenmal keinen Herrn über sich zu haben«. – In Clermont-en-Argonne rief die Anwesenheit einer Kavallerieabteilung von hundertachtzig Dragonern in der Bevölkerung große Erregung hervor. Der Kommandant der Abteilung erklärte, einen »Geldtransport« zu erwarten, es verbreitete sich aber das Gerücht, »daß der angebliche Schatz nichts anderes sei als die Königin«.

*Zehn Uhr.* Der Wagen wechselte die Pferde in Vieils-Maisons, einem kleinen Dorf, das in einer Terrainsenke zwischen La Ferté-sous-Jouarre und Montmirail lag. Ludwig XVI. stieg aus, »um Wasser abzulassen«. An der nächsten Umspannstelle konnte ihn Marie Antoinette nicht hindern, abermals auszusteigen, »um mit Bauern über die Ernte zu plaudern«. – In Sainte-Menehould, wo die Bevölkerung durch den Durchmarsch der Husaren ohnehin schon erregt war, ritten dreißig von dem Kapitän Daudoins befehligte Dragoner ein. Sie bezogen Quartier in der kleinen Stadt, um »den Transport des Schatzes« zu sichern, der zur Besoldung der Armee Bouillés bestimmt sei. »Freunde«, sagten die beunruhigten Bürger zu den Dragonern, »diese Truppenbewegungen entsprechen nicht der Gepflogenheit. Seid auf der Hut!« Tatsächlich wurden Geldtransporte gewöhnlich in von zwei Gendarmen eskortierten Postkutschen befördert. – In Paris tobte das Volk und drang in die Tuilerien ein. Auf Marie Antoinettes Bett hatte sich eine Kirschenverkäuferin breitgemacht und bot ihre Ware an: »Kirschen, schöne Kirschen, das Pfund zu sechs Sol!« Lafayette sandte aus eigenem Ermessen nach allen Windrichtungen freiwillige Kuriere aus – zumeist Nationalgardisten –, die den Auftrag hatten, nach Ludwig XVI. und Marie Antoinette »zu fahnden und sie aufzuhalten«.

*Mittag.* Der königliche Wagen rollte gemächlich gegen Fromentières. Als er bei der Umspannstelle eintraf, stieg der König wiederum aus, »um mit den Leuten zu plaudern, die herbeikamen, um die Reisenden zu sehen«. Moustier, mit Recht beunruhigt, »wollte ihn mit seiner Person decken, um ihn den Blicken der Neugierigen zu entziehen, doch Ludwig XVI. hinderte ihn daran: »Ach, lassen Sie das nur! Ich halte diese Vorsicht nicht mehr für nötig. Es kann uns jetzt nichts mehr geschehen.« – Ein Kurier Lafayettes, Bayon, passierte die Zollschranke von Saint-Martin in gestrecktem Galopp und ritt auf der Metzer Straße weiter, ohne zu wissen, daß er sich auf der richtigen Fährte befand. Die Flüchtlinge hatten zehn Stunden Vorsprung. – In Sainte-Menehould ließ der durch den Durchzug der Truppen alarmierte Gemeinderat dreihundert neue Gewehre an die Nationalgarde ausgeben. – In Clermont erhielten die Dragoner Befehl, in den Ställen neben den gesattelten Pferden in Bereitschaft zu stehen. Die Bevölkerung bemerkte, daß »etwas vorging«, und wurde unruhig. – In Pont-de-Somme-Vesle stieg der junge Herzog von Choiseul, Marie Antoinettes Freund, Neffe des Ministers und Oberst der Royal-Dragons, vor dem Posthaus ab, welches einsam inmitten der staubigen Ebene lag. Er kam aus Paris und befand sich in Gesellschaft des Hoffriseurs Léonard, den Marie Antoinette vorausgeschickt hatte, um ihren Lieblingsfriseur nicht entbehren zu müssen. Gleichzeitig trafen die vierzig Husaren ein, die in Sainte-Menehould genächtigt hatten, mit Goguelas an der Spitze, der ebenfalls zum Kreis der Königin gehörte. Die beiden Offiziere nahmen eilig eine Mahlzeit ein, während sie auf die Ankunft des königlichen Wagens warteten.

*Ein Uhr.* Die Fahrt der königlichen Familie glich einer Landpartie. Um »sich zu erholen«, stieg Marie Antoinette vor Etoges aus, nahm den Arm ihres Gatten und ging mit ihm hinter dem Wagen her, der im Schritt vorausfuhr. Ihre Tochter und ihr Sohn vergnügten sich mit dem Fangen von Schmetterlingen. – In Paris nahm der Klub der Jakobiner einen Antrag an: »Ludwig hat dem Thron entsagt, von nun an existiert er für uns nicht mehr. Wir sind frei und ohne König. Bleibt nur noch zu entscheiden, ob es vorteilhaft ist, einen andren zum König zu machen.« – Ein zweiter Reiter, Romeuf, der Adjutant Lafayettes, passierte die Zollschranke von Saint-Martin. Er hatte den Anhaltungsbefehl der Nationalversammlung gegen den König in der Tasche. Auch andere Kuriere waren auf allen Hauptstraßen des Landes unterwegs. Ab Bondy stieß Romeuf auf die Spur der Flüchtlinge. Er war der Königin ritterlich ergeben und trieb die Postpferde nur deshalb zur Eile an, um Bayon, den er vor sich wußte, einzuholen und dadurch die Verfolgung tunlichst zu verzögern.

*Zwei Uhr.* Die Flüchtlinge erreichten die Umspannstelle von Chaintrix, letzte Station vor Châlons. Die Hitze war erstickend. Der Postmeister trat an den Wagen und erkannte bestürzt das Königspaar. Eine Erklärung erübrigte sich: ganz Frankreich wußte, daß der König aus Paris zu entkommen wünschte. Tief ergriffen und respektvoll schlug er den Reisenden vor, auszusteigen, um »sich zu erfrischen«. Da die Kinder vor Müdigkeit erschöpft waren, nahm die Königin an, und die Familie setzte sich in der Stube des Posthauses an den Tisch. Die Verspätung betrug nun schon beinahe drei Stunden. – Romeuf passierte Claye; es wurde ihm klar, daß er Bayon nicht mehr einholen könne. – In Pont-de-Somme-Vesle warteten Choiseul, Goguelas und Léonard auf der Straße. Sie waren überzeugt, daß sie Hufschlag und Räderrollen der nahenden Karosse bald vernehmen würden.

*Zwei Uhr zwanzig.* Der Wagen verließ die Umspannstelle Chaintrix, aber im nächsten Augenblick stieß ein Wagenrad gegen den Prellstein einer kleinen Brücke, die Pferde stürzten, die Zugstränge rissen. Sie mußten ausgebessert werden. – In Pont-de-Somme-Vesle begannen sich Choiseul und seine Kameraden über die zunehmende Verspätung zu beunruhigen. – In Meaux wechselte Bayon, der erste Verfolger, das Reitpferd. Der Postmeister Petit sagte ihm, daß er gegen fünf Uhr morgens elf Pferde an einen großen, aus Paris gekommenen Reisewagen, der von einem Kabriolett und zwei Kurieren begleitet war, abgegeben habe. Bayon stieß einen Freudenschrei aus: er befindet sich sicherlich auf der richtigen Fährte!

*Drei Uhr.* In Chaintrix war der Schaden ausgebessert, und der Wagen fuhr, mit dem Sohn des Postmeisters auf dem Bock, in scharfem Tempo weiter. – Die Besorgnis der Offiziere in Pont-de-Somme-Vesle nahm zu, besonders, da sich die Bauern aus der Umgebung um das Posthaus zusammenrotteten. Sie hatten ihre Steuern nicht gezahlt und bildeten sich ein, die Husaren seien gekommen, um »gegen sie vorzugehen«. Allmählich nahmen sie eine drohende Haltung an, und Choiseul wurde trotz seiner vierzig Reiter nervös. – In Sainte-Menehould wuchs die Erregung der Bevölkerung. Warum ließ Daudoins trotzdem nicht satteln? Weil er den strikten Auftrag hatte, keinen Befehl zu geben, bevor ihm nicht ein Eilkurier Choiseuls aus Pont-de-Somme-Vesle die bevorstehende Ankunft des Königs gemeldet hatte. – In Paris wurden die Bildnisse Ludwigs XVI. und Marie Antoinettes aus den Schaufenstern der Kupferstichverkäufer geholt und in Stücke gerissen. Die Leute riefen: »Ein König und eine Königin sind in Verlust geraten – wer sie nicht wiederfindet, erhält eine gute Belohnung!«

*Vier Uhr.* Der Reisewagen fuhr in scharfem Trab in die Vorstadt von Châlons ein. Die Umspannstelle befand sich am andern Ende des Ortes. Trotz der vor dem Posthaus angesammelten Menge vollzog sich der Pferdewechsel ohne Zwischenfall. – Bayon wechselte sein schaumbedecktes Pferd in La Ferté. Romeuf hatte Meaux soeben verlassen, nachdem er elf Meilen in zweieinhalb Stunden zurückgelegt hatte. – In Clermont erhielten die Dragoner Befehl, sich für fünf Uhr zum Aufsitzen bereit zu halten. – In Pont-de-Somme-Vesle beschloß Choiseul, indem er die Verspätung des Königs und die Erregung der Bauern vor dem Posthaus zum Vorwand nahm, seinen »vorgeschobenen Wachtposten« aufzugeben. Er beauftragte Léonard, die Detachements in Sainte-Menehould und Clermont zu verständigen, »daß der Schatz heute anscheinend nicht mehr kommen würde«. Dann ritt er mit seinen Dragonern auf einem Abkürzungsweg, der die dazwischenliegenden Ortschaften nicht berührte, durch den Argonnenwald direkt nach Varennes.

*Sechs Uhr.* Der Reisewagen traf in Pont-de-Somme-Vesle ein. Marie Antoinette blickte durch das Fenster: die Ebene lag verlassen da, kein Reiter war zu sehen. Die Bauern waren nach dem Abzug der Kavallerieabteilung in ihre Dörfer zurückgekehrt. – In Chaintrix sprang Bayon vor dem Posthaus vom Pferd. Vom Postmeister selbst – der jetzt nicht mehr so royalistisch gesinnt war wie noch vor drei Stunden – erfuhr er, daß die Flüchtlinge keinen allzu großen Vorsprung mehr hätten. Aber Bayon war völlig erschöpft. Er war in sechs Stunden fünfunddreißig Meilen geritten und hatte zehnmal das Pferd gewechselt. Irgend jemand – man weiß nicht, wer – bot sich an, voraus zu reiten, und Bayon kritzelte folgenden Befehl: »Die Nationalversammlung befiehlt allen guten Bürgern, den mit sechs Pferden bespannten Reisewagen aufhalten zu lassen: es besteht Verdacht, daß sich das Königspaar darin befindet. Ich schicke den Inhaber dieses als Eilboten ab und empfehle ihm, nötigenfalls die öffentliche Gewalt zu Hilfe zu rufen.« – In Sainte-Menehould gab der Kapitän Daudoins seinen Dragonern nach Léonards Durchfahrt freien Ausgang. Die Leute zerstreuten sich »in Dienstmütze und Stalljacken« in den Gassen, einige setzten sich auch mit den »Bürgern« zu Tisch.

*Acht Uhr.* Der Reisewagen rollte durch die Hauptstraße von Sainte-Menehould. Zum erstenmal, seit sie Paris verlassen, erblickte Marie Antoinette Kavalleristen, welche die Hand gewohnheitsmäßig an die Dienstmütze legten und grüßten. Die Königin verneigte sich, als ob es sich um einen »feierlichen Einzug« handelte, »mit jenem Ausdruck von wohlwollender und majestätischer Güte, den zu unterdrücken sie nicht imstande war«. Die Wagen hielten vor dem Posthaus des Postmeisters Drouet. Der Pferdewechsel ging ohne Zwischenfall vor sich, obgleich sich ein paar Dragoner und eine Gruppe von Leuten ansammelten, welche die Reisenden sehen wollten, die mit »soviel Aufwand« emigrierten. Bemerkten die Flüchtlinge den Postmeister Drouet? Er war soeben von den Feldern heimgekehrt, und als er den schweren Wagen sah, gab er seinen Postillionen den Befehl, »die Pferde nicht zuschanden zu fahren«. Zehn Minuten später rollte der Wagen, von den beiden berittenen Kurieren flankiert, hinter seinem Kabriolett auf der Straße nach dem Wald aus dem Ort. – In Clermont verließ Léonard die Umspannstelle, nachdem er dem Kommandanten der dortigen Kavallerieabteilung Choiseuls Befehle übermittelt hatte. Die Mannschaft erhielt den Befehl, in ihre Unterkünfte zurückzukehren, sich aber in Bereitschaft zu halten. – Romeuf traf in Chaintrix ein. Bayon, der sich dort ausgeruht und gestärkt hatte, war vor kaum einer halben Stunde aus dem Ort geritten. – Die nächsten zweieinhalb Stunden waren die tragischsten der Reise. Es gibt wohl kaum einen dramatischeren Kontrast, als die Gemütsruhe der armen Menschen, die sich gerettet wähnten, und den Tumult, der sich sogleich nach ihrer Durchfahrt in ihrem Rücken erhob. Das Netz war im Begriff, sich über ihnen zu schließen.

*Neun Uhr.* Der Wagen rollte langsam durch die Argonnen. – In Sainte-Menehould »verbreitete sich von Haus zu Haus das Gerücht, der König und die Königin seien soeben durchgefahren«. Die Sturmglocke tönte, die Dragoner wurden entwaffnet. Der Bote Bayons traf ein. Einen Augenblick später sprangen Drouet und sein Freund Guillaume in den Sattel und jagten auf die Straße hinaus, die der Wagen vor einer Stunde eingeschlagen hatte. – In Châlons traf Bayon im Rathaus ein, wo er seine Befehle vorwies. Die Sturmglocke der Kirche von Saint-Alpin gellte über den Ort, die Einwohner stürzten aus den Häusern und rannten durch die Gassen.

*Neun Uhr dreißig.* In Clermont wurden die sechs Pferde des Reisewagens gewechselt. Im Ort schien einige Unruhe zu herrschen, aber die Reisenden konnten ihre Fahrt unbehelligt fortsetzen. Sie verließen die Metzer Chaussee, bogen links ab und fuhren weiter auf der Straße nach Varennes. Beim Verlassen Clermonts hatte Marie Antoinette in die Dämmerung hinausgehorcht: sicherlich würde nun der Kommandant des Detachements das Signal zum Aufsitzen blasen lassen. – In Châlons wurde gerufen! »Platz für den Abgesandten der Nationalversammlung!« Es war Romeuf. Im Rathaus erklärte er, seinen Weg in aller Eile fortsetzen zu wollen. Da erschien Bayon. Er hatte eigentlich zu Bett gehen wollen, bat aber nun »um die Ehre«, den Adjutanten Lafayettes begleiten zu dürfen. Es blieb Romeuf nichts übrig, als sich widerwillig zu fügen. – In der Unterstadt von Varennes hielt Léonards Kabriolett vor dem »Hotel zum großen Monarchen«, wo zwei junge Offiziere, der Chevalier de Bouillé, ein Sohn des Generals, und der Kapitän de Raigecourt, auf die Umspannpferde aufpaßten, die im Stall der Herberge in Bereitschaft standen. Die Pferde gehörten den Verschworenen, da es in Varennes kein Posthaus gab. »Ich bin Léonard«, rief der Friseur, aus dem Wagen springend, den beiden Offizieren zu, »ich weiß alles. Der König hat Paris verlassen, aber es scheint, daß er die Fahrt nicht fortsetzen konnte.« Dann fuhr Léonard nach Stenay weiter. Bouillé beschloß, die Nachricht dem Leutnant Röhrig nicht weiterzugeben. Röhrig befehligte die sechzig in Varennes einquartierten Husaren und war übrigens nicht in das Geheimnis eingeweiht.

*Zehn Uhr.* Der Reisewagen rollte mit brennenden Laternen auf der Straße nach Varennes dahin. Gewiegt vom Schaukeln des gemächlich fahrenden Wagens und überzeugt, daß rückwärts die Abteilungen aus Sainte-Menehould und Clermont galoppierten, schlief Marie Antoinette ein ... Zwei Meilen hinter dem Wagen jagten zwei Reiter mit verhängten Zügeln: Drouet und Guillaume, die einen kürzeren Weg benutzt und daher Clermont nicht berührt hatten. Der Postmeister war seinen Postillionen auf dem Heimweg begegnet und hatte von ihnen erfahren, daß der Reisewagen die Metzer Chaussee verlassen habe. – In Châlons passierten Romeuf und Bayon in scharfer Gangart das Tor von Saint-Jacques und ritten in der Richtung nach Metz. – In Clermont hinderten die Bürger die Dragoner am Verlassen des Ortes. – In Varennes legten sich der junge Bouillé und sein Kamerad zu Bett. Der Leutnant Röhrig, der mit dem Eintreffen des Schatzes nicht mehr rechnete, ließ seine Mannschaft »mehr trinken, als vernünftig war«. – Im Argonnerwald irrte Choiseul mit seinen ermüdeten Dragonern kläglich umher. Er hatte den Weg verloren, und es war ihm noch nicht gelungen, die Straße zu finden, auf welcher er nach Varennes gelangen sollte.

*Zehn Uhr dreißig.* Ein heftiger Ruck riß Marie Antoinette aus dem Schlaf. Der Wagen hielt vor den ersten Häusern der Oberstadt von Varennes. Die Straße lag verlassen da, kein einziger Husar war zu sehen. Die Umspannpferde, die hier stehen sollten, waren auch nicht vorhanden. Der König und die Königin stiegen aus, gingen ein paar Schritte weiter und klopften schließlich an die Tür eines einsamen Hauses. Eine verschlafene Stimme ließ sich vernehmen: »Schaut, daß ihr weiterkommt!« Während einer der Gardeoffiziere auf der Suche nach den Pferden tiefer in den Ort hineinritt, setzte sich das Königspaar wieder in den Wagen und wartete ...

*Zehn Uhr fünfundvierzig.* Der Wagen stand noch immer oberhalb der kleinen Stadt, der Gardeoffizier war noch nicht zurückgekehrt. Keiner der Wageninsassen schien die beiden Reiter – Drouet und Guillaume – bemerkt zu haben, die die Flüchtlinge überholten und in die Unterstadt hinunterritten. Dort sprangen sie vor der Herberge »Zum goldenen Arm« von den Pferden. Nach zehn Minuten war das Netz zugezogen. Ein Karren mit Möbeln sperrte die schmale Brücke über die Aire. Der Bürgermeister, ein kleiner Krämer namens Sauce, wurde aus dem Bett geholt und stellte sich mit ein paar Nationalgardisten am Ausgang eines gewölbten Torweges auf, der sogar durch ein Tor geschlossen werden konnte. An die Mauer gedrückt, erwarteten sie hier den Wagen, der keinen andern Weg als diesen nehmen konnte.

*Elf Uhr.* Seit einer halben Stunde stand der Wagen wartend nächst den ersten Häusern der Oberstadt. Aber man konnte hier nicht ewig bleiben. Der Gardeoffizier war unverrichteter Dinge zurückgekehrt. Vielleicht hatte Bouillé den Umspann auf der anderen Seite des Flusses bereitgestellt? Die Postkutscher aus Clermont waren einverstanden, bis dorthin vorzustoßen. Alles war so still und friedlich, daß die Flüchtlinge gar nicht auf den Gedanken kamen, es könnte etwas nicht in Ordnung sein. Der schwere Wagen glitt mit eingebremsten Rädern die steile Straße hinunter auf den Torweg zu, der sich über die Straße wölbte. Aber plötzlich gellte ihnen der Ruf »Halt!« entgegen. – »Halt!«

Am vergangenen Abend zur gleichen Stunde hatte Marie Antoinette in ihrem Zimmer in den Tuilerien so getan, als ginge sie zu Bett. Das unüberlegte Abenteuer hatte genau vierundzwanzig Stunden gedauert.

Die Königin und ihre Familie waren wiederum Gefangene der Revolution.

Der Chevalier de Bouillé und der Kapitän de Raigecourt waren in ganz Varennes die letzten gewesen, die von der Festnahme des Königs hörten. Gemeinsam mit dem Leutnant Röhrig, der entsetzt war, als er erfuhr, welchen »Schatz« er hätte sichern sollen, sprangen sie in den Sattel und galoppierten auf der Straße gegen Montmédy davon, um dem General de Bouillé, der mit dem Regiment Royal-Allemand in Stenay stand, den Vorfall zu melden.

Indessen gellte die Sturmglocke durch die Sommernacht. Ganz Varennes fuhr aus den Betten und stürzte nach dem Krämerladen des

Bürgermeisters. Der war in einem ärmlichen Holzhaus untergebracht, in welches die königliche Familie geführt worden war. Plötzlich horchte die Königin auf: sie vernahm den Hufschlag einer Kavallerieabteilung. Choiseul, der endlich den Weg gefunden hatte, ritt mit seinen vierzig Husaren ein, trieb die Menge auseinander und verschaffte sich Zutritt in das Haus. Aber Ludwig XVI. lehnte es ab, sich durch Anwendung von Gewalt aus seiner gefährlichen Lage befreien zu lassen. »Es wäre grausam«, erklärte er, »das Blut meiner Untertanen zu vergießen.« Die einzige Hoffnung, die Marie Antoinette noch blieb, war, daß der General Bouillé kommen würde, da ihn sein Sohn von dem Vorgefallenen ja unterrichtet haben mußte. Sie hörte, wie der König sagte: »Von hier nach Stenay sind nur acht Meilen, die man zu Pferd in zweieinhalb Stunden zurücklegen kann. Herr von Bouillé wird gegen vier oder fünf Uhr morgens hier sein. Dann können wir ungefährdet und ohne Gewaltanwendung ruhig weiterfahren.«

Während die königliche Familie tatenlos zuwartete und die Zeit verstreichen ließ, marschierten die Nationalgarden aus einem Umkreis von fünf Meilen nach Varennes, das jetzt in die Weltgeschichte eintrat. Nach kurzer Zeit glich der kleine Ort einer wüsten Kneipe, einem riesigen Jahrmarkt. Überall wurde Brot gebacken und Speck auf Spießen geröstet, der Wein floß in Strömen. Es gelang der Menge, wieder an das Haus heranzukommen, einige drangen ein, kamen bis in den ersten Stock und begafften die »Österreicherin«. Die Stunden schlichen beängstigend langsam dahin. Auf den Strohsesseln der düsteren kleinen Stube sitzend, warteten die Gefangenen auf Bouillé, den einzigen, der sie noch retten konnte ...

Um fünf Uhr morgens wurde die Tür plötzlich aufgerissen. Verstaubt, blaß, vor Erschöpfung wankend, trat Bayon in die Stube. Er war kaum mehr imstande zu sprechen und murmelte anscheinend ohne Zusammenhang: »Sire ... Ganz Paris ist in Aufruhr ... Unsere Frauen, unsere Kinder sind in Gefahr ... Sie werden nicht weiterfahren, Sire ...«

Marie Antoinette trat zu ihm, faßte »mit einer energischen Bewegung« nach der Hand des Offiziers und zeigte auf das Bett des Krämers, wo der Dauphin und seine Schwester schliefen: »Bin nicht auch ich eine Mutter?« fragte sie. In diesem Augenblick bemerkte sie Romeuf. Er hielt ein Papier in der Hand. »Wie«, rief die Königin, die den Adjutanten Lafayettes täglich in den Tuilerien gesehen hatte, »auch Sie, Monsieur? Nein, das hätte ich nie gedacht!« Betreten, mit Tränen in den Augen, reichte Romeuf das Dekret der Nationalversammlung dem König, der es mit lauter Stimme vorlas: »Befehl an alle Funktionäre, alle Personen der königlichen Familie anzuhalten ...« Er warf der Königin einen Blick zu und sagte mit belegter Stimme: »Es gibt keinen König von Frankreich mehr.« Dann legte er das Dekret achtlos beiseite, auf das Bett, in welchem seine Kinder schliefen. Doch Marie Antoinette vermochte sich nicht mehr zu beherrschen. Sie griff nach dem Blatt und schleuderte es zu Boden: »Ich will nicht, daß dieses Papier meine Kinder beschmutzt!«

Zehntausend Menschen waren nach Varennes geströmt und heulten unter den Fenstern: »Auf nach Paris! Nach Paris!« Auch sie dachten daran, daß Bouillé nicht fern war. »Wir werden sie an den Beinen in den Wagen schleppen! Auf nach Paris! Nach Paris!«

Der König versuchte Zeit zu gewinnen und verlangte eine Mahlzeit. Aber die Menge drohte, das Haus zu stürmen. Marie Antoinette erniedrigte sich so weit, daß sie sogar Madame Sauce bat, ihr zu helfen. Doch die Krämersfrau erwiderte: »Mein Gott, Madame, Ihre Lage ist gewiß recht peinlich, aber mein Gatte trägt die Verantwortung. Ich möchte nicht, daß er sich Unannehmlichkeiten zuzieht.« Schließlich gab Ludwig XVI. den Befehl zum Anspannen.

Die Sturmglocke wurde noch immer geläutet. Es klang wie das Totengeläute der Monarchie... »Gegen halb acht«, schrieb ein Unteroffizier der am Ortsausgang stehenden Dragoner, »sah ich den von einer Schar bewaffneter Leute umringten königlichen Wagen kommen. Er fuhr so langsam an mir vorüber, daß ich deutlich ausnahm, wie die Königin meinen Gruß erwiderte. Der König machte eine Bewegung, die seinen tiefen Schmerz und seine Niedergeschlagenheit verriet; die Königin schien noch mehr zu leiden... Niemals habe ich je etwas so Erschütterndes erlebt; dieser herzzerreißende Anblick wird meinem Gedächtnis nie entschwinden.«

Nach einer Viertelstunde traf der General Bouillé an der Spitze des Regiments Royal-Allemand vor dem Städtchen ein. Auf der anderen Seite des Flusses, der zu tief war, als daß er ihn hätte durchreiten können, erblickte er noch den sich entfernenden Reisewagen inmitten einer Schar von viertausend Menschen. Unglücklicherweise wußte er nicht, daß die Straße ein wenig weiter wieder auf das rechte Ufer der Aire zurückkehrte. Ein kurzer Galopp hätte genügt, um die Menge über den Haufen zu werfen und den König zu befreien... In dem kleinen Dorf Ratantout ließ Bouillé zum Rückzug blasen...

Der Reisewagen, der von der ihn umgebenden Menge wie von einem Strom gleichsam getragen wurde, kam auf der Chaussee nach Paris nur langsam vorwärts. Seine Eskorte machte einen so abstoßenden Eindruck, daß die Magistratsbeamten von Châlons, die dem König in einer Postkutsche entgegenfuhren, nicht durchkamen und entsetzt in ihre Stadt zurückkehrten. Als der Wagen nach sechzehnstündiger Fahrt um halb zwölf abends endlich am Stadtrand von Châlons eintraf, erblickte Marie Antoinette im Dunkel der Nacht den schattenhaften Umriß des Triumphbogens, der zu Ehren ihres Einzugs in Frankreich errichtet worden war und die Inschrift trug: »Aeternum stet, ut amor« – möge er ewig dauern wie unsere Liebe. Mit solchen Worten wollte Châlons die Prinzessin ehren, »die gekommen war, um das Land mit ihrer Grazie und ihren Reizen zu verschönern«. Jetzt, am 22. Juni 1791, war Marie Antoinette freilich nicht mehr von einem goldstrotzenden Gefolge umgeben, sondern von einer Horde von vier- bis fünftausend zerlumpten, heulenden und betrunkenen Menschen, welche die blutigen Überreste des zerfetzten Grafen Dampierre durch die Luft schwenkten. Er hatte gewagt, der Königin die Ehrenbezeigung zu leisten, und war vom Pferd gerissen und auf der Stelle ermordet worden. Verstört »von einem Entsetzen, von dem man sich keinen Begriff machen kann«, hatte Marie Antoinette das Massaker mitangesehen ... Der Zug hielt vor der ehemaligen Intendantur von Châlons, in welcher die Dauphine vor einundzwanzig Jahren genächtigt hatte.

Es war zwei Uhr, als die Unglücklichen, die seit dem Verlassen der Tuilerien nicht mehr geruht hatten, endlich ins Bett kamen. Aber eine unsinnige Hoffnung ließ sie nicht schlafen. Frau von Tourzel berichtet, daß ein paar treue Stadtbeamte dem König eine verborgene Treppe zeigten, welche in das Zimmer führte, wo der Dauphin schlief. Sie beschworen ihn, aus Châlons zu fliehen, um die Armee Bouillés zu Pferd zu erreichen. Ludwig XVI. jedoch lehnte das Anerbieten ab. Er hätte ja seine Familie zurücklassen müssen. Und warum sollte er denn nicht lieber versuchen, in Châlons zu bleiben? Für den nächsten Morgen wurde das Eintreffen der Nationalgarde von Reims erwartet, und Ludwig XVI., der die Ovationen bei seiner Salbung nicht vergessen hatte, rechnete fest auf die treue Gesinnung »seiner guten Reimser«. Sie würden ihm ihre Hilfe gewiß nicht versagen.

In der Morgendämmerung schlief Marie Antoinette endlich ein.

Zu dieser Stunde – am frühen Morgen des 23. Juni – traf Fersen in Arlon ein, wo ihm Bouillé selbst die Katastrophe mitteilte. Es war für ihn ein entsetzlicher Schlag. »Alles ist verloren«, schrieb er, »ich bin verzweifelt. Stellen Sie sich meinen Schmerz vor und bedauern Sie mich.« Marie Antoinette hatte daran gedacht, wie groß die Verzweiflung des von ihr geliebten Mannes sein würde. »Meinen Sie, daß Fersen sich gerettet hat?« fragte sie in jener Nacht in Varennes mit Tränen in der Stimme Choiseul.

Am Morgen des 23. Juni wurde das Königspaar durch Lärm und wüstes Geschrei um neun Uhr aus dem Schlaf geweckt. Die »guten Reimser« waren in Châlons eingetroffen. Sie brachten der Königin ein Morgenständchen dar, indem sie unter ihren Fenstern lärmten und schrien: »Wir werden ihr Herz und ihre Leber essen!« Von nun an beherrschte dieser Abschaum aus Reims die Eskorte und gab ihr den Ton an.

Es fehlen mir die Worte, um zu beschreiben, wie schauderhaft dieser Tag gewesen ist. Etwas vor vier Uhr sahen die Einwohner von Chouilly, wie der Wagen die steile Straße von der Haute-Borne langsam herunterkam und am Dorfeingang stehenblieb. Es war glühend heiß, und die Gardisten stürzten nach der Schenke, um sich zu erfrischen. Während dieser Zeit umringte eine Ansammlung von verwilderten Männern das Gefährt. Sie pfiffen den König und die Königin aus und drohten ihnen mit der Faust. Einer stieg auf den Wagentritt und spuckte Ludwig XVI. mitten ins Gesicht. Er wischte sich ab, ohne ein Wort zu sagen, aber seine Hand zitterte dabei. Nachdem der Wagen eine halbe Stunde unter der brennenden Sonne gestanden war, setzte er sich um halb fünf langsam wieder in Bewegung.

Die Ankunft in Epernay übersteigt jede Vorstellung. Eine ungeheure Menge stand Kopf an Kopf auf dem Platz vor dem Hôtel de Rohan. Eine Mahlzeit war vorbereitet, aber es war unmöglich, an die Auffahrt heranzukommen. Angesichts dieser mit Piken gespickten, Beschimpfungen und Drohungen ausstoßenden Menge zögerte die königliche Familie, den Wagen zu verlassen. Ein Augenzeuge dieses Vorganges berichtete, er habe deutlich gehört, wie ein Mann zu seinem Kameraden sagte: »Stell dich vor mich, damit ich auf die Königin schießen kann, ohne daß man merkt, von wo geschossen wurde.« Aber schließlich mußten sie aussteigen. Sie gelangten heil durch die Pöbelmasse in ein Zimmer der Herberge, nur das Kleid Marie Antoinettes war im Gedränge zerrissen worden. Die Tochter des Hoteliers, »eine junge, sehr hübsche Person«, kniete neben der Königin nieder und versuchte, so gut es ging, den Schaden auszubessern. »Das hat man davon, wenn man reist«, bemerkte höhnisch ein Magistratsbeamter aus Epernay. Der Weg zum Wagen zurück war wiederum eine Tortur. Ein gellendes Pfeifkonzert empfing die Königin, sie wurde beschimpft, bedroht, beinahe erdrückt und bis an den Wagenschlag vorwärtsgestoßen. »Paß auf, meine Kleine, du wirst bald andere Stufen zu sehen bekommen«, rief ihr ein Weib zum Abschied nach, als Marie Antoinette den Fuß auf den Wagentritt setzte.

Eine Stunde später wurde die wüste Horde vor dem Meierhof Chêne-Fendu am Ufer der Marne aufgehalten. Wildes Geschrei erhob sich: der Wagen mit den drei Deputierten der Nationalversammlung, die den Gefangenen entgegenfuhren, war in Sicht und erreichte nach kurzer Zeit die Spitze des Zuges. Die beiden »fortschrittlichen« Deputierten Pétion und Barnave gingen mit ihrem Kollegen von der rechten, Latour-Maubourg, auf den Reisewagen zu. »Wir kamen an den Wagenschlag«, erzählte Pétion, »der sogleich geöffnet wurde. Die Königin und Madame Elisabeth schienen sehr erregt und verweint zu sein. ›Messieurs‹, sagten sie hastig und reichten uns dreien rasch die Hand, ›sehen Sie doch darauf, daß kein Unglück geschieht, daß die Leute, die uns begleitet haben, nicht aufgeopfert werden, daß man ihnen nicht nach dem Leben trachtet. Der König wollte Frankreich gar nicht verlassen.‹«

Latour-Maubourg nahm im Kabriolett der Kammerfrauen Platz, während sich Pétion und Barnave, so gut es ging, in den Reisewagen zwängten. Barnave, der aus der Dauphiné stammte, hatte die Königin in der Nationalversammlung wiederholt angegriffen und Mirabeau des »Verrates« bezichtigt. Nun, da er zwischen Marie Antoinette und dem König saß, fühlte er sich fürs erste eingeschüchtert. Dieser, wenngleich weniger als Pétion »links« stehende, strenggläubige Protestant verabscheute Monarchie und Adel. Nun versetzten ihn die »natürlichen Umgangsformen« der königlichen Familie in Erstaunen. Er hatte sich das Königtum stets nur »im Krönungsmantel« vorgestellt und war von der »Leichtigkeit und häuslichen Bonhomie« der Fürstlichkeiten aufs höchste überrascht. Marie Antoinette und Madame Elisabeth nannten einander »meine kleine Schwester«, die Königin »ließ den Prinzen auf ihren Knien tanzen«. Dann setzte sich das Kind auf den Schoß Barnaves, betrachtete interessiert die Messingknöpfe am Rock des jungen Deputierten und begann, die eingravierte Inschrift mühsam zu buchstabieren: »Schau her, Mama, was auf den Knöpfen steht: In Freiheit leben oder sterben.«

Marie Antoinette gab keine Antwort. Barnave jedoch fühlte, daß seine Überzeugung ins Wanken geriet. Das Vertrauen, das ihm die Königin entgegenbrachte, die Liebenswürdigkeit, mit der die immer noch junge und hübsche Frau zu ihm sprach, verfehlten ihre Wirkung nicht. Er hörte ihr teilnahmsvoll zu, geriet rasch in den Bann des Zaubers ihrer Persönlichkeit und entrüstete sich über die Beschimpfungen, die der Pöbel in allen Orten, durch die sie fuhren, dem Königspaar entgegenrief. Hinter Château-Thierry trennte sich der Reisewagen auf seinen Befehl von der schwitzenden und lärmenden Volksmenge, welche ihn bisher begleitet hatte. Barnave war, neben dem Chevalier de Rougeville, der letzte, der dem Zauber Marie Antoinettes erlag.

Am nächsten Tag wurde die letzte Etappe von Meaux nach Paris in dreizehn langen Stunden zurückgelegt. Die Hitze auf dieser Strecke war furchtbar. »Der Staub, den die Leute, die den Wagen umgaben, aufwirbelten«, berichtete Frau von Tourzel, »war so dicht wie der ärgste Nebel.« Trotz der erstickenden Schwüle wurde die »ungezwungene und heitere Konversation« wenigstens zu Beginn des Tages »in dem leichten Ton, wie er unter Freunden üblich ist«, fortgesetzt. Von Zeit zu Zeit bot der König, wenn er selbst trank, den Deputierten sein eigenes Glas mit lauer Orangeade an. Marie Antoinette neckte Barnave, indem sie ihm Fragen stellte, die geeignet waren, einen republikanischen Deputierten in Verlegenheit zu setzen. Mitunter lachte die ganze Reisegesellschaft fröhlich auf – man darf nicht vergessen, wie jung sie alle waren! Der älteste war Ludwig XVI. mit seinen kaum sechsunddreißig Jahren. Marie Antoinette war um ein Jahr jünger, Madame Elisabeth war siebenundzwanzig, Barnave dreißig und Pétion war zweiunddreißig Jahre alt.

Im Wald von Bondy kam es zum ersten Zusammenstoß mit den Parisern, die den Gefangenen entgegengezogen waren. Nach dem Bericht eines Augenzeugen stürzte »eine Rotte von Rasenden« aus dem Wald und warf sich auf die Nationalgardisten, die »vergeblich versuchten, sie zurückzudrängen; sie krochen unter den Pferdebäuchen und zwischen den Rädern hindurch«, um den Wagen zu stürmen. Der Wald hallte wider von ihrem Geschrei, »Megären stießen entsetzliche Flüche« besonders gegen die Königin aus. Um die den Wagen belagernde Menge zu beschwichtigen, hob Marie Antoinette den weinenden kleinen Dauphin in die Höhe. Sogleich schlug ihr eine höhnische Beschimpfung ins Gesicht: »Sie kann uns ihr Kind zeigen, so lang sie will – wir wissen ja doch, daß es nicht vom dicken Ludwig ist!« Der König hörte es und erblaßte, sagte aber kein Wort, der Kleine aber »schrie vor Schreck laut auf«.

Der Wagen setzte sich, überladen von Männern und Weibern, wieder in Bewegung. Sie hatten sich überall festgesetzt: auf dem Kutschbock, der Deichsel, den Kotflügeln, ja selbst auf dem Verdeck. Es war »ein scheußliches und erschreckendes Bild«. Bald darauf ereignete sich wieder ein Zwischenfall. Die berittene Nationalgarde, die den Wagen ab Meaux eskortierte, und die von dem Kapitän Lefebvre – dem späteren Marschall – kommandierten Infanteriegrenadiere fingen miteinander zu raufen an. Jede der beiden Formationen behauptete, der »Ehrenposten« beim Wagen stehe ihr und nicht der andern zu. »Das Handgemenge wurde heftig, die Bajonette blitzten um den Wagen.« Der Kommandant der Eskorte, Mathieu Dumas, vermochte sich keinen Gehorsam zu verschaffen. Da lehnte sich Barnave weit aus dem Wagenfenster und schrie in den Tumult: »Vergessen Sie nicht, Colonel, daß Sie mit Ihrem Kopf für das Leben der königlichen Familie haften!« Durch die Worte des jungen Deputierten aufgepeitscht, gelang es Dumas endlich, die Ordnung wiederherzustellen.

Auf einem großen Umweg über die Boulevards erreichte der Wagen, an welchem noch immer die »Patrioten« wie Trauben hingen, die Barrière de l'Etoile und rollte die Champs-Elysées hinunter. Außer dumpfem Trommelschlag war auf dem ganzen Weg kein Laut zu vernehmen – es herrschte tiefe, bedrückende Stille. Die Nationalgarde zu beiden Seiten der Chaussee hielt das Gewehr, so wie bei einem Begräbnis, mit dem Lauf nach unten gekehrt.

Marie Antoinette scheint unendliche Qualen gelitten zu haben. Der kleine Dauphin »lehnte im Wagenfenster und sah auf das Volk hinaus«. Ludwig XVI. ließ indessen seinen Blick stumpfsinnig über die Köpfe der Menge gleiten, »den Blick eines Betrunkenen«, berichtet ein Augenzeuge. Die drei Gardeoffiziere, von denen einer weinte, saßen gefesselt auf dem Bock. »Vor und hinter dem Wagen fuhren je acht Kanonen, mit angezündeter Lunte ... Herr von Lafayette saß auf einem prächtigen Schlachtroß, man erkannte ihn schon von weitem an dem mächtigen weißen Federbusch, den er an seinem Hute trug. Er kommandierte alle diese Truppen mit der Würde eines Heros. Er sah wirklich wie ein Halbgott aus.«

Der Straßenstaub wirbelte durch die offenen Fenster in das Innere des Wagens, legte sich als weiße Schicht auf die Kleider der Frauen und den braunen Samtrock des Königs und vermengte sich mit dem Schweiß auf den Gesichtern dieser armen Menschen, die weit davon entfernt waren, die Ursache des ihnen entgegengebrachten Hasses zu begreifen, zu einem schmutzigen Brei.

Als der König in den Tuilerien eintraf, näherte sich ihm Lafayette – nach seinen eigenen Worten: »gerührt und respektvoll«. »Sire, Eure Majestät kennen meine Anhänglichkeit, aber ich habe Sie nicht im unklaren gelassen, daß ich auf der Seite des Volkes bleiben würde, wenn Sie Ihre Sache von der des Volkes trennen sollten.« »Das ist richtig«, gab der König zu. »Sie haben nach Ihren Grundsätzen gehandelt, und das war Ihre Angelegenheit . . . Aber jetzt bin ich wieder hier! Ich will Ihnen offen sagen, daß ich bis zuletzt geglaubt hatte, daß nur die Leute, mit denen Sie mich umgaben, Ihre Meinung teilten, daß Ihre Meinung aber nicht die Meinung Frankreichs sei. Meine Reise hat mich belehrt, daß ich mich geirrt habe und Ihre Meinung die allgemein verbreitete ist.« Lafayette genoß, bescheiden lächelnd, seinen Triumph. »Darf ich Eure Majestät um Ihre Befehle bitten«, sagte er mit einer Verbeugung. Der König lachte auf. »Mir scheint«, erwiderte er, »daß eher ich unter Ihren Befehlen stehe als Sie unter den meinen.«

Die Königin wendete sich unwillig ab. Als sie in ihrem Zimmer den Hut ablegte, bemerkte ihre Kammerfrau, daß Marie Antoinettes Haare, die vor fünf Tagen noch aschblond gewesen, weiß geworden waren »wie die Haare einer siebzigjährigen Greisin«.

Am übernächsten Tag schrieb sie an Fersen: »Ich lebe noch . . . Aber ich war um Sie in Sorge. Wie sehr beklage ich Sie . . . Wir sind Tag und Nacht streng bewacht . . . Ich werde Ihnen nicht mehr schreiben können . . .«

Am gleichen Tag schrieb Ludwig XVI. in sein Tagebuch: »Ich habe Buttermilch getrunken.«

## XIV

## DIE VERPASSTEN GELEGENHEITEN

Der König und die Königin waren Gefangene, Wachtposten standen sogar auf den Dächern der Tuilerien. Marie Antoinette muß Fersen davon unterrichtet haben, denn dieser schrieb in sein Tagebuch: »Die Offiziere wollten im Zimmer der Königin schlafen. Alles, was sie erreichen konnte, war, daß sie zwischen den beiden Türen bleiben würden. Zwei- oder dreimal kamen sie in der Nacht nachsehen, ob sie sich noch in ihrem Bett befinde.«

Der König war mit allem einverstanden. Als er von einer Parlamentskommission über die Einzelheiten seiner »Entführung« befragt wurde – man gab jetzt vor, ernstlich an diese kindische Version zu glauben –, stand er freundlich Rede und Antwort. Dann wendete er sich zu seiner Schwester, die eben eintrat, und sagte: »Elisabeth, gehen Sie doch nachsehen, ob die Königin die Herren empfangen kann ... Sie soll sie aber nicht warten lassen.« Marie Antoinette ließ sagen, »sie nehme soeben ein Bad« und werde »diese Herren« am folgenden Tag empfangen. Als sie dann kamen, bot sie ihnen nicht ohne Ironie Fauteuils an und setzte sich selbst auf einen Stuhl.

Wie aber sollte man dieses Wrack von einem Königreich noch regieren? Ludwig XVI. war weniger denn je imstande, »ein König zu sein«, wie Rivarol ihm riet. Er benützte die ihm aufgezwungene Muße, um sich den Freuden der Statistik hinzugeben: »Von 1775 bis 1791«, schrieb er in sein Tagebuch, »bin ich 2636mal ausgegangen.« Dieses Resultat schien ihn mit Genugtuung zu erfüllen.

Marie Antoinette hatte die Bedeutungslosigkeit dieses unseligen Menschen vielleicht noch niemals so klar wie in diesen Tagen erkannt. Mit plötzlichem Entschluß raffte sie sich aus der tiefen Depression auf, die nach dem schimpflichen Einzug in Paris, nach dem Zusammenbruch ihrer Träume über sie gekommen war. Sie überlegte, was sie tun sollte, da es in Frankreich keinen König mehr gab, und traf eine Entscheidung, die unendliche Konsequenzen haben sollte: sie beschloß, den Souverän, der nur noch das Phantom eines Königs war, durch ihre eigene Person zu ersetzen. An wem aber würde sie eine Stütze finden? An der Rechten? Unmöglich! Zweihundertsechsundachtzig Deputierte erklärten, sie würden an den Arbeiten der Nationalversammlung nicht mehr teilnehmen, da der König als Gefangener zu betrachten sei. Diese »innere Emigration« hatte zur Folge, daß die Konstitutionellen von der Art Barnaves den Jakobinern allein gegenüberstanden. Sie mußte also mit den »Lauen«, den Anhängern der beschränkten Monarchie, paktieren und trat daher durch Vermittlung des Generals de Jarjayes, des Gatten einer ihrer Kammerfrauen, mit Barnave in Verbindung. Anfangs Juli schrieb sie an Jarjayes: »Ich wünsche, daß Sie

2–1« – Chiffre für Barnave – »aufsuchen und ihm sagen, daß ich, überrascht von seinem Charakter und seiner Freimütigkeit in den zwei Tagen, die wir zusammen verbrachten, von ihm gerne wissen möchte, was wir in der gegenwärtigen Lage zu tun haben ... Da ich mir seit meiner Rückkehr viele Gedanken über die Kraft, die Mittel und den Geist desjenigen gemacht habe, mit dem ich geplaudert habe, habe ich wohl erkannt, daß man dabei nur gewinnen kann, wenn man eine Art Korrespondenz mit ihm etabliert, wobei ich mir jedoch als Hauptbedingung das Recht vorbehalte, immer offen meine Denkungsweise auszudrücken.«

Barnave war von diesem Brief »hingerissen« und versprach, die Königin mit Hilfe seiner Freunde zu retten. Lameth und Duport zeigten jedoch keine so große Begeisterung. Sie hielten die Königin für »sehr oberflächlich« und glaubten nicht, daß sie imstande sei, »logisch und konsequent zu denken«. Die Ereignisse aber veranlaßten sie, ihr dennoch »eine Chance« zu geben. Die Republikaner – eine Partei, die sich infolge der Katastrophe von Varennes gebildet hatte – wollten Ludwig XVI. absetzen, und die Triumvirn wußten, daß dies den Zusammenbruch des ganzen, von der Konstituante aufgebauten Verfassungswerkes bedeuten würde. Daher mußten sich die Gemäßigten mit dem bedrohten König solidarisch erklären.

»Wenn man«, rief Barnave auf der Rednertribüne aus, »in dem Augenblick, da die Nation frei und alle Franzosen gleich sind, noch mehr verlangt, dann hört man auf, frei zu sein, und fängt an, schuldig zu werden.« Der Applaus war so stark, daß es Robespierre nicht möglich war, das Wort zu einer Entgegnung zu ergreifen. Dank dieser Rede Barnaves wurde der König »belassen« und bloß bis zur Fertigstellung der neuen Verfassung, an der die Nationalversammlung arbeitete, »suspendiert«. Die Verhaftung aller an der Flucht beteiligten Personen hatte Barnave freilich nicht verhindern können. Nur Frau von Tourzel erhielt, obgleich auch verhaftet, die Genehmigung, wegen ihrer Kränklichkeit in den Tuilerien zu bleiben. Das alles stellte immerhin einen Erfolg dar, wenn man bedenkt, daß das Schlimmste zu befürchten war. Um sich davon zu überzeugen, braucht man nur die Presse der äußersten Linken zu lesen. Sie bezeichnete Marie Antoinette als »verbrecherische Dirne« und verlangte, daß ihre Freunde in der Nationalversammlung »bei lebendigem Leib gepfählt« werden.

Barnave verabscheute Angriffe solcher Art. Eingenommen von dem Vertrauen, das ihm die Königin entgegenbrachte, und von seinen Freunden ermächtigt, begann er seine Rolle als Mentor zu spielen. Alles müsse neu begonnen werden: »Der König wurde lange getäuscht, er hat sich zu einer Reihe von Schritten verleiten lassen, deren letzter ihn der Gefahr aussetzt, die Krone zu verlieren.« Doch könnte noch alles gerettet werden, wenn der König und die Königin aus dem, was sie während ihrer Reise gesehen, die Lehre ziehen wollten. Die neue Verfassung, die soeben Punkt für Punkt durchgesprochen wurde, entspreche zweifellos dem »allgemeinen Wunsch« des Landes, doch müsse die Königin »ihre tatsächliche Bereitschaft«, ihr zuzustimmen, der Öffentlichkeit beweisen. Wie sollte sie das tun? Indem sie auf ihren Bruder Leopold und die immer zahlreicheren Emigranten beruhigend einwirkte, die davon sprachen, in Frankreich einzumarschieren und die in den Tuilerien Gefangenen zu befreien. Es sei Marie Antoinettes Aufgabe, sie wissen zu lassen, daß es der aufrichtige Wunsch des Königspaares sei, konstitutionelle Herrscher zu werden. Provence, der die Grenze unbehelligt überschritten hatte, und Artois müßten in das Königreich zurückkehren, der Kaiser von Österreich müßte die künftige Verfassung anerkennen. Barnave betonte, Marie Antoinette »könne sich weder andere Vorstellungen zu eigen machen noch diese Linie verlassen, ohne sich ins Verderben zu stürzen«. Der junge Deputierte sah die Dinge richtig: Ludwig XVI. habe nur noch die Wahl, entweder die Verfassung anzunehmen und von seinem Schwager Leopold zu verlangen, sich nicht mehr in seine Angelegenheiten einzumengen, oder aber abzudanken. Wenn das Königspaar eine andere Haltung einnehme, gehe es seinem Untergang entgegen.

Am 9. Juli schrieb Marie Antoinette ihren zweiten geheimen Brief an das Triumvirat. Er klang etwas zurückhaltender als der erste. Vielleicht fühlte sie sich durch den entschiedenen Ton des Antwortschreibens Barnaves ein wenig verletzt. Am gleichen Tag beschloß die Nationalversammlung einen Erlaß gegen die Emigranten: falls sie nicht zurückkehrten, sollten ihre Güter zuerst unter Zwangsverwaltung gestellt und dann beschlagnahmt werden. Darum hatte Marie Antoinette es nicht schwer, Barnave zu antworten, »es scheine ihr unmöglich, daß Leute, die ihrem Vaterland seit zwei Jahren aus freien Stücken fern seien, zu Verhandlungen in dem Augenblick bereit sein würden, da man ihnen einen großen Teil ihres Vermögens abnehme«. Sie »lehne es jedoch nicht ab, dem Kaiser zu schreiben«, obwohl sie nicht glaube, auf Leopold II. irgendeinen Einfluß zu besitzen. Ein Punkt aber beunruhigte sie: würde die Verfassung festlegen, daß Ludwig XVI. »unverletzlich« ist? Am nächsten Tag wurde sie von Barnave beruhigt: »Der Erfolg sei sicher; wenn seitens des Königs und der Königin ebensoviel Vertrauen bestehe, wie bei den Triumvirn Standhaftigkeit und Mut, dann könnten sie für alles einstehen.« Aber die nächsten Zeilen ließen das Mißtrauen von Lameth und Duport deutlich durchblicken: wenn jedoch der König und die Königin nicht aufrichtig sind, wenn Marie Antoinette »dem Einfluß gewisser Ratgeber« unterliegen sollte, oder wenn das Königspaar »die vereinbarte Linie verließe«, dann würde »das Triumvirat sein und das Staates Heil nur noch darin erblicken, daß es sich einer ganz entgegengesetzten Richtung anschlösse«. Das Problem war klar umrissen, die Drohung unmißverständlich. Marie Antoinette mußte sich entscheiden.

Ein ernster Vorfall, der sich am 17. Juli, einem Sonntag, zutrug, zeigte dem Königspaar den Weg, den es hätte einschlagen sollen. Die äußerste Linke hatte ihre Anhänger beim Altar auf dem Marsfeld versammelt, wo sie eine republikanische Petition unterzeichnen sollten. Die Sache begann mit einem Lustspiel. Zwei Bürger hatten sich unter dem Altar versteckt und blickten von dort den petitionierenden Damen unter die Röcke. Sie wurden entdeckt, man hielt sie für Spione, und nun verwandelte sich das Lustspiel in ein Drama. Man schlug sie tot und schleppte ihre Köpfe durch die Stadt. Bailly, Lafayette und Charles de Lameth, der Bruder Alexanders und, wenn der Ausdruck erlaubt ist, der vierte Triumvir, beschlossen, die Ordnung wiederherzustellen. Truppen erschienen auf dem Marsfeld und schossen aus einem nicht aufgeklärten Anlaß in die Masse – fünfzig Tote blieben auf dem Platz. Es war ein Drama, das nicht wiedergutzumachen war.

Das »Gemetzel auf dem Marsfeld« schuf eine blutige Kluft zwischen den konstitutionellen und den radikalen Deputierten. Danton, Marat, Desmoulins und Santerre verbargen sich eiligst und zeigten sich nicht mehr. Jetzt hätten Ludwig XVI. und Marie Antoinette nicht mehr zögern dürfen, sich blindlings an die Seite der Gemäßigten zu stellen ... Die Interventionen Barnaves zugunsten des Königtums in der Nationalversammlung waren von größter Bedeutung. Marie Antoinette scheint dies begriffen zu haben: »Ich habe mit Freude die Entschiedenheit und den Mut gesehen, mit welchem die Personen, an die ich mich wende, für die Monarchie eingetreten sind. Dies flößt mir auch Vertrauen hinsichtlich der anderen Artikel ein.« Da sie sich »isoliert fühle und niemand sehen könne«, drückte sie mit sichtlich gutem Willen am 20. Juli den Wunsch nach einer engeren Verbindung mit dem Triumvirat aus. »Man möge mir einige Gegenstände bekanntgeben, damit ich darüber nachdenken kann, sei es über die derzeitigen Ereignisse, sei es über die noch viel wichtigeren der Zukunft; ich werde in meiner Zurückgezogenheit stets aufrichtig und eingehend darauf erwidern.« Zu ihrer Freude schrieb ihr Barnave schon am nächsten Tag: »Die Revolution muß beendet werden.« Der Deputierte bestand auf der Rolle, welche die Königin bei ihrem Bruder und bei den Emigranten »spielen könne und müsse«: der Kaiser möge auf den Krieg verzichten, die »Emigranten sollten sich wieder in die große französische Familie einordnen«. Man müsse diese Narren »ohne Unterstützung« lassen; wenn der König, die Königin und die Alliierten sie fallenließen, »würden sie gezwungen sein, auf alle verrückten Ideen zu verzichten«. Marie Antoinette schien diesen Ansichten beizupflichten und erbat im gleichen Brief eine Unterredung mit den Triumvirn und den Entwurf eines Briefes an den Kaiser.

Als ihr Barnave den Entwurf sandte, umschrieb er nochmals – wahrscheinlich auf Veranlassung seiner Kollegen – den Standpunkt, welchen jene einnahmen, denen Marie Antoinette »Vertrauen entgegenbrachte«. Da die Königin nun zu handeln bereit sei, möge sie sich vorher »befragen und vergewissern, daß sie die Einstellung, zu der sie sich jetzt einschließe, niemals aufgeben oder abändern werde«. Die

Ratschläge Barnaves und seiner Freunde »seien gut«, der Erfolg gewiß, aber Marie Antoinette müsse »vor allem fest entschlossen sein, sie unbeirrt zu befolgen«. Zweifellos habe sie »tiefe Mißstimmung gegen ihre Person erregt, aber sie habe gelitten«, und die Franzosen, »davon ergriffen«, seien bereit, die Vergangenheit zu vergessen und ihre Herrscherin wieder zu lieben. Marie Antoinette könne wieder Königin von Frankreich werden. Vielleicht »werde sich nicht mehr alles so wie früher unter ihren souveränen und absoluten Willen beugen, aber würde sich noch von der Ergebenheit einer zahlreichen Gesellschaft und der Ehrfurcht eines ungeheuren Volkes umgeben sehen«. Sie möge sich beeilen, zum Wohl des Landes zu handeln, denn, schloß er, »der Königin bliebe nur noch ein Augenblick, und nicht mehr als dieser eine Augenblick!«

Marie Antoinette antwortete am 26. Juli. Obgleich sie erklärte, von dieser »offenen Sprache« ergriffen zu sein, merkt man doch, daß sie die drängende Aufforderung zum Handeln verstimmte. Der Entwurf des Briefes an Leopold erschien ihr »sehr gut«. Sie versprach, ihn abzuschreiben und den Brief nach Brüssel an Mercy zu senden, der ihn nach Wien weiterleiten würde.

Dieser Briefwechsel, der von Marie Antoinette gezeigte gute Wille, Barnaves idealistischer Enthusiasmus könnten einem ans Herz greifen. Aber leider waren nur die Triumvirn aufrichtig, während Marie Antoinette sie hinterging. Sie hatte nicht die Absicht, sich diesen »übertriebenen Ideen«, die ihr niemals »konvenieren« könnten, anzupassen. Ja, sie hatte diese Korrespondenz nur begonnen, um »Zeit zu gewinnen«. Sie teilte dies Mercy am 29. Juli mit und bat ihn, ihren Bruder davon zu verständigen, daß er dem Brief keine Beachtung schenken möge, da er ihr vom Triumvirat diktiert worden sei. Das Triumvirat, schrieb sie an Mercy, Breteuil und den Kaiser, »müsse wenigstens noch einige Zeit lang glauben, daß sie seine Meinung teile«. Einige Zeit lang – so lange also, bis die Alliierten imstande seien, einzugreifen und sie zu retten. »Die Armee ist verloren«, schrieb sie am 4. August an Mercy, »das Geld existiert nicht mehr, kein Zügel, kein Damm ist mehr imstande, den bewaffneten Pöbel zurückzuhalten.«

Marie Antoinette fühlte sich um so verlassener, als sie seit ihrer Rückkehr keine Nachricht mehr von Fersen hatte. Sie bat Esterházy: »Wenn Sie IHM schreiben, sagen Sie IHM, daß alle Meilen und Länder niemals Herzen trennen können; ich empfinde diese Wahrheit alle Tage mehr.« Dann sandte sie an den gleichen Freund aus besseren Tagen zwei Ringe, »wie man sie hier zu kaufen bekommt«, in welche drei Lilien und die Worte: »Feige, wer sie verläßt« eingraviert waren. »Der in Papier gewickelte ist für IHN, er ist gerade nach seinem Maß. Bevor ich ihn eingepackt habe, habe ich ihn selbst zwei Tage getragen. Sagen Sie IHM das in meinem Namen. Ich weiß nicht, wo er ist. Es ist eine schreckliche Qual, keinerlei Nachricht zu haben und nicht einmal zu wissen, wo die Leute, die man liebt, wohnen.« Bis Ende September blieb Marie Antoinette ohne Nachricht. Fersen hatte ihr sicherlich geschrieben, aber die Briefe waren verlorengegangen . . . Er hielt sich damals in Wien auf, um Leopolds Teilnahme für seine Schwester zu wecken, was übrigens nicht leicht war, und die Emigranten zu verhindern, Schaden zu stiften. Auch Marie Antoinette fürchtete diese »lärmenden, wirren und unbesonnenen« Frondeure, die den Bruder des Kaisers in Koblenz umgaben. »Sie kennen selbst«, schrieb sie an Mercy, »das üble Geschwätz und die schlechte Gesinnung der Emigranten. Nachdem uns diese Feiglinge verlassen haben, möchten sie jetzt, daß nur wir allein uns exponieren und ihren Interessen dienen.« Immer wieder sprach sie von »dieser verächtlichen Rasse, diesen Leuten, die immer behaupten, uns zugetan zu sein, und die uns nichts anderes als Böses zugefügt haben«. Ohne die Hilfe der Alliierten seien die Emigranten machtlos. »Ihre Rückkehr in dieses Land würde alles verderben.«

Das Maulheldentum der Emigranten war in diesem Augenblick, da sich die Nationalversammlung mit der zukünftigen Verfassung beschäftigte, besonders gefährlich. Allein Barnave und seine Freunde vermochten durch ihren Einfluß die »Charte« – wie die Königin die Verfassung nannte – für das Königtum halbwegs annehmbar zu machen. Darum spielte Marie Antoinette ihr »Doppelspiel« weiter. »Der Augenblick ist gekommen«, schrieb sie am 4. August an Barnave, »da ich mir ein Urteil über jene bilden kann, die mutig für die Monarchie eingetreten sind. Reden sind nicht nötig, man muß sich vielmehr für die Rechte und die Würde des Monarchen einsetzen, man muß ihm, mit einem Wort, die Macht und die Mittel zum Regieren geben.« Abschließend drohte sie den Triumvirn, sie würde »sich zurückziehen«, wenn sie nicht »mit ihrem ganzen Mut die gesetzmäßigen und legitimen Rechte des Monarchen« aufrechterhielten.

Der Ton dieses Briefes überraschte Barnave, Duport und Lameth außerordentlich, »da sie doch seit einem Monat auf die öffentliche Meinung und den Gang der Geschäfte so eingewirkt hätten, wie es ohne sie niemand jemals gewagt hätte«. Und habe im übrigen nicht die Königin die Verbindung mit ihnen aufgenommen?

Marie Antoinette erkannte, daß sie ungerecht gewesen, und beeilte sich, einen Schritt zurück zu tun . . . Dank Barnave und seinen Freunden wurde die Verfassung endlich durch Abstimmung genehmigt. Die Befugnisse, die sie dem König gab, waren wohl begrenzt, gingen aber weit über das hinaus, was ihm die äußerste Linke hatte zubilligen wollen. Ludwig XVI. durfte sein »Veto« einlegen, wenn ihm ein Gesetz mißfiel, die Minister, Gesandten und hohen Militärs wurden weiterhin von ihm ernannt. Sicherlich hatte er nicht mehr das »droit de guerre«, doch hatte die künftige gesetzgebende Versammlung nur dann das Recht, einen Krieg zu erklären, wenn der König dies verlangte. Im übrigen besaßen nur solche Leute das Stimmrecht, die über eine Grundrente von zweihundert Francs in den Städten und von fünfundsiebzig Francs auf dem Lande verfügten. Dies bedeutet nicht mehr und nicht weniger als den Sieg des Bürgertums.

Was aber den Fortschrittlichen als »reaktionär« erschien und Robespierre und Pétion veranlaßte, Barnave »einen infamen, von der österreichischen Partei gekauften Schurken« zu nennen, und was uns heute als sehr gemäßigt erscheint, war in den Augen Marie Antoinettes, wie sie am 7. August an Mercy schrieb, »ein Gewebe von unausführbaren Absurditäten«. Barnave und seine Freunde erblickten freilich in dieser »Absurdität«, die sie für »sehr monarchistisch« hielten, das einzige Mittel zur Rettung des Königtums. Würde Ludwig XVI. nicht den Titel »Repräsentant der Nation« erhalten, den höchsten, den ein König tragen konnte? Marie Antoinette gab vor, von Barnaves Argumenten überzeugt worden zu sein. »Sicherlich«, schrieb sie ihm am 31. August, »können König und Monarchie aus der Verfassung Vorteile haben.« Aber drei Tage zuvor hatte sie an Mercy geschrieben: »Es ist nicht mehr möglich, so zu leben. Es handelt sich für uns nur darum, sie einzuschläfern und ihnen Vertrauen einzuflößen, um ihre Pläne später leichter vereiteln zu können.« Am 26. August schrieb sie: »Wir sehen keine Hilfe mehr als bei den auswärtigen Mächten; sie müssen uns um jeden Preis zu Hilfe kommen.«

Wie die meisten Fürsten jener Zeit, besaß auch Marie Antoinette keine »Vaterlandsliebe«. Das Land gehörte dem Fürsten, wie ein Meierhof dem Gutsbesitzer gehört. Die Souveräne bildeten untereinander eine große Familie. Es galt nicht als Verrat, sein Land zur Vernunft bringen zu wollen, wenn es seinem Fürsten untreu war. Man berief ja auch einen Familienrat ein, wenn ein mißratenes Kind auf den rechten Weg zurückgebracht werden sollte. Darum ist es eher zu entschuldigen, daß sich Marie Antoinette an das Ausland wandte, als daß sie loyale, redliche und aufrichtige Männer hinterging, die später das Blutgerüst Sansons besteigen mußten, weil sie ihr vertraut hatten und sie zu retten versuchten.

Die Komödie wurde weitergespielt. Um der Verfassung seine Zustimmung zu erteilen, mußte Ludwig XVI. eine Ansprache vor der Nationalversammlung halten, die nun bald auseinandergehen würde. »Wir verbürgen uns für alles«, schrieb Barnave, »wenn die Ansprache des Königs das ist, was sie sein soll.« Marie Antoinette beeilte sich, ihre »Freunde« zu bitten, den Text gründlich durchzusehen, aber als sie ihn zurückerhielt, schrieb sie empört an Fersen, von dem sie endlich Nachricht erhalten hatte: »Ich hätte gewünscht, daß die Annahme einfacher und kürzer gewesen wäre, aber unser Unglück ist, daß wir nur von Verbrechern umgeben sind.« Die Sitzung vom 14. September, bei der die Königin auf einer Tribüne zugegen war, bestand für Ludwig XVI. aus einer Reihe von Brüskierungen. Als der König den Eid leistete, setzte sich die Versammlung nieder. Die Deputierten erhoben sich auch nicht, als er die Ansprache zu halten begann. Er blickte »aus dem Konzept gebracht und irritiert« um sich und setzte sich dann ebenfalls. Nach der Rückkehr in die Tuilerien ließ er sich in einen Fauteuil fallen und brach in Tränen aus. »Und Sie mußten Zeuge dieser Erniedrigung sein«, sagte er klagend zu Marie Antoinette. »Sie sind nach Frankreich gekommen, um das zu erleben!« Die Königin kniete nieder und schloß ihn in die Arme. Weinend hielten sie sich umschlungen. Das gemeinsame Unglück hatte sie einander nähergebracht.

Die Verfügungen, welche die Tuilerien in eine Festung verwandelten, wurden jetzt aufgehoben, die »Helfer bei der Flucht« aus der Haft entlassen, am 18. Oktober wurde Marie Antoinette, die sich lächelnd verbeugte, in der Oper akklamiert, wo »Psyché« gegeben wurde, das Königspaar fuhr unter den Ovationen der Pariser auf den Champs-Elysées spazieren. Die Deputierten trennten sich, um in ihre Provinzen zurückzukehren, noch einmal davon überzeugt, daß die Revolution zu Ende sei. Barnave frohlockte: »Der König ist wieder eingesetzt, das Bedrohlichste, ja sagen wir das Schmerzlichste liegt hinter uns.« Marie Antoinette belobte ihn und empfing die Triumvirn in den Tuilerien. An Fersen aber schrieb sie: »Sie würden nicht glauben, welche Überwindung mich alles kostet, was ich jetzt tue.«

Beim Lesen der Briefe Barnaves und seiner Freunde errät man das schleichende Drama, fühlt man den Überdruß dieser ehrlichen Leute vor der »Gleichgültigkeit und Apathie« Ludwigs XVI. und vor dem, was sie »das unbeständige und unentschlossene Verhalten der Königin« nannten. Es ist gewiß, daß durch das Doppelspiel Marie Antoinettes die Atmosphäre eines undefinierbaren Mißbehagens geschaffen wurde. Am 20. Oktober schrieb Marie Antoinette einen Brief an Barnave, in welchem sie ihn ihres Wohlwollens versicherte. Für das Andenken der Königin wäre es besser, wenn dieser Brief nicht erhalten geblieben wäre: »Als ich meine Korrespondenz mit den Herren begonnen habe, bin ich ganz offen zu ihnen gewesen und werde es immer sein, da dies meinem Charakter entspricht. Ich habe alle meine Vorurteile geopfert . . . Mein Tun ist durch keinen Hintergedanken geleitet worden. Ich sagte mir, es ist meine Pflicht, und ich müsse ihr folgen.« Kurz vorher hatte sie aber an Fersen geschrieben: »Seien Sie beruhigt; ich lasse mich nicht von diesen Tollköpfen einfangen; wenn ich welche sehe oder Beziehungen mit einigen von ihnen unterhalte, so ist es nur, um mich ihrer zu bedienen, aber ich habe zuviel Abscheu vor ihnen, um mich jemals von ihnen beeinflussen zu lassen.«

Fersen beruhigte sich und stimmte ihr zu. Bevor er diesen Brief erhielt, war er sicherlich etwas besorgt gewesen. »Sie werden sich bloß in den Augen Europas erniedrigen«, schrieb er ihr. Aber er war völlig beruhigt, als ihm Marie Antoinette ein paar Tage später schrieb: »Welches Glück, wenn ich eines Tages wieder mächtig genug sein könnte, um allen diesen Lumpen zu beweisen, daß ich mich von ihnen nicht habe narren lassen.« Man kann diese Zeilen nicht ohne ein

Gefühl des Mißbehagens lesen. Mit sympathetischer Tinte und Zitronensaft schrieb sie täglich lange, mitunter bis zu dreißig Seiten umfassende chiffrierte Briefe, die in Hüte eingenäht oder in Biskuitbüchsen verborgen nach Brüssel gingen. »Ich bin vom vielen Schreiben ermüdet«, seufzte sie, »ich habe noch niemals ein solches Handwerk ausgeübt.«

Die neue gesetzgebende Versammlung begann ihre Tätigkeit mit der Abstimmung über zwei Dekrete. Das eine verlangte den berüchtigten Bürgereid der Priester und die Einkerkerung jener, die ihn verweigerten; das andere das Todesurteil für alle Emigranten, die nicht innerhalb von zwei Monaten nach Frankreich zurückkehren würden.

Von Marie Antoinette und Barnave, der nicht mehr Deputierter war, ermutigt, versagte der König diesen beiden Dekreten seine Zustimmung. »Ich habe«, erklärte er, »sooft getan, was alle anderen wollten, so daß man einmal tun kann, was ich wünsche.« Er hielt sein »Veto« aufrecht und rief durch diese unerwartete Festigkeit allgemeine Überraschung hervor. Aber seine plötzliche Hartnäckigkeit stand nicht im Widerspruch zu seinem Charakter. Wenn man einem Schwächling das Mittel zur Stärke in die Hand gibt, wird er eigensinnig. In dem ihm zugebilligten Einspruchsrecht erblickte der König nun das Mittel, durch welches er in aller Ruhe – so glaubte er wenigstens – und kraft der eigenen Grundsätze seiner Gegner seinem Willen Ausdruck verleihen konnte. Diese freilich nahmen seinen Widerstand sehr übel auf und dachten schon daran, die Straße aufzurufen, um »Monsieur Veto« zum Nachgeben zu zwingen. Der im September geschlossene Friede war rasch vergessen, die Gegensätze traten wieder zutage und die Revolution nahm ihren Fortgang.

Ende 1791 bot der Herzog von Orléans seine Hilfe zur Rettung der Monarchie an. »Er kehrt mit aufrichtigem Herzen zu uns zurück«, sagte Ludwig XVI. nach der Unterredung mit seinem Cousin. »Er wird alles tun, was in seiner Macht steht, um das in seinem Namen begangene Unrecht gutzumachen, an dem er vielleicht nicht so viel Schuld trägt, wie wir geglaubt haben.« Marie Antoinette war nicht so leicht zu überzeugen. Ihre letzten Getreuen griffen den Herzog im Salon der Königin aufs heftigste an, ja es wurde ihm sogar ins Gesicht gespuckt. Er war überzeugt, daß Marie Antoinette die Anstifterin der ihm zugefügten Schmähungen sei, und verließ die Tuilerien, um sie nie wieder zu betreten. Die Königin, die es nie verstanden hatte, die Leute, sie sie brauchte, an sich zu binden, rief ihn nicht zurück und trieb ihn dadurch erst recht ins Lager ihrer Feinde.

In Koblenz intrigierten Provence und Artois unablässig weiter. Die Wiederherstellung des Ancien Régime war ihr einziges Ziel. In Paris fanden sie die Unterstützung der Madame Elisabeth, die noch immer vom Absolutismus träumte. Ludwig XVI. wußte, daß sich ein solcher Plan nur »unter Strömen von Blut« verwirklichen ließe. »Sie machen mich vor Entsetzen schaudern«, soll er seinen Brüdern geschrieben haben. »Mag lieber die Monarchie zusammenbrechen, als daß ich solchen Projekten meine Zustimmung gäbe.« Der Brief ist vielleicht nicht echt, doch gibt er die Ansicht des Königs wieder. In seinem Testament sprach er später von jenen, die ihm durch ihren »verkehrten« oder »einen mißverstandenen Eifer« »viel Böses« angetan hätten. In diesem Punkt teilte Marie Antoinette seine Meinung. »Kain, Kain!«, also Brudermörder, nannte sie ihre beiden Schwäger.

Ludwig XVI. glaubte ernstlich, König der Revolution werden zu können. Marie Antoinette jedoch setzte ihre ganze Hoffnung nur noch auf Österreich, obwohl ihr Leopold II. wiederholt zu wissen gab: »Wir können weder unser Blut noch unser Gold verschwenden, bloß um Frankreich die frühere Machtstellung wiederzugeben.« Doch hätte es ihr, da sie sich noch immer auch als Erzherzogin fühlte, nichts ausgemacht, wenn Frankreich für seine künftige Befreiung mit Gebietsabtretungen hätte zahlen sollen. Aber auch Ludwig XVI. waren die Absichten seines Schwagers nicht unbekannt. Diese Meinungsverschiedenheiten zwischen der Königin, dem König und Madame Elisabeth hatten so heftige Auseinandersetzungen zur Folge, daß Marie Antoinette an Fersen schrieb: »Unser Familienleben ist eine Hölle.«

Axel Fersen wußte, daß die Interessen der Emigranten, Österreicher und »Rebellen« nicht auf einen Nenner zu bringen waren, und schlug daher als letzten Ausweg abermals die Flucht vor. Um seinen Plan zu vertreten, faßte er den Entschluß, nach Paris zu reisen. Als Ausländer, gegen den überdies ein Haftbefehl erlassen war, setzte er sein Leben aufs Spiel, um die geliebte Frau ihren Qualen zu entreißen. Am 13. Februar 1792, an einem Montag, traf er tatsächlich, mit falschen Papieren versehen und als Kurier verkleidet, unbehelligt in Paris ein. Unerkannt gelangte er »auf seinem gewöhnlichen Weg« in die Tuilerien, wo er, ohne sich zu rühren, den ganzen nächsten Tag in den Zimmern der Königin verbrachte. Erst um sechs Uhr abends suchte er den König auf. Warum diese Verspätung? Hatte vielleicht Marie Antoinette ihrem Gatten die Anwesenheit Fersens verheimlicht, um mit ihm allein zu bleiben?

Der König weigerte sich, das Abenteuer von Varennes zu wiederholen. Nicht allein das Schloß, auch die Appartements der königlichen Familie seien von Posten eng umstellt. »In Wahrheit«, schrieb Fersen, »machte er sich Skrupel, da er sooft versprochen hatte, zu bleiben, denn er ist ein Ehrenmann.«

»Wir sind unter uns«, fuhr Ludwig XVI. fort, »und können sprechen. Ich weiß, daß man mich der Schwäche und Entschlußlosigkeit beschuldigt, aber niemand hat sich noch in einer Lage wie der meinen befunden. Ich weiß, daß ich den richtigen Augenblick versäumt habe, ich hätte am 15. Juli fortgehen sollen... Seitdem habe ich ihn nicht wiedergefunden. Die ganze Welt hat mich im Stich gelassen.«

Um halb zehn nahm Fersen Abschied... Die Woche, die er noch

in Paris verbrachte, hielt er sich bei seiner Geliebten, der Schauspielerin Eleonore Sullivan, verborgen, ohne daß ihr offizieller Freund, der Engländer Crawford, etwas bemerkte. Er aß bei ihr zu Abend, und als Mr. Crawford nach Mitternacht heimkehrte, »verspeiste er«, wie Fersen in sein Tagebuch notierte, »was ich übriggelassen hatte, in der Meinung, daß es ihr Abendessen gewesen sei«.

Am 23. Februar reiste Fersen nach Brüssel ab, wahrscheinlich ohne Marie Antoinette nochmals aufgesucht zu haben. In der Nacht darauf überschritt er bei großer Kälte – »der Schnee knirschte wie in Schweden« – die Grenze ohne Zwischenfall. Würde es ihm gelingen, die Alliierten zu bewegen, den in den Tuilerien Gefangenen zu Hilfe zu eilen? Zu deren Unglück verlor er jetzt den stärksten Rückhalt: König Gustav von Schweden wurde bei einem Ball im Stockholmer Opernhaus von dem Kapitän Anckarström durch einen Pistolenschuß schwer verletzt und starb vierzehn Tage später, am 30. März. »Dieser Schuß«, sagte der Sterbende, »wird den Pariser Jakobinern Freude bereiten.« Ob Österreich und Preußen auch ohne Schwedens Beistand zum Krieg gegen Frankreich schreiten würden, war ungewiß. Da aber kam ihnen Frankreich zuvor.

Ludwig XVI. hatte nun ein konstitutionelles Ministerium, welches nach dem Klub der Feuillants, der gemäßigten Deputierten, »Ministerium Feuillant« genannt wurde. Die Feuillants wünschten den Frieden, während die Girondisten zum Krieg gegen Österreich trieben. Der Kriegsminister Lessart verheimlichte vor der Nationalversammlung gewisse ihm zugekommene Berichte, die den Konflikt hätten auslösen können. Er wurde in den Anklagezustand versetzt, was den Zusammenbruch des Ministeriums zur Folge hatte.

Jetzt hatte die Monarchie nur noch vier Monate zu leben. In dieser kurzen Zeit bot sich in der Person des Generals Dumouriez eine letzte Gelegenheit zur Rettung, aber auch die wurde verabsäumt. Die Girondisten hatten Ludwig XVI. als hervorragendste Persönlichkeit des neuen Ministeriums vom 10. März Dumouriez als Minister des Auswärtigen aufgenötigt. Er war bereit, die Rolle Mirabeaus zu spielen, um die Monarchie zu retten. Doch hatte er die Rechnung ohne Marie Antoinette gemacht, die keine Bevormundung des Königtums dulden wollte. Er erschien bei ihr in Audienz, aber sie bereitete ihm keinen guten Empfang. »Monsieur«, erklärte sie ihm, »Sie sind zwar im Augenblick allmächtig, doch verdanken Sie Ihre Macht der Gunst des Volkes, das seine Götzen sehr rasch wechselt. Ihre Existenz hängt von Ihrem Verhalten ab.« Und da Dumouriez sie verblüfft ansah, fuhr sie fort: »Weder der König noch ich können alle diese Neuerungen der Verfassung dulden. Ich erkläre Ihnen offen, daß Sie sich entscheiden müssen.« Freimütiger konnte man nicht mehr sprechen. Aber Dumouriez ließ sich nicht aus der Fassung bringen und versuchte, sie zu gewinnen. »Glauben Sie mir, Madame«, sagte er, »ich verabscheue nicht weniger als Sie Anarchie und Verbrechen. Aber in meiner Stellung vermag ich die Ereignisse besser zu beurteilen als Eure Majestät. Das ist nicht mehr eine momentane Volksbewegung, sondern die fast einmütige Erhebung einer großen Nation gegen alteingewurzelte Übel. Alles, was darauf abzielt, König und Nation zu trennen, führt zum Untergang beider. Ich arbeite daran, sie beide zu vereinen, und bitte Sie, mir dabei zu helfen.« Er warf sich ihr – wie Mirabeau vor achtzehn Monaten – zu Füßen, küßte ihr die Hand und flehte: »Lassen Sie sich retten!« – Aber Marie Antoinette brachte es nicht über sich, ihr Schicksal dem Mann anzuvertrauen, der ihr seine loyalen Dienste anbot. »Den Beteuerungen eines Verräters«, sagte sie zu Madame Campan, »kann man keinen Glauben schenken.«

Sie hatte die allerletzte Gelegenheit vorübergehen lassen und beschritt mit verbundenen Augen den Weg zum Schafott.

Marie Antoinette erwartete Hilfe einzig nur noch vom Ausland. Im übrigen wollten alle, jedoch aus verschiedenen Gründen, den Krieg, angefangen von den Girondisten und der Königin bis zu Kaiser Franz von Österreich, der soeben seinem Vater Leopold auf dem Thron gefolgt war und in der Revolution einen Feind erblickte, den es zu vernichten galt. Der Vorwand für die Girondisten war, daß Österreich die Zusammenziehung der Armee Condés auf seinem Gebiet gestatte. Der Krieg, der dreiundzwanzig Jahre fast ununterbrochen dauern und die Gestalt Europas von Grund aus verändern sollte, stand vor der Tür.

Bei den Beratungen in den Tuilerien setzte Dumouriez am 25. März 1792 seinen Plan auseinander, und tags darauf schrieb Marie Antoinette an Mercy: »Dumouriez, der nicht mehr daran zweifelt, daß die Truppen im Einvernehmen mit den Mächten marschieren, hat den Plan, ihnen durch einen Angriff in Savoyen und einen andern durch das Gebiet von Lüttich zuvorzukommen. Der letztere Angriff soll von der Armee des Herrn von Lafayette durchgeführt werden. Das ist das Ergebnis der gestrigen Beratungen.«

Die Mitteilungen dieses Briefes an Mercy waren – für unsere Begriffe – einfach Hochverrat. Doch müssen wir versuchen, Marie Antoinette zu verstehen. Sie betrachtete sich in keiner Weise als Königin des Frankreich von 1792. Als sie sich seinerzeit mit der bayerischen Angelegenheit oder dem Problem der Scheldemündung im Einvernehmen mit ihrer Mutter und ihrem Bruder Josef II. befaßte, handelte sie gewiß mehr als österreichische Erzherzogin denn als Gemahlin Ludwigs XVI. Aber es ist nicht anzunehmen, daß sie so weit gegangen wäre, ihnen im Fall eines Konfliktes die strategischen Pläne der königlichen Armee auszuliefern. Jetzt aber fühlte sie sich von Gefahr bedroht. Eine Frau, die zur Rettung des eigenen Lebens und des Lebens ihrer Kinder die Ihrigen zu Hilfe ruft, hat das Recht auf Zubilligung mildernder Umstände. Vergessen wir nicht, daß gerade damals Vergniaud Marie Antoinette in einer Rede von solcher Heftig-

Die Witwe Capet
vor dem Revolutionstribunal 1793.
Lithographie, 1794 (Ausschnitt).

16. Oktober 1793 in der Conciergerie:
Der letzte Morgen der Marie Antoinette.
Holzstich (Ausschnitt), um 1880.

Marie Antoinette
auf dem Weg zum Schafott.
Zeitgenössischer Punktierstich (Ausschnitt).

Hinrichtung Marie Antoinettes
am 16. Oktober 1793 auf der Place de la Revolution
in Paris.
Kupferstich, 1815.

keit, daß der Nationalversammlung graute, mit dem Schafott bedrohte: »Ich sehe von hier aus die Fenster eines Palastes, wo man die Gegenrevolution vorbereitet und die Mittel erwägt, um uns wieder in die Schrecken der Sklaverei zurückzustoßen ... Alle, die dort wohnen, sollen wissen, daß unsere Verfassung nur dem König Unverletzlichkeit gewährt. Sie sollen wissen, daß das Gesetz alle Schuldigen ohne Ausnahme treffen wird und daß kein einziges Haupt, das der Schuld überwiesen ist, dem Richtschwert entgehen soll!«

Diese Rede erschreckte Marie Antoinette zutiefst. Der Krieg sei notwendig, um – wie sie an Mercy schrieb – »sich endlich für alle Kränkungen zu rächen, die einem in diesem Lande zugefügt werden«.

Am 20. April 1792 erschien Ludwig XVI., von allen seinen Ministern umgeben, in der Versammlung, um ihr »nach der Verfassung den Krieg gegen den König von Böhmen und Ungarn vorzuschlagen«. Fünf Tage später enthüllte Marie Antoinette in Brüssel, daß Dumouriez Verhandlungen führe, um Preußen von Österreich abspenstig zu machen.

Wie nicht anders zu erwarten, wurde die französische Offensive – deren Pläne die Königin den Alliierten übermittelt hatte – von Anbeginn ein schwerer Mißerfolg, für den man Marie Antoinette und den »Österreichischen Ausschuß« verantwortlich machte. Diese Anschuldigung ermöglichte es den Girondisten, über einige schwerwiegende Beschlüsse abstimmen zu lassen. Die dem König vor ein paar Monaten verfassungsmäßig zugebilligte Garde sollte aufgelöst, ein Lager von zwanzigtausend Föderierten in der Nähe von Paris gebildet, und die eidverweigernden Priester sollten deportiert werden. Der König stimmte dem ersten Beschluß zu, obgleich dieser ihn so gut wie schutzlos machte, setzte aber den beiden anderen, trotz der Warnungen Dumouriez', sein Veto entgegen. Er entließ seine girondistischen Minister, mit denen er sich nicht verstand, und versuchte nur noch Dumouriez zu halten. Doch da dieser den König nicht bewegen konnte, nachzugeben, zog er es vor, am 16. Juni zurückzutreten. Ludwig XVI. und Marie Antoinette unternahmen nichts, um ihn zurückzuhalten. Sie ließen zu, daß sich der letzte Mann von ihnen trennte, der sie noch schützte und der, vielleicht, die Girondisten hätte hindern können, die Tuilerien vom Pöbel stürmen zu lassen.

## XV

## MADAME VETO

Am Abend des 19. Juni, Dienstag, gärte es wieder einmal in Paris ...
Am 20. sollte der Jahrestag des Schwures im Ballhaus feierlich begangen werden, dann jährte sich der Tag der Flucht nach Varennes, und überdies hatte der König just den Tag vor dem republikanischen Fest gewählt, um der Versammlung zu erklären, daß er den beiden Beschlüssen sein endgültiges Veto entgegensetze. Der Pöbel rottete sich zusammen, Gestalten tauchten in den Vororten auf, die sonst unsichtbar blieben, bewaffnete Horden bildeten sich. Es ging das Gerücht, daß sich achttausend »Ritter vom Dolch« in den Tuilerien befänden und der König »gebeichtet und sein Testament geschrieben habe«. Man müsse in die Nationalversammlung eindringen und verlangen, daß das Einspruchsrecht des Königs abgeschafft werde! Das Direktorium des Departements jedoch – eine der gegenwärtigen Präfektur ähnliche Behörde – hatte »jede Zusammenrottung als gesetzwidrig« erklärt. Der Generalprokurator Roederer – der »Präfekt« – erinnerte die Offiziere der Stadtwache an diese Verordnung. Da aber die Zügel ihren Händen schon entglitten waren, erklärten sie einmütig, »es scheine ihnen, daß die Bürger von den friedlichsten Absichten beseelt seien, jedoch sich hartnäckig darauf versteiften, bewaffnet in die Versammlung zu gehen«. Pétion behauptete als Bürgermeister von Paris, er habe bei den Offizieren auf Einhaltung der Verordnung »gedrungen«. »Sie haben uns geantwortet«, teilte er seinem Freund Roederer mit, »es erscheine ihnen unmöglich, die Geister in diesem Punkt zu beruhigen. Die Lage ist also, wie man sieht, sehr heikel.« So heikel, daß sich Pétion mit dem Befehl, die Tore des Rathauses zu sichern, begnügte und sich nicht im mindesten um die Gefahren kümmerte, denen die Hauptstadt durch die »aufrührerische Zusammenrottung« ausgesetzt war. Ebensowenig dachte er daran, Truppen anzufordern, wie es ihm nach dem Gesetze zustand und vom Direktorium geraten wurde. Im Gegenteil: um Mitternacht wollte er »die Bewegung«, da er sie nicht mehr eindämmen konnte, »als gesetzlich erklären und der Rotte gestatten, zu marschieren und sich unter ihren Fahnen und dem Kommando ihrer Führer zusammenzuschließen«.

Das Direktorium lehnte diesen Vorschlag ab, Pétion bestand jedoch auf seinem Beschluß. Es war fünf Uhr früh geworden. Die Zusammenrottung wuchs von Stunde zu Stunde an.

Am Mittwoch um acht Uhr morgens meinte der Innenminister Terrier, »die Berichte über die nächtlichen Vorfälle seien nicht alarmierend«. Um neun Uhr aber alarmierte er selbst das Direktorium: es möge »den Truppen unverzüglich Befehl geben, zur Verteidigung der Tuilerien auszurücken«. Es waren offensichtlich keinerlei Instruktionen erteilt worden, so daß die Tuilerien keinen andren Schutz besaßen als die obligaten Posten der Nationalgardisten. Man mußte sich darauf beschränken, die Gittertore zu schließen.

Eine Stunde darauf begann sich die Masse anzusammeln. Aus Furcht vor der »Perfidie des Hofes« näherte sie sich freilich noch nicht dem Gitter der Tuilerien. Das Ziel der »Piken« war vielmehr noch immer die Nationalversammlung, vor der sie demonstrieren wollten. Die Versammlung tagte in der ehemaligen Reitschule der Tuilerien, die sich an der Stelle der heutigen Rue de Rivoli, auf der Höhe der Place Vendôme befand. Der Sitzungssaal stieß an das alte Kloster der Feuillantiner an.

Marie Antoinette und die Prinzessin Lamballe, die nach Frankreich zurückgekehrt war, als ihre alte Freundin in Gefahr geriet, horchten auf. Sie vernahmen das Lärmen und Murren der Demonstranten, die auf die Entscheidung der Versammlung warteten. Würden »die bewaffneten Bürger, les citoyens armés«, in den Sitzungssaal dringen? Einstweilen hörten sich die Deputierten »den Wortführer der Truppe« an, der ihnen die Wünsche der Demonstranten zur Kenntnis brachte: »Wir verlangen, daß ihr die Ursache der Untätigkeit unserer Armeen ergründet. Wenn die Exekutive (die vollziehende Gewalt, das heißt: der König) daran schuld ist, soll sie abgeschafft werden. Wir wollen nicht, daß das Blut der Patrioten zum Nutzen des Hochmuts und der Bestrebungen des perfiden Hofes vergossen wird.«

Das Ergebnis einer Beratung angesichts zwanzigtausend Bewaffneter kann man sich leicht vorstellen ... Um zwei Uhr begann, wie ein Augenzeuge berichtet, »mit einem Dutzend Musikanten an der Spitze und geführt von Santerre und dem Halbnarren Saint-Huruge der Vorbeimarsch der Bürger aller Sektionen, untermischt mit Abteilungen der Nationalgarden, wobei die Männer mit Piken und Äxten, Schusterpfriemen, Messern und Stöcken bewaffnet waren. Einige Weiber schwangen Säbel. Spruchbänder mit drohenden Inschriften wurden entrollt: Nieder mit dem Veto! Warnung an Ludwig XVI.! Das Volk hat es satt, zu leiden! Die Freiheit oder den Tod! Auf der Spitze einer Pike war eine alte, schwarze Unterhose zu sehen und darunter die Worte: Hoch die Sansculotten! Nieder das Veto! Die Menge drang auf der Seite der heutigen Rue de Castiglione in die Reitschule ein und strömte durch den Durchgang der Feuillantiner nach den Tuilerien. Die Königin sah aus den Fenstern des Schlosses, wie sich die Menge längs des Gartengitters immer dichter staute und wie ihr Druck gegen die Gitter immer bedrohlicher zunahm.

Der König empfing indessen den Besuch von drei Magistratsbeamten. »Sire«, sagte ihr Sprecher, »meine Kollegen und ich haben zu unserem Bedauern bemerkt, daß die Tore der Tuilerien beim Erscheinen des Festzuges geschlossen wurden. Das im Durchgang der Feuillantiner zusammengedrängte Volk ist darüber um so erregter, da es bemerkt, daß sich im Garten Leute aufhalten. Wir selbst, Sire, sind besonders beunruhigt über den Anblick von Kanonen, die auf das Volk gerichtet sind. Solche Maßnahmen sind weit mehr geeignet, das Volk zu reizen als es zu beruhigen. Eure Majestät sollten unverzüglich befehlen, daß die Tore der Tuilerien geöffnet werden.« – »Ich bin damit unter der Bedingung einverstanden, daß Sie den Zug längs der Terrasse vorbeimarschieren lassen und daß er, ohne den Garten zu betreten, durch das Tor beim Hof der Reitschule wieder abzieht.«

In diesem Augenblick vernahm man aus dem Garten Tumult und Geschrei: die Gitter haben nachgegeben. Die Menge wälzte sich wie ein Strom durch den Garten und ein Portal des Louvre bis vor den Eingang des Palastes auf die Place du Carroussel. Es war vier Uhr. Santerre, der die Nationalversammlung als letzter verlassen hatte, erschien vor dem Portal. »Warum seid ihr nicht eingedrungen?« schrie er. »Ihr müßt hinein! Wir sind doch nur deshalb hierhergekommen!« Hinter ihm schleppte eine Schar von Bürgern der Sektion Val-de-Grâce eine Kanone herbei. Und zu dem im Hof der Tuilerien stehenden Bataillon der Petits-Pères gewendet, brüllte der General«: »Wenn ihr euch weigert, die Tore zu öffnen, werden wir sie mit Kanonenschüssen zertrümmern.«

»Daraufhin setzte sich die Menge in Bewegung.«

Marie Antoinette hörte, wie das Lärmen und Toben der Menge näher kam. Diesmal war der Angriff nicht allein auf sie gemünzt: »Zum Teufel mit dem Veto, nieder mit Herrn Veto!« wurde geschrien. Dumpf hallten die Schritte der Insurgenten auf den Stufen der großen Treppe. Dann gab es ein großes Getöse. Es rührte von der Kanone her, die über die Treppe bis in das erste Stockwerk hinaufgezogen wurde. Die Masse drängte sich im großen Treppenhaus, welches den ganzen Mitteltrakt des ersten Stockwerks einnahm. Sie zertrümmerte eine Tür und strömte in einen großen Raum, dessen Fenster teils auf den Hof, teils auf den Garten blickten. Er diente dem Chambre de parade als Vorsaal und hieß Oeuil-de-Boeuf wie in Versailles. Die Gemächer, die hinter dem Thronsaal lagen, blickten nach dem Hof, wie der Ratssaal und die Galerie de Diane, oder nach dem Garten, wie die Appartements des Königs und der königlichen Prinzen.

Die Gemächer der Königin befanden sich im Erdgeschoß, in welches andere »Pikenträger« eingedrungen waren. Im Vorzimmer stand ein schwacher Posten der Nationalgarde, der aber nichts gegen die Insurgenten unternahm. »Die Gewehre«, bezeugte der freiwillige Nationalgardist Jaladon, »wurden nicht einmal von den Ständern genommen.« Ein Mann war hier vor eine Tür gelangt, die er mit Axthieben einschlug: Marie Antoinette stand zwei Schritte von ihm. »Wir wollen die Königin, tot oder lebendig«, hörte sie rufen. Sie wollte zum König flüchten, der dem rasenden Pöbel im ersten Stockwerk entgegengetreten war, doch hielt sie die Prinzessin Lamballe zurück. Ihre Frauen eilten mit ihr in das Zimmer des Dauphin. Das Kind war nicht mehr da, sein Kammerdiener hatte es in das Zimmer seiner Schwester gebracht. Endlich konnte Marie Antoinette ihre beiden Kinder in die Arme schließen. Alle drei verbargen sich in einem schmalen Gang, der die Zimmer des Dauphin und des Königs voneinander trennte. Durch diesen gleichen Gang war Ludwig XVI., als Lakai verkleidet, vor einem Jahr geflohen.

Die Zeit verging, der Tumult nahm zu. »Marie Antoinette«, berichtete Frau von Tourzel, »erstickte in Tränen.« Eine Viertelstunde lang wußte sie nichts über das Schicksal des Königs. Endlich wurde ihr gemeldet, daß sich Ludwig XVI. mit seiner Schwester inmitten der sie umbrandenden Menge im Oeuil-de-Boeuf befinde. Ein Ritter vom Orden des heiligen Ludwig hielt ihn an der linken Hand, der Sieur Garlan de Farre umklammerte seine rechte. Garland war Direktor des Théâtre de Minerve, das früher »Les enfants comiques« geheißen hatte.

Die »Pikenmänner« setzten ihre Suche nach der Königin fort, und als sie schließlich in das erste Zimmer der Appartements des kleinen Dauphin eindrangen, mußte Marie Antoinette ihr Versteck verlassen. »Ich will zum König«, erklärte sie, »meine Pflicht ruft mich an seine Seite.« Ihr Erscheinen im Oeuil-de-Boeuf hätte freilich ihr Ende bedeutet. Der Chevalier de Rougeville, ein Vertrauensmann der Tuilerien und einer der »Ritter vom Dolch«, begegnete ihr und hielt sie auf. »Wo wollen Sie hin, Madame?« – »Zum König . . . Ich bitte Sie, mich zu ihm zu bringen.« Rougeville verhinderte sie am Weitergehen. »Der Zorn des Volkes«, sagte sie, »richtet sich nur gegen mich . . . Es soll sein Opfer haben.« Aber Rougeville hörte nicht auf sie, sondern zog sie nach dem Ratssaal, in welchen der Pöbel noch nicht eingedrungen war. Dort drängte er sie mit ihren Kindern und Frauen in eine Ecke, vor welche der schwere Konferenztisch geschoben wurde. Und vor dem Tisch stellten sich die Grenadiere der königstreu gebliebenen Sektion Filles Saint-Thomas in dreifacher Reihe auf.

Inzwischen belagerte die Menge den König noch immer, verlangte die Zurückziehung des Vetos und drohte ihm, »alle Tage wiederzukommen«. Er blieb aber fest. »Die Gewalt kann mir nichts anhaben, ich stehe über dem Terror.« Man hielt ihm eine rote phrygische Mütze hin. Er setzte sie auf, hörte sich alles an, gab aber nicht nach. Der Fleischhauer Legendre schrie ihn an: »Monsieur, hören Sie auf uns – dazu sind Sie da! Sie haben uns immer betrogen, Sie betrügen uns auch jetzt noch. Sie sind falsch und hinterlistig. Aber hüten Sie sich! Das Maß ist voll, das Volk hat es satt, Ihr Spielzeug zu sein.«

Die in der Reitschule der Tuilerien tagenden Deputierten kamen dem König nicht zu Hilfe. »Der König kann nicht in Gefahr sein«, schrie Thuriot, »da er von seinem Volk umgeben ist.« – »Das ist kein Volk, das sind Banditen«, erwiderte Beugnot empört.

Schließlich aber begab sich Pétion, um sechs Uhr abends, in die Tuilerien. Er hatte sich seit dem frühen Nachmittag im Rathaus aufgehalten, sah die Menge vorüberziehen und meinte lächelnd: »Ach, was für ein schöner Anblick!« Er trat zum König und sagte: »Sire, ich habe erst in diesem Augenblick erfahren, in welcher Lage Sie sich befinden.« »Das ist erstaunlich«, erwiderte Ludwig XVI. phlegmatisch. »Die Sache dauert nämlich schon zwei Stunden.« Pétion stieg auf die Schultern zweier Grenadiere, der König schwang eine Glocke, und der Bürgermeister begann mit seiner Ansprache: »Das Volk hat getan, was es zu tun hatte. Ihr habt mit dem Stolz und der Würde freier Männer gehandelt. Aber jetzt ist es genug. Zieht euch zurück!« Da meinte Ludwig XVI.: »Ich habe die Staatsgemächer aufschließen lassen. Vielleicht macht es dem Volk Vergnügen, sie sich einmal anzusehn.«

Es mochte den Leuten nicht leicht gefallen sein, sich aus wütenden Rebellen in friedliche Besucher zu verwandeln – aber die Neugier brachte es zuwege. Die Menge zog in das Chambre de parade, öffnete die Tür zum Ratssaal . . . und erblickte Marie Antoinette, die sie so lange gesucht hatte. Sie saß hinter dem Tisch, auf welchem der kleine Dauphin vor ihr stand. Santerre trat als erster ein und befahl den Grenadieren, Platz zu machen, damit das Volk eintreten und die Königin betrachten könne. Die Soldaten gehorchten, und der Generalleutnant der 17. Division, der Wittergoff oder, nach einer anderen Version, Wisquichef geheißen haben soll, setzte der Königin eine rote Mütze auf. Sie nahm sie unwillig ab, setzte sie dem kleinen Dauphin auf den Kopf. Santerre trat an den Tisch und stützte sich auf die Platte: »Haben Sie keine Angst, Madame«, sagte er, »es wird Ihnen nichts geschehen. Aber vergessen Sie nicht, daß Sie im Irrtum sind und daß es gefährlich ist, das Volk täuschen und es zum Schweigen bringen zu wollen. Es wird jetzt hier vorüberziehen – ich verbürge mich für die Leute.« Er kehrte sich um und rief der Menge, die etwas eingeschüchtert unter der Türe stehengeblieben war, mit Stentorstimme zu: »Betrachtet euch die Königin und den königlichen Prinzen!«

Langsam zog das Volk an dem Tisch vorüber. Marie Antoinette blickte mit blassem Gesicht, aber kalt und stolz auf die Männer und Weiber, die Stöcke und Ruten schwangen und eine Tafel trugen, auf welcher stand: »An die Laterne mit Marie Antoinette!« Und einer der Männer zeigte ihr, als er an dem Tisch vorüberging, drohend einen kleinen Galgen, an dem eine Puppe in Frauenröcken hing.

Aus den Höfen und Gassen der Umgebung strömten immer neue Massen, keine Rebellen mehr, sondern nur noch neugieriges Volk, herbei. Als eine Frau Marie Antoinette, ihre beiden Kinder und die geängstigten Damen ihrer Suite erblickte, brach sie in Tränen aus. Um den Eindruck zu verwischen, behauptete Santerre, daß sie betrunken sei. Madame Elisabeth, die zu ihrer Schwägerin wollte, mußte sich in der Schlange anstellen. »Der König ist gerettet«, flüsterte sie ihr beruhigend zu. »Mich werden sie das nächste Mal erschlagen«, murmelte Marie Antoinette. »Und was soll aus meinen Kindern werden?«

Erst um acht Uhr abends trat endlich Ruhe ein. Trümmer von eingeschlagenen Türen und Spiegeln bedeckten den Boden, die Parketten waren von den Rädern der Kanone eingedrückt. Ludwig XVI. vermochte seine Frau endlich aufzusuchen, seine Schwester und die Kinder warfen sich in seine Arme. Verstört blickte Marie Antoinette ihn an: er hatte vergessen, die Jakobinermütze abzulegen, die ihm der Pöbel aufgesetzt hatte ...

»Ich lebe noch, aber es ist ein Wunder«, schrieb Marie Antoinette an Fersen. »Dieser Tag (der 20. Juni) war furchtbar. Sie wollen nicht sosehr mir als meinem Gatten ans Leben, sie machen kein Geheimnis mehr daraus.« Tags darauf rief sie nochmals um Hilfe: »Ihr Freund ist in der größten Gefahr ... Teilen Sie seinen verzweifelten Zustand den Eltern mit.«

Ludwig XVI. hatte nicht nachgegeben. Er scheint sich aus seiner Apathie aufgerafft zu haben und erteilte dem Bürgermeister von Paris einen scharfen Verweis. Sein Manifest vom 22. Juni war in einem Ton gehalten, den er nun bis zu seiner Hinrichtung beibehielt und der gewiß nicht verfehlt hätte, Eindruck zu machen, wäre die Monarchie nicht schon an ihrem Ende angelangt gewesen: »Die Franzosen werden nicht ohne Schmerz erfahren, daß eine von ein paar Rebellen irregeleitete Menge mit bewaffneter Hand in das Haus des Königs eingedrungen ist ... Er hat den Drohungen und Insulten nichts entgegengesetzt als sein Gewissen und seine Liebe für die öffentliche Wohlfahrt ... Wenn jene, die die Monarchie stürzen wollen, noch ein weiteres Verbrechen nötig haben, dann mögen sie es begehen ...«

Als zu einem späteren Zeitpunkt bei Pétion eine Hausdurchsuchung vorgenommen wurde, fanden sich jetzt in den Archiven verwahrte Briefe, aus denen hervorgeht, wie entsetzt Roederer und Pétion über den Ernst der Lage waren, die sie durch Schwäche und Gehenlassen selbst geschaffen hatten. Pétion flehte Santerre am 22. Juni an, »er möge die Gemüter ihm zuliebe beruhigen«. Schon liefen Gerüchte um, daß ein neuer Aufstand bevorstehe, und Pétion, ein wahrer Zauberlehrling, der die Geister gerufen hatte und sie nicht mehr los wurde, bat den General inständig um sein Eingreifen. In welchen »Abgrund von Übeln könnte mich ein weiteres ungesetzliches Vorgehen der Bürger von Paris stürzen«, schrieb er ihm. Das Hauptübel in seinen Augen war, daß man ihm, da er zur Aufrechterhaltung der Ordnung nicht fähig war, den Stuhl vor die Türe setzen könnte – was gar nicht lange auf sich warten ließ. Schon am 8. Juli erhielt er von Roederer einen Brief mit dem Vermerk »persönlich«, der um vier Uhr früh geschrieben war. Roederer teilte ihm seine Entlassung mit und beglückwünschte ihn dazu mit den nicht sehr tröstlichen Worten: »Könnte ich doch auch jemand finden, der mich so lange suspendiert, bis man uns hängt.«

Die mit den Wölfen heulenden Mitglieder der Pariser Kommune und des Direktoriums zu hängen wäre freilich nach Lafayettes Geschmack gewesen. Als er von dem Betragen der Pariser Stadthäupter am 20. Juni erfuhr, verließ er die Armee und eilte, erfüllt von Plänen zur Rettung des Königs, nach den Tuilerien. Marie Antoinette aber sagte ironisch: »Ich sehe wohl, daß Lafayette uns retten will. Wer aber rettet uns dann vor Herrn von Lafayette?«

Die Tuilerien waren nur mehr ein im Sturm treibendes Wrack. Das Königspaar lebte in beständiger Furcht, jedes verdächtige Geräusch versetzte es in Schrecken. »Der Haufen der Mörder wächst unablässig«, schrieb Marie Antoinette in ihrem vorletzten Brief an Fersen. Madame Campan ließ für ihre Gebieterin eine stich- und kugelfeste Weste anfertigen, doch Marie Antoinette lehnte es ab, sie zu tragen: »Es wäre ein Glück für mich, wenn die Rebellen mich ermordeten – sie würden mich bloß von meiner entsetzlichen Existenz befreien«, sagte sie. Die Königin kam so weit, ein rasches Ende herbeizuwünschen, um der langsamen Agonie zu entgehen. Wo immer sich das Königspaar zeigte, riefen ihm die Nationalgardisten zu: »Nieder mit dem Veto!«, und die Musikkapelle intonierte das Revolutionslied »Ça ira«. Im Garten wimmelte es von Fanatikern, die, wenn sich nur ein Vorhang an den Fenstern bewegte, zu brüllen begannen. Kolporteure verkauften unter den Fenstern der Königin anstößige Kupferstiche, auf welchen sie in den Armen der Frau von Polignac, der Prinzessin Lamballe und des Grafen Artois abgebildet war.

»Außer meinem Herzen haben sie mir alles genommen«, klagte die unglückliche Frau.

Eines Morgens wurde das Schloß alarmiert: es hieß, der Vorstadtpöbel marschiere nach den Tuilerien. Madame Campan weigerte sich, die Königin zu wecken, die erst im Morgengrauen eingeschlummert sei. Der König stimmte ihr zu und sagte: »Ich bin glücklich, wenn sie ein wenig Ruhe findet. Ihr Kummer verdoppelt den meinen.« Als die Königin erwachte, war die Gefahr vorbei, aber sie »weinte bitterlich«, als sie davon erfuhr. »Elisabeth«, schluchzte sie, »war beim König, und ich, die ich an seiner Seite zugrunde gehen will, habe geschlafen. Ich bin seine Frau und wünsche, bei ihm zu sein, wenn er in Gefahr ist.« Bald fand die arme Frau keinen Schlaf mehr. »Sie ließ es nicht mehr zu«, schrieb Madame Campan, »daß Fensterläden und Jalousien geschlossen wurden, damit ihr die langen schlaflosen Nächte ein wenig erträglicher würden.« Mitunter lebte ihre Hoffnung wieder etwas auf. Es sei nicht möglich, dachte sie, daß ihr Neffe Franz sie dieser entsetzlichen Lage überlasse und nicht alles unternehme, um die französischen Truppen niederzuwerfen und nach Paris zu marschieren. Ohne Unterlaß bestürmte sie Fersen: »Unsere Lage ist schrecklich . . . Die Zeit drängt, es ist kein Augenblick mehr zu verlieren.« Und am 24. Juli: »Sagen Sie doch dem Herrn von Mercy, daß das Leben des Königs und der Königin in größter Gefahr ist, daß ein Aufschub von einem Tag unberechenbares Unglück hervorrufen kann, daß man das Manifest sofort abschicken muß, da man es in höchster Ungeduld erwartet.«

Am Tag darauf, am 25. Juli, wurde das Manifest der Koalitionsmächte von dem Herzog von Braunschweig in Koblenz bekanntgegeben. Es drohte für den Fall, daß dem König oder der Königin das geringste zustoßen sollte, der Stadt Paris die totale Zerstörung an. Der Text wurde in Paris bekannt und legte die Lunte ans Pulverfaß. Die Ankunft von ungefähr sechshundert Marseiller Föderierten am 30. Juli steigerte die Erregung. Der letzte Akt bereitete sich vor ... Die noch verbliebenen Getreuen versuchten, die Tuilerien, so gut es ging, in Verteidigungszustand zu setzen. Denn man darf nicht glauben, daß die Rechte bereit war, sich ohne weiteres abschlachten zu lassen. Polizeiberichte, Briefe, die nach dem 10. August in den Tuilerien entdeckt wurden – Dokumente, die zumeist noch nicht ausgewertet in den Archiven liegen –, beweisen, daß sich die Verteidiger bewaffneten und zusammenschlossen. Sie hofften, daß ausgewanderte Leibgarden, deren Sold weiter ausgezahlt wurde, aus Koblenz zurückkehren würden. Pinassen sollen Waffen und Pulver herbeigeschafft haben, die Schweizer standen marschbereit in ihren Kasernen. Acht Zeugen sagten aus, sie hätten am 25. Juli gesehen, wie als Nationalgardisten verkleidete königliche Pagen die Wache um das Schloß bezogen hätten. Der Sohn eines Müller behauptete fest, »drei Ritter des Ordens vom heiligen Ludwig« beobachtet zu haben, die auf die Anhöhe von Montmartre gekommen seien, um hier den geeignetsten Platz zur Aufstellung von Geschützen auszusuchen. Andre Zeugen versicherten, es seien Waffen und Pulver zwischen Meudon und Montrouge eingelagert worden.

»Der König und die Königin bereiten eine Gegenrevolution vor«, wiederholten die Agitatoren immer wieder. In Wahrheit dachte der König an nichts anderes als an seine Verteidigung.

Pétion selbst glaubte merkwürdigerweise nicht mehr an eine Gefahr. In einem am 1. August an Roederer gerichteten Brief behauptete er, »das Gerücht von einem Angriff auf das Schloß sei ganz falsch und höchst absurd«. Am Abend des 9. August fühlte man sich selbst in den Tuilerien noch nicht unmittelbar bedroht. Um sich davon zu überzeugen, braucht man bloß das Tagebuchfragment des Küsters der Kapelle, des Abbé Gallois, zu lesen, welches die Revolutionäre am 10. August auf dem Tisch seiner Dachstube in den Tuilerien fanden. »Es ist neun Uhr, und ich habe mich für die Nacht vorbereitet«, schrieb er, bevor er sich niederlegte. In einem Nachbarzimmer trank François de La Rochefoucauld, der eben aus dem Theater heimgekehrt war, mit seinem Freund Tourzel Punsch. Tourzel war als Sohn der Gouvernante der königlichen Kinder stets über alles sehr gut unterrichtet. »Es wird heute nacht nichts los sein, oder wenigstens nicht viel«, sagte er. Die beiden jungen Leute plauderten gemütlich, bis sie um elf Uhr durch eine Nachricht der Frau von Tourzel in Unruhe versetzt wurden: das Coucher des Königs würde heute unterbleiben ... Sicherlich, dachten sie, wolle der König versuchen, nach Fontainebleau zu reiten. Sie griffen nach ihren Waffen und eilten aus dem Zimmer.

Der Abbé Gallois erwachte um halb drei und schrieb: »Ich höre die Sturmglocke läuten und den Generalmarsch schlagen, und das heißt, daß man sich auf eine tüchtige Affäre vorbereitet.« Er holte Erkundigungen ein, kehrte in seine Stube zurück und schrieb weiter: »Die Föderierten sammeln sich auf den Champs-Elysées. Erwarten sie dort vielleicht die Marseiller und die anderen Sansculotten? Ich weiß es nicht ... Alles, was ich weiß, ist, daß sie daran denken, das Schloß zu überfallen.« In Wirklichkeit aber gaben die Glocken nicht das Signal zum Angriff auf das Schloß, sondern auf das Rathaus. Von den Pariser Sektionen entsandte Kommissare waren eben im Begriff, den bisherigen Magistrat, da dieser zuviel Achtung vor den Rechten der eingesetzten Autorität bezeigte, zu vertreiben und ihn durch eine revolutionäre Kommune zu ersetzen.

Der Abbé muß einen festen Schlaf gehabt haben, denn die Franziskanerkirche hatte schon etwas vor eins mit dem Sturmgeläut begonnen. Danton hatte das Signal gegeben. Um halb drei läuteten alle Kirchenglocken von Paris. Marie Antoinette, die nicht zu Bett gegangen war, vernahm das beängstigende Glockenläuten in der erstickend schwülen Sommernacht. In diesem Augenblick streckte Paris die Hand nach der Macht aus – was sie freilich nicht wußte. Die Bewohner der Tuilerien standen an den Fenstern, jeder nannte die Kirche, deren Glocke er zu erkennen glaubte. Das Unterbleiben des Coucher hatte die Ordnung im Schloß gestört; der versinkende Hof kampierte in den Salons, zur nicht geringen Verzweiflung der Türhüter, die sich über eine solche Verletzung der Etikette entsetzten.

Roederer brachte beruhigende Nachricht. Wie Pétion ihm schon gegen Mitternacht mitgeteilt hatte, herrschte zwar in der Vorstadt Saint-Antoine »große Erregung, die Bürger stünden alle bewaffnet und marschbereit vor den Häusern«, doch seien es nicht mehr als 1500 bis 2000 Mann, die sich dort versammelt hätten. »Die Sturmglocke zieht nicht«, kam jemand melden ... Man beruhigte sich wieder, besonders da diesmal das aus Courbevoie herbeigerufene Schweizerregiment von neunhundert Mann das Schloß bewachte. Dazu kamen noch die allerdings wenig verläßliche Nationalgarde und das royalistisch gesinnte Bataillon der Sektion Filles Saint-Thomas. So konnte man mit fünfzehnhundert Mann, die noch ergeben waren, rechnen, sowie mit zwei- bis dreihundert Edelleuten, die eilig ins Schloß gekommen waren.

Der König streckte sich angekleidet aufs Bett, indes Marie Antoinette mit der Prinzessin Lamballe durch die Zimmer irrte, fest entschlossen, dem Aufruhr entgegenzutreten ... Die Sonne ging auf, der Himmel färbte sich rot, wie von Blut übergossen.

Vier Uhr früh. Das Glockengeläute verstummte mit einem Schlag. »Ich schließe daraus«, notierte der Abbé, »daß niemand kommen will.« Marie Antoinette blickte durch das offene Fenster auf die Stadt. Die drückende Stille, die dem dröhnenden Läuten folgte, schien ihr nichts Gutes zu verheißen. Ihr Vorgefühl hat sie nicht getäuscht. Der Marquis Maudat, der die Nationalgarde in den Tuilerien kommandierte, ein entschlossener und energischer Offizier, war soeben in das Rathaus gerufen und dort heimtückisch ermordet worden. Sein Leichnam wurde in die Seine geworfen. Mit ihm hatten die Schutztruppen der Tuilerien ihren Führer und das Königspaar seinen Verteidiger verloren.

Marie Antoinette rief nach dem König. Aus tiefem Schlaf geweckt, betrat er mit unsicherem Schritt, die Perücke vom Schlaf verdrückt, das Oeil-de-Boeuf. Roederer empfahl dem Königspaar, sich in die Nationalversammlung zurückzuziehen. Desertieren? Marie Antoinette richtete sich auf: »Monsieur«, sagte sie abweisend, »wir haben hier Truppen genug. Es ist endlich Zeit, festzustellen, wer die Oberhand behalten soll: der König und die Verfassung oder die Revolution.« Sie bewahrte ihre Ruhe, es war ihr weder Erregung noch Zorn oder Verzweiflung anzumerken. Roederer hat sie beschrieben: »Die Königin hatte in dieser Schicksalsnacht nichts Männliches an sich, nichts, was affektiert, heroisch oder romantisch anmuten konnte. Ich bemerkte an ihr kein Zeichen von Zorn, Verzweiflung oder Rachsucht. Sie war nur noch Frau, Mutter und Gattin, die sich schwer bedroht sah. Sie ängstigte sich und hoffte, sie grämte sich und beruhigte sich wieder.«

Die Vorstadt begann, sich gegen die Tuilerien in Marsch zu setzen. Im Garten und in den Höfen bezogen die Verteidigungstruppen ihre Positionen. Drei Geschütze wurden dem Karussellplatz gegenüber, zwei andere auf der Terrasse aufgefahren. Von Marie Antoinette gedrängt, ging Ludwig XVI. die große Treppe hinunter, um die Front der Verteidiger abzuschreiten. Aber wie unköniglich war doch die Erscheinung dieses dicken Mannes in grauem Rock und verdrückter Perücke, der mit trübem Blick an den Reihen der Männer, die für ihn sterben sollten, vorüberging! Der dröhnende Ruf: »Es lebe die Nation!« übertönte die Vivatrufe der Schweizer und der noch royalistisch gesinnten Kompagnien der Nationalgardisten. Kanoniere verließen ihre Posten, um den König zu insultieren. Die Königin, oben am Fenster, hörte sie rufen: »Nieder das Veto! Nieder das dicke Schwein!« – »Aber ich liebe doch die Nationalgarde«, stotterte der arme Mann. Bleich, »als ob er nicht mehr lebte«, sagte ein Augenzeuge, kehrte er wieder in das Schloß zurück. Indessen begannen sich die Truppen bereits mit der Vorhut der »Pikenmänner« zu verbrüdern.

Die Königin erwartete den König im Chambre de Parade. Sie weinte lautlos vor sich hin, »ohne zu klagen, ohne zu seufzen, ohne zu sprechen«. Als sie in den Ratssaal zurückkehrte, wo Roederer wartete, war ihr keine Aufregung mehr anzumerken; sie schien »ruhig, ja sogar erleichtert, die Röte ihrer Augen und Wangen hatte sich verloren«. Ihre Umgebung bereitete sich zum Kampf auf Tod und Leben vor ... Der Stallmeister des Königs de Saint-Souplet und ein Page brachen eine Feuerzange mitten entzwei, um sich mit je einer Hälfte zu verteidigen, da sie keine Gewehre hatten ...

»Sieben Uhr dreißig«, schrieb der Abbé in seiner Mansarde, »es wird gemeldet, daß sie kommen und sich jetzt auf dem Karussellplatz befinden.«

»Sire«, sagte Roederer im gleichen Augenblick, »Eure Majestät haben keine fünf Minuten mehr zu verlieren. Sicherheit gibt es für Sie nur in der Nationalversammlung.« »Aber ich habe doch nicht viele Leute auf dem Karussellplatz gesehen«, stotterte der König. »Monsieur«, warf die Königin hin, »wir haben doch Truppen!« »Bedenken Sie, Madame: ganz Paris ist im Anmarsch.« Und zu Ludwig XVI. gewendet: »Sire, die Zeit drängt. Wir bitten Sie nicht mehr und geben Ihnen auch keinen Rat, sondern verlangen Ihre Erlaubnis, Sie mitnehmen zu dürfen.« »Wie«, rief Marie Antoinette, »sind wir denn schon ganz verlassen...« »Gewiß, Madame, ganz verlassen. Jeder Widerstand ist unmöglich.« – »Der König hob den Kopf«, schrieb Roederer, »starrte mich ein paar Sekunden an, wendete sich zu der Königin und sagte: ›Gehen wir.‹ Und damit stand er auf.«

Roederer trat auf den oberen Treppenabsatz und rief hinunter: »Der König und seine Familie begeben sich in die Nationalversammlung, allein, nur in Begleitung der Minister und einer Garde. Gebt den Weg frei!« »Aber Monsieur«, versuchte die Königin einzuwenden, »wir können doch nicht so viele tapfere Männer preisgeben, die zur Verteidigung des Königs ins Schloß gekommen sind.« »Wenn Sie sich dieser Maßnahme widersetzen«, erklärte Roederer, »tragen Sie die Verantwortung für das Leben des Königs und Ihrer Kinder.« Da gab Marie Antoinette endlich nach.

Die kleine Gruppe verließ die Tuilerien: voran der König mit Roederer, hinter ihm, »rot und verweint«, die Königin mit ihrem Sohn an der Hand, dann folgten ihre Tochter, Madame Elisabeth, die Prinzessin Lamballe, Frau von Tourzel, die Minister und ein Dutzend Getreuer. So schritten sie durch das Spalier der Garden, durch den sonnendurchfluteten Garten – und Marie Antoinette flüsterte dem General de Jarjayes hastig zu: »Wir werden bald wieder zurück sein.«

»Es scheint, daß es damit abgetan ist«, notierte der Abbé, verbesserte sich aber sogleich: »Ich habe mich geirrt. Der Lärm von draußen kündet an, daß sie auf der Absicht, anzugreifen, beharren.« An dieser Stelle bricht das Tagebuch ohne Schlußpunkt ab.

Die »Beharrlichkeit« war aber auch bei den Verteidigern vorhanden. Da der König fort war, hätten sie besser getan, ebenfalls fortzugehen. Aber der vierundachtzigjährige Marschall de Mailly hielt es für das schönste, mit dem Degen in der Faust zu sterben. Eigenmächtig übernahm er den Oberbefehl – und ließ das Feuer auf die eindringende Menge eröffnen.

Während der vierzehn Monate, die sie noch zu leben hatte, hörte Marie Antoinette nun den Vorwurf, sie habe an jenem Morgen »auf das Volk schießen lassen«.

Die Nationalversammlung tagte seit zwei Uhr früh – in der Revolution schlief man, wann immer man die Zeit dazu fand. Als sie sich gerade mit einem Bericht über »die schrittweise Abschaffung des Handels mit Negersklaven« befaßten, wurde den Deputierten gemeldet, daß sich die revolutionäre Kommune gegen sie erhoben habe. Ohne sich viel zu erregen, überwiesen sie »diese Details« an eine Kommission und wollten sich wieder der Negerfrage zuwenden, als die königliche Familie im Saal erschien.

Wir wissen nicht, ob Ludwig XVI. die würdevollen Worte, die ihm der »Moniteur« in den Mund legte, wirklich gesprochen hat: »Ich bin hierhergekommen, um ein großes Verbrechen zu verhindern; ich wüßte nicht, wo ich sicherer wäre als in Ihrer Mitte.« Vorsichtig erwiderte Vergniaud als Präsident der Versammlung: »Sie können, Sire, auf die Entschlossenheit der Nationalversammlung rechnen.« Die »Entschlossenheit« bestand zunächst darin, daß der König und die Seinen in eine kleine Loge eingeschlossen wurden, die sich hinter dem Stuhl des Präsidenten befand und sonst von den Schnellschreibern benützt wurde. In diesem stickigen, winzigen und niedrigen Raum mußten sie bis zehn Uhr abends verbleiben.

Während sich der phlegmatische König bald soweit zurechtfand, daß er mit dem einen oder andren Deputierten zu plaudern anfing, saß Marie Antoinette während der endlosen Sitzung starr und stumm da. In der erstickend heißen kleinen Loge erlebte sie den Zusammenbruch ihrer letzten Hoffnung. Von draußen tönte das Dröhnen der Kanonen, das Knattern von Gewehrsalven herein. Würden sich die Schweizer trotz des Befehls, das Feuer einzustellen, den Ludwig XVI. ihnen gesandt hatte, im Schlosse halten? Unablässig kamen Kombattanten in den Saal, um über die Entwicklung des Kampfes und die »Perfidie« der Schweizer zu berichten, welche die Angreifer mit Gewehrschüssen empfangen hatten. »Ist das die Art«, rief ein pulvergeschwärzter Patriot, »wie französische Bürger im Palast ihres Königs empfangen werden?« Seit wann aber hatten »französische Bürger« die Gewohnheit, im »Palast ihres Königs« mit der Waffe in der Hand zu erscheinen?

Der Kanonendonner flaute ab, dann hörte man nur mehr vereinzelte Schüsse, und schließlich wurde es still. Das Schloß war unterlegen.

Wie die Wogen das Wrack nach einem Schiffbruch auf den Strand werfen, so schleppte der siegreiche Aufruhr seine Trophäen bis in den Saal. Marie Antoinette erblickte ihre Juwelen und ihr Silberzeug, auf ihrem Tisch gefundene Briefe und selbst zertrümmerte Reisekoffer, die in ihren Appartements entdeckt worden waren. Gefangene Schweizer wurden vorgeführt, um sie der Versammlung zu zeigen, bevor man sie ins Gefängnis schickte. Es gab auch ein burleskes Zwischenspiel: ein Mann, der, nach seiner Behauptung, »mit Blut und Staub bedeckt und tief bekümmert« war, brachte einen von ihm gefangenen Schweizer herbei, zu dem er eine plötzliche Zuneigung gefaßt hatte. Er umarmte und küßte den Mann und fiel vor Gemütsbewegung in Ohnmacht. Man brachte ihn wieder zu sich, und sein erstes Wort war, man möge ihm gestatten, seinen Schweizer nach Hause mitzunehmen, »damit er sich die Ehre geben könne, ihn zu beköstigen«. »Auf diese Weise«, sagte der Bittsteller, »will ich mich an ihm rächen.«

Trotz ihrer »Entschlossenheit« waren die Deputierten nicht mehr Herren der Lage. Die Kommune, die sich in der Nacht des 10. August mit Robespierre, Marat und Danton an der Spitze gebildet hatte, führte das Kommando. Am frühen Nachmittag sah Marie Antoinette, wie sich Vergniaud erhob und erklärte, seine Kollegen seien »von Schmerz durchdrungen«, die sofortige Annahme zweier Anträge fordern zu müssen:

»Das französische Volk wird aufgefordert, einen Nationalkonvent zu bilden . . .«

»Der Chef der vollziehenden Gewalt (also der König) wird seiner Funktionen vorläufig enthoben.«

Vom Temple als Gefängnis war noch nicht die Rede. Die königliche Familie sollte in den Luxembourg-Palast übersiedeln, sobald wieder Ruhe eingetreten sei. Allmählich aber änderte sich der Ton. Am Ende des Tages sprach man nicht mehr vom »Schmerz der Kollegen«. Die Nationalversammlung war zur hilflosen Herde geworden. Ständig erschienen von der Kommune aufgehetzte Delegationen im Saal und forderten die Absetzung des Königs. »Aber er kann doch nicht mehr schaden«, versicherte Vergniaud, »der künftige Konvent soll darüber bestimmen.« Wehrlos mußte Marie Antoinette alle Beleidigungen anhören. Ihr Schultertuch und ihr Taschentuch waren »von Tränen und Schweiß durchnäßt«, sie stützte den schwankenden Kopf ihres Söhnchens mit beiden Händen und schien selbst bereits apathisch geworden zu sein.

Am Abend wurden die königliche Familie, die Prinzessin Lamballe, Frau von Tourzel und eine Kammerfrau, Madame Aughié, in den kleinen Zellen des anstoßenden Klosters der Feuillantiner eingepfercht. Es war die zweite Nacht, in der Marie Antoinette kein Auge schloß. Hinter einem Gitter am Ende des Korridors stand ein Pöbelhaufen, der Todesdrohungen ausstieß. »Wenn eine der Damen«, schrieb ein Augenzeuge, »an der Tür erschien, empfing sie ein solches Geheul, daß sie sich erschreckt zurückziehen mußte. Sooft ich meine Augen auf dieses Gitter richtete, glaubte ich, in der Menagerie zu sein und wilde

Tiere zu erblicken, die wütend waren, weil man sich vor den Stäben ihres Käfigs zeigte.« In den Beschimpfungen tauchte immer wieder der Name der Königin auf. »Ich halte sie für verloren«, seufzte die Prinzessin Lamballe.

Im Verlauf des Abends gelang es ein paar Getreuen – Choiseul, Goguelas, Nantouillet, Aubier und dem Sohn Tourzel –, bis zu den »Appartements« vorzudringen. »Mein Taschentuch ist naß von Tränen«, murmelte Marie Antoinette, und Aubier bot ihr das seine an. Sie dankte dem Offizier, wie dieser schrieb, »mit einem herzzerreißenden Lächeln, das ihn schmerzlich berührte.«

Um sechs Uhr früh brachte ein Unbekannter, ein gewisser Dufour, eine Mahlzeit zustande, aber Marie Antoinette »seufzte« nur und vermochte keinen Bissen zu essen. Um sieben Uhr dreißig, Sonnabend, 11. August, fing die Tortur von vorne an – die Unglücklichen wurden wieder in ihre kleine Loge zurückgeführt. Den ganzen Tag wurden sie in unzähligen Reden beschimpft und herabgesetzt. Jeder Redner versuchte, womöglich noch republikanischer als sein Nachbar zu sein, und drohte mit den schärfsten Maßnahmen, damit der König nicht wieder entführt werden könne.

Am 11. August hatte ein Wirt eine Mahlzeit bereitet, aber am 12. nahm das königliche Küchenpersonal den Dienst wieder auf. Das Mittagessen bestand aus zwei Suppen, zwei Vorspeisen (eine davon: Kalbsnuß mit Sauce Menehould), einer Poularde, einem jungen Kaninchen, einem kalten Huhn und fünf Zwischengerichten. Trotz des drohenden Geschreis, das von der Straße ins Kloster drang, tranchierte Ludwig XVI. unbekümmert Kaninchen und Geflügel und speiste wie stets mit dem besten Appetit, indes Marie Antoinette, die kaum einen Bissen berührte, sich der Schwäche ihres Gatten schämte ... An diesem Morgen war es Madame Campan, nicht ohne Schwierigkeiten, gelungen, wieder zu ihr zurückzukehren, und Marie Antoinette hatte sich, in der kleinen, grün austapezierten Zelle auf einer elenden Pritsche sitzend, lange in ihren Armen ausgeweint.

Am Sonntag, 12. August, mußten die Gefangenen die endlosen Wechselreden über ihren künftigen Wohnsitz mit anhören. Die Kommune widersetzte sich dem Luxembourg-Palast, da es »dort ein paar verborgene Ausgänge gebe«. Die Nationalversammlung schlug den Justizpalast auf der Place Vendôme vor. Manuel lehnte diesen Vorschlag im Namen der Kommune ab: »Der Palast ist von Häusern umgeben, durch welche man sehr leicht entkommen kann.« Es wäre am besten, die Versammlung würde die Aufsicht über die Gefangenen der Kommune anvertrauen. Am Abend schlug Manuel als Wohnsitz für »den König mit seiner Frau und Schwester« den Temple vor, wohin man sie »mit allem Respekt, der dem Unglück gebühre«, bringen würde. Man würde ihnen jede Korrespondenz unterbinden, da sie nur Freunde haben, die Verräter seien. Längs des Weges würden alle jene Soldaten der Revolution stehen, bei deren Anblick sie erröten werden, weil sie geglaubt hatten, es gebe unter ihnen Sklaven, die bereit seien, den Despotismus zu stützen. Und ihre größte Strafe werde darin bestehen, die Rufe: »Es lebe die Nation! Es lebe die Freiheit!« anhören zu müssen. Erschreckt durch das Wort »Temple«, gaben die Deputierten vor, zu glauben, daß das ehemalige Palais des Grafen Artois gemeint sei, »überließen es der Kommune, den Wohnsitz des Königs zu bestimmen, und vertrauten ihr seinen Schutz an«. Was freilich nur eine Pilatusgeste war. Aber auch die Königin dachte nicht an das berüchtigte, von vier Ecktürmen flankierte Bauwerk, dessen mittelalterliche Silhouette sich im Jardin du Temple erhob und dessen Demolierung sie sooft von ihrem Schwager gefordert hatte. Artois jedoch fand irgendeinen Gefallen an dieser unnützen, finstren Festung und ließ sie stehen.

Am nächsten Tag wurde den Gefangenen die Sitzung der Versammlung erspart. Der König debattierte mit der Kommune – er wollte zwölf Domestiken zugeteilt erhalten. Es wurden ihm aber nur zwei Kammerdiener und vier Kammerfrauen bewilligt. Um sechs Uhr zwängte sich die königliche Familie mit der Prinzessin Lamballe, Frau von Tourzel, ihrer Tochter Pauline, dem Prokurator der Kommune Manuel, dem Munizipalbeamten Colonge und dem »durch das Volk wiedergewählten Bürgermeister« Pétion in eine mit nur zwei Pferden bespannte Hofkarosse. Der Wagen brauchte eine Stunde, um den Weg über die Boulevards bis vor das hell erleuchtete Palais zurückzulegen. Dort hatte die Kommune ihre Sache gut gemacht: die von der königlichen Küche zubereitete Mahlzeit war würdig der Tuilerien! Marie Antoinette sah sich gezwungen, sich in dem gleichen Spiegelsaal, wo Artois sie früher empfangen hatte, zu Tisch zu setzen und so zu tun, als ob sie soupiere. Diesmal freilich gab es keine Lakaien mit gepuderten Perücken: die Tafel war von Männern »in den schmutzigsten und ekelhaftesten Kleidern« umringt. Auch gab es kein Clavecin mehr, keine Viola d'amore oder di gamba: die in den Gärten und Höfen dichtgedrängten Marseiller besorgten die Tafelmusik.

Pétion wagte nicht, dem König zu eröffnen, daß er nicht in diesem Palais wohnen werde, sondern in dem vom Schein flackernder Pechpfannen düster beleuchteten Turm, der in einer Entfernung von fünfundsiebzig Metern zu sehen war. Bevor noch die langandauernde Mahlzeit beendet war, begab er sich in das Rathaus, wo er erklärte, »er habe nicht geglaubt, dem gestrigen Beschluß nachkommen zu sollen, und habe daher den Aufenthalt im Palais gestattet«. Das gab einen schönen Tumult, und die Stadtväter der Kommune dekretierten kurz und bündig, »daß der den Turm betreffende Beschluß aufrecht bleibe«.

Der im Jahre 1808 abgetragene Wehrturm des Temple hatte bei einer Höhe von fünfzig Metern vier ganz gleiche Stockwerke. Jedes dieser Stockwerke umfaßte eine Art Saal, dessen gotisches Spitzbogengewölbe von einem starken steinernen Mittelpfeiler getragen wurde. An jeder Seite waren zwei vergitterte Fenster in das drei Meter starke Gemäuer eingelassen. Die Fensternischen waren so tief, daß man bequem ein Bett hineinschieben konnte. Wie sollte man die Gefangenen in diesem Bauwerk unterbringen? Man hätte Plafonds ziehen und die Säle durch Zwischenwände unterteilen müssen. Daher beschloß Manuel, die königliche Familie zunächst in den sogenannten kleinen Turm zu sperren, der zu einer späteren Zeit an den Hauptturm angebaut worden ist. Der Archivar des Templerordens, Berthélemy, der dort wohnte, wurde trotz seiner Klagen und heftigen Proteste kurzerhand hinausgeworfen.

Es ist nicht bekannt, wer schließlich, nach beendeter Tafel, dem Königspaar die Mitteilung machte, daß es nicht im Palais, sondern im Turm wohnen werde. Gegen ein Uhr nachts führten zwei Kommissare der Kommune Marie Antoinette nach dem düstern, mittelalterlichen Wehrturm. Als sie durch den Garten gingen, schlug ihnen ein Spottlied entgegen:

> Madame à sa tour monte
> Ne sait, quand descendra!

Marie Antoinette schien das höhnische Gelächter, welches die Strophen begleitete, zu überhören. Ein Gewitter war niedergegangen und hatte den Gartenweg aufgeweicht. Die Königin beeilte sich, den Eingang des Hauptturms zu erreichen, durch dessen gotischen, im Erdgeschoß gelegenen Saal man in die Wohnung Berthélemys gelangte. Im ersten Stockwerk fand sie ihren Sohn wieder, der über der Suppe eingeschlafen war, die ihm Frau von Tourzel vor einer Weile gebracht. Ein Schwächeanfall überkam sie vor dem schlichten Gurtenbett, auf welchem der Dauphin in tiefem Schlafe ruhte. Sie schlug die Hände vors Gesicht und brach in Tränen aus.

Im Garten und auf jedem Treppenabsatz des Turmes grölten die Schildwachen weiter:

> Madame à sa tour monte
> Ne sait, quand descendra.

## XVI

## DIE WITWE CAPET

Am 3. September 1792 spielten Marie Antoinette und Ludwig XVI. nach Tisch um etwa drei Uhr im Zimmer der Königin im ersten Stock des kleinen Turmes eine Partie Tricktrack. Der hellblau tapezierte Raum machte mit seinem Kanapee und den blau-weiß gestreiften Seidenfauteuils à la reine einen fast eleganten Eindruck. Madame Royale und ihr Bruder saßen daneben auf Taburetts en coeur und sahen dem Spiel ihrer Eltern zu. Ohne die Anwesenheit der beiden Wachoffiziere, auf deren Hüten Federn in den Farben der Trikolore prangten, hätte man meinen können, sich in einem gemütlichen bürgerlichen Heim à la Chardin zu befinden.

Nach den furchtbaren Tagen des 20. Juni und des 10. August, nach den angstvollen Nächten in den Tuilerien und dem Kloster der Feuillants atmete Marie Antoinette endlich ein wenig auf. Unter dem Schutz einer starken Wache waren sie und die Ihren nun doch in einer gewissen Sicherheit. Sie brauchte wenigstens nicht mehr zu befürchten, jäh geweckt zu werden und ihr Bett von Mördern umstellt zu sehen; das Schlimmste schien hinter ihr zu liegen. Sicherlich stand ihr noch manche Demütigung bevor. In der Nacht des 19. August waren die Prinzessin von Lamballe, Frau von Tourzel, deren Tochter Pauline, die drei Kammerfrauen der Königin und die beiden Kammerdiener des Königs aus den Betten geholt und weiß Gott wohin abgeführt worden.

Aber welche neue Gefahr hätte sie jetzt noch zu befürchten? Die Absetzung war die einzige Strafmaßnahme, die dem König nach der Verfassung drohte. Vor allem aber klammerte sie sich verzweifelt an die Hoffnung auf einen Sieg der Österreicher. Als sie aus dem Mund ihrer Kerkermeister erfuhr, daß Verdun gefallen und Longwy schwer bedroht sei, vermochte sie ihre Freude kaum zu verbergen. Diese Niederlagen hatten rings um ihr Gefängnis große Unruhe ausgelöst. Alarmkanonen waren abgefeuert, Sturmglocken geläutet worden. Cléry, der Kammerdiener des Dauphin, hatte am gestrigen Tag gemeldet, »daß Paris in Erregung sei und das Volk zu den Gefängnissen ströme«. Soeben hatten die Stadtgardisten der königlichen Familie untersagt, im Garten spazierenzugehen. Beim Mittagessen hörte sie noch Trommelwirbel und wirres Geschrei aus der Gegend der Rue du Temple. Dann wurde es still. Nur aus dem Garten stiegen noch Geräusche herauf. Wahrscheinlich waren es die Arbeiter, welche die Mauer errichteten, die um den Turm gezogen wurde.

Da plötzlich aber gellte ein durchdringender Schrei aus dem kleinen Speisesaal im Erdgeschoß, wo sich Cléry und das Ehepaar Tison, das den Gefangenen als Bedienung von der Kommune beigestellt war, soeben zu Tisch gesetzt hatten. Im nächsten Augenblick stürzte Cléry, verstört und bleich, in das Zimmer. Er starrte wortlos auf die Königin, unfähig, ihr zu sagen, daß er soeben durch das Fenster das abgeschlagene Haupt der Prinzessin Lamballe auf einer Pike gesehen hatte. Ihre langen blonden, noch gelockten Haare flatterten im Wind. Als Madame Tison dieses grauenhafte Bild erblickte, stieß sie entsetzt einen gellenden Schrei aus, der von den Mördern mit einem »rohen Gelächter« beantwortet wurde.

Die Prinzessin war in der Nacht im Gefängnis La Force ermordet worden. An ihrem Finger trug sie noch einen Ring »mit einer Kapsel aus blauem Stein«, in welcher sich eine Strähne herzförmig verschlungener weißer Haare mit der Inschrift: »Sie sind weiß geworden durch das Unglück«, befand. Es waren die Haare der Königin . . . Ihr bestialisch verstümmelter Leichnam, dessen Unterleib bis zur Brust aufgeschlitzt war, wurde von einem Kunsttischler aus der Rue de Faubourg-Saint-Antoine, einem Drechsler aus der Rue Popincourt, einem Kanonier der Sektion Montreuil und einem jungen Tambour aus dem Stadtviertel der Hallen an den Beinen bis zum Temple geschleift. Vor ihnen marschierend, schwangen andere Männer das Haupt, das Herz und blutgetränkte Fetzen des Hemdes der Ermordeten, und einer der Kannibalen hatte sich ihr intimes Vlies als Schnurrbart auf die Oberlippe geklebt.

Es war den Kommissaren der Kommune nicht gelungen, den Marsch der blutbefleckten Rotte zum Temple zu verhindern, wo die Banditen nun verlangten, daß die Königin am Fenster zu erscheinen habe. »Wenn sie sich nicht zeigt, gehen wir hinauf und werden sie zwingen, den Kopf ihrer Hure zu küssen.« Im ersten Stock hatte indessen einer der Kommissare die blauen Taftvorhänge vor die Fenster gezogen, und da Cléry noch immer nicht fähig war, ein Wort hervorzubringen, wußte die Königin nicht, was draußen vorging. »Jemand hat das Gerücht verbreitet, daß Ihre Familie nicht mehr hier sei«, sagte ihr ein Kommissar. »Das Volk verlangt, Sie sollen am Fenster erscheinen – aber wir lassen das nicht zu.«

Das Toben der Rotte stieg an . . . Andere Kommissare kamen bleich und aufgeregt in das Zimmer, und Marie Antoinette fragte sie verängstigt, was man denn vor ihr verberge? Unter ihnen befand sich ein Nationalgardist, der den Säbel martialisch gegen den Boden stieß, und als Marie Antoinette ihn anblickte, sagte er »in brüskem Ton«: »Man will Ihnen den Kopf der Lamballe verbergen, der Ihnen gebracht worden ist, damit Sie sehen, wie sich das Volk an seinen Tyrannen rächt. Ich kann Ihnen nur raten, am Fenster zu erscheinen . . .« Die letzten Worte hatte Marie Antoinette nicht mehr vernommen. »Vor Schreck und Grauen erstarrt«, war sie bewußtlos niedergesunken.

Das Gewitter zog noch einmal vorüber, und durch drei Monate lebte Marie Antoinette in ungestörter Ruhe.

Die Königin war mit vier Hemden, vier Unterröcken, einem Überkleid zum Wechseln und einigen, am 12. August bei den Feuillantinern bestellten »Halskrausen« in den Temple gekommen. Aus den Tuilerien war nur wenig gerettet worden, aber die Kommune ließ es an Großzügigkeit nicht fehlen. Marie Antoinette durfte sich eine Garderobe bestellen, wie sie einer hübschen Frau gebührte, und bei der sie, trotz ihrer Gefangenschaft, keineswegs auf Eleganz zu verzichten brauchte. Dreißig Schneiderinnen arbeiteten ständig für »die gewesene Königin«. Man ist überrascht, wenn man in den Archiven die langen Rechnungen der Lieferanten liest und erfährt, was sie alles in den Temple schickten: Kleider aus Florentiner Taft, couleur boue de Paris, Hunderte von Schultertüchern, Hauben aus Linon, graues, blaues und flohfarbenes Schuhwerk, Kopftücher, gefältete Halskragen aus Jouyleinen oder rosa Perkal, Halskrausen aus Leinen für Hemden, chinesische Pantoffel, schwarze Kastorhüte en jockey. Einer dieser Hüte muß besonders reizvoll gewesen sein, da Madame Elisabeth »den gleichen wie den der Königin« auch für sich bestellte. Die Parfümerie Prevost und Laboulée verrechneten 110.000 Francs heutiger Währung für »Pâtes royales zum Unterhalt der Tyrannen«.

Auch für die Tafel sorgte die Kommune in großzügiger Weise. Die Mahlzeiten, deren Menus erhalten sind, waren mitunter sogar noch reichlicher als in den Tuilerien. Zu Mittag wurden drei Suppen, vier Vorspeisen, sechs Braten, vier bis fünf Zwischenspeisen, Obst und Kompotte serviert. Am Abend gab es zwei Vorspeisen weniger, aber die Zahl der Braten und Zwischengerichte blieb sich gleich.

Die Kommissare waren zu Beginn der Gefangenschaft meist ordentliche Leute, wie etwa jener ehemalige Inspektor der Markthallen, der von der ersten Stunde seines Wachdienstes von Marie Antoinettes schlichtem Wesen überrascht und sehr bald von ihr gewonnen war. »Treten Sie näher, Monsieur«, forderte sie ihn auf, »hier werden Sie zum Lesen besser sehen.« Etwas später zeigte sie ihm die Haare des verstorbenen ersten Dauphin und der kleinen Sophie. »Die Königin«, erzählte er, »legte sie an den Ort zurück, von wo sie sie genommen hatte. Dann trat sie wieder zu mir, indem sie sich die Hände mit einer Essenz einrieb und sie vor meinem Gesicht hin und her bewegte, damit ich die Essenz, die lieblich duftete, einatmen könne.«

Der Diener Turgy, der zum königlichen Küchendienst gehörte, hielt Marie Antoinette über die Entwicklung der Ereignisse auf dem laufenden. Der mit ihm vereinbarte Code zeigt, wie groß ihre Hoffnung noch immer gewesen ist. Aus der Art, wie der treue Diener die Finger auf sein Gesicht legte, konnte die Königin ersehen, ob die österreichischen Truppen einen Sieg errungen hatten. »Sobald sie fünfzehn Meilen vor Paris stehen, wird er die Finger über die Lippen legen.«

Arme Menschen, die noch immer hofften ...

Ende September waren die Instandsetzungsarbeiten im großen Turm beinahe fertiggestellt.

In den beiden unteren Geschossen waren keine wesentlichen Veränderungen vorgenommen worden. Das Erdgeschoß sollte als Beratungszimmer und als Aufenthaltsort für die acht Kommissare dienen, von denen vier an jedem Abend abgelöst wurden, im ersten Stockwerk wurde die Wachmannschaft untergebracht. Die beiden oberen Stockwerke waren durch hölzerne Zwischenwände und leichte Leinwandplafonds in je vier Räume geteilt worden. Im zweiten Stock, der für den König und den Dauphin bestimmt war, befand sich ein Vorzimmer, ein Zimmer für Ludwig XVI. und seinen Sohn, ein Speisezimmer und ein Raum für Cléry. Am 26. September zog der König in diese Räume ein, während Marie Antoinette die ihren im dritten Stock erst am 26. Oktober beziehen konnte. An diesem Tag erstieg sie zum ersten Male die Wendeltreppe des Temple, auf welcher zwischen Erdgeschoß und drittem Stockwerk zwölf Sperren zur Sicherung eingebaut waren. In jeder dieser Sperren war ein so schmaler Durchlaß angebracht, daß ein Mann, wenn er sich bückte, sich eben noch hindurchzwängen konnte. Doch wäre es ihm nicht möglich gewesen, frei und aufrecht hindurchzugehen. Und eben dies war ja der Zweck dieser Hindernisse. Die Wohnräume wiederum wurden vom Treppenabsatz durch je zwei schwere, mit Riegeln und Schlössern reichlich gesicherte Türen getrennt, von denen die eine aus eisenbeschlagenem Holz, die andere aus Eisen angefertigt war.

Für die Königin ließ die Kommune eine Badewanne anbringen, zu jener Zeit ein großer Luxus. Auch ein Klavier wurde in ihr Zimmer, das über dem Zimmer des Königs lag, gestellt, und die Königin sang jeden Tag Lieder, die, nach Cléry, »nichts weniger als traurig waren«. Ohne das Ehepaar Tison, das sich durch keine Freundlichkeit gewinnen ließ, wäre das Leben recht erträglich gewesen. Bei den Mahlzeiten und den täglichen Spaziergängen durften die Gefangenen der beiden Stockwerke beisammen sein. Allein blieben sie allerdings nicht, da die Kommissare sie nie aus den Augen ließen. »Am Nachmittag«, berichtete ein Kommissar, »beschäftigten sich die Königin und Madame Elisabeth in ihrem Zimmer mit kleinen Arbeiten und mit der Erziehung der jungen Prinzessin, wie sich der König mit der Erziehung seines Sohnes befaßte. Aber auch diese vernachlässigte die Königin nicht. Eines Tages ging der junge Prinz aus ihrem Zimmer, um in das Nebenzimmer zu gehen, aus welchem ich soeben eintrat. Als die Königin bemerkte, daß er mich beim Vorbeigehen ansah, ohne mich zu grüßen, rief sie ihn zurück und sagte in strengem Ton: ›Mein Sohn, komm wieder her und grüße den Herrn, wenn du an ihm vorbeigehst!‹«

Am Morgen des 7. Dezember, an einem Freitag, hielt der König die Königin nach dem Frühstück zurück und teilte ihr unter vier Augen mit, was Cléry am Vortag von seiner Frau erfahren hatte, die nur gekommen war, um es ihm zu sagen: daß sein Prozeß vor dem Konvent in vier Tagen beginnen werde.

Am 11. Dezember, Dienstag, in aller Frühe hörte Marie Antoinette in ihrem Zimmer das Schlagen des Generalmarsches ... Innerhalb der Umfriedung des Temple wurden Kanonen sogar im Garten aufgestellt. Der König wurde abgeholt, um vor den Konvent gebracht zu werden. Sechs Wochen lang sollte Marie Antoinette ihren Gatten nicht mehr sehen. Sie versuchte sich einzureden, daß der Konvent, da Frankreich seit 21. September Republik war und der König nach der Verfassung nicht zur Verantwortung gezogen werden durfte, sich damit begnügen werde, Ludwig und seine Familie ins Exil zu schicken. Einige Zeitungen hatten ja auch in diesem Sinne argumentiert: »Ein vertriebener König findet keinen Bundesgenossen; ein getöteter erregt Bedauern ... Tarquinius hatte keine Nachfolger; hat Karl I. (der Große) noch einen?«

Doch ihre Illusionen waren von kurzer Dauer. Vor wenigen Tagen war die »Kommune des 10. August« durch einen »provisorischen Magistrat« ersetzt worden, dessen neue Kommissare duldeten, daß die Wachmannschaft die Wände des Temple mit Inschriften bekritzelte, welche die Königin beim Vorübergehen sehen mußte: »Die Guillotine ist bereit und wartet auf den Tyrannen Ludwig XVI.« Und unter einer Karikatur, die den König auf dem Schafott darstellte, stand: »Ludwig, wie er in den Sack spuckt.« Wenn sie an dem Pförtner Mathey vorüberging, blies er ihr, unter dem Gelächter der Wachen, mit höhnischem Augenzwinkern eine Wolke Tabakrauch ins Gesicht. Wir wissen aus den Rechnungen der Schneiderin Roussel, »die ein Korsett zertrennte, um es enger zu machen«, daß die unglückliche Frau abgemagert war. Vom 1. Januar an nahm sie täglich ein »Medizinalgetränk« zu sich.

Cléry und Turgy versorgten sie mit Nachrichten über den angeklagten König. Am 25. Dezember 1792, am Tag der Geburt des Erlösers, schrieb der König in dem Gefängnis, in welches ihn seine Untertanen sperrten, sein Testament: »Ich empfehle meiner Frau meine Kinder. Ich habe niemals an ihrer mütterlichen Zärtlichkeit für sie gezweifelt. Ich empfehle ihr besonders, aus ihnen gute Christen und anständige Menschen zu machen, sie zu lehren, daß die Größe dieser irdischen Welt gefährlich und vergänglich ist, und ihre Blicke auf die allein dauerhafte ewige Seligkeit hinzulenken. Ich bitte meine Schwester, ihre Zärtlichkeit meinen Kindern weiter zuwenden zu wollen und ihnen Mutter zu sein, wenn sie das Unglück hätten, die ihre zu verlieren.« Er sah wohl voraus, daß Marie Antoinette nach ihm auf keine Gnade mehr zu hoffen hatte. »Ich bitte meine Frau, mir alles Böse, das sie meinetwegen erduldet, und allen Kummer, den ich ihr während unserer Ehe verursacht haben sollte, zu vergeben, wie auch sie gewiß sein kann, daß ich ihr nichts nachtrage, falls sie glaubt, daß sie sich etwas vorzuwerfen hat ...«

Die Zeitungsverkäufer pflegten die Neuigkeiten in den Gassen auszurufen. Unter ihnen war einer, der von einem Freund der Königin dafür Geld erhalten hatte, daß er in der dem Temple benachbarten Rue de la Cordonnerie den summarischen Inhalt seiner Zeitung mit Stentorstimme hinausschrie. Am Sonntag, 20. Januar 1793, hörte ihn Marie Antoinette rufen: »Der Nationalkonvent hat Louis Capet zum Tode verurteilt... Das Urteil wird innerhalb von vierundzwanzig Stunden nach seiner Verlesung vor dem Gefangenen vollzogen werden.«

Die »Verlesung« des Urteils fand um zwei Uhr statt, die Hinrichtung würde also am nächsten Tag vollzogen werden... Marie Antoinette war in Tränen aufgelöst... Um acht Uhr abends wurde sie mit den Ihrigen von ein paar Kommissaren abgeholt: der Konvent hatte dem Verurteilten gestattet, seine Familie noch einmal zu sehen.

Die Abschiedsszene ging im Speisezimmer des Königs vor sich. Zuerst trat die Königin mit ihrem Sohn an der Hand in das Zimmer, hinter ihr folgten die beiden Prinzessinnen. Schluchzend warfen sie sich dem König in die Arme. Der Abbé Edgeworth de Firmont, der gekommen war, um dem Verurteilten geistlichen Beistand zu leisten, befand sich in einem anstoßenden Raum und wurde, gegen seinen Willen, Zeuge der Abschiedsszene. »Niemals«, schrieb er, »vermag eine Feder das Herzzerreißende (dieses Abschieds) wiederzugeben... Eine Viertelstunde wurde kein Wort gesprochen, ich hörte nur so laute Schreie, daß man sie auch außerhalb der Umfriedung des Turmes vernehmen mußte. Der König, die Königin, Madame Elisabeth, der Dauphin und Madame Royale jammerten alle zu gleicher Zeit, man konnte ihre Stimmen nicht mehr unterscheiden. Endlich versiegten ihre Tränen, da sie keine Kraft mehr hatten, welche zu vergießen. Sie sprachen nun leise und ziemlich gefaßt miteinander.«

Ludwig berichtete ausführlich über seinen Prozeß und die an ihn gestellten Fragen, die er nicht erwartet hatte und die ihn verwirrten. Unter seinen Richtern habe sich sein Vetter Orléans befunden. Dreihunderteinundsechzig Deputierte stimmten bedingungslos für den Tod. Da dies genau die absolute Mehrheit war, sei er mit einer Stimme Mehrheit verurteilt worden. Es war die Stimme Philipp Egalités! Ohne ihn wäre Ludwig dem Schafott entgangen. Der ehemalige Herzog von Chartres, Marie Antoinettes ständiger Begleiter in Versailles, in Fontainebleau, auf den Pariser Opernbällen, der Mann, mit dem sie auf ihrer Hochzeit getanzt hatte – er hatte für den Tod des Königs gestimmt!

Der kleine Dauphin, der in wenigen Stunden König werden sollte, lehnte sich an die Knie seines Vaters. »Mein Sohn«, sagte Ludwig, »versprechen Sie mir, daß Sie niemals daran denken werden, meinen Tod zu rächen.« Er nahm das Kind in seine Arme und fügte hinzu: »Mein Sohn, Sie haben gehört, was ich Ihnen eben gesagt habe. Da aber der Schwur noch heiliger als Worte ist, so schwören Sie, indem Sie die Hand erheben, daß Sie den Letzten Willen Ihres Vaters erfüllen werden.«

Um ein Viertel nach zehn Uhr stand der König auf. Cléry, der eben in das Zimmer trat, sah, wie Marie Antoinette sich an den Arm ihres Gatten klammerte und »unter schweren Seufzern« ein paar Schritte gegen die Türe machte. »Ich gebe Ihnen die Versicherung«, sagte der König beruhigend, »daß wir uns morgen um acht Uhr früh sehen werden.« »Warum nicht schon um sieben Uhr?« flehte Marie Antoinette. »Eh bien – dann um sieben Uhr«, erwiderte der König.

Madame Royale sank bewußtlos nieder. Der kleine Dauphin warf sich vor den Kommissaren auf die Knie. Er flehte sie um die Erlaubnis an, zu den »Herren der Pariser Sektionen« gehen zu dürfen. Er wolle sie um Verzeihung bitten, »um von ihnen die Zusage zu erhalten, daß sein Papa nicht sterben müsse«.

Marie Antoinette brachte ihren Sohn zu Bett, sie selbst aber zog sich nicht aus. Angekleidet wie sie war, warf sie sich auf die grüne Damastdecke ihres Bettes. »Wir hörten sie die ganze Nacht vor Schmerz und Kälte beben«, schrieb ihre Tochter später.

Wie lange lag die Zeit zurück, da die Pendeluhr bei Frau von Polignac vorgestellt wurde, damit der Spielverderber früher schlafen gehe. Jetzt mag Marie Antoinette sich dies vielleicht vorgeworfen haben. Sicherlich hatte sie das Benehmen ihres Gatten oft genug beschämt. Noch vor kurzem war ihr bei den Feuillants der Anblick des dicken Mannes peinlich gewesen, der imstande war, sich trotz des Geheuls und der Insulte des Pöbels hinter dem Korridorgitter den Magen in aller Ruhe mit Speisen anzufüllen. Als er am 2. September der Demolierung der Häuser um den Temple zusah, hatte er darüber lachen und sich freuen können ... Wie oft hatte er sie in Verlegenheit gebracht! Aber diesem König, den seine Untertanen nun hinrichten würden, fehlte es weder an Güte noch an Seelengröße: »Solange ich regiere, wird meine erste Sorge sein, der Religion Respekt zu verschaffen und darüber zu wachen, daß die guten Sitten eingehalten werden.«

Vielleicht erinnerte sich Marie Antoinette in diesen Stunden auch an den Ausspruch des Marschalls Richelieu: »Jede der drei Linien des Hauses Bourbon besitzt eine besondere Neigung: die älteste liebt die Jagd, Orléans die Malerei, Condé den Krieg.« »Und Ludwig XVI.?« hatte jemand gefragt. »Ach, bei dem ist es was andres – der liebt das Volk.« Der Ausspruch war zwar ironisch gemeint, doch entsprach er der Wahrheit. Ludwig XVI. liebte tatsächlich die kleinen Leute, eben dieses Volk, dessen Vertreter über seinen Tod abgestimmt hatten. Aber alle seine guten Eigenschaften wurden durch seine Entschlußlosigkeit, seine Schwäche und seine Art, »allen Entscheidungen aus dem Weg zu gehen«, wieder aufgehoben.

Wie sehr hatte Ludwig XVI. seine Frau geliebt. So sehr, daß er sogar ihre Gefühle für Fersen respektierte. Vielleicht hatte er gefühlt, daß er, als die Thronfolge gesichert war, nicht das Recht hatte, seiner Frau dieses Glück zu nehmen. Aber auch sie hatte für ihn eine wachsende

Zärtlichkeit empfunden. Die »aufrichtigen und duldsamen Tugenden«, wie Mirabeau sagte, dieses biederen und, mit Fersens Worten: »ehrenhaften Mannes« rührten schließlich ihr Herz. Und nun wühlten sie seine gefaßte Ruhe vor dem Tod, sein furchtloser Märtyrermut« bis ins Innerste auf... In dieser langen kalten Nacht glaubte sie vielleicht, ihn zu lieben...

Paris fieberte... Kanonen rasselten, ständig den Standort wechselnd, durch die Gassen, Trommelwirbel rief die Bürger der militanten Sektionen zu den Waffen, Hufschlag klapperte über das kotige, nasse Pflaster...
Eine ferne Turmuhr schlug die fünfte Stunde. Marie Antoinette richtete sich auf und horchte: ein leichtes Geräusch drang aus dem Stockwerk des Königs herauf. Cléry zündete das Feuer im Kamin an. Dann hörte sie Schritte auf der steinernen Treppe. Um sechs Uhr wurden die schweren Türen zu ihren Zimmern geräuschvoll aufgeschlossen. Wurde sie vielleicht geholt? Nein – ein Kommissar verlangte Madame Elisabeths Meßbuch für die letzte Messe des Verurteilten. Die Türen schlossen sich wieder, die Riegel wurden vorgeschoben.

Ein düstrer, nebliger Wintermorgen stieg über Paris herauf... Kavallerieabteilungen ritten in die Umfriedung des Temple ein. Dann vernahm man »einen großen Lärm«. Der »General Santerre« stieg mit einem Gefolge von Munizipalbeamten und Gendarmen die Wendeltreppe herauf. Die Königin stand wartend vor der verschlossenen Tür – warum wurde sie nicht endlich geholt und zu ihrem Gatten geführt? Zur gleichen Zeit sagte Ludwig unten: »Wie schwer es ist, fortzugehen, ohne sie noch einmal umarmt zu haben.« Und zu Cléry gewendet: »Ich betraue Sie damit, ihr meine Abschiedsgrüße zu überbringen.« Plötzlich schmetterten Trompeten unter den Fenstern Marie Antoinettes. Ludwig XVI. ging, von einer Gendarmerieabteilung eskortiert, soeben durch den Garten. Zweimal blickte er noch nach dem Turm zurück... Dumpfer Trommelwirbel rollte, entfernte sich allmählich, verhallte in der Ferne... Es schlug acht Uhr.

Um zehn Uhr öffnete sich die Tür. Turgy brachte das Essen herein: Huhn, Lerchen, junges Kaninchen. Die Königin versuchte, den Dauphin zu überreden, aber das Kind vermochte keinen Bissen hinunterzuwürgen.

Marie Antoinettes kleine Pendeluhr – eine Fortuna auf dem Glücksrad – schlug eine halbe Stunde nach zehn... Artilleriesalven donnerten über die Stadt. Sie verkündeten dem Volk, daß das Haupt Ludwigs XVI. gefallen war...

Die Wachmannschaft des Temple rührte die Trommeln und schrie: »Es lebe die Republik!«

Die Königin verstand, was das zu bedeuten hatte. »Der Schmerz erstickte sie fast«, erzählte Turgy. »Der junge Prinz brach in Tränen aus, Madame Royale fing zu schreien an.« Vom Schluchzen geschüttelt, warf sich Marie Antoinette auf ihr Bett. Dann aber kniete sie vor ihrem Sohne nieder, um ihn als den neuen König zu begrüßen.

Der »Witwe Capet« wurden Trauerkleider, »gewichstes Schuhwerk«, ja, sogar ein Fächer aus schwarzem Taft geliefert. Sie versagte es sich aber von nun an, den Garten aufzusuchen, um nicht an der Tür Ludwigs XVI. vorbeigehen zu müssen. Stundenlang saß sie strickend und ohne ein Wort zu sprechen in ihrem grün-weißen Damastfauteuil vor dem vergitterten Fenster. Ein Zeuge berichtet, »daß sie außergewöhnlich abgemagert war«.

Ihr Kummer und ihre Erschöpfung erregten das Mitleid des diensthabenden Kommissars Toulan, eines Bürgers aus Toulouse. Dieser eingefleischte Revolutionär hatte den Sturm auf die Tuilerien mitgemacht, war aber dann vom ersten Tag seines Bewachungsdienstes im Temple überzeugter Royalist geworden. Es wurde behauptet, er habe sich in Marie Antoinette verliebt, was nicht unwahrscheinlich ist, da der Charme, die Stimme und das Lächeln der Königin ihr ja sooft die Zuneigung und Ergebenheit ihrer Umgebung gewonnen hatten. Bis zum 21. Januar 1793 hatte ihr Toulan allerlei kleine Dienste erwiesen; er hatte den Kolporteur mit der Stentorstimme bezahlt und ihr am 1. Januar die Neujahrswünsche Ludwigs XVI. übermittelt. Am Tag nach dem Tod des Königs faßte er aber einen Entschluß von großer Bedeutung: er wollte Marie Antoinette, von ihrem Unglück gerührt, zur Flucht aus dem Temple verhelfen.

Es handelte sich dabei gewiß nicht um einen undurchführbaren Plan, wie manche meinten, da der Temple alles andere als ein Mustergefängnis gewesen ist. Um bis zum Temple vorzudringen, ja selbst um den Turm zu betreten, genügte eine Uniform. So konnte es geschehen, daß die Kommissare eines Tages im Innern des Temple auf drei Gendarmen stießen, die »aus Neugier, die Örtlichkeit zu sehen«, dort promenierten. Den Vogel freilich schoß ein gewisser Christoph Va ab, der von sich behauptete, der Bruder eines Stadtverordneten zu sein. Am 26. September 1792 erschien er vor dem Portal des Palais du Temple, erklärte, er wolle seinen Bruder besuchen – und wurde eingelassen. Am 27. ging er unbehelligt in den kleinen Seitenturm, wo damals noch Ludwig XVI. wohnte, betrachtete in aller Muße die königliche Familie und lud sich selbst – so unglaublich es klingt – zum Mittagessen am Tisch der Kommissare ein. Am 28. erschien er vor dem Tor des Temple, zur Zeit, als sich die Gefangenen eben im Garten befanden. Der Pförtner Mathey wies ihn ab, doch wenige Minuten später kehrte er mit der antretenden Wachmannschaft wieder zurück. Einer der Gardisten, ein gewisser Liemberger der Sektion Saint-Jacques de la Boucherie, hatte ihm Uniform und Gewehr geliehen. Vertraut mit der Örtlichkeit, wie er war, ließ er seine Kameraden das Gefängnis visitieren und verfügte, daß er selbst die Wache im Turm von vier bis sechs Uhr abends beziehen werde.

Der Kommune waren diese Zustände nicht unbekannt. Sie ordnete daher eine »Untersuchung der Kellergeschosse, soweit sich solche in der Umgebung des Temple befänden«, an und beauftragte, zur Beruhigung ihrer Mitglieder, die beiden Amtsgehilfen Palloys mit der Anlage eines Laufgrabens von zwölf Fuß Tiefe rings um den Wehrturm. Diese bisher noch nicht publizierten Details beweisen, daß der Turm des Temple zu Beginn der Gefangenschaft der königlichen Familie keineswegs die unzugängliche Festung war, für welche man ihn zu halten pflegt. Man konnte ihn verhältnismäßig leicht betreten – und ebenso verlassen.

Marie Antoinette wußte das auch, und als Toulan ihr versicherte, daß er ihr mit ihren Kindern und Madame Elisabeth zur Flucht verhelfen könne, schöpfte sie wieder Hoffnung. Doch wollte sie zunächst den Rat des Generals Jarjayes einholen, der, wie wir wissen, zwischen ihr und Barnave vermittelt hatte und auf Befehl des Königs in Paris geblieben war. Seine Überraschung – und seine Befürchtungen – waren groß, als Toulan, mit der Kokarde geziert, am 2. Februar 1793 bei ihm erschien. Der Kommissar sah zwar mit seinen lebhaften Augen, der breiten Stirn und etwas platten Nase recht sympathisch aus, aber der General verhielt sich trotzdem reserviert. Da legte ihm Toulan ein paar Zeilen der Königin vor: »Sie können zu dem Mann Vertrauen haben, der zu Ihnen bei der Übergabe dieses Billetts sprechen wird. Seine Gefühle sind mir bekannt. Seit fünf Monaten hat er sie nicht gewechselt.« Jarjayes blieb auf der Hut und fragte Toulan, ob er ihm ermöglichen könne, in den Temple einzudringen.

Der Kommissar sagte es ihm zu und erklärte der Königin, daß sie, trotz der Anwesenheit des Ehepaares Tison, sehr bald den Besuch Jarjayes erhalten werde. Beunruhigt schrieb Marie Antoinette dem General: »Jetzt, da Sie entschlossen sind, herzukommen, wäre es besser, wenn das bald geschähe. Aber, mein Gott! hüten Sie sich davor, erkannt zu werden, vor allem nicht von der Frau, die mit uns hier eingeschlossen ist.«

Toulan brachte es mit seiner südlichen Zungenfertigkeit zustande, den Mann, der jeden Abend, meist in Begleitung seiner beiden Kinder, in den Temple kam, um die Lampen anzuzünden, zu überreden, seinen Platz für einen Abend einem seiner »patriotischen« Freunde zu überlassen, der die Königin »in ihrem Gefängnis« zu sehen wünschte. Der Mann willigte ein, und so konnte Jarjayes in den Kleidern des Laternenanzünders die Königin sehen, die ihm ihr Vertrauen zu Toulan bestätigte.

Der Fluchtplan nahm bald feste Formen an, doch war zu seinem Gelingen unerläßlich, Turgy – der sogleich gewonnen war – und einen zweiten Kommissar mit ins Vertrauen zu ziehen. Toulans Wahl fiel auf Lepitre, dessen Name (le pitre – der Hanswurst) zu einem Verschwörer zwar nicht ganz paßte, der aber für den Plan sogleich Feuer und Flamme war. Der Gedanke, an einem solchen Komplott teilzunehmen, entzückte den häßlichen, stark hinkenden Mann, der seine Loyalität nicht genug betonen konnte. Marie Antoinette schickte ihn zu Jarjayes: »Sie werden den neuen Mann sehen; sein Äußeres nimmt nicht für ihn ein, er ist aber unbedingt nötig, und man muß ihn haben.« Tatsächlich verriet Lepitre die Kommune nicht etwa aus royalistischer Überzeugung, sondern aus materiellem Interesse. Er hatte die Absicht, sich seine Hilfe sehr teuer bezahlen zu lassen – aber das Hauptsache war, daß er zu dem Verrat bereit war. Auf seine Motive kam es dabei nicht an.

Der Wachtdienst im Temple war den Stadtverordneten allmählich recht lästig geworden. Diesen Umstand nutzten Toulan und Lepitre aus, um sich als Ersatzmänner anzubieten. Auf diese Weise konnten sie den Wachtdienst ein- bis zweimal in der Woche übernehmen. »Um sicher zu sein, nicht getrennt zu werden«, erzählte Lepitre, »hatte sich Toulan eine List ausgeheckt: Wir kamen zu dritt hin; es wurden (gewöhnlich) ebenfalls drei Zettel als Lose angefertigt, auf einem stand das Wort Tag, auf den beiden anderen Nacht. Toulan schrieb Tag auf alle drei, ließ unseren Kollegen das Los ziehen, und als dieser beim Entfalten des Zettels das Wort Tag las, warfen wir unsere ins Feuer, ohne sie erst anzusehen, und bezogen gemeinsam die Wache. Da wir fast niemals mit dem gleichen Mann kamen, hatten wir mit diesem Trick immer Erfolg.«

Toulan und Lepitre, deren Leibesumfang beim Betreten des Temple recht beträchtlich erschien, hatten unter ihren Pelzröcken zwei Jacken und mitunter selbst zwei Überröcke an. Es kam auch vor, daß sie mit einem Hut hineingingen und ohne Hut wieder herauskamen. Sie hatten nämlich, im Einvernehmen mit Jarjayes, vereinbart, daß Marie Antoinette und ihre Schwägerin in den Uniformen von Stadtverordneten den Temple verlassen sollten. Der kleine König sollte in dem Korb mit schmutziger Wäsche, den Turgy einmal in der Woche aus dem Gefängnis zu tragen pflegte, hinausgeschmuggelt werden. Madame Royale würde, in Lumpen gekleidet, die Rolle des einen der beiden halbwüchsigen Jungen spielen, die den Laternenanzünder allabendlich auf seinem Gang begleiteten. Die königliche Familie würde demnach, sobald das Ehepaar Tison durch ein starkes Narkotikum eingeschläfert war, in vier Gruppen aus dem Temple entfliehen. Für die Fortsetzung der Flucht in die Normandie, wo sich die Flüchtlinge nach England einschiffen sollten, empfahl Toulan eine geräumige Berline, in welcher auch Jarjayes und Lepitre Platz nehmen sollten. Er selbst wollte vorauseilen, um alle Vorbereitungen für die Überfahrt zu treffen. Marie Antoinette erinnerte sich aber an Varennes und wünschte die Bereitstellung von drei leichten Kabrioletts.

»Wir hatten unsere Dispositionen so getroffen«, versicherte Lepitre, »daß man unsere Verfolgung nicht früher als fünf Stunden nach unsrer Abreise hätte aufnehmen können. Wir hatten alles vorausberechnet. Zunächst wäre man erst um neun Uhr abends in den Turm hinaufgestiegen, um den Tisch zu decken und das Abendessen aufzutragen. Die Königin hätte verlangt, daß erst um halb zehn Uhr aufgetragen werde. Dann würde wiederholt an die Tür gepocht worden sein, man hätte sich gewundert, daß sie sich nicht öffnet. Man hätte die Schildwache ausgefragt, die, um neun Uhr abgelöst, nicht wissen konnte, was sich vorher ereignet hatte. Man wäre in die Wachstube hinuntergegangen, um die anderen Mitglieder von seiner Überraschung in Kenntnis zu setzen, wäre mit ihnen wieder hinaufgestiegen, hätte die früheren Schildwachen gerufen und auch von ihnen nichts Sicheres erfahren. Man hätte nach einem Schlosser geschickt, um die Schlösser der Türen zu öffnen, deren Schlüssel wir innen hätten steckenlassen. Es hätte sehr lange gedauert, bis das gelungen wäre, da die eine Türe aus Eichenholz und mit großen Nägeln beschlagen, die andere aus Eisen war; beide hatten Schlösser von solcher Art, daß man sie entweder hätte hineinstoßen oder die dicke Mauer aufbrechen müssen. Dann hätte man die Wohnräume und die Türmchen durchsucht, hätte Tison und seine Frau geschüttelt, ohne sie wecken zu können, wäre wieder in die Wachstube hinuntergegangen, hätte ein Protokoll verfaßt und es zum Rat der Kommune getragen, die, falls sie noch versammelt gewesen wäre, abermals Zeit mit unnützem Geschwätz verloren hätte. Man würde bei der Polizei, beim Bürgermeister und bei den Ausschüssen des Konvents angefragt haben, welche Maßnahmen zu ergreifen seien. Alle diese Verzögerungen hätten unsere Flucht begünstigt. Unsere Pässe wären in bester Ordnung gewesen, ich selbst hätte sie als Vorsitzender des Ausschusses ausgestellt, wir hätten unterwegs nichts zu befürchten gehabt, solange wir unsern Vorsprung gehalten hätten.«

Diese optimistische Darstellung gab Lepitre im Jahre 1817 zum besten! Im Jahre 1793 war er hingegen weit weniger aktiv und energisch. Nachdem er den ersten Vorschuß von 200.000 Francs, gleich zwanzig Millionen heutiger Währung, von Jarjayes erhalten hatte, ließ er sich mit der Ausstellung der Pässe Zeit. So kam der 13. März heran, an welchem Tag nach dem Verrate Dumouriez' ein halber Belagerungszustand verhängt und die Ausstellung von Pässen eingestellt wurde. Jarjayes hielt es nun nicht mehr für möglich, alle vier Personen gleichzeitig aus dem Temple herauszubekommen, die vierfache Verkleidung erschien ihm zu gewagt. Er hielt nur noch die Flucht der Königin für durchführbar. Doch Marie Antoinette brachte es nicht über sich, ihren Sohn zurückzulassen. »Wir haben einen schönen Traum gehabt, das ist alles«, schrieb sie undatiert an Jarjayes. »Wir haben dabei aber viel gewonnen, weil uns auch diese Gelegenheit einen neuen Beweis Ihrer ganzen Ergebenheit für mich geliefert hat. Mein Vertrauen zu Ihnen ist ohne Grenzen. Sie werden immer und bei jeder Gelegenheit Charakter und Mut in mir finden. Aber das Interesse meines Sohnes ist das einzige, das mich leiten muß; und wie glücklich ich auch gewesen wäre, von hier herauszukommen, so kann ich doch nicht einwilligen, mich von ihm zu trennen. Ich könnte an nichts Freude haben, wenn ich meine Kinder zurücklassen müßte, und dieser Gedanke läßt bei mir nicht einmal ein Bedauern aufkommen.«

Jarjayes hatte in Paris nichts mehr zu tun. Marie Antoinette bat ihn, dem »Regenten« – dem Grafen von Provence – das Siegel des Königs mit dem Wappen Frankreichs und einen, mit den Initialen »M.A.A.A. 19 aprilis 1770« gravierten Ring als letztes Zeichen zu überbringen. Dies war der Ring, der bei der Trauung per procurationem in der Augustinerkirche zu Wien geweiht worden war und den Marie Antoinette nach Frankreich mitgenommen hatte. Ludwig XVI. hatte ihn am Morgen des 21. Januar Cléry mit dem Auftrag eingehändigt, »ihn seiner Gemahlin zu überbringen und ihr zu sagen, daß er sich von ihm nur schweren Herzens trenne«. Die Stadtverordneten hatten diese Reliquien beschlagnahmt und versiegeln lassen. Doch Toulan hatte sich ihrer bemächtigt und sie der Königin zugesteckt. Als der »Diebstahl« später entdeckt wurde, spielte er den Entrüsteten.

Dem für den künftigen Ludwig XVIII. bestimmten Siegel und Ring legte Marie Antoinette einen Siegelabdruck für Fersen bei. »Der Abdruck, den ich hier beifüge, ist eine ganz andere Sache. Ich wünsche, daß Sie ihn der Person übergeben, von der Sie wissen, daß sie mich im vergangenen Winter aus Brüssel besuchen kam, und daß Sie ihr sagen, daß die Devise niemals wahrer gewesen ist.« Der Abdruck stellte Fersens Emblem dar, das Marie Antoinette übernommen hatte, eine Taube im Flug mit dem italienischen Sinnspruch: »Tutto a te me guida« – »Alles führt mich zu dir«.

Einige Zeit nach diesem Fehlschlag unternahm der Baron von Batz auf eigene Faust einen kühnen Versuch zur Rettung der Königin. Er bildete aus dreißig verkleideten Royalisten eine Truppe von Nationalgardisten. Es war ihm gelungen, Michonis, dem die Inspektion aller Gefängnisse von Paris, also auch des Temple, unterstand, für seinen Plan zu gewinnen. Mit seiner Hilfe wollte er in den Temple eindringen, die Gefangenen mit Uniformmänteln versehen, sie in die Mitte seiner Patrouille nehmen und sie so aus dem Temple hinausbringen. In der Nacht des 21. Juni wäre dieser abenteuerliche Plan beinahe gelungen. Michonis befand sich schon im Zimmer der Königin, Batz mit einem Teil seiner Leute in der Wachstube, die anderen warteten draußen in der Gasse. Mitternacht schlug von den Türmen . . . Da wurde die Eingangsglocke heftig geläutet. Ein der Kommune tief ergebener Kommissar, der Schuster Simon, stürzte mit allen Zeichen der Erregung herein und schrie: »Ruft die Wache zusammen!« Er hatte soeben eine anonyme Zuschrift erhalten: »Passen Sie auf, Michonis wird euch heute abend verraten.« Der als Nationalgardist verkleidete Batz vermochte im Dunkel der Nacht zu entkommen. Michonis gelang es, bei seinem Verhör glaubhaft zu machen, daß irgendein Spaßvogel diesen »Dummkopf von einem Schuster« zum besten gehalten habe.

Aber selbst nach diesem neuen Rückschlag gab Marie Antoinette noch nicht alle Hoffnung auf. Noch Ende Juni erhielt Turgy Zettel solcher Art: »Glaubt man, daß wir Ende August noch hier sein werden? Wenn ja, dann schneutzen Sie sich, ohne sich umzukehren. Sind die Leute aus Nantes in Orléans? Zwei Finger, sobald sie dort sind.«

Die Tage schlichen öd und endlos dahin. Die beiden Frauen spielten mit »republikanischen« Spielkarten oder die Königin beschäftigte sich mit einer Gobelinstickerei. Die Kommune hatte nicht geknausert und ihr die gewünschte Seide zukommen lassen.

Die Affäre Toulan sollte noch ein Nachspiel haben.

Als der Bürgerin Tison eines Tages nicht gestattet wurde, ihre Tochter zu besuchen, geriet sie in Zorn und denunzierte, daß Toulan, Lepitre und alle übrigen Kommissare »der Witwe Capet Freundlichkeiten erwiesen hätten«. Sie gab auch an, daß die Gefangenen durch die Vermittlung Turgys mit der Außenwelt korrespondieren konnten.

Dieser unüberlegte Schritt tat ihr sogleich leid, und sie bereute ihn noch tiefer, als sie am Abend des 29. Juni erfuhr, der Wohlfahrtsausschuß habe beschlossen, den kleinen König von seiner Mutter zu trennen. »Ich werde ihn seiner Familie entziehen«, hatte Chaumette gesagt, »damit er vergißt, wer er ist.« Die Tison war überzeugt, daß diese entsetzliche Maßnahme die Folge ihrer Anzeige sei. Sie warf sich der Königin zu Füßen: »Madame«, jammerte sie mit gerungenen Händen, »ich bitte Eure Majestät um Verzeihung. Ich bin tief unglücklich, die Ursache Ihres Todes und des Todes der Madame Elisabeth zu sein.« Sie heulte auf und verfiel in Krämpfe. Tags darauf hatten acht Männer alle Mühe, sie aus dem Turm zu entfernen. Die Unglückliche hatte den Verstand verloren. In ihrer Geistesgestörtheit hatte sie aber nichts über die Entscheidung des Wohlfahrtsausschusses verlauten lassen, und als Marie Antoinette am Abend des 3. Juli zu Bett ging, ahnte sie nicht im geringsten, was ihr bevorstand.

Gegen zehn Uhr wurde an den Toren des Temple gepocht. Eine Gruppe von sechs Kommissaren, unter welchen sich ein Diamantschleifer, ein Maler, ein Parfumeur, ein Advokat und ein »Geheimschreiber« befand, betraten das Zimmer. Die Stimme des Mannes, der mit der Verlesung des Erlasses beauftragt war, bebte vor Erregung. Marie Antoinette starrte ihn an, ohne ihn zunächst zu verstehen. Wie, sie waren gekommen, um ihr den Sohn zu nehmen? »Niemals!«

Das Kind war aus dem Schlaf erwacht, begriff, um was es sich handelte, und flüchtete »schreiend« in die Arme der Mutter. Die Kommissare näherten sich dem Bett, aber Marie Antoinette trat ihnen entgegen: niemals werde sie sich bereitfinden, ihr Kind herzugeben. Der einzige Augenzeuge dieser Szene war Madame Royale, die spätere Herzogin von Angoulême, der wir nun das Wort erteilen: »Die Stadtverordneten drohten, Gewalt anzuwenden und die Wache heraufzurufen, um das Kind gewaltsam fortzuführen. Eine Stunde verging mit

Verhandlungen, die Verordneten stießen Flüche und Drohungen aus, wir suchten den Kleinen weinend zu verteidigen. Endlich stimmte meine Mutter zu, ihren Sohn herauszugeben. Wir hoben ihn aus dem Bett; nachdem er angekleidet war, übergab ihn meine Mutter den Stadtverordneten. Sie zerfloß in Tränen, als hätte sie vorausgeahnt, daß sie ihn nicht mehr wiedersehen werde. Der arme Kleine«, schloß Madame Royale, »umarmte uns alle zärtlich und ging mit diesen Leuten hinaus.«

Marie Antoinette hatte ihren Sohn eine ganze Stunde lang verteidigt. Als sie am folgenden Tage erfuhr, wer von der Kommune zum »Erzieher« erwählt worden war, kannte ihre Verzweiflung keine Grenzen. Zwei Tage hörte sie in ihrem Zimmer das Weinen und Klagen ihres Sohnes. Der Jammer des Kindes war so groß, daß Simon nicht wagte, es in den Garten hinunterzuführen. Verwundert, es nicht zu sehen, flüsterten die Wachen: »Er ist nicht mehr im Temple.«

Dieses Gerücht beunruhigte den Sicherheitsausschuß, und er entsandte am 7. Juli vier seiner Mitglieder, darunter Drouet, nach dem Turm. Sie fanden das Kind schon ruhiger und berichteten: »Der Sohn des Capet spielte ruhig Dame mit seinem Mentor.« Seine Tränen schienen versiegt zu sein, und der Konvent trug Simon auf, das Kind in den Garten zu führen. Dort pflanzte sich der Kleine in der Kastanienallee vor den Kommissaren auf und verlangte von ihnen, »sie sollten ihm das Gesetz zeigen, welches bestimmte, daß er von seiner Mama zu trennen sei«.

Stundenlang spähte Marie Antoinette durch eine vergitterte Fensterluke in einem der Seitentürmchen, »um ihren Sohn, wenn dessen Wächter ihn auf die Plattform des Turmes führte, von weitem zu sehen«. Sie war jetzt nur noch der Schatten ihrer selbst. Diesmal hatte man ihr alles genommen, sogar ihr Herz.

Der kleine Ludwig hörte sich die Lehren seines »Erziehers« ohne aufzumucken an und gewöhnte sich nur allzu rasch an seine neue Umgebung. Chaumette und Hébert hatten Simon nahegelegt, aus dem »jungen Wolf« einen richtigen Sansculotten zu machen. Das Ergebnis der Erziehungsmethoden des Flickschusters Simon ließ nicht lange auf sich warten. Schon nach wenigen Wochen war der kleine König ebenso ungezogen wie der letzte der »Patrioten«. Es machte ihm Spaß, alles tun zu können, was ihm früher verboten war, und die Kommissare damit zum Lachen zu bringen. Marie Antoinette hörte entsetzt, wie der Kleine »fürchterliche Flüche gegen Gott, seine Familie und die Aristokraten« ausstieß.

Die arme Frau erfuhr freilich nie, was alles die »Erziehung« des Schusters aus ihrem kleinen König machte. »Ich spielte eines Tages mit ihm ein kleines Kugelspiel«, berichtete der Stadtverordnete Daujon. »Es war nach dem Tode seines Vaters, als er auf Anordnung des Wohlfahrtsausschusses schon von seiner Mutter und seiner Tante getrennt war. Der Raum, wo wir uns aufhielten, lag unterhalb eines Zimmers seiner Familie; man hörte oben Schritte und ein Geräusch, als ob Stühle verschoben würden, was einen ziemlichen Lärm über unseren Köpfen machte. Da sagte dieses Kind mit einer ungeduldigen Bewegung: ›Sind denn diese verdammten Huren noch immer nicht guillotiniert?‹«

So weit war es mit Marie Antoinettes »chou d'amour« gekommen!

## XVII

## DIE CONCIERGERIE

Am frühen Nachmittag des 1. August vernahmen die gefangenen Frauen durch die wegen der drückenden Hitze offenstehenden Fenster aus dem Hof des Palais du Temple Geräusche, die ihnen nun schon vertraut waren: Trompetenblasen und hinausgebrüllte Befehle.

Bald darauf stampften Schritte über die Treppe, klirrten Säbel gegen Stufen und Mauerwerk, polternd wurden die Riegel zurückgeschoben, die Türen, von den Kerkermeistern aufgesperrt, kreischten in den Angeln. Der Turm hallte wider von Stimmengewirr und Gepolter.

Dies war die klassische Inspektion. Diesmal aber warf Henriot, der Kommandant der Pariser Nationalgarde, der diesen Spektakel verursachte, kaum einen Blick in die Räume der Gefangenen, sondern regte sich darüber auf, daß die Garnison des Temple »von Artillerie entblößt« sei. Er ordnete auch neue Überwachungsmaßnahmen an: die Postenkommandanten würden Munition zugeteilt erhalten, die Kanoniere hätten ab heute abend die Nacht neben ihren Geschützen zu verbringen. Daß der Temple auf solche Art in Verteidigungszustand versetzt wurde, war die Folge der Einnahme von Valenciennes – wo seinerzeit Fersens Regiment stationiert gewesen war. Der Weg nach der Hauptstadt war frei ... In Brüssel befaßte sich Fersen indessen mit dem Plan, »ein starkes Kavalleriekorps nach Paris vorstoßen zu lassen, was um so leichter durchzuführen sei, da keine Armee mehr den Weg versperrte und alle Scheunen mit Lebensmitteln angefüllt seien«.

Als alle Sicherheitsmaßnahmen gegen einen Handstreich getroffen waren, beschloß der Ausschuß, bei den Alliierten den Anschein zu erwecken, als stünde die Aburteilung der Königin knapp bevor. Vielleicht könnte man das Leben Marie Antoinettes, überlegte man, gegen einen vorteilhaften Friedensschluß eintauschen. Am gleichen 1. August rief Barère als Antwort auf die Einnahme von Valenciennes im Konvent: »Werden unsere Feinde dadurch ermuntert, daß wir die Verbrechen der Österreicherin vergessen haben und der Familie Capet mit Gleichmut gegenüberstehen? Nun gut! Es ist Zeit, alle Mitglieder des Königshauses auszurotten!« Und der Konvent beschloß, die »Witwe Capet« vor das Revolutionstribunal zu stellen.

Als diese Nachricht nach Brüssel gelangte, waren Alliierte und Emigranten überzeugt, daß die letzte Stunde der Königin nahe. Sie verstanden nicht, daß die Verfügung des Konvents nichts anderes war als ein Angebot zu Verhandlungen über einen Friedensschluß und, aus Furcht, das Ende der Gefangenen zu beschleunigen, gaben sie selbst Fersens Plan, nach Paris vorzudringen, auf. »Man kann nichts tun als abwarten«, erklärte Mercy philosophisch. Er hatte seine »Schülerin« niemals geliebt, sein Kummer war nicht allzu groß. Aber

Fersen war niedergeschmettert. »In diesem Augenblick lebe ich nicht mehr«, schrieb er seiner Schwester Sophie, »denn es heißt nicht leben, so zu existieren wie ich und alle Schmerzen zu leiden ... Wenn ich noch etwas für ihre Befreiung tun könnte, glaube ich, daß ich weniger leiden würde, aber nichts tun als bitten zu gehen, ist entsetzlich für mich.«

Die Regierung ließ ihrer Drohung die Tat auf dem Fuße folgen. Noch in der Nacht des 1. August, nur wenige Stunden nach der Beschlußfassung im Konvent, lasen vier Polizeibeamte mit Michonis an der Spitze Marie Antoinette in Gegenwart der Wachkommissare das Dekret vor, welches bestimmte, daß sie in die Conciergerie zu überstellen sei, um dann vor dem »außerordentlichen Gerichtshof« zu erscheinen. Die arme Frau, zu müde, um sich noch aufzuregen, machte mit Hilfe ihrer Tochter und Schwägerin ein Bündel »mit ihren Sachen« zurecht. Dann kleidete sie sich vor allen diesen Männern, da sie sich weigerten, sie allein zu lassen, an und »wies ihnen«, auf ihr Verlangen, »ihre Taschen vor«. Die Beamten durchsuchten sie und ließen ihr nur ein Taschentuch und ein Riechfläschchen, »aus Furcht, daß ihr schlecht werden könnte«. Alles andere nahmen sie an sich und packten es ihrerseits in ein Bündel.

Dann trieben sie sie zur Eile an. Sie küßte ihre Tochter, bat sie, »Mut zu fassen und auf ihre Gesundheit zu achten«, empfahl ihre Kinder ihrer Schwägerin und verließ, ohne einen Blick auf Madame Elisabeth und Marie Thérèse zurückzuwerfen, das Zimmer, wo sie neun Monate gelebt hatte.

Auf der Treppe mußte sie sich zwölfmal bücken, zwölfmal mußte sie über die Schwellen der Türen steigen. Vor dem Ratszimmer im Erdgeschoß machte der Zug halt. Die Kommissare verfaßten ein Protokoll über die »Übergabe der Witwe Capet«. Mit ihrem Bündel in der Hand mußte Marie Antoinette, unter der Türe stehend, warten, bis die Kommissare und Vertreter der Kommune mit dem Beschmieren des Papiers fertig waren. Dann stieß man sie weiter, dem Garten zu. Als sie durch die letzte Türe ging, vergaß sie, sich zu bücken, und stieß sich die Stirne an. »Oh«, fragte Michonis besorgt, »haben Sie sich weh getan?« – »Ach nein«, erwiderte sie, »jetzt kann mir nichts mehr weh tun.«

André Hurtret, Konservator des Schlosses von Vincennes, versicherte mir, daß diese Türe heute als Eingangstür des Schloßturmes von Vincennes verwendet wird.

Es schlug halb zwei, als sie wie ein Automat durch den Garten nach dem Palais du Temple ging. Seit jenem Souper am 13. August vor bald einem Jahr hatte sie es nicht mehr betreten. Hat sie sich auf dem Treppenabsatz von fünf Stufen nochmals zurückgewendet, um einen letzten Blick auf den Turm zu werfen, dessen drohende Silhouette sich gegen den wolkenlosen Himmel der Augustnacht abhob? Auf den Turm, in dessen zweitem Stockwerk ihr kleiner König schlief, und wo, im dritten Stock, ihre kleine, blonde »Mousseline« in den Armen ihrer Tante schluchzte?

Die kleine Gruppe eilte rasch durch den großen Salon und das Billardzimmer und betrat über eine zweite Freitreppe von fünf Stufen den großen Hof, wo sie von zwei oder drei Fiakern und einer berittenen Gendarmerieabteilung von zwanzig Mann erwartet wurden. Ein paar Fackeln beleuchteten das Bild mit flackerndem Schein. Die Königin nahm mit Michonis im ersten Wagen Platz. In scharfem Trab passierte der Zug das Palastportal und wendete sich nach links in die Rue de Temple. Zwanzig Minuten später rollte der Fiaker in den Hof des Justizpalastes, die »Cour de Mai«, und hielt rechts von der Haupttreppe unter den Arkaden an. Die Königin stieg vier oder fünf Stufen hinunter, überquerte den etwas tiefer liegenden kleinen Hof und stand vor dem Tor des Gefängnisses. Die Soldaten benutzten nicht erst den Klopfer, sondern schlugen »mit dem Kolben ihrer Gewehre« polternd gegen das Tor. Larivière, einer der acht Schließer, war im Ohrenfauteuil des Concierge Richard eingeschlummert, öffnete noch ganz verschlafen und gewahrte »eine große und schöne Frau« in Begleitung von Männern, deren goldstrotzende Uniformen in der hellen Sommernacht glitzerten. Die Gefangene bückte sich, überschritt die steinerne Schwelle zwischen den beiden Gefängnistüren und trat in das erleuchtete Vorhaus. In diesem Augenblick erkannte der betroffene Larivière die Königin . . . »Sie trug ein langes schwarzes Kleid, das ihre außergewöhnliche Blässe noch blendender erscheinen ließ.« Er hatte sie oft in Versailles gesehen, wo er in der königlichen Küche Pastetenbäckerlehrling gewesen war.

Die Gefangene wurde nun zu der Kanzlei geführt, – der kleine Raum lag links vom Hausflur – wo die frisch Eingelieferten leibesvisitiert und in das Gefangenenregister eingetragen wurden. Aber plötzlich überlegte sich's Michonis, verzichtete auf die sonst übliche Formalität der Eintragung und führte die Königin zu der dritten Zelle des »schwarzen Korridors«. Noch vor wenigen Stunden hatte dieser Raum, dessen Wände von Feuchtigkeit triefen und dessen kleines Fenster, knapp über dem Niveau des Frauenhofes gelegen, nur einen schwachen Lichtschimmer einließ, den General de Custine beherbergt. Am Nachmittag hatten die Frau des Concierge, Madame Richard, und ihr hübsches Hausmädchen Rosalie Lamorlière die Einrichtung der Zelle von dem in nächster Nähe wohnenden Tapezierer Bertrand herübergeholt: ein aufklappbares Eisenbett, zwei Matratzen, ein Kissen, eine Decke, einen Rohrfauteuil, der auch als Garderobe diente, und ein »Bidet aus rotem Schafleder mit der dazugehörigen Klystiersspritze, alles ganz neu, zur Verwendung für die besagte Witwe Capet«. Madame Richard hatte noch einen Tisch und zwei strohgeflochtene Sessel aus eigenem dazugegeben.

Der »Concierge« Richard – wie der Titel des Gefängnisdirektors damals lautete – legte das umfangreiche Registerbuch vor sich auf den Tisch und verzeichnete die Aufnahme seiner »280. Gefangenen, beschuldigt, gegen Frankreich konspiriert zu haben«, wie man in diesem Buche nachlesen kann. Im August 1793 befanden sich demnach nicht, wie meist behauptet wird, Tausende von Gefangenen in der Conciergerie. Sogleich wurde das Paket mit den im Temple beschlagnahmten Sachen geöffnet, und Richard trug jeden einzelnen Gegenstand in sein tintenbeklecksten Buch ein. Die Tochter der Kaiserin Maria Theresia mußte, nicht anders wie eine Diebin oder aufgegriffene Dirne, vor dem Tisch stehen und warten. In dem engen, niedrigen, von Menschen überfüllten Raum herrschte erstickende Hitze, der Schweiß lief ihr über das Gesicht, während Richard die Sachen mit plumpen Fingern wieder zusammenpackte. Wachs wurde erhitzt, und die Königin drückte ihr Siegel auf das Paket.

Die Königin von Frankreich war »in das Gefängnisregister eingetragen« und befand sich nun mit Madame Richard und Rosalie allein in ihrer Zelle. Der Morgen dämmerte allmählich. Im fahlen Frühlicht gewahrte sie, wie trostlos kahl ihre Zelle war, deren feuchte Wände zum Teil von »einer an einen Rahmen genagelten Stofftapete« verdeckt waren. Die Möbel Berthélemys im Temple: die Fauteuils aus chinesischer Seide à la reine, die mit pflaumenblauen Seidenschnüren verzierten Stühle waren gewiß bescheiden gewesen, aber noch nie in ihrem Leben, außer in der Nacht von Varennes, hatte sich Marie Antoinette auf solche Sessel wie diese hier gesetzt, hatte sie an einem solchen Tisch gegessen. Das Bett war, durch die Fürsorge der Madame Richard, mit feiner Bettwäsche und nicht mit grober Sackleinwand überzogen. Rosalie hatte ein kleines gepolstertes Taburett aus ihrem Zimmer herübergebracht. Die Königin blickte mit kurzsichtigen Augen um sich, wo sie ihre Uhr, die ihr gelassen worden war, hinhängen sollte. Es war eine kleine Damenuhr, die sie vor dreiundzwanzig Jahren aus Österreich mitgebracht hatte. Endlich bemerkte sie in der Wand einen verrosteten Nagel, er war aber so hoch, daß sie auf Rosalies Taburett steigen mußte, um ihre Uhr daranzuhängen. Als sie sich nun auszukleiden begann, bot ihr das Hausmädchen schüchtern seine Hilfe an. »Ich danke Ihnen, mein Kind«, antwortete die Königin, »seit ich niemanden mehr habe, bediene ich mich selbst.«

Die Sonne war inzwischen aufgegangen. Madame Richard und Rosalie verließen die Zelle und nahmen den Leuchter mit.

Am frühen Morgen schickte Richard die Mutter des Schließers Larivière zu Marie Antoinette in die Zelle. Die fast achtzigjährige Frau war Hausbesorgerin in der Admiralität gewesen und machte einen guten Eindruck auf die Königin: Dreißig Jahre hatte sie im Haus des Herzogs von Penthièvre gedient, seit ihrer Jugend »hatte sie in der Umgebung hochgestellter Personen gelebt«. Noch am Vormittag trug sie ihrem

Sohne auf, »eine halbe Elle Etamin« zum Ausbessern des Kleides der Gefangenen zu kaufen, da dieses »unter beiden Armen zerschlissen und« – durch das Schleifen über die Fliesen des Temple – »am unteren Teil abgenützt war.«

Vier Tage darauf meinte Michonis, die Mutter Larivière sei doch zu alt – so mindestens lautete seine Begründung –, und er ersetzte sie durch die sechsunddreißigjährige »Bürgerin Harel«, deren Gatte Kanzleidiener im Rathaus war. Die Königin scheint sie nicht sehr geschätzt zu haben. Gleich am Tag ihres Dienstantrittes wurde die kleine goldene Uhr konfisziert, die Marie Antoinette seit ihren Kindertagen, seit über dreißig Jahren, besaß. Sie weinte bitterlich, als sie sich von diesem letzten Andenken an ihre Mutter trennen mußte, von dieser Uhr, die ihr so viele frohe Stunden angezeigt hatte.

Außer der »Bürgerin Harel« wurden der Königin noch zwei andre Personen aufgezwungen: der »Nationalgendarm« Gilbert und dessen Vorgesetzter, der Kavallerieunteroffizier François Dufresne. Diese beiden Männer teilten den kleinen Raum von 3.50 Meter Seitenlänge bis zum 13. September mit Marie Antoinette. Die Zelle wurde durch einen Paravent geteilt, damit sich die Königin, ohne von den beiden Wächtern beobachtet zu werden, auskleiden und etwas separieren konnte. Gilbert und Dufresne waren zwar gutmütige Leute, die der Königin jeden Tag frische Blumen brachten, sie waren aber eben doch Gendarmen. Und wenn sie nicht gerade mit Säbel und Muskete in ihrer Ecke saßen, tranken sie täglich zwei oder drei Liter Wein und Schnaps für zwei Livres fünf Sols. Das war, bei ihrer sitzenden Lebensweise, kein geringes Quantum!

Die Königin stand um sieben Uhr morgens auf, zog ihre Hausschuhe an und trank eine Tasse Kaffee oder Schokolade. Dann machte sie vor einem kleinen Spiegel, den Rosalie ihr geliehen hatte, Toilette. Das junge Mädchen hatte ihn von ihrem eigenen Geld für fünfundzwanzig Sous gekauft. »Ihre Frisur«, berichtete es, »war ganz schlicht. Sie teilte das Haar über der Stirn, nachdem sie ein wenig wohlriechenden Puder daraufgestreut hatte. Madame Harel umwand ihre Haare am unteren Ende mit einem weißen, etwa eine Elle langen Band, knotete sie kräftig und gab ihr dann die beiden Zipfel des Bandes. Madame kreuzte und befestigte sie selbst über dem Scheitel, so daß ein lockerer Haarknoten entstand.« Dann setzte sie eine Witwenhaube aus Linon auf, die so umfangreich war, daß sie sie bald teilen ließ, »um zwei Morgenhauben zu haben«. Während Rosalie das Bett in Ordnung brachte, zog die Königin eines ihrer beiden Kleider an, das schwarze oder das weiße, und dann saß sie da und wartete, daß die Zeit verging ...

Ein paar Tage nach ihrer Einlieferung konnte sich Marie Antoinette Feder und Tinte verschaffen, um ihrer Tochter zu schreiben: »Ich schreibe Ihnen, mein teures Kind, um Ihnen zu sagen, daß es mir gut geht. Ich bin ruhig und wäre ohne Sorge, wenn ich wüßte, daß sich mein armes Kind nicht zu beunruhigen braucht. Ich küsse Sie und Ihre

Tante aus ganzem Herzen. Schicken Sie mir Florseidenstrümpfe, einen Barchentrock und einen Unterrock...« Der Brief wurde von den Kommissaren beschlagnahmt. Michonis aber sorgte dafür, daß sich Marie Antoinette »mit geklöppelten, mignonettes genannten kleinen Zwirnspitzen« besetzte Hemden, zwei Paar schwarze Seidenstrümpfe, eine Mantille und drei Schultertücher aus Linon aus dem Temple kommen lassen konnte, dazu ein Paar Schuhe »à la Saint-Huberty«, welche sie, wie sie Michonis sagte, »dringend brauchte«, da die Schuhe, die sie trug, durch die Feuchtigkeit ganz verdorben waren. Ja, sie erhielt sogar eine Flasche Mundwasser, eine Schachtel Puder und eine Puderquaste aus Schwanenflaum. Wo aber sollte sie diese Schätze unterbringen? Rosalie lieh ihr eine Pappschachtel, »die sie mit solcher Freude entgegennahm, als hätte man ihr den schönsten Gegenstand der Welt geliehen«.

Das Mittagessen wurde ihr um zwei oder halb drei Uhr vorgesetzt. Madame Richard deckte den Tisch, Rosalie, Madame Harel und die Gendarmen sahen zu. Die Mahlzeiten waren reichlich: »Suppe, gekochtes Rindfleisch, eine Gemüseplatte, Huhn oder Ente – ihre Lieblingsspeise – und ein Nachtisch.« Das Abendessen bestand aus Koteletten, Rindsbraten, frikassiertem Truthahn oder Tauben. Es kostete den Staatsschatz »für vierundsiebzig Tage« (des Aufenthaltes der Königin in der Conciergerie) tausendeinhundertzehn Livres. Als Getränk erhielt sie das von ihr bevorzugte Wasser aus Ville d'Avray – Vildavré schrieb Madame Royale –, welches dem in den Temple gelieferten Vorrat täglich für sie entnommen wurde. »Madame Richard«, berichtete Rosalie, »hatte wegen eines soeben erlassenen Gesetzes ihr Silberzeug versteckt. Der Königin wurde daher auf Zinngeschirr serviert, das ich so sauber und glänzend hielt, als ich nur konnte. Ihre Majestät aß mit ziemlich gutem Appetit. Sie zerlegte ihr Geflügel in zwei Hälften, um es an zwei Tagen zu essen, und löste die Knochen mit einer unglaublichen Gewandtheit und Sorgfalt aus. Vom Gemüse, ihrem zweiten Gang, ließ sie kaum etwas übrig. Wenn sie fertig war, sprach sie ganz leise ihr Dankgebet, erhob sich und ging herum. Das war das Zeichen für uns, sie zu verlassen.«

Ihre einzige Zerstreuung nach dem Abendessen bestand darin, den beiden Gendarmen beim Puffspiel zuzusehen. »Von Langeweile gepeinigt«, bat sie, man möge ihr die Handarbeit bringen, die sie – ein Paar Strümpfe für ihren Sohn – im Temple begonnen hatte. Aber ihre Bitte wurde nicht erfüllt, da man befürchtete, sie könnte mit den Nadeln einen Selbstmordversuch unternehmen. Da zog sie, um sich zu beschäftigen, Fäden aus dem alten Teppich, der die Wand bedeckte, »glättete sie und knüpfte daraus ein sehr regelmäßiges Netz, wobei sie sich statt eines Kissens ihres Knies bediente«. Hingegen wurden ihr ein paar »Reisebücher« zur Verfügung gestellt: »Die Reisen des Kapitäns Cook«, »Die Reise des jungen Anacharsis«, »Eine Reise nach Venedig«, »Die Geschichte der bekanntesten Schiffbrüche«. Richard vertraute sie an, »daß es ihr viel Vergnügen bereite, wenn sie Geschichten über ganz schreckliche Begebenheiten lesen könne«. Ihre beiden mit je einem Solitär geschmückten Ringe waren ihr aus Versehen gelassen worden. »Diese beiden Diamanten«, schrieb Rosalie, »dienten ihr, ohne daß sie sich dessen bewußt war, als eine Art Zeitvertreib. Sie saß in Gedanken versunken da, zog sie vom Finger und steckte sie wieder an und ließ sie aus einer Hand in die andre gleiten.«

Wenn sie bewegungslos dasaß und vor sich hinstarrte, schienen sie Erinnerungen zu verfolgen. Als zu Beginn ihres Aufenthaltes Larivière in der Uniform der Nationalgarde in die Zelle trat, sagte sie zu seiner alten Mutter: »Veranlassen Sie, bitte, Ihren Sohn, unsern alten Diener, mir in dieser Uniform nicht mehr unter die Augen zu kommen. Sie erinnert mich an den 6. Oktober und an das ganze Unglück meiner Familie.«

Um sie zu zerstreuen, brachte ihr Madame Richard eines Tages ihr jüngstes Kind, »das blond war und sehr freundlich dreinsah«. »Als die arme Frau«, erzählte Rosalie, »den hübschen kleinen Jungen erblickte, sah ich sie erbeben. Sie nahm ihn in die Arme, küßte und liebkoste ihn und erzählte uns unter Tränen von dem Herrn Dauphin, der ungefähr im gleichen Alter stand. Tag und Nacht dachte sie an ihn und hörte nicht auf, von ihm zu sprechen . . . Sie verbarg unter ihrem Mieder ein Porträt des jungen Königs und eine Haarlocke von ihm, die in einen kleinen gelben Lederhandschuh, den das Kind getragen hatte, eingewickelt war, und ich bemerkte, daß sie sich oft neben ihrem elenden Gurtenbett verbarg, um diese Gegenstände schluchzend zu küssen. Man konnte mit ihr über ihr Unglück und ihre Lage sprechen, ohne daß sie Erregung oder Niedergeschlagenheit zeigte. Aber ihre Tränen strömten ohne Unterlaß, sobald sie an die Verlassenheit ihrer Kinder dachte.«

Manchmal gedachte sie auch des Königs. »Er ist jetzt glücklich«, seufzte sie dann.

Im Jahre 1793 waren die politischen und kriminellen Häftlinge der Conciergerie noch nicht voneinander getrennt. Vom frühen Morgen an waren die weitläufigen Gefängnisse – Gaillote, Taillerie, Noviciat, Bonbec – geöffnet, und die Verhafteten durften bis zum Abend nach ihrem Belieben in einem geräumigen Hof, der wieder einen gedeckten kleineren einschloß, spazierengehen. In dem Hauptgang des Gefängnisses, der »Galerie des Prisonniers«, und der berüchtigten Rue de Paris gab es ein unablässiges Kommen und Gehen von Gefängniswärtern, Gendarmen und Häftlingen, die sich in die »Greffe«, in die Gefängniskanzlei, begaben oder von dort zurückkehrten, und von Besuchern, die nach dem Sprechzimmer eilten. Im Frauenhof, auf welchem die Zellenfenster der Königin mündeten, wurde ein schmaler Raum, »Quartier des Douze« genannt, durch ein Gitter abgesondert.

Er wurde von solchen Häftlingen benützt, die einer besonderen Überwachung unterstanden. Männer und Frauen nahmen, durch die Gitterstäbe hindurch, gemeinsam ihre Mahlzeiten ein, ja sie knüpften mitunter auch zarte Beziehungen an. Es scheint, daß sich die Gefangenen zu jener Zeit mit der Außenwelt leicht in Verbindung setzen konnten, da es ihnen sogar erlaubt war, sich ihre Mahlzeiten von einem Wirt, dem Bürger Maire, kommen zu lassen, der auch das Essen für die Gendarmen der Königin und ihre »Kammerfrau« lieferte. Wenn man den Briefen eines Häftlings glauben darf, muß es ein leichtes gewesen sein, Sachen in die Conciergerie oder aus dieser hinauszubringen. »Wenn ich demnächst meine große Reise antrete«, schrieb der Gefangene, »und man weiß ja immer den Tag voraus, an dem man (vor dem Tribunal) erscheint – werde ich ein Paket machen und es in der Stadt abgeben lassen.«

Es besteht demnach kein Grund, an der Wahrheit der Geschichte der Mademoiselle Fouché zu zweifeln, die sich mit Richard auf guten Fuß zu stellen wußte. Sie stammte aus Orléans und besuchte damals in Gesellschaft des nach Paris geflüchteten Abbé Charles Magnin, des Direktors des Priesterseminars von Autun, zu wiederholten Malen die Conciergerie. An einem Tag im August – sicherlich um den zehnten herum – suchte sie verschiedene Gefangene auf und fragte dann Richard, »ob er ihr nicht gestatten wolle, die Königin zu sehen«. Richard ließ sich eine Weile bitten, aber eine halbe Stunde nach Mitternacht führte er die Besucherin in die Zelle der Königin. Marie Antoinette hatte sich noch nicht zu Bett begeben. Stumm blickte sie die Unbekannte an, die sich tief vor ihr verneigte und Wäsche nebst »einigen Nahrungsmitteln« auf den Tisch legte. Dieses letzte Detail in Mademoiselle Fouchés Bericht, den sie gegen Ende der Restauration, 1824, niederschrieb, erscheint ein wenig übertrieben, denn die Verpflegung der Königin ist sicherlich mehr als ausreichend gewesen. Aber unter Karl X. gehörte es zweifellos zum guten Ton, die Königin vor Hungerqualen bewahrt zu haben. Die anderen Mitteilungen des Berichts scheinen der Wahrheit näherzukommen. Marie Antoinette empfing die junge Person »mit eisiger Kälte«, würdigte sie keiner Antwort und begnügte sich, sie »mit gebieterischem Blick« zu messen. Der Besuch dauerte nur kurz, und als sich Mademoiselle Fouché empfahl, fragte sie, »ob Ihre Majestät ihr gestatte, wiederzukommen«. – »Wie Sie wünschen«, erwiderte die Königin in gleichgültigem Ton.

Richard muß der Königin wohl einige Worte über Mademoiselle Fouché gesagt haben, denn als diese zum zweitenmal kam, wurde sie »vertrauensvoll« aufgenommen. Das gab ihr den Mut, die Königin zu fragen, ob sie ihr nicht einen Priester bringen dürfe. »Aber kennen Sie einen, der den Eid nicht geleistet hat?« Mademoiselle Fouché erzählte nun von dem Abbé Magnin, und beim dritten Besuch gestattete Richard dem Priester, anderthalb Stunden bei der Königin zu verweilen.

Um das folgende einigermaßen glaubhaft zu machen, müssen wir daran erinnern, daß der Abbé Emery ein paar Schritte von der Zelle der Königin Beichte hörte, Messe las und die Kommunion spendete. Ein Brief des Barthélemy de La Roche besagt, daß »man sich die Hostien aus der Stadt beschaffte«. Der Abbé Emery, der Superior des Seminars von Saint-Sulpice, war zwar inhaftiert, doch gab es andere nicht beeidete Priester, die nicht verhaftet waren und sich nicht scheuten, in das Gefängnis zu kommen, um dem »Almosenier der Conciergerie« regelmäßig eine mit Hostien gefüllte, Pyxis genannte Büchse zu bringen. Diese Tatsachen können nicht bestritten werden.

Wenn die von Gendarmen eskortierten Verurteilten aus dem Gerichtssaal des Revolutionstribunals herunterkamen und über den Hof nach der Gefängniskanzlei gingen, wo sie den Henkersknechten übergeben wurden, wagte der Abbé freilich nicht, sie auf diesem Weg zu erwarten und ihnen die Absolution zu erteilen. Denn im ersten Stockwerk standen immer ein paar Mitglieder des Tribunals, Geschworene oder Richter, an den Fenstern des Schankzimmers und blickten in den Hof. Es bereitete ihnen Vergnügen, zuzusehen, wie die Verurteilten dem Henker zugeführt wurden. Die Gefängniswärter hingegen ließen den Abbé unbehindert in das »Wartezimmer« ein, ein elendes Verlies, das man noch heute sehen kann, und gestatteten ihm, die Nacht mit den zum Tode Verurteilten dort zu verbringen. Wenn es Emery einmal nicht gelang, diese Vergünstigungen zu erhalten, ließ er die Verurteilten verständigen, an welcher Stelle ihres Weges zum Schafott einer seiner Schüler stehen werde, um ihnen doch noch die Absolution von ferne zu erteilen.

Der Abbé Magnin stand mit Emery im Einvernehmen und »brachte den Gefangenen, ohne diese Tätigkeit je zu unterbrechen, geweihte Hostien, die er in einer Schachtel an einer Schnur um den Hals trug«. Warum sollte man also in Anbetracht dieser zwar unglaublich erscheinenden, historisch aber einwandfrei feststehenden Tatsachen nicht zugeben, daß der Abbé Magnin »das Glück hatte, die Beichte der Königin von Frankreich zweimal zu hören und ihr die heilige Kommunion zu spenden, als Richard noch Concierge im Gefängnis der Conciergerie war«? Er selbst schrieb dies im Jahre 1824 nieder und beschwor es feierlich auf der Kanzel und vor dem Altar.

Der Abbé Magnin und Mademoiselle Fouché waren übrigens nicht die einzigen Personen, die das Gefängnis auf solche Art besuchten. Es wird behauptet, daß Richard auch eine gewisse Madame Guyot in die Zelle der Königin eingelassen hat. Sie war Oberschwester im Hospital des Erzbistums und Gattin des Coiffeurs Laboullée, der auf Nummer 83 der Rue de Richelieu wohnte. Und selbst ein Engländer soll – nach Fersens Tagebuch – für ein Trinkgeld von fünfundzwanzig Louisdor die Zelle betreten haben, um der Gefangenen »einen Krug Wasser zu bringen«.

Warum auch hätte sich Richard Zwang auferlegen sollen? Er ahmte ja nur das Beispiel der Polizeiadministratoren nach, welche wiederholt mit zwei, manchmal auch drei Frauenspersonen kamen, um die Gefangene zu besichtigen«, wie der Gendarm Gilbert enthüllte. Und der Maler Prieur? Er durfte die Königin ein paarmal besuchen, um ihr Bildnis zu malen. Am häufigsten freilich erschien Michonis. In den ersten Wochen der Einkerkerung der Königin hatte sich der oberste Inspektor der Pariser Gefängnisse geradezu in einen Fremdenführer verwandelt, der die Königin jedem zeigte, der sie zu sehen wünschte. Dies geht, so unglaubhaft es auch klingen mag, einwandfrei aus den Protokollen über die Verhöre und Aussagen des Bürgers Michonis hervor. Bereitwillig gab er zu, daß er »die Witwe Capet« in ihrer Zelle aufgesucht hatte. »Ich ging mit verschiedenen Leuten zu ihr, die aus Neugier gekommen waren und denen ich nicht abschlagen wollte, mich zu begleiten.«

Als die Königin später über das Aussehen dieser Personen verhört wurde, konnte sie achselzuckend mit gutem Gewissen erwidern: »Es sind ja so viele gekommen!«

## XVIII

## DAS NELKENKOMPLOTT

Am 28. August, einem Mittwoch, inspizierte Michonis wie gewöhnlich die Zelle der Königin. Diesmal befand er sich in Begleitung eines etwa sechsunddreißigjährigen, eher kleinen Herrn, aus dessen pokkennarbigem, von lockigem Haar umrahmtem Gesicht lebhafte Augen blitzten. Er war in einen gestreiften, ziemlich dunklen Anzug, couleur boue de Paris, gekleidet und trug zwei Nelken im Knopfloch. Als ihn die Königin erblickte, fing sie zu zittern an, und »tiefe Röte stieg ihr in die Wangen«. Sie hatte den Ritter des Sankt-Ludwig-Ordens de Rougeville erkannt. Er hatte sie, wie wir uns erinnern, am 20. Juni 1792, als der Pöbel in die Tuilerien eindrang, gehindert, den König aufzusuchen, und sie statt dessen im Ratssaal in Sicherheit gebracht. Durch diese Aktion hatte er ihr zweifellos das Leben gerettet.

Der Begleiter des obersten Inspektors der Gefängnisse hatte Mühe, in der alten Frau, die »einem entstellten Gespenst« glich, die Königin wiederzuerkennen. Er machte ein paar Schritte vorwärts, zog die Nelken aus dem Knopfloch und warf sie hinter den Ofen. Marie Antoinette sah ihn verständnislos an, Rougeville gab ihr einen Wink, sie aber verstand ihn noch immer nicht. Da trat er unauffällig ein wenig näher an sie heran und flüsterte ihr zu, sie möge seine Botschaft aufheben ... Michonis wendete sich der Türe zu, und bald darauf erblickte die Königin die beiden durch das vergitterte Fensterchen im Frauenhof. Rasch entschlossen, ersuchte sie Gilbert, sich in ihrem Namen bei Michonis »über die Verpflegung« zu beschweren. Der Gendarm tat ihr den Gefallen, trat in die Fensternische, rief Michonis herbei und richtete ihm die Beschwerde aus. Als er sich wieder umdrehte, ging die Königin zu ihrem Paravent; sie hatte Zeit genug gehabt, die beiden Nelken vom Boden aufzuheben und zu sehen, daß in jeder ein Zettel verborgen war.

Rougeville war am 17. September 1761 zur Welt gekommen und hieß eigentlich Alexander Gousse (oder Gonsse). Da ihm jedoch dieser Name nicht gefiel, nahm er den eines Gutshofes an, der seinem Vater gehörte, und verzierte ihn noch durch den Titel Chevalier.

Alexander Gousse de Rougeville war, obgleich er dies schriftlich und mündlich beteuerte, niemals Gendarm der königlichen Garde, Adjutant des Generals Lee, Ordonnanzoffizier Washingtons, Oberstleutnant in Amerika, Kavallerieoberst in Frankreich oder Stallmeister des Grafen von Provence, des Bruders des Königs, gewesen. Lenotre behauptet sogar, der »Marquis« de Rougeville sei gar nicht Sankt-Ludwigs-Ritter gewesen und habe daher den Degen niemals getragen. Rougeville jedoch, der sich nie als Marquis ausgegeben zu haben scheint, war ohne Zweifel Ritter dieses Militärordens, wie eine Eintragung im Register der Archives de la Guerre vom 6. Oktober 1791 beweist. Auch stimmt die Behauptung gewisser Historiker nicht, er sei ein Aufschneider gewesen, seine Berichte seien daher nicht ernst zu nehmen. »Die große Erregung der Witwe des Louis Capet« beim Anblick Rougevilles, die Tränen, die ihr in die Augen traten, sind ein Beweis dafür, daß der Wert und die Kühnheit dieses Mannes der Königin wohlbekannt waren. Als sie Michonis mit Rougeville eintreten sah, kam ihr nicht einen Augenblick der Gedanke, daß der Chevalier seine Gesinnung gewechselt haben könnte. Wenn er hierherkam, so nur, um sie zu retten!

Das Nelkenkomplott, die berüchtigte »affaire de l'oeillet«, ist eine dunkle Geschichte, die niemals ganz aufgehellt worden ist. Wenn man aber die Aussagen Rougevilles mit noch unveröffentlichten Dokumenten aus den Archiven vergleicht, wird sich manches klären, vor allem der Ausgang des Komplotts. Doch ist es dann auch notwendig, Rougeville wie oben zu rehabilitieren.

Am Abend nach der Erstürmung der Tuilerien, am 10. August 1792, war Rougeville nicht mehr in das Hôtel des Tuileries, 75, Rue Saint-Honoré, wo er wohnte, zurückgekehrt. Der Grund hiefür lag nicht etwa in der Furcht, als Royalist verhaftet zu werden. O nein! Er wollte einer ganz andern Gefahr entrinnen, und zwar einer Frau, mit der er lebte, einer gewissen Madame Lacouture, die aus der Normandie nach Paris gekommen war. Mit dreiunddreißig Jahren Witwe nach einem Oberlandesgerichtsrat, hatte sie sich über dessen Verlust in den Armen unseres Verschwörers getröstet. Rougeville meinte nun, das Massaker an den Verteidigern der Monarchie sei die beste Gelegenheit, auch seinerseits, aus dem Leben der Madame Lacouture zu verschwinden, die, wenn er nicht mehr auftauchte, eben glauben würde, zum zweitenmal Witwe geworden zu sein... Anfang März 1793 jedoch kam die Verlassene dahinter, daß ihr Ritter keineswegs tot war, sondern sich im Gegenteil in einem anderen Hôtel garni in der Rue des Quatre-Fils mit einer anderen Witwe vergnügte, die Sophie Dutilleul hieß und vor ihr den unbestreitbaren Vorzug genoß, um zehn Jahre jünger und Pariserin zu sein. In Abwesenheit Rougevilles kam es zwischen den beiden Witwen zu einem überaus heftigen Auftritt, der die ganze Rue des Quatre-Fils alarmierte. Madame Lacouture sah aber bald ein, daß sie gegen ihre junge und hübsche Rivalin nicht aufkommen könne. Wenn sie also ihren Liebhaber schon verlorengeben mußte, so sollte, dachte sie, auch die verführerische Sophie den ihren verlieren... und sie denunzierte den Chevalier de Rougeville beim Magistrat als Freund des Königs und Kombattant des 10. August.

Am 3. Juni gelang es der Polizei, den Witwentröster zu fassen, der sich im Landhaus der Madame Dutilleul in Vaugirard in einem Wandschrank verborgen hatte. Die Anschuldigung, ein »Ritter vom Dolch«

gewesen zu sein, war in jener Zeit des jakobinischen Terrors mit einem Freibillett ins Jenseits gleichbedeutend ... Aber siehe da – am 10. Juni verließ Rougeville in bester Laune das Gefängnis der Madelonnettes, mit Hilfe von Polizeibeamten, »die ich mit Geld bestochen hatte«. Und er fügte hinzu: »Ich hatte den Direktor Michonis unter ihnen bemerkt.«

In Wahrheit war Rougeville Michonis von einem gewissen Bürger Fontaine, der vielleicht ein Freund des Baron Batz gewesen ist, empfohlen worden. Auch soll Michonis während der Abwesenheit Rougevilles nach einer Begegnung »auf dem Boulevard« der Beschützer der Witwe Dutilleul geworden sein. Wie immer dem auch sei, er verfügte jedenfalls die Entlassung des Chevalier aus dem Gefängnis und konspirierte von da an gemeinsam mit ihm. Später freilich beteuerte Michonis, um seinen Kopf zu retten, daß er Rougeville erst am 15. August 1793 kennengelernt habe, doch wissen wir aus den Dokumenten, die in den Archiven liegen, daß die beiden in den Monaten Juni, Juli und August in ständiger Verbindung standen. Michonis sagte die Unwahrheit, als er in den Verhören das Gegenteil behauptete, und da er log, hatte er etwas zu verbergen. Er war zweifellos der Komplice Rougevilles, und die Nelkenverschwörung wird unverständlich, wenn man das, wie so viele Historiker, leugnet. Es gibt ja bei Michonis auch schon einen Präzedenzfall: er war dem Baron Batz im Juni 1793 bei dessen Plan, Marie Antoinette aus dem Temple zu entführen, behilflich gewesen. Wie will man sich, wenn man das Einverständnis des Michonis nicht zugibt, den Umstand erklären, daß Rougeville, eine Viertelstunde nachdem er die Nelken hatte fallen lassen, trotz der Anwesenheit des Gendarmen wieder in die Zelle der Königin zurückkehrte, während sich Michonis noch im Hofe aufhielt? Die Königin sagte in ihrem Prozeß ausdrücklich: »Er ist innerhalb einer Viertelstunde zweimal hereingekommen.« In dieser Viertelstunde fand Marie Antoinette Gelegenheit und Zeit, die Nachricht Rougevilles zu lesen: »Ich werde Sie niemals vergessen, ich werde immer das Mittel suchen, um Ihnen meine Dienstbereitschaft zu beweisen. Wenn Sie drei- oder vierhundert Louisdor für Ihre Umgebung brauchen, werde ich sie Ihnen nächsten Freitag bringen.« Auf dem zweiten Zettel, von dem in keinem Verhör die Rede war, teilte ihr Rougeville, nach seiner Behauptung, »den verabredeten und verläßlichen Plan der Flucht mit, vorausgesetzt, daß sie dazu bereit sei«.

Hastig wechselten Marie Antoinette und Rougeville ein paar Worte: »Ihre Tollkühnheit erschreckt mich ...« »Sorgen Sie sich nicht um mich. Ich habe Geld, Leute, Polizeibeamte, kurz, die sichersten Mittel, um Sie hier herauszuholen.« »Ich fürchte nicht für mein Leben. Meine Kinder sind meine ganze Sorge.« »Haben Sie den Mut verloren?« »Ich bin schwach und erschöpft, aber mein Herz ist stark geblieben.« »Fassen Sie Mut, ich komme übermorgen, Freitag, wieder und bringe das Geld, das Sie für Ihre Wächter brauchen.«

Michonis trat ein, um Rougeville abzuholen. Sobald die beiden fort waren, trat die Königin mit klopfendem Herzen zu Gilbert. Da sie sich mit ihm allein in der Zelle befand, wollte sie sogleich versuchen, ob sie ihn gewinnen könne. Hatte er ihr denn nicht Blumen gebracht und bei den Besuchen des Abbé Magnin beide Augen zugedrückt? »Monsieur Gilbert«, begann sie. »Sie sehen, wie aufgeregt ich bin. Der Herr, den Sie eben gesehen haben, ist ein Sankt-Ludwigs-Ritter, ich verdanke ihm, daß ich mich nicht in eine sehr böse Situation begeben habe.« Aus diesen von Gilbert in seinem Verhör berichteten Worten fühlte man förmlich die Angst heraus, die das Herz der unglücklichen Frau zusammenschnürte. Wenn es ihr gelang, ihren Wächter zu rühren, war sie gerettet! Ihre Stimme wurde noch weicher, ihr Ton noch vertrauensvoller: »Sie ahnen ja nicht, wie er es angestellt hat, um mir diesen Zettel zukommen zu lassen. Er zwinkerte mir zu, und da ich nicht gleich verstand, was er meinte, trat er näher ... Und flüsterte mir zu: ›Heben Sie doch die Nelke vom Boden auf, sie umschließt mein glühendstes Gelöbnis, ich komme Freitag wieder.‹ Das übrige wissen Sie ja. Ich habe mich gebückt und habe die Nelke aufgehoben, in der ich den Zettel fand.«

Der Schluß der Angaben des Gendarmen entspricht den Tatsachen sicherlich nicht. Im Verlauf des obigen Gespräches soll nämlich die Königin Gilbert die Antwort an Rougeville gezeigt haben. Sie bestand aus etwa zwölf Worten, die sie mit einer Nadel in ein kleines Stück Papier nicht eingekratzt, sondern gestochen hatte. Wann aber hätte sie denn Zeit dazu gefunden? Gilbert sagte aus: »Michonis ging mit dem Fremden hinaus; da zeigte sie mir einen Zettel, den sie durchstochen hatte und auf dem die Stiche zwei oder drei Schriftzeilen bildeten, und sagte: ›Sehen Sie, ich brauche keine Feder zum Schreiben.‹ Sie fügte hinzu, dies sei die Antwort, die sie am Freitag dem Fremden geben wolle, der ihr den Zettel in der Nelke habe zukommen lassen.«

In diesem Augenblick trat – nach der Aussage des Gendarmen – die Harel in die Zelle, und Gilbert riß der Königin, wie er behauptet, den Zettel aus den Händen. »Ich ging sofort hinaus«, setzte er fort, »um die Frau des Concierge aufzusuchen, der ich sagte, daß ich ihr etwas anvertrauen müsse. Ich zog sie in eine Ecke, erzählte ihr, was sich zugetragen, und gab ihr den zerstochenen Zettel.«

Aber dieses Billett wurde nicht am Mittwoch, 28. August, zwischen den beiden Besuchen Rougevilles angefertigt. In seinem Rapport vom Morgen des 3. September schrieb der Gendarm Gilbert: »Als ihre Kammerfrau mit mir eine Partie Karten spielte, benützte die Frauensperson Capet diese Gelegenheit, um mit einer Nadel auf ein Papier zu schreiben.« Als man aber die Harel fragte: »Haben Sie nicht, als Michonis und der Fremde im Zimmer waren, eine Partie Karten gespielt?« erwiderte die: »Das war nicht an diesem Tag, denn an dem Tag, an welchem Michonis und der Fremde, von dem Sie sprechen, gekommen sind, war ich in Arbeit.« Das entspricht der Wahrheit.

Madame Richard behauptete beim Verhör, sie habe den Zettel, als ihn der Gendarm ihr brachte, Michonis noch »am gleichen Tag und im gleichen Augenblick« gegeben. Michonis hingegen erklärte, das Billett sei ihm erst am nächsten oder übernächsten Tag nach seinem Besuch mit Rougeville vom Mittwoch, 28. August, eingehändigt worden. Somit hatte er es am Donnerstag oder, was wahrscheinlicher ist, erst am Freitag erhalten, an welchem Tag er mit Rougeville, der das Geld für die Königin brachte, wieder in die Conciergerie gekommen war. Dieser Umstand, der bisher anscheinend nicht beachtet wurde, ist ein Beweis, daß der Gendarm Gilbert zunächst an der Verschwörung teilnahm. Als er sagte, er habe Madame Richard »in eine Ecke gezogen«, um ihr den »zerstochenen Zettel« einzuhändigen, sprach er nicht die Wahrheit: vielmehr hatte die Richard ihm den Zettel weggenommen. Denn der Gendarm Dufresne sagte aus: »Die Frau des Concierge griff wie zum Scherz in seine Taschen und nahm ihm seine Papiere weg, unter denen sich das Billett befand.« Man kann sich die Aufregung der Königin vorstellen. Wem würde Madame Richard das Billett übergeben? Den ganzen Tag »setzte sie dem Gendarmen zu«, wie dieser sagte, damit er ihr den Zettel wieder verschaffe, da sonst alles mißlingen könnte.

Was aber stand in diesen drei Zeilen? Das Billett, ein schmaler Streifen eines seidenartigen grauen Papiers, ist heute noch an das Vernehmungsprotokoll, das in den Archives Nationales aufbewahrt wird, mit einer Nadel angeheftet.

Man kann es absolut nicht lesen, aber ein Spezialist namens Pilsinski glaubt, es entziffert zu haben.

»Ich werde aus nächster Nähe bewacht.
Ich kann mit niemand sprechen.
Ich vertraue mich Ihnen an. Ich werde kommen.«

Als die Königin gefragt wurde, was »ihre Schrift besagte«, erklärte sie: »Ich habe versucht, mit einer Nadel zu markieren, daß ich aus nächster Nähe bewacht werde, daß die Gefahr zu groß ist, um nochmals zu erscheinen (daß Rougeville wiederkomme), und daß ich weder sprechen noch schreiben kann.« Von der letzten Zeile erwähnte sie nichts. Auch bei dem Verhör am Vorabend ihres Prozesses blieb sie ihrem System, sich zu verteidigen, treu. »Ich habe mit der Nadel nicht versucht, ihm zu antworten, sondern ihn davon abzuhalten, nochmals zu mir zu kommen, falls er wieder erscheinen sollte.« Sie konnte ja keine andere Antwort geben. Aber es ist erstaunlich, daß ihr Fouquier-Tinville oder Hermann nicht entgegenhielten: »Welchen Sinn hatte es, daß Sie sich einer solchen Gefahr aussetzten und riskierten, daß alles entdeckt würde, nur um jemand, der Sie befreien wollte, das zu schreiben, was Sie ihm ohnehin schon gesagt hatten? Sie verbergen uns die Hauptsache!«

Diese »Hauptsache« war die letzte Zeile: »Je me fie à vous, je viendrai«, und sie allein dürfte richtig entziffert sein. Bei den beiden ersten hat sich Pilsinski, durch die Aussagen der Königin beeinflußt, vielleicht doch geirrt. Die erste Zeile enthielt für Rougeville nichts Neues, die zweite behauptete etwas, das offenkundig falsch war.

Das von der Königin *nach* der Unterredung mit Gilbert angefertigte Billett verfolgte sicherlich den Zweck, die Verschworenen wissen zu lassen, daß es Marie Antoinette gelungen war, die beiden Gendarmen mit dem ihr am gleichen Tag von Rougeville gebrachten Geld zu gewinnen. Bei den verschiedenen Verhören wurde über diesen dritten Besuch zwar nicht gesprochen, es ist aber nicht anzunehmen, daß der Chevalier gelogen hat, als er behauptete, es sei ihm möglich gewesen, die Königin am 30. August »in einer anderen Kleidung« nochmals aufzusuchen und ihr 400 Louisdor in Gold und 10.000 Livres in Assignaten zu bringen. »Bei dieser Begegnung«, erzählte Rougeville, »wurde vereinbart, daß die Entführung trotz des außergewöhnlichen Schwächezustandes der Königin in der Nacht vom 2. zum 3. September stattfinden sollte.«

Ein in den Archiven verwahrter Brief beweist, daß der Chevalier, als er von dem »außergewöhnlichen Schwächezustand« der Gefangenen sprach, die Wahrheit sagte. Dieser Brief wurde am nächsten Tag um zehn Uhr abends von dem Leutnant Busne an Fouquier-Tinville geschrieben und enthielt die Mitteilung, es sei der Witwe Capet »im Verlauf des Abends zweimal schlecht geworden«. Diese Ohnmachtsanfälle waren sicherlich eine Folge der Furcht, welche die Königin nach der Konfiskation ihres Billetts quälte ... Madame Richard hatte den Zettel an Michonis weitergegeben. Der aber tat so, als sei er ganz belanglos, und empfahl ihr, über den Vorfall zu schweigen. Die Königin konnte das aber nicht wissen und bangte bebend der Stunde entgegen, da Rougeville in der Zelle erscheinen sollte. Gilbert freilich, der seit Mittwoch, 28. August, eingeweiht war, hatte seinen Vorgesetzten zweifellos nichts gemeldet, und ebenso verhielt es sich mit Dufresne. Die Königin hatte ihm fünfzig Louisdor von dem Gelde Rougevilles gegeben; in dieser Hinsicht schien ihr alles in Ordnung zu sein. Wie aber stand es mit Frau Harel? Sie war anscheinend nicht ins Vertrauen gezogen worden. Wird sie schweigen, falls sie etwas bemerkt haben sollte? Michonis hatte sie freilich selbst in die Conciergerie gebracht ...

Allmählich senkte sich die Nacht des 2. September auf das Gefängnis herab.

Das Läuten der Glocke im Gefängnishof drang durch die beiden kleinen Fenster, die wegen der Hitze offenstanden, in die Zelle Marie Antoinettes. Dies war das Signal für die Gefangenen, in ihre Kerkerzellen zurückzukehren. Es wurde aber im Hause trotzdem nicht still. Die Häftlinge, die am nächsten Tag vor dem Tribunal erscheinen mußten, hatten ihre Zellengenossen zum Abendessen eingeladen, bei dem tüchtig getrunken und laut gesungen wurde. Im Korridor hallten die Schritte der Posten, die die Runde machten ...

Gegen elf Uhr öffnete sich plötzlich die Tür – Michonis und Rougeville traten in die Zelle! Der oberste Gefängnisdirektor kam, um Marie Antoinette in den Temple zu überstellen. Das wenigstens sagte er den Gefängniswärtern und Richard, der sich den Anschein gab, es ihm zu glauben. In Wahrheit sollte sie der vor dem Gefängnis in der Cour de Mai wartende Wagen zu Frau von Jarjayes nach Schloß Livry und von dort nach Deutschland bringen.

Hastig eilte die Königin unter der Eskorte ihrer beiden Gendarmen den »schwarzen Korridor« entlang. Doch wir wollen, da wir keine anderen Dokumente besitzen, Rougeville das Wort erteilen: »Wir hatten schon alle Gefängnistüren hinter uns und nur noch die Ausgangstür zu durchschreiten, als sich einer der Gendarmen, dem ich fünfzig Louisdor gegeben hatte, der Flucht der Königin unter Drohungen widersetzte.«

Welcher von den beiden Gendarmen hatte im letzten Augenblick den Mut verloren und seine Meinung geändert? Nach dem Gefängniswärter Larivière und nach Rosalie Lamorlière soll die Harel die Entführung vereitelt haben. Gewiß ist, daß Gilbert am nächsten Morgen in seinem dem Oberst Dumesnil erstatteten Rapport den Besuch Rougevilles, der schon sechs Tage zurücklag, bekanntgab und von der Nelke und dem »gestochenen Billett« berichtete, jedoch verständlicherweise alles verheimlichte, was ihn und Dufresne hätte belasten müssen.

Während der Oberst den Sicherheitsausschuß alarmierte, aß Michonis mit Rougeville und Sophie Dutilleul zu Mittag. Sie berieten sicherlich darüber, was nun, nach dem Mißerfolg der vergangenen Nacht, zu tun sei. Rougeville beschloß zu verschwinden. Er verließ Vaugirard und nahm »zwei Hemden und einige Paar Strümpfe« mit. Die von ihm ergriffenen Vorsichtsmaßnahmen bestätigen, daß sich die erwähnten Ereignisse tatsächlich zugetragen hatten. Das Verhalten aller an diesem Drama beteiligten Personen wird aber unverständlich, wenn man, wie Lenotre und zahlreiche Historiker, ablehnt, das Einverständnis Gilberts und Michonis', sowie die ersten Schritte der Verschworenen zur Ausführung ihres Planes gelten zu lassen.

Als Rougeville nach Tisch das Weite suchte, beschloß Michonis, in die Conciergerie zu gehen, um sich über die Lage zu informieren. Das Billett trug er bei sich, doch hatte er den Zettel durch Nadelstiche unlesbar gemacht, wahrscheinlich, um der ganzen Angelegenheit ihre Bedeutung zu nehmen. Als er gegen halb fünf nachmittags in dem Gefängnis eintraf, wurde ihm gemeldet, zwei Deputierte des Konvents hätten nach ihm gefragt: Amar (Isère) und Sevestre (Ille-et-Villaine). Sie waren vor einer halben Stunde gekommen und hatten sich zu der Zelle der Königin begeben, nachdem sie sich »vom Postenkommandanten sechs Gendarmen hatten zuteilen lassen«. Der Sicherheitsausschuß und das Polizeigericht des Konvents hatten die beiden Deputierten mit der Untersuchung beauftragt.

Sie machten, was in solchen Fällen üblich ist: sie verhörten die Akteure so gut wie die Statisten, aber alle verheimlichten den einen oder anderen Vorgang, sei es, um sich zu entlasten, oder um ihre Komplicen nicht zu kompromittieren. Als Michonis eintraf, wurde die Königin soeben »in einem abgesonderten Raum« einvernommen. Sie leugnete alles, sie erinnerte sich an nichts. »Haben Sie nicht vor ein paar Tagen einen ehemaligen Ludwigsritter gesehen?« »Möglich, daß ich ein bekanntes Gesicht gesehen habe, da ja so viele Leute kommen.« Und die Nelke? »Niemand hat mir eine Nelke gegeben, es ist auch kein Zettel zu Boden gefallen, soviel ich sehen konnte. Vielleicht ist etwas hingeworfen worden, aber ich habe nichts bemerkt.« Die Deputierten setzten ihr scharf zu: »Vor ein paar Tagen ist ein Ludwigsritter in Ihre Zelle gekommen, und als Sie ihn sahen, haben Sie gezittert. Sagen Sie uns, ob Sie ihn kennen.« »Es wäre möglich, daß ich bekannte Leute gesehen habe, aber ich weiß nicht, wann und warum.« »Wir machen Sie darauf aufmerksam, daß eine Aussage vorliegt, nach welcher Sie den ehemaligen Ludwigsritter kannten und aus Furcht gezittert haben, daß man ihn erkennen könnte. Das sind, nach der Aussage, Ihre eigenen Worte.« »Wenn ich deshalb gezittert hätte, würde ich darüber wohl nicht gesprochen haben, denn es wäre mir daran gelegen gewesen, zu verheimlichen, daß ich ihn kenne.« Mit großer Geschicklichkeit leugnete sie, »mit einer Nadel geschrieben zu haben«. Da versuchte es einer der Kommissare mit freundlichem Zureden: »In Ihrer Lage wäre es ja nur natürlich, wenn Sie sich, um zu entkommen, aller Möglichkeiten bedienten, die sich Ihnen bieten, und wenn Sie Personen, denen Sie vertrauen können, Mitteilung darüber zukommen ließen. Es wäre also nicht so verwunderlich, daß dieser Ludwigsritter zu Ihrer Umgebung gehört hätte und daß Sie eben deshalb nicht über ihn sprechen wollen?« »Es wäre traurig, wenn Leute, die mir nahestehen, mir so wenig auffielen! Wenn ich allein wäre, würde ich nicht zögern, alles zu versuchen, um mich wieder mit meiner Familie zu vereinigen. Da sich aber drei Personen in meinem Zimmer aufhalten, würde ich sie niemals durch irgend etwas kompromittieren, obwohl ich sie nicht kannte, bevor ich hieherkam.«

Auch mit der Harel und mit Michonis hatten die beiden Deputierten keinen besseren Erfolg. Die Harel war, wenn man ihr das glauben will, gleichsam blind und taub, und Michonis bot das Bild eines Polizeiinspektors, dessen Unbekümmertheit alle Begriffe überstieg. Er nahm alles auf die leichte Schulter und gab nichts andres zu, als daß er ein richtiger »Fremdenführer durch die Gefängnisse« gewesen sei. Gewiß – auch Rougeville habe er in die Zelle der Witwe Capet geführt, doch sei ihm sein Name nicht bekannt gewesen.

Erst Gilbert sagte zahlreiche Einzelheiten aus, die aber, wie wir schon sahen, häufig im Widerspruch zu dem Rapporte standen, den er seinem Oberst am gleichen Morgen erstattet hatte. Dann wurde die Richard, »la femme Richard«, vorgenommen. Auch sie behauptete, von nichts zu wissen: sie habe Michonis den Zettel gegeben, und das sei alles. Michonis wurde zurückgerufen und brachte den Zettel aus seiner Tasche zum Vorschein. Die Kommissare betrachteten das Papier, schüttelten den Kopf und spendelten es an das Protokoll.

Diesmal aber kam Michonis nicht mehr so leichten Kaufes davon. Beim Lesen seiner verlegenen und ungeschickten Antworten drängt sich einem die Gewißheit auf, daß er mit Rougeville im Einvernehmen stand. Er verwickelte sich in Widersprüche. Er gestand, der Richard Schweigen empfohlen zu haben; behauptete, nicht gewußt zu haben, daß das Billett für Rougeville bestimmt gewesen sei; und erklärte schließlich, er habe ihm den Zettel nicht gegeben, weil er nicht wünschte, daß die Angelegenheit weitergehe. So war es für die Kommissare nicht schwer, ihm vorzuhalten: »Auf unsere erste Frage, ob das Billett für Rougeville bestimmt war, haben Sie mit nein geantwortet. Jetzt aber sagen Sie, daß Sie ihm unter anderem auch vorgeworfen haben, daß dieses Billett für ihn bestimmt gewesen sei . . .« Seine Verantwortung stand auf so schwachen Füßen, daß einer der Kommissare ausrief: »Sie müssen entweder blind oder pflichtvergessen gewesen sein, da Sie sonst den Mann sofort verhaftet hätten.«

Die Deputierten waren keine Untersuchungsrichter von Beruf und wußten daher nicht, daß man Zeugen und Angeschuldigte nicht beisammenlassen darf. Indessen scheinen sie sich alle in Marie Antoinettes Gefängniszelle wieder getroffen zu haben. Die Königin bat die beiden Gendarmen »unter Tränen, nicht zu wiederholen, was sie ihnen anvertraut hatte«, und erkundigte sich wiederholt bei Gilbert, ob »der Ludwigsritter« verhaftet sei. Wir wissen das aus den Aussagen Gilberts und Dufresnes, die beide, nachdem sie sechs Tage stillgeschwiegen hatten, nun auf einmal nicht genug reden konnten.

Die Aussagen der beiden Gendarmen waren der Königin jetzt bekannt, sie wußte auch, daß Madame Richard und Michonis einen Teil der Wahrheit gestanden hatten, und als sie zum zweitenmal einvernommen wurde, leugnete sie nicht mehr. Sie erwähnte die Rolle, die Rougeville am 20. Juni gespielt hatte, und gab im übrigen alles zu: seinen Besuch am vergangenen Mittwoch, das Billett in der Nelke und ihren Versuch, mit Hilfe einer Nadel darauf zu antworten. Am schwersten fiel es ihr, Michonis zu decken. »Hat Michonis Ihnen jemals Vorschläge gemacht?« »Nein, niemals.« »Warum legen Sie so großen Wert darauf, ihn wiederzusehen?« »Weil seine Anständigkeit und Menschlichkeit mich gerührt haben.« »Ihr Interesse scheint immerhin einen anderen Grund zu haben, daß er nämlich einen Mann zu Ihnen brachte, der Ihnen seine Dienste anbot?« »Ich glaube, daß Michonis ihn gar nicht kannte.«

Sicherlich hatte Michonis sie inzwischen über die Taktik seiner Verteidigung unterrichtet, denn wie wäre sie sonst auf den Gedanken verfallen, diese Antwort zu geben? Das Verhör dauerte bis tief in die Nacht, und als die Tochter Maria Theresias das Protokoll unterschrieb, bäumte sich ihr Stolz nochmals auf. Sie schämte sich vor diesen »croquants«, vor diesen »Lumpenkerlen«, soeben gelogen zu haben, und legte Wert darauf, festzustellen, »daß, wenn sie nicht die Wahrheit gesagt hatte, dies deshalb geschehen sei, weil sie diesen Mann nicht habe bloßstellen wollen und es vorgezogen habe, sich selbst zu schaden«. Als sie aber gesehen habe, daß alles entdeckt sei, habe sie nicht mehr gezögert, das zu sagen, was ihr bekannt war.

Bevor sich die beiden Kommissare zur Ruhe begaben, ließen sie noch schnell Michonis verhaften. Um halb acht Uhr morgens wurde er in die Conciergerie eingeliefert und dort eingesperrt. Vier Tage darauf nahmen sie Sophie Dutilleul fest, die beteuerte, »ihr einziges Verbrechen bestehe darin, Rougeville geliebt zu haben«.

Am 4. September fand in der Zelle der Königin eine eingehende Visitation statt. Selbst »das Bett und die Stühle wurden umgedreht«, Gitter und Wände bis ins kleinste untersucht. Die Polizisten durchsuchten auch die Gefangene, nahmen ihr die beiden Ringe und ihre Wäsche fort und ließen ihr nur Hauben und Schultertücher. Die Hemden erhielt sie von nun an nur einzeln und fallweise, und vor allem wurde streng verboten, ihr Blumen zu bringen. Ihre Verpflegung wurde auf ein Mindestmaß herabgesetzt.

Obgleich Fersen keine Nachricht hatte, ahnte er doch den Leidensweg, den SIE gehen mußte. Am 4. September schrieb er seiner Schwester Sophie: »Ich werfe mir oft die Luft vor, die ich atme, wenn ich daran denke, daß sie in einem fürchterlichen Gefängnis eingeschlossen ist. Dieser Gedanke zerreißt mein Herz, vergiftet mein Leben, und ich bin ohne Unterlaß zwischen Schmerz und Zorn hin- und hergerissen.«

Rosalie sah die unglückliche Frau stundenlang »unruhig und verlassen« in der Zelle auf und ab gehen. Nicht einmal in der Nacht ließ man ihr Ruhe. Die Kommissare zwangen sie aufzustehen, um ihr Bett zu durchwühlen. Die Rechnungen des Apothekers Robert zeigen auf, daß vom 4. September an eine beruhigende Medizin für die Witwe Capet bestellt werden mußte, »eine Mischung aus Lindenblütentee, Orangenblüten, Sirup und Hoffmannstropfen«. Tags darauf und bis zum 16. September wurde ihr eine kräftigende und beruhigende Bouillon verabreicht, die »im Marienbad aus magerem Kalbfleisch, Hühnerfleisch und verschiedenen Pflanzen zubereitet wurde«.

Die Ereignisse des 11. September waren nicht dazu angetan, die Kranke zu beruhigen. Richard und dessen Frau, deren halbes Einverständnis wohl entdeckt worden war, wurden verhaftet. Am gleichen Tag kamen sechs Polizeiinspektoren in die Conciergerie. Sie hatten den Auftrag, »für die Gefangenhaltung der Witwe Capet einen anderen Raum ausfindig zu machen, als den, wo sie jetzt festgehalten wurde, da dieser zu nahe der Kanzlei lag«, das heißt, zu nahe dem Eingangstor. Nachdem sie »alle Zimmer besichtigt« hatten, wählten sie den Raum, »wo die Apotheke des Bürgers Guillaume Lacour untergebracht war«. Zwischen diesem Raum und der Cour de Mai befanden sich sechs Türen oder Gitter, also drei Hindernisse mehr, als die Königin in der Nacht des 3. September zu überwinden hatte. Aber die Apotheke war nicht als Gefängnis eingerichtet. Daher ließen die Polizeileute »das Fenster, das auf den Frauenhof hinausblickte, bis zur fünften Querstange vermauern«. Der restliche Teil des Fensters mußte mit einem engmaschigen Gitterwerk versehen werden. Ein zweites Fenster ging nach der Krankenstube. Es wurde »in seinem ganzen Umfang mit Eisenblech verrammelt«. Das dritte Fenster nach dem Korridor wurde »vollständig vermauert«. Da bemerkten die Inspektoren einen Lichtschimmer unter der Tür – und schon mußte dort eine »drei Daumen starke« Schwelle und eine zweite Tür angebracht werden.

Die Polizei versäumte keine Zeit, sondern beauftragte unverzüglich den Maurermeister Lemoine aus der Rue Vendôme, den Tischlermeister Leroy aus der Rue des Capucines-Chaussée d'Antin und den Schlossermeister Gonvin aus der Rue Antoine mit der Ausführung der Arbeiten. Ihre Rechnungen beweisen, daß sie den Befehlen ihrer Auftraggeber eifrig nachgekommen sind. Der Bürger Gonvin stellte sogar Eisenstäbe« in Rechnung, und aus der bestellten Vergitterung war ein richtiges Gitter geworden. Die neue Tür von zwei Daumen – 5,5 Zentimeter – Stärke war »mit groben Nägeln« beschlagen und einem »starken Schloß« versehen. An der alten Tür wurden zwei Riegel und »zwei sichere Schlösser« angebracht. Es kostete den Staat 983 Livres. So ging der Wunsch jener Stadträte von Chapelle-Gontier in Erfüllung, die verlangt hatten, daß »die Furie, die sich zu ihrem Untergang verschworen hatte, in das finstere Verlies zu werfen sei«.

Der Kerker war am 13. oder 14. September fertiggestellt, die Gefangene wurde mit ihrem elenden Mobiliar dorthin gebracht. Die Harel war verschwunden, sie wird nicht mehr erwähnt. Die beiden Gendarmen machten weiter Dienst, der eine war im Korridor, der andere im Frauenhof postiert. Er stand vor dem halbvermauerten Fenster und konnte alles beobachten, was in dem Kerker vorging. Die Gefangene konnte sich nicht einmal mehr hinter den Paravent zurückziehen, ohne daß der Gendarm herbeigestürzt kam ...

Der neue Concierge, der Bürger Bault, war mit seiner Gattin aus dem Gefängnis La Force (wo die Prinzessin Lamballe ermordet worden war) herübergekommen und haftete mit seinem Kopf für die Person der Königin. Er allein besaß die Kerkerschlüssel und durfte das Verlies nur in Begleitung des Gendarmerieoffiziers oder Unteroffiziers betreten. »Als Bault zum erstenmal bei der Königin erschien, begleitete ich ihn«, erzählte Rosalie, die ihre Stelle behalten hatte. »Ich brachte Madame die übliche Morgensuppe. Sie blickte Bault an, der, um sich den Sitten jener Zeit anzupassen, in eine Kombination von Weste und Hose, Carmagnole genannt, gekleidet war. Sein Hemdkragen stand offen und war zurückgeschlagen, aber er hatte keinen Hut auf. Seine Schlüssel in der Hand, stellte er sich an die Wand neben die Tür. Die Königin nahm ihre Nachthaube ab, setzte sich und sagte freundlich: ›Rosalie, heute werden Sie mich frisieren.‹ Als der Concierge diese Worte hörte, stürzte er herbei, packte den Kamm und schrie, indem er mich zurückstieß: ›Lassen Sie, lassen Sie – das ist meine Sache.‹ Die Fürstin blickte Bault erstaunt und so hoheitsvoll an, daß ich es unmöglich beschreiben kann. ›Ich danke Ihnen‹, fügte sie hinzu. Sie stand rasch auf, flocht sich die Haare selbst und setzte ihre Haube auf.« Dann nahm die Königin das eingerollte weiße Band, welches bisher Madame Richard benützt hatte, um sie zu frisieren. »Rosalie«, sagte sie, »nehmen Sie dieses Band und behalten Sie es als Andenken an mich.« Sie sah »so traurig und niedergeschlagen aus, daß es mich in der Seele ergriff und mir die Tränen in die Augen traten«, berichtet Rosalie.

Das waren die Folgen und das Ende des Nelkenkomplotts.

Rougeville, auf dessen Kopf ein Preis gesetzt war, verbarg sich in den Gipssteinbrüchen von Montmartre. Dort verfaßte er eine Kampfschrift: »Les crimes des Parisiens envers leur Reine, par l'auteur des oeillets présentés à la Reine dans sa prison«. Als er sie beendet hatte, fertigte er zahlreiche Abschriften an, die er knapp vor Beginn der Sitzungen persönlich in den Amtsräumen des Konvents und des Revolutionstribunals abgab. Dann machte er sich auf den Weg nach Belgien.

Alexander Dumas' berühmtes Buch »Le Chevalier de Maison-Rouge« reicht, wie man sieht, bei weitem nicht an die Wirklichkeit heran.

# XIX

## DAS VORZIMMER DER GUILLOTINE

Wenn man an der Conciergerie vorübergeht, richtet man den Blick unwillkürlich nach dem ersten Stock des Caesarturmes. Denn dort befand sich zu Beginn des Jahres II das Arbeitszimmer des Antoine-Quentin Fouquier de Tinville. Er war ein Sohn des »Seigneurs von Hérouel und anderer Grundherrschaften« und ehemaliger Staatsanwalt am Châtelet, am Königlichen Gericht zu Paris. Seit März 1793 war er der öffentliche Ankläger am Revolutionstribunal.

Der altertümliche Raum, dessen spitzbogiges Gurtgewölbe aus der Zeit Philipps des Schönen um 1300 stammte, hatte in früheren Zeiten den Gerichtsräten als Erholungsraum gedient. Jetzt saß hier Fouquier-Tinville am Steuer seiner Vernichtungsmaschine. Das Tribunal hatte seine Tätigkeit am 6. April aufgenommen und schon in seiner ersten Session dreiundsechzig Todesurteile gefällt. Aber in jener Epoche hielten sich die Richter immerhin noch an das Gesetz, und die Zahl der Freisprüche übertraf die der Verurteilungen um das Doppelte. Ja, seit einigen Wochen machte sich ein gewisser Überdruß bei den Richtern und Geschworenen bemerkbar. Sie hatten »die Lust« verloren, die Angeklagten zu verurteilen. Am 17. Juli hatte der Präsident Montané sogar den Versuch unternommen, Charlotte Corday, nach Fouquier-Tinvilles entrüstetem Ausdruck: »eine Rettungsbrücke zu bauen«. Am 24. Juli wurde die Zahl der Richter auf sieben, am 30. auf zehn erhöht, und am gleichen Tag wurde Montané verhaftet und in das Gefängnis Sainte-Pelagie geschickt. Tags darauf setzte Fouquier-Tinville die Teilung seines Tribunals, damit es bessere Arbeit leiste, in zwei Sektionen durch.

Das Dekret des Konvents, nach welchem die Witwe Capet vor sein Gericht zu stellen sei, machte ihm lange Zähne... Wie groß aber war seine Enttäuschung, als die Tage vergingen, ohne daß die Regierung ihm die Gefangene ausgeliefert hätte. Am 25. August riß ihm die Geduld, und er schrieb an den Ausschuß: »Das Tribunal wird in allen Zeitungen und überall in der Öffentlichkeit beschuldigt, daß es sich noch nicht mit dem Rechtsfall der ehemaligen Königin befaßt hat.« Dieser Brief hatte zur Folge, daß die Mitglieder des Sicherheitsausschusses am Amtssitz des Pariser Bürgermeisters Pache am 2. September um 11 Uhr abends – im gleichen Augenblick, da Rougeville die Königin zu befreien versuchte – zu einer geheimen Sitzung zusammentraten. Es waren dies Cambon, Hérault, Barère, Jean Bon Saint-André, Hébert und ein Sekretär. Dieser Sekretär war ein Spion in englischen Diensten und sandte dem englischen Residenten in Genua am nächsten Morgen einen detaillierten Bericht, der unverzüglich an Lord Grenville nach London weitergeleitet wurde.

Nach Erledigung der laufenden Angelegenheiten eröffnete Cambon die Debatte »über den Tod der Königin«. Er teilte seinen Kollegen mit, daß ein Unterhändler des Ausschusses soeben versuche, mit Brüssel, Wien und Preußen Friedensverhandlungen anzuknüpfen. »Eine Aufschiebung des Urteils«, meinte er, »könnte uns in dieser Sache von großem Vorteile sein.« Aber seine Kollegen wollten das nicht gelten lassen: »Das Leben Ludwigs XVII. würde den gleichen Zweck erfüllen.« »Wir brauchen das Blut der Königin, um Revolutionstribunal und Konvent fest aneinanderzuketten und um das Schicksal der Stadt Paris vom Schicksal des Konvents abhängig zu machen.« Mit einem Wort, es sollten alle durch eine gemeinsame Blutschuld, den Mord an der Königin, zu einer Schicksalsgemeinschaft zusammengeschlossen werden. Dann ging Hébert geradewegs auf sein Ziel los: »Ich habe den Kopf Marie Antoinettes versprochen, ich werde ihn ihr selber abschlagen, wenn ihr zaudert, ihn mir zu geben. Ich habe ihn auch in eurem Namen den Sansculotten versprochen, die ihn von mir verlangen und ohne die es mit euch zu Ende ist. Sie wollen sich aus republikanischem Instinkt durch dieses Sühneopfer mit uns vereinigen – und ihr zögert jetzt!« Aber Cambon wiederholte, daß die Königin ein Faustpfand sei, es wäre Irrsinn, sich dieses Pfandes zu begeben. Da spielte Hébert den Propheten: »Ich weiß nicht«, sagte er, »ob ihr noch hofft, die Republik und eure Haut zu retten. Wenn ihr es aber hofft, dann irrt ihr euch. Ihr werdet alle zugrunde gehen, es gibt keine andere Möglichkeit. Ich weiß auch nicht, ob es richtig war, die Dinge so weit zu treiben, wie wir sie getrieben haben – aber es ist nun einmal geschehen. Die Könige werden an ihrer Entschlossenheit, uns zu vernichten, in zwanzig Jahren selbst zugrunde gehen. Aber das kann uns jetzt nicht retten. Frankreich wird niedergeworfen werden, und dann sind wir alle verloren.«

Aber vielleicht könnte man doch im Austausch gegen das Leben der Königin eine Amnestie, einen allgemeinen Straferlaß erlangen?

»Wenn man uns eine Amnestie verspräche, würde man die Zusage nicht halten, weil man sie nicht halten könnte. Wir würden bestenfalls statt geviertelt erdolcht oder vergiftet werden. In der Lage, in welcher wir uns befinden, gibt es nur noch Rache. Und unsere Rache kann ungeheuer sein. Wir müssen erreichen, daß unsere Feinde sich selbst tödlich infizieren, wir müssen Frankreich im Zustand einer solchen Zersetzung zurücklassen, daß sie nicht mehr rückgängig gemacht werden kann. Um das zu erreichen, müssen wir die Forderungen der Sansculotten erfüllen. Sie werden unsere Feinde töten, aber wir dürfen sie auch in ihrem glühenden Verlangen nach dem Tod Marie Antoinettes nicht im Stich lassen. Um sie dazu zu bringen, auch das äußerste zu wagen, braucht man sie nur von dem zu überzeugen, was ich ihnen täglich predige: daß nämlich in dieser Krise, was immer geschehen mag, ihre Anonymität ihr bester Schutz4ist, und die ganze Verantwortung nur von uns getragen wird. Dann werden sie uns in jeder Hinsicht behilflich sein, da sie ja davon nur Vorteile haben können, während wie alle Gefahren auf uns nehmen. Das ist alles, was ich euch zu sagen habe – und jetzt kennt ihr meine Meinung.«

Und der Sekretär fügte seinem Bericht hinzu: »Nachdem er das gesagt hatte, wollte er keinen Augenblick länger bleiben und ging davon.«

Die Debatte dauerte die ganze Nacht und endete mit der Niederlage Cambons. In der Morgendämmerung wurde Fouquier-Tinville herbeigeholt und gefragt, wie man nun vorgehen solle, um des Erfolges gewiß zu sein. »Die Geschworenen müssen ausgewechselt werden«, sagte er. Man brauche Leute, auf die man sich verlassen könne, man müsse sie fest anstellen und besolden. »Dann brauchten wir«, fuhr er fort, »einen offenkundigen Tatbestand, um die Befürchtungen des Tribunals zu überwinden.« Denn traten nicht einige Richter dafür ein, die Königin stillschweigend zu vergiften, um sich auf diese Art »den Dorn aus dem Fuß zu ziehen«, ohne das Tribunal zu kompromittieren?

Den gewünschten »Tatbestand« sollte Fouquier am übernächsten Tag erhalten. Da die Entdeckung des Nelkenkomplotts selbst die lässigen Mitglieder des Konvents aufgeschreckt hatte, faßte dieser am 5. September den Beschluß, daß das Tribunal nicht nur Aristokraten, Priester und Gegenrevolutionäre, sondern alle »Volksfeinde« abzuurteilen habe: »Krämer, Großhändler, ehemalige Staatsanwälte – Fouquier-Tinville konnte demnach einige seiner früheren Kollegen köpfen lassen –, »Gerichtsbeamte, schamlose Dirnen, Intendanten und Sachwalter, Großrentner und alle Leute, die von Natur aus, von Berufs wegen oder durch Erziehung Rechtsverdreher waren.« Wir sehen, daß niemand vergessen worden ist.

Am 28. September wurden die von Fouquier gewünschten neuen Richter und Geschworenen vom Ausschuß ernannt und fest angestellt. Nun waren alle Vorbereitungen getroffen – der Apparat würde klaglos funktionieren.

Nach der Verschwörung Rougevilles nahm die Zahl der Eingaben außerordentlich zu. Die »Section de l'Unité« bat flehentlich, »die Witwe Capet möge endlich abgeurteilt werden«. Der Zentralausschuß der »Société patriotique« verlangte, daß »die neue Messalina, diese Frau, die von der Natur und der Gesellschaft verleugnet wird, endlich dem rächenden Gesetz übergeben werde«. Die Ausschüsse, der Konvent und das Tribunal wurden mit Zuschriften überschüttet. Selbst die Kinder mengten sich ein. So fragten die jungen Bürger der »Section des Piques« bei der Behörde an, »ob die Verbrechen dieser, von barbarischen Trieben beherrschten ruchlosen Frau nicht genügten, um endlich über ihr Schicksal zu entscheiden«.

Der Stadt Paris folgte die Provinz. Calais, Evreux, Riom, Pamiers, Laigle, Grignan, Louhans, Senlis, Charolles, Josselin, Orgelet, Mont-Terrible, ja selbst die Fischer von La Flotte-en-Ré verlangten, daß die

»schamlose, despotische Frau«, die »verbrecherische, der Beleidigung der Nation schuldige Antoinette« in den Anklagezustand versetzt werde. Die Stadt Chantilly hingegen forderte kurz und bündig, »man möge sie« – ohne Verfahren oder Prozeß – »von der österreichischen Wölfin befreien«. Crécy war der gleichen Meinung: »Antoinette ist tausendmal schuldiger als Ludwig XVI., sie muß mit ihrem unzüchtigen Blut das edle Blut sühnen, das sie in Strömen vergossen hat.«

Am 3. Oktober erließ der Konvent endlich ein Dekret: das Revolutionstribunal »werde sich unverzüglich und ohne Unterbrechung mit der richterlichen Entscheidung befassen«. Fouquier erwiderte am 5., das Tribunal sei bereit, den Prozeß zu führen, doch besitze es keinerlei Aktenmaterial über Marie Antoinette.

Vielleicht hatte sich der öffentliche Ankläger auch bei Hébert und Chaumette über den Mangel an Material beschwert. Wie, sagten sich diese, es fehlt ihm an Unterlagen? Dann werden wir ihm welche verschaffen. Sie begaben sich mit Pache und einigen Kommissaren nach dem Temple und in das Zimmer, »wo Louis-Charles Capet wohnte, um dessen Aussagen über Gespräche und Ereignisse, von denen er Kenntnis haben konnte, anzuhören«. Der Gedanke, ein achtjähriges Kind gegen seine Mutter aussagen zu lassen, konnte freilich nur im Hirn eines Chaumette oder Hébert entstehen.

Sie fragten den Kleinen darüber aus, welche Kommissare »sich seiner Mutter und Tante zu nähern und sich mit ihnen zu unterhalten pflegten«. Das Kind beschuldigte zuerst Lepitre und Toulan, dann aber Michonis, Jobert, Moëlle, Beugnot, Vincent und Leboeuf, »die sich mit noch größerer Vertraulichkeit als die andern mit ihnen unterhalten hätten«. »Während dieser Gespräche mußte ich mich entfernen«, fügte es hinzu. Dann veranlaßte der Schuster Simon seinen Schüler zu der Erklärung, »Pétion, Manuel, Bailly und Lafayette hätten sich in den Tuilerien mit seiner Mutter und Tante sehr geheimnisvoll betragen«. Damals war das Kind kaum sieben Jahre alt gewesen! Da Hébert recht gut wußte, daß durch solch albernes Gerede kein dem Prozeß günstiges »Klima« zu schaffen war, setzten er und Chaumette eine Infamie ohnegleichen in die Welt: »Louis-Charles-Capet«, besagt das Protokoll, »erklärt weiter, er sei mehrmals im Bett von Simon und seiner Frau, die von der Kommune mit der Aufsicht über ihn beauftragt sind, bei unpassenden Gewohnheiten, die seiner Gesundheit schaden, angetroffen worden. Er gestand etc.«

Wir wollen den ekelerregenden Rest nicht wiederholen. Die beiden Männer, die seit fünfzehn Jahren so viele Verleumdungen über die Königin gehört hatten, mochten glauben, daß die Anschuldigung auf Wahrheit beruhte. Fouquier jedoch war zu intelligent. Wie hätte er also nicht fühlen sollen, daß ihm, nach seinem eigenen Ausdruck, »alles in den Händen zerplatzen« könnte, wenn er sich eines solchen Unflats bediente. Er begnügte sich daher, die anstößigste Stelle des Protokolls anzumerken: »Durch die Art, wie sich das Kind ausdrückte, hat es uns zu verstehen gegeben, daß seine Mutter es einmal veranlaßte, sich ihr zu nähern, woraus sich ergab etc.«

Wir wissen nicht, ob Fouquier von Hébert verlangte, diese unerhörten Angaben durch die Zeugenschaft der Schwester und Tante zu erhärten. Wie dem auch sei – am nächsten Tag begab sich die ganze Gesellschaft, der sich diesmal der Maler David und der Kommissar Danjou anschlossen, abermals in den Temple und konfrontierte zuerst die beiden Kinder. »Wir ließen sogleich Charles Capet kommen und forderten ihn auf, uns zu sagen, ob das, was er gestern über die Berührung seiner Person erklärt hat, wahr ist. Er beharrte auf dem Gesagten, wiederholte es und hielt es vor seiner Schwester aufrecht; er fuhr fort zu sagen, daß dies die Wahrheit sei. Zum zweitenmal aufgefordert, zu erklären, ob es wirklich wahr sei, erwiderte er: ›Ja, das ist wahr.‹ Seine Schwester sagte, sie habe es nicht gesehen. Da es uns schien, daß ihr Bruder, mit dem sie fast immer beisammen war, die Wahrheit ausgesagt hat, ist es nicht möglich, daß sie von alldem nichts bemerkt hat.« Madame Royale antwortete: »Es wäre möglich, daß ihr Bruder Dinge gesehen hätte, die sie nicht gesehen hat, da sie mit Lernen beschäftigt war.« Dann wurde Madame Elisabeth hereingerufen. Sie entsetzte sich über das Kind, verlor die Beherrschung und nannte es empört ein »monstre«.

Wird die Beute Fouquier noch entkommen? Als Madame Royale die Besprechungen ihrer Mutter mit Toulan und Lepitre ableugnete, sagte sie gewiß nicht die Wahrheit aus. Aber die Absicht zu fliehen war höchstens ein Vergehen gegen die Gefängnisverwaltung, jedoch keinesfalls ein Verbrechen gegen die Nation. Fouquier wandte sich abermals mit dem Ersuchen an den Konvent, ihm die am Morgen der Flucht nach Varennes im Zimmer der Königin aufgefundenen Papiere, die Prozeßakten Ludwigs XVI. und die Protokolle über die Verhöre der Beschuldigten nach dem Mißlingen der Nelkenverschwörung zur Verfügung zu stellen. Ein Brief des Ausschusses vom 11. Oktober, der von Robespierre, Hérault, Collot d'Herbois und Billaud-Varenne unterzeichnet war, ermächtigte den Direktor der Archive, dem öffentlichen Ankläger die von ihm angeforderten Dokumente zu übermitteln. Doch erhielt Fouquier am Abend dieses Tages nur die beiden Protokolle, die in der Nacht des 3. September mit der Königin bei ihren beiden Verhören aufgenommen worden waren. Als er das erste entfaltet hatte, mußte er feststellen, daß sich Marie Antoinette Amar gegenüber recht geschickt verteidigt hatte.

»Haben Sie sich für die Waffenerfolge unserer Feinde interessiert?« »Ich interessiere mich für die Erfolge der Nation meines Sohnes.« »Welcher Nation gehört Ihr Sohn denn an?« »Wie können Sie zweifeln? Ist er nicht Franzose?« – Mit welcher Geschicklichkeit hatte sie es vermieden, ihre Rechte preiszugeben! – »Da Ihr Sohn nur ein einfacher Privatmann ist, erklären Sie also, auf alle Privilegien verzichtet zu haben, die ihm ehemals aus dem Titel eines Königs zustanden?« Mit ja oder nein zu antworten war gleich gefährlich, und darum erwiderte sie: »Es gibt nichts Höheres als das Glück Frankreichs.« Es folgte abermals eine Fangfrage: »Sie freuen sich also, daß es weder einen König noch ein Königtum mehr gibt?« »Frankreich möge groß und glücklich sein«, erwiderte sie, »das ist alles, was wir brauchen.« Sie hatte wieder nicht auf die Frage geantwortet, und Fouquier bezeichnete ihre Antwort mit einem Ausrufzeichen. Nun wurde von ihr verlangt, den Königsmord zu billigen. »Demnach müssen Sie doch wünschen, daß das Volk keinen Unterdrücker mehr über sich hat und alle Mitglieder Ihrer Familie, die absolute Machtbefugnisse ausüben, dem gleichen Schicksal verfallen wie der Unterdrücker Frankreichs?« »Ich bin für meinen Sohn und mich verantwortlich, aber nicht für andere.« Fouquier machte ein Ausrufzeichen an den Rand des Schriftstücks.

Das Abenteuer von Varennes hatte Sevestre und Amar ermöglicht, eine neue Falle zu stellen: »Wie kommt es aber, daß Sie alles in Bewegung gesetzt haben, um zu Ihrer Familie zu gelangen, obgleich sich diese mit Frankreich im Krieg befand?« Dies war der einzige Punkt, der Anlaß zu einer begründeten Anklage hätte geben können. Marie Antoinette hätte erwidern können, daß sich Frankreich und Österreich im Juni 1791 noch nicht im Kriegszustand befanden. Aber ihre Antworten erwecken nun den Eindruck einer gewissen Unsicherheit. »Meine Familie sind meine Kinder«, sagte sie. »Mit ihnen fühle ich mich überall wohl, ohne sie nirgends.« »Sie betrachten also alle, die gegen Frankreich Krieg führen, als Ihre Feinde?« Sie hätte diese Frage bejahen können, aber sie wollte nicht lügen. Daher konnte Fouquier ihre Antwort abermals mit einem Ausrufzeichen versehen: »Ich betrachte diejenigen als meine Feinde, die meinen Kindern ein Unrecht zufügen könnten.« »Und welcher Art ist das Unrecht, das man Ihren Kindern antun kann?« »Allerlei Unrecht . . . welches immer.« Marie Antoinette hatte offenbar die Fassung verloren, doch gewann sie sie gleich wieder zurück. Als ihr die beiden Deputierten von der Abschaffung des Königtums sprachen, »die sie wohl nicht als Unrecht betrachten könne«, rief sie aus: »Wenn Frankreich mit einem König glücklich sein soll, wünsche ich, daß es mein Sohn ist. Wenn ohne König, dann werde ich dieses Glück mit Frankreich teilen.« Corneille hätte keine bessere Antwort finden können, und so fehlt an dieser Stelle das Ausrufzeichen des öffentlichen Anklägers.

Foquier griff nach dem zweiten Protokoll, das in sehr vorgerückter Nachtstunde beim zweiten Verhör mit der Königin aufgenommen worden war. Vielleicht würde er darin finden, was er so dringend brauchte. Amar und Sevestre hatten versucht, Marie Antoinette für einen Teil der »Verbrechen« Ludwigs XVI. mitverantwortlich zu machen. »Hat er Ihnen seine Pläne mitgeteilt?« »Er hat mir gesagt, was sein Vertrauen zu mir ihn zu sagen veranlaßt hat.« »Haben Sie seine Pläne gebilligt?« »Wir haben beide gewünscht, was zum Wohle aller beitragen konnte . . . An seinen Sorgen habe ich innigen Anteil genommen«. »Sie sagen, das Glück des Volkes sei Ihr einziger Wunsch gewesen. Wie ist es dann möglich, daß das Volk so unglücklich war, daß es unablässig durch die Perfidie des Hofes und den Verrat der Regierung gequält und tyrannisiert worden ist?« »Es hat viel Verrat gegeben. Ich kannte diese Dinge aber nicht und bin nicht imstande, etwas darüber zu sagen. Ich kann nur sagen, daß sein Herz nichts anderes als das Glück des Volkes wünschte.«

Amar und Sevestre ließen es dabei bewenden, sie fragten sie nicht mehr weiter aus. Weder die in der vergangenen Woche ausgestandene Angst, als Marie Antoinette den Zusammenbruch ihrer letzten Hoffnung auf Befreiung durch Rougeville erleben mußte, noch ihre physische Erschöpfung hatten die Widerstandskraft der Tochter Maria Theresias herabmindern können.

Fouquier faltete die beiden Protokolle zusammen und legte sie unbefriedigt beiseite. Sie genügten zur Erhebung einer Anklage nicht. Am Abend des gleichen Tages, es war Sonnabend, würde die Königin nochmals einvernommen werden, dann konnte der Prozeß am Montag beginnen, am 14. Oktober 1793, das heißt am 23. Vendémiaire. Der neue Kalender der Revolution hatte soeben seinen Reigen begonnen, aber leider sollte er bald nicht mehr an die poetischen Bilder von winterlichem Reif und duftenden Blüten, von Wiesen, herbstlichem Nebel und wehenden Winden erinnern, sondern nur noch den Ablauf blutiger Tage verzeichnen, die unter dem Druck mörderischer Gesetze standen.

Die Königin mochte ein Vorgefühl des Unheils haben, das sich über ihrem Haupt zusammenzog. Seit dem 5. Oktober war sie in ihrem Kerker nicht mehr allein. Der Gendarmerieoffizier Louis-François de Busne, der vor der Revolution dem Regiment Royal-Dauphin angehörte, bewachte sie Tag und Nacht. Zwei Schildwachen waren vor dem Zellenfenster aufgestellt worden. Trotzdem war es den Gefangenen, die im Hofe sehr laut miteinander sprachen, gelungen, sie wissen zu lassen, daß man sie vor das Tribunal zitieren werde.

Am 12. Oktober litt Marie Antoinette unter Kälteschauern und heftigen Blutungen. Am Abend zog sie ihre »Nachtjacke« an, die ihr Rosalie in der Küche vorgewärmt hatte, und legte sich müde zu Bett. Das hübsche Dienstmädchen zog seine »kleinen abendlichen Handreichungen« möglichst in die Länge, damit, wie es berichtete, die Königin »der Einsamkeit und Dunkelheit« ihrer Zelle erst etwas später ausgesetzt sei. Schließlich mußte es aber dennoch fortgehen. Und nun drang nur noch der düstere Lichtschein einer flackernden Laterne, die im Frauenhof brannte, in die Zelle. Marie Antoinette brauchte lange, um sich ein wenig zu erwärmen. Ihre Bitte um eine zweite Decke hatte keinen Erfolg gehabt. Bault hatte sie zwar weitergegeben, aber Fouquier-Tinville hatte ihn angefahren: »Was unterstehst du dich? Du verdientest, guillotiniert zu werden!«

Kaum zwei Stunden, nachdem die Gefangene zu Bett gegangen war, wurden die beiden Türen ihres Kerkers polternd und rasselnd aufgeschlossen. Ein Gerichtsdiener und vier Gendarmen holten sie zum Verhör. Hastig zog die Königin hinter dem Paravant ihr schwarzes Kleid an. Dann verließ sie hinter einem Gefängniswärter, der eine Laterne in der Hand trug, mit den vier Gendarmen die Zelle. Sie bog nach links in den Korridor ein, wo Tag und Nacht ein Licht brannte, schritt durch die beiden Gittertüren des Sprechzimmers, das einem Menageriekäfig glich, und über ein paar Stufen in den Männerhof, der zu dieser späten Stunde still und verlassen vor ihr lag, durchquerte ihn der ganzen Länge nach und betrat dann die schmale und enge Treppe des Bonbec genannten Traktes. Im ersten Stock angelangt, folgte sie mit der Eskorte einem vielfach gewundenen, von Stufen unterbrochenen Gang, der schließlich in das Grand-Chambre, den ehemaligen großen Ratssaal des Parlamentes mündete, das »Tabernakel« des Ancien Régime, wo Ludwig XVI. seine königlichen Sitzungen, seine Lits de Justice, abgehalten und von welchem ein Souverän gesagt hatte, bei seinem Anblick sei er stolz, König von Frankreich zu sein. Inzwischen war der imposante Raum, unter dem neuen Namen »Freiheitssaal«, Sitz des Revolutionstribunals geworden. Die liliengeschmückten Tapisserien waren verschwunden, Albrecht Dürers – oder Van Eycks? – Kreuzigung Christi war durch einen Karton ersetzt, der die Deklaration der Menschenrechte darstellte. An die Stelle des Basreliefs von Coustou: »Ludwig XV. zwischen der Wahrheit und der Gerechtigkeit« waren Büsten von Marat, Lepeletier und Lucius Julius Brutus getreten.

Diesen Brutus führten damals alle Leute als Vorbild an, denn er hatte, aus Liebe zur Republik, die eigenen Kinder zum Tode verurteilt, weil sie sich an einer Verschwörung zur Wiedereinsetzung der Tarquinier beteiligt hatten.

Die Königin mußte sich auf eine Holzbank ohne Lehne setzen, die vor dem Schreibtisch Fouquiers aufgestellt war. Hinter dem hohen Geländer, welches den Raum für das Publikum abgrenzte, schienen sich im Dunkel des Hintergrunds ein paar von Fouquier eingeladene, bevorzugte Leute zu befinden. Die Königin hörte Geflüster und blickte hin, vermochte aber bei ihrer Kurzsichtigkeit nichts auszunehmen. Der Raum war von zwei Kerzen, die auf dem Tisch des Gerichtsschreibers standen, nur spärlich erhellt. Der Schreiber stammte aus Marseille und hieß Paris, nannte sich aber nach dem Geschmack der Zeit Fabricius ... Im trüben Schein der beiden Kerzen machte der große Ratssaal den Eindruck einer Gruft, und als die Königin ihren Namen nannte, sprach sie in der Vergangenheit: »Ich hieß Marie Antoinette von Österreich-Lothringen.«

Die Frage nach ihrem Namen war von Hermann, dem jungen Präsidenten des Revolutionstribunals an sie gerichtet worden. Übermorgen würde er beim Prozeß der Vorsitzende sein, an diesem Abend aber

335

spielt er die Rolle des Untersuchungsrichters. Er wahrte zwar sorgsam die äußere Form eines ordentlichen Rechtsverfahrens, aber er war ein Freund Robespierres, dem er sein Avancement verdankte. Noch vor vier Monaten war er Präsident des Strafgerichts in Arras gewesen. Auf ihn durfte sich Fouquier verlassen!

Hermann ging geradewegs auf sein Ziel los: »Sie haben vor der Revolution politische Beziehungen zu dem König von Böhmen und Ungarn unterhalten, den die Interessen Frankreichs, das Sie mit Wohltaten überhäufte, widersprachen.«

Selbstverständlich leugnete die Tochter Maria Theresias, aber dieser Punkt war sicherlich ihre Achillesferse. »Die Königin«, hatte Mercy vor fünfzehn Jahren geschrieben, »hat es erreicht, den König zu ihrer Meinung zu bekehren und ihn gewissermaßen in Widerspruch zu seinen eigenen Ministern zu setzen. Sie verdient, dazu beglückwünscht zu werden.« Wie groß wäre Fouquiers Triumph gewesen, wenn sich dieser Brief in seinen Akten befunden hätte!

Hermann schlug unverzüglich ein zweites Mal zu: »Sie haben in einer fürchterlichen Weise die Finanzen Frankreichs, die Frucht des Volksschweißes, für Ihre Vergnügungen und Intrigen vergeudet ...«

Er legte jedoch keinerlei Beweise für seine Beschuldigung vor, obgleich es doch genügt hätte, die Akten über die Ausgaben des Hofstaates der Königin aufzuschlagen oder ein paar Zeugen vorzuladen, die seinerzeit in Fontainebleau am Pharaospiel teilgenommen hatten. Dieser Mangel an Beweisen ermöglichte es der Angeklagten, den Vorwurf entrüstet zurückzuweisen: »Niemals!« rief sie aus. »Ich weiß, daß man sich dieser Beschuldigung nur allzuoft gegen mich bedient hat. Ich habe aber meinen Gemahl zu sehr geliebt, um das Geld meines Landes zu verschwenden.«

Hermann fuhr fort: »Seit der Revolution haben Sie keinen Augenblick aufgehört, mit den auswärtigen Mächten und im Inneren gegen die Freiheit zu konspirieren, auch damals nicht, als wir nur ein Trugbild jener Freiheit hatten, welche das französische Volk unbedingt zu haben wünscht.«

»Seit der Revolution habe ich mir persönlich jede Korrespondenz mit dem Ausland versagt und habe mich niemals in innere Angelegenheiten eingemengt.«

Die Königin leugnete Dinge, die für niemand in Frankreich ein Geheimnis waren. Im übrigen aber fühlte sie sich tatsächlich nicht schuldig, denn in ihren Augen gab es – nach dem bekannten Wort: »L'Etat c'est moi« Ludwigs XIV. – keinen Staat, sondern nur den König. Für sie stellte es keinen Akt des Hochverrates dar, ihren Bruder zur Wiedererlangung des Thrones und zur »Beendigung der revolutionären Wirren« um Hilfe anzugehen, wie sie es seit dem 3. September 1791 wiederholt getan. Im Gegenteil: weit davon entfernt, dadurch ein Verbrechen zu begehen, rettete sie den Staat, das heißt den König, indem sie sich »an die Feinde der Nation« um Hilfe wandte.

Marie Antoinette aber ging so weit, selbst offenkundige Tatbestände abzuleugnen.

»Haben Sie nicht Geheimagenten in Dienst genommen, um mit den auswärtigen Mächten, vor allem mit Ihrem Bruder, zu korrespondieren?«

»Niemals in meinem Leben!«

Diesmal konnte ihr Hermann mit gutem Recht erwidern: »Ihre Antwort scheint uns nicht zuzutreffen. Denn es ist erwiesen, daß in dem ehemaligen Schloß der Tuilerien geheime nächtliche Zusammenkünfte unter Ihrem persönlichen Vorsitz stattfanden, bei denen die Antwortschreiben an die auswärtigen Mächte sowie an die konstituierende und legislative Versammlung besprochen, beraten und in ihrem Text festgelegt worden sind.«

Marie Antoinette leugnete weiter ... Wußte sie nicht, daß in dem Eisenschrank der Tuilerien die Briefe Barnaves gefunden worden waren, in welchen Anspielungen auf ihre Korrespondenz, ihre Begegnungen mit den Triumvirn und ihre nach Brüssel gesandten Berichte enthalten waren? Glücklicherweise war die allgemeine Verwirrung damals so groß, daß Fouquier noch keine Kenntnis von diesen Dokumenten erhalten hatte.

Hermann und alle anderen Mitglieder des Tribunals billigten – aus aufrichtiger Überzeugung – den Königsmord des Konvents. Ludwig XVI. war, in ihren Augen, unbedingt schuldig: er hatte die eidverweigernden Priester unterstützt, den Dekreten sein Veto entgegengesetzt und schließlich ein »Doppelspiel« gespielt, wie aus Barnaves Berichten eindeutig hervorging. Der Nachweis, daß die Königin die große Anstifterin dieser schwankenden Politik Ludwigs XVI. gewesen, würde sie noch schwerer belasten als ihn, der durch die Verfassung als »nicht verantwortlich«, als »irresponsable« erklärt worden war. Daher war die Erbringung dieses Nachweises eines der Ziele des öffentlichen Anklägers.

»Sie waren es«, hielt Hermann ihr vor, »die Louis Capet die Kunst der tiefen Verstellung beigebracht, mit der er allzulange das gute französische Volk getäuscht hat, das nicht ahnte, daß man Niedertracht und Perfidie bis zu einem solchen Grade treiben könne.«

Hier könnten wir an den Brief erinnern, den die Königin am 26. August 1791 an Mercy geschrieben hatte: »Uns geht es nur darum, sie einzuschläfern und ihnen Vertrauen zu uns einzuflößen, um ihre Pläne später besser vereiteln zu können.« Bei dem nun folgenden Vorwurf Hermanns, sie habe »Louis Capet« sogar den Rat erteilt, vor »Verfolgungen« nicht zurückzuscheuen und »sich an die Spitze der Konstitutionellen zu stellen«, muß man an ihre Mitteilung an Fersen denken, daß ihr Familienleben »eine Hölle« geworden sei. Und an Mercy schrieb sie über die »großen Hindernisse«, die sie überwinden müßte, um ihre Ansichten durchzusetzen, oder über die »schweren Kämpfe«, die sie ihrem entschlußlosen und wankelmütigen Gatten zu

337

»liefern« hätte. Wir führen diese Dokumente nicht an, um die Königin zu belasten. Wir versuchen nur, das Verhalten der Richter und der Geschworenen, welche diese Frau in der Überzeugung ihres gerechten Urteils in den Tod sandten, auch mit anderen Motiven als der Furcht vor der Guillotine zu erklären.

Das einzige, wenngleich fadenscheinige Beweismaterial, das Fouquier in Händen hatte, waren die Dokumente, die die Flucht nach Varennes vom Juni 1791 betrafen.

»Sie haben die Türen geöffnet und alle hinausgelassen. Es besteht kein Zweifel, daß Sie Louis Capet in seinen Handlungen geleitet und ihn zur Flucht bestimmt haben.«

Sie erwiderte sehr richtig: »Ich glaube nicht, daß eine offene Tür beweist, daß man alle Handlungen eines Menschen bestimmt.«

Die Ironie dieser Erwiderung reizte den Präsidenten: »Sie haben niemals, keinen Augenblick, mit Ihren Versuchen, die die Freiheit vernichten sollten, aufgehört«, versetzte er scharf. »Sie wollten, um welchen Preis immer, regieren und über die Leichen der Patrioten abermals auf den Thron steigen.«

Marie Antoinette gab wieder eine ironische Antwort: »Wir haben es nicht nötig gehabt, abermals auf den Thron zu steigen – wir hatten ihn ja schon inne.« Und sie fügte, nun nicht mehr ironisch, hinzu: »Wir hatten niemals einen anderen Wunsch als Frankreichs Glück...«

Dieser schöne Satz veranlaßte Hermann zu der Bemerkung, daß die Königin ihren Bruder zurückgehalten haben würde, den mit dem König geschlossenen Vertrag zu brechen, wenn sie »das Glück Frankreichs« wirklich aus aufrichtigem Herzen gewünscht hätte. Darauf konnte Marie Antoinette mit Recht erwidern, »daß Frankreich den Krieg erklärt hatte«.

Hermann gab dies zu, fuhr aber fort: »Der Angeklagten kann jedoch nicht unbekannt sein, daß diese Kriegserklärung nur durch Intrigen einer freiheitsfeindlichen Partei zustandegekommen war.«

»Die gesetzgebende Versammlung hat die Kriegserklärung zu wiederholten Malen verlangt, und mein Gatte hat dieser Forderung erst nach dem einstimmigen Beschluß des Ministerrates stattgegeben.«

Hermann hatte bisher kein Glück gehabt und versuchte es nun auf einem anderen Gebiet. Er hielt der armen Frau das Bankett der Leibgarden vor: »dort sei die trikolore Kokarde mit Füßen getreten worden, und man habe an ihrer Stelle die weiße Kokarde angesteckt.« Das könne nur ein Versehen einiger weniger Offiziere gewesen sein, erwiderte sie, denn es sei doch nicht anzunehmen, daß so ergebene Männer die Kokarde, die der König selber trug, mit Füßen getreten und eine andere angesteckt hätten.

Hermann griff unvermittelt ein anderes Thema auf: »Welches Interesse haben Sie an den Waffenerfolgen der Republik?«

»Das Glück Frankreichs ist es, das ich über alles wünsche.«

Jetzt folgen die Fragen Schlag auf Schlag: »Glauben Sie, daß die Könige für das Glück eines Volkes nötig sind?« »Eine einzelne Person kann nicht über solche Dinge entscheiden.« »Sie bedauern ohne Zweifel, daß Ihr Sohn einen Thron verloren hat, auf den er hätte steigen können, wenn nicht das Volk, endlich über seine Rechte aufgeklärt, diesen Thron zertrümmert hätte?« »Ich werde niemals etwas für meinen Sohn bedauern, wenn sein Land dadurch glücklich wird.«

Sobald von ihrem Sohn die Rede war, fand Marie Antoinette sogleich das rechte Wort. Hermann wechselte sehr rasch das Thema.

»Was halten Sie von jenem 10. August, an welchem die Schweizer auf Befehl des Schloßherrn auf das Volk gefeuert haben?« »Ich befand mich außerhalb des Schlosses, als man zu schießen begann. Ich weiß nicht, wie es dazu gekommen ist. Ich weiß nur, daß der Befehl zu schießen niemals gegeben worden ist.«

Nach einigen Fangfragen über die Affäre des Temple und einem langen Verhör über die Nelkenverschwörung stellte Hermann die letzte Frage: »Haben Sie einen Verteidiger?« »Nein – ich kenne keinen Anwalt.« »Wünschen Sie, daß das Tribunal einen oder zwei von Amts wegen bestellt?« »Ja, ich möchte es.«

»Daraufhin haben wir ihr von Amts wegen die Bürger Tronson du Coudray und Chauveau-Lagarde als Anwälte und halbamtliche Verteidiger zur Seite gestellt.«

Fabricius reichte der Königin die Feder. Sie unterzeichnete das Protokoll, das nach ihr von Hermann, Fouquier und dem Gerichtsschreiber selbst paraphiert worden ist.

Während die Königin von ihrer Eskorte in die Conciergerie zurückgeführt wurde, begab sich Fouquier in sein Arbeitszimmer im Caesarturm, um dort die Anklageschriften zu verfassen. Er leitete sie gleich mit einem geschichtlichen Lapsus ein, indem er Marie Antoinette mit Messalina, Fredegunde und Brunhilde verglich, die er »als Königinnen von Frankreich« bezeichnete, obgleich es damals ein Königreich Frankreich noch gar nicht gab. Überdies schrieb er Bruneau, dann, als er doch merkte, daß dies falsch war, änderte er die Schreibweise in Brunechaut, um schließlich Brunehault, statt richtig Brunehaut (Brunhilde), hinzusetzen.

Fouquier wiederholte – wobei er sie noch erweiterte – alle von Hermann an die Königin gestellten Fragen und durchsetzte den Text mit pathetischen Phrasen: »Geißel und Blutsaugerin der Frazosen... Trächtig von Intrigen aller Art... Liederliche Vergnügungen... Verbrecherische Intrigen... Ungeheuere Vergeudungen... Niederträchtige Absichten...« Auf die Antworten der Königin ging er aber erst gar nicht ein, mit Ausnahme eines einzigen Punktes, der die Flucht nach Varennes betraf: »Die Witwe Capet gibt zu, daß sie es war, die alles gerichtet und vorbereitet hat, um diese Flucht durchzuführen, und daß sie die Tür des Zimmers, durch welches die Flüchtlinge gingen, geöffnet und wieder geschlossen hat.«

Am Vorabend des 10. August – behauptete er – habe sich Marie Antoinette »in den Saal begeben, wo die Schweizer und andere ihr Ergebene Patronen anfertigten. Während sie sie antrieb«, fuhr er fort, »sich mit der Herstellung der Patronen zu beeilen, hat sie Patronen genommen und Flintenkugeln zerbissen (die Ausdrücke fehlen mir, um eine so scheußliche Geste wiederzugeben). Am nächsten Tag, am 10. August, hat sie nachgewiesenermaßen Louis Capet gedrängt und aufgereizt, die Parade der richtigen Schweizer und anderer Verbrecher, welche deren Uniform trugen, gegen halb sechs Uhr früh in den Tuilerien abzunehmen. Nach seiner Rückkehr hat sie ihm eine Pistole hingehalten und gesagt: ›Jetzt ist der Augenblick gekommen, zu zeigen, wer Sie sind.‹ Als er ablehnte, hat sie ihn einen Feigling genannt. Bei ihrem Verhör leugnete die Witwe Capet zwar beharrlich, daß der Befehl, auf das Volk zu schießen, gegeben worden ist, aber ihr Verhalten am 9. August – ihr Benehmen im Saal der Schweizer, die Beratungen, die während der ganzen Nacht in ihrem Beisein stattfanden, die Sache mit der Pistole und die an Louis Capet gerichtete Bemerkung, ihr eiliger Rückzug aus den Tuilerien und die Schüsse, die fielen, als sie den Saal der gesetzgebenden Versammlung betrat –, alle diese zusammengefaßten Umstände lassen keinen Zweifel zu, daß in den nächtlichen Beratungen beschlossen worden ist, daß man auf das Volk schießen müsse, und daß Louis Capet und Marie Antoinette selbst, welche die Rädelsführerin dieser Verschwörung war, den Befehl zum Schießen gegeben hat.«

Nun kam Fouquier in seiner Anklageschrift zu einem Punkt, der so belastend war, daß der Ankläger gar nicht mehr nach anderen Beschuldigungen hätte suchen brauchen, wenn er diese eine hätte beweisen können:

»Der erste Rückzug der Franzosen aus Belgien war eine Folge ihrer Machinationen und ihrer für Frankreich stets verhängnisvollen Intrigen. Die Witwe Capet hat den auswärtigen Mächten die Feldzugs- und Angriffspläne übermittelt, die im Staatsrat beschlossen worden waren, so daß der Feind durch diesen doppelten Verrat stets schon im vorhinein über die Bewegungen der republikanischen Armeen unterrichtet war. Daraus folgt, daß die Witwe Capet die Urheberin der Rückschläge ist, welche die französischen Armeen zu verschiedenen Zeiten erlitten haben.«

Am Schluß der Anklageschrift konnte Fouquier es doch nicht unterlassen, sich auch noch der Machenschaften Héberts zu bedienen:

»Und schließlich ist die Witwe Capet – unmoralisch in jeder Hinsicht und eine neue Agrippina – so pervers und mit allen Verbrechen so vertraut, daß sie unter Hintansetzung ihrer Eigenschaft als Mutter und der von den natürlichen Gesetzen vorgeschriebenen Grenze nicht davor zurückgeschreckt ist, sich mit ihrem Sohn Louis-Charles Capet, nach dessen eigenem Geständnis, Unschicklichkeiten hinzugeben, die uns bloß bei dem Gedanken daran vor Entsetzen erschauern lassen.«

Fouquier meinte, auf die Geschworenen dadurch Eindruck machen zu können, daß er vor versammeltem Gerichtshof einen Schmutz und Unsinn ausbreitete, vor dem selbst der Autor eines Schundmelodrams zurückgewichen wäre.

Wie sollte die Königin Ludwig XVI. einen Feigling genannt oder gar Flintenkugeln zerbissen haben!

Fouquier hatte die Geschworenen mit großer Sorgfalt ausgewählt. Zuerst »die wahren Gläubigen, die Republikaner von reinstem Wasser«: den Chirurgen Soubervielle aus den Pyrenäen und den Buchdrucker Nicolas, beide Freunde Robespierres, den Exstaatsanwalt Thoumin, den Auktionskommissar Besnard und den ehemaligen Marquis Antonelle, der Deputierter der gesetzgebenden Versammlung gewesen war. Auf sie konnte sich Fouquier ebenso verlassen wie auf sich selbst. Die übrigen waren nichtssagende Leute. Sie beteten nach, was ihnen vorgesagt wurde, und glaubten auch das Unglaublichste: der Perückenmacher Ganney, der Holzschuhmacher Desboisseaux, der Cafetier Chrétien, der Hutmacher Baron, der Musiker Lumière, ein gewisser Fiévé, zwei Tischler: Devèse und Trinchard, von denen der letztere im Dragonerregiment Bourbon gedient hatte. –

Am Abend des gleichen Tages vermerkte Axel Fersen in sein Tagebuch: »Die Nachrichten über die Königin sind etwas beruhigender. Der öffentliche Ankläger beschwert sich über den Mangel an Unterlagen. Es wurde angeordnet, sie ihm zu geben, was wenigstens eine Verzögerung bedeutet.«

Der Bescheid des Gerichts, der ihn zum Verteidiger der »Witwe Capet« bestellte, und die Mitteilung, daß der Prozeß auf Montag, acht Uhr morgens, angesetzt sei, erreichten den achtundzwanzigjährigen Chauveau-Lagarde am Sonntag in seinem Landhaus in der Umgebung von Paris.

Der junge Anwalt eilte nach Paris zurück. Er traf um zwei Uhr nachmittags in der Conciergerie ein, wo er den von Fouquier unterzeichneten Bescheid vorwies. In Begleitung des Concierge Bault ging er durch den Korridor zu dem Verlies der Angeklagten, das er, nach seinen eigenen Worten, »mit zitternden Knien und feuchten Augen« betrat. Links standen zwei bewaffnete Gendarmen, rechts befand sich, hinter dem Paravent das Bett, der Tisch und die beiden Strohsessel. Die Königin empfing ihn »mit hoheitsvoller Güte«. Sie hatte die Anklageschrift noch nicht erhalten und unterrichtete ihn über das gestrige Verhör. Um sich genauer zu informieren, begab sich Chauveau-Lagarde in die Gerichtskanzlei, die sich neben dem Saal der Pas Perdus befand. Dort waren die Gehilfen des Gerichtsschreibers Fabricius soeben damit beschäftigt, für jeden Richter und Geschworenen je eine Kopie der Anklageschrift auszufertigen. Der Anwalt erhielt ein Exemplar und verlangte dann die Akten der Angeklagten. Die Dokumente waren endlich übermittelt worden, und als der Verteidiger die

Berge von Papier erblickte, rief er erschrocken aus: »Aber es ist mir doch nicht möglich, alle diese Akten in so kurzer Zeit durchzuarbeiten!«

Entmutigt ging er in das Gefängnis zurück. Der Bürger Eustache Nappier, der Gerichtsdiener des Tribunals, hatte der Angeklagten soeben die für sie bestimmte Abschrift der Anklageschrift übergeben, wobei »er zwischen den beiden Kerkertüren dieses Hauses so zu ihr sprach, als befände sie sich in voller Freiheit«. Marie Antoinette war »angeklagt, gegen Frankreich konspiriert zu haben«.

Gemeinsam mit seiner »Klientin« las der Anwalt das acht Seiten umfassende Schriftstück durch. Um auf diesen Wortschwall erwidern zu können, mußte er Einblick in die Akten nehmen. »Aber«, wiederholte er, »sie in so kurzer Zeit durchzuarbeiten, ist mir nicht möglich.« »An wen müßte ich mich da wenden?« fragte die Königin, und der Anwalt murmelte: »An den Nationalkonvent.« An die gleichen Leute also, die das Todesurteil über den König gesprochen hatten. »Nein, nein«, rief sie, indem »sie sich abwandte«, »niemals!« Chauveau-Lagarde bestand jedoch darauf: die Königin solle »im Namen ihrer Verteidiger Beschwerde erheben gegen eine Übereilung, welche laut Gesetz tatsächlich eine Rechtsverweigerung sei«. Die Königin fügte sich, nahm, ohne ein Wort zu verlieren, die Feder, die der Anwalt ihr reichte, »seufzte auf« und schrieb an den Präsidenten des Nationalkonvents ein Gesuch um einen Aufschub von drei Tagen, da sie es ihren Kindern schulde, »kein Mittel zur vollen Rechtfertigung ihrer Mutter zu verabsäumen«.

Chauveau-Lagarde überreichte das Gesuch unverzüglich Fouquier, der ihm versprach, es an den Konvent weiterzuleiten. Aber er hütete sich, dies auch zu tun. Später gab er es bei irgendeiner Gelegenheit Robespierre, unter dessen Matratze es mit dem Testament der Königin, wie man ihren letzten Brief an Madame Elisabeth zu nennen pflegt, nach dem Sturz des »Unbestechlichen« am 9. Thermidor (27. Juli 1794) gefunden wurde.

Am gleichen Tag, am 13. Oktober 1793, schrieb Fersen, der alle Hoffnung wieder verloren hatte, in Brüssel: »Obwohl es keine Beweise gegen diese unglückliche Fürstin gibt, kann man sich keine Hoffnung machen, da diese Verbrecher Beweise konstruieren, wenn sie keine haben, und sie auch auf vage Behauptungen und Verdächtigungen hin verurteilen werden. Nein, geben wir uns keinen Hoffnungen hin. Fügen wir uns in den Willen des Himmels, ihr Untergang ist beschlossen, wir müssen uns darauf vorbereiten und alle Kräfte sammeln, um den furchtbaren Schlag zu ertragen. Seit langem suche ich mich bereits darauf vorzubereiten, und ich glaube, ich werde die Nachricht deshalb ohne große Erschütterung empfangen. Gott allein kann sie noch retten, flehen wir seine Barmherzigkeit an und unterwerfen wir uns seinem Ratschluß.«

An diesem Abend wurde in der Oper Glucks »Armida« gegeben. Wie oft hatte sich Marie Antoinette in Trianon auf dem Klavier zu dem Lied begleitet: »Ah! si la liberté me doit être ravie!« Nun war ihr die Freiheit längst geraubt ...

## XX

## DER PROZESS

Ein paar Minuten vor acht Uhr verließ die Königin mit dem Gerichtsdiener, dem Leutnant de Busne und den Gendarmen die Kerkerzelle. Sie trug ihr abgenütztes schwarzes Kleid und ihre Haube aus Linon, die sie mit einem schwarzen Trauerflor umwunden hatte.

Als sie den Gerichtssaal »frei und ohne Fesseln« betrat, empfing sie dumpfes Gemurmel. Das Volk, das sich hinter dem Geländer drängte, vermochte die siebenunddreißigjährige Königin in dieser weißhaarigen, bleichen Frau kaum noch zu erkennen. »Sie hat sich außerordentlich verändert«, schrieb der »Moniteur«. Marie Antoinette war in den letzten Monaten so sehr abgemagert und ihr Gesicht war so verfallen, daß sie einer Sechzigjährigen glich. Sie wurde zu einer kleinen Estrade mit einem Lehnsessel geführt, der so aufgestellt war, daß »alle Anwesenden die Angeklagte sehen konnten«. Chauveau-Lagarde und Tronson du Coudray setzten sich in ihre Nähe. Hinter dem Tisch ihr gegenüber hatte der Vorsitzende Hermann mit den Richtern Platz genommen. Als Richter fungierten Coffinhal, der, obgleich erst einunddreißig Jahre alt, schon Geistlicher, Arzt, Advokat, Laufbursche und Kommissar gewesen war; Antoine Maire, der in dem gleichen Saal schon zur Zeit des Parlaments plädiert hatte und angeblich ein Sohn Ludwigs XV. aus dessen berüchtigtem Hirschpark war; der frühere Deputierte Deliège, der eine Perücke trug; und als der älteste unter ihnen der fast sechzigjährige Donzé-Verteuil, ein Mann, in dessen Vollmondgesicht sich der winzig kleine Mund beinahe verlor. Außerdem sollen, nach gewissen Dokumenten, noch zwei stellvertretende Richter vorhanden gewesen sein: Etienne Foucault, ein ehemaliger Landwirt mit einer plumpen Nase im pockennarbigen Gesicht, und Marie-Joseph Lane.

Während die Zeugen vereidigt wurden, blieb Marie Antoinette aufrecht stehen. Dann hieß es: »Die Angeklagte kann sich setzen . . .« Nun wurde sie nach Namen, Zunamen, Beruf, Geburtsort und Wohnsitz gefragt.

»Ich heiße Marie Antoinette Lorraine d'Autriche (der Schreiber vermerkte »dautriche«), achtunddreißig Jahre alt (sie würde dies erst in achtzehn Tagen sein), Witwe des Königs von Frankreich, geboren in Wien. Zur Zeit meiner Verhaftung befand ich mich im Sitzungssaal der Nationalversammlung.«

Der Gerichtsschreiber Fabricius las nun die acht Seiten lange Anklageschrift vor. Die Königin hatte sie schon gestern mit ihrem Verteidiger gelesen und hörte kaum zu. Gleichgültig und »anscheinend zerstreut« spielten ihre Finger auf der Armlehne des Sessels »wie auf einem Klavier«.

»Sie haben gehört, wessen man Sie beschuldigt«, erklärte der Präsident. »Passen Sie gut auf, was die Zeugen gegen Sie zu sagen haben.«
Als erster Zeuge trat Laurent Lecointre vor die Schranken, ein ehemaliger Leinwandhändler, der jetzt Deputierter des Konvents war und dessen Aussage zwei Stunden in Anspruch nahm. Wir erinnern uns, daß er stellvertretender Kommandant der Versailler Nationalgarde gewesen war. »Der Zeuge«, steht im Protokoll, »ging auf die Einzelheiten der Feste und Orgien ein, die in Versailles von 1779 bis Anfang 1789 stattfanden und deren Ergebnis eine fürchterliche Verschwendung der Finanzen Frankreichs war.« Wir kennen diese »Einzelheiten« nicht, hingegen läßt sich das Protokoll eingehender über die »Orgie« der Leibgarden aus.

»Haben Sie etwas zu den Aussagen des Zeugen zu bemerken?« fragte Hermann die Königin. Sie erwiderte: »Von den meisten Vorfällen, die der Zeuge erwähnte, habe ich keine Kenntnis. Es ist wahr, daß wir an jenem Tag bei dem Mahl der Leibgarde die Runde um den Tisch gemacht haben. Doch das war auch alles.« »Es ist allgemein bekannt, daß es damals in ganz Frankreich hieß, daß Sie die drei in Versailles befindlichen Korps persönlich aufsuchten, um sie zur Verteidigung dessen zu bewegen, was Sie die Vorrechte des Thrones nannten.« »Darauf habe ich nichts zu antworten.«

Hermann kam nun auf die bekannte königliche Sitzung vom 23. Juni 1789 zu sprechen, die er als »Lit de Justice« bezeichnete: »Die Punkte (der Ansprache des Königs) wurden doch in Ihrem Zimmer besprochen?« »Diese Angelegenheit wurde im Ministerium beschlossen.« »Hat Ihnen aber Ihr Gatte die Ansprache nicht eine halbe Stunde vor Betreten des Saales der Repräsentanten des Volkes vorgelesen, und haben Sie ihn nicht veranlaßt, sie in energischem Ton zu halten?« »Mein Gatte hatte großes Vertrauen zu mir, und das hat ihn bewogen, sie mir vorzulesen. Ich aber habe mir keine Bemerkung darüber erlaubt.« »Welche Beschlüsse wurden gefaßt, um die Repräsentanten des Volkes mit Bajonetten zu umzingeln und, wenn möglich, die Hälfte von ihnen zu ermorden?« Außer in dem bekannten Ausspruch Mirabeaus hatte es keine Bajonette gegeben, und darum rief die Königin verwundert aus: »Ich habe von etwas Derartigem noch niemals gehört.«

Als der Vorsitzende nun von den Truppenbewegungen am 12. Juli 1789 unter dem Oberbefehl Besenvals und des Marschalls de Broglie sprach, verlor sie freilich etwas an Boden.

»Es ist Ihnen sicherlich bekannt, daß sich Truppen auf dem Marsfeld befanden. Sie müssen doch wissen, warum sie dort zusammengezogen wurden?« »Gewiß, ich wußte damals, daß sie sich dort befanden. Aber den Grund ihrer Anwesenheit kenne ich nicht.« »Aber der Grund kann Ihnen doch nicht unbekannt sein, da Sie das Vertrauen Ihres Gatten besaßen?« »Es geschah, um die öffentliche Ruhe wiederherzustellen.« »Aber zu jener Zeit herrschte doch Ruhe. Man hörte damals nur einen einzigen Schrei, den Schrei nach Freiheit.« Dieser Angriff Hermanns und der nun folgende waren eigentlich die beiden einzigen, die während der langen Debatten ihr Ziel erreichten.

»Wozu haben Sie die ungeheuren Summen verwendet, die Ihnen von den verschiedenen Finanzministern zur Verfügung gestellt worden sind?« »Ich habe niemals ungeheure Summen erhalten. Die Beträge, die ich erhielt, wurden dazu verwendet, um die mir zugeteilten Personen zu bezahlen.« »Warum wurde die Familie Polignac und einige andere von Ihnen mit Gold überhäuft?« »Sie hatten am Hofe Stellen inne, die ihnen Reichtümer eingebracht haben.«

Die vagen Aussagen eines gewissen Lapierre, der am Abend des 20. Juni 1791 diensthabender Generaladjutant in den Tuilerien gewesen, veranlaßten Hermann zu ein paar Fragen über Varennes. Lapierre folgte der »Chirurg und Kanonier« Roussillon als Zeuge. Er stellte die Behauptung auf, »daß er am 10. August 1792 beim Betreten des Zimmers der Angeklagten in den Tuilerien unter dem Bett teils volle, teils leere Flaschen gefunden habe, woraus er schließe, daß sie entweder den Offizieren der Schweizer oder den Rittern vom Dolch, von denen das Schloß erfüllt war, zu trinken gegeben hatte.«

Im Jakobinerklub wurde bald darauf gesagt, »daß die Aussagen Roussillons wie Sprengstoff gewirkt hätten«: »Der Zeuge sagt aus, die Angeklagte hat dazu beigetragen, Frankreich an den Rand des Abgrunds zu bringen, indem sie ihrem Bruder, dem ehemaligen König von Böhmen und Ungarn, ungeheure Summen zur Weiterführung des Krieges gegen die Türken zukommen ließ und um es ihm zu erleichtern, eines Tages Krieg gegen Frankreich zu führen, somit gegen eine großherzige Nation, die sie wie auch ihren Gatten und ihre Familie erhalten hat. Der Zeuge bemerkt, er habe diese Kenntnis von einer guten Bürgerin, einer ausgezeichneten Patriotin, die unter dem alten Regime in Versailles bedienstet war und der ein Favorit des ehemaligen Hofes vertrauliche Mitteilung darüber gemacht hat.«

Fouquier-Tinville spitzte die Ohren und ließ sogleich einen Vorführungsbefehl auf den Namen der »guten Bürgerin« ausstellen.

Die Trikoteusen, auch Furien der Guillotine genannt, Weiber, die, teilweise gegen Bezahlung, strickend den Prozessen und Versammlungen beiwohnten, verlangten schreiend und mit den Fäusten fuchtelnd, die Angeklagte solle stehend antworten, damit ihnen von dem Schauspiel nichts verlorengehe.

Die Aussage Héberts bedeutete für Marie Antoinette eine neue Station auf ihrem Leidensweg. Um die Verschwörung Toulans zu begründen, sprach er zuerst über das Leben der Gefangenen im Temple. Dann kam er auf die Aussagen des »kleinen Capet« und sagte wörtlich: »Der junge Capet, dessen körperliche Verfassung sich von Tag zu Tag verschlechterte, wurde von Simon bei unschicklichen Pollutionen überrascht, die seiner Gesundheit schädlich waren. Von Simon befragt, wer ihm diese verbrecherischen Praktiken beigebracht habe, antwortete er, er verdanke die Kenntnis dieser verhängnisvollen Gewohnheit seiner Mutter und seiner Tante. Aus der Aussage, die der junge Capet vor dem Bürgermeister von Paris und dem Syndikus der Kommune gemacht hat, ergibt sich, daß die beiden Frauen ihn oft zwischen sich schlafen ließen, daß es dabei zu den zügellosesten Ausschweifungen gekommen ist und kein Zweifel bestehen kann, daß zwischen der Mutter und dem Sohn blutschänderische Beziehungen bestanden haben.«

Man kann sich das Entsetzen und den Schmerz der Königin über die Niedertracht des verabscheuungswürdigen Hébert und die Rolle vorstellen, die man ihr Kind dabei spielen ließ. Aber der Herausgeber des »Père Duchesne« hatte seine Aussage damit noch nicht beendet. »Man kann annehmen«, fuhr er fort, »daß dieser verbrecherische Genuß nicht von dem Bedürfnis nach Vergnügen bestimmt war, sondern durch die politische Absicht, das Kind körperlich zu entnerven, da sie noch immer hoffte, es würde einmal den Thron einnehmen, und sie könnte sich durch diese Machenschaften das Recht sichern, auf sein Verhalten einzuwirken. Durch die Versuche, zu denen man es veranlaßt hatte, hat es sich einen Bruch zugezogen, weshalb es einen Verband anlegen mußte. Seit das Kind nicht mehr bei seiner Mutter ist, ist es wieder stark und kräftig geworden.«

Hermann wandte sich an die Angeklagte: »Was haben Sie auf die Aussage des Zeugen zu erwidern?« »Von alledem weiß ich nichts«, erklärte sie mit bebender Stimme und bemühte sich, die Behauptungen über Toulan zu widerlegen. Hébert jedoch unterbrach sie schon nach den ersten Sätzen: »Ich habe noch etwas vergessen, das wohl verdient, den Bürgern Geschworenen zur Kenntnis gebracht zu werden, da man daran die Einstellung der Angeklagten und ihrer Schwägerin erkennt. Nach dem Tod Capets behandelten die beiden Frauen den kleinen Capet so ehrerbietig, als ob er der König wäre. Bei Tisch hatte er den Vorrang vor seiner Mutter und Tante, er wurde als erster bedient und saß an der Spitze der Tafel.« Marie Antoinette wendete sich zu dem Zeugen und fragte ihn ruhig: »Haben Sie das gesehen?« »Nein, das nicht, aber der ganze Magistrat kann es bezeugen.«

Hermann schnitt die Unterhaltung kurz ab, indem er der Königin Fragen über Rougeville und Michonis stellte. Da erhob sich plötzlich ein Geschworener, dessen Namen wir nicht kennen, und sagte: »Bürger Präsident, ich fordere Sie auf, die Angeklagte darauf aufmerksam zu machen, daß sie sich über die Geschehnisse, von denen der Bürger Hébert behauptet, sie hätten sich zwischen ihr und ihrem Sohn zugetragen, nicht geäußert hat.«

Nun mußte Hermann, wahrscheinlich gegen sein inneres Gefühl, die Frage wiederholen. »Lebhaft bewegt«, wie es im Protokoll heißt, fuhr die Angeklagte auf. »Wenn ich nicht geantwortet habe«, sagte sie laut und verächtlich, »so geschah es deshalb, weil die Natur sich weigert, auf eine solche Beschuldigung gegen eine Mutter zu erwidern.«

Dann wandte sie sich an das Publikum und rief: »Ich wende mich an alle Mütter, die sich in diesem Saal befinden!«

»Nach diesem erhabenen Ausruf«, schrieben zwei Augenzeugen, die Brüder Humbert, »ging etwas wie eine magnetische Strömung durch die Zuhörerschaft. Die Trikoteusen fühlten sich unwillkürlich ergriffen, es fehlte wenig, und sie hätten applaudiert ... Man vernahm Geschrei und laute Rufe, und das Tribunal sah sich gezwungen, die Ruhestörer zur Ordnung zu ermahnen.«

Die Verhandlung mußte eine Weile unterbrochen werden. Die Königin winkte Chauveau-Lagarde herbei und flüsterte ihm zu: »Habe ich nicht zuviel Würde in meine Antwort gelegt?« »Madame, bleiben Sie, die Sie sind, und Sie werden immer vortrefflich sein. Aber warum fragen Sie?« »Weil ich eine Frau aus dem Volk zu ihrer Nachbarin sagen hörte: Siehst du, wie stolz sie ist.«

»Diese Bemerkung der Königin«, schrieb der Advokat, »läßt erkennen, daß sie noch immer hoffte, und beweist, daß sie, infolge ihres guten Gewissens, völlig Herrin ihrer selbst war, da sie trotz größter seelischer Erregung alles vernahm, was in ihrer Umgebung gesagt wurde, und versuchte, ihr Schweigen und ihre Worte der Situation im Interesse ihrer Unschuld anzupassen.«

Inzwischen war es fast zwei Uhr geworden, der erste Teil der Verhandlung näherte sich dem Abschluß. Es wurde noch ein bedeutungsloser Zeuge einvernommen, ein gewisser Silly, »der am Abend des 20. Juni im Schloß im Dienst war«. Aber seine Aussage veranlaßte Hermann, noch eine Reihe von Fragen über Varennes zu stellen, die mit der Anklageschrift nur wenig zu tun hatten.

»Wer hat Ihnen den Wagen geliefert oder liefern lassen, in welchem Sie mit Ihrer Familie Paris verlassen haben?« »Es war ein Ausländer.« »Welcher Nationalität?« »Ein Schwede.« »War es Fersen, der in Paris in der Rue du Bacq wohnte?« »Ja«, murmelte die Angeklagte.

Bei der Nennung dieses Namens lief eine merkliche Bewegung durch die Reihen des Publikums.

Von Gendarmen umgeben und von ihren Verteidigern gefolgt, kehrte die Königin in ihre Kerkerzelle zurück.

»Die Königin fragte mich, was ich über die eben gehörten Aussagen dachte«, schrieb Chauveau-Lagarde, »wobei sie sie mit größter Genauigkeit zusammenfaßte und sich bitterlich über die Verleumdungen beklagte, welche die meisten enthielten. Ich erwiderte ihr wahrheitsgemäß, daß keinerlei Beweise für die lächerlichen Verleumdungen der Zeugen vorlägen, ja nicht einmal das geringste Indiz. Sie würden im Gegenteil durch ihre Plumpheit und durch die Niedrigkeit und Verworfenheit der Zeugen entkräftet.«

»Wenn das so ist«, erwiderte die Königin, »fürchte ich nur noch Manuel.«

Sie fürchtete ihn zu Unrecht. Als das Verfahren gegen vier oder fünf Uhr wieder aufgenommen wurde, rief man ihn als ersten in den Zeugenstand. Aber es ging bei ihm und den beiden nächsten Zeugen, Bailly und Perceval, nur um deren Verhör und um ihre Selbstverteidigung. Man hätte meinen können, sie stünden vor ihrem Untersuchungsrichter.

Nach ihnen erschien Reine Millot im Gerichtssaal, jene »gute Bürgerin«, die im Auftrag Fouquiers aus dem Kaffeehaus »Zur goldenen Krone« in der Rue du Bourdonnais geholt worden war. Früher einmal im Versailler Schloß bedienstet, behauptete sie, »es auf sich genommen zu haben«, den ehemaligen Grafen von Coigny, als er eines Tages »in guter Laune« war, auszufragen: »Wird der Kaiser weiter fortfahren, Krieg gegen die Türken zu führen? Aber, bei Gott, das wird Frankreich wegen des vielen Geldes, das die Königin ihrem Bruder sendet, ruinieren. Bisher sind es doch schon wenigstens zweihundert Millionen?« »Du irrst dich nicht«, soll der »Graf« Coigny, der tatsächlich Herzog war, geantwortet haben. »Es kostet uns schon über zweihundert Millionen, aber damit ist es noch lange nicht genug.« Dann fuhr die Zeugin fort: »Es wurde mir von verschiedenen Personen mitgeteilt, daß die Angeklagte den Herzog von Orléans ermorden wollte. Der König erfuhr davon und befahl, sie zu durchsuchen, wobei zwei Pistolen bei ihr gefunden wurden. Daraufhin gab er ihr vierzehn Tage Stubenarrest.«

»Möglich«, erwiderte Marie Antoinette verächtlich, »daß mein Gatte mir einmal befohlen hat, vierzehn Tage in meinem Zimmer zu bleiben, aber gewiß nicht deshalb.« – Es findet sich übrigens nirgends eine Andeutung über diese vom König auferlegte Strafe, weder in der Korrespondenz Mercys noch in den Memoiren der Zeit.

J. B. Lebenette, der Redakteur des »Journal du Diable«, setzte diese Posse mit der Behauptung fort, »es seien drei Unbekannte zu ihm gekommen, um ihn im Auftrag der Angeklagten zu ermorden«. Er sagte nicht, auf welche Weise er sie in die Flucht geschlagen hatte.

Dann wurden noch die Aussagen des Gendarmen Dufresne, der Ehegatten Richard, der Frau Harel und Gilberts über die Nelkenverschwörung zu Protokoll genommen. Mit der Erinnerung an diesen letzten Hoffnungsschimmer im vergangenen Monat schloß, um acht Uhr abends, der erste Verhandlungstag.

Der 15. Oktober, es war ein Dienstag, ist der heiligen Therese geweiht und war daher der Namenstag von Marie Antoinettes Mutter und Tochter. Für die Sansculotten war es nach dem neuen Kalender das Fest der Amaryllis. Es war windig und regnete, als Marie Antoinette um neun Uhr morgens über den Gefängnishof ging.

Die Verhandlung nahm ihren Anfang, und die Königin folgte ohne Anteilnahme den Aussagen – oder richtiger dem Verhör – des Exadmirals d'Estaing. Erst als Simon, der den kleinen König soeben geweckt haben mochte, an die Schranke trat, begann ihr Herz heftig zu pochen.

Der »Erzieher« Ludwigs XVII. brachte nichts vor, was die Königin ernstlich belastet hätte. Als der Präsident ihn fragte, ob er davon wisse, daß der kleine Capet, vor allem bei Tisch, als König behandelt worden sei, gab er eine sehr gemäßigte Antwort:
»Ich weiß nur, daß seine Mutter und Tante ihm bei Tisch den Vorrang ließen.«

Mit den Bons jedoch, den mit »Marie Antoinette« unterzeichneten Geldanweisungen, die man bei dem Exschatzmeister der Zivilliste Septeuil entdeckt haben wollte, glaubte Fouquier einen Trumpf in Händen zu haben. Die erste Frage darüber stellte Hermann: »Haben Sie nicht Bons unterschrieben, um Gelder von dem Schatzmeister der Zivilliste zu erhalten?« Als die Königin verneinte, erhob sich Fouquier und erklärte triumphierend: »Ich mache Sie darauf aufmerksam, daß Ihr Leugnen vergeblich ist, da zwei von Ihnen unterzeichnete Bons in den Papieren Septeuils gefunden worden sind. Im Augenblick freilich«, fügte er, schon weniger großartig, hinzu, »sind diese beiden Papiere nicht aufzufinden, da sie bei dem Ausschuß der Vierundzwanzig hinterlegt waren, der inzwischen aufgelöst wurde. Aber hören Sie sich nur die Zeugen an, die sie gesehen haben.«

Er sprach von Zeugen, aber es war nur ein einziger vorhanden, ein Polizist von niedrigem Rang, der sich als »Kaufmann« bezeichnete. Er hieß François Tisset und leierte die ihm von Fouquier vorgeschriebene Lektion brav herunter: »In der Zeit um den 20. August 1792 war ich beim Überwachungsausschuß des Magistrats ohne Gehalt angestellt. In dieser Eigenschaft wurde ich mit einer Mission bei dem Schatzmeister der ehemaligen Zivilliste Septeuil beauftragt. Ich ließ mich von einer bewaffneten Abteilung der Sektion Place Vendôme, jetzt Place des Piques, begleiten. Seiner Person konnte ich nicht habhaft werden, da er abwesend war. Unter den Papieren Septeuils wurden zwei mit Marie Antoinette unterschriebene Bons über die Summe von 80.000 Livres gefunden. Die beiden Papiere wurden beim Ausschuß der Vierundzwanzig deponiert, der gegenwärtig aufgelöst ist.« Tisset sagte zwar eine Lektion auf, er war aber nicht ganz im Bilde. Die Königin hatte ihm aufmerksam zugehört und fragte nun sehr ruhig: »Ich möchte gerne wissen, von welchem Tag die beiden Bons datiert waren, von denen der Zeuge spricht.« »Der eine war vom 10. August 1792 datiert, bezüglich des zweiten erinnere ich mich nicht mehr.« »Ich habe niemals Bons ausgestellt. Vor allem aber: wie hätte ich das am 10. August tun können, an dem Tag, an welchem wir uns gegen acht Uhr morgens in die Nationalversammlung begaben?«

Der zwanzigste Zeuge erinnerte die Königin an ihren »schönen Traum«. Es war Lepitre, der vor acht Tagen verhaftet worden war. Man hatte ihn aus dem Gefängnis Sainte-Pelagie in den Gerichtssaal gebracht, wo er der Verhandlung seit dem Morgen beiwohnte.

»Haben Sie der Angeklagten nicht die Möglichkeit verschafft, Neuigkeiten zu erfahren, indem Sie einen Kolporteur veranlaßten, den

Inhalt seiner Abendzeitung Tag für Tag beim Temple auszurufen?«
»Nein.« Und Marie Antoinette ergänzte: »Ich habe mit dem Zeugen
niemals ein Gespräch geführt. Im übrigen hatte ich es auch nicht nötig,
einen Kolporteur zum Temple kommen zu lassen. Ich hörte sie täglich
rufen, wenn sie durch die Rue de la Corderie gingen.«

Nun öffnete Hermann das Paket mit den im Temple beschlagnahmten Gegenständen, auf welches die Königin bei ihrer Einlieferung in
die Conciergerie ihr Siegel gedrückt hatte. Welchen Kummer mag sie
beim Anblick dieser Erinnerungen empfunden haben. In seinem Marseiller Dialekt zählte Fabricius die einzelnen Gegenstände auf.

»Ein Päckchen Haare von verschiedener Farbe.« »Es sind die Haare
meiner verstorbenen und lebenden Kinder und meines Gatten.« »Noch
ein Päckchen mit Haaren.« »Sie stammen von den gleichen Personen.« »Ein Papier, auf welchem Ziffern stehen.« »Es ist eine Tabelle
für den Rechenunterricht meines Sohnes.« »Ein Arbeitstäschchen
oder kleines Portefeuille mit Scheren, Nadeln, Seide, Zwirn etc. Ein
kleiner Spiegel, ein goldener Ring mit Haaren darauf, ein Papier, auf
welchem steht: Gebet zum Heiligen Herzen Jesu. Gebet zur Unbefleckten Empfängnis. Ein Frauenporträt.«

Hermann hob die Nase: »Wessen Porträt ist das?« »Es ist Frau von
Lamballe.«

»Zwei andere Frauenporträts«, rief der Gerichtsschreiber Fabricius,
und der Präsident Hermann fragte: »Wen stellen diese Porträts dar?«
»Zwei Damen, mit denen ich in Wien erzogen wurde.« »Wie heißen
sie?« »Es sind die Damen von Mecklenburg und von Hessen.«

Fabricius fuhr fort: »Ein kleines Stück Leinwand, auf welchem sich
ein brennendes, von einem Pfeil durchbohrtes Herz befindet.«

Hier mengte sich Fouquier ein, indem er tat, als wisse er nicht, was
ein Skapulier sei: »Ich mache aufmerksam, daß die meisten, oder richtiger: fast alle Angeklagten, die als Verschwörer vor Gericht gestellt
worden sind und die das Gesetz mit der Schärfe des Richtschwertes
getroffen hat, dieses gegenrevolutionäre Amulett getragen haben.«

Aber auch Fouquier trug unter seiner Richterrobe ein solches »gegenrevolutionäres Amulett«. Als nämlich die letzte Tochter des öffentlichen Anklägers 1856 in Saint-Quentin starb, fand sich in ihrem
Nachlaß eine in ein Papier eingehüllte Medaille der Mutter Gottes.
Und auf dem Papier standen die Worte: »Er hatte sie um den Hals, als
er die Witwe Capet verurteilen ließ.«

Der Gerichtsschreiber packte die Gegenstände, die in der Königin
so viele teure Erinnerungen wachgerufen hatten, wieder ein.

Als einundzwanzigster Zeuge wurde Philipp La Tour du Pin Gouvernet aufgerufen. »Haben Sie die Feste im Schloß besucht?« »Ich habe
sozusagen niemals bei Hof verkehrt.« »Haben Sie nicht auch an dem
Mahl der ehemaligen Leibgarden teilgenommen?« »Ich konnte daran
nicht teilnehmen, da ich zu dieser Zeit Kommandant in Burgund war.«
»Wie? Waren Sie denn damals nicht Minister?« »Ich war nie Minister,

und hätte auch gar nicht Minister sein wollen, selbst wenn man es mir angeboten hätte.« Der Präsident, der glaubte, daß der Zeuge log, wandte sich an Lecointre: »Ist Ihnen nicht bekannt, daß der Zeuge 1789 Kriegsminister war?« Aber Lecointre mußte ihn enttäuschen: Philipp La Tour du Pin war infolge einer Verwechslung vorgeladen worden. Der Richtige hieß Jean-Frédéric. Er war anwesend und wurde nun aufgerufen. Mit undurchdringlicher Miene trat der ehemalige Minister vor, verbeugte sich tief, wie bei Hof, vor der Königin, gab seine Aussage zu Protokoll und verbeugte sich abermals ehrerbietig vor der Angeklagten. Diese beiden Verbeugungen sollte ihm Fouquier-Tinville nicht vergessen. Am 28. April des folgenden Jahres schickte er ihn auf das Blutgerüst.

Nachdem zuerst über die Absicht des Königs, sich am 5. Oktober nach Rambouillet zu begeben, und über die Entlassung der Truppen gesprochen worden war, kam Hermann endlich wieder auf den Prozeß zurück. »Hat die Angeklagte zur Zeit Ihrer Ministerschaft nicht von Ihnen verlangt, ihr den Stand der französischen Armeen genau bekanntzugeben?« »Ja.« »Hat Sie Ihnen gesagt, welchen Gebrauch sie davon machen wollte?« »Nein.« Hermann wandte sich an die Königin: »Haben Sie den Stand der Armeen nicht nur deshalb von dem Zeugen eingefordert, um ihn dem König von Böhmen und Ungarn zukommen zu lassen?« »Da er ja allgemein bekannt war, war es nicht notwendig, daß auch ich ihn noch übermittelt hätte. Die Zeitungen hätten meinen Bruder genügend darüber informieren können.« »Aus welchem Grund haben Sie also dann den Stand der Armeen einverlangt?« »Da das Gerücht umlief, daß die Nationalversammlung Veränderungen in der Armee wünschte, wollte ich den Stand der Regimenter kennenlernen, die aufgelassen werden sollten.« Fouquier nickte befriedigt und machte sich eine Notiz...

Hermann führte den Prozeß ohne jedes Konzept, und es wäre müßig, nach einem Leitfaden zu suchen, der ihm ein systematisches Vorgehen ermöglicht hätte. Sprunghaft wechselte er das Thema, und als er jetzt drei Silben aussprach, rief er der Angeklagten die schönsten Stunden ihres Lebens ins Gedächtnis: »Woher haben Sie denn das Geld genommen, mit dem Sie das kleine Trianon ausbauen und möblieren ließen, in welchem Sie Feste gaben, bei denen Sie immer die Göttin gewesen sind?« »Man hatte zu diesem Zweck einen Fonds bestimmt.« »Dieser Fonds muß unerschöpflich gewesen sein, denn das kleine Trianon hat sicherlich ungeheure Summen gekostet.« »Es ist möglich, daß das kleine Trianon ungeheure Summen gekostet hat, vielleicht mehr, als ich selbst gewünscht habe. Man wurde nach und nach in die Ausgaben hineingezogen. Übrigens wünsche ich mehr als jeder andere, daß man über alles aufgeklärt werde, was sich dort zugetragen hat.« »War es nicht im kleinen Trianon, wo Sie Frau Lamotte zum erstenmal gesehen haben?« »Ich habe sie niemals gesehen.« »War sie nicht Ihr Opfer in der berüchtigten Halsbandaffäre?« »Sie konnte es nicht sein, weil ich sie nicht kannte.« »Sie bleiben also dabei, daß Sie sie nicht gekannt haben?« »Meine Taktik ist nicht die Ableugnung. Ich habe die Wahrheit gesagt, und ich werde fortfahren, sie zu sagen.«

Frage folgte auf Frage, aber jetzt waren die Beschuldigungen berechtigt.

»Sind nicht Sie es gewesen, die die Minister ernannten und andere zivile und militärische Stellen besetzen ließen?« »Nein.« »Haben Sie nicht eine Liste von Personen gehabt, denen Sie Stellen zu beschaffen wünschten?« »Nein.« »Haben Sie nicht verschiedene Minister gezwungen, freie Stellen mit den Personen zu besetzen, die Sie ihnen nannten?« »Nein.« »Haben Sie nicht die Finanzminister gezwungen, Ihnen Gelder zu überlassen, und haben Sie Ministern, die sich Ihnen widersetzten, nicht mit Ihrer ganzen Ungnade gedroht?« »Niemals.« »Haben Sie Vergennes nicht angewiesen, dem König von Böhmen und Ungarn sechs Millionen übermitteln zu lassen?« »Nein.«

Fouquier gab sich keiner Täuschung über den schlechten Eindruck hin, den die Aussage des Polizeispitzels Tisset über die bei Septeuil angeblich gefundenen, aber nun nicht mehr auffindbaren Bons gemacht hatte. Er lud daher den früheren Sekretär des Ausschusses der Vierundzwanzig, einen gewissen J. B. Garnerin, vor das Gericht. Aber es handelte sich nun schon nicht mehr um zwei Bons, sondern nur noch um einen, »zugunsten der ehemaligen Polignac«, der dem Bürger Valazé eingehändigt worden war.

»Haben Sie etwas zu der Aussage des Zeugen zu bemerken?« »Ich bleibe dabei, daß ich keine Bons ausgestellt habe.« Valazé jedoch behauptete weiter, daß er unter den Papieren, die durch seine Hände gegangen seien, zwei Schriftstücke bemerkt habe, »die mit der Angeklagten zusammenhingen«. »Das erste war ein Bon«, erklärte er, »oder eher eine ihr unterschriebene Quittung über fünfzehn- oder zwanzigtausend Livres, soweit ich mich erinnern kann. Das zweite war ein Brief, in welchem der Minister den König bat, die Königin von dem Feldzugsplan in Kenntnis zu setzen, den er ihm zu unterbreiten die Ehre hatte.«

Dieses zweite Schriftstück war zweifellos schwer belastend und wäre ein schwerwiegender Schuldbeweis gewesen.

»Wissen Sie, was aus diesen beiden Schriftstücken geworden ist?« fragte der Präsident den Zeugen. »Sie wurden für die Anklageschrift gegen Louis Capet verwendet und dann vom Pariser Magistrat eingefordert. Inzwischen müssen sie wohl, glaube ich, dem Sicherheitsausschuß des Konvents zurückgestellt worden sein.«

Hermann unterließ es, eine Bemerkung über die Unordnung zu machen, in welcher sich die Akten der jungen Republik befanden, und wendete sich mit der Frage, was sie zu der Aussage zu bemerken habe, an die Angeklagte. »Ich kenne weder den Bon noch den Brief, von dem der Zeuge spricht.«

»Trotz Ihrer Ableugnungen«, warf Fouquier hier ein, »ist es klar, daß Sie den König, Ihren Gatten, durch Ihren Einfluß zu allem gebracht haben, was Sie von ihm verlangten.« »Es ist etwas ganz anderes, ob man jemanden berät oder ihn etwas ausführen läßt.« »Aus den Aussagen des Zeugen geht, wie Sie sehen, hervor, daß die Minister Ihren Einfluß auf Louis Capet so gut kannten, daß einer von ihnen ihn sogar aufforderte, Ihnen den Feldzugsplan bekanntzugeben, den er ihm vor ein paar Tagen vorgelegt hatte. Daraus folgt, daß Sie seinen schwachen Charakter ausgenützt haben, um ihn dazu zu bringen, sehr üble Dinge auszuführen. Selbst wenn wir annehmen, er hätte nur Ihre besten Ratschläge befolgt, müssen Sie doch zugeben, daß es nicht möglich war, sich noch schlechterer Mittel zu bedienen, um Frankreich an den Rand eines Abgrundes zu führen, der es beinahe verschlungen hätte.«

»Niemals habe ich an ihm den Charakter bemerkt, von dem Sie sprechen«, erwiderte die Königin.

Aber diesmal fühlte sie sich dennoch getroffen. Valazé konnte das Dokument allerdings nicht vorweisen, er hatte es aber gesehen. Gewiß, er war Girondist, also »Gegenrevolutionär«, und saß im Gefängnis. Andrerseits aber war er Deputierter des Konvents und Mitglied des Ausschusses der Vierundzwanzig gewesen. Auch hatte er die Anklageschrift gegen Ludwig XVI. verfaßt, so daß die Geschworenen ihm wohl nicht mißtrauten. Seine Aussage trug gleichsam »offiziellen« Charakter, wie jede Erklärung eines Mannes, der einen Amtseid geleistet hatte. Nach seiner Aussage wurde die Sitzung unterbrochen.

Die Verhandlung wurde wieder aufgenommen. Eine ganze Reihe von Kommissaren und Magistratsbeamten erschien nun vor der Zeugenschranke: Nicolas Leboeuf, August Jobert, Antoine Moëlle, J. B. Vincent, Nicolas Beugnot. Ihre Angaben über das Leben der Gefangenen im Temple brachten nichts Besonderes zur Stützung der Anklage. Diese »Bürger hatten nichts gesehen und nichts bemerkt« und hatten, wenigstens nach ihren Versicherungen, niemals ein Wort mit den Gefangenen gewechselt. Aber manche ihrer Antworten mochten die Königin tief bewegt haben: die Namen »Thérèse Capet« und vor allem der Name des »kleinen Capet« wurden häufig genannt.

»Ich mache Sie aufmerksam, daß Sie sich über diese Ereignisse im Widerspruch zu den Aussagen Ihres Sohnes befinden.« »Es ist leicht, ein achtjähriges Kind sagen zu lassen, was man von ihm hören will.« »Aber man hat sich nicht mit einer Aussage begnügt. Man hat sie ihn einige Male und bei verschiedenen Gelegenheiten wiederholen lassen, und er hat immer dasselbe gesagt.« »Gut, aber es war nicht so.«

Die Aussage Bruniers, des Arztes des kleinen Königs und der Madame Royale, erinnerte sie nochmals an ihre Lieben, von denen sie getrennt war. Hébert, der schon lange geschwiegen hatte, regte sich auf und warf dem Arzt vor, »er habe sich den Kindern der Angeklagten

stets nur mit der ganzen Niedrigkeit des Ancien Régime genähert!«
»Das war nur Wohlanständigkeit und nicht Niedrigkeit!« rief Brunier, dem Marie Antoinette seine Vertraulichkeit ehemals übelgenommen hatte, entrüstet aus.

Bei der Einvernahme der Renée Sévin, einer früheren »Unterkammerfrau« Marie Antoinettes brach das Auditorium wiederholt in Gelächter aus.

»In welchem Trakt des Schlosses haben Sie geschlafen?« »Am Ende des Pavillon de Flore.« »Haben Sie in der Nacht des 9. auf den 10. die Sturmglocke und das Schlagen des Generalmarsches gehört?« »Nein. Ich schlief unter dem Dach.« »Wie? Sie schliefen unter dem Dach und haben die Sturmglocke nicht gehört?« »Nein. Ich war krank.« »Und welcher Zufall brachte es mit sich, daß Sie bei der Parade des Königs waren?« »Ich war seit sechs Uhr früh auf den Beinen.« »Was! Sie waren krank und standen trotzdem um sechs Uhr auf?« »Ja – weil ich Lärm gehört habe.« »Haben Sie am Abend vorher die ungewöhnliche Ansammlung der Schweizergarde und der Verbrecher gesehen, die deren Uniform angelegt hatten?« »Ich bin an diesem Tag nicht in den Hof hinuntergegangen.« »Aber zu Ihren Mahlzeiten mußten Sie doch hinuntergehen?« »Nein. Ein Diener brachte mir das Essen.« »Dieser Diener muß Ihnen aber doch wenigstens mitgeteilt haben, was unten vorging?« »Ich habe niemals mit ihm gesprochen.« »Es scheint, Sie haben Ihr Leben am Hof verbracht und dort die Kunst der Verstellung gelernt.«

Anschließend stellte Hermann an den Polizeiinspektor Dangé ein paar sonderbare Fragen.

»Welche Meinung haben Sie von der Angeklagten?« »Wenn sie schuldig ist, soll sie verurteilt werden.« »Halten Sie sie für eine Patriotin?« »Nein.« »Glauben Sie, daß sie die Republik wünscht?« »Nein.«

Um halb fünf wurde die Verhandlung unterbrochen. Die Königin hatte seit dem Morgen nichts mehr zu sich genommen. »Die Angeklagte kommt nicht herunter«, sagte Madame Bault zu ihrem hübschen Dienstmädchen. »Wir sollen ihr eine Suppe bringen.«

»Ich nahm sogleich eine ausgezeichnete Suppe, die ich auf dem Herd in Bereitschaft hielt«, berichtete Rosalie, »und ging zu der Fürstin hinauf. Als ich mich dem Saal näherte, wo sie sich befand, riß mir ein stumpfnasiger kleiner Polizeikommissar namens Labuzière den Suppentopf aus den Händen, reichte ihn seiner herausgeputzten jungen Freundin und sagte zu mir: ›Diese junge Frau hat große Lust, die Witwe Capet zu sehen, und das ist eine charmante Gelegenheit für sie!‹ Die junge Frau entfernte sich sogleich mit der halb ausgeschütteten Suppe. Ich konnte Labuzière bitten und anflehen, soviel ich wollte, er war allmächtig, und ich mußte gehorchen. Was hat sich die Königin wohl gedacht, als sie ihre Suppe aus den Händen einer Person erhielt, die sie nicht kannte!«

Als die Verhandlung wieder aufgenommen wurde, war es beinahe

Nacht geworden. Da und dort wurden Kerzen im Saale aufgestellt, und hinter den Geschworenen wurden zwei Lampen mit Reflektoren angezündet.

Der endlose Aufmarsch der Zeugen ging weiter ... Die Königin folgte aufmerksam dem Gang der Verhandlung. Die Aussagen von Michonis und Fontaine klärten sie über Einzelheiten der Nelkenverschwörung auf, die ihr sicherlich nicht bekannt waren. Durch andere Aussagen ohne alle Bedeutung zog sich der Prozeß in die Länge: Tavernier, der am 20. Juni Leutnant der Garden in den Tuilerien gewesen war, sprach über Lafayette, der Gendarmerieleutnant Jean Lebrasse erwähnte nochmals das Nelkenkomplott. Der Maler Boze hatte den »ehemaligen König« porträtiert, aber niemals mit der Angeklagten gesprochen. Nach seiner Aussage ließ ihn Fouquier aus unbekannten Gründen verhaften. Michel Gointre beschuldigte die Königin, Assignaten gefälscht zu haben. Der Türsteher Jourdeuil schließlich behauptete, bei d'Affry, dem Kommandanten der Schweizer, einen Brief Marie Antoinettes gefunden zu haben: »Kann man auf Ihre Schweizer zählen?« soll ihn die Königin gefragt haben. »Werden sie sich tapfer halten, wenn die Zeit gekommen ist?«

»Ich habe nie an d'Affry geschrieben«, erklärte Marie Antoinette.

Angesichts dieses neuen Dokuments, von dem zwar gesprochen wurde, das aber wieder nicht vorhanden war, griff Fouquier persönlich in den Gang der Zeugeneinvernahme ein: »Im vergangenen Jahr war ich als Direktor des Anklagesenats des Tribunals vom 10. August mit der Untersuchung in den Prozessen d'Affrys und Cazottes beauftragt. Ich erinnere mich sehr gut, den Brief, von dem der Zeuge spricht, gesehen zu haben. Der Partei Rolands gelang es jedoch, das Tribunal zu unterdrücken, ihm die Akten durch ein Dekret abzunehmen und sie, trotz der Beschwerden aller guten Republikaner, verschwinden zu lassen.«

Hermann wandte sich wieder an die Königin: »Haben Sie bei Ihrer Heirat mit Louis Capet nicht den Plan gefaßt, Lothringen mit Österreich zu vereinigen?« »Nein.« »Warum tragen Sie dann diesen Namen?« »Weil man den Namen seines Landes tragen muß.« Unvermittelt fuhr er fort: »Haben Sie sich nicht damit beschäftigt, die Stimmung in den Departements, Distrikten und Gemeinden zu sondieren?« »Nein.«

Triumphierend erhob sich Fouquier: »In Ihrem Schreibtisch wurde ein Schriftstück gefunden, das diese Tatsache einwandfrei beweist. Darauf sind Orte verzeichnet wie Vaublanc, Jaucourt und andere mehr.«

»Das besagte Schriftstück wird verlesen. Die Angeklagte verharrt bei ihrer Aussage, sich nicht zu erinnern, jemals etwas dieser Art geschrieben zu haben.«

Hermann stellt seine letzte Frage: »Warum haben Sie trotz Ihres Versprechens, Ihre Kinder nach den Grundsätzen der Revolution zu erziehen, ihnen nichts als Irrtümer beigebracht, indem sie, beispielsweise, Ihren Sohn in einer Art behandelten, die den Anschein erwecken mußte, als würden Sie glauben, daß er eines Tages dem ehemaligen König, seinem Vater, doch noch auf dem Thron folgen würde?«

»Er war zu jung, um mit ihm über diese Dinge zu sprechen. Ich setzte ihn an das Ende des Tisches und gab ihm selbst, was er brauchte.«

»Haben Sie Ihrer Verteidigung noch etwas hinzuzufügen?«

Marie Antoinette stand auf: »Gestern«, erklärte sie mit überraschender Geistesgegenwart, »habe ich die Zeugen noch nicht gekannt, ich wußte nicht, was sie gegen mich aussagen würden. Nun, kein einziger hat irgendeine begründete Tatsache gegen mich vorgebracht. Ich habe nichts mehr zu bemerken, als daß ich nur die Frau Ludwigs XVI. war und mich daher seinem Willen fügen mußte.«

Die Zeugeneinvernahmen waren beendet, die Verhandlung wurde unterbrochen. Inzwischen war es Mitternacht geworden.

Als die Verhandlung wieder aufgenommen wurde, wendete sich Fouquier an die Geschworenen. Er sprach, falls wir den Protokollen glauben dürfen, fast mehr gegen »das perverse Verhalten des ehemaligen Hofes« als gegen die Königin. Erst am Schluß betonte er, »die Angeklagte sei als erklärte Feindin der französischen Nation zu betrachten, als eine der Hauptanstifterinnen der Wirren, die Frankreich seit vier Jahren heimsuchten und denen Tausende von Franzosen zum Opfer gefallen seien.«

Tronson und Chauveau-Lagarde sprachen nach ihm. Nach dem Protokoll »entledigten sie sich ihrer Aufgabe mit ebensoviel Eifer wie Beredsamkeit«. Aber Hébert schrieb darüber in seinem »Père Duchesne«: »Wer hätte geglaubt, daß sich ein Schuft zu ihrer Verteidigung finden ließe! Trotzdem hatten zwei Schreihälse von Advokaten diese Kühnheit. Einer von ihnen trieb die Frechheit so weit, zu sagen, die Nation sei ihr zu sehr verpflichtet, um sie zu bestrafen, da wir ohne sie und ohne die Verbrechen, die ihr vorgeworfen werden, nicht frei wären! Ich begreife nicht, zum Teufel, wie man dulden kann, daß pedantische Advokaten für eine Handvoll Gold, eine Uhr oder Diamanten ihr Gewissen verraten und den Geschworenen Sand in die Augen zu streuen versuchen. Habe ich nicht selbst diese beiden Teufelsadvokaten mit eignen Augen gesehen, wie sie sich nicht bloß wie toll gebärdeten, um die Unschuld dieser Vettel nachzuweisen, sondern es noch wagten, den Tod des Verräters Capet zu beklagen und den Richtern zu sagen, es sei genug mit der Bestrafung des dicken Schweins, man müsse wenigstens seiner Schlampe von Frau Gnade angedeihen lassen.«

Chauveau-Lagarde plädierte zwei Stunden lang, und als er zu Ende war, flüsterte ihm die Königin »in rührendem Tone« zu: »Wie müde müssen Sie sein, Monsieur Chaveau-Lagarde. Ich bin Ihnen sehr dankbar für alle Ihre Mühe.«

Fouquier unterbrach die Verhandlung, rief einen Gendarmen herbei und ließ Chaveau-Lagarde sogleich im Gerichtssaal verhaften. Trotz dieses Warnungssignals plädierte Tronson du Coudray mit dem gleichen Elan »über die angebliche Konspiration mit den inneren Feinden« und verfiel dem gleichen Schicksal wie sein Kollege. Bei der an ihm vorgenommenen Leibesvisitation fanden sich zwei kleine goldene Ringe und eine Haarsträhne der Königin, die sie ihn einer »Bürgerin Mary oder Maray«, die in Ligny bei der Bürgerin Laborde wohnte, zu übermitteln gebeten hatte: es war Frau von Jarjayes.

Nun faßte Hermann das Ergebnis der Verhandlung zusammen und hielt eine wahre Anklagerede: »Heute wird der Welt ein großes Beispiel gegeben, das den Völkern, die sie bewohnen, sicherlich nicht umsonst gegeben ist. Der so lange beleidigten Natur und Vernunft wird endlich ihr Recht zuteil: die Gleichheit triumphiert. Eine Frau, die einst von dem glänzendsten Nimbus umgeben war, den der Hochmut der Könige und die Niedrigkeit der Sklaven nur ersinnen konnte, nimmt heute vor dem Tribunal der Nation den Platz ein, den vor zwei Tagen eine andere Frau inne hatte, und diese Gleichheit bürgt für ein unparteiisches Urteil. Dieser Rechtsfall, Bürger Geschworene, gehört nicht zu denen, wo eurem Gewissen nur ein Einzeldelikt zur Aufklärung vorliegt. Ihr habt über das ganze politische Leben der Angeklagten, seit sie an die Seite des letzten Königs der Franzosen getreten ist, euer Urteil zu fällen. Aber ihr müßt eure Aufmerksamkeit vor allem auf die Machenschaften lenken, die anzuwenden sie keinen Augenblick unterlassen hat, um die keimende Freiheit zu vernichten, sei es im Innern durch ihre engen Beziehungen zu infamen Ministern, perfiden Generälen und treulosen Volksvertretern, sei es im Ausland, indem sie Unterhandlungen über diese ungeheuerliche Koalition der Despoten Europas führen ließ, die die Geschichte wegen ihrer Machtlosigkeit der Lächerlichkeit preisgeben wird; schließlich durch ihre Korrespondenz mit den emigrierten französischen Prinzen und deren würdelosen Agenten.«

Hermann war schon zu lange Beamter, um das Fehlen von Dokumenten nicht peinlich zu empfinden: »Die konkreten Beweise«, erklärte er, »befinden sich in den bei Louis Capet beschlagnahmten Papieren, die in einem von Gohier an den Nationalkonvent erstatteten Bericht aufgezählt werden, in der Sammlung der Beweisstücke der vom Konvent gegen Louis Capet erhobenen Anklage und dann vor allem, Bürger Geschworene, in den politischen Ereignissen, deren Zeugen und Richter ihr alle gewesen seid.«

Mangels dieser nicht vorhandenen Dokumente, welche »die Beschuldigung des Hochverrates, die hauptsächlich auf Antoinette d'Autriche, der Witwe des früheren Königs, lastete«, hätten beweisen sollen, blieb Hermann und Fouquier nur ein Ausweg übrig: die Verquickung des Prozesses der Königin mit dem Prozeß des Königs und die Behauptung, daß sie »die Anstifterin der meisten Verbrechen gewesen sei, deren sich der letzte Tyrann Frankreichs schuldig gemacht hatte«.

»Wir können feststellen«, fuhr Hermann fort, »daß die Angeklagte zugegeben hat, daß sie das Vertrauen Louis Capets besaß. Aus der Aussage Valazés geht weiter hervor, daß Marie Antoinettes Rat in Staatsgeschäften eingeholt wurde, da der ehemalige König wünschte, man solle sie um ihre Ansicht über einen gewissen Plan befragen, über dessen Gegenstand der Zeuge nichts aussagen wollte oder konnte.«

Er versuchte nun, aus jeder Aussage einen Tatbestand hervorzuheben, der seine Hauptbeschuldigung stützte, aber durch nichts vermochten weder »das Einvernehmen mit den auswärtigen Mächten« noch auch die Konspirationen gegen die innere Sicherheit des Staates nachgewiesen werden. Es war immer nur die Rede von Kokarden, die verteilt worden waren, von leeren Flaschen, die man am 10. August unter dem Bett der Königin gefunden haben wollte, und von dem »Wunsch nach Rache«, den jemand im Gesicht der Angeklagten angeblich gesehen hatte. Vor der Erwähnung der Machenschaften Héberts mit dem jungen Capet scheute Hermann immerhin zurück, und über die Nelkenverschwörung glitt er vorsichtig hinweg: »Ich will, Bürger Geschworene, erst nicht zu euch über den Zwischenfall in der Conciergerie sprechen, über den Besuch des Ludwigsritters und die im Zimmer der Angeklagten von ihm zurückgelassenen Nelken, oder über das gestochene Antwortbillett. Dieser Zwischenfall ist nicht mehr als eine Gefängnisintrige, die nicht wert ist, im Zusammenhang mit so schweren Beschuldigungen genannt zu werden.«

Noch der letzte Satz seines Plädoyers verrät die Verlegenheit des Juristen angesichts des Fehlens jeglicher Dokumente: »Ich schließe mit einer allgemeinen Betrachtung, die vorzubringen ich schon Gelegenheit hatte: es ist das französische Volk, das Anklage gegen Antoinette erhebt; alle politischen Ereignisse der letzten fünf Jahre sprechen gegen sie.«

Den Geschworenen wurden nun vier Fragen vorgelegt:
1. Ist es erwiesen, daß Machenschaften und Verständigungen mit den auswärtigen Mächten und anderen äußeren Feinden der Republik bestanden haben, die darauf abzielten, diesen geldliche Hilfe zu übermitteln, ihnen Einlaß auf französischen Boden zu gewähren und den Erfolg ihrer Waffen zu erleichtern?
2. Ist Marie Antoinette von Österreich, die Witwe Louis Capets überführt, an solchen Machenschaften teilgenommen und solche Verständigungen unterhalten zu haben?
3. Ist es erwiesen, daß ein Komplott und eine Verschwörung bestanden haben, um den Bürgerkrieg im Innern der Republik zu entfachen?
4. Ist Marie Antoinette von Österreich, die Witwe Louis Capets, überführt, an diesem Komplott und dieser Verschwörung teilgenommen zu haben?

Es war drei Uhr morgens. Die Geschworenen zogen sich zur Beratung zurück, die Richter aber blieben im Saal. Das Publikum, das trotz der Kälte bis zum Ende der Plädoyers ausgeharrt hatte, strömte in den fast völlig dunklen Saal der Pas Perdus, wo es von kleinen Gruppen Neugieriger, von Anhängern der Königin oder der Jakobiner, erwartet und ausgefragt wurde. Da und dort tauchten aus dem Halbdunkel Polizisten auf, die die Ohren spitzten. Ducatel, einer der Mörder der Prinzessin Lamballe, ging von Gruppe zu Gruppe. Draußen, vor dem Gerichtsgebäude, standen nicht, wie Hébert behaupten sollte, »zwei- oder dreihunderttausend Sansculotten, die den Justizpalast umringten und schweigend warteten«, sondern bloß ein paar hundert Neugierige.

Ist Marie Antoinette schuldig gewesen? Der Prozeß hat es *nicht* erwiesen. Denn was bleibt von dem ihr angelasteten Tatbestand übrig, wenn man bösartigen Klatsch und albernes Geschwätz beiseite läßt? Die Beschreibung der Versailler »Orgien« durch Zeugen, die nicht dabeigewesen sind; die durch keinerlei Dokument belegte Beschuldigung, der Familie Polignac hohe Geldbeträge ausgefolgt zu haben; die Behauptung von Leuten, die nicht zum engeren Kreis der königlichen Familie gehört hatten, die Königin habe ihren Gatten beeinflußt. Nichts von dem mithin, rein gar nichts, was Fouquier als Hochverrat bezeichnete.

Der Prozeß hatte nicht den Beweis erbracht, daß Marie Antoinette, mehr als Erzherzogin von Österreich denn als Königin von Frankreich handelnd, den von Mercy übermittelten Aufträgen ihrer Mutter und ihres Bruders nachgekommen wäre. Nichts ist ihr nachgewiesen worden: weder ihr schuldhafter Leichtsinn, ihre wahllosen Freundschaften, ihr unheilvoller Einfluß, ihre Konspirationen mit dem Ausland noch ihre schwankende Politik, ihre allzu gehässige Rachsucht, ihr Doppelspiel von 1791 und ihr »Verrat« von 1792. Es waren aber Fakten, die aller Welt bekannt waren. Trotzdem hätte die Art der Fragestellung den Geschworenen ermöglicht, die zweite und vierte Schuldfrage zu verneinen. Die Angeklagte war zwar schuldig, aber man hatte ihr die Schuld nicht nachweisen können, man hatte sie nicht überführt.

Das war nun auch die allgemeine Meinung. »Marie Antoinette wird sich aus der Klemme ziehen«, hörte Madame Bault jemand sagen, »sie hat wie ein Engel gesprochen, man wird sie höchstens verbannen.« Diese optimistische Ansicht war durchaus nicht unbegründet, denn man befand sich erst zu Beginn des Terrors, und das Gesetz über die »Verdächtigen« war kaum erst vor einem Monat erlassen worden. Der von Fouquier organisierte Terror setzte erst mit dem Prozeß gegen die Königin in vollem Umfang ein.

Marie Antoinette wartete mit dem Leutnant de Busne in einem Raum neben dem Großen Gerichtssaal. Auch sie war von Hoffnung erfüllt. »Niemand hat gegen mich eine begründete Tatsache vorgebracht«, hatte sie soeben gesagt. Erschöpft und von Angst geplagt, bat sie um ein Getränk, und Busne brachte ihr ein Glas Wasser.

Um vier Uhr morgens hörte sie die Glocke des Präsidenten aus dem Gerichtssaal tönen. Die Stimme Hermanns erhob sich. Er forderte die Zuhörer auf, »absolute Ruhe zu bewahren«, und erinnerte sie daran, »daß das Gesetz ihnen jede Äußerung der Zustimmung verbiete, und daß eine Person, sobald sie vom Gesetz getroffen ist, nur mehr dem Unglück und der Menschheit angehört, mit welchen Verbrechen sie auch immer belastet ist«.

Ein Gerichtsdiener holte die Angeklagte. Unter tiefem Schweigen nahm sie auf der Estrade Platz. Auch Chauveau-Lagarde und Tronson du Coudray wurden von Gendarmen wieder in den Saal zurückgebracht.

»Antoinette«, sagte Hermann, »hören Sie den Beschluß der Geschworenen.«

Jetzt, da sie sterben sollte, wurde sie wieder mit dem Vornamen ihrer Kinderzeit angesprochen. Wie im Traum vernahm sie, daß »alle Schuldfragen bejaht worden waren.«

Dann forderte die Stimme Fouquiers »die Verurteilung der Angeklagten zum Tod, gemäß dem ersten Paragraphen des ersten Abschnitts des ersten Titels des zweiten Teiles des Strafgesetzbuches, der da lautet: ›Jede Machenschaft, jedes Einverständnis mit den Feinden Frankreichs, die darauf abzielen, ihnen den Eingang in die Lehensgebiete des französischen Reiches zu erleichtern; oder ihnen Städte, Festungen, Häfen, Schiffe, Magazine oder Arsenale, die Frankreich gehören, auszuliefern; oder ihnen Hilfe an Soldaten, Geld, Lebensmitteln oder Munition zukommen zu lassen; oder den Sieg ihrer Waffen auf französischem Gebiet gegen unsere Streitkräfte zu Land oder zu Wasser zu fördern; oder die Treue der Offiziere, Soldaten und andren Bürger zur französischen Nation zu erschüttern – sind mit dem Tod zu bestrafen‹«.

Die Worte »mit dem Tod« waren das einzige, was Marie Antoinette von diesem Text begriff. Aber die trockene Stimme des öffentlichen Anklägers fuhr fort: »Weiters sind, nach Artikel 11 des ersten Abschnittes des ersten Titels des zweiten Teiles des gleichen Gesetzbuches, alle Verschwörungen und Komplotte, die darauf abzielen, den Staat durch die Bewaffnung der Bürger gegeneinander oder gegen die rechtmäßige Obrigkeit in Wirren zu stürzen, mit dem Tod zu bestrafen.«

»Antoinette«, sagte der Präsident Hermann, »haben Sie eine Beschwerde gegen die Anwendung der von dem öffentlichen Ankläger angeführten Gesetze vorzubringen?«

Marie Antoinette hatte nicht mehr die Kraft, zu erwidern, und schüttelte nur den Kopf.

Hermann richtete die gleiche Frage an die von Gendarmen umstellten beiden Verteidiger. »Bürger Präsident«, erwiderte Tronson du

Coudray als Advokat, der die Formen achtet, »da das Verdikt der Geschworenen mit dem Gesetz übereinstimmt, erkläre ich, daß meine Tätigkeit für die Witwe Capet hiermit beendet ist.«

Hermann wendete sich zu Douzé-Verteuil und Lane, die mit dem Kopfe nickten, und ergriff dann zum letztenmal das Wort: »Gemäß dem einstimmigen Verdikt der Geschworenen über die Anklage des öffentlichen Anklägers und nach den von ihm zitierten Gesetzen verurteilt das Tribunal die besagte Marie Antoinette, genannt von Österreich-Lothringen, zum Tode, erklärt laut Gesetz vom 10. März ihr Vermögen, sofern sie solches auf französischem Gebiet besitzt, zugunsten der Republik als verfallen, und ordnet an, daß das vorliegende Urteil auf Ersuchen des öffentlichen Anklägers auf dem Platz der Revolution zu vollstrecken und in der ganzen Republik zu drucken und anzuschlagen ist.«

Vernichtet und benommen stieg Marie Antoinette von der Estrade und ging, ohne das geringste Zeichen innerer Erregung mit gesenktem Haupt »ohne etwas zu sehen oder zu hören«, wie Chauveau-Lagarde berichtete, durch den Saal. Erst als sie an dem Geländer vorbeikam, hinter welchem selbst die Trikoteusen verstummt waren, hob sie den Kopf. So verließ sie den Saal. Busne eskortierte sie, er hatte aber den Hut abgenommen und trug ihn in der Hand. Als sie die dunkle Treppe des Bonbec hinuntergingen, sagte sie leise, sie könne kaum sehen, wohin sie trete. Da reichte ihr Busne den Arm und führte sie hinunter. Es war sehr kalt, es hatte kaum fünf Grad, aber der Himmel war klar. Die Gefangenen drückten die Gesichter an die Gitterstäbe ihrer Zellen und sahen im spärlichen Schein der Hoflaterne die Königin von Frankreich am Arm ihres letzten Gardeducorps vorübergehn.

Indessen leerte sich allmählich der Große Gerichtssaal ... Die Männer, die nun nach getanem Werk auseinandergingen, waren fast alle schon vom Tod gezeichnet. Der öffentliche Ankläger, der Präsident und drei von den sechs Richtern starben auf dem Schafott; nur Douzé-Verteuil, Deliège und Maire entgingen der Guillotine. Aber Maire stürzte eines Tages in die Feuerstelle seines Kamins, wo er mit verkohltem Kopf tot aufgefunden wurde.

Chauveau-Lagarde überlebte die Revolution, Tronson du Coudray jedoch gehörte später zu den Proskribierten des Fructidor. Er wurde deportiert und ging in Guyana zugrunde.

Von den Zeugen verfielen vierzehn dem Henker Sanson (Bailly, Manuel, Simon, Hébert, Jobert, Michonis, Lecointre, Vincent, Dangé, Lebrasse, Estaing und die beiden La Tour du Pin), und drei andere starben eines gewaltsamen Todes. Madame Richard wurde von einem Häftling erdolcht. Der Gendarm Gilbert erschoß sich, nachdem er das Geld aus der Kasse seiner Kompagnie verspielt hatte. Der Girondist Valazé erdolchte sich selbst in dem gleichen Großen Gerichtssaal, als ihm, zwölf Tage später, das Todesurteil verkündet wurde. Sein Leichnam wurde auf den Revolutionsplatz gebracht und am Fuß der Guillotine auf das Pflaster geworfen.

Von den vierzehn Geschworenen kamen nur drei mit dem Leben davon. Renaudin, Nicolas, Châtelet, Besnard und Desboisseaux bestiegen das Blutgerüst. Trinchard, Antonelle, Jourdeuil und Chrétien wurden nach Cayenne oder »auf die Inseln« deportiert. Aber in der Nacht des 15. Oktober dachten sie an nichts andres, als zu dem üppigen Mahl zu eilen, das Fouquier ihnen geben ließ. Sie waren überzeugt, ihre Pflicht wacker erfüllt zu haben, wie der Tischler Trinchard in einem von orthographischen Fehlern wimmelnden Brief stolzerfüllt an seinen Bruder schrieb: »Ich teile dir mit, mein Brudder, daß ich einer von den Geschworenen war, die das wilte Tier verurteilt haben, das einen großen Teil der Republik verschlungen hat, die Person, die mann ehemalls die Kenigin genant hat.«

# XXI

## DAS FALLBEIL

> Il y a là quelque chose de pire que le régicide.
>
> NAPOLEON

Man hatte Marie Antoinette zwei Kerzen auf den Tisch gestellt, und Bault hatte ihr Feder, Papier und Tinte gebracht. Und während Busne, mit dem Schlafe kämpfend, in der Ecke saß, schrieb die von schweren Blutverlusten mitgenommene Frau nach einem Verhör von zwanzig Stunden und einem Prozeß von zwei Tagen und einer Nacht, indes sie auf den Henker wartete, diesen bewunderungswürdigen Brief, den man immer wieder lesen muß, an Madame Elisabeth:

»Ihnen, meine Schwester, schreibe ich zum letzten Male. Ich bin soeben verurteilt worden, nicht zu einem schimpflichen Tode, der nur für Verbrecher ist, sondern um mich mit Ihrem Bruder wieder zu vereinigen. Unschuldig wie er, hoffe ich, dieselbe Festigkeit wie er in seinen letzten Augenblicken zu zeigen. Ich bin so ruhig, wie man es ist, wenn das Gewissen einem nichts zum Vorwurf macht. Ich empfinde tiefen Schmerz darüber, daß ich meine armen Kinder verlasse. Sie wissen, daß ich nur für sie lebte und für Sie, meine gute und zärtliche Schwester. In welcher Lage lasse ich Sie, die Sie aus Liebe alles geopfert hatten, um mit uns zu sein, zurück! Ich habe aus dem Plädoyer des Prozesses erfahren, daß meine Tochter von Ihnen getrennt wäre.\*) Ach, das arme Kind! Ich wage es nicht, ihr zu schreiben, sie würde meinen Brief nicht erhalten. Ich weiß nicht einmal, ob dieser da Sie erreichen wird. Empfangen Sie für sie beide hier meinen Segen. Ich hoffe, daß sie sich eines Tages, wenn sie größer sein werden, mit Ihnen werden vereinigen können, um ganz Ihre zärtliche Sorgfalt zu genießen. Mögen sie beide an das denken, was ich nicht aufgehört habe, ihnen einzuflößen: daß nämlich die Grundsätze und die genaue Erfüllung ihrer Pflichten das Hauptfundament des Lebens bilden und daß ihre Liebe und ihr Vertrauen zueinander ihr Glück begründen werden. Möge meine Tochter fühlen, daß sie infolge ihres Alters ihrem Bruder immer mit ihren Ratschlägen beistehen muß, die ihr die größere Erfahrung und ihre Liebe werden eingeben können. Möge mein Sohn seinerseits seiner Schwester alle Sorge zuwenden und alle Dienste, die sich aus der Liebe ergeben können. Mögen sie schließlich beide fühlen, daß sie, in welcher Lage auch immer sie sich befinden können, nur wirklich glücklich sein werden durch ihre Eintracht.

---

\*) Das war ein Irrtum. Die Tochter wurde von Madame Elisabeth erst getrennt, als diese am 10. April 1794 zum Schafott ging.

Mögen sie sich an uns ein Beispiel nehmen. Wieviel Trost hat uns in unserem Leid unsere Liebe gespendet! Und im Glück hat man eine doppelte Freude, wenn man es mit einem Freund teilen kann; und wo kann man einen zärtlicheren, einen anhänglicheren Freund als in seiner eigenen Familie finden? Möge mein Sohn niemals die letzten Worte seines Vaters vergessen, die ich ihm ausdrücklich wiederholte: daß er niemals unseren Tod zu rächen suche.

Ich muß Ihnen von einer für mein Herz sehr schmerzlichen Sache sprechen. Ich weiß, wie sehr Ihnen dieses Kind Kummer bereitet haben muß. Verzeihen Sie ihm, meine liebe Schwester; denken Sie an sein Alter und wie leicht es ist, ein Kind sagen zu lassen, was man will und sogar was es nicht versteht. Ein Tag wird kommen, wie ich hoffe, an dem er nur besser den ganzen Wert Ihrer Güte und Ihrer Zärtlichkeit für beide empfinden wird.

Es bleibt mir nur noch übrig, Ihnen meine letzten Gedanken anzuvertrauen. Ich hätte sie seit dem Beginn des Prozesses niederschreiben wollen; aber abgesehen davon, daß man mich nicht schreiben ließ, ist der Verlauf desselben so schnell gewesen, daß ich dazu wirklich keine Zeit gehabt hätte.

Ich sterbe im katholischen, apostolischen und römischen Glauben, in der Religion meiner Väter, in der ich erzogen worden bin und zu der ich mich immer bekannt habe. Da ich keinerlei geistliche Tröstung zu erwarten habe, weil ich nicht weiß, ob es hier noch Priester dieser Religion gibt, und da sogar der Ort, in dem ich mich befinde, sie zu sehr gefährden würde, wenn sie hier einmal einträten, bitte ich Gott aufrichtig um Verzeihung für alle Sünden, die ich begangen haben mag, seitdem ich auf der Welt bin. Ich hoffe, daß er in seiner Güte so gnädig sein wird, meine letzten Bitten entgegenzunehmen ebenso wie jene zu erhören, die ich seit langem an ihn richte, damit er in seiner Barmherzigkeit und Güte gnädig meine Seele empfange.

Ich bitte alle diejenigen, die ich kenne, und besonders Sie, meine liebe Schwester, um Verzeihung für allen Kummer, den ich Ihnen, ohne zu wollen, verursacht haben sollte. Ich verzeihe allen meinen Feinden das Böse, das sie mir zugefügt haben. Ich sage hier meinen Tanten und allen meinen Brüdern und Schwestern Lebewohl. Ich hatte Freunde. Der Gedanke der immerwährenden Trennung von ihnen und ihres Leids ist einer der schmerzvollsten, den ich sterbend mit mir nehme. Mögen sie wenigstens wissen, daß ich bis zu meinem letzten Augenblick an sie gedacht habe.

Leben Sie wohl, meine gute und zärtliche Schwester! Möge Sie dieser Brief erreichen. Denken Sie immer an mich. Ich küsse Sie von ganzem Herzen, ebenso wie diese armen und teueren Kinder. Mein Gott, wie herzzerreißend ist es, sie für immer zu verlassen! Leben Sie wohl! Leben Sie wohl! Ich will mich nur mehr mit meinen geistlichen Pflichten befassen. Da ich in meinen Handlungen nicht frei bin, wird man vielleicht einen Priester zu mir bringen; aber ich beteuere hier, daß ich ihm nicht ein Wort sagen und ihn wie einen völlig fremden Menschen behandeln werde.«

Um fünf Uhr früh wurde in allen achtundvierzig Pariser Sektionen das Signal zum Sammeln gegeben; um sieben Uhr war die ganze bewaffnete Macht bereit; um zehn Uhr zirkulierten zahlreiche Patrouillen in den Straßen. An allen »strategischen Punkten« waren Kanonen aufgestellt.

Im ersten Frühlicht betrat Rosalie die Zelle der Verurteilten. Die beiden Kerzen waren herabgebrannt. In der linken Zellenecke lehnte ein junger Gendarmerieoffizier, es war aber nicht mehr Busne. Denn dieser war soeben auf die Anzeige eines seiner Leute, er habe der Königin ein Glas Wasser gebracht und sie mit gezogenem Hut zurückbegleitet, verhaftet worden.

Marie Antoinette hatte sich nicht umgekleidet, sondern sich in ihrem schwarzen Kleid auf das Bett gelegt. Den Kopf in die Hand gestützt, weinte sie lautlos vor sich hin.

»Madame«, sagte Rosalie mit bebender Stimme, »Sie haben gestern abend nichts zu sich genommen und fast nichts während des Tages. Was wünschen Sie heute morgen?« »Mein Kind, ich brauche nichts mehr, für mich ist alles zu Ende.« »Aber Madame«, beharrte Rosalie, »ich habe eine Suppe auf dem Herd bereitgestellt.« Sie brach in Tränen aus und wollte sich zurückziehen. Die Königin fürchtete, sie gekränkt zu haben, und rief sie zurück: »Nun gut, Rosalie«, sagt sie schluchzend, »bringen Sie mir Ihre Suppe.« Sie konnte aber nicht mehr als ein paar Löffel nehmen. »Kommen Sie um acht Uhr wieder«, sagte sie, »und helfen Sie mir beim Ankleiden.«

Eine Stunde ruhte sie noch auf dem Bett und ließ die Bilder einer versunkenen Zeit an ihrem Geist vorüberziehn, indes das Frühlicht ihres letzten Tages fahl und grau durch das vergitterte Fenster in die Zelle sickerte. Als Rosalie wiederkam, bat Marie Antoinette das Mädchen, ihr beim Wechseln des Hemdes zum letztenmal behilflich zu sein: sie hatte seit gestern abend viel Blut verloren. Die unglückliche Frau breitete das frische Hemd auf das Bett, ließ in dem schmalen Raum zwischen Bett und Wand ihr schwarzes Kleid zu Boden gleiten und winkte Rosalie, sich vor sie zu stellen. Aber der Gendarmerieoffizier kam sogleich herbei, beugte sich über das Bett und sah ihr zu . . .

»Ich bitte Sie im Namen des Anstandes, Monsieur, lassen Sie mich unbeobachtet die Wäsche wechseln.« »Das kann ich nicht zulassen«, erwiderte der Mann brüsk, »ich habe Befehl, jede Ihrer Bewegungen im Auge zu behalten.«

Die Königin seufzte und zog ihr beflecktes Hemd »mit aller Behutsamkeit und aller nur möglichen Züchtigkeit« aus. Dann legte sie das frische Hemd und darüber das weiße Piquékleid an, welches sie am Morgen zu tragen pflegte, schlang ein weißes Musselintuch um den Nacken und setzte eine weiße Haube, aber ohne Trauerschleier auf.

Rosalie berichtete, daß sie »ihr blutbeflecktes Hemd sorgfältig zusammenrollte, es in ihren Ärmel wie in ein Futteral schob und nun ihre Blicke ängstlich um sich schweifen ließ, als suche sie etwas, und fürchte, es nicht finden zu können«. Dann stopfte sie das besudelte Hemd »mit dem Ausdruck unaussprechlicher Erleichterung« in eine Vertiefung hinter der Tapete, die sie in der Mauer entdeckte. Rosalie wagte nicht, sich von ihr zu verabschieden, als sie nun die Zelle verließ.

Es war jetzt nichts mehr zu tun, als auf den Henker zu warten ... Marie Antoinette zitterte in ihrem leichten Morgenkleid vor Kälte. Der vereidigte Abbé Girard, den ihr das Tribunal geschickt hatte, empfahl ihr, sich die Knie mit ihrem Kopfkissen zu bedecken. Er bot ihr seinen »geistlichen Beistand« an, aber die Verurteilte lehnte ihn ab. »Aber Madame«, wendete der Geistliche ein, »was wird man sagen, wenn man erfährt, daß Sie den Beistand der Religion in Ihrer letzten Stunde abgelehnt haben!« »Sie werden den Leuten, die darüber zu Ihnen sprechen, sagen, daß Gott vorgesorgt hatte.« (Der Abbé Magnin versicherte zur Zeit der Restauration unter feierlichem Eid, er habe in den ersten Oktobertagen 1793 in der Zelle der Königin in Gegenwart der beiden Gendarmen und der Mademoiselle Fouché die Messe zelebriert und der Königin sowie den drei andren Personen die Kommunion gereicht. Dann sei er erkrankt, doch habe die Königin in der Nacht des 12. Oktober nochmals die Kommunion aus den Händen des ihn vertretenden Priesters Cholet empfangen.) »Darf ich Sie auf Ihrem letzten Gang begleiten, Madame?« fragte der Abbé Girard verschüchtert. Die Königin antwortete ihm in gleichgültigem Ton: »Wie Sie wollen.«

Nach einer Weile fragte sie den Gendarmerieoffizier: »Glauben Sie nicht, daß das Volk mich auf dem Weg zum Schafott in Stücke reißen wird?« Und als Larivière in die Zelle trat, sagte sie mit schwacher Stimme: »Larivière, Sie wissen, daß ich sterben muß?«

Zu der gleichen Zeit begaben sich etwa fünfhundert Verschworene – manche schätzen ihre Zahl sogar auf fünfzehnhundert – in die Rue Saint-Honoré, durch welche die Verurteilte kommen mußte. Sie waren entschlossen, sich auf den Karren zu stürzen und die Königin noch im letzten Augenblick zu befreien.

Wer waren diese letzten Verteidiger Marie Antoinettes, die ihr Leben für sie aufs Spiel setzten? Waren es ehemalige Leibgardisten oder Offiziere? Oder waren es alte Freunde, die einstmals ihr Leben darum gegeben hätten, wenn sie nur die rosigen Fingerspitzen ihrer Gebieterin hätten küssen dürfen?

O nein, nichts von alldem. An der Spitze der Verschwörung stand eine ehemalige Arbeiterin, die als Spitzenklöpplerin das Augenlicht eingebüßt hatte. Sie stammte aus der Auvergne, hatte einen Buckel und hieß Catherine Urgon-Fournier. Ihr Generalstab bestand aus ihrem Sohn, einem vierzehnjährigen Schuhputzer, und aus den beiden Perückenmachern Guillaume Lémille und Jean-Baptiste Basset. Dem achtzehneinhalbjährigen Basset war es gelungen, vierhundertsechzig

Leute um sich zu versammeln. Das Hauptquartier befand sich im Laden »La Cave des Charbonniers« eines Weinhändlers in der Rue de la Vannerie, die Generalstabsoffiziere waren zwei Schlosser, zwei Pastetenbäcker, zwei Weinhändler, zwei Kolonialwarenhändler, zwei Selcher, zwei Maurer, ein Scherenschleifer, ein Anstreicher, ein Gärtner, ein Trödler, ein Limonadenverkäufer und vier Perückenmacher. Und alle wohnten in der »Section des Incorruptibles«, die im Norden des Grèveplatzes und in der nächsten Nähe der Conciergerie gelegen war. Als Erkennungszeichen trugen sie einen runden, kleinen Karton mit einem Herzen in der Mitte und der Umschrift: »Vive Louis XVII, roi de France.«

Die »Hauptstreitkräfte« rekrutierten sich aus Freiwilligen der Kasernen in Vanves und Courbevoie. Man sprach von fünfzehnhundert Mann. Die bucklige, blinde Spitzenklöpplerin fand die richtige Art, zu ihnen zu sprechen: »Wir brauchen keine Maulhelden, sondern wackere Männer, die zuzuschlagen verstehen. Mit einem Wort: lauter Charlotte Cordays!« Zu Beginn des Monates wollten sie die Conciergerie erstürmen. »Wir müssen ohne Zeitverlust losschlagen«, hatte einer der Perückenmacher gesagt, »sonst geht die Unglückliche zugrunde.« An Waffen verfügten sie über ganze fünfzehnhundert Pistolen! Der Feldzugsplan, der von dem jungen Basset stammte, war wohldurchdacht: alle Straßenlaternen sollten schon am Tage angezündet werden, so daß sie aus Mangel an Öl mitten in der Nacht erlöschen mußten. Dann sollte die Conciergerie im Schutz der Dunkelheit gestürmt werden. Das Unglück aber wollte es, daß sechs Polizisten niedrigen Ranges von dieser Absicht erfuhren. Sie vermochten das Vertrauen der Verschworenen zu gewinnen, indem sie sich als glühende Royalisten ausgaben, und erreichten, daß der Angriff auf das Gefängnis verzögert wurde. So kam es, daß der Prozeß begann, ohne daß etwas geschehen war. Die bucklige Spitzenklöpplerin war »verzweifelt« darüber: »Es ist keine Minute mehr zu verlieren, wenn wir die arme Königin noch retten wollen«, sagte sie und befahl den Verschworenen, sich nach der Rue Saint-Honoré zu begeben.

Zu der gleichen Stunde betrat Hermann mit den Richtern Foucauld und Douzé-Verteuil und dem Schreiber Fabricius, der ein Blatt Papier in der Hand hielt, die Gefängniszelle. Bei ihrem Eintritt erhob sich die Verurteilte, die kniend vor dem Bett gebetet hatte. »Hören Sie zu«, sagte Hermann, »wir werden Ihnen das Urteil verlesen.«

Die vier schwarzgekleideten Männer hatten die Hüte gegen die Gepflogenheit abgenommen; der hoheitsvolle Blick der Verurteilten scheint Eindruck auf sie gemacht zu haben. »Sie brauchen es mir nicht mehr vorzulesen«, erwiderte die Königin, »ich kenne es nur allzu gut«. »Das tut nichts zur Sache, es muß Ihnen ein zweites Mal vorgelesen werden.«

Nach der Verlesung des Urteils führte der Gerichtsdiener Nappier einen jungen Mann herein, dessen »riesige Gestalt« die Zelle auszufüllen schien. Es war der Scharfrichter Henri Sanson, ein Sohn jenes Mannes, der Ludwig XVI. hingerichtet hatte, der aber sein Amt seit dem 21. Januar nicht mehr ausübte. »Ihre Hände!« sagte er. Die Königin wich zwei Schritte zurück und fragte verstört: »Wie? Sie wollen mir die Hände binden?« Der Henker nickte. »Aber Ludwig XVI. sind die Hände doch auch nicht gebunden worden.« Sanson blickte unsicher auf Hermann, dieser aber befahl ihm, seine Pflicht zu tun. »O mein Gott!« rief die Königin »bestürzt«. »Bei diesen Worten«, berichtete Larivière, »packte Henri die armen Hände der Königin und fesselte sie zu fest im Rücken. Ich bemerkte, wie die Fürstin stöhnte und die Augen zum Himmel aufschlug. Aber sie hielt die Tränen, die ihr in die Augen traten, zurück.«

Nun riß Sanson, dessen riesige Gestalt Marie Antoinette weit überragte, ihr die Haube vom Kopf und schnitt ihr mit einer plumpen Schere die Haare ab. Das Unglück hatte diese zwar gebleicht, aber ein aschblonder Schimmer war ihnen noch verblieben. Da sie glaubte, sie würde schon hier mit dem Beil gerichtet, blickte sie sich mit verstörten Augen um: der Scharfrichter stopfte eben ihre Haare in die Tasche, um sie hernach verbrennen zu lassen. Dann setzte er ihr die Haube, wobei er sie weit über den Scheitel zurückschob, wieder auf. Der Nakken der Delinquentin war freigelegt.

Gegen elf Uhr wurden die Tore der Conciergerie geöffnet. Vom Scharfrichter Sanson gefolgt, der sie an einem derben Strick, der ihre Ellbogen nach rückwärts zog, festhielt, verließ Marie Antoinette zwischen einem Doppelspalier von Gendarmen unter tiefem Schweigen ihr Gefängnis. Als sie den elenden Schinderkarren erblickte, überfiel sie eine Schwäche. Ludwig XVI. war noch in der Karosse zum Schafott gefahren worden. Sie kauerte sich in einer Ecke der Gefängniskanzlei, welche die »Souricière« hieß, nieder und bat, man möge ihr doch die Handfesseln lösen ... Dann hielt sie ihre Hände Sanson freiwillig wieder hin.

Das Bild der österreichischen Erzherzogin, des »charmanten und gefährlichen Lieblings einer veralteten Monarchie«, schwand dahin. Aber der Nachwelt verblieb das unvergängliche Bildnis einer Frau in weißem Kleid, die den Weg zum Schafott mit der ganzen Größe und Würde einer Königin von Frankreich gegangen ist.

Es war etwas wärmer geworden – um elf Uhr hatte es zehn Grad –, das Wetter war gut, ein leichter Nebelschleier, wie er Paris zu eigen ist, schwebte über der Stadt. In der Cour de Mai, im großen Hof des Justizpalastes, umringten Gendarmen zu Fuß und zu Pferd den kotbespritzten Henkerkarren. Zur Zeit, da das Leben noch leicht und heiter gewesen war, hatte die »Basoche«, die Körperschaft der Gerichtsschreiber, jeden Frühling hier einen bebänderten Maibaum aufgepflanzt, eine schöne Eiche, die von der Geistlichkeit »in großem Ornat« im Wald von Bondy ausgesucht worden war.

In der Rue de la Barillerie drängte sich das Volk in tiefem Schweigen hinter dem vergoldeten schönen Gitter ... Eine weiße Gestalt, vom Scharfrichter am Strick geführt, erschien unter der Arkade und blieb nach einigen Schritten vor dem Karren stehen, an dem eine kleine, fünfsprossige Leiter lehnte. Henri Sanson wies auf die unterste Sprosse und stützte die Verurteilte mit der Hand, als sie mit hocherhobenem Haupt die Leiter hinaufstieg. Dabei bemerkte die Menge, daß sie unter dem weißen Gewand einen schwarzen Unterrock trug. Ein schmales schmutziges Brett war quer über die Längsstangen des Karrens gelegt, über das die Verurteilte steigen wollte, um sich, mit dem Gesicht gegen die voreinandergespannten beiden Ackergäule, darauf zu setzen. Aber der Henker und sein Gehilfe hinderten sie daran: sie mußte sich mit dem Rücken gegen die Fahrtrichtung setzen.

Nach ihr erklomm der Abbé Girard die Leiter und setzte sich neben sie. Hinter ihnen stellte sich der Scharfrichter, an die Wagenleiter gelehnt, auf den Karren. In der einen Hand hielt er den Strick, in der andern seinen Dreispitz. Im rückwärtigen Teil des Karrens, ebenfalls mit abgenommenem Hut, stand sein Gehilfe.

Um ein Viertel nach elf setzte sich das elende Gefährt ratternd in Bewegung. Der Schauspieler Grammont, den Degen in der Faust, ritt ihm voraus, die Gendarmen flankierten es, die Pikenmänner folgten ihm nach. Das große Gitter wurde geöffnet. Das Volk verharrte in tiefer Stille: lautlos sah es zu, wie die Frau vorüberfuhr, der es vor zwanzig Jahren zugejubelt hatte. Marie Antoinette blickte mit rotgeränderten Augen bewegungslos und starr vor sich hin. Vielleicht warf sie, als sie über die Brücke fuhr, einen Blick auf die Türme ihres letzten Palastes, der Conciergerie. Sicherlich stand Fouquier am Fenster, um den Zug passieren zu sehen.

Auf dem Weg zum Schafott waren dreißigtausend Mann Truppen in Staffeln aufgestellt. Am Eingang zur Rue Saint-Honoré erhob sich wüstes Haßgeschrei. Der Karren hielt hier einen Augenblick an. Marie Antoinette blickte um sich. Ein Kind, das dessen Mutter in den Armen hochhob, warf ihr lächelnd eine Kußhand zu. Eine flüchtige Röte stieg ihr in die Wangen, ihre Augen füllten sich mit Tränen ... In der gleichen Stunde trieb der kleine König lachend seine Späße mit den Stadtverordneten im Temple, und in der Krypta von Saint-Denis wurde im Auftrag des Konvents der Sarg des vor vier Jahren in Meudon verstorbenen ersten Dauphin geöffnet und sein Leichnam in ein Massengrab geworfen ... Mit einem Ruck zogen die Ackergäule wieder an – Marie Antoinette hätte beinahe das Gleichgewicht verloren –, und der Karren fuhr unter dem Haßgeschrei der Menge weiter: »Ah, das sind jetzt nicht mehr deine Freunde aus Trianon!« »Platz da für die Österreicherin!« »Es lebe die Republik!« Aber Marie Antoinette schien nichts zu hören. Gleichgültig blickte sie auf die schmalen Hausfassaden, vor denen sich die unzähligen trikoloren Flaggen im leichten Herbstwind wiegten.

Der Karren ratterte an dem Schwibbogen vorbei, der den Zugang zum Jakobinerkloster überwölbte und an dem ein Schild mit der Aufschrift: »Republikanische Waffenwerkstatt zur Niederwerfung der Tyrannen« angebracht war. Marie Antoinette schien die Schrift nicht recht entziffern zu können und wandte sich zum erstenmal an den Priester, um ihn zu fragen. Der Abbé, der den Blick seit dem Beginn der Fahrt unverwandt auf ein elfenbeingeschnitztes kleines Christusbild geheftet hielt, wollte eben erwidern, als Grammont, den Degen schwingend, sich in den Steigbügeln hob und in die Menge brüllte: »Da ist sie, die infame Antoinette! Jetzt, meine Freunde, wird sie hin!« Geschrei und Zurufe zollten ihm Beifall, die Trikoteusen, die sich mit roten Mützen auf dem Kopf und Piken in der Faust auf den Stufen der Kirche Saint-Roch angesammelt hatten, heulten frenetisch auf.

Die Rue Saint-Honoré schien kein Ende nehmen zu wollen ... Wie oft war Marie Antoinette des Abends in ihrer von acht Schimmeln gezogenen Karosse durch die Straße gefahren! Die Kanonen des Invalidenpalastes hatten den Ehrensalut gedonnert, die Kanonen der Bastille antworteten aus der Ferne. Paris hatte die Stadtwache mobilisiert, um für die Sicherheit seiner Herrscherin vorzusorgen. Auf dem Platz Ludwigs XVI. standen zwölf Kanonen, die beim Vorüberfahren der von zwanzig galoppierenden Gardereitern eskortierten Karosse abgefeuert wurden. Und in dem von Gold und Silber strotzenden Gefährt saß damals eine junge, tief dekolletierte Frau im Reifrock mit hochgetürmter Frisur, die heiter scherzte und lachte ... An diesem Oktobermorgen jedoch befand sie sich auf dem Weg zum Schafott ...

Die Menge drängte sich in immer dichteren Reihen. In der Nähe des Wohnhauses Robespierres, das die Nummer 404 trug, sagte eine Mutter, als sie das Nahen des Zuges hörte, zu ihrer Tochter: »Weine ja nicht bei ihrem Anblick, sonst werden wir alle geköpft.« Der Karren zog vorüber; »er holperte über das Pflaster, man hörte ihn in allen Fugen knacken, als ginge er in Stücke«. »Tod der Österreicherin!« schrie eine Weiberstimme. Marie Antoinette warf dem Weib »einen verächtlichen Blick« zu, der aber sogleich erlosch: sie hatte in der Ruferin eine ehemalige Kammerfrau erkannt ... Ob ihr wohl auch an einer Straßenecke eine Gruppe von schlicht gekleideten »ehrbaren« Leuten aufgefallen ist? Es waren die Perückenmacher. Aber sie vermochten nichts zu unternehmen, da kaum achtzig Mann zur Stelle waren: etwa dreißig kleine Leute aus der »Section des Incorruptibles« (dem Quartier des Arcis) und zweiundfünfzig aus der Kaserne von Vanves. Die Polizeispitzel hatten sie rechtzeitig denunziert, die Polizei hatte ihre Pflicht getan und die Bewegung »im Keim erstickt«. Am 17. Januar 1794 fand die »Verschwörung der Perückenmacher« vor dem Revolutionstribunal ein blutiges Nachspiel.

Es schlug zwölf Uhr. – Seit acht Uhr morgens strömte das Volk auf den Platz der Revolution, der jetzt schwarz von dichtgedrängten Menschen war. Als sich der Karren durch die Ex-Rue Royale dem Platze näherte, wurde applaudiert und »Es lebe die Republik« gerufen. »Man erkannte die Aristokraten mühelos an dem verkniffenen Mund und der betretenen Haltung«, schrieb ein Polizeibeamter.

Ein paar Minuten nach zwölf. – Der Karren ratterte über das holprige Pflaster des Platzes. Das Antlitz der Königin verriet keinerlei Erregung. »Die Dirne ist kühn und frech bis zum Ende geblieben«, schrieb Hébert am nächsten Tag im »Père Duchesne«. Sie wendete den Kopf nach rechts, erblickte die Tuilerien, wechselte die Farbe und »wurde noch viel blässer«. Der Karren näherte sich dem Blutgerüst, der Applaus nahm zu, Hüte wurden in die Luft geschleudert. Die Königin blickte noch immer nach rechts, wo nun die Schloßfassade durch die lange Allee sichtbar wurde. Vor zwanzig Jahren, am Abend ihres feierlichen Einzugs in Paris, hatte die auf dem Platz Ludwigs XV. sich drängende Menge ebenso applaudiert wie heute und die Hüte in die Luft geworfen, als Marie Antoinette und ihr Gemahl sich auf der Terrasse zeigten. »Freudenausbrüche und Tränen der Rührung mengten sich, sooft der Herr Dauphin und die Frau Dauphine die Güte hatten, den Bürgern ein Zeichen ihrer Zuneigung zu geben.« – »Madame, Sie sehen hier zweihunderttausend Menschen, die in Sie verliebt sind«, hatte der Marschall von Brissac gesagt . . .

Der Karren hielt vor dem Blutgerüst an. – Rasch und ohne sich helfen zu lssen stieg Marie Antoinette herunter, wendete sich um und erblickte die beiden Arme der Guillotine, zwischen denen das Dreieck des schwarzen Fallbeils blinkte. Dann stieg sie die steilen Stufen zum Schafott mit solcher Eile hinauf, daß sie einen ihrer kleinen Schuhe »à la Saint-Huberty« verlor. Auf der Plattform angelangt, trat sie dem Henker auf den Fuß und sagte höflich: »Ich bitte Sie um Entschuldigung, Monsieur, ich habe es nicht mit Absicht getan.« Das waren ihre letzten Worte.

Marie Antoinette warf einen Blick über den weiten Platz. Die Gehilfen des Henkers traten an sie heran. Mit einer raschen Bewegung streiften sie ihr die Haube vom Kopf. Sie schloß die Augen und fühlte, wie sie zu dem aufrechtstehenden Brett gezogen und an dieses gebunden wurde. Wie lange schien ihr das zu dauern! Endlich wurde das Brett gesenkt, und sie spürte auf ihrem Nacken den Druck des schweren, hölzernen Rahmens, der festgeschraubt wurde . . . Dann fiel das Beil, und alles war vorüber.

Es war ein Viertel nach zwölf. – Zwischen dem Augenblick, da sie die Plattform betreten, und dem dumpfen Fall des Beiles waren vier Minuten vergangen . . . Ein Gehilfe des Henkers hob das bluttriefende Haupt an den weißen Haaren in die Höhe und zeigte es, nach allen Seiten hin, der applaudierenden Menge.

Plötzlich stürzten die Gendarmen vor und warfen sich auf einen Mann, der unter dem Schafott hervorkroch. Seine Schuhe waren mit

Blut bedeckt, in der Hand hielt er ein blutbeflecktes Taschentuch und zwischen den Zähnen eine Nelke. Es war der Trödler Maingot. Er wurde vor das Tribunal gestellt, doch gelang es ihm, seinen Freispruch zu erreichen. Ja, man gab ihm sogar sein blutbeflecktes Schuhwerk und das Taschentuch zurück.

Während Maingot nach der Sektion der Tuilerien abgeführt wurde, gab die angesammelte Menge eine Gasse frei, um den blutigen Karren mit dem Leichnam durchfahren zu lassen. Er hielt auf dem kleinen Friedhof der Madeleine, wo die Henker bemerkten, daß weder ein Sarg noch ein Grab vorbereitet war. Und da sie es eilig hatten, zum Mittagessen zu kommen, warfen sie den Leichnam mit dem Haupt zwischen den Beinen einfach ins Gras . . .

Der herbstliche Nebel hatte sich verflüchtigt. Es erhob sich ein starker Wind. Im Norden stieg schweres Gewölk auf, das den ganzen Himmel allmählich bedeckte.

# ZEITTAFEL

| | |
|---|---|
| 1755 | 2. November: Marie Antoinette geboren als Tochter von Kaiserin Maria Theresia, Königin von Böhmen und Ungarn, und Franz Stephan von Lothringen, seit 1737 Großherzog von Toscana, seit 1745 als Kaiser Franz I. Mitregent. |
| 1755–1783 | Nordamerikanischer Freiheitskrieg. |
| 1756–1763 | Siebenjähriger Krieg. |
| 1756 | 16. Januar: Westminsterkonferenz zwischen Preußen und England.<br>1. Mai: Bündnis zwischen Frankreich und Österreich. |
| 1762 | Verbot des Jesuitenordens in Frankreich. |
| 1763 | 10. Februar: Friede von Paris. Frankreich verliert das nordamerikanische Kolonisationsgebiet. England erste Kolonialmacht der Welt.<br>15. Februar: Friede von Hubertusburg zwischen Österreich, Preußen und Sachsen. |
| 1765 | 18. August: Kaiser Franz I. gestorben. Joseph II. wird Nachfolger. |
| 1770 | 19. April: Marie Antoinette und der Dauphin per procurationem in Wien verheiratet.<br>16. Mai: Hochzeit in Versailles. |
| 1772 | Erste Teilung Polens. |
| 1773 | 8. Juni: Marie Antoinettes Einzug in Paris. |
| 1774 | 10. Mai: Ludwig XV. gestorben. Sein Enkel Ludwig XVI. wird Nachfolger. |
| 1776 | 4. Juli: Unabhängigkeitserklärung der 13 nordamerikanischen Kolonien. |
| 1777 | April/Mai: Besuch Josephs II. in Versailles. |
| 1778 | Bündnis Frankreich – USA. Eintritt Frankreichs in den Krieg gegen England. |

|      | 19. Dezember: Geburt der Madame Royale, der späteren Herzogin von Angoulême. |
|------|---|
| 1780 | 29. November: Kaiserin Maria Theresia gestorben. |
| 1781 | 22. Oktober: Geburt des ersten Dauphin, Louis Josephe. |
| 1783 | 3. September: Friede von Versailles. Großbritannien erkennt die Unabhängigkeit der Vereinigten Staaten an. |
| 1784 | 11. August: Fingierte Begegnung Marie Antoinettes mit Kardinal Rohan im Park zu Versailles. |
| 1785 | 29. Januar: Rohan kauft das Halsband.<br>27. März: Geburt des zweiten Dauphin (Ludwigs XVII.).<br>15. August: Verhaftung Rohans in Versailles. |
| 1786 | 31. Mai: Urteilsverkündung im Halsbandprozeß.<br>9. Juli: Geburt der Prinzessin Sophie-Béatrice.<br>17. August: Friedrich der Große von Preußen gestorben. |
| 1787–1792 | Letzter Krieg Österreichs gegen die Türken. |
| 1787–1788 | Adelsrevolte in Frankreich. |
| 1787 | 19. Juni: Prinzessin Sophie-Béatrice gestorben. |
| 1788 | Agrarkrise in Frankreich. |
| 1789 | 4. März: Proklamation der amerikanischen Verfassung.<br>5. Mai: Die französischen Generalstände treten – erstmals seit 1614 – in Versailles zusammen.<br>3. Juni: Dauphin Louis Josephe gestorben.<br>17. Juni: Der Dritte Stand konstituiert sich als Nationalversammlung (1789–1791 Verfassunggebende Versammlung).<br>20. Juni: Ballhaus – Schwur.<br>14. Juli: Sturm auf die Bastille.<br>Juli: Beginn der Emigration (Artois, Polignac).<br>4. August: Beschluß der Nationalversammlung, die Feudalordnung aufzuheben, Frondienste und Standesprivilegien abzuschaffen.<br>26. August: Erklärung der Menschen- und Bürgerrechte.<br>1. Oktober: Bankett der Leibgarden in Versailles.<br>5. Oktober: Marsch der Pariser Marktfrauen nach Versailles. |

6. Oktober: Die königliche Familie wird zur Übersiedelung nach Paris gezwungen.
10. Oktober: Einziehung der Kirchen-, Kron- und Emigrantengüter.
Gründung der Jakobinerklubs in Paris, dann in ganz Frankreich.

1790
20. Februar: Kaiser Joseph II. gestorben. Leopold II., seit 1765 Großherzog von Toscana, wird Nachfolger.
19. Juni: Abschaffung des erblichen Adels durch die französische Nationalversammlung.
3. Juli: Begegnung Marie Antoinettes mit Mirabeau in Saint-Cloud.
12. Juli: Zivilverfassung des Klerus. Verstaatlichung der französischen Kirche, Priesterwahl, Aufhebung der Klöster. Über die Hälfte der französischen Geistlichkeit lehnt den Eid auf die Verfassung ab.

1791
2. April: Mirabeau gestorben.
20.–25. Juni: Flucht der königlichen Familie nach Varennes und erzwungene Rückkehr in die Tuilerien.
27. August: Pillnitzer Deklaration. König Friedrich Wilhelm II. von Preußen und Kaiser Leopold II. beschließen, die Monarchie in Frankreich zu stützen.
3. September: Inkrafttreten der Verfassung.
14. September: Der König leistet den Eid auf die Verfassung.
1. Oktober: Die Gesetzgebende Versammlung nimmt ihre Tätigkeit auf.

1792
13./14. Februar: Fersen zum letztenmal in den Tuilerien.
1. März: Leopold II. gestorben. Sein Sohn Franz II. wird deutscher Kaiser.
29. März: König Gustav III. von Schweden gestorben.
20. April: Kriegserklärung Frankreichs an Österreich. 1792 bis 1797 Erster Koalitionskrieg Frankreichs gegen Österreich und Preußen.
19. Juni: Veto Ludwigs XVI.
20. Juni: Erster Sturm auf die Tuilerien.
10. August: Erstürmung der Tuilerien. Die königliche Familie begibt sich in die Nationalversammlung.
13. August: Suspendierung der königlichen Gewalt. Ludwig XVI. und seine Familie werden in den Temple gebracht.
2.–6. September: Massaker in den Gefängnissen (Septembermorde).
3. September: Ermordung der Prinzessin Lamballe im Gefängnis La Force.

Beginn der zweiten Welle der Adelsemigration.
20. September: Kanonade von Valmy. Rückzug Preußens. Besetzung des linken Rheinufers und Eroberung Belgiens durch die Revolutionsheere.
21. September: Zusammentreten des Nationalkonvents. Abschaffung des Königtums. Beginn des Jahres I der Französischen Republik.
11. Dezember – 20. Januar 1793: Prozeß gegen den König.

1793
21. Januar: Ludwig XVI. hingerichtet.
Das Deutsche Reich, England, Holland, Spanien, Portugal, Sardinien und Neapel schließen sich daraufhin der antifranzösischen Koalition an.
10. März: Installation des Revolutionstribunals.
6. April: Errichtung des Wohlfahrtsausschusses. Vorsitzender wird Danton.
Juni/Juli: Sturz der Girondisten.
3. Juli: Trennung des Dauphin von Marie Antoinette.
13. Juli: Ermordung Marats.
24. Juli: Robespierre übernimmt den Vorsitz im Wohlfahrtsausschuß.
1. August: Überführung Marie Antoinettes in die Conciergerie.
23. August: Der Nationalkonvent beschließt die »Levée en masse«.
28. August – 2. September: Nelkenkomplott.
September: Beginn der Schreckensherrschaft.
3. Oktober: Dekret des Nationalkonvents, die Witwe Capet vor das Revolutionstribunal zu stellen.
6./7. Oktober: Befragung des Dauphin, der Madame Royale und der Madame Elisabeth im Temple.
12. Oktober: Erstes Verhör der Königin.
14./15. Oktober: Prozeß der Königin.
16. Oktober: Hinrichtung Marie Antoinettes.

1795
8. Juni: Tod Ludwigs XVII. im Temple.

# HAUS VALOIS/BOURBON

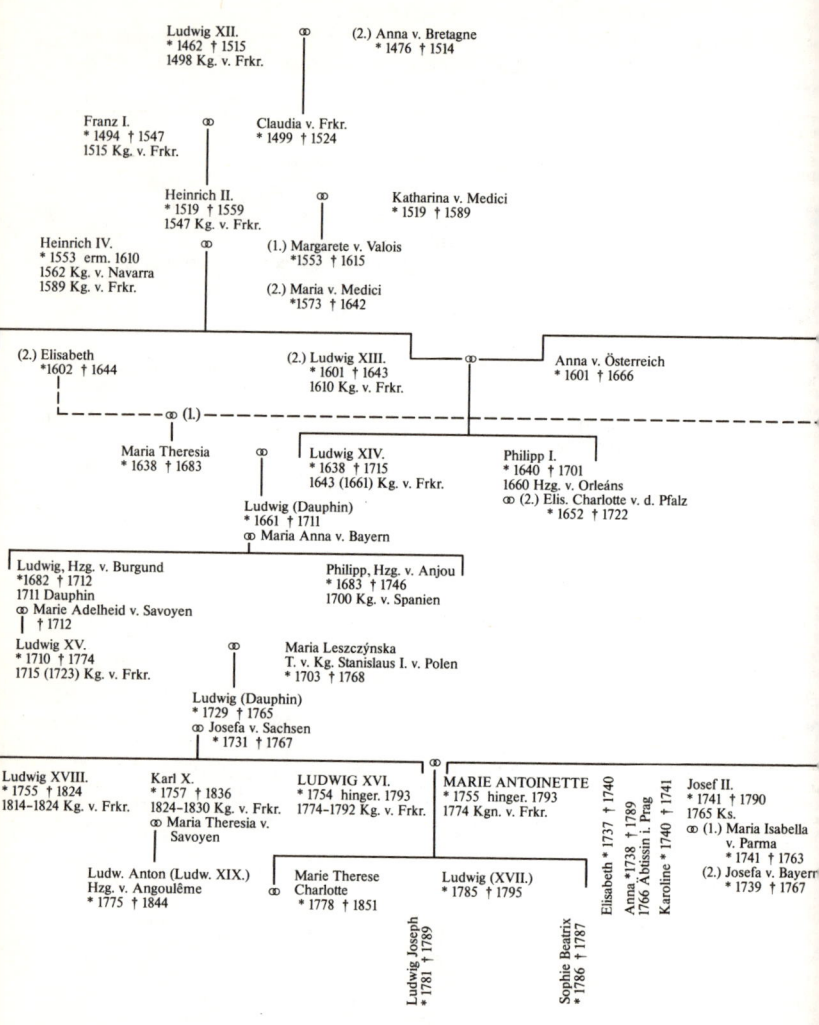

# SPANISCHE UND ÖSTERREICHISCHE HABSBURGER

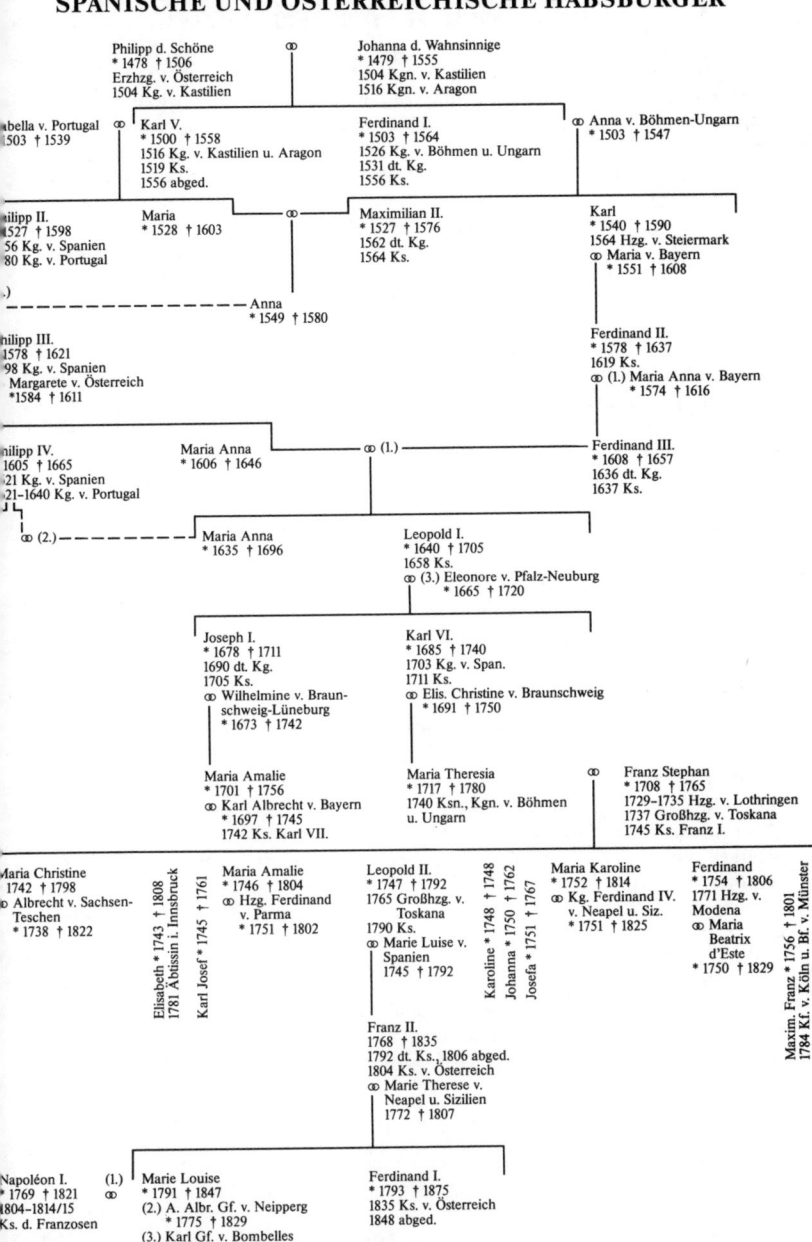

# QUELLEN- UND LITERATURVERZEICHNIS

Am Vorabend der Revolution hätte man nicht allzu viele Franzosen gefunden, welche Marie Antoinette die Gefühle entgegenbrachten, die wir heute für sie empfinden. Nicht einmal die von ihr erlittene Todesstrafe vermochte den Haß gegen sie zu mildern. Um sich davon zu überzeugen, brauchte man bloß die im Nationalarchiv verwahrten zahllosen Briefe und Eingaben durchzusehen, in welchen Konvent und Revolutionstribunal beglückwünscht wurden, daß sie die Welt von dieser »blutdürstigen Tigerin« und »Giftschlange«, von dieser »Menschenfresserin« und »unerbittlichen Megäre« befreit hatten, »die den heiligen Boden der Freiheit nur allzu lange mit ihrem pestilenzialischen Atem entweiht hat«.

Um die Ursachen eines solchen Hasses verständlich zu machen, habe ich möglichst vermieden, dem Beispiel der meisten meiner Vorgänger zu folgen, die den ersten Lebensabschnitt Marie Antoinettes in eine Reihe von Einzelthemen zerlegten (die Favoritin, das Ehedrama, Marie Antoinette und ihre Mutter, die Feste, die Freunde, die Ausgaben etc.). Denn diese Methode schien mir kein treffendes Bild der Königin zu vermitteln. Ich zog es vor, den Ablauf ihres Lebens in chronologischer Folge vorzuführen. Zu diesem Zweck aber mußte ich auf die Quellen zurückgreifen.

Ich weiß zwar nicht, ob es mir gelungen ist, meine Absicht zu verwirklichen, aber ich habe jedenfalls zahlreiche, bisher unbeachtet gebliebene Dokumente über das Leben sowohl der Königin wie der Witwe Capet und andere Texte verwendet, die so sehr in Vergessenheit geraten sind, daß sie »als noch nicht publiziert gelten können«.

## I

### Wien

Haus-, Hof- und Staatsarchiv, Wien: Zeremonialakten, Sonderreihe, Bd. 52 (Feste im Belvedere vom 17. 4. 1770 und im Palais Liechtenstein vom 28. 4. 1770); Hausarchiv, Familienakten, Kart. 50 (Trauung per procurationem und diverse Zeremonien); Kart. 55 (Schulaufgabe der kleinen Antonia). – Alle Korrespondenzen von Mercy, Durfort, Kaunitz, Choiseul, Archiv des Ministère des Affaires Etrangères (France 426, Vienne 285, 307, 308, 310, 311, 312) und Österr. Staatsarchiv (Dossier St. K. Frankreich, Berichte Fasz. 207, 208, 209, 210).

Maurice Boutry: Le mariage de Marie Antoinette; Comtesse d'Armaillé: Marie-Thérèse et Marie Antoinette. Vor allem: La Correspondance secrète de Mercy-Argenteau avec Marie-Thérèse, Kaunitz et Joseph II, publiziert von A. von Arneth, Flammermont und Geffroy, welche die Grundlage aller Studien über Marie Antoinette bildet.

## II

*Von Wien nach Paris und die Trauung in Versailles*

1. Wiener Archive: Familienakten Kart. 50 (Brautzug, Suite, Günzburg, Übergabe). St. K. Provinzen, Vorder-Österreich, Fasz. 10 (Reise, Brautzug, die Etappen etc.). 2. Archives Nationales, Paris: 01.3254 (Übergabe, Straßburg, Hochzeitsfeierlichkeiten); K 1715 (Reise, Hochzeitsfeierlichkeiten); 01.3791, 01.3793, 01.3797, 01.3252, 01.3253, 01.3254 (Hofstaat der Dauphine); K 506 (Etikette, Zeremoniell); 01.1783 (Opernhaus); K 1015 (der Abend des 30. 5. 1770: nicht publizierter Bericht über die Katastrophe). 3. Affaires Etrangères: France 426, 429, Vienne 285. 4. Handschriften: Nouvelles à la main de la Maison de Penthièvre (Bibl. Mazarine); Manuscrit de Hardy (B. N.); Registre de l'Intendant des Menus (Mazarine); Mémoires inédits du comte de Caraman (im Besitz der Gräfin du Bouchage).

Druckschriften: Mercure de France (Mai, Juni, Juli, August 70); La Gazette (id.); Memoiren von Weber, Goethe, Frau von Oberkirch, Mme de Boigne, Mme Campan, Mme de Croy etc. Mémoires secrets, Correspondance de Mme du Deffand, Mouffle d'Angerville (Vie privée de Louis XV) und Arbeiten von Pierre de Nolhac (Marie Antoinette, dauphine), Maurice Boutry (Le mariage de Marie Antoinette), Funck-Brentano (L'Affaire du collier, 1. Kap.), Lenotre (Versailles), L. Dussieux (Le château de Versailles).

## III

*Die Dauphine*

Archives Nationales, Paris: Dossiers, op. cit., und: K 1014, 1016 (Zeremoniell und Etikette), 01.3792, 01.3785, 01.3786, 01.3797 (Hofstaat der Dauphine), 01.1044, 01.903 (Tod Ludwigs XV.). – Memoiren des Grafen Caraman. – Correspondance de Marie Antoinette, herausgegeben von La Rocheterie und Beaucourt. Die von Feuillet de Conches und von Hunolstein publizierten Briefe sind fast durchwegs unecht. Mémoires de Besenval. Duc de Liancourt: La dernière maladie de Louis XV (publiziert von Paul Cottin in der Revue Rétrospective). Jeanne-Armand Bouteloup: Marie Antoinette et l'art de son temps. Jean Combarieu: L'Histoire de la Musique. Desnoiresterres: Gluck et Piccini. A. Schmidt: Ch. von Gluck. La Rocheterie: Histoire de Marie Antoinette. Duc de Broglie: Le Secret du Roi. Alfred Leroy: Madame du Barry. Pierre Lafue: Louis XV, etc.

## IV

*Die Königin*

Archives Nationales, Paris: 01.1044 und 01.903 (Thronbesteigung Ludwigs XVI.); K 1016 und 1017 (Trauer, Zeremoniell); K 1714, K 161, 01.3250

(Salbung Ludwigs XVI.); K 505 (Rechnungen, Ausgaben, Reise nach Fontainebleau); 01.3791 (Mme de Lamballe, Bibliothek, Garderobe); 01.3194 (Kerzen); 01.3792 (Bereicherung des Grafen Jules de Polignac, Garderobe der Königin); 01.3795, 01.3796, 01.3797 (Hofstaat der Königin); 01.3793 (Ausgaben); K 3796 (Saint-Cloud); K 159 bis 164 (Papiers des rois); 01.1883, 01.1072, 01.1885 (Trianon); 01.3193 (Menus de Trianon); K 161 (Joseph II. betreffende Briefe); K 506 (Besuch des Grafen von Haga, des Grafen du Nord und Josephs II.; Etikette, Hofleben); 01.1031, 01.1032 (Equipagen); 01.903 (Wagen); 01.3798, 01.3799 (Hofstaat der kgl. Prinzen); 01.3469, 01.3470 (Inventar des Schlosses etc.). Im Eisenschrank des Archivs: Garderobe des atours de la Reine, Gazette pour l'année 1782, mit den Stoffmustern der Kleider der Königin. K 1015–1019 (zahlreiche noch nicht publizierte Einzelheiten über die Geburten in der königlichen Familie und Marie Antoinettes, die Krankheit des Dauphins, die ihm gewidmeten Geschenke, seine Beisetzung, die Trauerfeierlichkeiten, die Besuche der Königin in Paris und in der Oper, die ihr gegebenen Feste, der nach Versailles gebrachte Riesenfisch, die Beziehungen zwischen den Messieurs de la Ville und der königlichen Familie). Diese Dossiers werden ergänzt durch die nicht publizierten Informationen über den Hofstaat des Königs und der Königin: 01.3791 (Einzug in Paris), 01.3260 und K 161 (Geburt der königlichen Kinder); K 903 (Krankheit und Beisetzung des Dauphin).

Mémoires, Souvenirs, Journal: Oben zitierte Werke und: Tilly (publiziert von Christian Melchior-Bonnet), d'Hézèques, Ligne, Lauzun, Vigée-Lebrun, Saint-Priest (publiziert von Marcel Thiébaut), Levis, Augeard, Tourzel, La Marck, Papillon de La Ferté, Diane de Polignac, Luynes, Maurepas, Belleval, Richelieu, Liedekerque-Beaufort (publiziert in der Revue de Paris, Mai 1952), Mme Eloff, Hanet-Cléry, Abbé de Veri (publiziert von P. de Nolhac), Talleyrand, Esterházy, Staël-Holstein, Genlis, Volude, Lage, Frenilly, Aiguillon (ministère), Mémoires von Souslavie, Collé, Bachaumont, historische und anekdotenhafte Memoiren, Correspondance secrète, Korrespondenz von Métra, Grimm, Walpole etc.

P. de Nolhac: La reine Marie Antoinette; Le Trianon de Marie Antoinette; Autour de la Reine. M. Mauricheau-Baupré: Versailles. d' Alméras: Les Amoureux de la Reine. Stefan Zweig: Marie Antoinette. Die Werke von: Fleichmann, Maugras, Küntzler, Lescure, Serieys, Ségur, Viel-Castel, Otto Friedrich, Hilaire-Belloc, Maurice de La Fuye, Jullien Kageneck, Paul Gruyer, Lenotre, Leroy, La Rocheterie, Baumann, Ed. Pilon, Robiquet, Renard, Geoffroy, La Faye etc. und die verschiedenen Werke von Goncourt.

V

*Fersen*

Alma Söderhjelm: Fersen und Marie Antoinette (nach dem Tagebuch und der Korrespondenz, beides im Archiv in Stafsund, Schweden). Die Briefe Fersens an seine Schwester Sophie, Archiv Schloß Lösta. R. M. von Klinckowström: Der Graf von Fersen. Henry Valloton: Marie Antoinette und Fersen. Charles

Kunstler: Fersen et son secret. Paul Gaulot: Un ami de la Reine. P. de Witt: Le comte de Fersen et la cour de France, etc. – Figaro Littéraire vom 12. 7. 1952 (Chronik von Pierre Audiat), Intermédiaire des Chercheures et des Curieux vom 20. 3. 1906 (G. Laguerre über Memoiren der Mme Campan).

## VI

### Die Halsbandaffäre

Archives Nationales, Paris: K 162, K 163. – Die Werke von Compardon, Funck-Brentano; Combes, G. Chaix d'Est-Ange; die Memoiren von Beugnot. Amtlicher Bericht des Polizeileutnants de Crosne (publiziert von Funck-Brentano).

## VII

### Die Revolution

Archives Nationales: K 1719 (Generalstände), K 506 (in die Münze gesandtes Tafelgeschirr); K 164 (der 5. u. 6. Okt. 1789); K 505 (Tuilerien, kgl. Küche, Garderobe, Einrichtung); D. XXIX bis 31 à D. XXIX bis 38, F7. 4385, F7. 6762, M. 664, AD. 101, C. 71, A. 194, W. 290 und W. 33 (Varennes). – M. 664, Dossier Nr. 21 (nicht publizierte Einzelheiten über »Belagerung, Erstürmung und Plünderung der Tuilerien«); ADJ. 101 (Vorabend des 20. Juni, ADJ. 102 (der 20. Juni 1792); F7. 4774, 70 (die bei Pétion beschlagnahmten Papiere); C 185 (die Briefe Roederers); F7. 3688, W. 15, F7. 4390, W 319. – C 222 (in den Tuilerien beschlagnahmte Papiere: zahlreiche nicht publizierte Details, vor allem den Bericht Rougevilles an die Königin, der auf dem Tisch ihrer Kammerfrau Mme Thiébault beschlagnahmt wurde, aus dem seine bedeutsame Rolle vom 20. 6. 1792 hervorgeht). C 222 (bei Mme de Tourzel gefundene Papiere), C 185 (Abreise Durathons); ADJ. 101 und F7. 4387 (Verteidigungsmaßnahmen, Berichte von Augenzeugen, Anzeigen, »Gegenrevolution«, etc.). Über den 10. 8. 1792: C 222 (der kurze Bericht des Abbé Gallois); F7. 4774.70 (die Papiere Pétions). Aus Platzmangel konnte ich folgende nicht publizierten Dokumente nicht verwenden, weise aber auf sie hin: W 19, C 161, F7. 4408, C 162, F7. 4666, M. 667, C 184, F7. 4426, C 159.

Mémoires, Souvenirs, Correspondances. Außer den schon zitierten Werken: Roederer, Dumont, Mathieu, Dumas, Lafayette, Paroy, Gouverneur Moriss, Mme de La Tour du Pin, Mercier, Mounier, Mme de Béarn, de Staël, La Rochefoucauld, Cubières, Rivarol, Mallet du Pan, Chastenay, Lindet, Mirabeau-Lamarck, Journal d'un Garde Suisse (publiziert von A. Augustin-Thierry in Revue des Deux-Mondes vom 1. 8. 1928), etc.

Gedruckte Werke. Über den 5. und 6. 10. 1789: Procédure criminelle instruite au Châtelet de Paris, 2 Bde., und Dom. Leclercq: Les journées d'octobre. Über die Revolution: Pierre Gaxotte: La Révolution française; Octave Aubry: La Révolution française; Louis Madelin: Le Crépuscule de la Monarchie und La

Révolution; Vte Fleury: Les derniers mois de Versailles; P. Sagnac u. J. Robiquet: La Révolution française de 1789, etc. Ferner »Moniteur« und andere Zeitungen und Broschüren der Epoche.

Das XIV. Kapitel betreffend: Alma Söderhjelm: Marie Antoinette et Barnave; J. J. Chevalier: Barnave; J. Arnauld Bouteloup: Marie Antoinette et la politique. – E. Bimbenet: La Fuite de Louis XVI à Varennes, d'après les documents judiciaires.

## VIII

### Die Feuillants und der Temple

Archives Nationales, Paris: F. 4.1310 (Les Feuillants); AA 53.1486 und F 4.1304 bis F 4.1314 (Lieferungen, Rechnungen, Korsettmacherin, Trauer etc.); F 4.4390 (die Möbel des Temple); F 4.1319 (Bad); W 400 (Toulan); F 4.4391 bis 93 (das Leben im Temple).

Mémoires, Relations, Souvenirs: Madame Royale, Pauline de Béarn, Mme de Tourzel, Cléry, Hüe, Trugy, Abbé Edgeworth de Firmont, Dufour (Feuillants) und die Kommissare: Danjon, Goret, Lepitre, Moëlle.

Paul Gaulot: Un complot sous la Terreur; La Morinerie: Papiers du Temple; Lenotre: La captivité de Marie Antoinette, Louis XVII. Die Studien von Bord, Ch. Kunstler, Louis Hastier, Veil-Castel, Reiset, Gautherot, Funck-Brentano, Maurice Garçon, etc.

## IX

### Die Conciergerie

Berichte von Augenzeugen: Rosalie Lamorlière (sie stammte aus Breteuil in der Picardie und war während Marie Antoinettes Gefangenschaft Dienstmagd in der Conciergerie); Mme Simon-Vouet; Louis Larivière (Schließer in der Conciergerie); Mlle Fouché; Witwe Bault (deren Berichte aber nicht verläßlich sind); Challamel: Clubs contre Révolutionaires; Saint-Hugues: Marie Antoinette (publiziert 1815).

Archives Nationales, Paris: W 15.534 (Gefangenenregister); F7. 4392/93, W 296, Wia. 112 (Rechnungen); F7. 1319 u. W 151 (Gesundheitszustand der Königin). Gefangenenregister und Wia. 121 (Liste der Gegenstände im Besitz Marie Antoinettes). Über die Conciergerie, ihre Topographie und den Justizpalast: C 226, F 13.1528, F 13.1279, AF. 11, 22.170.55, F 16.580.

Berryer: Souvenirs: A. M. Cazenave: Etude sur les Tribunaux de Paris; Thierry: Guide du voyageur et de l'étranger (1787); F. Gebelin: La Sainte-Chapelle et la Conciergerie; und vor allem: Riouffe: Mémoires d'un détenu.

## X

*Das Nelkenkomplott*

Musée des Archives, Paris. W 296, Nr. 261, Armoire de fer: Protokolle der Verhöre: »Witwe Capet« (2), Michonis (2), Mme Harel (1), Gendarm Gilbert (2 und sein Bericht vom 3. 9. 1793), Fontaine (2), Dufresne (1), Mme Richard (2), Leutnant Brasse (1), Mme Dutilleul (1).

Archives Nationales, Paris: F7. 6413 (Dossier Rougeville); W. 296.261 (Dossier Michonis); W 296; F7. 4392 (Rechnungen über die im Raum der Apotheke in der Conciergerie ausgeführten Arbeiten, die bisher anscheinend unbeachtet geblieben sind).

Archives de la Guerre, Paris: Série E. Saint-Louis, 13 A, Vo 197, Nr. 93 (speziell über das Rougeville verliehene Sankt-Ludwigs-Kreuz).

Gustave Bord: Autour du Temple; Lenotre (dessen These sich von unserer Annahme wesentlich unterscheidet): Le vrai Chevalier de Maison-Rouge; P. E. Regnaud: 2 Kleine Bände (Anfang 1795) über den 10. 8. 1792 und die Rolle, die Rougeville im Juli und August 1792 gespielt hat).

## XI

*Die Kommunion der Königin*

Mlle Fouché: Souvenirs; Abbé Magnin: Déclaration (Le Monde vom 23. 7. 1864); La Communion de la Reine à la Conciergerie (Le Monde, 31. 5. 1863); Abbé Delare: L'Egilse de Paris sous la Révolution; Abbé Gosselin: La Vie de l'Abbé Emery; A. de Ségur: Episode de la Terreur (1864); Revue des questions historiques (1870); G. Lenotre: Marie Antoinette; La Captivité et la Mort; Gustave Bord: Autour du Temple.

## XII

*Der Prozeß*

H. Wallon: L'Histoire du Tribunal Révolutionnaire; Campardon: Le Tribunal Révolutionnaire de Paris; G. Lenothe: Le Tribunal Révolutionnaire. – »La Révolution Française«, 1883–1884 herausgegeben von Auguste Dide (Text des Prozesses der Königin; Verhörprotokolle von 5./6. 10. 1793: Ludwig XVII., Madame Royale, Mme Elisabeth) und W. 290. – Chauveau-Lagarde: Souvenirs; die Dossiers Chauveau-Lagarde und Tronson du Coudray; Marcel Rousellet: La Souveraine devant la Justice (F7. 4774,94); La Déclaration der Brüder Humbert (herausgegeben von Mme Simon-Vouet). Die Dossiers W 295, 296, 297, AE 15, 18, F 4.1319, Wia. 121, F 13.1279. Die Dossiers C. 166, C. 271, 272, 276, 279 bis 286 enthalten die zahlreichen Forderungen nach Aburteilung der Königin und die Glückwünsche nach der Hinrichtung. B. N. Mss. fr. 12759 (das Billett des Tischlers Trinchard an seinen Bruder). Der Bericht des englischen

Spions über die Geheimsitzung des Wohlfahrtsausschusses wurde von Francis Dracke publiziert in: Historical manuscripts commission. The manuscripts of J. B. Fortescue, esq. preserved at Dropmore (Vol. II).

## XIII

### Die Hinrichtung

Die Einzelheiten über die letzten Stunden der Königin sind entnommen den Berichten von: Rosalie Lamorlière und der Augenzeugen Louis Larivière, Gendarm Leger, Desessarts, Charles Defossés, Rouy, Hébert, Lapierre, Notelet (von Jules Mazé publizierte Briefe), nicht publizierter Bericht des Polizisten Roubaud (F7. 3688,3) und eines unbekannten Polizisten (Fic. III, 13). Das Archiv des Observatoriums gibt für jede Stunde des 14., 15. und 16. Okt. 1793 das Wetter an. – Dossier W. 291 (183) enthält die Affäre Maingots, der blutbefleckt unter dem Schafott hervorkroch. Dossier W 311 (Die Verschwörung der Perückenmacher). Im Gefangenenregister der Conciergerie (W. 15.534, 11) werden die Effekten der Königin aufgezählt (Hemden aus feiner Leinwand, eine Mantille, zwei Paar schwarze Strümpfe, eine Linonhaube, ein Kreppgürtel, eine Puderquaste, eine kleine Blechschachtel mit Pomade etc.); sie wurden, wie üblich, an die Salpêtrière weitergegeben und dort unter den weiblichen Häftlingen verteilt.

Wir wissen nicht genau, wann der Leichnam Marie Antoinettes begraben wurde. Der Totengräber präsentierte seine Rechnung erst am 1. 11. 1793: »Die Witwe Capet, für den Sarg ... 6 Livres. Für das Grab und die Totengräber ... 15 Livres, 35 Sols.« Die Versteigerung der im Temple beschlagnahmten Gegenstände ergab den Betrag von 10 fr. 15 centimes (Archives de la Seine).

Zum Abschluß der Totenschein der Königin: »Acte de décès de Marie Antoinette Lorraine d'Autriche, du 25 du mois dernier, âgée de 38 ans, veuve de Louis Capet. Sur la déclaration faite à la Commune par ..., âgé de ... ans, profession ..., domicilé à ... Ledit déclarant a dit être ... Le ...« Niemand hatte gewagt, im Rathaus zu erscheinen, um dort die Todeserklärung der Tochter der Kaiserin Maria Theresia und Witwe des Königs von Frankreich abzugeben.

»Die letzten Briefe Marie Antoinettes« (1953), »Maria Theresia und Marie Antoinette, ihr geheimer Briefwechsel« (1952), herausgegeben, erläutert und ins Deutsche übertragen von Paul Christoph (Cesam-Verlag, Wien).

# I. DOKUMENTE

*Correspondance inédite de Marie-Antoinette*. Publiée sur les documents originaux par le comte P. Vogt d'Hunolstein.
Paris 1864. 4ᵉ éd. 1868.

*Lettres de Marie-Antoinette. Recueil des lettres authentiques de la Reine.* Publié par la Société d'histoire contemporaine par M. de la Rocheterie et le marquis de Beaucourt. 2 vol. Paris 1895/96.

*Lettres inédites de Marie-Antoinette et de Marie-Clotilde de France, soeur de Louis XVI, reine de Sardaigne.* Publiées et annotées par le comte de Reiset. Paris 1876. 2ᵉ éd. 1877.

*Weygand, G. M. (Ed.), Lettres inédites relatives aux testaments de leurs Majestés le Roi Louis XVI et la Reine Marie-Antoinette.* Aix-en-Provence 1965.

*Feuillet de Couches, Bᵒⁿ F., Louis XVI, Marie-Antoinette et Madame Elisabeth.* Lettres et documents inédits. 6 vol. Paris 1864–73.

*Maria Theresia und Marie Antoinette. Ihr geheimer Briefwechsel.* Hrsg., erl. u. ins Dt. übertr. v. P. Christoph. Erste vollst. Ausg. Wien 1952. 2. Aufl. 1958.

*Heidenstam, O. G. de (Ed.), Marie Antoinette, Fersen et Barnave. Leur correspondance.* 2ᵉ éd. Paris 1913.

*Marie-Antoinette et (Antoine Pierre Joseph Marie) Barnave. Correspondance secrète (juillet 1791–janvier 1792).* 1ᵉʳᵉ éd. complète, établie d'après les originaux par A. Söderhjelm. (=Les classiques de la Révolution française). Paris 1934.

*Die letzten Briefe Marie Antoinettes.* Erl. u. übers. v. P. Christoph. Wien 1953.

*Testament de sa Majesté la Reine Marie-Antoinette.* Facs. du testament, dessins, bandeaux, culs de lampes par R. Borricand. Aix-en-Provence 1962.

*Marie-Antoinette. Maréchal Ney. Les procès de changement de régime.* Ecrit sous la direction de C. Bertin. (=Les grands procès de l'histoire de France. T. 2). Paris 1966.

*L'affaire du collier de la Reine. Les procès de Panama. Les grands scandales.* Ecrit sous la direction de C. Bertin. (=Les grands procès de l'histoire de France. T. 13). Paris 1968.

*Annales révolutionnaires. Marie-Antoinette devant le tribunal révolutionnaire. Son interrogatoire, sa condamnation, son exécution.* Lyon 1868.

*Louis XVI und Marie-Antoinette auf der Flucht nach Montmedy im Jahre 1791.* Aus dem Nachlasse des Freiherrn E. von Stockmar, herausgegeben von E. Daniels. Berlin 1890.

*d'Arneth, Chᵉʳ A.,/ Geffroy, A., Marie-Antoinette.* Correspondance secrète entre Marie-Thérèse et le comte de Mercy – Argenteau, avec lettres de

Marie-Thérèse et de Marie-Antoinette. Publiées avec une introduction et des notes. 3 vol. Paris 1874.

*Correspondance secrète inédite sur Louis XVI, Marie-Antoinette, la cour et la ville, de 1777 à 1792.* Publiée d'après les manuscrits de la Bibliothèque impériale de Saint-Pétersbourg, avec une préface, des notes et un index alphabétique, par M.de Lescure. 2 vol. Paris 1866.

*Briefe an Marie Antoinette.* (= Die Kleinen Bücher. Bd. 38). Heidelberg 1946.

*Beaumarchais, P. A., Schmähschrift gegen Marie Antoinette.* München 1922.

*Le comte de Fersen et la cour de France.* Extraits des papiers du grand maréchal de Suède, comte Jean Axel de Fersen, publiés par son petit-neveu le baron R. M. de Klinckowström, colonel suédois. Avec un portrait de Fersen et deux fac-simile de lettres autographes de Marie-Antoinette. 2 vol. Paris 1877/78.

*Campan, J.-L.-H. de, Marie Antoinette und ihr Hof.* Memoiren. Bern/Stuttgart 1938.

*Emile-Laurent, C., L'Autrichienne. Mémoires inédits de M$^{lle}$ de Mirecourt sur la Reine Marie Antoinette et les prodromes de la Révolution.* Paris 1966.

*Fersen, Axel v., Rettet die Königin, Revolutionstagebuch, 1789–1793.* Zusammengest. u. aus d. Frz. u. Schwed. übers. v. A. Carlsson. München 1969.

*Abbé Orse, Marie-Antoinette, reine de France et de Navarre.* D'après les mémoires de Weber, continués depuis la journee du 10 août 1792 jusqu'à la mort de la Reine. Paris 1855. 2$^e$ éd. 1874.

## II. LITERATUR

*d'Alméra, H.,* Marie Antoinette et les pamphlets royalistes et révolutionnaires, avec une bibliographie de ces pamphlets. Paris 1921.
*Arnna, J.,* Le double visage de Marie-Antoinette, Dauphine et Reine, d'après son écriture. Préface de M. François. Paris 1961.
*Arnoud – Bouteloup, J.,* Le rôle politique de Marie-Antoinette. Paris 1924.
*Arnoult, J.-M.,* L'autographe de Marie-Antoinette (adieu à ses enfants) à la bibliothèque de Châlons. Châlons-sur-Marne 1972.
*Avenel, G.,* La vraie Marie-Antoinette, d'après la correspondance secrète. Paris 1876.

*Baumann, E.,* Marie-Antoinette et Axel Fersen. Paris 1933.
*Belloc, H.,* Marie-Antoinette (1755–1793). Traduit d'après la 6$^e$ édition anglaise par S.Campaux. Paris 1932.
*Belloc, H.,* Marie-Antoinette. London 1951.
*Belloc, H.,* Marie Antoinette. Dt. v. E. M. Landau u. F. Stössinger. Zürich 1952.
*Bicknell, A. L.,* The Story of Marie-Antoinette. London 1897.

Bishop, M. C., The prison Life of Marie-Antoinette, and her Children, the Dauphin and Duchesse d'Angoulême. New and rev.ed. London 1893.
Blennerhasset, Lady Ch., Marie-Antoinette, Königin von Frankreich. 3. Aufl. Bielefeld/Leipzig 1921.
Bloy, L., La chevalière de la mort. 3$^e$ éd. Paris 1930.
Bord, G., Etudes sur la question Louis XVII. Autor du Temple (1792–1795). Paris 1912.

Cabanès, Le Cabinet secret de l'histoire entr'ouvert par un médecin. Précédé d'une lettre de V.Sardou. Paris 1895.
Cappelletti, L., Maria-Antonietta, regina di Francia. Foligno 1888.
Castelot, A., Marie-Antoinette. (= Présence de l'histoire). Paris 1958.
Castelot, A., Marie-Antoinette d'après des documents inédits. 3$^e$ éd. (= Présence de l'histoire). Paris 1953.
Castelot, A., Marie-Antoinette d'après des documents inédits. (= Club du livre d'histoire). Paris 1955.
Castelot, A., Marie Antoinette. Paris 1967.
Castelot, A., Le rendez-vous de Varennes ou Les occasions menquées. Paris 1971.
Castelot, A., Varennes. Le Roi trahi. (= La grande et la petite histoire). Paris 1951.
Chambrier, J. de, Marie-Antoinette, reine de France. Paris 1868. 3$^e$ éd. 1887.
Christoph, P., Marie-Antoinette. (= Österreich-Reihe Bd. 67). Wien 1959.
Colisch, S., Maria-Antoinette, Mirabeau, Robespierre. Wien 1880.
Crüwell, G.-A., Die Beziehungen König Gustavs III. von Schweden zur Königin Marie-Antoinette von Frankreich. Berlin 1897.

Dill, L., Marie-Antoinette. Der Todesweg einer Königin. Berlin 1925.

Flaissier, S., Marie-Antoinette en accusation. Paris 1967.
Fleischmann, H., L'histoire licencieuse. Les maîtresses de Marie-Antoinette. Paris 1910.
Fleischmann, H., Marie-Antoinette libertine. Bibliographie critique et analytique des pamphlets politiques. Paris 1911.
Funck – Brentano, F., Marie-Antoinette et l'énigme du collier. Paris 1926.
Furneaux, R., The Last Days of Marie-Antoinette and Louis XVI. New York 1971.

Gaulot, P., Un ami de la reine Marie-Antoinette (M.de Fersen). Paris 1892.
Gaulot, P., Un complot sous la Terreur. Marie-Antoinette, Toulon, Jarjayes. Paris 1889.
Geffroy, A., Gustave III et la cour de France. Suivi d'une étude critique sur Marie-Antoinette et Louis XVI, apocryphes. 2 vol. Paris 1867.
Geschiedenis van Maria-Antoinette en der fransche Revolutie. Bruxelles 1897.
Girault de Coursac, P., Marie-Antoinette es le scandale de Guines. Paris 1962.
Goncourt, E. et J. de, Histoire de Marie-Antoinette. Paris 1858. 2$^e$ éd. 1878.

Goncourt, E. de, Histoire de Marie-Antoinette. Paris 1926.
Goncourt, E. J. de, Marie Antoinette. Hrsg. v. K. Merling München 1923.
Gower, Lord R., Last Days of Marie-Antoinette. An Historical Sketch. London 1885.

Huisman, Ph. / Jallut, M., Marie Antoinette. L'impossible bonheur. Lausanne 1970.
Hupin, G., Une grande reine, Marie-Antoinette. Victime de la subversion. Paris 1972.

Imbert de Saint-Amand, A. L., Les femmes de Versailles, La cour de Marie-Antoinette. Paris 1887.
Imbert de Saint-Amand, A. L., Les femmes des Tuileries. Les dernières années de Marie-Antoinette. Paris 1889.

Jallut, M., Marie-Antoinette et ses peintres Paris 1955.
Jallut, M. (Ed.), Château de Versailles. Marie-Antoinette. Archiduchesse, Dauphine et Reine. 16 mai – 2 nov. 1955. (Ausstellungskatalog). Paris 1955.
Josse, R., En 1791, la fuite de la famille royale, l'événement dans le département de l'Aisne, contribution à l'étude générale du départ et du retour de la famille royale. Etrechy 1971.

Kleinschmidt, A., Charakterbilder aus der französischen Revolution. Wien 1889.
Kunstler, Ch., Fersen et Marie Antoinette. Paris 1961.

La Faye, J. de, Amitiés de Reine. Préface du Marquis de Ségur. Paris 1910.
Lafue, P., La tragédie de Marie-Antoinette. Les complots pour sa délivrance. (= Les grandes conspirations de l'Histoire). Paris 1965.
La Rocheterie, M. de, Histoire de Marie Antoinette. 2 vol. Paris 1890. 2$^e$ éd. 1892.
Lenôtre, G., La captivité et la mort de Marie-Antoinette. Les Feuillants, le Temple, la Conciergerie, d'après des relations de témoins oculaires et des documents inédits. Paris 1897.
Leroy, A., Marie Antoinette. (= Epoques et visages. T. 1). Paris 1946.
Loomis, St., The Fatal Friendship. Marie Antoinette, Count Fersen and the Flight to Varennes. Garden City, N.Y. 1972.

Marie-Antoinette. (= La vie contemporaine). Paris 1894.
Mayer, D. M., Menuett und Marseillaise. Das Leben der Marie-Antoinette, Erzherzogin von Österreich und Königin von Frankreich. Dt. v. U. H. de Herrera. Hamburg 1969.
Mayer, D. M., The Tragic Queen: Marie Antoinette. London 1968.
Mazé, J., Louis XVI et Marie Antoinette. Les journées révolutionnaires d'octobre 1789. (= Le rayon d'histoire). Paris 1939. 2$^e$ éd. 1951/52.
Mossiker, F., The Queen's Necklace. New York 1961.

Munier – Jolain, J., Le Cardinal Collier (Prince Louis de Rohan) et Marie-Antoinette. (= Bibliothèque historique. T. 21). Paris 1927.

Naumann, I., Königinnen und ihre Sterne. Alexandra Feodorovna von Rußland, die letzte Zarin. Marie Antoinette von Frankreich. Charlotte von Mexiko. Memmingen 1928.
Nolhac, P. de, Autor de la Reine. (= Bibliothèque »Historia«. T. 14). Paris 1929.
Nolhac, P. de, La dauphine Marie-Antoinette. Paris 1897.
Nolhac, P. de, Etudes sur la cour de France. Le Trianon de Marie-Antoinette. 14$^e$ éd. Paris 1924.
Nolhac, P. de, La reine Marie-Antoinette. Paris 1890.
Nolhac, P. de, La Reine Marie-Antoinette. Paris 1959.
Nolhac, P. de, Versailles et la cour de France. Marie-Antoinette Dauphine. Paris 1929.
Nolhac, P. de, Versailles et la cour de France. La Reine Marie-Antoinette. Paris 1929.

Pellet, M., Variétés révolutionnaires. Précédé d'un avant-propos par A. Ranc. Paris 1884.
Prölz, R., Königin Marie-Antoinette. Bilder aus ihrem Leben. Leipzig 1894.

Reeve, H., Royal and Republical France. A Series of Essays, Reprinted from the »Edinburgh Quarterly« and British and Foreign Reviews. London 1872.
Reiset, V$^{te}$ de, Beaux jours et lendemains. Paris 1922.

Schwarz, F., Mirabeau und Marie-Antoinette. Zwei Charakterbilder aus der französischen Revolution. Basel 1891.
Ségur, P. de, Marie-Antoinette. Paris 1920.
Söderhjelm, A., Fersen et Marie-Antoinette. Paris 1930.
Szerb, A., Marie Antoinette oder Die unbeglichene Schuld. Aus d. Ungar. v. A. Lenard. Stuttgart 1966.

Tate, G., The Captivity and Trial of Marie Antoinette. London 1923.
Tourneux, M., Marie-Antoinette devant l'histoire. Essai bibliographique. Paris 1895.
Tschudi, Cl., Marie-Antoinette og Revolutionen. 2 vol. Kjobenhaven 1895/96.
Tytler, S., Marie-Antoinette, the Woman and Queen. London 1883.

Valentino, H., Les femmes es les malchances de Marie-Antoinette. Paris 1956.
Vallotton, H., Marie-Antoinette und Fersen. Paris 1952.
Vinck, B$^{on}$ de, Iconographie de Marie-Antoinette, 1770–1793. Bruxelles 1878.
Vyré, F. de, Marie Antoinette. Sa vie, sa mort (1755–1793). Paris 1889.

Walter, G., Marie-Antoinette. (= Collection »Plaisir de l'histoire«). Paris 1948.
Webster, N. H., Louis XVI and Marie-Antoinette before the Revolution. London 1937.

*Webster, N. H.,* Louis XVI and Marie-Antoinette during the Revolution. London 1937.

*Welvert, E.,* Le secret de Barnave. Barnave et Marie-Antoinette. Paris 1920.

*Yonge, Ch.Duke,* Life of Marie-Antoinette, Queen of France. 2 vol. London 1876.

*Zweig, St.,* Marie Antoinette. Bildnis eines mittleren Charakters. Leipzig 1932.

# PERSONENREGISTER

Adelaïde, Mme, Tochter Kg. Ludwigs XV. 30, 40, 45, 48, 51, 56, 76, 146, 154, 241
Adhémar, Graf von
→ Montfalcon
d'Aiguillon, Hzg. 54, 70, 71 f., 76 ff., 88 ff., 97, 180 f.
Amadeus, Hzg. v. Savoyen, Kg. v. Sardinien 12
Amalie, Tochter der Ksn. Maria Theresia, Hzgn. v. Parma 141
Angoulême, Hzg. von
→ Ludwig XIX.
Anna, Kgn. v. Frankreich, Gemahlin Kg. Karls VII. 38
Artois, Gräfin von 115, 189, 194
Artois, Graf von
→ Karl X.
Aubier 287
Auersperg, Fürst von 21

Bailly 216 f., 234, 264, 331, 349, 362
Balsamo, Giuseppe
→ Cagliostro
Barère 306, 328
Barnave, Antoine Pierre Joseph Marie 170, 237, 239, 257 ff., 262 ff., 299, 337
Bassenge, Paul 178, 182, 184, 201
Bault 326 f., 334, 341, 355, 360, 364
Bayon 248 ff., 254
Beaumarchais, Caron de 178
Beaumont, Erzbischof von 71
Beausire, Sieur de 200
Benedikt XIV., Papst 53
Béranger 185
Berthe 138
Berthélemy 289, 309
Bertin, Rose 82 ff., 130, 162 f., 205, 239
Besenval, Baron von 20, 86 ff., 97 ff., 102, 104, 108, 121, 131, 134, 139 f., 160, 171, 206, 217, 345
Besnard 341, 363
Beugnot, Nicolas 188, 194, 277, 331, 354
Böhmer, Charles 178 ff., 190, 201
Boigne, Frau von 30, 136, 157
Bouillé, Marquis von 170, 239 f., 242 f., 248, 253 ff.
Bourbon, Hzg. von 32, 40, 60, 92, 121, 171, 219
Bourbon, Hzgn. von 40, 60, 68, 120 f., 154, 156
Bouret 24, 29
Brandeis, Frau von 11
Braunschweig, Hzg. von 281
Breteuil, Herr von 68, 134, 175, 185 ff., 192, 195 f., 201, 219, 265
Brienne, Loménie de, Erzbischof von Toulouse 206 f., 209
Brionne-Lorraine, Mme de 35, 200
Briselance, Guerrier de 18 f.
Brissac, de 63, 372

Bristol, Frederick Hzg. von 167
Broglie, Hzg. Amadeus von 87, 218
Brunier, Mme 244
Burgau, Graf von
→ Maximilian Franz
Burgund, Hzg. von 92
Burke, Edmund 26
Busne, Louis-François de 321, 334, 344, 360 ff., 364, 366

Cagliostro, Graf (= Balsamo, Giuseppe) 190 f., 193, 196, 200 ff.
Calonne, Charles Alexandre de 163 f., 204 ff., 219
Cambon 328 ff.
Campan, M. 61, 138, 149, 171, 211
Campan, Mme 23, 30, 39, 61, 75, 78, 81, 84, 87, 101, 118, 128, 131, 158, 161 f., 171 f., 178 ff., 184 f., 201, 218, 221, 235, 272, 280, 287
Carigan, Eugen Prinz von 108
Castelnaux, Herr von 158
Castries, Marquis de 104, 139, 219
Caumartin, Herr von 153 ff., 234
Châlons, Gräfin von 132, 136
Charlotte von Lothringen, Äbtissin von Remiremont 21
Chartres, Erzbischof von 37
Chartres, Hzg. von (= Orléans, Hzg. von; Philippe Egalité) 32, 40, 43, 60, 85, 92, 104 f., 109, 114, 119, 121, 142 f., 176, 208, 212, 232, 269, 295 f., 349
Chartres, Hzgn. von 32, 40 f., 60, 68, 79, 82, 84
Châtelet, Graf von 104, 363
Chaumette 303 f., 331
Chauveau-Lagarde 339, 341 f., 344, 348, 357 f., 361 f.
Chlodwig, Kg. der Franken 197
Choiseul, Etienne François, Hzg. v. Choiseul-Amboise, Marquis de Stainville 9 ff., 13 ff., 22, 26, 29 ff., 47, 50, 52 ff., 77 f., 89, 98, 100, 248 ff., 254, 256, 287
Cléry 290 f., 293 f., 296 f., 302
Clotilde, Mme, Tochter Ludwigs Dauphin 34, 40, 104
Coigny, Hzg. von 86, 98, 104, 118, 131 f., 136, 154, 194, 206, 219, 349
Condé, Frau von 156
Condé, Prinz von 32, 40, 92, 114, 121, 175, 214, 219, 272, 296
Contades, Marschall von 26
Conti, Prinz von 32, 40, 114
Conti, Prinzessin von 40
Corbeau 234
Corday, Charlotte 328, 368
Cowper, Emilie 166, 173
Cowper, Lord 166, 173
Creutz 133
Crussol 121, 137

393

Danjou 332
Danton, Georges 94, 264, 282, 286
Daudoins 248, 250 f.
Deliège 344, 362
Deharmes 225
Desboisseaux 341, 363
Desmoulins, Camille 144, 217, 225, 264
Donzé-Verteuil 344, 362, 368
Drouet 251 ff.
Dubarry, Marie Jeanne, geb. Bécu 9, 29 f., 33 f., 44, 52 ff., 67 f., 70 f., 73, 76, 90, 180 f.
Dubec 76
Ducreux 8, 29
Dufresne, François 310, 320 ff., 324
Dumas, Alexandre 326
Dumesnil 44, 322
Dumouriez 271 ff., 301
Duport 237, 262 f., 266
Durfort, Marquis de 9 ff., 13 ff., 21
Duthé, Rosalie 60
Dutilleul, Sophie 317 f., 322, 325

Elisabeth, Mme, Tochter Ludwigs Dauphin 34, 104, 137, 154, 189, 205, 232, 241, 243 ff., 257 f., 261, 269 f., 277 f., 280, 284, 287, 292 f., 295, 297, 299, 303, 307, 332, 342, 347, 364 f.
Elisabeth, Tochter der Ksn. Maria Theresia 11
d'Eprémesnil 208, 216
Estaing, Graf von 224 f., 349, 362
Esterházy 86, 131, 137, 265

Fabricius, Paris 335, 339, 341, 344, 351
Falkenstein, Graf von
→ Joseph II.
Fare, de la, Bischof von Nancy 212
Fargeau 70
Favert 138
Ferdinand, Erzhzg. v. Österreich 18
Fersen, Axel Graf von 66, 132 ff., 150, 165 ff., 176, 194 f., 208 f., 219, 230, 233 f., 237 f., 240, 242 ff., 256, 260 f., 265 ff., 270 f., 279 f., 296 f., 302, 306 f., 314, 325, 337, 341 f., 348
Fersen, Fabian von 168
Fersen, Sophie von 165, 169, 236, 238, 307, 325
Ferté, Papillon de la 85, 111, 214
Firmont, Abbé Edgeworth de 295
Fleury, Joly de 198 f.
Fontaine 318, 356
Foster, Elisabeth 166 f., 173
Foucault, Etienne 344, 368
Fouché, Mlle 313 f., 367
Fouquier-Tinville
→ Tinville
Franz I., Hzg. v. Lothringen, Großhzg. v. Toskana, Ks. v. Österreich 7, 18, 20, 35, 68
Franz I., Kg. v. Frankreich 78
Franz II., Sohn d. Ksn. Maria Theresia, Ks. v. Österreich 272 f., 280
Friedrich II., Kg. v. Preußen 8 f., 57, 123 ff., 175
Fronsac, Hzg. von 138

Gabriel, Jacques-Ange 47, 137
Gallois, Abbé 281 ff.
Garnière, Paul 48, 65 f., 95, 118
Georgel, Abbé 187, 198
Gilbert 310, 315 f., 319, 321 ff., 349, 362
Girard, Abbé 367, 370
Gluck, Christoph Willibald 11, 67 f., 82, 109, 116, 343
Goethe, Johann Wolfgang von 13, 23, 197, 202
Goguelas 249, 287
Gointre, Michel 356
Goncourt 66
Grétry, André 167, 221 ff.
Guéménée, Hzgn. von 87, 104, 106, 116, 150 f., 160
Guiche, Hzg. von 135
Guillaume 251 ff.
Guines, Graf von 89 f., 106, 131 f., 157, 194
Guise, Kardinal de 197
Gustav III., Kg. v. Schweden 134, 150, 166 ff., 176, 208, 271
Gyllenstjerna, Graf von 170


Haga, Graf von
→ Gustav III.
Harel, Mme 310 f., 319, 321 ff., 326, 349
Hébert 304, 328 f., 331 ff., 340, 346 f., 354, 357, 359, 362, 372
Heinrich II., Kg. v. Frankreich 175, 182, 188
Heinrich III., Kg. von Frankreich 197
Heinrich IV., Kg. von Frankreich 74
Heinrich V., Kg. von Frankreich 212
d'Henin, Prinzessin 86, 131
Hérault 328, 332
d'Herbois, Collot 152, 332
Hermann 320, 338 ff., 344 ff., 350 ff., 355 f., 358 f., 361 f., 368 f.
Hurtret, André 307

Jarjayes, de 261, 284, 299 ff., 322, 358
Jobert, August 331, 354, 362
Joliveau 41, 44
Josef II., Sohn der Ksn. Maria Theresia, Ks. v. Österreich 7, 9, 14, 17, 21 f., 58, 67, 88, 99 f., 106, 113 ff., 123 f., 141, 145, 147 f., 160, 173 ff., 180, 187 f., 272

Karl I., der Große, Kg. der Franken, röm. Kaiser 92 f., 294
Karl III., Kg. v. Neapel, Kg. v. Spanien 12
Karl VI., Kg. v. Ungarn, Kg. v. Spanien, Ks. v. Österreich 8, 211
Karl VII., Kg. v. Frankreich 38
Karl VIII., Kg. v. Frankreich 35
Karl X., Graf v. Artois, Kg. v. Frankreich 33 f., 40, 60 f., 84, 92 f., 105, 109 f., 115, 118, 120 f., 135, 137 f., 145, 150, 154, 156, 163, 171, 178, 212, 215, 218 f., 263, 269, 280, 286, 313
Karl, Prinz von Lothringen 23, 152
Karl Theodor, Kf. v. Pfalz-Bayern 123, 174
Katharina II., Sophie Auguste Friederike von Anhalt–Zerbst, russ. Zarin 57, 173

Kaunitz, Wenzel Anton, Graf von 9, 13 f., 19, 57, 180, 203
Korff, Baronin von 242, 246

Laboullée 314
Lafayette, Marie Joseph de Motier, Marquis de 155, 170, 229 ff., 233, 235, 237, 240 f., 245 ff., 252, 254, 259 f., 264, 272, 280, 331, 356
La Marck, Gräfin de 188, 203
La Marck, Graf de 237 f., 240
Lamballe, Prinzessin von
→ Marie Thérèse von Carignan
Lambesq, Prinz von 35, 43, 154, 219
Lameth, Alexandre de 237, 262 ff., 266
Lameth, Charles de 264
La Michodière, de 62
Lamorlière, Rosalie 308 ff., 322, 325, 327, 334, 355, 366 f.
La Motte, Marc Antoine Nicolas de 189, 202
La Motte-Valois, Jeanne de 182 ff., 199 ff., 352
Lane, Marie-Joseph 344, 362
Langres, Bischof von 228
Larivière, Mme 309 f.
Larivière, M. 308, 322, 367, 369
La Roche-Aymon, de, Erzbischof von Reims 37, 71 f., 181
La Roche, Barthélemy de 314
La Rochefoucauld, François de 281
La Rochefoucauld, Kardinal de 214
La Rochefoucauld-Liancourt, Hzg. von 218
Lassonne 70, 95, 129, 131, 211
La Soude, Tort de 89
La Tour du Pin, Jean-Frédéric 352, 362
La Tour du Pin Gouvernet, Philipp 351 f., 362
Launey, Herr von 201, 218
Lauzun (Biron), Hzg. von 85, 87, 101 ff., 194
Lauzun, Hzgn. von 83
La Vauguyon, Hzg. von 31, 59
Leboeuf, Nicolas 331, 354
Leclercq, Dom 234
Lecointre, Laurent 226, 345, 352, 362
Lekain 44, 86
Le Monnier 70, 210
Lenotre 316, 322
Léonard 239, 249 ff.
Leopold II., Sohn der Ksn. Maria Theresia, Großhzg. v. Toskana, Ks. v. Österreich 7, 20, 141, 187, 202, 263 ff., 270
Lepitre 299 ff., 303, 331 f., 350
Levis, Hzg. von 132
Liedekerque-Beaufort, Graf von 147
de Ligne, Prinz 86, 88, 103, 137, 145
Lorraine, Mlle de 35, 42 f.
Louis Philipp, Hzg. v. Orleans, Kg. v. Frankreich 214, 216
Louise von Braunschweig 152
Louise, Mme, Tochter Kg. Ludwigs XV. (als Karmeliterschwester: Thérèse Augustine) 30, 33, 39, 72
Ludwig XI., Kg. v. Frankreich 197
Ludwig XIV., Kg. v. Frankreich 12, 39, 62, 336
Ludwig XV., Kg. v. Frankreich 7 ff., 13 ff., 19, 22, 25, 29 ff., 34 ff., 47, 49 f., 52 ff., 61 f., 66, 69 ff., 75 f., 82 f., 170, 234, 241, 335, 344, 372
Ludwig XVII., Kg. v. Frankreich 150 f., 156, 173, 176, 191, 218 ff., 225, 231 f., 234, 236, 238, 241, 244, 254, 256, 258 f., 276 ff., 284, 289 f., 293, 295 ff., 303 ff., 308, 312, 329, 331 f., 339 f., 346, 349 f., 354, 357, 359, 364 f., 368
Ludwig XVIII., Kg. v. Frankreich 33 f., 60, 83, 154, 188, 212, 224, 302
Ludwig XIX., Hzg. v. Angoulême 176, 212
Ludwig Joseph, Dauphin 206, 210 ff., 292, 370
Lulli (Lully), Jean-Baptiste 41
Lumière 341
Luxembourg, Chevalier de 103, 214, 219

Madame Royale
→ Marie Thérèse Charlotte
Magnin, Abbé Charles 313 f., 319, 367
Maintenon, Françoise d'Aubigné, Marquise de 12
Maire, Antoine 344, 362
Malden, Herr von 245 ff.
Malesherbes, Chrétien Guillaume de Lamoignon de 97 f., 104
Manuel 287 ff., 331, 348, 362
Marat, Jean Paul 225, 264, 286, 335
Maria Amalia, Tochter der Ksn. Maria Theresia, Hzgn. v. Parma 7
Maria Anna, Tochter der Ksn. Maria Theresia, Äbtissin in Prag 7
Maria Caroline, Tochter der Ksn. Maria Theresia, Kgn. v. Neapel u. Sizilien 141
Maria Christine, Tochter der Ksn. Maria Theresia, Hzgn. v. Sachsen-Teschen 7, 16, 141, 168
Maria Elisabeth, Tochter der Ksn. Maria Theresia, Äbtissin in Innsbruck 7
Maria Josepha von Sachsen, Gattin Ludwigs Dauphin 34, 41
Maria Josepha von Savoyen, Gattin Kg. Ludwigs XVIII. 60 f.
Maria Karoline, Tochter der Ksn. Maria Theresia, Kgn. v. Neapel 7
Maria Leczinska, Gattin Kg. Stanislaus' I. v. Polen, Kgn. v. Frankreich 10, 25, 49, 54, 82, 96, 107
Maria Theresia, Kgn. v. Ungarn und Böhmen, Ksn. v. Österreich 7 ff., 13, 15 ff., 22, 27, 29, 33, 42 f., 47 f., 50 f., 54, 56 ff., 64, 66, 75, 77 f., 84 f., 88, 90, 95 f., 99 f., 105 f., 108, 113, 116, 119 f., 123 ff., 132, 141, 149 f., 152 f., 174, 180 f., 184, 196, 232, 235, 272, 309, 325, 334, 336
Maria Theresia von Savoyen, Gattin Kg. Karls X. 60 f.
Marie Adelaïde, Tochter des Hzg. Amadeus v. Savoyen, Hgn. v. Burgund, Kgn. v. Frankreich 12 f.
Marie Louise, Tochter des Hzg. Amadeus v. Savoyen, Kgn. v. Spanien 12 f., 20
Maria Thérèse v. Carignan-Savoyen, Prinzessin v. Lamballe 32, 40, 69, 96, 102 ff., 108, 110 f., 128, 142, 150, 154, 211 f.,

275 f., 280, 282, 284, 286, 288, 290 f., 326, 351, 360
Marie Thérèse Charlotte, Mme Royale (Angoulême, Hzgn. von) 129, 134, 145, 149 f., 159 f., 218, 232, 241, 244, 290, 295 ff., 300, 303 f., 307 f., 310 f., 354, 364
Marmontel, Jean-François 68, 146, 167
Marsan, Gräfin von 181, 187, 192, 200, 202, 219
Maurepas, Herr von 76 f., 88 ff., 97 f., 104, 125, 127, 140 f.
Maximilian Franz, Sohn der Ksn. Maria Theresia, Erzhzg. v. Österreich, Kf. v. Köln, Bf. v. Münster 113 f.
Maximilian III. Joseph, Kf. v. Bayern 21, 123
Mercy-Argenteau, Graf von 8, 10 f., 13, 15, 22, 28 f., 31 ff., 35, 42 f., 45, 47 f., 50 ff., 60 f., 64 f., 67 ff., 71, 75, 77 f., 84 f., 87 ff., 93 ff., 99 ff., 106 ff., 111, 113 f., 116 ff., 123 ff., 130 ff., 134 f., 139, 141, 146, 160 f., 163 ff., 168, 173 ff., 180 f., 184, 203, 206, 209 f., 221, 235 ff., 242, 265 ff., 272 f., 280, 306, 336 f., 349, 360
Metastasio, Pietro Antonio (= Trapassi) 11, 67
Michonis 302, 307 f., 310 f., 315 ff., 331, 348, 356, 362
Mique 137, 149, 159, 176
Mirabeau, Gabriel de Riqueti, Graf von 108, 215 f., 236 f., 240, 258, 271 f., 297, 345
Mirepoix, Marschallin de 52, 58
Mirosmesnil, Herr von 92, 146 f., 185 f.
Moëlle, Antoine 331, 354
Montespan, Françoise Athénaïs, Marquise de 32
Montfalcon (Adhémar), Graf von 85, 137, 160
Montmorency, Kardinal de 241
Moustier, Herr von 246 ff.
Mozart, Wolfgang Amadeus 7, 67

Napoléon I. Bonaparte, Ks. der Franzosen 33
Nappier, Eustache 342, 368
Necker, Jacques 139, 165, 208 f., 213, 215, 217, 219
Nicolas 341, 363
Noailles, Gräfin von 24 f., 27, 34, 50 f., 54, 66
Noailles, Graf von 22, 24 ff.
Nolhac, Pierre de 66, 135, 139
du Nord, Gräfin
→ Württemberg, Prinzessin von
du Nord, Graf
→ Paul I.
Nordenfalk, Sophie Gräfin von, geb. Piper 169

Oberkirch, Frau von 102, 159, 167
Oliva, Nicole 193 ff., 200 f.
Orléans, Hzg. von
→ Chartres, Hzg. von
Orléans, Louise Bathilde von 32
d'Ossun, Geneviève de Gramont, Gräfin 150, 161 ff.

Pache 328, 331
Paris, Erzbischof von 214, 228
Paul I., Ks. v. Rußland 158 f., 161
Penthièvre, Hzg. von 32, 40, 114, 142, 309
Perceval 225, 349
Pétion 257 f., 267, 274, 277 ff., 281 f., 288, 331
Philipp I., der Schöne 328
Philipp V., Kg. v. Spanien 12
Philippe Egalité
→ Chartres, Hzg. von
Piccini, Nicola 68, 167
Poix, Prinz von 22, 24
Polignac, Diana von, geb. Polastron 103, 104, 137, 219
Polignac, Gräfin von 20, 43, 89, 102 ff., 106 f., 118, 121, 123, 134 ff., 139 f., 142, 160, 198, 203, 206, 217 ff., 221, 227, 236, 280, 296, 346, 353, 360
Polignac, Guichette von 137, 156, 219
Polignac, Jules Graf von 102, 104, 107 f., 135, 198, 207, 219, 346, 360
Pompadour, Marquise de (= Poisson, Jeanne Antoinette) 9, 34, 67, 76
Provence, Gräfin von 60 f., 68, 79, 115, 138, 233, 244
Provence, Graf von 40, 60 f., 68, 92, 115, 120, 147, 154, 170, 189, 205, 215, 221, 233, 244 f., 263, 269, 316
Puységur, Herr von 140

Racine, Jean Baptiste 43, 67, 111
Raigecourt, de 252 f.
Rameau, Jean Philippe 67
Reims, Erzbischof von 40 f., 92 f.
Rétaux de Villette, Marc Antoine 192, 194 f., 199, 201
Richard, Antoine 137, 308 ff., 325, 349
Richard, Mme 308 ff., 320 f., 322, 324, 327, 362
Richelieu, Marschall 29, 62, 71 f., 138, 296
Rignon
→ Fersen, Axel von
Rivarol, Antoine 84, 230, 261
Robespierre, Maximilian de 212, 228, 262, 267, 286, 332, 336, 341 f., 371
Roederer 274, 279, 281 ff.
Rohan, Prinz Louis, Kardinal (»Cardinal Collier«) 27, 179 f., 185 f., 203, 219
Rohan, Prinz, Kardinal, Erzbischof von Straßburg 23, 26 f.
Romeuf 249 ff., 254
Rosenberg, Graf von 98 ff., 113
Rougeville, Chevalier de (= Alexander Gousse) 258, 277, 316 f., 327 f., 334, 347
Rousseau, Jean-Jacques 68 f., 104, 138

Sachsen, Kurfürstin von 152
Sade, Donatien-Alphonse-François, Marquis de 120
Saint-Florentin, Graf von 33, 38
Saint-Germain, Herr von 104 f., 141
Saint-James, Herr von 183, 186
Saint-Julien, Graf von 19
Saint-Priest, Graf von 134, 172, 208, 215, 226, 228 f., 234, 238
Saint-Rémy, Henry de 188

Sanson 267, 362, 369
Santerre 264, 275 f., 278, 297
Sartines 97, 139
Sauce 253, 255
Sedaine 63, 225
Septeuils 350, 353
Sèze, Herr von 158
Simon 302, 304, 346, 349, 362
Söderhjelm, Alma 168 ff.
Sophie, Mme, Tochter Kg. Ludwigs XV. 30, 40, 51
Sophie Beatrix, Tochter Marie Antoinettes 204, 207, 292
Soubervielle 341
Soubise 192, 200
Starhemberg, Fürst von 10, 20, 22, 24, 28
Stedingk, Baron von 150, 170
Sulivan, Eleonore 168, 271
Sully, Maximilien de Béthune, Hzg. von 105

Talleyrand, Bischof von Autun 238
Themira 143
Thiébaut, Mme 231, 245
Tilly, Baron von 144 ff.
Tilly, Graf von 86, 133
Tinville, Antoine-Quentin Fouquier de 205, 320 f., 328, 330 ff., 339 ff., 346, 350 f., 356 ff., 360 f., 363, 370
Tison, M. 290, 293, 299 f.
Tison, Mme 290 f., 293, 299 f., 303
Tisset, François 350, 353
Toulan 298 ff., 302 f., 331 f., 346 f.
Tours, Erzbischof von 195

Tourzel 281, 287
Tourzel, Frau von 219, 233 f., 242, 244 f., 256, 258, 277, 282, 284, 286, 288, 290
Tourzel, Pauline von 288, 290
Trinchard 341, 363
Tronson du Coudray 339, 344, 357 f., 361 f.
Turgot, Anne Robert, Baron de l'Aulne 97, 105 f., 139
Turgy 292, 294, 297, 299 f., 303

Urgon-Fournier, Catherine 367

Valazé 353 f., 359, 362
Valentinois, Gräfin von 52
Vaudreuil, Graf von 85 ff., 103 f., 121, 134 f., 138 f., 178, 203, 206
Vergennes, Chevalier de 97, 106, 125, 134, 173 ff., 207, 353
Vergniaud 272, 285 f.
Vermond, Abbé de 8, 28, 42, 51, 54, 56, 78, 80, 90, 93 f., 101, 106, 124, 128 f., 131 f., 141, 185, 206, 219
Victoire, Mme, Tochter Kg. Ludwigs XV. 30, 40, 47, 51 f., 56, 241
Vigée-Lebrun, Mme 144 f., 164, 194
Villequier, Hzg. von 80, 244 f.
Villeroy, Hzgn. von 44
Vincent, J. B. 331, 354, 362
Viollet-le-Duc 81
Voltaire (Arouet, François-Marie) 213

Walpole, Horace 74, 156
Washington, George 316

## ORTS- UND SACHREGISTER

Absolutismus 269
Aiguillon 88, 90
Aire 253, 255
Amerika 123, 133 f., 155, 157, 165 f., 316
Anglomanie 105
Angoulême 28
Antin 239, 246
Antwerpen 173 f.
Aquitanien 92, 149
Arras 336
Aufstände 94, 209, 239
Auteuil 238
Autun 313
Auvergne 367

Bagatelle 120
Ballhausschwur 215, 274
Bar-le-Duc 27
Bar-sur-Aube 188 f., 191, 194 f.
Basel 175, 219
Bastille 76, 106, 117, 188, 196, 200 f., 217, 227 f., 371
Bayern 123 ff.
Belgien 121, 126, 327, 340
Belœil 86
Berlin 173

Blois 215
Bois de Boulogne 85, 105, 120 f., 211, 239
Bondy 243, 246 f., 249, 258, 370
Bordeaux 148
Boskettaffäre 192 ff.
Bourbon 8, 27, 37, 296
Briefwechsel Fersen – Marie Antoinette 167 ff.
Brüssel 265, 269, 271, 273, 302, 306, 328, 337, 342
Burgund 12 f., 351

Capet 13, 295 ff.
Cayenne 363
Chaillot 62, 234
Chaintrix 249 ff.
Châlons 27, 243, 247, 249 ff., 255 f.
Champagne 92, 207
Chanteloup 77
Chantilly 331
Charenton 217
Château-Thierry 258
Chêne-Fendu 257
Cherbourg 204
Choisy 47, 52, 74 f.
Chouilly 256

Claye 244, 247, 249
Clermont-en-Argonne 243, 248, 250 ff.
Commercy 27
Compiègne 28 f., 32 ff., 47, 50 f., 59, 65, 94, 107 f.
Conciergerie 306 ff., 316 ff., 328 ff., 359, 368 ff.
Courbevoie 282

Dauphiné 258
Deklaration der Menschenrechte 230, 335
Douai 224
Dünkirchen 175
Dun 243

Elsaß 104, 159
Emigranten 263, 266, 269 f.
England 10, 53, 92, 123, 143, 166, 173, 192, 300
Epernay 257
Etats Généraux 207, 209, 213, 215 f., 218
Etoges 249

Feuillants 271, 296
Flandern 92, 175
Flucht der königlichen Familie 240 ff.
Fontainebleau 47 f., 53, 100 ff., 107 ff., 113, 120, 166, 196, 219, 282, 295, 336
Fromentières 248

Gallien 197
Garonne 88
Gascogne 90, 149
Geburt Ludwigs XVII. 150 f., 176
Geburt der Mme. Royale 128 f.
Geburt der Prinzessin Sophie Beatrix 204
Gemetzel auf dem Marsfeld 264
Gesetzgebende Versammlung 269, 338
Girondisten 271 ff., 354, 362
Grenoble 209
Guise 35

Habsburg 8, 41, 95, 125, 127
Halsbandaffäre 178 ff., 352
Hameau 159, 203, 223
Hochzeitspakt 37
Hohenzollern 127

Issy 196, 217
Italien 8, 10, 166

Jakobiner 152, 216, 239, 249, 261, 271, 346, 360

Koblenz 266, 269, 281
Konstituante 262
Krönung Ludwigs XVI. 92 ff.

La Chaise-Dieu 202
La Ferté-sous-Jouarre 248, 250
La Muette 33, 75, 135, 154 f., 210 f., 217
La Rochette 137
Laxenburg 8, 13
Le Bourget 243
Le Havre 134
Lissabon 18
Livry 322

London 89, 173, 328
Longchamp 189
Longwy 290
Lothringen 23, 26, 35, 42, 80, 356
Louvre 74, 246, 276
Lüttich 272
Lunéville 27
Luxemburg 175
Lyon 83

Maret 241
Marly 47, 76, 90, 214 ff.
Marsch der Marktweiber nach Versailles 227 ff.
Marseille 335
Marsfeld 217, 238, 264, 345
Meaux 247, 249 f., 258 f.
Melun 137
Mercia 92
Mercier 92
Metz 213, 218, 240, 244, 252
Meudon 211, 213 f., 281, 370
Montmédy 86, 240, 242 f., 253
Montmirail 248

Namur 175
Nancy 27, 239
Nantes 303
Nationalkonvent 286, 294 f., 301, 306 f., 322, 327 ff., 337, 342, 345, 353 f., 358
Nationalversammlung 215, 217 f., 220 f., 223, 226, 228, 237, 240 f., 249 f., 252, 254, 257 f., 262 ff., 267, 271, 273 ff., 283 ff., 288, 344, 350, 352
Neapel 7, 68, 166 f.
Nelkenkomplott 316 ff., 330, 332, 339, 349, 356, 359
Neuilly 228
Niederlande 125 f., 173 ff., 176
Normandie 92, 204, 229, 300, 317
Notabelnversammlung 205 ff.
Notre-Dame 130, 152 ff., 212, 214

Orléans 303, 313
Ottomanisches Reich 173

Parlament von Paris 207 ff., 235, 344
Passy 135, 188
Périgueux 28
Pferderennen 85, 105, 109 f., 113
Piemont 104
Piquepuce 112
Polen 8, 56, 58, 124 f., 181
Pont-de-Somme-Vesle 243, 247 ff.
Pont-Saint-Esprit 28
Preußen 9 f., 56, 123, 127, 160, 271, 273, 329
Prozeß Ludwigs XVI. 293 ff.
Prozeß d. Marie Antoinette 306 f., 328 ff., 344 ff., 365

Quessant 142

Rambouillet 167, 204, 224, 228 f., 231, 352
Ratantout 255
Reims 27, 90, 92 ff., 98, 100, 256
Revolution 117, 170, 197, 203, 212, 216,

218, 220, 234, 237 ff., 241, 253, 264, 268 ff., 272, 283, 285, 287, 334, 336, 356, 362
Rocroy 86
Rueil 71, 231
Rußland 9 f., 127, 208

Sachsen 92
Sachsen-Teschen 7, 19
Saclé 150
Saint-Cloud 176, 179, 228, 237 ff., 241
Saint-Denis 30, 33, 214
Saint Dizier 27
Sainte-Menehould 243, 247 ff.
Saint Hubert 81
Saint-Malo 143
Saint-Quentin 351
Saint-Remi 94
Saint-Sulpice 93
Sanlieu 241
Sansculotten 275, 282, 304, 329, 360
Sardinien 12, 54
Saverne 27, 189
Savoyen 12, 272
Schelde 160, 173 f., 272
Schlesien 9
Schönbrunn 7, 10, 20, 67, 126
Schüttern 22
Schweden 166, 168, 170, 271
Sens 219
Sèvres 96, 228
Sicherheitsausschuß 304, 328, 353
Soissons 27
Spanien 10, 12 f., 25, 53
Stafsund 168
Stenay 243, 252, 254
Stockholm 134, 168, 271
Straßburg 21, 23 ff., 34, 38, 62, 180 f., 189
Sturm auf die Bastille 217, 221

Tagebuch Ludwigs XVI. 33, 41, 214, 216 f., 243, 260 f.
Temple 286 ff., 290 ff., 302 ff., 306 ff., 322, 332, 339, 346, 351, 354, 370
Teschen 127
Testament Ludwigs XVI. 270, 274

Testament d. Marie Antoinette 342
Toul 213
Toulouse 92, 298
Touraine 90, 204
Trauung per procurationem 14, 18, 33, 302
Trianon 70, 102, 116, 131, 133 ff., 137 ff., 141 ff., 147 f., 158 f., 167, 171, 178, 180, 188, 203 f., 207 f., 211, 223, 226, 343, 352, 370
Trikoteusen 346, 348, 362, 371
Trilport 247
Troyes 94, 207
Türkei 207
Türken 176, 346, 349
Tuilerien 62 f., 68, 130, 170, 234 f., 240 ff., 248, 253 f., 256, 260 ff., 268 ff., 274 ff., 280 ff., 288, 290, 292, 316 f., 331, 337, 340, 346, 356, 327 f.

Vale-de Grâce 214
Valenciennes 219, 306
Valois 182, 188 f.
Varennes 168 f., 243, 247, 250, 252 ff., 262, 270, 300, 309, 332 f., 338 f., 348
Vaucouleurs 29
Vaugirard 317, 322
Verdun 213, 219
Veretz 88
Verfassung 262 f., 266 ff., 271, 273, 283, 290, 294
Vieils-Maisons 248
Ville d'Avray 105, 311
Villers-Cotterets 208
Vincennes 240, 307

Westfälischer Friede 127
Wien 7 ff., 14, 16, 19, 21 f., 24, 32, 48, 51, 55 f., 67 f., 71, 78, 82, 114, 118, 125 ff., 135, 160, 174, 176, 180, 206, 265 f., 302, 329, 344, 351
Wittelsbach 123
Wohlfahrtsausschuß 303 f.

Zabern 190
Zivilkonstitution des Klerus 240 f.


**Das Gesamtverzeichnis der Heyne-Taschenbücher
informiert Sie ausführlich über alle lieferbaren Titel.
Sie erhalten es von Ihrer Buchhandlung
oder direkt vom Verlag.**

**Wilhelm Heyne Verlag, Postfach 20 12 04,
8000 München 2**

# HEYNE BIOGRAPHIEN

*Die Taschenbuchreihe mit den bedeutenden Biographien der Großen der Weltgeschichte.*

**12/179** — Claus B. Schröder: **WOLFGANG BORCHERT** — Die wichtigste Stimme der deutschen Nachkriegsliteratur

**12/172** — Max Niehaus: **ISADORA DUNCAN** — Triumph und Tragik einer legendären Tänzerin

**12/164** — Karl Pisa: **SCHOPENHAUER** — Der Philosoph des Pessimismus

**12/165** — David Duff: **EUGENIE UND NAPOLEON III.** — Glanz und Elend des Zweiten Kaiserreichs

**12/166** — Hermann Wendel: **DANTON** — Eine schillernde Gestalt der Französischen Revolution

**12/169** — Herbert R. Lottman: **CAMUS** — Das Bild eines Schriftstellers und seiner Epoche

**12/167** — Janet Morgan: **AGATHA CHRISTIE** — Das Leben einer Schriftstellerin – spannend wie einer ihrer Romane

**12/170** — Jay Martin: **HENRY MILLER** — Die Liebe zum Leben